CODE

DE LA

MARTINIQUE.

CODE
DE LA
MARTINIQUE.

NOUVELLE ÉDITION,

Par M. DURAND-MOLARD,

Sous-Commissaire des Colonies, ex-Secrétaire principal de la Préfecture de la Martinique ; continuée par M. Dufresne de St-Cergues, Président du Tribunal de première Instance à la Basse-Terre Guadeloupe.

TOME TROISIÈME;

Contenant les Actes Législatifs de la Colonie depuis 1769 *jusqu'en* 1786 *inclusivement.*

A SAINT-PIERRE MARTINIQUE,

De l'Imprimerie de Jean-Baptiste Thounens, fils, ex-Imprimeur du Gouvernement.

1810.

Au Lecteur.

M. Durand-Molard, partant pour France, en septembre 1807, me chargea de la continuation de cet Ouvrage ; il n'y avait alors que le texte du premier Volume d'imprimé, et les cinq premières lettres de la Table alphabétique et raisonnée des Matières, entièrement rédigées et remises à l'impression. Tout le reste est de moi, et les fautes qui pourraient s'y rencontrer, ne doivent pas être imputées au premier Rédacteur. Puisse mon profond respect pour le Public, et mon attachement sans bornes pour le Pays, auquel je crois cet Ouvrage utile, me concilier l'indulgence et la bienveillance de mes Lecteurs.

L. St-Cergues.

DÉCISION,

Qui autorise la continuation de la nouvelle Edition du CODE DE LA MARTINIQUE.

Du 21 octobre 1809.

PAR Son Excellence le Lieutenant-Général GEORGE BECKWITH, Chevalier du très-honorable Ordre du Bain, Commandant en Chef les Forces de terre de SA MAJESTÉ aux Isles du vent et sous le vent, Gouverneur de la Martinique, *etc. etc. etc.*

ATTENDU que le Gouvernement français, alors établi dans cette Colonie, avait accordé au sieur DURAND-MOLARD, par un arrêté du 20 janvier 1807, la permission de publier une nouvelle Edition du CODE DE LA MARTINIQUE, dans laquelle le susdit Editeur s'oblige à faire entrer tous les actes du Gouvernement formant loi ou concourant à retracer l'histoire de la législation de cette Colonie, et à compléter ainsi un ouvrage de grande utilité publique et particulière.

Vu la pétition à nous présentée par MM. DE ST-CERQUES et THOUNENS, le premier en qualité de continuateur dudit Code par accord entre lui et le sieur DURAND-MOLARD, en date du 8 septembre 1807, le second comme Imprimeur de l'Ouvrage.

CONVAINCU, par l'inspection des deux premiers volumes qui nous ont été présentés, de l'avantage dont sera, pour la Colonie, une réunion méthodique des Lois, Ordonnances et Réglemens qui y ont successivement été mis en vigueur.

NOUS, en vertu des pouvoirs à nous confiés par SA MAJESTÉ, avons autorisé le S^r. THOUNENS a continuer l'impression de cet Ouvrage, le soumettant à la censure du Président du Tribunal de première Instance à Saint-Pierre, et de M. COQUILLE DE CHAMPFLEURY, censeur de la Gazette de la Martinique,

AUTORISONS l'Editeur à consulter les Greffes et Archives de la Colonie, pour y puiser tous les renseignemens nécessaires au complément de son entreprise.

L'ADMINISTRATION coloniale prendra cent neuf exemplaires de l'Ouvrage, lesquels seront distribués ainsi qu'il en sera par nous ordonné.

DONNÉ au Fort-Royal, sous notre signature et le contre-seing du Secrétaire du Gouvernement, le 21 octobre de l'année 1809, et la 49me. du règne de Sa Majesté.

GEO. BECKWITH.

Par Ordre de Son Excellence,

J. C. DU BUC ST-OLYMPE.

A Son Excellence

LE LIEUTENANT-GÉNÉRAL

GEORGE BECKWITH,

Chevalier du très-honorable Ordre du Bain, Commandant en chef les Forces de terre de S. M. aux Isles du vent et sous le vent, Gouverneur de la Martinique, *etc. etc. etc.*

MONSIEUR LE GÉNÉRAL,

Aussitôt que VOTRE EXCELLENCE *eut pris les rênes du Gouvernement de la Martinique, Elle chercha à connaître les Loix générales et particulières, qui* maintiennent la tranquillité et favorisent l'industrie des Habitans de cette Colonie.

VOTRE EXCELLENCE apprit que le Recueil de ces Lois, formé autrefois par un Magistrat recommandable (*), était entièrement épuisé, et que presque tous les exemplaires se trouvaient détruits par le tems.

Mais instruite en même tems que le Gouvernement Colonial avait ordonné une réimpression de cette Collection intéressante, VOTRE EXCELLENCE s'est empressée, non-seulement d'accueillir la mesure prise par ses Prédécesseurs, mais de donner les plus grands encouragemens à cette entreprise, qui lui a paru d'une utilité générale.

VOTRE EXCELLENCE a fait plus pour cet Ouvrage ; Elle a voulu en assurer

(*) M. PETIT DE VIEVIGNE, Ecuyer, Conseiller du Roi, honoraire en la Cour, Juge Royal, etc.

le succès, en me permettant de faire paraître, sous sa Protection et sous ses Auspices, les Volumes qui restent à imprimer.

Après tant de bontés, VOTRE EXCELLENCE ne peut me refuser la permission de lui offrir ici l'hommage public de ma vive reconnaissance, ainsi que celui du profond Respect avec lequel je suis,

De Votre Excellence,

Le très-humble et le très obéissant Serviteur,

L. St Cergues.

ARRÊT
DE LA COUR D'APPEL
DE LA MARTINIQUE,

Portant Ordre de réimpression (en tête du troisième volume de la nouvelle Edition du Code), de la Déclaration du Roi, du 24 août 1726, sur les Licitations et Partages.

Du 8 janvier 1810.

CE jour, M. Pocquet de Janville a dit à la Cour, qu'en exécution de son arrêt en date du 6 de ce mois, il s'est transporté dans son Greffe, afin de compulser et examiner son registre qui contient la transcription du texte de la *Déclaration du Roi, du 24 août 1726, sur les Licitations et Partages*; qu'il s'est convaincu que cette loi, si essentielle et d'une exécution si commune dans la Colonie, a été tronquée et défigurée dans l'ancienne Edition du Code de la Martinique, sans qu'il puisse en deviner les motifs, l'arrêt de la Cour, qui ordonne l'enregistrement de cette loi, ne portant aucune exception.

La matière mise en délibération et le Procureur-général du Roi ouï en ses conclusions.

La Cour ordonne que le texte pur de la Déclaration du Roi, du 24 août 1726, sur les Licitations et Partages, ensemble l'Arrêté qu'elle a pris à ce sujet à sa présente séance, seront imprimés à la tête du troisième volume de la nouvelle Edition du CODE DE LA MARTINIQUE, qui doit paraître incessamment.

Fait en la Cour, le 8me. jour du mois de janvier 1810.

Signé, RONDEAU, Greffier en chef.

Suit la Déclaration du Roi précitée, sur les Licitations et Partages (*).

LOUIS, *etc.*; SALUT : La plus grande partie des biens fonds des îles du vent de l'Amérique, étant d'une espèce à ne pouvoir être partagés sans détruire les manufactures qui y sont établies, et sans exposer les familles à être ruinées, l'usage d'en partager seulement la valeur s'y est introduit jusqu'à présent; ensorte que presque tous lesdits partages de successions et communautés, soit entre majeurs ou mineurs, s'y sont faits par licitation, et sur le pied que l'un des héritiers ou le survivant a eu le principal établissement avec une grande partie des terres,

(*) Des erreurs considérables s'étant glissées dans l'impression de cette loi dans l'ancienne édition du Code, que l'Editeur de la nouvelle a suivie textuellement, elles ont été continuées dans l'insertion qui en a été faite dans le premier volume, N°. 108, page 277.

terres, et tel nombre d'esclaves et de bestiaux, nécessaires pour leur culture et l'entretien des manufactures établies sur l'habitation, à la charge de faire à chacun des copartageans, dans les termes convenus, les retours dus, à proportion de l'estimation des biens qui composent chaque succession ou communauté; et lorsque dans lesdites successions il s'est trouvé plusieurs établissemens, ils ont été partagés aussi par licitation entre les parties, de la manière qui a été jugée la plus convenable et sans tirer au sort, par l'impossibilité de faire les lots égaux, en faisant pareillement des retours aux copartageans, sur le pied de l'estimation, et ce, à dire d'arbitres choisis par les parties ou nommés d'office par les Juges des lieux, et en présence des Tuteurs ou Curateurs en cas de minorité.

Nous sommes informés que la plupart de ces sortes de partages ont été faits de bonne foi, sans que les formalités pour l'aliénation des biens des mineurs, prescrites par nos ordonnances et celles de nos prédécesseurs, même par la Coutume de notre bonne ville, prévôté et vicomté de Paris, sous laquelle nosdites îles sont régies, aient été observées; ce qui donnerait matière à une infinité de procès, s'il n'y était par nous pourvu; et notre intention étant de procurer la sûreté des biens des mineurs, sans détruire l'usage qui conserve les biens dans les anciennes familles desdites îles, accoutumées à l'air et à la nourriture du pays, et formées à la culture des terres, à l'entretien des manufactures, et à la manière de contenir les esclaves.

A ces causes, *etc.*; voulons et nous plaît ce qui suit:

Art. Ier. Tous les partages de successions et communautés faits aux îles du vent de l'Amérique, soit entre majeurs ou entre mineurs, par licitation et sans tirer au sort, et dans lesquels il ne s'est trouvé qu'un principal établissement qui n'a pu être partagé, et qui a été laissé au survivant ou à un des héritiers avec la plus grande partie des terres, et tel nombre d'esclaves et de bestiaux convenable pour la culture d'icelles et l'entretien des manufactures, en faisant à chacun des copartagans les retours dus, à proportion de l'estimation des biens qui composaient chaque succession ou communauté, à dire d'arbitres convenus entre les parties, ou nommés d'office, et en présence des Tuteurs ou Curateurs en cas de minorité, seront censés et réputés bons et valables, nonobstant que les formalités prescrites par nos ordonnances et celles des Rois, nos prédécesseurs, et par la Coutume de Paris, n'aient point été observées.

II. Les partages ci-devant faits des successions ou communautés auxdites îles, par licitation et sans tirer au sort, dans le cas où il s'est trouvé plusieurs établissemens qui ont été licités, tant pour les terres que pour les esclaves et bestiaux, de la manière la plus convenable, en faisant par ceux qui ont eu lesdits établissemens, les retours à leurs copartageans, à proportion de l'estimation desdits biens, à dire d'arbitres, et en présence des Tuteurs ou Curateurs, en cas de minorité, sans avoir pareillement observé lesdits formalités prescrites par lesdites ordonnances et Coutume, seront censés et réputés bons et valables.

III. En cas, cependant, qu'il y ait eu lésion dans les partages faits en la manière prescrite par les deux précédens articles, les parties qui auront été lésées, pourront se pourvoir par devant nos Juges des Jurisdictions ordinaires, où lesdits biens seront situés, ainsi qu'il appartiendra, et eu égard aux tems desdits partages.

IV. Les successions et communautés qui devront être partagées auxdites îles, à compter du jour de l'enregistrement et publication des présentes, tant entre majeurs qu'entre mineurs, le seront en la même forme et manière ci-devant usitées auxdites îles, et conformément à ce qui est marqué par les articles I et II des présentes, à condition, néanmoins, que lesdits partages seront autorisés par délibérations des parens et amis, assemblés à cet effet, au nombre de trois au moins, devant les Juges des lieux, en la manière ordinaire.

V. Pourront les Juges, sur l'avis desdits parens et amis assemblés, même sur l'avis d'un seul, contre celui de tous les autres, ordonner que les biens, dont les partages seront faits à l'avenir, seront criés et publiés par trois dimanches consécutifs, pour être ensuite adjugés à l'audience, après une remise de huitaine seulement, au plus offrant et dernier enchérisseur, supposé qu'il s'en trouve qui fassent monter lesdits biens à des prix plus hauts que ceux portés pour lesdits partages.

VI. Les adjudicataires ne pourront, néanmoins, se mettre en possession des biens à eux adjugés, qu'après la quinzaine expirée, pendant lequel tems il sera loisible à celui ou ceux des copartageans qui auront été mis en possession par lesdits partages, de demander à y être maintenus, en offrant de payer le prix porté par l'adjudication; ce qui s'exécutera par un simple acte au Greffe ou par devant Notaires, signifié aux autres copartageans et à l'adjudicataire, lequel, à ce moyen, demeurera bien et valablement déchargé de l'adjudication envers tous les copartageans, à la diligence desquels ou de l'un deux, il sera donné acte par lesdits Juges; sinon ladite quinzaine expirée, les copartageans n'y seront plus reçus et l'adjudication demeurera en sa force et vertu.

VII Dérogeant, à l'effet de tout ce que dessus et pour cet égard seulement, à tous édits, déclarations, ordonnances, réglemens, arrêts, coutumes et autres choses à ce contraires, *etc.*

VIII. Au surplus, lorsque les biens pourront se partager commodément par lots égaux, les parties seront tenues de se conformer à la Coutume de Paris et aux ordonnances rendues à ce sujet.

Donné à Versailles, le 24 août 1726. *Signé*, LOUIS; *et plus bas*, par le Roi, PHELYPEAUX.

Enregist. au Conseil souverain.

TABLE

CHRONOLOGIQUE ET ANALYTIQUE

DES PIÈCES

Contenues dans le troisième volume du Code de la Martinique.

B 3

DATES.	TITRES ANALYTIQUES.
1769. 4 juillet.	RÉGLEMENT du Conseil-souverain, sur les Significations à faire par les Huissiers. [*N°*. 423, *p*. 11.]
9.	ARRÊT du Conseil souverain, concernant l'interprétation à donner à quelques dispositions de l'Edit du Roi sur les attributions des Officiers de Justice. [*N°*. 424, *p*. 12.]
26 août.	EXTRAIT d'une Dépêche ministérielle de M. *le Duc de Praslin*, sur les Gens de couleur servant dans les Milices. [*N°*. 425, *p*. 14.]
5 septemb.	ARRÊT du Conseil souverain, concernant les Chirurgiens, Apothicaires, Droguistes et autres distributeurs de Drogues. [*N°*. 426, *p*. 14.]
3 octobre.	EXTRAIT d'une Dépêche ministérielle de M. *le Duc de Praslin*, au sujet de l'enregistrement des Lettres du Ministre. [*N°*. 427, *p*. 15.]
30.	ORDONNANCE de MM. les Général et Intendant, concernant une nouvelle Imposition de 3 liv. par tête de nègres, sur les Habitans de Sainte-Lucie. [*N°*. 428, *p*. 15.]
9 novemb.	RÉGLEMENT du Conseil souverain, concernant les Curés, Greffiers et Notaires du ressort de la Cour, relativement aux Titres de Noblesse. [*N°*. 429, *p*. 18.]
10.	ARRÊT en Réglement du Conseil souverain, concernant les Avocats. [*N°*. 430, *p*. 19.]
1770. 2 janvier.	ORDONNANCE de MM. les Général et Intendant, concernant l'Imposition de la Martinique, la Guadeloupe et dépendances, pour l'année 1770. [*N°*. 431, *p*. 21.]
25 mai.	—— de MM. les Général et Intendant, portant continuation de l'Imposition sur

DATES.	TITRES ANALYTIQUES.
1772. 5 mai.	ORDONNANCE de MM. les Général et Intendant, qui remet en vigueur l'Arrêt du Conseil d'Etat du Roi, du 1er. mars 1744, en ce qui concerne les fraudes sur les quantités, poids et mesures des Marchandises et Denrées. [*N°.* 461, *p.* 132.]
7.	—— de MM. les Général et Intendant, qui défend aux Gens de couleur toute communication avec les Galériens. [*N°.* 462, *p.* 133.]
5 juin.	—— de M. l'Intendant, sur les Honoraires dus aux Médecins et Chirurgiens du Roi, pour visite des Nègres de traite. [*N°.* 463, *p.* 134.]
27 septemb.	EXTRAIT d'une Dépêche ministérielle de M. *de Boynes*, sur le traitement des Officiers qui remplissent un *intérim*. [*N°.* 464, *p.* 135.]
28.	ORDONNANCE du Roi, concernant les Brevets des Officiers d'Administration et de Judicature. [*N°.* 465, *p.* 135.]
30 décemb.	EXTRAIT d'une Dépêche ministérielle de M. *de Boynes*, sur les Réclamations des Etrangers pour Prises en interlope, faites en mer. [*N°.* 466, *p.* 136.]
1773. 1er. janvier.	ORDONNANCE de MM. les Général et Intendant, concernant la Chasse des Crabes aux flambeaux. [*N°.* 467, *p.* 136.]
idem.	—— de MM. les Général et Intendant, concernant l'Imposition sur la Martinique, pour l'année 1773. [*N°.* 468, *p.* 138.]
idem.	—— de MM. les Général et Intendant, portant Réglement et Tarif pour les Gens de couleur, lorsqu'ils sont chargés de l'exécution des Ordres du Gouvernement, ou des Mandemens de Justice. [*N°.* 469, *p.* 143.]

ORDONNANCE

DATES.	TITRES ANALYTIQUES.
1775. 9 novemb.	Arrêt du Conseil souverain, qui fixe, au siége de la Jurisdiction Royale de Sainte-Lucie, le nombre des Procureurs à huit, et celui des Huissiers à dix. [*N°*. 498, *p*. 233.]
1776. 2 janvier.	—— du Conseil souverain, concernant la caisse des nègres justiciés, lequel Arrêt fixe à 25 *s*. par tête de Nègres payant droit, l'Imposition établie pour cet objet. [*N°*. 499, *p*. 233.]
19.	Extrait d'une Dépêche ministérielle de M. *de Sartine*, sur le Droit d'imposer, qui appartient au Roi seul. [*N°*. 500, *p*. 246.]
4 mars.	Ordonnance de MM. les Général et Intendant, concernant l'Imposition sur la Martinique, pour l'année 1776. [*N°*. 501, *p*. 247.]
31.	Mémoire du Roi, pour servir d'instruction aux Gouverneurs et Intendans des îles du vent, relativement à l'exportation des Sirops et Tafias, et à l'établissement des Guildiveries. [*N°*. 502, *p*. 251.]
8 avril.	Extrait d'une Dépêche ministérielle de M. *de Sartine*, sur différentes Primes accordées au commerce national, et sur le besoin de veiller avec soin aux Francisations simulées. [*N°*. 503, *p*. 252.]
7 mai.	Arrêt du Conseil souverain, concernant la Caisse des libertés. [*N°*. 504, *p*. 253.]
30.	Ordonnance de MM. les Général et Intendant, concernant la Police des Esclaves aux Processions. [*N°*. 505, *p*. 255.]
8 juin.	Arrêt du Conseil d'Etat du Roi, portant homologation de la Délibération des Députés de la Colonie, qui assure *un million*, argent des îles, à celui qui indiquera

DATES.	TITRES ANALYTIQUES.
	un moyen sûr de détruire les Fourmis. [*N°*. 506, *p*. 256.]
1776. 8 juin.	ARRÊT du Conseil d'Etat du Roi, sur les Affranchissemens. [*N°*. 507, *p*. 258.]
Juin.	EDIT du Roi, portant établissement, à Versailles, d'un Dépôt des Papiers publics des Colonies. [*N°*. 508, *p*. 260.]
3 août.	EXTRAIT d'une Dépêche ministérielle de M. *de Sartine*, qui approuve l'élection des Commissaires du Commerce. [*N°*. 509, *p*. 271.]
12 septemb.	ORDONNANCE du Roi, concernant les Embaucheurs et Fauteurs de Désertion. [*N°*. 510, *p*. 271.]
14.	EXTRAIT d'une Dépêche ministérielle de M. *de Sartine*, sur l'emploi du produit des affranchissemens. [*N°*. 511, *p*. 276.]
29 novemb.	—— d'une Dépêche ministérielle de M. *de Sartine* à M. le Général, au sujet de l'Exemption des Milices demandée pour les Economes de MM. les Conseillers du Conseil souverain. [*N°*. 512, *p*. 277.]
21 décemb.	ORDONNANCE de MM. les Général et Intendant, concernant la Poudre à feu. [*N°*. 513, *p*. 278.]
1777. 8 janvier.	—— de MM. les Général et Intendant, qui fixe le prix de la Viande de boucherie à 25 s. la liv., et celle de Mouton à 22 s. 6 d. la livre. [*N°*. 514, *p*. 279.]
22 février.	EXTRAIT d'une Dépêche ministérielle de M. *de Sartine*, à MM. *d'Argout* et *de Tascher*, général et intendant de la Martinique, sur les Commissaires de Commerce. [*N°* 515, *p*. 280.]
4 mars.	ORDONNANCE de MM. les Général et Intendant, portant que la Poudre à feu, apportée par les Capitaines de Navires marchands, sera déposée dans les Magasins

DATES.	TITRES ANALYTIQUES.
	et Poudrières de S. M., pour lequel dépôt lesdits Capitaines paieront un Droit de 3 liv. 15 s., par quintal de Poudre, aux Gardiens des Poudrières. [*N°*. 516, *p*. 280.]
1777. 7 mars.	MÉMOIRE du Roi, pour servir d'Instructions au Sieur Marquis *de Bouillé*, Maréchal de Camp, Gouverneur de la Martinique, et au Sieur Président *de Tascher*, Intendant de la même Colonie. [*N°*. 517, *p*. 281.]
idem.	ARRÊT du Conseil souverain, concernant la caisse des Affranchissemens. [*N°*. 518, *p*. 305.]
idem.	ORDONNANCE de MM. les Général et Intendant, concernant l'imposition sur la Martinique, pour l'année 1777. [*N°*. 519, *p*. 307.]
26 avril.	—— de MM. les Général et Intendant, concernant les Matelots déserteurs. [*N°*. 520, *p*. 311.]
7 mai.	ARRÊT du Conseil souverain, concernant les Curateurs aux successions vacantes. [*N°*. 521, *p*. 315.]
1er. juin.	EXTRAIT d'une Dépêche ministérielle de M. *de Sartine*, à MM. *de Bouillé* et *de Montdenoix*, sur l'Importation en France des Sirops et Tafias. [*N°*. 522, *p*. 315.]
12.	ORDONNANCE de MM. les Général et Intendant, concernant les Droits de Cabaret, dans l'étendue de l'île Ste-Lucie. [*N°*. 523, *p*. 316.]
13.	—— de MM. les Général et Intendant, concernant les Fontaines publiques des villes du Fort-Royal et de Saint-Pierre. [*N°*. 524, *p*. 319.]

DATES.	TITRES ANALYTIQUES.
	employées dans les Colonies de l'Amérique [*N°.* 532, *p.* 333.]
1777. 1er. sept.	Dépêche ministérielle de M. *de Sartine*, à MM. les Administrateurs de la Martinique, concernant la Déclaration du Roi, du 9 août 1777, qui défend l'entrée du Royaume à tout Noir, *etc.* [*N°.* 533, *p.* 334.]
26 septemb.	Ordonnance de MM. les Général et Intendant, concernant les Canaux et Fontaines notamment celle des marins établie sur la Place du Mouillage. [*N°* 534, *p.* 339.]
31 octobre.	Instruction et consigne de M. le Général, pour la police des Ports et Rades de la Martinique et Dépendances. [*N°.* 535, *p.* 340.]
8 novemb.	Arrêt du Conseil souverain, concernant les Gages de 150 *livres* par mois pour les Huissiers nouvellement reçus, et leur Examen après les six premiers mois. [*N°.* 536, *p.* 346.]
9.	Ordonnance de MM. les Général et Intendant, concernant les vols des Bestiaux. [*N°.* 537, *p.* 347.]
10.	Arrêt du Conseil souverain, qui ordonne la mise à exécution de l'Ordonnance du 12 mai 1766, concernant les Fraudes dans les Dénombremens. [*N°.* 538, *p.* 348.]
Idem.	Instructions de MM. les Général et Intendant, pour MM. les Capitaines-commandans des Paroisses, sur la façon dont ils doivent recevoir les Déclarations des Habitans, pour leurs Dénombremens et Récensemens. [*N°.* 539, *p.* 349.]
1778. 2 janvier.	Ordonnance de MM. les Général et Intendant, concernant l'Imposition sur la

DATES.	TITRES ANALYTIQUES.
	Martinique, pour l'année 1778. [*N°.* 540, *p.* 552.]
1778. 23 février.	ORDONNANCE du Roi, portant défenses aux Capitaines de Navires de laisser débarquer aucun Noir, Mulâtre, ou autre Gens de couleur, avant d'avoir fait leur rapport à l'Amirauté. [*N°.* 541, *p.* 558.]
11 mars.	—— de MM. les Général et Intendant, concernant la Pêche et la Vente du Poisson. [*N°.* 542, *p.* 560.]
1er. avril.	LETTRES-PATENTES du Roi, portant dérogation à celles du 3 mars 1750, pour l'institution des Dames *Religieuses Dominicaines*, établies dans la paroisse du Mouillage de la ville de St-Pierre Martinique sous le titre d'*Hôpital de femmes*, en leur permettant de recevoir pour Novices et Professes des Dlles. Créoles, et les autorisant en même tems à acquérir et posséder des biens immeubles jusqu'à la concurrence de 200,000 livres. [*N°.* 543, *p.* 561.]
avril.	EDIT du Roi, portant érection des Jurisdictions de la Martinique et de Sainte-Lucie en Sénéchaussées, et suppression de celle établie à la Trinité de la Martinique. [*N°.* 544, *p.* 362.]
20 avril.	DÉCLARATION du Roi, portant confirmation des Jugemens rendus par les Jurisdictions de la Martinique et de Ste-Lucie [*N°.* 545, *p.* 364.]
27.	DÉPÊCHE ministérielle à MM. les Administrateurs, relative à l'envoi des Edit et Déclaration du Roi, concernant les Jurisdictions de la Martinique et de Ste-Lucie. [*N°.* 546, *p.* 366.]
1er. mai.	ARRÊT du Conseil d'Etat du Roi, qui ordonne qu'à l'avenir le prix des Esclaves suppliciés et tués en marronnage à la

DATES.	TITRES ANALYTIQUES.
	Martinique et Dépendances, sera remboursé à leurs Maîtres aux taux commun de 1,300 livres pour les nègres, et de 1,200 liv. pour les négresses, le tout argent des Isles. [*N°. 547, p. 368.*]
1778. 5 mai.	EXTRAIT d'une Dépêche ministérielle de M. *de Sartine*, à MM. les Général et Intendant de la Martinique, concernant la sûreté des bâtimens de mer. [*N°. 548, p. 369.*]
20 juin.	DÉPÊCHE ministérielle de M. *de Sartine*, à MM. les Général et Intendant de la Martinique, concernant les Successions des Brevetés. [*N°. 549, p. 369.*]
30.	ORDONNANCE de MM. les Général et Intendant, concernant l'admission des Etrangers dans les Ports de la Martinique et Dépendances, pour l'introduction des Subsistances, pour l'exportation des Denrées coloniales données en paiement, et portant Réglement concernant la Perception des Droits de l'Imposition locale, ainsi que du Droit du Domaine d'Occident et du Commerce, pendant le tems de la durée de l'Importation et de l'Exportation. [*N°. 550, p. 370.*]
7 juillet.	ARRÊT du Conseil souverain, concernant l'érection des Jurisdictions en Sénéchaussées. [*N°. 551, p. 373.*]
31 août.	ORDONNANCE de MM. les Général et Intendant, concernant l'administration des Fabriques des Paroisses, la réformation, la tenue des Registres des Baptêmes, Mariages, Sépultures, et portant Réglement sur ce qui doit être fourni aux Religieux desservans les Cures des îles Martinique et Sainte-Lucie. [*N°. 552, p. 375.*]

DATES.	TITRES ANALYTIQUES.
1779. 10 novemb.	ARRÊT du Conseil souverain, portant Réglement et Tarif des Salaires des Huissiers pour les voyages en campagne. [*N°*. 563, *p*. 400.]
27.	—— du Conseil d'Etat du Roi, concernant les Successions des Curés. [*N°*. 564, *p*. 400.]
28.	ORDONNANCE de MM. les Général et Intendant, concernant la suppression des Boucheries. [*N°*. 565. *p*. 402.]
1780. 2 mai.	ARRÊT du Conseil souverain, concernant les visites à faire des Vivres et Denrées comestibles avariés. [*N°*. 566, *p*. 403.]
21 juillet.	EXTRAIT d'une Dépêche ministérielle de M. *de Sartine*, sur l'admission des Employés de l'Administration, dans les Hôpitaux. [*N°*. 567, *p*. 404.]
5 septemb.	ORDONNANCE de MM. les Général et Intendant, concernant l'Imposition sur la Martinique, pour l'année 1780. [*N°*. 568, *p*. 405.]
28.	ORDONNANCE de MM. les Général et Intendant, portant Réglement pour les Hôpitaux militaires de la Colonie. [*N°*. 569, *p*. 407.]
5 novemb.	—— de M. le Général, faisant défenses à tous particuliers de draguer des Ancres et Cables dans la rade de Saint-Pierre. [*N°*. 570, *p*. 410.]
9.	ARRÊT du Conseil souverain, concernant les Cochons des Villes et Bourgs de la Colonie. [*N°*. 571, *p*. 411.]
16 décemb.	EXTRAIT d'une Dépêche ministérielle de M. le Marquis *de Castries*, à MM. les Général et Intendant de la Martinique, sur les Hôpitaux. [*N°*. 572, *p*. 412.]
1781. 2 janvier.	ORDONNANCE de MM. les Général et Intendant, qui ordonne, d'année en année,

DATES.	TITRES ANALYTIQUES.
	un nouvel examen et vérification de la répartition des Chemins, et qui enjoint l'exécution de l'Ordonnance du 5 novembre 1765. [*N°*. 573, *p*. 413]
1781. 4 janvier.	ARRÊT du Conseil souverain, qui fixe le nombre des Notaires, Procureurs et Huissiers. [*N°*. 574, *p*. 414.]
idem.	—— du Conseil souverain, concernant les Dommages occasionnés par les Bestiaux. [*N°*. 575, *p*. 416.]
5 mars.	DÉPÊCHE ministérielle de M. le marquis *de Castries*, a MM. les Général et Intendant, relative aux Substituts de M. le Procureur-général du Roi. [*N°*. 576, *p*. 425.]
30.	ORDONNANCE de M. le Général, qui défend de rien acheter ni troquer des Soldats et Matelots. [*N°*. 577, *p*. 425.]
idem.	DÉCLARATION du Roi, concernant les Jeux de hasard et autres prohibés. [*N°*. 578, *p*. 426.]
3 avril.	—— du Roi, portant suppression de la Question préparatoire. [*N°*. 579, *p*. 429.]
11.	RÈGLEMENT de M. le Général, concernant la Fontaine de la Rade de Saint-Pierre. [*N°*. 580, *p*. 433.]
28.	ORDONNANCE de MM. les Général et Intendant, qui enjoint à tous Propriétaires de la ville de St-Pierre de faire numéroter leurs Maisons ou Magasins. [*N°*. 581, *p*. 434.]
1er. mai.	—— de MM. les Général et Intendant, concernant le cours et la valeur des Quadruples et des piastres gourdes. [*N°*. 582, *p*. 434.]
7.	ARRÊT du Conseil souverain, sur la remise faite par S. M. de l'Imposition pour l'année 1781. [*N°*. 583, *p*. 435.]

DATES.	TITRES ANALYTIQUES.
	sur les Extraits mortuaires des Gens de mer. [*N°*. 602, *p*. 521.]
1782. 21 juin.	ORDONNANCE de MM. les Général et Intendant, concernant l'établissement d'un Bourg à l'Anse-l'Abîme, paroisse du Prêcheur. [*N°*. 603, *p*. 521.]
4 juillet.	ARRÊT du Conseil souverain, concernant les Canots-passagers ou de Poste. [*N°*. 604, *p*. 523.]
24 août.	LETTRES-PATENTES du Roi, en forme d'Edit, concernant les Ennoblissemens dans les Colonies françaises, et les preuves de Noblesse à faire dans le Royaume, par les Habitans desdites Colonies. [*N°*. 605, *p*. 524.]
3 septemb.	ORDONNANCE de MM. les Général et Intendant, concernant les Boulangers, sur les poids, cuisson et qualité du Pain. [*N°*. 606, *p*. 529.]
9 novemb.	EXTRAIT d'une Dépêche ministérielle de M. le Marquis *de Castries*, à M. *de Peinier*, intendant de la Martinique et Dépendances, sur les Bâtimens neutres, pour le Droit du Domaine d'Occident. [*N°*. 607, *p*. 530.]
31 décemb.	ORDONNANCE de MM. les Général et Intendant, concernant le Nivellement et le Pavé de la ville du Fort-Royal, pour l'écoulement des eaux. [*N°*. 608, *p*. 530.]
5 janvier.	ORDONNANCE du Roi, portant défenses aux Officiers des Amirautés de prendre aucun intérêt, directement ni indirectement, dans les Bâtimens armés en course, à peine d'interdiction et de 1,500 livres d'amende. [*N°*. 609, *p*. 532.]
Idem.	ARRÊT du Conseil d'Etat du Roi, portant défenses à tous Capitaines et Commandans des Bâtimens armés en course, de

DATES.	TITRES ANALYTIQUES.
	revendre en mer à des Ennemis de l'Etat, les Prises qu'ils auront faites sur eux. [N°. 610, p. 533.]
1783. 17 janvier.	DÉPÊCHE ministérielle de M. le Maréchal *de Castries*, concernant les Places d'Assesseurs. [N°. 611, p. 534.]
11 février.	ORDONNANCE de MM. les Général et Intendant, concernant la police des Boucheries. [N°. 612, p. 535.]
25.	—— de MM. les Général et Intendant, pour la Police des Nègres à la journée. [N°. 613, p. 536.]
idem.	DÉPÊCHE ministérielle de M. *de Castries*, sur l'autorité des Arrêts du Conseil d'Etat du Roi, rendus entre Particuliers, et signifiés en vertu de *paréatis* du grand Sceau. [N°. 614, p. 537.]
1.er mars.	ORDONNANCE de MM. les Général et Intendant, concernant l'Imposition sur la Martinique pour l'année 1783. [N°. 615, p. 538.]
2.	—— de MM. les Général et Intendant, concernant le Canal du Mouillage à Saint-Pierre. [N°. 616, p. 538.]
28.	—— de MM. les Général et Intendant, pour l'établissement de deux Pontons, Sceaux, Bailles, *etc.* pour la rade du bourg Saint-Pierre. [N°. 617, p. 549.]
29.	—— de MM. les Général et Intendant, concernant l'ouverture de la rue Thomassin, servant de communication entre les rues du Précipice et de la Source. [N°. 618, p. 552.]
15 mai.	—— de MM. les Général et Intendant, concernant la police des Cabarets, Cafés, Auberges et Billards. [N°. 619, p. 552.]
28 juin.	ARRÊT du Conseil d'Etat du Roi, qui permet aux Bâtimens étrangers arrivans

DATES.	TITRES ANALYTIQUES.
	directement des côtes d'Afrique, avec des Cargaisons de 180 Noirs au moins, d'aborder dans le port principal de chacune des îles de la Martinique, la Guadeloupe, Sainte-Lucie et Tabago, jusqu'au 1er. août 1786, et d'y vendre lesdits Noirs, en payant pour chaque tête de Nègres, Négresses, Négrillons ou Négrites, un Droit de 100 livres, argent de France, dont le produit sera employé en Primes sur les Noirs provenant de la Traite française, qui seront introduits pendant le même tems auxdites Isles du Vent. [*N°*. 620, *p*. 554.]
1783. juin.	Edit du Roi, portant abolition du Droit d'Aubaine dans la *Guyane française*, et dans les îles de *Sainte-Lucie*, et de *Tabago*. [*N°*. 621, *p*. 558.]
22 juillet.	Ordonnance de MM. les Général et Intendant, pour l'attribution de la Police des Boulangers. [*N°*. 622, *p*. 560.]
1er. septem.	Réglement du Juge de Police de Saint-Pierre, sur les Bouchers, et les emplacement et halles pour les Boucheries. [*N°*. 623, *p*. 561.]
6 novemb.	Arrêt du Conseil souverain, concernant les Lisières ou Haies vives, servant de bornes ou de clôtures communes. [*N°*. 624, *p*. 563.]
4 décembre.	Extrait d'une Dépêche ministérielle de M. le Marquis *de Castries*, aux Général et Intendant de la Martinique et Dépendances, sur l'émigration des Habitans des Colonies. [*N°*. 625, *p*. 565.]
20.	Ordonnance du Roi, concernant les Etats-Majors des îles du vent de l'Amérique. [*N°*. 626, *p*. 566.]

DATES.	TITRES ANALYTIQUES.
1783. 25 décemb.	ORDONNANCE de MM. les Général et Intendant, concernant la Police générale des Esclaves et Gens de couleur libres [*N°*. 627, *p*. 568.]
1784. 5 janvier.	ARRÊT du Conseil souverain, concernant les personnes qui prennent la qualité d'*Ecuyer*, ou autres dénominations de Noblesse. [*N°*. 628, *p*. 581.]
idem.	—— du Conseil souverain, qui ordonne aux Notaires d'envoyer aux Greffiers de leurs Sénéchaussées, une déclaration exacte des Successions dans lesquelles se trouveront des Héritiers absens. [*N°*. 629, *p*. 581.]
9 février.	EXTRAIT d'une dépêche ministérielle de M. le Maréchal *de Castries*, à MM. les Général et Intendant, au sujet d'un établissement de Rafinerie à Sucre à la Martinique. [*N°*. 630, *p*. 582.]
26.	ORDONNANCE du Roi, concernant l'incorporation des différens Corps employés au Département des Colonies dans les Régimens de la Martinique et de la Guadeloupe, pour y former un troisième Bataillon. [*N°*. 631, *p*. 583.]
28.	—— du Roi, concernant la réduction sur les appointemens des Etats-majors des Régimens coloniaux, et suppression des Chefs de Bataillon. [*N°*. 632, *p*. 583.]
1er. mars.	—— de MM. les Général et Intendant, concernant l'Imposition sur la Martinique, pour l'année 1784. [*N°*. 633, *p*. 583.]
16 avril.	EXTRAIT d'une Dépêche ministérielle de M. le Maréchal *de Castries*, à MM. les Général et Intendant, sur la sortie des Nègres de l'Isle. [*N°*. 534, *p*. 584.]
5 mai.	ARRÊT du Conseil souverain et Tarif concernant les Canots passagers et de Poste. [*N°*. 635, *p*. 584.]

DATES.	TITRES ANALYTIQUES.
1784. 5 mai.	ORDONNANCE de MM. les Général et Intendant, concernant l'établissement de Halles pour la vente du Poisson à Saint-Pierre et au Fort-Royal. [*N°.* 636, *p.* 584.]
14.	EXTRAIT d'une Dépêche ministérielle de M. le Maréchal *de Castries*, à M. l'Intendant, au sujet du Dépôt des Chartres des Colonies à Versailles. [*N°.* 637, *p.* 587.]
21	—— d'une Dépêche ministérielle de M. le Maréchal *de Castries*, à MM. les Général et Intendant, sur les Nègres des Colonies conquises. [*N°.* 638, *p.* 588.]
8 juillet.	ARRÊT du Conseil souverain, qui ordonne aux Huissiers de la Jurisdiction de Ste-Lucie de payer une somme de 1,000 liv., au premier Huissier du Conseil, au moyen de quoi, le droit de moitié sur les Causes, attribué par le Tarif au premier Huissier, sera supprimé. [*N°.* 639, *p.* 588.]
30.	EXTRAIT d'une Dépêche ministérielle de M. le Maréchal *de Castries*, à MM. les Général et Intendant, au sujet de l'Ecole de Saint-Victor. [*N°.* 640, *p.* 589.]
30 août.	ARRÊT du Conseil d'Etat du Roi, concernant le Commerce étranger dans les Colonies françaises de l'Amérique. [*N°.* 641, *p.* 589.]
8 septemb.	—— du Conseil souverain, concernant les Femmes et les Filles qui cèlent leurs grossesses et détruisent leurs enfans. [*N°.* 642, *p.* 597.]
20.	RÉGLEMENT de MM. les Général, et Intendant, portant Tarif particulier des Salaires des Huissiers, pour tous les Quartiers de l'île Sainte-Lucie. [*N°.* 643, *p.* 603.]

DATES.	TITRES ANALYTIQUES.
1785. 1er. janvier.	ORDONNANCE de MM. les Général et Intendant concernant l'Imposition sur la Martinique, pour 1785. [*N°*. 654, *p*. 627.]
7.	ARRÊT du Conseil souverain, concernant la Caisse des Nègres justiciés de l'île de Sainte-Lucie. [*N°*. 655, *p*. 629.]
17 février.	EXTRAIT d'une Dépêche ministérielle de M. le Maréchal *de Castries*, à MM. les Général et Intendant de la Martinique, sur les Sucres bruts. [*N°*. 656, *p*. 630.]
idem.	—— d'une Dépêche ministérielle de M. le Maréchal *de Castries*, à MM. les Général et Intendant, sur les Francisations des Bâtimens. [*N°*. 657, *p*. 631.]
2 mars.	DÉPÊCHE ministérielle de M. le Maréchal *de Castries*, aux Administrateurs en chef, sur les charges de Marguilliers. [*N°*. 658, *p*. 632.]
10.	COMMUNICATION donnée au Conseil souverain du montant de la Recette et l'emploi des Fonds de l'Imposition des années 1777 à 1784. [*N°*. 659, *p*. 633.]
17.	EXTRAIT d'une Dépêche ministérielle de M. le Maréchal *de Castries*, à MM. les Général et Intendant, au sujet des Canots-passagers et de Poste. [*N°*. 660, *p*. 639.]
31 mai.	ORDONNANCE de MM. les Général et Intendant, portant établissement de Réverbères dans la ville de St-Pierre. [*N°*. 662, *p*. 640.]
3 juin.	EXTRAIT d'une Dépêche ministérielle de M. le Maréchal *de Castries*, à MM. les Administrateurs, sur l'envoi des Procédures des Prises. [*N°*. 663, *p*. 643.]
idem.	—— d'une Dépêche ministérielle de M. le Maréchal *de Castries*, à MM. les

Fin de la Table.

CODE
DE LA
MARTINIQUE.

(N°. 415.) ORDONNANCE *de MM. les Général et Intendant, concernant l'Imposition pour l'année* 1769.

Du 15 février 1769.

L'ORDRE du Roi pour l'imposition sur la colonie de la Martinique, pour la présente année 1769, nous ayant été annoncé par plusieurs lettres du Ministre ; mais ne nous étant point encore parvenu, par le contre-tems que nous présumons qu'ont essuyé les navires qui en étaient chargés ; et les besoins du service nous mettant dans la nécessité de ne pas différer plus long-tems de faire usage des fonds qui nous sont indiqués pour y subvenir, et dont l'imposition sur la colonie fait partie, nous nous sommes déterminés, d'après la connaissance que nous avons des intentions de S. M. à ce sujet, à établir provisoirement ladite imposition pour le présente année, sur le même pied qu'elle l'avait été pour l'année 1766, par l'ordonnance que nous rendîmes le 12 mars de ladite année, et dont nous rappellerons ici les articles essentiels.

A CES CAUSES, et en vertu du pouvoir qui nous est confié par S. M., nous avons statué et ordonné, statuons et ordonnons ce qui suit :

N. B. Cette ordonnance étant précisément la même que celle du 12 mars 1766, dont elle ne fait que rappeler les dispositions principales, voyez tome II, pages 464 et suivantes.

(N°. 416.) ORDONNANCE *de MM. les Général et Intendant, sur les Audiences de la Police.*

Du 25 février 1769.

SA MAJESTÉ ayant ordonné, par un réglement de 1724, que les audiences publiques des Siéges royaux se tiendront en la salle du Palais des lieux de leur établissement, les lundi et samedi de chaque semaine, et qu'à ces audiences seraient portées toutes les matières, tant provisoires que d'instructions : elles suffisaient pour la quantité d'affaires qui se présentaient dans ce tems, où les bourgs étaient encore peu considérables ; mais le commerce et la population s'étant insensiblement accrus, les affaires se sont multipliées au point que ces deux audiences se trouvent trop éloignées l'une de l'autre, pour l'expédition des affaires de police qui presque toutes réquièrent célérité.

Nous avons pensé qu'il convenait dans ces circonstances d'établir une audience publique de police, un jour de chaque semaine, à laquelle seraient portées les affaires les moins pressées ; et que pour celles qui exigent une prompte décision, nous devions laisser aux soins des Juges royaux, qui, par le titre de leur commission, le sont en même tems de la police, de les régler en leurs hôtels dans les cas urgens. Cet établissement nous a paru seul pouvoir remédier à l'impunité, où, par la longueur des procédures ordinaires, restent des délits, qui, quoique légers, n'en méritent pas moins l'animadversion de la Justice.

A CES CAUSES, nous, *etc.* statuons et ordonnons, sous le bon plaisir de S. M.:

ART. Ier. Qu'à compter de la date de l'enregistrement des présentes, il sera tenu au mercredi de chaque semaine, immédiatement après l'audience de l'Amirauté, en la chambre du Palais, une audience publique de police, par les Juges royaux de chaque Siége du ressort du Conseil de la Martinique, conformément au titre de leur institution; à laquelle audience seront portées, sur les réquisitoires des Procureurs du Roi et sur les procès-verbaux des Commissaires de police, et jugées sans frais, toutes affaires concernant la police, et notamment les contraventions aux ordonnances du Roi, à celles émanées de l'autorité du Gouvernement et aux réglemens du Conseil souverain, dont l'exécution est renvoyée aux Siéges royaux.

II. Comme il est une multitude de cas qui requièrent célérité, pour la décision desquels il serait dangereux de renvoyer d'une audience à l'autre, nous autorisons les Juges de police à mander, en leurs hôtels, les parties à toute heure, et à les juger sommairement, sans assignation préalable et sur la simple citation desdits Commissaires de police, qui, pour l'exécution des ordonnances et jugemens de police, auront à leurs ordres, dans le lieu de leur établissement, les brigades d'archers, établies à cet effet par notre ordonnance du 8 août 1765.

III. Les jugemens et ordonnances de police, seront exécutoires sans appel, en ce qui concerne les esclaves, jusqu'à la peine du fouet et du carcan inclusivement, conformément à l'édit de 1685; et contre les cabaretiers, boulangers, bouchers, ouvriers, artisans et autres de cette espèce, et aussi contre les gens de couleur libres, jusqu'à 12 liv. d'amende et 24 heures de prison; et dans le cas de plus fortes condamnations, seront lesdits jugemens exécutoires, nonobstant et sans préjudice de l'appel, conformément à l'ordonnance de 1667.

IV. Sera tenu par le Greffier de chaque jurisdiction, un registre particulier, coté et paraphé par premier et dernier feuillet, par le Juge de police; sur lequel registre seront portés à leur date tous les jugemens rendus, tant au Palais qu'ès-hôtels des Juges, en matière de police.

Prions messieurs les Officiers du Conseil souverain de la Martinique, de faire enregistrer la présente ordonnance, lire, publier et afficher par-tout où besoin sera, afin que personne n'en ignore.

Donné à la Martinique, le 25 février 1769. *Signé*, D'ENNERY, *et* le Président de PEINIER.

Enregist. au Conseil souverain.

(N°. 417.) ORDONNANCE *de MM. les Général et Intendant, concernant la Poste.*

Du 1er. avril 1769.

N. B. Les réglemens relatifs au service des postes ayant changé par le fait des circonstances, nous avons cru devoir supprimer cette ordonnance (enregistrée au

Conseil souverain, le 1er. mai 1769), pour ne pas augmenter inutilement cette édition. Si nos Lecteurs desirent connaître les bases de cet établissement, ils les trouveront détaillées au N°. 351, pages 454 et suivantes, tome II.

(N°. 418.) ARRÊT *du Conseil souverain, sur la Caisse des Negres justiciés.*

Du 5 mai 1769.

VU par la Cour le compte sommaire rendu par le sieur Cornibert, receveur-général de la caisse des nègres justiciés, de l'état actuel de ladite caisse, suivant lequel il paraît qu'il n'y a dans ladite caisse que la somme de 7797 l. 1 s. 11 d.; et étant nécessaire de statuer sur l'imposition à faire pour acquitter les charges de ladite caisse de l'année 1768 et de la présente année :

La Cour, ouï le Procureur-général du Roi en ses conclusions, a imposé la somme de 45 s. par tête de nègre payant droit; laquelle somme sera payée par les contribuables, sous les peines portées aux précédens arrêts rendus par la Cour à ce sujet.

Ordonne que le présent arrêt sera imprimé, lu, publié et affiché dans toutes les paroisses de cette île et de celle de Sainte-Lucie, à ce que personne n'en prétende cause d'ignorance, *etc.*

Fait au Conseil souverain de la Martinique, le 5 mai 1769. *Signé*, ROIGNAN, greffier.

(N°. 419.) EDIT *du Roi, portant création d'une Sénéchaussée à la Pointe-à-Pitre, île Guadeloupe.*

Du mois de juin 1769.

LOUIS, *etc.*, SALUT : Les habitans des quartiers de la Baie-Mahault, du Lamentin, du Petit-Bourg et du grand Cul-de-sac de l'île Guadeloupe, nous auraient fait représenter que l'éloignement du siege de la Sénéchaussée de la Basse-Terre dont ils sont dépendans, les expose à des frais considérables pour la poursuite de leurs affaires, les détourne de leurs travaux, cause en particulier un grand préjudice aux mineurs dont les biens sont affermés judiciairement, en ce que l'adjudication en est souvent faite à des personnes éloignées, qui ruinent les habitations en retirant les nègres des ateliers pour les occuper sur leurs propres terreins, et que tous ces inconvéniens cesseraient s'il nous plaisait de distraire ces quartiers du ressort de la Sénéchaussée de la Basse-Terre, pour les faire dépendre de celle de la Pointe-à-Pitre, lieu beaucoup plus voisin et où ils sont obligés d'ailleurs de vendre leurs denrées et d'acheter les marchandises dont ils ont besoin, il nous aurait été représenté en même tems que la Sénéchaussée de la Grande-Terre, dont le siége était anciennement fixé à Sainte Anne, transférée par nos ordres à la Pointe-à-Pitre, aurait été établie dans les premiers tems par les Gouverneur notre Lieutenant-général et Intendant aux îles du vent, sans qu'il y ait eu depuis aucun acte de confirmation de nous, et que l'accroissement de la colonie ayant rendu cet établissement indispensable, il conviendrait d'y mettre le sceau de notre autorité, nous avons jugé nécessaire de pourvoir à ces deux objets également intéressans pour le bon ordre, la tranquillité et l'utilité de nos sujets dans ladite île Guadeloupe.

A CES CAUSES, *etc.*, nous avons, par le présent édit perpétuel et irrévocable, créé, érigé et établi, créons, érigeons et établissons un notre Siége et Sénéchaussée à la Pointe-à-Pitre en l'île Guadeloupe, qui comprendra les quartiers des Abîmes, le Gosier, Ste-Anne, St-François, le Moule, l'Anse-Bertrand, le Port-Louis, le Mancenilier, le Morne-à-l'Eau, formant la partie appelée la Grande-Terre, et les quartiers de la Baie-Mahault, du Lamentin, du Petit-Bourg et du grand Cul-de-sac, lesquels seront et demeureront distraits de la Sénéchaussée de la Basse-Terre pour être à l'avenir dépendans de celle de la Pointe-à-Pitre. Voulons que ladite Sénéchaussée soit composée d'un notre Conseiller Sénéchal, d'un Lieutenant dudit Sénéchal, d'un Procureur pour nous et d'un Greffier, garde des minutes, lesquels officiers ne pourront exercer qu'en vertu des provisions que nous leur ferons expédier ; attribuons audit Juge, en son absence à son Lieutenant, la connaissance en première instance de tous procès civils et criminels mus et à mouvoir entre nos sujets des quartiers ci-dessus dénommés, et de toutes causes personnelles, réelles et mixtes, jusqu'à jugement définitif, en la même forme que les Officiers de la Sénéchaussée de la Basse-Terre, à la charge de se conformer à la Coutume de Paris, aux lois particulières faites, soit pour les colonies en général, soit pour les îles du vent seules, et à toutes autres que suivent la Sénéchaussée de la Basse-Terre et le Conseil souverain de ladite île Guadeloupe. Voulons que les appellations des sentences et jugemens rendus par ledit Juge ou son Lieutenant soient portées et relevées en toutes matières audit Conseil souverain de la Guadeloupe.

Si donnons en mandement, *etc.*

Donné à Versailles, au mois de juin 1769. *Signé*, LOUIS ; *et plus bas*, par le Roi, CHOISEUL, Duc de PRASLIN.

(N°. 420.) ORDRE *du Roi, portant prorogation à l'Arrêt de son Conseil, du 29 juillet 1767, et révocation de l'Ordonnance, du 1ᵉʳ. avril 1768, au sujet du Commerce de Sainte-Lucie.*

Du 30 juin 1769.

SA MAJESTÉ ayant établi un entrepôt au port du Carénage de l'île Sainte-Lucie, par arrêt de son Conseil, du 29 juillet 1767, et réglé par ledit arrêt et un autre, du 1ᵉʳ. avril 1768, les denrées et marchandises qu'il serait permis d'y importer et d'en exporter, tant par des bâtimens étrangers que par ceux appartenant à ses sujets, soit de France, soit des îles et colonies françaises, elle aurait estimé convenable pour procurer aux Colons déjà établis à Sainte-Lucie et à ceux qui voudraient y former des habitations, les facilités dont ils ont besoin, d'excepter par son ordonnance du 1ᵉʳ. avril 1768, les autres ports et rades de ladite île, des dispositions desdits arrêts et même de la prohibition générale établie par les lettres-patentes du mois d'octobre 1727; jusqu'à ce qu'il en ait été autrement ordonné, et S. M. étant informée que cette exception indéfinie a donné lieu à des abus contraires aux vues qui avaient déterminé l'établissement de l'entrepôt, elle a jugé nécessaire de la faire cesser et de faire rentrer les ports et rades de Sainte-Lucie, autres que celui du Carénage, dans la prohibition commune à toutes les autres îles et colonies françaises. En conséquence S. M. a révoqué et révoque sadite ordonnance, du 1er. avril 1768, et ordonne que les ports et rades de Sainte-Lucie seront et demeureront soumis à la prohibition portée par les lettres-patentes du mois d'octobre 1727, et aux dispositions des arrêts de son Conseil, des 29 juillet 1767 et 1er. avril 1768.

Mande et ordonne S. M., *etc.*

Fait à Versailles, le 30 juin 1769. *Signé*, LOUIS ; *et plus bas*, par le Roi, le Duc de PRASLIN.

Enregist. au Conseil souverain.

(N°. 421.) RÉGLEMENT *du Conseil souverain, sur les Avocats.*

Du 4 juillet 1769.

LA Cour, *etc.*, ordonne que les Avocats reçus, tant en la Cour qu'aux différentes jurisdictions de son ressort, seront tenus à l'avenir de se renfermer dans les fonctions de leur état, sans entreprendre sur le ministère des Procureurs, en conséquence que lesdits Avocats auront dans toutes les occasions la préséance que leur donne leur grade sur les Procureurs, si ce n'est dans le cas où quelques-uns des Avocats prendraient commission de Procureur ; pour lors ils ne pourront se prévaloir pour la préséance de leur qualité d'Avocat, et ne prendront rang que du jour de leur réception en qualité de Procureur.

Ordonne en outre que tous Avocats qui se présenteront par la suite pour exercer, tant en la Cour qu'aux jurisdictions, ne pourront être reçus qu'ils ne prouvent, par un certificat du parquet d'une Cour souveraine du royaume, y avoir exercé et suivi le barreau pendant trois ans au moins.

Pour fixer et distinguer les fonctions des Avocats, la Cour ordonne qu'il sera fait un projet de réglement par Me. Perrinelle Dumay, conseiller, que la Cour a nommé commissaire à cet effet, lequel projet sera rapporté en la Cour à la séance prochaine pour, sur icelui et les conclusions du Procureur-général du Roi, être ordonné ce qu'il appartiendra.

Fait au Conseil souverain de la Martinique, le 4 juillet 1769. *Signé*, ROIGNAN, greffier.

(N°. 422.) RÉGLEMENT *du Conseil souverain, sur le nombre des Substituts du Procureur du Roi à Saint-Pierre.*

Du 4 juillet 1769.

SUR ce qui a été observé à la Cour par MM. le Comte D'Ennery et le Président de Peinier, qu'il y a actuellement trois Substituts du Procureur du Roi en la jurisdiction de St-Pierre, que ce nombre est trop considérable pour le service et l'etendue de cette jurisdiction, et qu'il serait nécessaire de les restreindre à deux seulement; sur quoi la matière mise en délibération;

La Cour, *etc.*, ordonne que le nombre des Substituts du Procureur du Roi en la jurisdiction de St-Pierre, sera et demeurera fixé à deux; que cependant les trois qui le sont actuellement jouiront et exerceront ledit office jusqu'au décès du premier mourant, à la place duquel il ne sera pas pourvu.

Ordonne que le présent arrêt sera enregistré au Greffe de la jurisdiction dudit bourg de Saint-Pierre, *etc.*

Fait au Conseil souverain de la Martinique, le 4 juillet 1769. *Signé*, ROIGNAN, greffier.

(N°. 423.) RÉGLEMENT *du Conseil souverain, sur les Significations à faire par les Huissiers.*

Du 4 juillet 1769.

LA Cour, *etc.*, fait défenses à tous Huissiers et Sergens de faire aucune signification quelconque, quand même les pièces à signifier seraient signées des parties, à moins qu'elles ne leur soient remises par les Avocats ou Procureurs ayant serment en la Cour et y faisant leurs fonctions, ou d'eux signées, sous telles peines qu'il appartiendra; ordonne que toutes requêtes, mémoires, factums et pièces de procédure, quelles qu'elles soient, qui seront signées des parties sans l'être de leurs défenseurs, n'entreront point en taxe.

Ordonne en outre que le présent arrêt, ensemble l'arrêt en réglement du 10 novembre 1763, seront imprimés, lus, *etc.*

Fait au Conseil souverain de la Martinique, le 4 juillet 1769. *Signé*, ROIGNAN, greffier.

(Voyez pour l'arrêt en réglement mentionné en l'autre part, tome II p. 275.)

(N°. 424.) ARRÊT *du Conseil souverain, concernant l'Interprétation à donner à quelques Dispositions de l'Edit du Roi sur les Attributions des Officiers de Justice.*

Du 9 juillet 1769.

VU la déclaration du Roi, portant réglement pour les Officiers de justice de cette île Martinique, donnée à Versailles le 8 février dernier, signée *Louis ;* et plus bas par le Roi, *Choiseul*, Duc de *Praslin*, scellée du grand-sceau de S. M., empreint sur cire jaune en queue de parchemin, ensemble la lettre du Ministre à ce sujet, aussi datée de Versailles du 6 dudit mois d'avril, adressée à MM. les Général et Intendant de cette île, de tout quoi le Procureur-général du Roi a requis l'enregistrement en la Cour : sur quoi ouï Me. Perrinelle Dumay, conseiller, auquel le tout a été remis en son rapport, et après lecture faite du tout ;

La Cour ordonne que la déclaration du Roi, ensemble la lettre du Ministre seront enregistrées sur le registre particulier des enregistremens de la Cour, pour être exécutoire suivant leur forme et teneur, déclarant que dans l'art. V de ladite déclaration où il est dit, qu'en cas d'absence ou de mort de l'Intendant, le Commissaire de la marine faisant fonctions de Subdélégue-général, ou en son absence le plus ancien Commissaire, *presidera à sa place*, ces derniers termes ne pourront

pourront être entendus que comme désignant une préséance et l'occupation de la place de l'Intendant, et non pas comme exprimant la présidence du Conseil, dont les fonctions, par ce même article, sont attribuées au Doyen de la Cour.

Arrête en outre que S. M. sera suppliée de considérer que la disposition de ce même article V, qui, au défaut des Commissaires, accorde au plus ancien Officier d'administration breveté, entrée, séance et voix délibérative au Conseil, ne peut pas subsister sans que le bien de la justice n'en souffre : les entrées au Conseil associant ceux à qui elles sont accordées à la magistrature, dont la dignité ne permet pas qu'elles puissent être données sans détermination certaine du titre, du grade et de la qualité de celui qui en doit jouir. Le terme : *le plus ancien Officier d'administration*, est un terme général qui ne fixe rien, et qui s'étend à tous les grands Officiers d'administration jusqu'aux plus inférieurs : la Cour ne peut pas se persuader que l'intention de S. M. ait été de les admettre tous indistinctement à ce privilége et à une fonction si importante : d'ailleurs cet Officier d'administration en sous ordre, quoique le plus ancien, sera le plus souvent un jeune homme sans étude et sans expérience, peu propre par conséquent à s'attirer la confiance du citoyen, des biens, de l'honneur et de la vie duquel il deviendra juge : la Cour espère que S. M., ayant égard à toutes ces considérations, voudra bien supprimer cette partie de l'article.

Fait au Conseil souverain de la Martinique, le 9 juillet 1769. *Signé*, ROIGNAN, greffier.

(N°. 425.) EXTRAIT *d'une Dépêche ministérielle de M.* le Duc de Praslin, *sur les Gens de couleur servant dans les Milices.*

Du 26 août 1769.

Par cette lettre, adressée à MM. les Administrateurs en chef, le Ministre accorde exemption de capitation aux gens de couleur servant dans les compagnies de milice, comme à ceux qui ont été blessés, ou qui auront soixante ans. Ladite exemption ne peut s'étendre à leurs enfans.

(N°. 426.) ARRÊT *du Conseil souverain, concernant les Chirurgiens, Apothicaires, Droguistes et autres Distributeurs de Drogues.*

Du 5 septembre 1769.

LA Cour, faisant droit sur le réquisitoire du Procureur-général du Roi, fait inhibitions et défenses à tous Chirurgiens, Apothicaires, Droguistes et autres d'employer des esclaves ou autres gens de couleur à la vente, distribution et composition des drogues, sous les peines de droit; leur enjoint, lorsqu'ils se serviront d'esclaves ou autres gens de couleur pour porter les drogues aux malades, d'en coller les étiquettes sur les fioles ou paquets, sous peine, en cas de contravention, d'être déclarés déchus du droit d'exercer leur profession dans l'étendue du ressort de la Cour ; ce qui sera imprimé, lu, publié, *etc.*

Fait au Conseil souverain de la Martinique, le 5 septembre 1769. *Signé,* ROIGNAN, greffier.

(N°. 427.) EXTRAIT *d'une Dépêche ministérielle de M.* le Duc de Praslin, *au sujet de l'Enregistrement des Lettres du Ministre.*

Du 3 octobre 1769.

Par cette lettre, adressée en commun aux Administrateurs en chef, le Ministre leur prescrit de ne point faire enregistrer aucune dépêche ministérielle aux Conseils souverains, quoiqu'accompagnant quelque loi soumise à l'enregistrement, à moins que la dépêche ne porte l'ordre précis de l'enregistrement.

(N°. 428.) ORDONNANCE *de MM. les Général et Intendant, concernant une nouvelle Imposition de 3 liv. par tête de Nègres, sur les Habitans de Sainte-Lucie.*

Du 30 octobre 1769.

L'INTENTION de S. M., en établissant une imposition de 3 liv. sur chaque tête d'esclaves dans toute l'île de Sainte-Lucie, ayant été d'en employer le produit à l'édification d'un bâtiment dans la ville du Carénage, pour servir de Palais et de Greffe aux Officiers de la jurisdiction, et de prisons absolument nécessaires à la justice; et que ce bâtiment devant appartenir au public, et étant relatif à sa sûreté et à ses besoins, la colonie en supportât les frais, ainsi qu'elle s'en est expliquée dans l'ordre qu'elle nous a adressé à ce sujet, daté du 21 décembre 1767, enregistré au Conseil souverain de la Martinique ; et le produit de ladite imposition levée l'année dernière ayant suffi à peine à une partie de la construction dudit bâtiment, nous nous trouvons obligés à continuer la même imposition pour la présente année ; c'est sur ce motif, et en exécution de l'ordre du Roi, que nous avons statué et ordonné, statuons et ordonnons ce qui suit :

Art. Ier. Il sera établi pour la présente année, dans toute l'île Ste-Lucie, une nouvelle imposition de 3 liv. sur chaque tête d'esclaves, depuis l'âge de 14 ans jusqu'à celui de 60 inclusivement.

II. Les esclaves des maîtres qui n'ont pris possession des concessions qui leur ont été accordées dans l'île Ste-Lucie, que depuis le 1er. janvier 1768 et postérieurement à ladite époque, seront exempts de ladite imposition ; ce que lesdits habitans certifieront par des certificats du Commandant de leurs quartiers.

III. Ceux des habitans établis en ladite île de Ste-Lucie, depuis le 1er. janvier 1766, et qui avaient été exemptés à la dernière imposition, paieront celle de la présente année.

IV. Les exemptions accordées par la déclaration du Roi, du mois d'octobre 1730, aux Officiers de milices, aux Nobles et autres, ne pourront être réclamées pour ladite imposition, attendu qu'elle n'est pas perçue au profit de S. M. : nous défendons en conséquence d'y avoir égard dans les rôles de répartition qui seront dressés à cet effet.

V. Les habitans de Ste-Lucie fourniront incessamment, à chacun des Capitaines de leur quartier, un état fidèle du nombre de leurs esclaves qui sont dans le cas d'être imposés, en vertu duquel leur imposition sera fixée, et payée entre les mains des Aides-majors de milice de chaque quartier. Nous enjoignons à messieurs les Aides-majors d'apporter toute diligence dans la perception des deniers de l'imposition de leurs paroisses, pour en être ensuite le montant remis par eux au sieur Debon, que nous avons établi receveur de ladite imposition, et à qui ils remettront pareillement un état de leur recette certifié par eux, dont ils délivreront le double à messieurs les Gouverneur et Subdélégué de l'île, auxquels ils déclareront en même tems, par une liste particulière, ceux qui auront négligé de satisfaire à ladite imposition, pour qu'ils y soient contraints par toutes les voies de droit et même par corps.

VI. Le S^r. Debon, en sa qualité de receveur, délivrera toutes quittances aux contribuables, et rendra compte à la fin de l'année à l'Intendant, tant de sa recette que de sa dépense, et il lui sera alloué, pour raison de ce, un pour cent sur sa recette.

VII. La présente imposition sera exigible au 1er. décembre prochain, et les contribuables tenus de l'acquitter dans le courant dudit mois, conformément à l'art. V de la présente ordonnance, et sous les peines y contenues en cas de défaut de paiement.

VIII. Les habitans, négocians, marchands, artisans et tous autres domiciliés à Sainte-Lucie, même les gens de couleur libres, soit qu'ils soient exempts de l'imposition en tout ou en partie, fourniront un dénombrement exact dans lequel ils désigneront leurs noms, surnoms, qualités, professions et demeures, ceux de leurs enfans, les noms, surnoms, âges et métiers de leurs esclaves, ainsi que la quantité de leurs terres, la nature de leurs plantations et le nombre de leurs bestiaux. A l'effet de quoi il sera envoyé des feuilles imprimées adressées aux Capitaines de quartier, qui en feront la distribution aux particuliers, pour être par ceux-ci remplies sous les délais qui seront fixés, et remises auxdits Capitaines, qui les feront passer au Subdélégué de Ste-Lucie : les dénombremens seront faits doubles, et le Subdélégué signera l'ampliation de l'un pour être renvoyée aux parties, et l'autre restera déposé à son bureau.

Sera la présente ordonnance, *etc.*

Donné à la Martinique, le 30 octobre 1769. *Signé*, D'ENNERY, *et* le Président de PEINIER.

(N°. 429.) RÉGLEMENT *du Conseil souverain, concernant les Curés, Greffiers et Notaires du Ressort de la Cour, relativement aux Titres de Noblesse.*

Du 9 novembre 1769.

VU par la Cour la remontrance du Procureur-général du Roi en ladite Cour, contenant, que quoiqu'il soit enjoint par le réglement de la Cour, du 8 janvier 1750, à tous les Curés, Greffiers et Notaires de son ressort d'envoyer au remontrant, tous les trois mois, une liste des particuliers qui, dans les actes qu'ils ont passés, ont pris la qualité de chevalier, écuyer et autres dénominations de noblesse, il y en a cependant très-peu qui s'y conforment ; que cette négligence de leur part provenait sans doute de ce qu'il n'y a aucune peine attachée par le réglement, contre ceux qui manquent d'envoyer ces listes ; ce qui empêche le remontrant de poursuivre ceux qui prennent indûment ces qualités : pourquoi ledit remontrant aurait recours à la Cour, pour qu'il lui plût prononcer telle amende qu'elle aviserait, applicable aux réparations et décorations du Palais, contre les Curés, Greffiers et Notaires qui ne se conformeraient pas audit réglement, et que l'arrêt qui interviendrait serait imprimé, lu, *etc.*

La Cour, faisant droit sur la remontrance dudit Procureur-général, ordonne que le réglement dudit jour, 8 janvier 1750, sera exécuté: en conséquence, que tous les Curés, Greffiers et Notaires du ressort de la Cour seront tenus à l'avenir d'envoyer audit Procureur-général, tous les trois mois, la liste des particuliers qui auront pris dans les actes qu'ils recevront la qualité d'écuyer, chevalier et autres dénominations de noblesse, à peine de 500 liv. d'amende pour la première fois, et de 1000 liv. en cas de récidive, et d'interdiction pendant trois mois pour lesdits Notaires et Greffiers.

Ordonne en outre que tous lesdits Curés, Greffiers et Notaires enverront audit Procureur-général, une liste exacte des particuliers qui ont pris lesdites qualités dans les actes reçus par lesdits Curés, Greffiers et Notaires, à compter du mois de juillet 1763, jusqu'à ce jour. Ordonne aussi que le présent arrêt sera imprimé, lu, *etc.*

Fait au Conseil souverain de la Martinique, le 9 novembre 1769. *Signé*, ROIGNAN, greffier.

(N°. 430.) ARRÊT *en Réglement du Conseil souverain, concernant les Avocats.*

Du 10 novembre 1769.

CE jour, Me. Perrinelle Dumay, commissaire nommé par arrêt de la Cour, du 4 juillet dernier, pour dresser un projet de réglement pour fixer et distinguer les fonctions des Avocats, ayant remis sur le bureau de la Cour le projet dudit réglement, examen fait d'icelui et ouï le Procureur-général du Roi en ses conclusions, la Cour a réglé et arrêté ce qui suit :

Art. Ier. Ne pourront être faites aucunes élections de domicile chez les Avocats ; ne seront réputées valables que celles qui auront été faites ès-études des Procureurs.

II. Ne pourront les Avocats faire aucun acte relatif à l'instruction de la procédure, tels qu'exploits libellés, requêtes, inventaire de communication ou production, causes d'oppositions, productions nouvelles, comptes, brefs états, déclarations de dommages et intérêts, actes de produit et autres de cette espèce.

III. Seront autorisés lesdits Avocats à plaider, tant en la Cour qu'aux jurisdictions du ressort ; mais ils ne pourront y paraître qu'assistés du Procureur des parties qui dressera les qualités : ne pourront aussi lesdits Avocats requérir à l'audience aucuns défauts ou congés, renvois à une autre audience, ni être employés dans les appointemens ou jugemens qui ne concernent que l'instruction de la procédure.

IV. Seront pareillement autorisés lesdits Avocats à donner consultation dans toutes sortes d'affaires pendantes, soit en la Cour, soit dans les jurisdictions du ressort, à dresser tous écrits de défenses, contredits, salvations, griefs, réponses à griefs, débats, soutenemens, moyens de nullité, factums, mémoires et généralement toutes écritures nécessaires pour la défense des parties au fond.

V. Sont faites inhibitions et défenses aux Avocats, à peine d'interdiction, *à régler suivant l'exigence du cas*, de signer aucunes écritures qu'ils n'auront point faites.

VI. Seront tenus lesdits Avocats de faire, au bas des écritures par eux faites, mention des honoraires qu'ils auront reçus des parties, ou qu'ils penseront leur être dus, lesquels honoraires ne passeront néanmoins dans les états des frais, que suivant la taxe qui en sera faite par les Juges ou Commissaires taxateurs.

Ordonne que le présent réglement sera exécuté selon sa forme et teneur; en conséquence qu'il sera imprimé, lu, *etc.*

Fait au Conseil souverain de la Martinique, le 10 novembre 1769. *Signé*, ROIGNAN, greffier.

(N°. 431.) ORDONNANCE *de MM. les Général et Intendant, concernant l'Imposition de la Martinique, la Guadeloupe et Dépendances, pour l'année* 1770.

Du 2 janvier 1770.

LE Roi n'ayant point dérogé aux ordres qu'il a donnés pour l'imposition de 1769, qui sont connus par nos ordonnances rendues à ce sujet à la Martinique et à la Guadeloupe, en date des 15 février et 7 mars de la même année, et étant autorisés à suivre la même forme jusqu'à ce qu'il ait été pris un parti définitif sur cet objet.

A CES CAUSES, nous, *etc.*, statuons et ordonnons ce qui suit:

ART. Ier. Tous les esclaves, de l'un et de l'autre sexe, des îles Martinique, la Guadeloupe, Marie-Galante, la Desirade et les Saintes, depuis l'âge de 14 ans, jusqu'à celui de 60 exclusivement, attachés aux manufactures à sucre, seront imposés pour la présente année, ainsi qu'ils l'ont été dans la précédente, à 15 liv. par tête, sur le pied des dénombremens qui ont dû être fournis.

II. Les esclaves des habitans cultivateurs de café, cacao, coton, manioc et autres vivres, seront taxés à 10 liv. par tête, conformément au contenu en l'article précédent.

III. Les esclaves des villes et bourgs, soit ouvriers, domestiques, ou servant à loyer et à la journée, et tous autres non attachés à la culture, seront taxés indistinctement à 20 liv. par tête, sur le pied des dénombremens que leurs maîtres ont dû fournir.

IV. Les nègres et autres gens de couleur libres et affranchis, à l'exception de ceux cependant qui servent dans les compagnies de gens libres, et dont il sera parlé ci-après, seront taxés à 15 l. par tête, conformément à l'article Ier., quant à leur âge.

V. Tous les blancs européens qui ne sont point ouvriers et qui sont domiciliés dans ces îles, seront taxés à 9 liv. par tête.

VI. Les blancs européens ouvriers ne seront taxés qu'à 6 liv. par tête.

VII. L'industrie sera payée par les Commissionnaires établis auxdites iles, les Armateurs et Géreurs de cargaisons, les Négocians, les Marchands détailleurs, les Artisans, les Notaires, Procureurs et Huissiers, les Médecins, Chirurgiens, Apothicaires, Droguistes et Distillateurs, à raison de 4 pour 100 du loyer des maisons qu'ils occupent; et ceux qui sont propriétaires desdites maisons, paieront lesdits 4 pour 100, sur le pied de l'évaluation qui sera faite du prix du loyer d'icelle.

VIII. Les maisons seront taxées sur le pied de 4 pour 100 de la valeur de leurs loyers, soit qu'elles soient occupées par les propriétaires, ou par des locataires : seront cependant déchargées de ladite imposition, les maisons qui seraient plus de trois mois sans être louées, et ce pour tout le tems qu'elles resteront dans cet état ; ce que les propriétaires seront tenus de constater contradictoirement avec le Directeur du Domaine.

IX. Pour que les articles VII et VIII soient exécutés sans fraude, nous ordonnons que dans le cours d'un mois, à compter du jour de la publication des présentes, tous les propriétaires des maisons porteront ou enverront au bureau du Domaine du département où leurs maisons sont situées, la déclaration du prix de leur loyer, s'ils ont des locataires, ou l'évaluation d'icelui, s'ils les occupent eux-mêmes ; et ceux dont les maisons ne seraient point occupées à cette époque en justifieront.

Dans le même délai; tous les locataires se présenteront, ou enverront aux mêmes bureaux, pour y faire la déclaration du prix du loyer qu'ils paient, et dont ils justifieront en exhibant leurs baux passés par devant Notaires, ou sous signature privée. Les déclarations des locataires seront reçues auxdits bureaux sommairement et en marge de chacun de leurs propriétaires ; seront lesdites déclarations signées par les parties et contredites, si lieu y a, par le Directeur du Domaine, qui, dans ce cas, se pourvoira par devant l'Intendant.

X. L'établissement de la nouvelle ville du Morne-Renfermé étant des plus intéressans pour la Grande-Terre de la Guadeloupe, nous exemptons de l'imposition toutes les maisons et magasins de ladite ville du Morne-Renfermé.

La taxe de l'industrie y sera payée par ceux qui sont dans le cas de l'article VII et sur le même pied, à l'exception toutefois des propriétaires de maisons et magasins que nous en exemptons, à la charge par eux de justifier de leur propriété, contradictoirement avec le Directeur du Domaine.

XI. Le produit de la taxe sur tous les aubergistes, cabaretiers et autres vendant du vin dans les villes et bourgs, et dans toutes les cabanes, continuera à faire partie de la présente imposition.

XII. Les droits sur l'importation et l'exportation de toutes les marchandises et denrées, sans exception, feront également partie de la présente imposition, et seront également perçus sur le pied d'un pour 100, ainsi qu'ils l'ont été précédemment à la Martinique, suivant la vérification et l'évaluation qui en sera faite à raison du cours, quant au droit d'entrée seulement, par le Directeur et les Receveurs et employés du Domaine, lors des déclarations qu'en feront les capitaines des navires marchands à leur arrivée et à leur départ de ces îles.

XIII. Les gros sirops et tafias seront soumis seulement à l'ancien droit de 3 pour 100 de leur valeur, à leur sortie de ces colonies pour passer à l'étranger, de même qu'au droit additionnel de 2 s. par livre sur le montant dudit droit principal de 3 pour 100, conformément aux déclarations du Roi, des 3 février 1760 et 21 novembre 1763; tous lesquels droits seront perçus pour le compte des Fermiers-généraux, et ne feront point par conséquent partie de la présente imposition.

XIV

XIV. Tous les droits seigneuriaux et domaniaux, tels que les épaves et aubaines, bâtardises, déshérences, les biens vacans non reclamés, les amendes, confiscations et autres appartenant au Roi, continueront d'être perçus comme par le passé, le cas y échéant ; ils seront réservés à S. M. et ne feront point partie de la présente imposition.

XV. Ceux qui, par la nature de leurs biens, ou par les priviléges particuliers de leur état ou de leurs charges, sont dans le cas des exemptions, continueront d'en jouir, ainsi qu'ils en ont joui par le passé, conformément à la déclaration du Roi, du 3 octobre 1730, et à la dernière ordonnance du Roi sur les milices, à la charge par eux de remettre au bureau du Domaine du Roi, une copie conforme probante des titres, brevets ou commissions, en vertu desquels ils prétendront leur exemption ; et faute d'y avoir satisfait en donnant leurs dénombremens, ils en seront déchus et privés.

XVI. Ceux qui se trouveront dans le cas d'avoir deux titres d'exemption, ne pourront jouir que d'un seul, mais il leur sera libre d'opter pour le titre dont l'exemption sera la plus forte, laquelle n'aura lieu néanmoins que pour le nombre effectif d'esclaves ou domestiques qu'ils auront à leur service et qui leur appartiendront réellement : faisons très-expresses défenses d'emprunter ou prêter des esclaves pour abuser de ladite exemption, à peine de confiscation des esclaves prêtés et de 500 l. d'amende, le tout au profit de S. M., contre chacun de ceux qui auraient emprunté ou prêté lesdits esclaves, conformément à ladite déclaration du 3 octobre 1730.

XVII. L'ordre du Roi annoncé par la lettre du Ministre, en date du 26 août 1769, portant exemption de capitation pour tous les métis, mulâtres et nègres libres et affranchis, servant actuellement dans les compagnies de milice, ainsi que pour ceux qui auront atteint l'âge de 60 ans en y servant, ou qui auront été blessés au service, jouiront de ladite exemption pour leur tête seulement, sans qu'elle puisse s'étendre à leurs femmes et enfans ; les blessés et les surâgés, pour jouir de cette exemption, rapporteront au Domaine, une fois seulement, un certificat de leurs services ou blessures, vérifié par le Commandant du bataillon, et visé du Général ou du Gouverneur ; ensuite il leur suffira de faire note sur leur dénombrement de la cause de leur exemption, qui sera enregistrée au Domaine.

XVIII. Tous les habitans de quelque pays, qualité ou condition qu'ils soient, exempts ou non exempts, ecclésiastiques et autres, seront tenus de donner tous les ans leurs dénombremens par eux certifiés, de toutes les personnes libres et esclaves qui composent leurs maisons, communautés, fiefs, terres et habitations ; et ce dans la forme prescrite à tous les habitans des colonies, sous les peines portées en la déclaration du Roi de 1730.

XIX. Ceux qui formeront de nouveaux établissemens jouiront, pendant deux années, de l'exemption de capitation pour la quantité de nègres qu'ils y emploîront, suivant la déclaration qu'ils en feront devant l'Intendant, sur laquelle il réglera le nombre de nègres nécessaires pour le défrichement proposé ; laquelle déclaration sera accompagnée du verbal d'arpentage de l'Arpenteur du quartier, qui constatera la quantité réelle du terrein défriché, et s'il ne l'avait pas été anciennement ; et sera le tout, avec l'ordonnance de l'Intendant ou de celui qui le représentera, signifié au Directeur-général du Domaine, relativement à la susdite déclaration du Roi de 1730 ; laquelle exemption nous restreignons cependant aux établissemens des terres concédées depuis l'année 1767, faute par les concessionnaires antérieurs de s'être mis en règle.

XX. La capitation étant acquise au Domaine du Roi dès le 1er. janvier, nous ordonnons que l'imposition que nous établissons pour la présente année, sera acquittée d'ici au 1er. avril prochain et en un seul paiement, entre les mains des Receveurs préposés à cet effet, à défaut de quoi les redevables seront contraints par toutes les voies de droit, même par corps, et par la saisie et vente de leurs nègres sans distinction.

Prions messieurs les Officiers des Conseils souverains de la Martinique et de la Guadeloupe de faire enregistrer, *etc.*

Donné à la Martinique, le 2 janvier 1770. *Signé*, D'ENNERY, *et* le Président de PEINIER.

Enregist. au Conseil souverain.

(N°. 432.) ORDONNANCE *de MM. les Général et Intendant, portant continuation de l'Imposition sur les Habitans de l'île Ste-Lucie.*

Du 25 mai 1770.

LES mêmes motifs qui nous ont déterminés à établir une nouvelle imposition de 3 liv. sur chaque tête d'esclave, dans toute l'île de Sainte-Lucie, pour l'année 1769, en vertu de l'ordre que le Roi nous a adressé à ce sujet, daté du 21 décembre 1767, et enregistré au Conseil souverain de la Martinique, subsistant toujours, nous nous trouvons obligés, pour remplir les intentions de S. M., de continuer la même imposition pour la présente année : c'est sur ce motif et en vertu de l'ordre du Roi, que nous avons statué et ordonné ce qui suit :

N. B. Cette ordonnance est absolument la même que celle du 30 octobre 1769, contenue dans le présent tome, sous le N°. 428, pages 15 et suivantes.

(N°. 433.) ORDONNANCE *de MM. les Général et Intendant, portant établissement d'une Imposition sur tous les Cabaretiers de l'île Sainte-Lucie.*

Du 28 mai 1770.

LE comblement de la ville du Carénage à Ste-Lucie important à la conservation de ceux qui l'habitent, nous avons trouvé un moyen de fournir aux dépenses nécessaires à sa perfection, dans l'établissement d'un impôt sur les aubergistes, cabaretiers et gens tenant billard dans l'étendue de l'île Sainte-Lucie, dont le produit sera uniquement employé à ces travaux.

A CES CAUSES, nous, *etc.* statuons et ordonnons ce qui suit :

ART. Ier. Tous les aubergistes, cabaretiers et gens tenant billard seront soumis chacun à un impôt de 200 l. par an, payable d'avance de six en six mois, et dont la moitié sera exigible en obtenant la permission du Gouvernement, nécessaire à leur établissement ; sauf à faire une distinction entr'eux pour le taux de l'imposition, si lieu y a par la suite.

II. Le nombre des auberges, cabarets et billards sera fixé comme ci-après, sauf à l'augmenter par la suite, si le besoin public l'exige,

SAVOIR:

Au Carénage, ...	10.	Au Quartier Micoud, .	2.
A l'Anse-la-Raie, . .	6.	Au Quartier Praslin, . .	2.
A la Soufrière, . . .	8.	Au Quartier d'Ennery, .	4.
Au Choiseul, ...	5.	Au Quartier Mouflet (2),	2.
A l'Islet-à-Caret (1),	6.	Au Gros-Islet, ...	6.
Au Vieux-Fort, . .	4.		

Quartiers 11. — Cabarets 55.

III. Quiconque voudra tenir auberge, cabaret ou billard, sera tenu de rapporter un certificat du Commandant des milices de son quartier, qui constatera que le nombre fixé n'est pas complet. Ce certificat sera représenté au Trésorier auquel on paiera le taux fixé, et sera déposé au bureau de la Subdélégation, où la permission sera délivrée et enregistrée, en exhibant la quittance du Trésorier.

IV. Nous défendons à toutes personnes, de quelque état qu'elles soient, de vendre ni débiter aucune boisson à Sainte-Lucie, sans être munies de la permission du Gouvernement, à peine, contre les contrevenans, de 100 l. d'amende pour la première fois, et de 200 en cas de récidive, dont moitié applicable au comblement

(1) Présentement Laborie. (2) Présentement Dauphin.

de la ville du Carénage, et l'autre moitié au profit des Commis de police, à leur défaut, des Sergens-majors des milices, que nous chargeons spécialement d'y veiller.

V. Ceux qui se trouveront établis lors de la promulgation de la présente ordonnance, seront tenus de se pourvoir sans délai, comme il est prescrit par l'article III.

Prions messieurs les Officiers du Conseil souverain de la Martinique d'en ordonner l'enregistrement.

Mandons aux Officiers de la jurisdiction de Sainte-Lucie de tenir la main à son exécution.

Donné à la Martinique, le 28 mai 1770. *Signé*, D'ENNERY, *et* le Président de PEINIER.

Enregist. au Conseil souverain.

(N°. 434.) CONSIGNE *de MM. les Général et Intendant, pour la Chaloupe de Ronde dans la Rade de Saint-Pierre.*

Du 1er. juin 1770.

N. B. Cette consigne est la même que celle du 26 octobre 1764. Voyez tome II, page 341.

(N°. 435.) EXTRAIT *d'une Dépêche ministérielle de M.* le Duc de Praslin, *sur les Colporteurs.*

Du 14 juin 1770.

Par cette lettre adressée, en commun aux Administrateurs en chef, concernant l'ordonnance du 12 août 1765, qui défend à la Martinique le colportage par les esclaves, le Ministre, en approuvant cette ordonnance, regarde comme trop rigoureux l'art. IV, portant suppression des esclaves pour accompagner les blancs colporteurs, lesdits blancs ne pouvant porter eux-mêmes leurs marchandises.

(N°. 436.) ORDONNANCE *de MM. les Général et Intendant, concernant les Boulangers, et qui fixe à 14 onces le poids du pain de 7 s. 6 d., sous peine d'un mois de prison, de 500 l. d'amende, de confiscation du pain qui ne sera pas du poids ordonné et d'être déchu du privilége de tenir Boulangerie.*

Du 18 juin 1770.

(N°. 437.) LETTRES-PATENTES *du Roi, concernant les Compagnies de l'Arrière-Ban, composées de la Noblesse des îles du vent.*

Du 16 septembre 1770.

LOUIS, *etc.*, SALUT : Ayant égard aux représentations qui nous ont été faites par la noblesse établie aux îles du vent, et voulant la traiter favorablement, nous avons bien voulu révoquer les dispositions de l'art. XVI de notre ordonnance du 1er. septembre 1768, concernant nos milices en nos dites îles, et donner à ladite noblesse des marques de bienveillance :

A CES CAUSES, *etc.*, nous voulons et nous plaît ce qui suit :

ART. Ier. La noblesse des îles du vent ne sera tenue à servir qu'en cas d'attaque, de guerre intestine ou d'évènement ; et alors elle sera assemblée par les ordres du Gouverneur-lieutenant-général, ou de celui qui le représentera dans chaque île, ainsi qu'il sera expliqué ci-après.

II. Le service des Nobles sera déterminé par le Gouverneur-général, ou celui qui le représentera, comme il le jugera le plus avantageux à la défense de la colonie.

III. Il sera établi dans chacune de nos îles du vent un Commandant de la noblesse, dont nous nous réservons la nomination, et dont nous bornons expressément les fonctions et les pouvoirs, à tenir une note exacte de tous les Nobles, et à les faire assembler quand il en recevra les ordres de notre Gouverneur-lieutenant-général, ou de celui qui le représentera dans chaque île; et à les commander à la guerre, sous l'autorité dudit Gouverneur-lieutenant-général, ou de celui qui le représentera.

IV. Dans les cas pressés, où le Gouverneur-lieutenant-général, ou celui qui le représentera, n'aurait pas le tems de recevoir nos ordres, et qu'il arriverait que le Commandant de la noblesse viendrait à mourir ou serait, par maladie ou infirmités, hors d'état de faire sa charge, nous autorisons notre Gouverneur-lieutenant-général, ou celui qui le représentera, à nommer provisoirement ledit Commandant, auquel nous attribuons, jusqu'à confirmation ou révocation de notre part, les mêmes fonctions et pouvoirs.

V. Au moment de l'assemblée des Nobles de chaque île, qui ne formera qu'une compagnie, ils proposeront au Gouverneur-lieutenant-général, ou celui qui le représentera, les Cornette et Maréchal-des-logis dont ils auront fait choix, et dont les fonctions et le pouvoir cesseront à la séparation de ladite compagnie.

VI. Tout Gentil-homme ou Noble, dont les tires auront été enregistrés à nos Conseils souverains, qui ne servira pas dans nos troupes, nos milices, ou dans la magistrature, sera tenu, lorsqu'il sera mandé ou indiqué comme il est dit à l'art. III, de se rendre au jour, au lieu et à l'heure marqués, monté et armé de façon à être en état de servir, soit à pied, soit à cheval, suivant les circonstances, sous peine d'être privé à jamais de porter les armes et d'être biffé du registre des Nobles, à moins qu'il n'ait des excuses légitimes, comme maladies ou infirmités, dont il justifiera par de bons certificats au Gouverneur-lieutenant-général, ou celui qui le représentera, et au Commandant de la noblesse.

VII. Les Gentils-hommes et Nobles seront tenus à l'obéissance envers leurs chefs, en tout ce qui concernera notre service, la police et la discipline, sous peine de punition corporelle, conformément à l'art. XII de l'ordonnance, du 30 juillet 1635, sur l'arrière-ban.

VIII. Défendons au Commandant de la noblesse de donner aucun congé à ses compagnons, même pour cause de maladie, sans la permission expresse du Gouverneur-lieutenant-général, ou de ceux qui le représenteront dans chaque île.

IX. Les Gentils-hommes ou Nobles qui auraient été choisis par le Gouverneur-lieutenant-général, ou celui qui le représente dans chaque île, pour l'accompagner, ou dont il aurait fait une destination particulière, seront dispensés des peines portées par les ordonnances contre les défaillans, en apportant attestation des Gouverneurs, des services par eux rendus.

X. Les assemblées des Nobles n'auront d'autre terme que le danger de la colonie, dont le Gouverneur-lieutenant-général, ou celui qui le représentera, jugera.

XI. Les Nobles et Gentils-hommes établis dans nos îles de Ste-Lucie et de Marie-Galante, n'étant pas en assez grand nombre pour former une compagnie d'arrière-ban, notre intention est, jusqu'à ce que le nombre en soit suffisant, qu'il n'y ait point de Commandant établi à l'avance; et nous autorisons notre Gouverneur-lieutenant-général, ou celui qui le représente dans chacune de ces îles, à nommer un Commandant à cette noblesse, au moment où le cas le requerra; attribuant à ce Commandant les mêmes pouvoirs et autorités sur les Nobles qui seront assemblés, comme il est dit ci-dessus; les fonctions de ces Commandans devant cesser avec la circonstance qui aura fait assembler ces Nobles et Gentils-hommes.

XII. Les compagnies d'arrière-ban des îles du vent pourront prendre, si elles le desirent, un uniforme, quand elles seront dans le cas de s'assembler, en en demandant la permission au Gouverneur, notre Lieutenant-général qui, sur sur leur demande, pourra le régler.

Si donnons en mandement, *etc.*

Donné à Versailles, le 16 septembre 1770. *Signé*, LOUIS; *et plus bas*, par le Roi, CHOISEUL, Duc de PRASLIN.

Enregist. au Conseil souverain.

(N°. 438.) EXTRAIT *d'une Dépêche ministérielle de M.* le Duc de Praslin, *sur le retard du départ des Navires marchands.*

Du 22 septembre 1770.

Par cette lettre, adressée en commun à MM. de Vallière et de Peinier, général et intendant à la Martinique, concernant le retard du départ des navires marchands à leur retour des iles, sous prétexte des difficultés que les Capitaines éprouvent pour leurs recouvremens, et au peu de protection qu'ils trouvent auprès du Gouvernement, le Ministre ordonne de ne point délivrer d'expéditions au bureau des Classes, qu'après que les capitaines auront remis aux Général et Intendant, ou à leurs représentans, un état certifié des créances de leurs cargaisons.

(N°. 439.) EXTRAIT *de l'Instruction donnée par MM. les Général et intendant, aux Directeurs du Domaine des Isles du Vent, portant Réglement sur certaines Exemptions.*

Du 1er. octobre 1770.

ART. IId. LES Supérieurs des maisons religieuses seront tenus de désigner, dans leurs dénombremens, le nombre effectif de nègres attachés à chaque cure, sans pouvoir ajouter à leurs exemptions celles des têtes qui n'existeraient pas réellement dans chacune desdites cures; ils feront aussi, au Domaine, la déclaration des maisons dont ils sont propriétaires, et qu'ils louent, afin d'en payer les droits dont rien ne les dispense.

III. Les Officiers militaires retirés du service, ainsi que les Médecins, Chirurgiens, Apothicaires du Roi, non en fonctions pour le service de S. M., qui ont prétendu à l'exemption sous divers prétextes, sont renvoyés à l'art. VI de ladite déclaration, qui les évince de toutes prétentions à cet égard.

IV. Les deux Arpenteurs brevetés du Roi, en fonctions pour son service et portés sur les états de S. M., et les deux plus anciens Arpenteurs ayant commission du Gouvernement, sont ceux qui doivent jouir de l'exemption accordée par l'art. V de ladite déclaration. S'il s'en trouvait de brevetés, quoique sans appointemens, l'exemption leur serait due par préférence à ces derniers, même malgré l'ancienneté de ceux-ci.

L'exemption du premier Arpenteur est la même que celle des Arpenteurs ordinaires.

V. Les Directeurs particuliers de la poste ne jouiront de l'exemption à eux accordée par l'ordonnance de cet établissement, qu'après avoir fait enregistrer leur commission au bureau du Domaine de leur département.

VI. Les Interprètes n'auront aucune exemption, non plus que les Pilotes du port, de quelque commission que les uns et les autres soient pourvus.

VII. Les Employés du Domaine jouiront de l'exemption de six nègres chacun : dans cette classe sont compris les Receveurs particuliers du Domaine, non visiteurs.

VIII. Les Commis des bureaux du Roi seront assimilés à ceux des Classes, désignés dans l'article V de ladite déclaration.

IX.

IX. Les esclaves mutilés, les maniaques, les ladres, les perclus, les aveugles, seront les seuls regardes comme infirmes et reellement hors d'état de servir leur maître. Ceux attaqués de maladies chroniques ne sont point dans cette classe, dans laquelle on ne comprend pas non plus les ulcères, les blessures, *etc.*

X. Le droit d'industrie est dû par tous ceux désignés dans l'ordonnance d'imposition de chaque année, quelque qualité qu'ils aient d'ailleurs et de quelque office ou charge qu'ils soient revêtus ; les Nobles même privilégiés n'en seront point exempts.

XV. Le Directeur du Domaine a le droit de se faire représenter les titres dont les exempts seront pourvus, lorsqu'il y aura lieu de douter de la vérité de leur existence, ou qu'il sera besoin de vérifier leurs dates.

XVI. Les titres obtenus pour l'exemption n'auront point d'effet rétroactif ; les droits seront payés suivant le dernier dénombrement donné dans son tems, sauf à ceux pourvus dans le cours de l'année, à se faire connaître au Domaine pour l'année suivante.

XVII. Les propriétaires de terres titrées fourniront leurs dénombremens au bureau du Domaine du département où ils se trouvent, indépendamment de celui qu'ils remettent au Greffe du Conseil, suivant l'art. XIII de ladite declaration, et ainsi qu'ils y ont été condamnés par jugement du Subdélégué-général de la Guadeloupe, en date du 18 mai 1758, sous les peines portées audit article.

XVIII. Les ordres contenus dans la présente instruction auront leur effet à compter de janvier

1771, et seront annoncés avant la confection des dénombremens à donner pour ladite année.

Sera la présente ordonnance enregistrée, *etc.* Donné à la Guadeloupe, le 1er. octobre 1770. *Signé*, D'ENNERY, *et* le Président de PEINIER.

(N°. 440.) ORDONNANCE *de MM. les Général et Intendant, concernant l'Imposition de la Martinique, la Guadeloupe et Dépendances, pour l'année* 1771.

Du 3 janvier 1771.

N. B. Cette ordonnance est absolument la même que celle du 2 janvier 1770, renfermée sous le N°. 431 de ce tome, pages 21 et suivantes.

(N°. 441.) ORDONNANCE *de MM. les Général et Intendant, portant Réglement et Tarif général de tous les Emolumens attribués à divers Fonctionnaires publics.*

Du 30 avril 1771.

L'ATTENTION que nous donnons aux diverses parties de l'administration qui nous est confiée, nous a fait apercevoir un défaut d'uniformité dans la perception des droits fixes par les précédens tarifs et réglemens, faits pour la Martinique et pour la Guadeloupe ; ce qui occasionne souvent un arbitraire dont il nous a été porté des plaintes : et comme il convient, pour prévenir les abus qui peuvent en résulter, d'établir une fixation égale dans les différens lieux de notre gouvernement, et de régler d'une manière claire et précise les droits attribués aux Curés, fabriques, Officiers de justice et autres qui sont dans le cas d'en percevoir, nous nous sommes portés à engager les Conseils souverains de ce Gouvernement, comme ayant plus directement ces objets sous leurs yeux, à travailler à une révision des anciens tarifs et réglemens, sur les différens mémoires qui leur ont été remis, pour, sur leur projet, être par nous dressé un nouveau tarif uniforme pour toutes ces colonies, eu égard à la différence des tems et au prix actuel des choses nécessaires à la vie, ce qui a été exécuté : en conséquence, après avoir examiné et discuté toutes les observations qui nous ont été remises, nous avons fait et dressé le présent réglement et tarif général, pour être suivi et exécuté, sous le bon plaisir de S. M., dans l'étendue de notre Gouvernement.

CHAPITRE PREMIER.

Droits Curiaux.

ART. Ier. Les baptêmes, ... *Gratis.*

II. Les mariages, ... *Gratis.*

III. Pour l'administration des sacremens, . *Gratis.*

IV. Pour chaque publication de bancs, . . 1 l 10 s.

V. Pour une messe basse, ... 1 10.

VI. Pour la levée d'un corps dans les villes et bourgs, ... 12.

VII. Pour inhumation et enterrement simple, 12.

VIII. Pour un nocturne ou les vêpres des morts, ... 7 10.

IX. Pour la grand'messe, ... 7 10.

X. Pour un enterrement solennel, avec Diacre, Sous-Diacre, chappe et encens, . . 18.

XI. Pour chaque extrait de baptême, mariage ou inhumation, ... 1 10.

XII. Pour les services, mêmes droits que pour les enterremens.

XIII. Pour la levée du corps et enterrement des pauvres, ... *Gratis.*

XIV. Défendons de rien exiger pour les baptemes, mariages et inhumation des esclaves, ni de souffrir que pendant les messes paroissiales qui se disent pour eux, il y soit présenté aucun pain à bénir, ni fait aucunes quêtes, soit au profit des pauvres ou autres.

XV. Les offrandes de pain bénit, de la bénédiction des femmes après leurs couches, les cierges pour les baptêmes, ceux pour les pains bénits, et autres offrandes avec la patène et l'étole, appartiendront aux Religieux desservans les cures, auxquels la Fabrique paiera dans chaque paroisse la somme de 120 liv. par an, et lui fournira un fer pour faire le pain, au moyen de laquelle somme, dont le Religieux desservant donnera quittance, ledit Religieux se fournira de pain et de vin, et la Fabrique lui fournira en sus la cire et tous les ornemens nécessaires pour la célébration des saints sacrifices et les cérémonies, ... 120^{l}.

Chapitre II.

Droits de la Fabrique.

Art. Ier. Ne pourront à l'avenir être enterrés dans les églises, aucunes autres personnes, que celles à qui ce droit est accordé par l'ordre du Roi, du 1er. avril 1768, ou qui, conformément audit ordre, paieront à la Fabrique la somme de . . . . 2400^{l}.

II. Ordonne qu'aussitôt la publication du présent réglement, il sera pourvu dans chaque paroisse, si fait n'a été, à la diligence des Marguilliers en charge, qui seront tenus de nous en rendre compte, à ce qu'il soit établi des cimetières suffisans pour la paroisse, et à ce que lesdits cimetières soient clos et entourés de murs.

III. Pour ouverture de fosse dans l'Eglise, par ceux qui ont le droit d'y être enterrés, ... 36^{l}.

Au moyen de laquelle somme de 36 liv., la Fabrique sera tenue de payer le fossoyeur, fournira la chaux, ainsi qu'il est prescrit par l'ordre du Roi susdaté, et réparera le carrelage de l'Eglise.

Quant à ceux qui paieront la somme de 2400l., portée par ledit ordre du Roi, l'ouverture de la fosse, *Gratis.*

IV. Pour ouverture de fosse dans le cimetière, 2^{l}.

Pour les pauvres, ... Gratis.

Pour les esclaves, pour le fossoyeur, . . . 15s.

V. Pour les enterremens et services, avec tenture de l'autel et des crédences, et ornemens, 12 l.

VI. Avec tenture de l'autel, des crédences et de tout le sanctuaire, ... 24.

VII. Avec tenture de toute l'Eglise, des bancs et des portes, ... 48.

VIII. Pour le drap mortuaire, ... 3.

IX. Pour la croix, chandeliers et bénitier ordinaire, ... 4 10.

X. Pour l'argenterie, ... 12.

XI. Pour la sonnerie et glas; savoir: pour les enterremens et service avec tenture de l'autel et des crédences, comme à l'art. VI, 12.

Avec tenture de l'autel et du sanctuaire, . . 24.

Avec tenture de toute l'Eglise, ... 36.

XII. Lorsque sur la demande d'un défunt, ou de sa famille, l'enterrement sera fait dans une paroisse, autre que celle où il sera décédé, il sera payé à la Fabrique et au Curé, Chantres, *etc.* de la paroisse du décés, la moitié des droits qui auront été payés dans la paroisse où l'enterrement aura été fait.

CHAPITRE III.

Droits des Chantres, Sacristains, Clercs et Sonneurs.

ART. Ier. Pour le Chantre, dans un enterrement ordinaire, ... 3 l.

II. Avec nocturne et vêpres, ... 6.

III. Lorsqu'il y aura grand'messe, pour le tout, 6 15s.

IV. Pour un service avec nocturne, ... 6 15.

V. Pour le Sacristain, dans un enterrement ordinaire, ... 3.

VI. Lorsqu'il y aura tenture et argenterie, 6.

VII. Au Porte-Croix, pour un enterrement ordinaire, ... 1 17 6d.

VIII. En un enterrement solennel, ... 2 10.

IX. Au Diacre et Sous-Diacre, chacun dans un enterrement ordinaire, ... 2 15.

X. Dans un enterrement solennel, ... 4 10.

XI. Aux Acolytes et Thuriféraires, dans les enterremens ordinaires, ... 1l.
XII. Dans les enterremens solennels, . . . 1 10s.
XIII. Aux Clercs, chacun dans un enterrement ordinaire, ... 1.
XIV. Dans un enterrement solennel, . . . 1 10.
XV. Au Sonneur, pour chaque enterrement, service, pour la petite sonnerie, ... 1 10s.
Pour la moyenne, ... 3.
Pour la grande, ... 4 10s.
XVI. Au Bedeau, enterrement ordinaire, . 3.
Pour un enterrement solennel, ... 6.

CHAPITRE IV.

Prix des Bancs dans l'Eglise, et Quêtes annuelles.

ART. Ier. Les bancs qui seront vacans par la mort des concessionnaires, ou autrement, et ceux qui seront placés dans les nouvelles Eglises, seront adjugés au plus offrant et dernier enchérisseur : seront reçues toutes personnes, de quelque qualité et condition qu'elles soient, pourvu qu'elles soient de la paroisse, à enchérir sur lesdits bancs, sans distinction ni préférence : ne pourront néanmoins, les gens de couleur libres, être reçus à enchérir que sur les derniers bancs, depuis la grande porte, jusqu'au tiers de la nef.

II. Après la mort des concessionnaires desdits bancs, leurs veuves qui resteront en viduité, jouiront des bancs concédés à leurs maris, en payant, conformément à la déclaration du 25 février 1726, le même prix de la concession qui en avait été faite à leur mari : mais à l'égard des enfans dont les pères et mères seront décédés, les bancs concédés à leurs pères et mères seront criés et publiés comme vacans, en la manière ordinaire, et adjugés au plus offrant et dernier enchérisseur.

III. Lesdits bans seront censés vacans et pourront être adjugés en la manière ci-dessus, non-seulement par le décès du concessionnaire, mais encore par sa retraite volontaire et son changement de domicile dans une autre île ou paroisse, quand il ne possédera point d'habitation dans ladite paroisse : dans lequel cas lesdits bancs ne pourront être concédés qu'au bout de six mois dudit changement de domicile.

IV. Les Marguilliers seront obligés de faire faire la quête dans leurs paroisses certains jours de l'année, au profit de l'œuvre et de la Fabrique ; savoir :

Le 1er. jour de l'an ; à Pâques ; à la Pentecôte ; à la Fête-Dieu ; à la Toussaint ; à Noël ; toutes les fêtes de la Vierge ; la fête du Patron, et le premier dimanche de chaque mois.

Et faute par eux de remplir cette obligation, ils seront condamnés à faire bon à la Fabrique des quêtes qu'ils n'auront pas fait faire, sur le pied de la plus haute quête de l'année.

V. Les élections des Marguilliers et toutes autres délibérations concernant la construction et réparation des Eglises, achats d'ornemens, ou autres besoins, continueront à se faire conformément aux ordonnances et réglemens.

Ordonnons en conséquence que les assemblées qui se tiendront pour y parvenir, seront composées du Religieux desservant, des Marguilliers et notables Habitans, pour remplir le nombre de douze au moins, non compris le Religieux ; n'entendons néanmoins exclure, ni prohiber un plus grand nombre d'Habitans notables auxdites assemblées, les exhortant au contraire à s'y trouver régulièrement.

VI. Dans les susdites assemblées le Marguillier en charge y fera les propositions, recueillera les voix tout haut, et le Religieux desservant opinera le dernier.

VII. Les délibérations étant passées à la pluralité des voix, seront transcrites sur le registre, et signées par le Religieux desservant, le Marguillier et tous les Paroissiens qui y auront assisté ; et en cas d'opposition, ou autres motifs où il sera nécessaire de les faire homologuer, le Marguillier se pourvoira, pour l'homologation, par devant qui il appartient.

CHAPITRE V.

Droits du Sceau.

ART. Ier. Pour toutes lettres de dispense de Chancellerie, par chaque impétrant, ... 9l.

II. Pour les légalisations et actes de Notaires, en forme exécutoire, ... 4l. 10s.

III. Pour les arrêts et jugemens d'Intendance définitifs, reliefs d'appel, permissions d'anticiper et d'intimer, et exécutoires de dépens du Conseil, ... 3.

Pour les sentences définitives, celles d'adjudication par ventes ou baux judiciaires, d'insinuation et ensaisinement, d'entérinement d'arrêts par bénéfice de lettres, permissions de vendre, ordonnances pour saisies, décrets, *pareatis* et exécutoires de dépens, décernés par les premiers Juges, ... 1 10.

CHAPITRE VI.

Juges Royaux.

ART. Ier. Enjoignons aux Juges de se conformer, pour la tenue des audiences au réglement du Roi, du 22 mai 1724, leur recommandons d'être très-exacts à ne mettre à l'extraordinaire, que les causes qui sont de nature à y être portées.

II. Ils pourront faire dans leurs maisons les élections de tutelles, curatelles, avis de parens, assemblées, enquêtes, comparaisons de seings et écritures, vérifications d'icelles, taxe de dépens, liquidations de frais, et dommages et intérêts.

III. Ils ne pourront prendre aucunes épices, ni vacations, pour tous jugemens d'audience ordinaire, en matière civile et criminelle, et de police, ni pour enregistrement des édits, déclarations, lettres-patentes, arrêts, réglemens, ni dans les causes où le Roi et le public auront intérêt.

Leur sera alloué seulement pour droit de signature et paraphe de chaque cause, portée au rôle des audiences ordinaires, ... 15s.

IV. Ils ne prendront aucuns droits pour les appointemens et ordonnances sur requête, pour quelque cause que ce soit, ni pour le paraphe des livres des négocians, conformément à l'ordonnance de 1763.

V. Pour apposition, levée ou reconnaissance de scellé, dans les villes et bourgs de leurs demeures, . . . 12l.

En campagne, suivant qu'il sera réglé ci-après

VI. Pour les actes d'affirmation et clôture d'inventaire, ... 3 l.

VII. Pour les actes de tutelle, curatelle et d'émancipation, ... 6.

VIII. Lorsqu'il y aura contestation pour la personne des tuteurs ou pour les destituer à la requête des parens, ou par quelque motif que ce soit, à proportion du tems que les Juges y auront employé, et à leur conscience.

IX. Pour les actes de délibérations et avis de parens sur l'intérêt et état des affaires des mineurs, soit pour gérer, louer, vendre ou conserver leurs biens, et autres cas, ... 6 l.

X. Lorsque lesdites assemblées seront longues et exigeront un examen et une discussion considérable, ils prendront comme dessus à leur conscience, suivant le tems qu'ils y auront employé.

XI. Les 4 articles ci-dessus, pour les pauvres, *Gratis.*

XII. Pour insinuation de donation, publication de testamens, substitutions et autres enregistremens qui ont coutume d'être faits à l'audience, . . . 3 l.

XIII. Pour ordonnance simple et autres actes de même nature, à l'extraordinaire, et sur requête dont le dépôt au Greffe sera ordonné, 3.

XIV. Pour la prestation de serment et acceptation de caution, ... 3.

XV. Pour défaut ou congé à l'extraordinaire, 1 10 s.

XVI. Pour sentence par défaut, appointement en droit ou à mettre, et autres sentences préparatoires, ... 4 10.

XVII. Pour sentence contradictoire définitive, 6.

XVIII. Si le nombre des faits et l'importance de l'affaire exigent qu'il en soit délibéré, ils pourront prendre suivant le tems qu'ils y auront mis, et à leur conscience.

XIX. Pour vacations aux ventes d'immeubles par décret forcé ou volontaire, licitations et baux à fermes, par chaque vacation, ... 6 l.

XX. Pour la dernière vacation à l'adjudication, 9.

XXI. Pour interrogatoire sur faits et articles, par heure, ... 5.

XXII. Pour audition de témoins en matière civile et criminelle, répétition, récolement et confrontation, par chaque témoin, ... 3.

XXIII. Pour les décrets, jugemens de récolement, confrontation, ... 4^{l} 10^{s}.

XXIV. Pour interrogatoire des accusés, par heure, ... 5.

XXV. Pour jugement d'élargissement sous caution, ou qui renvoie les parties à fins civiles, 4 10.

XXVI. Aux inventaires et partages où les Juges peuvent être appelés conformément à l'arrêt du Conseil d'Etat, du 17 janvier 1688, comparaison d'écritures, et autres actes qu'ils peuvent expédier dans leurs maisons, ou celles des particuliers des villes et bourgs de leurs demeures, par vacation de trois heures, . . . 15.

XXVII. Lorsqu'ils se transporteront hors des lieux de leur demeure, soit en exécution d'arrêt ou de leurs jugemens, ils se taxeront sur le pied de 50 liv. par jour, pour vacations de six heures, y compris leurs frais de voyage et de nourriture, à compter du jour de leur départ, jusques et y compris celui de leur retour ; et lorsqu'ils travailleront plus de six heures par jour, ils augmenteront leur taxe à raison de 5 liv. par heure, dont ils feront mention au bas du procès-verbal de clôture de chaque vacation.

XXVIII. Les épices et vacations des procès par écrit, tant en matière civile que criminelle, sentence d'ordre et de distribution entre les créanciers, seront taxées par les Juges suivant la difficulté des affaires, le tems qu'ils y auront employé, et leur conscience, dont ils feront mention sur la minute de leurs sentences et jugemens ; pareille mention sera faite par les Greffiers sur la première expédition qu'ils en délivreront, pour, en cas d'appel, même d'office, si lieu y avait, être lesdites épices et vacations réduites et modérées par le Conseil.

XXIX. Pour certificats de vie et légalisations de tous actes, ... 3^{l}.

XXX. Pour procès-verbal de visite de l'état d'une personne blessée, levée d'un cadavre, vérification d'effraction, dans les villes et bourgs de leur demeure, ... 12.

XXXI. S'il y a information sommaire sur les lieux, par heure, ... 5.

XXXII. S'il y a transport hors du lieu de leur demeure, ils se taxeront à 50 l. par jour, y compris leurs frais de voyage et nourriture.

XXXIII. A l'égard des visites et levées de cadavres de gens sans aveu, inconnus ou esclaves, ils les feront *gratis*, quand ils en seront requis par les Procureurs du Roi, et en cas de transport, seront payés par le Domaine des frais de leur voyage seulement.

XXXIV. Les procès criminels poursuivis à la requête des Procureurs du Roi, seront instruits et jugés sans frais, si ce n'est sur les biens des accusés, s'il y en a, et s'ils sont condamnés.

XXXV. Pour toutes les instructions de procédures et jugemens contre les esclaves au criminel, . . . *Gratis*.

A moins que leurs maîtres ne prennent leur fait et cause, et qu'ils y succombent.

XXXVI. Pour les taxes de dépens, quatre sols par article alloué, non compris l'exécutoire, pour lequel ils prendront en outre, ... 3l.

Leur enjoignons d'être très-exacts et très-attentifs à procéder auxdites taxes, conformément à l'ordonnance et au présent tarif.

XXXVII. Pour droit de réception de Chirurgiens et Orfèvres, ... 12l.

XXXVIII. Dans tous les cas imprévus, non mentionnés au présent réglement, les Juges se taxeront à proportion du tems qu'ils y auront employé, et à leur conscience.

XXXIX. Dans les jurisdictions, dans lesquelles il y a des Lieutenans de Juges, ils prendront les mêmes droits que ceux ci-dessus accordés aux Juges, et se conformeront à tout ce qui est prescrit auxdits Juges.

CHAPITRE VII.

Procureurs du Roi.

ART. Ier. Dans tous les cas où les Procureurs du Roi donnent leurs conclusions et font leurs fonctions avec les Juges, soit au civil, soit au criminel, et à l'extraordinaire, de quelque genre et nature que soient les actes auxquels ils assistent, ils prendront les deux tiers des vacations des Juges dans le lieu de leur demeure, et à la campagne les mêmes droits que les Juges.

II. Ils assisteront aux ventes publiques d'effets mobiliers, qui seront faites par autorité de justice, d'effets saisis, ou à la requête des tuteurs, curateurs, exécuteurs-testamentaires, syndics et quartiers-maîtres, et dans tous les cas où des mineurs, ou des absens, pourront avoir des intérêts auxdites ventes; et ils prendront pour leurs vacations, par heure, ... 5^{l}.

III. A l'égard des nègres, chevaux, mulets, bagues, joyaux et vaisselle d'argent, de la valeur de 300 liv. ou plus, vendus aussi par autorité de justice, la vente n'en pourra être faite, conformément à l'article XXXIII du titre XIII de l'ordonnance de 1667, qu'après trois expositions à trois jours différens, pour lesdits effets être adjugés à la troisième criée, sans autre remise, si ce n'est qu'il ne se présentât aucun enchérisseur, ou que la remise fût requise par les parties intéressées; de quoi il sera fait mention dans le procès-verbal de vente, et les Procureurs du Roi prendront pour les ventes de cette espèce, par vacation aux criées, . . . 6.

Et pour l'adjudication, ... 7 10^{s}.

IV. Ils ne pourront assister aux ventes volontaires qui seront faites par les Huissiers et Sergens, à la requête des particuliers, de leurs meubles, nègres, et effets marchandises, à moins qu'ils n'en soient requis par les vendeurs; de quoi il sera fait mention dans le procès-verbal de vente, et dans ce cas ils prendront les mêmes droits que ci-dessus.

V. Les Procureurs du Roi taxeront *gratis* au bas de chaque procès-verbal de vente, soit forcée, soit volontaire, ce qui sera dû aux Huissiers pour leurs vacations.

VI. Dans les inventaires et partages où la présence des Procureurs du Roi est nécessaire, pour l'intérêt des absens ou autrement, et dans tous les actes de leur ministère, où ils sont employés sans les Juges, ils prendront, dans le lieu de leur demeure, 15 l. par vacation de trois heures, et en campagne ils prendront par jour les mêmes droits qui ont été attribués aux Juges.

VII. Pour les alignemens des maisons ou des rues, dans les villes et bourgs de leur demeure, . . 15^{l}.

VIII. Hors des lieux de leur demeure, . . . 30.

IX. Pour chaque certificat et publication de congés de ceux qui partent pour France, . . . 2 5^{s}.

X.

X. Dans les jurisdictions où il n'y a point de Lieutenant de Juges, les Procureurs du Roi feront les fonctions des Juges dans le cas d'absence, maladie, mort ou empêchement des Juges royaux.

XI. Les Substituts des Procureurs du Roi, dans le cas où ils feront leurs fonctions, jouiront des mêmes droits attribués aux Procureurs du Roi.

CHAPITRE VIII.

Greffiers du Conseil.

ART. Ier. Pour enregistrement d'édits, déclarations, ordonnances, *etc.*, ... *Gratis.*

II. Pour relief d'appel, anticipation et autres actes de même nature, ... 4l 10s.

III. Pour les défauts et congés, ... 4 10.

IV. Pour les arrêts par défauts, appointemens, et d'instruction, ... 12.

V. Pour les arrêts d'audiences contradictoires et définitifs, ... 15.

VI. Pour les arrêts sur requête, portés sur le plumitif, ... 12.

VII. Pour les arrêts de dispense de lettres en Chancellerie, ... 15.

VIII. Les vus d'arrêts, rendus sur référé au rapport, seront taxés par le Rapporteur, suivant l'usage ordinaire.

IX. Les arrêts rendus pour enregistrement de lettres de noblesse, entérinement de lettres de grâce et autres brevets des parties, seront taxés par le Rapporteur, qui aura égard dans sa taxe, à l'état, condition et fortune des parties.

X. Dans les îles du Gouvernement, où il y a lieu aux actes de foi et hommage, aveu et dénombrement, y compris l'expédition, ... 120l.

XI. Pour droit de consignation d'espèces, 5 pr 100.

XII. Pour l'acte de dépôt, ... 4l 10s.

XIII. Pour expédition d'arrêts sur référé ou rapport, et secondes expéditions de tous autres arrêts, par rôles d'écritures qui seront de 24 lignes à la page, et 12 ou 15 syllabes à la ligne, 2 5.

XIV. Pour recherches de minutes dont la date est certaine, ... 2 5.

XV. Et lorsque la date sera incertaine, par heure, 5l.

XVI. Pour droit de réception en tout office lucratif, enregistrement de commissions, expéditions d'arrêts et actes y joints ; savoir : pour les Juges, Procureurs du Roi et Greffiers, ... 80.

Pour les Substituts des Procureurs du Roi, . . . 66.

Pour les Avocats et Procureurs, ... 60.

Pour les Huissiers, ... 36.

Pour les Médecins, Arpenteurs-généraux, Voyers et autres Officiers dont les provisions s'enregistrent en la Cour, ... 90.

XVII. Dans le cas où les Greffiers travailleront avec les Commissaires du Conseil, leurs vacations leur seront payées sur le pied de 15 l. par vacation de trois heures ; et dans le cas où lesdits Commissaires se feront assister par un Greffier choisi par eux, les vacations réglées comme ci-dessus seront partagées ; savoir : 9 liv. audit Commis-Greffier et le surplus au Greffier en chef, auquel il appartiendra en outre l'expédition, à l'effet de quoi, ledit Commis-Greffier sera tenu de lui envoyer sur-le-champ la minute pour rester au Greffe du Conseil.

XVIII. Dans toutes les procédures criminelles à la requête des gens du Roi, ils ne pourront rien exiger, si ce n'est sur les biens des accusés, et dans le cas où ils seraient condamnés.

XIX. Pour la prononciation des arrêts aux accusés absous ou condamnés, biffer les écrous et en décharger les Geôliers, et toutes procédures criminelles contre les esclaves, ... *Gratis.*

XX. Les Greffiers de l'Intendance et des subdélégations prendront les mêmes droits et vacations que les Greffiers des Conseils, et leur sera alloué pour l'enregistrement des actes de liberté, ... $16^l\ 10^s$.

CHAPITRE IX.

Greffiers des Jurisdictions.

Art. Ier. Les Greffiers des jurisdictions seront tenus de se conformer aux réglemens pour leur assistance aux audiences et la tenue de leurs plumitifs ; ils les feront signer par le Juge à la fin de chaque audience, ou au plus tard à l'audience suivante, de même que les registres des insinuations, ensaisinemens et enregistremens ; à l'exécution de tout quoi, les Procureurs du Roi tiendront la main et en rendront compte au Procureur-général, lequel en rendra compte au Conseil.

II. Leur faisons défenses, sous telles peines qu'il appartiendra, de délivrer aucunes expéditions de sentences et jugemens, qu'ils n'aient été signés par le Juge.

III. Ils ne délivreront aucunes expéditions, tant au civil qu'au criminel, qu'ils ne soient payés des droits et vacations des Juges et Procureurs du Roi, dont ils feront mention sur lesdites expéditions, et en demeureront comptables aux Juges et aux Procureurs du Roi.

IV. Ils ne pourront rien prétendre ni exiger pour les enregistremens d'édits, déclarations, ordonnances et réglemens concernant le Roi et le public.

V. Pour tous jugemens à l'extraordinaire, procès-verbaux, actes de tutelle, curatelle, émancipation, audition de témoins, interrogatoire et autres actes, tant en matière civile que criminelle, dans lesquels ils assistent le Juge et travaillent avec lui, ils prendront les deux tiers de la taxe du Juge, et en outre leurs expéditions à 30 sols par rôle de deux pages, 24 lignes à la page et 12 à 15 syllabes à la ligne; leur enjoignons de se conformer exactement au présent article, et leur défendons de délivrer, sous quelque prétexte que ce puisse être, des expéditions qui n'y soient pas conformes.

VI. Pour sentences ou jugemens sur procès par écrit, ils auront les deux tiers de la taxe du Juge, y compris l'expédition.

VII. Pour toutes autres expéditions qui seront levées au Greffe, non compris la première expédition des sentences par écrit et des jugemens d'audience ordinaire, ils prendront 30 s. par rôle de 24 lignes à la page, et de 12 à 15 syllabes à la ligne.

VIII. Dans les transports et commissions où ils iront avec les Juges, ils prendront les deux tiers des vacations des Juges, et leurs expéditions comme ci-dessus.

IX. Pour enregistrement des causes 7 s. 6 d., dont moitié sera remise au premier Huissier du Conseil.

X. Pour les défauts ou congés d'audience ordinaire, ... 15^s,

XI. Pour les appointemens à mettre en droit, ou autres sentences préparatoires, qui n'excéderont pas un rôle, ... 1^l 10^s

XII. Pour toutes les autres sentences par défaut ou contradictoires, qui excéderont un rôle, par chaque rôle expédié comme ci-dessus, ... 1l 10s.

XIII. Pour acte de soumission de caution, de renonciation à succession et à communauté, et autres de pareille nature, ... 2 5.

XIV. Pour les actes de produit, ... 2 5.

XV. Pour enregistrement de procuration et autres actes, insinuation de donations, substitutions et autres actes sujets à publication, . . 3.

Sauf à les faire taxer s'ils sont considérables; ne pourront les Greffiers, à l'égard des actes contenant clauses de donations ou substitutions, enregistrer lesdits actes en entier, mais seulement lesdites clauses de donations ou substitutions.

XVI. Pour recherche d'acte ou de minute, dont la date est certaine, ... 1l 10s.

XVII. Si la date est incertaine, par heure, . 4.

XVIII. Pour droit de consignation d'espèces, deux et demi pour cent.

Et pour l'acte de dépôt, ... 3.

XIX. Pour les dépôts de papiers, ils ne pourront exiger que le droit de l'acte, et 4 liv. par heure pour la vérification desdits papiers.

XX. Pour chaque extrait de baptême, mariage ou inhumation qu'ils délivreront, ... 1l 10s.

XXI. Pour enregistrement d'actes de liberté, de la requête, ordonnance et autres pièces y jointes, ... 12.

XXII. Dans tous les procès criminels instruits à la requête des Procureurs du Roi, il ne sera rien alloué aux Greffiers, si ce n'est sur les biens des condamnés, s'ils en ont.

XXIII. Toutes les procédures criminelles contre les esclaves, ... *Gratis*.

XXIV. Les déclarations en marronnage et autres concernant les esclaves seront reçues, et les expéditions délivrées *gratis*, ainsi que les autres actes concernant les esclaves.

CHAPITRE X.

Notaires.

ART. Ier. Pour contrat de mariage passé dans leurs études, ... 30l.

Hors l'étude, dans le lieu de leur demeure, non compris l'expédition qui leur sera payée, pour toutes sortes d'actes, sur le pied de 30 s. par rôle de deux pages, 24 lignes à la page et 12 à 15 syllabes à la ligne, . 36 l..

Leur enjoignons d'être exacts pour leurs expéditions, au présent tarif, et leur faisons défenses, sous telles peines qu'il appartiendra, d'en délivrer aucune qui n'y soit pas conforme ; et seront tenus de mettre au bas desdites expéditions les honoraires qu'ils auront reçus.

II. Pour donation entre-vifs, testamens, démission, substitution et autres actes de même nature, reçus dans l'étude, ... 30 l.

Hors l'étude, ... 36.

III. Pour contrat de vente de maisons et baux à loyer, dans l'étude, ... 20.

Hors l'étude. . . . . 24.

IV. Pour les contrats de vente d'habitations, autres que les sucreries, ou baux à ferme, dans l'étude, ... 42.

Hors l'étude, ... 48.

V. Pour les contrats de vente de sucreries, avec détail de nègres, bestiaux et ustensiles, dans l'étude, ... 56.

Hors l'étude, ... 75.

Sauf néanmoins, pour tous les actes ci-dessus, à se faire taxer par les Juges, selon l'importance et la nature desdits actes.

VI. Pour tous actes simples et communs, comme procurations ordinaires, quittances et autres actes en brevet, émargemens, dans l'étude, ... 6 l.

Hors l'étude, ... 9.

Lorsqu'il y aura minute, ils seront en outre payés de l'expédition qu'ils délivreront sur le pied réglé ci-dessus.

Les procurations considérables et qui contiendront un grand détail, à la taxe des Juges.

VII. Pour les inventaires, dans les lieux de leur demeure, 12 livres par vacation de trois heures.

Et leur sera en outre alloué leurs expéditions comme ci-dessus,

VIII. Pour les inventaires faits à la campagne, ils prendront 36 liv. par jour, pour deux vacations de trois heures, y compris leurs frais de voyage, et en outre leurs expéditions comme aux articles précédens ; et s'ils travaillent plus de six heures, ils prendront de plus 4 liv. par heure.

IX. Pour les autres actes qu'ils feront à la campagne, ils prendront les mêmes droits que ceux taxés ci-dessus pour lesdits actes, lorsqu'ils les passent dans leurs études, et en outre 30 liv. par jour pour leurs frais de voyage, séjour et retour.

X. Pour les partages, transactions et réglemens de compte, non compris les expéditions, ils seront payés suivant le travail ou la convention faite avec les parties, ou taxés par le Juge.

XI. Pour dépôt de pièces qui doivent être annexées aux actes reçus par les Notaires, ils n'en pourront rien exiger, l'augmentation de travail que leur occasionneront lesdites pièces leur étant payée par les expéditions qu'ils en délivreront.

XII. Pour dépôt d'autres pièces pour la sûreté des particuliers, ils prendront pour vérification desdites pièces 4 liv. par heure, et pour l'acte de dépôt, non compris l'expédition, ... 4l 10s.

XIII. Pour consignation ou dépôt d'espèces, ils prendront deux et demi pour cent, et pour le coût de l'acte, non compris l'expédition, . . 4 10.

XIV. Pour protêt fait dans le lieu de leur demeure, ils prendront pour l'original et la copie dudit protêt, ... 12.

Et s'il y a transport en campagne, ils prendront en outre 30 l. pour chaque jour de voyage, séjour et retour.

XV. Pour compulsoire, 4 l. par heure, et pour le procès-verbal, non compris l'expédition, . . 4 10s.

XVI. Pour recherche d'actes, dont la date est certaine, ... 1 10.

Et si la date est incertaine, par heure, . . 4.

XVII. Pour reconnaissance de sous seing privé avec dépôt, non compris l'expédition, 6.

XVIII. Pour collation des pièces qui leur seront présentées, ... 10.

Et s'ils en font les copies, elles leur seront payées comme les autres expéditions.

XIX. Pour chaque sommation respectueuse, pour les deux Notaires, dans le lieu de leur demeure, 20l.

Et s'il y a transport en campagne, ils prendront en outre 30 l. par jour, pour leurs frais de voyage et nourriture, pour chaque Notaire.

XX. Tous actes, contrats et expéditions pour les pauvres, ... *Gratis.*

XXI. Enjoignons auxdits Notaires de mettre au bas de toutes leurs expéditions les droits, vacations et frais de voyage qu'ils auront pris ; à peine de restitution et d'amende arbitraire, qui seront prononcées par les Juges des lieux, en cas de plainte, suivant l'exigence des cas, même de privation de leurs offices, en cas de récidive.

XXII. Leur enjoignons pareillement de tenir à l'avenir un répertoire exact et fidèle, par ordre de date, de tous les actes qu'ils recevront, dans lequel ils intituleront la nature de l'acte et le nom des parties entre lesquelles il est passé, sous les peines ci-dessus.

XXIII. Les Notaires qui passeront en France, ou d'une île à l'autre, même dans une autre jurisdiction où ils ne pourront plus exercer leurs fonctions, et ceux qui auront quitté leur office, seront tenus de remettre, avant leur départ ou un mois au plus tard après qu'ils auront quitté, toutes leurs minutes au Greffe de la jurisdiction dans laquelle ils exerçaient ; et les formalités de ces remises se feront en la manière accoutumée et prescrite par la déclaration du Roi, du 2 août 1717, à peine de 500 l. d'amende contre les Notaires qui auront quitté et seront restés dans l'île, ou contre ceux qui, après leur départ, retiendront leurs minutes ; lesdites amendes applicables aux réparations des siéges et prisons.

XXIV. Les minutes des Notaires qui décéderont dans leurs emplois, seront pareillement remises par leurs veuves et héritiers aux Greffes des jurisdictions, ce qui sera exécuté, ainsi que le contenu en l'article précédent, à la diligence des Procureurs du Roi de chaque jurisdiction.

CHAPITRE XI.

Procureurs.

ART. Ier. Ne leur sera alloué qu'un seul droit de conseil dans les affaires, pour toutes demandes principales et incidentes, et un autre, en cas qu'il soit fait quelque demande principale et incidente par les parties contre lesquelles ils occuperont, et ils prendront pour ledit droit aux jurisdictions, ... 2 l 5 s.

Au Conseil, ... 4 10.

II. Pour le mémoire qu'ils seront autorisés à remettre aux Huissiers pour les exploits, contenant demandes et conclusions, ... $1^{l}\ 10^{s}$.

III. Pour toutes requêtes simples, dans le cas où elles seront nécessaires :

Aux jurisdictions, ... $1^{l}\ 10^{s}$.

Au Conseil, ... 3.

IV. Pour les requêtes libellées, suivant la taxe des Juges et Commissaires ; recommandons auxdits Commissaires de ne les passer en taxe, que lorsqu'elles seront absolument nécessaires.

V. Droit pour faire répondre lesdites requêtes aux jurisdictions, ... 15^{s}.

Au Conseil, non compris les frais d'exprès, qui ne seront passés en taxe que lorsqu'ils seront nécessaires, ... $1^{l}\ 2^{s}\ 6^{d}$.

VI. Droit de levée de tous actes aux jurisdictions, ... 15.

Au Conseil, ... 1 2 6.

VII. Droit au sceau, ... 15.

Au Conseil, ... 1 2 6.

VIII. Droit de port et rapport de toutes les significations qui seront faites sous leurs noms, aux jurisdictions, ... 10.

Au Conseil, ... 1.

IX. Pour les qualités qu'ils seront obligés de donner au Greffier, et au bas desquelles ils seront tenus de mettre leurs conclusions et droit à l'enregistrement de la cause, ... 1 10.

X. Pour droit de comparution aux audiences, ils auront ; SAVOIR :

XI. Pour les défauts et congés à l'audience ordinaire, ... $11^{l}\ 10^{s}$.

XII. A l'extraordinaire, ... 2 5.

XIII. Pour les sentences par défaut, appointemens en droits ou à mettre, sentences de remises ou autres préparatoires :

A l'audience ordinaire, ... $2^{l}\ 5^{s}$.

A l'extraordinaire, ... 4 10.

XIV. Pour les sentences contradictoires et définitives :

A l'audience ordinaire, ... 4 10.

A l'extraordinaire, ... 6.

Droits de comparution au Conseil.

XV. Pour les défauts et congés, arrêts sur requête et appointemens ou référés, ordonnés sur les affaires appointées en première instance. , ... 4l 10s.

XVI. Pour les arrêts par défaut, préparatoires et d'appointement, rendus sur plaidoirie, 6.

XVII. Pour les arrêts contradictoires et définitifs, ... 12.

XVIII. Outre les droits ci-dessus, les Procureurs non domiciliés au Fort-Royal prendront pour leur transport, séjour et retour, . 20.

Lequel droit n'aura lieu quand lesdits Procureurs, non domiciliés au Fort-Royal, feront comparaître à leur place quelqu'un de leurs confrères ; auquel cas il ne leur sera alloué que les droits de comparution, tels qu'ils sont fixés ci-dessus.

XIX. Tous plaidoyers par écrit ou mémoires signifiés dans les affaires d'audiences, tant en cause principale que d'appel, et frais d'impression dans toutes sortes d'affaires, ne seront point passés en taxe, et ne pourront être regardés que comme frais préjudiciaux pour la partie qui les aura fait faire.

XX. Pour la communication au parquet, lorsqu'elle est nécessaire, ... 5l.

XXI. Enjoignons aux Procureurs de mettre au bas des écritures qu'ils feront signifier, tant en cause principale que d'appel, la note des honoraires qu'ils estimeront leur être dûs, à peine d'être lesdites écritures rejetées des états de dépens.

XXII. Seront lesdites écritures, qui auront été signifiées en première instance, taxées par les premiers Juges lors du jugement du procès, suivant leur mérite et valeur, sauf à être lesdites, taxées en cas d'appel ; même d'office, si lieu y a, réduites et modérées par le Conseil.

XXIII. Au Conseil, lesdites écritures seront taxées lors du jugement, sur le référé du Rapporteur, par lequel mention sera faite de ladite taxe au bas desdites écritures.

XXIV. N'entreront en taxe aucunes écritures qui n'auront point été taxées, ainsi qu'il est ordonné ci-dessus, sauf en cas d'oubli, aux Procureurs qui auront fait lesdites écritures, à se pourvoir par devant le Conseil pour les faire taxer.

XXV. Outre la taxe desdites écritures, sera alloué aux Procureurs pour la grosse d'icelle, 30 s. par rôle de 24 lignes à la page, 12 ou 15 syllabes à la ligne.

Leur enjoignons de se conformer exactement, pour les grosses qu'ils feront signifier, au présent tarif, à peine d'être, lesdites grosses qui ne seront pas conformes, réduites à moitié, même rejetées tout-à-fait, si le cas y échet, par le Commissaire taxateur.

XXVI. Pour les inventaires de production, y compris la cote et paraphe des pièces, produites par rôle comme ci-dessus, de deux pages, 24 lignes à la page, 12 à 15 syllabes à la ligne, ... 2 l.

XXVII. Pour copie desdites écritures et inventaires de production, évalués à moitié des rôles de grosse, par chaque rôle, ... 15 s.

XXVIII. Pour copies de toutes autres pièces qui seront signifiées, telles que titres, contrats et autres à la taxe des Juges et Commissaires, à proportion de la fixation ci-dessus.

XXIX. Pour tous actes de Procureurs à Procureurs, dans le cas où ils sont nécessaires :

Aux jurisdictions, ... 2 l. 5 s.

Au Conseil, ... 4 10.

Abrogeons l'usage qui s'est introduit dans quelques jurisdictions de signifier de pareils actes pour avenir, productions et autres procédures d'instruction, pour lesquelles les significations peuvent suffire ; enjoignons aux taxateurs de rejeter lesdits actes de taxes, lorsqu'ils y seront employés.

XXX. Pour comparution aux Greffes des siéges inférieurs pour faire des productions, déclarations, affirmations, consignations, dépôts, *etc.*, ... 2 l. 5 s.

Au Conseil, ... 4 10.

XXXI. Pour comparution aux taxes devant les Juges, ... 1 10.

Devant les Commissaires du Conseil, ... 3.

XXXII. Pour les états de frais et déclarations de dépens en première instance, par chaque article qui sera alloué, ... 3.

Et au Conseil, ... 6.

Ne pourront les Procureurs exiger aucun autre droit pour la dresse desdits états et déclarations, et leur enjoignons de se conformer exactement à l'article V du titre XXXI de l'ordonnance de 1667 ; et conformément à icelui, de n'employer que pour un seul article tous les droits, quels qu'ils soient, concernant une même pièce, lesquels néanmoins ils seront tenus d'énoncer en détail dans les déclarations de dépens ; mais les réuniront par une accolade, pour n'en former qu'un seul article.

XXXIII. Les taxes des dépens du Conseil seront faites à l'avenir par les Juges et Procureurs du Roi des juridictions, que nous nommons, sous le bon plaisir du Conseil, Commissaires à cet effet ; SAVOIR :

Par les Juges, lorsque les sentences auront été confirmées. Et par les Procureurs du Roi, lorsqu'elles auront été infirmées.

Enjoignons auxdits Commissaires taxateurs de procéder aux taxes, conformément à l'ordonnance et au présent tarif, notamment d'être exacts à n'allouer que pour un seul article tous les droits concernant la même pièce, et aussi de tenir la main à ce que les expéditions et écritures soient telles qu'elles ont été réglées ci-dessus, sans qu'il puisse être alloué de plus grands droits, quand même la page contiendrait plus de 24 lignes, et la ligne plus de 15 syllabes ; et seront tenus de rendre compte au Procureur-général des contraventions qui pourront être commises à cet égard par les Greffiers, Procureurs ou Huissiers, desquelles contraventions le Procureur-général instruira la Cour, pour y être pourvu suivant l'exigence des cas.

XXXIV. Lesdits Commissaires taxateurs prendront pour leurs droits auxdites taxes, 8 s. par chaque article alloué, et pour l'exécutoire, ... 6 l.

XXXV. Pour comparution dans les assemblées de parens, quelques nombreuses qu'elles soient, ... 4 10 s.

Dans les longues délibérations ou assemblées, ils seront taxés par les Juges.

XXXVII. Pour comparution aux criées de ventes d'immeubles et baux judiciaires, ... 3 l.

A l'adjudication, ... 4 10 s.

XXXVIII. Pour rédaction des clauses desdites criées ou baux, à la taxe du Juge.

XXXIX. Lorsque les Procureurs seront appelés par les parties pour leur servir de conseil dans les transactions, compromis et autres actes, ils prendront 4 l. par heure dans les lieux de leur demeure ; et s'il y a transport, ils prendront 30 l. par jour, pour deux vacations de trois heures chaque, y compris leurs frais de voyage, nourriture et séjour ; et en cas qu'ils travaillent plus de six heures par jour, ils prendront en outre 4 liv. par chaque heure de travail.

XL. Enjoignons aux Procureurs d'avoir chacun un registre paraphé par le Juge, sur lequel ils porteront exactement tout ce qu'ils auront reçu de leurs cliens, lesquels registres ils seront tenus de représenter toutes fois et quantes ils en seront requis, à peine d'être déclarés non recevables à demander le paiement de leurs frais et vacations.

XLI. Leur faisons défenses de se faire faire aucune cession de droit litigieux, ou stipuler à leur profit quelque portion de dettes ou d'effets contestés, de traiter avec leurs parties de leurs frais et vacations, au-dessus du présent tarif, sous les conditions de ne les exiger qu'en cas de gain-de cause, à peine d'interdiction pour six mois, et de privation de leur office en cas de récidive.

XLII. Les Avocats reçus au Conseil ne pourront prétendre, pour les articles du présent chapitre qui peuvent les concerner, de droits plus forts que ceux énoncés et fixés ci-dessus.

XLIII. Les droits des Procureurs à l'Intendance et aux subdélégations, seront les mêmes qu'au Conseil.

CHAPITRE XII.

Premier Huissier au Conseil.

ART. Ier. Ne pourra à l'avenir le premier Huissier exploiter pour les particuliers, ni faire aucun acte d'Huissier, que dans les affaires concernant le Roi.

II. Lui sera alloué pour chaque enrôlement de cause aux audiences du Conseil, lequel droit lui appartiendra en entier, ... 2 l. 5 s.

III. Dans les enrôlemens des causes de jurisdiction, moitié du droit qui a été fixé ci-dessus aux chapitres de Greffier desdites jurisdictions.

IV. Pour les arrêts d'audience, définitifs, par défauts, ou contradictoires, ... 3 l.

V. Pour les arrêts sur référé ou rapport, . 6.

VI.

VI. Pour chaque enregistrement de lettres de noblesse, de grâce ou autres qui seront enregistrées au Conseil, suivant la taxe du Rapporteur ; lesquels droits seront perçus par le Greffier en chef, qui en tiendra compte au premier Huissier, et qui ne pourra délivrer aucune expédition desdits enregistremens que ledit droit n'ait été payé.

VII. Pour réception des Officiers et autres dont les lettres et commissions sont enregistrées au Conseil ; savoir :

Des Juges, Procureurs du Roi et Greffiers, . . 75l.
Des Substituts, ... 60.
Des Avocats et Procureurs, ... 60.
Des Huissiers, ... 30.
Des Médecins, Arpenteurs-généraux, Voyers, *etc.* 60.

Chapitre XIII.

Huissiers.

Art. Ier. Pour exploits simples et significations dans les villes et bourgs de leur demeure, pour l'original et la copie, ... 1l 10s.

II. A la campagne, lorsqu'ils seront obligés d'y aller pour donner des assignations ou signifier des actes, outre le droit ci-dessus pour l'exploit, il leur sera alloué par les Juges et Commissaires taxateurs, pour leurs frais de voyage et nourriture, une livre par chaque lieue pour aller, et autant pour le retour ; et ce jusqu'au tarif particulier de leur salaire, auquel il sera procédé incessamment.

III. Pour procès-verbaux de saisies et exécutions, annotations de biens avec perquisition et assignation à quinzaine, lorsqu'il y aura gardien établi dans le lieu de leur demeure, ... 12l.

Et lorsqu'il y aura enlèvement de meubles, leur sera en outre alloué, ... 6.

A la campagne, outre les droits ci-dessus, leurs frais de voyage leur seront taxés comme ci-dessus, à raison d'une livre par lieue.

Et lorsque lesdits procès-verbaux de saisie-exécution ne seront point suivis de saisies d'effets, il ne sera alloué aux Huissiers, non compris leurs frais du voyage, que la somme de . . . . 3l.

IV. Les saisies conservatoires, les sommations aux gardiens de représenter les effets saisis et exécutés, les assignations à la partie saisie pour être présente à la vente, ne seront passées que comme exploits simples.

V. Pour les protêts de lettres-de-change, ils prendront pour l'Huissier porteur de pièces et ses deux records, ... 6 l.

VI. Pour les publications à cri public de ventes de meubles ou autres, faites à la requête des particuliers par autorisation de justice, il leur sera alloué 3 l. par chaque publication, y compris l'affiche, desquelles affiches le nombre sera fixé par l'ordonnance du Juge qui autorisera lesdites publications.

VII. Pour chaque vacation aux ventes ordinaires de meubles, y compris les procès-verbaux d'entrée et de clôture, ils prendront les deux tiers des vacations des Procureurs du Roi, et en outre 6 d. pour livre du montant net desdites ventes, lorsqu'ils seront chargés du recouvrement, duquel ils seront responsables par corps, sans qu'ils puissent exiger ce droit de 6 d. pour livre, lorsque les ventes seront faites au profit du Roi ou de son Domaine.

VIII. Pour les ventes de chevaux et nègres, et autres effets qui exigent trois criées, outre les deux tiers des Procureurs du Roi, il leur sera alloué, par chaque procès-verbal, 2 l., sans qu'ils puissent prétendre aucun autre droit pour conduite desdits nègres et chevaux ou autrement.

IX. Pour les ventes d'immeubles par licitation ou baux à ferme, les publications et affiches seront taxées par les Juges, qui fixeront le nombre des affiches qui doivent être apposées.

X. Pour chaque vacation aux ventes d'immeubles et baux à ferme, ils prendront la moitié de celles des Juges.

XI. Dans tous les autres cas où ils assisteront les Juges, excepté le service des audiences ordinaires et extraordinaires, et de police, ils auront pareillement la moitié des vacations des Juges.

XII. Pour les grosses de leurs procès-verbaux de ventes et baux, et autres actes de leur ministère, il leur sera alloué 30 s. par rôle de deux pages, 24 lignes à la page, et 12 à 15 syllabes à la ligne.

Leur enjoignons de se conformer exactement à la fixation portée au présent article, à peine d'être privés de tous droits pour les grosses délivrées par eux, qui n'y seront pas conformes.

XIII. Pour les copies desdites ventes qui seront signifiées, leur sera alloué la moitié de la valeur des grosses.

Et les copies de toutes autres pièces qui leur seront remises par les parties, hors d'instance, pour être signifiées, seront taxées par les Juges, à proportion de la fixation ci-dessus.

XIV. Pour capture et emprisonnement pour dettes, ou pour crimes, l'Huissier porteur des pièces prendra pour lui et pour deux autres Huissiers ou Records, y compris les procès-verbaux et l'acte d'écrou, . 36 l.

XV. En campagne, outre la taxe ci-dessus, leurs frais de voyage leur seront alloués à raison d'une livre par lieue pour chaque Huissier.

XVI. Lorsque les Huissiers ou Sergens seront employés à la requête des gens du Roi, dans les affaires civiles et criminelles où le Roi et le public seront intéressés, et qu'il n'y aura point de partie, il ne leur sera alloué sur la caisse du Domaine que 20 l. par jour, quelques expéditions et exploits qu'ils fassent ; et dans les villes et bourgs de leur demeure, il ne leur sera alloué que les deux tiers des sommes taxées par le présent tarif pour les particuliers, sans qu'ils puissent rien prétendre ni exiger pour les publications d'ordonnances, édits, déclarations et réglemens, ni pour leur assistance aux audiences du Conseil, conduite et assistance aux exécutions, sauf pour voyage à la campagne, 20 l. par jour comme ci-dessus.

CHAPITRE XIV.

Officiers d'Amirauté.

ART. Ier. Les Officiers des Amirautés se conformeront au présent tarif pour tous les actes mentionnés en icelui, et qui peuvent les concerner.

II. Et pour tous les autres actes, ils suivront le tarif de 1724 et le réglement de 1756.

CHAPITRE XV.

Censeurs Royaux.

ART. Ier. Leur enjoignons d'examiner attentivement les ouvrages qui seront présentés à la censure, d'être exacts à rayer tout ce qui pourra s'y trouver contre les lois de l'Etat, la religion et les bonnes mœurs, et de se conformer en tout point aux ordonnances et réglemens concernant l'Imprimerie.

II. Leur sera alloué pour leurs peines et honoraires, par chaque feuille d'impression, ... 2l 5s.

CHAPITRE XVI.

Voyers.

ART. Ier. Lorsque le Grand-Voyer ou les Voyers particuliers se transporteront pour faire des visites par ordre de justice, où à la requète des parties, ils en dresseront procès-verbal, et seront tenus d'envoyer *gratis* leurs avis cachetés sur les contestations des parties, aux Greffes des Juges qui les auront ordonnées.

II. Les Grands-Voyers prendront pour vacation, par jour, depuis leur départ jusqu'au retour, . . . 42l.

III. Pour les expéditions qu'ils délivreront, s'ils en sont requis, 2 l. par rôle de grosse, de 24 lignes à la page et 12 à 15 syllabes à la ligne.

IV. Pour alignement dans les villes et bourgs de leur demeure, outre l'expédition du procès-verbal, 15l.

En campagne, ... 30.

V. Toutes les visites et autres opérations qu'ils feront, et auxquelles ils seront tenus par la déclaration du Roi, du 13 avril 1725, concernant les chemins, . *Gratis.*

VI. Les Voyers particuliers, pour leurs transports en campagne, 36 l. par jour, y compris leur nourriture et frais de voyage.

VII. Pour leurs expéditions, s'ils en sont requis, par rôle de 24 lignes, 12 à 15 syllabes à la ligne, . . 1l 10s.

VIII. Pour les alignemens qu'ils feront dans les villes et bourgs de leur demeure, non compris l'expédition du procès-verbal qui sera payée comme ci-dessus, ... 12.

IX. Hors les lieux de leur demeure, 36 l. par jour.

X. Ils seront tenus de faire *gratis* tout ce qui concerne le Roi et le public.

CHAPITRE XVII.

Arpenteurs.

ART. Ier. L'Arpenteur-général prendra par jour, à compter de son départ jusqu'à son retour, y compris les frais de voyage et nourriture, ... 42 l.

II. Pour les expéditions de ses procès-verbaux, par rôle de deux pages, 24 lignes à la page, 12 à 15 syllabes à la ligne, ... 2.

III. Les Arpenteurs particuliers prendront par jour, y compris leurs frais de voyage, . . 36.

IV. Et pour leurs expéditions, par rôle, . . 1 10 s.

V. Les porte-chaînes auront par jour, . . . 7 10.

VI. Tous leurs plans seront taxés, en cas de contestation; savoir : ceux des Arpenteurs particuliers, par l'Arpenteur-général, ou, à son défaut, par le plus ancien Arpenteur breveté du Roi.

Ceux de l'Arpenteur-général, par qui il sera ordonné par les Juges.

VII. L'Arpenteur-général et autres seront tenus de remettre, sans frais, leurs avis cachetés concernant les contestations des parties, au Greffe des Juges qui l'auront ordonné.

VIII. En cas de décès ou retraite d'un Arpenteur particulier, soit en France, soit dans une autre île, ses minutes, plans et procès-verbaux continueront à être déposés, ainsi qu'il était ordonné par le tarif de 1753, chez l'Arpenteur-général, qui en donnera son reçu à la veuve et héritiers de l'Arpenteur décédé; et dans les îles où l'Arpenteur-général ne fera pas sa résidence, entre les mains du plus ancien Arpenteur, qui en instruira sur-le-champ l'Arpenteur-général; et dans le cas du décès ou de la retraite de l'Arpenteur-général, le dépôt sera fait entre les mains du plus ancien Arpenteur, qui pareillement en donnera son reçu, et remettra le tout à l'Arpenteur-général qui sera nommé.

Ladite remise sera faite sans frais et sous peine, envers les contrevenans, de 500 liv. d'amende applicables aux réparations des auditoires et prisons.

CHAPITRE XVIII.

Experts, Estimateurs, Visiteurs, Vérificateurs nommés par Justice.

ART. Ier. Leurs salaires et vacations, s'ils en requièrent, seront taxés par les Commissaires ou Juges, ainsi que leurs procès-verbaux, selon l'étendue et la difficulté de leur travail.

II. Hors des lieux de leur demeure, ils pourront prendre par jour, pour deux vacations de trois heures, y compris leurs frais de voyage, ... 30l.

CHAPITRE XIX.

Interprètes des Langues etrangères.

ART. Ier. Dans tous les cas où les Interprètes travailleront avec les Juges, soit aux auditions de témoins, aux interrogatoires d'accusés ou autres, il leur sera alloué par heure, ... 4l.

II. Pour les traductions qu'ils feront des pièces écrites en langues étrangères, elles seront taxées par les Juges ou Commissaires, à proportion du travail.

CHAPITRE XX.

Curateurs aux Successions vacantes.

ART. Ier. Enjoignons aux Curateurs aux successions vacantes de se conformer exactement aux arrêts de réglement, rendus par le Conseil, concernant leurs fonctions, sous peine de privation de leur emploi, même de plus grande, si le cas y échet.

II. Ils prendront pour leurs droits, sur les sommes qui se trouveront en espèce dans les successions, deux et demi pour cent.

III. Sur le produit des sommes dont ils auront fait recette effective, provenant, soit de la vente des effets mobiliers, soit du recouvrement des dettes actives; dix pour cent.

IV. Sur le revenu net des habitations dont les Economes et Régisseurs leur rendront compte, 5 pour 100.

V. Pour leur présence aux inventaires et aux ventes, dans le lieu de leur résidence, par vacation de 3 h., 9l.

VI. En campagne, pour frais de voyage, nourriture, présence aux inventaires et ventes, 30 l. par jour, à compter du jour de leur départ jusqu'à celui de leur retour.

VII. Les frais de justice, tant en demandant qu'en défendant, leur seront alloués comme aux Procureurs, et ils pourront, s'ils le jugent à propos, instruire et défendre leurs causes par eux-mêmes.

VIII. La nourriture des négres et bestiaux qu'ils seront obligés de garder jusqu'à la vente, leur sera allouée à raison de 1 l. 2 s. 6 d. par jour pour chaque négre, et 2 l. 5 s. en cas de maladie.

Pour les chevaux et bêtes à cornes, . . . 2l 5s.

Et quant aux frais de transport des meubles et effets, pour être vendus dans les lieux principaux et autres menues dépenses, ils leur seront alloués sur les quittances qu'ils en rapporteront, et néanmoins réduits s'ils sont excessifs.

IX. Leur enjoignons de rendre leurs comptes exactement aux Commissaires nommés pour les recevoir, et cependant leur ordonnons de déposer tous les ans, l'argent qu'ils se trouveront avoir, dans la caisse du Domaine, dont le Receveur leur fournira un reçu, qui leur servira de décharge.

CHAPITRE XXI.

Médecins et Chirurgiens.

ART. Ier. Lorsque les Médecins du Roi et Chirurgiens-majors, à qui ont été attribuées par l'ordonnance du Roi, du 30 avril 1764, les fonctions de Chirurgien-jurés des prisons et commis aux rapports, seront nommés par justice, pour visite et rapport de blessures, ouverture de cadavres, et présence aux questions des criminels poursuivis à la requête du Procureur du Roi, et où il n'y aura point de partie civile, ni de biens pour satisfaire aux frais de justice, ils ne pourront rien prétendre, ni exiger.

II. S'ils sont obligés de se transporter à la campagne, les Médecins du Roi prendront par jour, y compris leurs frais de voyage et nourriture, ... 24l.

Et les Chirurgiens-majors, ... 18.

III. Les sommes ci-dessus leur seront allouées par les Juges et Commissaires, depuis le jour de leur départ jusqu'à celui de leur retour.

IV. Dans le cas où les Juges nommeraient d'autres Chirurgiens, pour éviter de plus grands frais, ou en l'absence des Chirurgiens-majors, il sera alloué auxdits Chirurgiens ; SAVOIR :

Pour leur rapport, visite et affirmation, . . 12l.

Pour l'ouverture des cadavres, rapport et affirmation, ... 25.

Et pour frais de voyage pour venir affirmer, à raison de 12 liv. par jour.

Pour l'assistance aux questions, pour chaque Chirurgien nommé en l'absence du Médecin du Roi et Chirurgien-major, ou Chirurgiens-jurés aux rapports, . . 12l.

Dans les procès criminels où il y aura partie civile, il sera alloué aux Médecins du Roi, Chirurgiens-jurés aux rapports et des prisons, ou autres nommés en leur absence, pour leur rapport, visite et affirmation ; savoir :

Aux Médecins du Roi, ... 24l.
Aux autres Médecins, ... 18.
Aux Chirurgiens-majors, ... 15.
Aux autres, ... 12.

Pour ouverture de cadavre, rapport et affirmation, aux Médecins du Roi, pour leur présence, ... 36.
Aux autres Médecins, ... 30.
Aux Chirurgiens-majors, ... 36.
Aux autres, ... 30.

Hors des lieux de leur demeure, outre les sommes ci-dessus, il leur sera alloué pour leurs frais de voyage ; savoir :

Aux Médecins du Roi, ... 24l.
Aux autres, ... 18.
Aux Chirurgiens-majors, ... 15.
Aux autres, ... 12.

Ordonnons que tous les comptes fournis par les Chirurgiens, aux habitans et particuliers, contiendront en détail, date par date, tous les remèdes qu'ils auront fournis, les pansemens et opérations qu'ils auront faits, et qu'ils feront mention des drogues dont les médecines et autres remèdes auront été composés, à peine de radiation desdits articles ; lesquels comptes ils seront tenus d'affirmer en justice, s'ils y sont portés, et seront renvoyés ensuite devant les Médecins du Roi, ou en leur absence, devant les Chirurgiens-majors, pour être examinés et taxés.

Pour chaque taxe, les Médecins du Roi prendront, 12^{l}.
Et les Chirurgiens-majors, ... 7^{l} 10^{s}.

Laquelle somme leur sera payée par celui qui levera ladite taxe, et remboursée par celui qui succombera dans l'instance.

Si les comptes sont longs et sujets à discussions, les honoraires des Médecins du Roi ou Chirurgiens-majors seront taxés par les Juges, à proportion du travail et du tems qu'ils y auront employé.

Enjoignons aux Médecins du Roi et Chirurgiens-majors de se conformer au présent tarif, leur défendons d'exiger pour lesdites taxes plus fortes sommes que celles qui leur sont allouées.

CHAPITRE XXII.

Jaugeurs et Étalonneurs.

ART. Ier. Les poids, pots, pintes et autres mesures seront vérifiés et étampés par les Etalonneurs royaux, suivant les us et coutumes de la ville, prévôté et vicomté de Paris.

II. L'Etalonneur royal de chaque jurisdiction sera tenu de mettre et déposer à ses frais, si fait n'a été, au Greffe, un étalon ou matrice du poids de dix livres, dans lequel seront tous les autres poids en diminuant en forme de marc ; une aune de fer, un pot, une pinte et autres mesures de cuivre pour servir d'épreuve dans tous les cas nécessaires, même pour la sûreté des poids et mesures, dont il se sert pour vérifier ceux des marchands et détailleurs, lesdits étalons ou matrices bien vérifiées, étalonnés ou étampés, à peine de privation de son emploi.

Enjoignons aux Procureurs du Roi de chaque jurisdiction de tenir la main à ce que le présent article soit exécuté, au plus tard dans un mois de la publication des présentes, et d'en rendre compte au Procureur-général du Roi.

III. Défendons à tous marchands en gros et en détail, boulangers, bouchers, cabaretiers, poissonniers et tous autres faisant commerce ou débit, de se servir d'aucuns poids, mesures et aunes, qu'ils n'aient auparavant été vérifiés et étampés par lesdits Etalonneurs, à peine de confiscation desdits poids, mesures et aunes, et de 20 l. d'amende pour la première fois, et de telle peine qu'il appartiendra en cas de récidive.

IV. Les poids, mesures et aunes des marchands et autres détailleurs ci-dessus dénommés, qui seront trouvés faux, lors des visites générales et particulières des Officiers de police, soit à la requête des Procureurs du Roi, soit sur les plaintes des particuliers, seront confisqués avec les marchandises et denrées vendues à faux poids et fausses mesures, et toutes celles qui se trouveront dans la boutique déjà pesées et mesurées, et les délinquans condamnés en l'amende, suivant l'exigence des cas, et en plus grande peine en cas de récidive.

V. Dans toutes les visites générales et particulières qui seront faites chez les marchands en gros et en détail, regrattiers et autres par les Officiers de police, les Etalonneurs seront tenus, à la première réquisition qui leur sera faite de la part desdits Officiers, de s'y trouver et y assister, pour vérifier en leur présence les poids, mesures et aunes, sans qu'ils puissent prétendre aucune vacation ni droit.

VI. Enjoignons aux Juges et autres Officiers de police de faire leur visite générale dans les lieux principaux des siéges, au moins deux fois par an, chez tous les marchands et détailleurs.

VII. Lorsque les Etalonneurs seront nommés par justice pour faire des vérifications de poids, mesures et aunes, en présence du Procureur du Roi, chez les marchands et autres détailleurs, soit à la réquisition desdits Procureurs du Roi, ou sur les plaintes des particuliers, ils seront tenus de s'y transporter sans délai, et leur sera alloué dans les villes et bourgs de leur demeure, pour vérification, procès-verbal et affirmation, . . 12^{l}.

VIII. A la campagne, outre les 12 l. ci-dessus, leurs frais de voyage, tels qu'ils seront taxés par les Juges.

IX. Seront tenus les Etalonneurs royaux, outre les visites des Officiers de police auxquelles ils doivent assister, d'en faire chaque année une particulière chez tous les marchands et détailleurs établis dans les villes et bourgs du district de la jurisdiction où ils sont établis, pour y faire la vérification de leurs poids et mesures, les étalonner et étamper ; et en cas qu'ils trouvent des mesures ou poids faux, ils en dresseront procès-verbal qu'ils remettront au Procureur du Roi, pour être, à sa requête, lesdits poids confisqués et les délinquans poursuivis conformément à l'article IV.

X. Les Etalonneurs seront tenus de distribuer à ceux qui les en requerront des poids de plomb, aunes, demi-aunes, pots, pintes, demi-sétiers ou autres petites mesures, bien vérifiés et étampés.

XI. Ils prendront pour chaque livre de plomb, 1[l].

XII. Pour chaque aune, ... 6.

XIII. Pour chaque demi-aune, ... 3.

XIV. Et quant aux pots, pintes, chopines, il les vendront en conscience suivant leur qualité, soit cuivre, étain ou fer-blanc.

Sera néanmoins loisible à tous marchands et détailleurs de se fournir eux-mêmes des poids, mesures et aunes, à la charge, comme il est ordonné, de les porter chez les Etalonneurs pour les vérifier et étamper.

XV. Les Etalonneurs prendront 6 den. par livre de poids qu'ils vérifieront.

XVI. Par chaque étampe sur poids et mesures, 10[s].

XVII. Pour ajuster les aunes et demi-aunes, les garnir de plomb par les deux bouts et les étamper, ... , 2[l] 5.

XVIII. Outre les droits ci-dessus, ils prendront 4 liv. par lieue pour leurs frais de voyage, sauf à se faire taxer par le Juge en cas de contestation.

XIX. Toutes les amendes et confiscations prononcées pour les contraventions ci-dessus seront applicables; savoir:

Les marchandises et denrées confisquées, et la moitié des amendes, au profit des hôpitaux; et les poids qui ne seront point étampés et l'autre moitié des amendes, au profit des Etalonneurs.

XX. Les Commis à la police, établis dans les différens quartiers de l'île où il n'y a point de jurisdiction, profiteront du passage et séjour des Etalonneurs pour faire les visites et vérifications des poids, mesures et aunes des marchands, détailleurs, bouchers, cabaretiers, boulangers, poissonniers établis dans les bourgs de leur district, dont ils dresseront leurs procès-verbaux qu'ils enverront au Procureur du Roi de leur jurisdiction, et lesdits Commis à la police jouiront dans ce cas de la portion des amendes attribuée, par l'article précédent, aux Etalonneurs.

XXI. Les denrées qui seront trouvées par les Commis à la police, vendues à faux poids ou déjà pesées dans les boutiques, comme pain, viande, *etc.*, seront portées chez les Religieux desservant les cures, pour être par eux distribuées aux pauvres de leur paroisse.

CHAPITRE XXIII.

Concierges et Geôliers.

ART. Ier. Les Concierges et Geôliers se conformeront au titre XIII de l'ordonnance de 1670, sous les peines y portées, et auront une attention toute particulière à bien loger, nourrir et tenir proprement et sûrement les prisonniers, tant en santé qu'en maladie.

Enjoignons aux Procureurs du Roi d'y tenir la main, de visiter les prisons, au moins une fois la semaine, et d'en rendre compte au Procureur-général.

II. Les Concierges et Geôliers prendront pour chaque extrait d'emprisonnement, recommandation ou décharges des personnes libres, ... 1l 2s 6d.

III. Pour la nourriture des blancs en santé, par jour, ... 2 5.

IV. En maladie, ... 4 10.

V. Pour la nourriture des esclaves, lorsque la farine de manioc vaudra 24 liv. le baril et au-dessous, ... 15.

Lorsqu'elle vaudra plus de 24 l. le baril, ce qui sera justifié par certificat du Procureur du Roi, ... 1 2 6.

VI. En cas de maladie des esclaves prisonniers, ils prendront le double.

VII. Pour la nourriture des mulâtres et nègres libres, malades ou en santé, ils prendront comme pour les esclaves.

Leur défendons très-expressément de traiter comme malades, et de porter sur leurs états aucune dépense extraordinaire pour blancs, nègres et gens de couleur, libres ou esclaves, sans un certificat du Chirurgien des prisons, visé dès le jour même par le Procureur du Roi, sous telles peines qu'il appartiendra.

VIII. Pour gîte et geôlage, ... 7s 6d.

IX. Pour ferrage et déferrage, ... 1l 2 6.

X. Pour l'entrée et la sortie, ... 15.

XI. La nourriture des prisonniers pour dettes sera payée par les créanciers qui les auront fait emprisonner, entre les mains des Geôliers, à raison de 67 l. 10 s. par mois,

mois, sur le pied de 2 l. 5 s. par jour, laquelle somme ils seront tenus de consigner d'avance, au commencement de chaque mois.

CHAPITRE XXIV.

Salaires des Témoins.

ART. Ier. Les Juges continueront de faire la taxe des frais et salaires des témoins, en forme d'exécutoire sur le Domaine, lorsque les Procureurs du Roi agiront d'office en matière criminelle et qu'ils seront seuls parties ; et dans le cas où lesdits témoins requerront taxe, ils se conformeront exactement au présent tarif et réglement ; SAVOIR :

II. A toutes personnes au-dessus du commun par leur naissance ou emplois, à leurs épouses et enfans, demeurant dans les villes, bourgs et banlieue de la jurisdiction où ils devront déposer, et qui exigeront taxe, . 7s 6d.

III. Aux habitans, marchands et autres personnes qui vivent bourgeoisement, leurs femmes et enfans, ... 15.

IV. Aux gens de métier et autres qui travaillent pour gagner leur vie, ... 4 10.

V. A leurs femmes et enfans, compagnons et apprentis, ... 3.

VI. Aux commis, précepteurs, économes, raffineurs, commandeurs et autres domestiques blancs ou libres, leurs femmes et enfans, . . 3.

VII. Aux femmes qui ont des métiers, . . 3.

VIII. Aux esclaves de l'un et de l'autre sexe, soit qu'ils aient des métiers ou qu'ils n'en aient point, ... 1 10.

IX. Les témoins qui viendront de la campagne, de quelque condition qu'ils soient, seront taxés par les Juges, qui auront égard s'ils sont venus à pied, à cheval, ou par mer.

Et dans les procès qui s'instruiront aux frais du Roi, ou à la requête des Substituts du Procureur-général, il ne leur sera alloué que les frais de voyage, soit à pied, soit à cheval, ou par mer, eu égard aux personnes.

X. Dans le cas où les parties civiles voudraient faire venir et assigner des témoins résidant en campagne, et qui ne seraient pas en état de faire les frais du voyage, elles seront tenues de consigner préalablement ès-mains du Greffier, le montant de leurs salaires et frais de voyage, tels qu'ils seront taxés par les Juges.

Ordonnons que le présent réglement portant tarif sera exécuté selon sa forme et teneur, dans toutes les îles du Gouvernement, nonobstant tous autres tarifs, réglemens et usages contraires, que nous abrogeons et revoquons.

Faisons défenses à tous ceux qui y sont dénommés d'y contrevenir, sous tel prétexte que ce soit, et de prétendre, exiger ni percevoir autres et plus forts droits, honoraires, épices, vacations, frais et salaires, que ceux par nous alloués et taxés, ou laissés à l'arbitrage des Juges et Commissaires, sous peine de restitution du quadruple, même d'être poursuivis et punis comme concussionnaires, si le cas y échet.

Prions messieurs les Officiers du Conseil souverain de la Martinique de faire enregistrer, *etc.*

Donné à la Martinique, le 30 avril 1771. *Signé*, De VALLIERE, *et* le Présid. de PEINIER.

Enregist. au Conseil souverain.

(N°. 442.) DÉPÊCHE *ministérielle de M.* de Boynes, *à MM. les Général et Intendant, sur le Traitement du Secrétaire de la Chambre d'Agriculture, et du Député des Conseils souverains des Colonies.*

Du 3 mai 1771.

LORS de la création des Chambres d'agriculture, le Roi a bien voulu, Messieurs, se charger du paiement de leurs Secrétaires et de leurs Députés en France, mais l'avantage de ces établissemens étant tout entier au profit des habitans, auxquels il importe d'avoir un représentant au bureau de commerce à Paris, il a paru juste à S. M. de charger les Colons du paiement de ces secrétaires et députés. En conséquence, les secrétaires seront retranchés à compter du 1er. juillet prochain de l'etat des dépenses de la Martinique et de la Guadeloupe, et les députés le seront également de celui des députés en France.

Vous ferez connaître les intentions du Roi à cet égard aux Chambres d'agriculture et aux Conseils souverains, afin qu'ils fassent payer ces appointemens par la caisse des deniers publics. S. M., en conservant au sieur Petit son emploi et ses fonctions de député des Conseils souverains, a décidé que son traitement serait pris par la suite sur les fonds municipaux des colonies ; que Saint-Domingue en supporterait 10,000 liv., la Martinique 5,000 l. et la Guadeloupe 5,000 liv.

Vous voudrez bien, Messieurs, prendre les mesures que vous croirez convenables pour que ces arrangemens soient adoptés sans difficulté à compter de juillet prochain. *Signé*, DE BOYNES.

Enregist. au Conseil souverain.

(N°. 443.) ARRÊT *en Réglement du Conseil souverain, portant établissement de Bourse commune entre les Huissiers.*

Du 10 mai 1771.

VU la remontrance du Procureur-général du Roi, portant qu'en l'année 1766 les Huissiers de la jurisdiction du bourg St-Pierre présentèrent à la Cour une requête tendante à ce qu'il leur fût permis de se réunir en corps, et de former entr'eux une bourse commune de leurs droits et salaires.

Que les avantages que cet établissement semblait promettre pour l'utilité publique, et le bon ordre qui devait en résulter pour la discipline d'officiers, qui avaient besoin d'être soumis à une inspection très-rigide, déterminèrent la Cour à autoriser cette bourse commune ; qu'il fut en conséquence, le 7 mars 1766, rendu un arrêt qui fixa les statuts par lesquels elle devait être régie.

Que des motifs si sages auraient dû assurer la durée de cet établissement ; mais à peine fut-il formé, qu'il éprouva dès sa naissance les plus violentes contradictions ; un des Huissiers de la jurisdiction du bourg Saint-Pierre, qui n'avait pas voulu souscrire la requête présentée par ses confrères, forma opposition à l'arrêt ; cette opposition d'un particulier eût sans doute fait peu d'impression, mais pour lui donner plus de force on sut l'étayer des plaintes du public à qui l'on exagéra quelques inconvéniens, qui à la vérité n'avaient point été prévus, et qui pouvaient résulter de la rédaction des premiers statuts ; tous ces moyens furent mis habilement en œuvre, et eurent le succès qu'on en desirait ; la bourse commune fut détruite par un autre arrêt de la Cour, du 12 juillet 1766, et rentra dans le néant, dans lequel on se proposait de l'ensevelir pour toujours.

Que bientôt les abus se multiplièrent et firent sentir plus que jamais la nécessité de cet établissement ; la Cour fut fatiguée des contestations continuelles qui s'élevaient entre les Procureurs et les Huissiers, sur la distinction de leurs fonctions; le remontrant, frappé de tous ces désordres, voulut en découvrir la source; il reconnut bientôt qu'il n'y en avait point d'autre que la dépendance servile à laquelle les Huissiers sont assujettis par leur état actuel, et il fut convaincu que l'unique moyen d'y remédier était le rétablissement de la bourse commune; il apprit en même tems que ce même établissement existait à St-Domingue et à la Guadeloupe; qu'il y avait été, comme ici, combattu dans son principe par des contradictions de tout genre; mais que la fermeté de ces Cours les avait réprimées et avait assuré l'existence de cet établissement, dont on retirait de très-grands avantages.

Que, déterminé par ces exemples, le remontrant avait cru devoir employer son ministère pour renouveler en cette île ce même établissement; et pour lui donner une consistance plus solide que celle qu'il avait lors de sa première formation, qu'il s'était attaché à prévoir, autant qu'il lui avait été possible, tous les inconvéniens qui pouvaient y porter obstacle et à y remédier: qu'il avait en conséquence formé un nouveau projet de statuts qu'il remettait sous les yeux de la Cour, par lequel il croyait être parvenu à établir dans la nouvelle bourse commune qu'il proposait, un ordre si exact qu'il ne pourrait plus y avoir lieu à aucun abus; que quant aux avantages qui résulteraient de cet etablissement, ils étaient des plus frappans.

Que d'un côté les Huissiers, que cet établissement tiendra sous l'inspection continuelle des

Administrateurs et des Officiers des jurisdictions, se trouveront assujettis à un ordre et à une discipline qui préviendront les écarts auxquels plusieurs d'entr'eux sont sujets à se livrer ; le bureau deviendra en même tems une étude dans laquelle ils se formeront et s'instruiront de toutes les fonctions de leur état : on parviendra par-là à avoir des sujets instruits et bien réglés dans leur conduite.

Que, d'un autre côté, le service public sera fait avec beaucoup plus d'exactitude ; les particuliers y trouveront aussi de très-grands avantages, non-seulement dans la plus prompte expédition des affaires, mais plus encore dans la sûreté des sommes qui seront touchées par les Huissiers, dont ils seront tous solidairement responsables, ainsi que des dommages et intérêts qui pourront résulter des nullités des procédures.

Que le remontrant ne doutait pas que tous ces avantages ne déterminassent la Cour à établir dans toutes les jurisdictions de son ressort la bourse commune, qui, par son premier arrêt du 7 mars 1766, n'avait été approuvée que pour la jurisdiction de Saint-Pierre ; qu'il était persuadé en même tems que cet établissement se trouvant formé aujourd'hui sur la réquisition du ministère public, et par l'autorité immédiate de la Cour, il jouirait d'une stabilité plus grande que par le passé, les oppositions par lesquelles on voudrait y porter atteinte seraient prévenues par la certitude qu'on aurait que la Cour maintiendrait son ouvrage, et saurait réprimer par son autorité tous ceux qui chercheraient à susciter des tracasseries mal fondées : pour quoi le remontrant requérait qu'il plaise à la Cour délibérer sur cet objet et statuer sur le projet de reglement qu'il laissait sur le bureau, ce que sa prudence et ses lumières lui suggéreront; sur quoi la matière mise en délibération, *etc.*, la Cour a ordonné et statué ce qui suit :

Art. Ier. Que du jour de la publication du présent arrêt, tous les Huissiers et Sergens, tant des jurisdictions royales que des siéges d'Amirauté de cette île, seront tenus de former, dans chaque jurisdiction où ils sont établis et immatriculés, un bureau social où se porteront toutes les affaires concernant leurs fonctions, pour faire entr'eux bourse commune de tous les salaires, droits et vacations qui leur sont attribués par le tarif.

II. Le bureau sera régi, dans chacune des jurisdictions, par deux desdits Huissiers, qui seront choisis parmi les anciens, et qui seront qualifiés Administrateurs, à l'effet de quoi tous les Huissiers et Sergens s'assembleront incessamment devant les Juges desdites jurisdictions, aux jour et heure qui seront par eux indiqués, pour être procédé, présence du Procureur du Roi, à l'élection desdits Administrateurs, dont l'un d'eux sera Trésorier et gardera la caisse, et en cas de contestation sur le choix, la nomination sera faite par le Juge, sur les conclusions du Procureur du Roi.

III. Le bureau général sera établi, autant qu'il sera possible, dans le voisinage du Palais et de la demeure des Officiers de la jurisdiction, pour être plus à portée des visites qu'ils trouveront à propos d'y faire, et des ordres qu'ils auront à y donner.

IV. Le bureau sera ouvert exactement tous les jours depuis sept heures du matin jusqu'à midi, et depuis deux heures de relevée jusqu'à six, et tous les Huissiers et Sergens seront tenus de s'y trouver auxdites heures pour y recevoir les ordres des Administrateurs, soit pour les écritures à faire dans le bureau, soit pour les significations et autres exploits dont ils seront chargés pour le dehors.

V. En cas de désobéissance ou retardement aux ordres qui leur seront donnés par les Administrateurs, il en sera réferé devant le Juge de la jurisdiction, qui, sur les conclusions du Procureur du Roi, condamnera les délinquans à une amende, ou à une interdiction, suivant l'exigence des cas, et l'ordonnance du Juge sera exécutée par provision, et sans préjudice de l'appel.

VI. Les amendes seront applicables aux réparations du Palais, et les Huissiers et Sergens interdits n'auront aucune part dans les profits qui seront faits dans la bourse commune, durant leur interdiction.

VII. Les Huissiers qui s'absenteront du bureau pour quelque cause que ce soit, même de maladie quoique justifiée, seront et demeureront privés des émolumens acquis à la bourse commune depuis leur absence jusqu'à leur rentrée, sauf à leur être fournis des secours extraordinaires par le bureau, suivant les circonstances, à quoi les Administrateurs pourront se faire autoriser par les Juges, en cas d'opposition de la part de quelqu'un des Huissiers partageans.

VIII. En cas de mauvaise conduite, indécence ou autre dérangement de la part d'aucun desdits Huissiers et Sergens, il en sera référé par les Administrateurs aux Officiers des jurisdictions, qui pourront corriger lesdits Huissiers par amende ou interdiction, suivant l'exigence des cas; et si après lesdites corrections lesdits Huissiers persistaient dans leur dérangement, il en sera rendu compté à la Cour, qui les destituera de leur office.

IX. Il sera tenu par les Administrateurs, quatre livres ou registres: cotés et paraphés par le Juge.

X. Dans le premier desdits registres sera fait mention sommaire, sur-le-champ et sans aucune interruption ni lacune, de tous les actes et exploits dont le bureau sera chargé, et de toutes les pièces et dossiers qui auront été remis par les parties, les Procureurs et leurs Clercs; sera pareillement fait note, dans ledit registre, des deniers qui seront comptés pour faire des offres, avec mention du jour et de l'heure que lesdites pièces et deniers auront été remis, comme aussi des sommes qui auront été reçues des debiteurs, en vertu des sommations et commandemens qui leur auront été faits, et du net produit des ventes forcées ou volontaires; et lorsque les Administrateurs rendront les pièces et les sommes qu'ils auront reçues, ils en exigeront un récépissé en marge du registre et à côté de l'article qui y sera relatif. Le récépissé des Clercs suffira pour la décharge des papiers qu'ils retireront du bureau; mais pour les deniers ils ne pourront leur être remis qu'en vertu d'un pouvoir de la partie ou du Procureur, lequel pouvoir sera gardé et mis en liasse.

XI. Le second registre servira à porter d'un côté toutes les dépenses qui seront faites pour le compte de la bourse commune, comme loyers de maison pour servir de bureau, meubles et ustensiles pour le service dudit bureau, achat, entretien et nourriture des chevaux et de leurs harnois, gages de Clercs et Records, si besoin est, frais de nourriture qu'il faudra rembourser aux Huissiers qui sont envoyés à la campagne, ou au Fort-Royal pour le service du Conseil, et généralement toutes les dépenses communes; le même registre contiendra de l'autre côté, par ordre de date, les recettes journalières qui seront faites par les Administrateurs, provenant du paiement des vacations et salaires qui seront dus au bureau ; seront aussi portés sur le même registre les comptes que les Administrateurs rendront à leurs confrères, et les paiemens qui leur seront faits, soit à compte, soit pour la portion revenant à chacun d'eux, dont ils donneront leur reçu au bas desdits comptes.

XII. Le troisième registre sera destiné à y transcrire par ordre de date, premièrement, le présent réglement en tout son contenu, ensuite la nomination qui sera faite des Administrateurs et du Trésorier, tous les réglemens qui pourront être faits dans la suite concernant la régie et administration dudit bureau, les sentences qui porteront condamnation d'amende ou interdiction contre les Huissiers ou Sergens qui auront encouru ces peines, et généralement tous les jugemens qui seront rendus sur les contestations qui pourront survenir entre les Huissiers eux-mêmes, ou entr'eux et les particuliers.

XIII. Le quatrième registre servira pour y porter les élections de domicile, ainsi qu'il sera réglé ci-après.

XIV. Tous les Huissiers intéressés à la bourse commune pourront, lorsqu'ils le trouveront à propos, examiner et verifier les registres en présence d'un Administrateur et sans deplacer.

XV. Les Administrateurs et Trésorier continueront d'exercer lesdits emplois jusqu'à demission de leur part, ou jusqu'à revocation qui sera prononcée par le Juge, sur la demande des autres Huissiers, si le cas y échet, et sur des causes et motifs valables.

XVI. Les Administrateurs dont les registres ne se trouveront pas en règle, seront pour la première fois prives de leur part dans les profits de la bourse pendant un mois, et de leur administration en cas de récidive.

XVII. Toutes les affaires concernant le ministère des Huissiers, seront portées au bureau et remises à un des Administrateurs, qui en donnera un récépissé, s'il en est requis, au bas du bordereau qui lui sera présenté ; et lesdits Huissiers ne pourront à l'avenir faire aucune signification, sommation ou autres actes de leur ministère, s'ils n'en sont chargés par les Administrateurs, à peine de 300 liv. d'amende, applicables au profit du bureau, pour la première fois, et de plus griève peine en cas de récidive.

XVIII. Sera néanmoins loisible aux parties, en fait de saisies, exécutions de capture ou emprisonnement, de s'adresser à tel Huissier qu'ils choisiront, auquel cas seulement sera permis audit Huissier d'instrumenter sans commission des Administrateurs.

XIX. Il sera prelevé en faveur des Huissiers qui seront charges des lits actes de saisies, exécution, capture ou emprisonnement, soit par commission du bureau, soit par le choix des parties, le tiers des droits attribués auxdits actes, et n'entrera dans la bourse commune que les deux autres tiers, dans lesquels lesdits Huissiers partageront en outre comme les autres.

XX. Lorsque les parties se seront adressées pour lesdits actes de saisies, exécution, capture ou emprisonnement, et même pour les saisies et arrêts, les Administrateurs seront tenus de recevoir secrètement les dossiers des Procureurs ou des parties, et les mettront sous clef jusqu'au moment où ils en feront remise aux Huissiers qui seront chargés desdits actes, à peine, en cas d'indiscrétion de la part des Administrateurs ou des Huissiers saisissans, d'interdiction de six mois, et des dommages et intérêts envers les parties; laquelle peine ils encourront également dans le cas où ils n'auraient pas saisi tout ce qu'ils auraient pu ou dû saisir, et où ils auraient donné de leur chef priorité de saisies, exécutions ou préparatoires, en intervertissant l'ordre des dates portées au registre qui doit être tenu conformément à l'art. X du présent réglement.

XXI. Tous les Huissiers et Sergens du même bureau seront solidairement garans et responsables des pièces et procédures dont ils auront été chargés, et des sommes de deniers qu'ils auront reçues pour les parties, sauf leur recours contre ceux qui auront diverti les papiers, sommes et deniers qui leur auront été confiés, lesquels seront condamnés par corps au remboursement et aux dommages-intérêts qui pourront en résulter, et même poursuivis extraordinairement, si le cas y échet.

XXII.

XXII. Seront aussi tous lesdits Huissiers solidairement garans et responsables des depens, dommages et interêts qui pourront resulter des nullites prononcées sur les exploits et procedures faites par aucun d'eux, sauf le remboursement du bureau sur la part et portion de ceux qui auraient procédé irrégulièrement.

XXIII. Lesdits Huissiers et Sergens continueront de faire leur service à la suite de la Cour, aux jurisdictions et pour la police, suivant l'usage établi, et chacun à tour de rôle, ainsi qu'il sera réglé par les Administrateurs, qui seuls seront exempts du service au dehors, attendu la nécessité de leur résidence continuelle dans le bureau.

XXIV. Ils feront aussi, chacun à leur tour, les voyages à la campagne pour significations, assignations, saisies et autres exploits, sur les ordres des Administrateurs, et en cas de refus, sans causes légitimes, ils seront condamnés à telles peines qu'il appartiendra.

XXV. Tous les profits seront également partagés entre tous ceux qui composeront la bourse commune, de deux en deux mois, et à l'issue de chaque conseil, après avoir déduit généralement toutes les dépenses du bureau.

XXVI. La part des Huissiers dans la bourse commune ne pourra être saisie par leurs créanciers, que pour la moitié de ce qu'il leur reviendra dans les émolumens de ladite bourse commune.

XXVII. Les Huissiers et Sergens qui seront reçus à l'avenir seront tenus de travailler au service du bureau pendant six mois, à compter du jour de leur réception, aux appointemens de 150 l. par mois pour subvenir à leur nourriture, logement et entretien, et ne pourront prétendre leur part entière dans les profits, comme les autres Huissiers, qu'après l'expiration desdits six mois, lesquels appointemens ne pourront être saisis que pour les alimens qui leur auraient été fournis pendant lesdits six mois.

XXVIII. Les Huissiers qui feront des voyages à la campagne et au Fort-Royal, à la suite de la Cour, seront payés par le Trésorier de ce qu'ils auront déboursé pour leur nourriture et pour celle de leurs valets et chevaux, ou fret de canot, suivant la fixation qui en sera faite entre eux et les Administrateurs, et en cas de contestation suivant la taxe du Juge.

XXIX. Les Huissiers et Sergens royaux qui seront pourvus d'offices d'huissiers à l'Amirauté, et qui seront associés à la bourse commune, percevront à leur profit les vacations qui leur reviennent pour les visites des navires et pour la vente des bâtimens ; pour le tout être partagé entr'eux sans que la bourse commune y puisse rien prétendre, et à l'égard de toutes les autres opérations de l'Amirauté, les salaires entreront dans la bourse commune.

XXX. Toutes les élections de domicile seront à l'avenir inscrites sur un registre particulier, coté et paraphé, qui sera tenu à cet effet par les Administrateurs, conformément à l'art. XIII du présent réglement, et lesdites élections seront signées par la partie ou le fondé de son pouvoir *ad hoc* : elles seront ensuite portées sur un tableau qui restera exposé dans le bureau, sans qu'il soit besoin de faire signifier aux Procureurs et Huissiers lesdites élections de domicile, et sera payé pour lesdits enregistrémens et expéditions la somme de 6 liv.

XXXI. Dans deux mois à compter du jour de la publication du présent arrêt, toutes personnes qui ont élu domicile ès-études des Procureurs et chez des particuliers, seront tenus de renouveler leur élection de domicile dans la forme prescrite par l'article ci-dessus, faute de quoi elles demeureront révoquées, si elles ne sont pas renouvelées.

XXXII. Toutes les élections de domicile dont le terme n'aura pas été spécifié, ne pourront avoir lieu que pour deux ans, passé lequel tems elles demeureront révoquées, si elles ne sont pas renouvelées.

XXXIII. Les copies des pièces appartiendront aux Procureurs quand ils voudront les fournir, et en ce cas elles seront signées d'eux ou de leurs Clercs, et ils seront tenus de les fournir lisibles.

XXXIV. Les exploits simples, qui n'excéderont pas la valeur de 30 s., seront payés tous les deux mois aux Huissiers, par les Procureurs qui les en auront chargé, qui néanmoins, à la fin de chaque année, fourniront un état de ceux desdits exploits dont ils n'auront pas été remboursés et qu'ils seront dans le cas de perdre, pour leur en être tenu compte par les Huissiers, sauf leurs recours contre les parties, ainsi qu'ils aviseront.

XXXV. Quant à toutes les autres opérations, comme saisies, exécutions et gageries, voyages en campagne, transports en rade, captures, perquisitions, annotations de biens, criées, ventes, protêts et autres, qui excéderont la valeur de 30 s., la bourse commune ne pourra en exiger le paiement que des parties et non des Procureurs, sans qu'elle puisse refuser de leur remettre exactement les pièces dont ils auront chargé lesdits Huissiers, sous prétexte du défaut de paiement; seront néanmoins tenus les Procureurs de payer lesdits actes aux Huissiers, lorsque les affaires concerneront des parties non domiciliées dans leur jurisdiction.

XXXVI. Les Huissiers et Sergens royaux ne pourront se charger de la direction des procédures, soit pour l'introduction des instances, soit pour la poursuite d'icelles, ni de tout ce qui peut concerner le ministère des Procureurs, sous telles peines qu'il appartiendra.

XXXVII. Les Procureurs feront remettre au bureau, dans la journée du lundi, les affaires à signifier pour l'audience du samedi suivant, et dans la journée du mercredi, celles destinées pour l'audience du lundi; et quant aux affaires de l'extraordinaire et d'heure à autre, ainsi que pour les saisies-arrêts, exécutions et protêts, les Huissiers seront tenus d'y procéder incessamment et sans délai.

XXXVIII. Le réglement de la Cour sur les fonctions des Procureurs et Huissiers, du 12 juillet 1766, sera exécuté suivant sa forme et teneur et sous les peines y portées.

XXXIX. Les commissions d'Huissiers et Sergens royaux qui refuseront d'entrer en société et de travailler pour la bourse commune, seront et demeureront révoquées, à compter du jour de la publication du présent arrêt, avec défense à eux d'exercer, sous peine de faux et d'être poursuivis extraordinairement à la requête des Procureurs du Roi, et il en sera nommé d'autres à leur place.

XL. Les Huissiers des siéges d'Amirauté qui ne voudront pas être admis dans le bureau de la bourse commune, ou qui, après y avoir été admis, voudront se retirer, seront restreints aux fonctions qui leur sont attribuées auxdits siéges, et leurs commissions d'huissiers en la Cour et sergens royaux à la jurisdiction, seront et demeureront révoquées, avec defenses à eux d'exercer, sous les peines portées à l'article précédent, et il en sera nommé d'autres à leur place.

XLI. Etant nécessaire, pour maintenir le bon ordre dans l'établissement desdites bourses communes, et assurer l'entière exécution de tout ce qui est et pourra être ordonné par la suite à cet effet, de commettre une personne qui ait inspection sur les bureaux, et qui en rende compte : le premier Huissier de la Cour sera tenu, en qualité d'Administrateur principal de tous lesdits bureaux, de les visiter alternativement entre chaque séance, sans pouvoir s'en dispenser ; il dressera à chaque visite procès-verbal de l'état où il aura trouvé les registres, et relévera avec exactitude et sans aucun ménagement, les négligences et les infractions aux réglemens, tant de la part des Administrateurs que des autres Huissiers, pour ledit procès-verbal rapporté en la Cour, être, sur les conclusions du Procureur-général du Roi, ordonné ce qu'il appartiendra.

XLII. Le premier Huissier, administrateur principal, ne pouvant à l'avenir exploiter ni faire aucun acte d'huissier, excepté en la Cour, à la requête du ministère public, ne sera point admis au partage de la bourse commune ; et comme il est chargé de l'inspection des bureaux, et obligé à des voyages et dépenses, en exécution de l'article précédent, il aura pour indemnité un prélèvement de la somme de 3000 l. à recevoir desdits bureaux; savoir: de 1800 liv. sur le bureau du bourg St-Pierre, de 800 l. sur le bureau du Fort-Royal, et de 400 liv. sur celui de la Trinité, payable par quartier, de trois mois en trois mois, sur le net produit des profits; au moyen de laquelle somme de 3000 liv., le droit de moitié dans les enrôlemens des causes des jurisdictions, qui avait été accordé par le tarif au premier Huissier, sera réuni à l'avenir à la bourse commune des Huissiers de chaque jurisdiction.

XLIII. La sûreté et la conservation des minutes des procès-verbaux de vente et autres actes du ministère des Huissiers, exigeant qu'il soit établi un dépôt public où lesdites minutes soient remises et déposées, il est ordonné qu'à l'avenir, les Administrateurs de chaque bureau seront chargés du dépôt de toutes les minutes, procès-verbaux de criées et de ventes, et de taxes apposées au bas concernant le Roi, l'Amiral et le public, dont ils feront écritures sur un registre paraphé par le Juge, pour en délivrer des expéditions à ceux qui le requerront, en payant au profit du bureau les salaires desdites expéditions.

Et quant aux anciennes minutes dont les Huissiers sont dépositaires, ils seront tenus, dans la quinzaine de la publication du présent réglement, de les déposer au bureau dans les formes ci-dessus prescrites, dont il leur sera donné acte par les Administrateurs; le droit des premières expéditions desdites minutes, qui n'auraient point encore été délivrées, appartiendra en entier à l'Huissier ou Sergent qui aura déposé lesdites minutes, quant aux secondes et autres expéditions, elles seront au profit du bureau et entreront dans la bourse commune.

XLIV. Enjoint aux Administrateurs, et à tous les Huissiers et Sergens royaux, de se conformer exactement au présent réglement, de n'exiger que les droits qui leur sont attribués par le tarif, dont ils feront mention au bas de chaque exploit, et d'avoir attention à ce que les affaires dont ils seront chargés, soit pour les villes et bourgs, soit pour la campagne, soient diligemment expédiées sans aucun retardement ni préférence, à peine de repondre des dommages et intérêts des parties, et de telles autres peines qu'il appartiendra suivant les circonstances.

Ordonne que le présent réglement sera lu, publié et registré, *etc.*

Fait au Conseil souverain de la Martinique, le 10 mai 1771. *Signé*, ROIGNAN, greffier.

(N°. 444.) EXTRAIT *d'une Dépêche ministérielle de M.* de Boynes, *sur les Gens de mer mis en prison.*

Du 24 mai 1771.

Le Ministre mande à M. le président de Peinier, intendant à la Martinique, d'ordonner qu'à l'avenir les Matelots et autres gens des équipages marchands, qui, par suite des plaintes portées contr'eux par leurs Capitaines, seraient mis en prison, y soient nourris par les rations que lesdits Capitaines y enverront, et qu'en cas de maladie dans les mêmes geôles, ils y soient traités par les Chirurgiens de bord; l'usage qui a été suivi jusqu'à présent, de les faire nourrir par les Geôliers et traiter par les Médecins et Chirurgiens des prisons étant très-coûteux pour ces individus eux-mêmes, ou pour les Armateurs des bâtimens, il en résulte que les Capitaines passent souvent sur des fautes graves très-nuisibles à la discipline, plutôt que de ruiner ou leurs équipages ou leurs Armateurs, en infligeant des punitions nécessaires, mais qui deviennent trop dispendieuses.

(N°. 445.) ORDONNANCE *de MM. les Général et Intendant, sur la Vente du Poisson dans la ville du Fort-Royal.*

Du 30 juin 1771.

ÉTANT nécessaire de remédier aux abus qui se commettent au Fort-Royal à l'occasion du poisson frais, nous avons jugé ne pouvoir prendre un parti plus expédient que de rendre applicable à cette ville l'ordonnance rendue par le Gouvernement pour le bourg St-Pierre de cette île, le 27 janvier 1766.

En conséquence, nous ordonnons qu'elle sera exécutée selon sa forme et teneur, par les pêcheurs et seineurs des Anses-d'Arlets, des Trois-Islets et de la Case-Navire, lesquels seront tenus de porter le poisson de leurs pêches au Fort-Royal, pour y être distribué aux lieux ci-après désignés; savoir:

A la savanne au bout de la Grande-Rue-Royale de ladite ville, pour le poisson qui viendra des Anses d'Arlets et Trois-Islets.

Et à la petite place derrière la Chapelle des nègres, pour le poisson qui viendra de la Case-Navire.

Laissons à la vigilance du Procureur du Roi de ladite ville le soin de commettre telle personne qu'il avisera pour veiller à la distribution du poisson, et principalement à ce que les cabaretiers et aubergistes ne soient fournis qu'après que les bourgeois auront été servis.

Nous renouvelons par ces présentes toutes les défenses portées par ladite ordonnance ; faisant aussi défenses à tous esclaves de sauter sur les canots qui se présenteront au débarquement pour y enlever le poisson, et de commettre aucun acte de violence, surprise ou autres, à l'égard des pêcheurs, sous les peines d'ordonnance.

Et afin que nul n'en prétende cause d'ignorance, ces présentes seront apposées au pied de ladite ordonnance, du 27 janvier 1766, qui sera aussi de nouveau imprimée, lue, publiée et affichée par-tout où besoin sera.

Ordonnons à tous seineurs et autres pêcheurs du quartier du Fort-Royal, sous quelque dénomination qu'ils exercent la pêche, de déclarer, dans huit jours de la publication des présentes, leurs noms et leurs surnoms avec le lieu de leur domicile, au Procureur du Roi de la jurisdiction du Fort-Royal.

Prions messieurs du Conseil souverain et mandons aux Officiers de la jurisdiction du Fort-Royal de faire enregistrer, *etc.*

Donné à la Martinique, le 30 juin 1771. *Signé*, le Chevalier de VALLIÈRE, *et* le Président de PEINIER.

Enregist. au Conseil souverain.

N. B. Voyez pour l'ordonnance mentionnée en l'autre part, tome II, N°. 347, page 443.

(N°. 446.) ARRÊT *en Réglement du Conseil souverain, sur les Huissiers de l'Amirauté.*

Du 1er. juillet 1771.

LA Cour ordonne qu'à l'avenir tous les Huissiers, tant de l'Amirauté qu'en la Cour, et Sergens des jurisdictions, seront tenus indistinctement d'entrer dans la bourse commune établie par le réglement du 10 mai dernier, sans pouvoir s'en retirer, sous aucun prétexte ni dans aucun cas, leur enjoignons de se conformer à toutes les autres dispositions des autres articles dudit réglement.

Fait au Conseil souverain de la Martinique, le 1er. juillet 1771. *Signé*, ROIGNAN, greffier.

(N°. 447.) DÉPÊCHE *ministérielle de M.* de Boynes, *au Conseil souverain, sur les Demandes de Procédures, faites par Mgr. le Chancelier, aux Conseils souverains des Colonies.*

Du 27 juillet 1771.

J'AI été informé, Messieurs, par Mgr. le Chancelier, que le Conseil souverain du Port-au-Prince a fait difficulté de lui adresser une procédure avec le jugement rendu dans son ressort, sur une accusation d'assassinat. Ce refus n'a pu être attribué qu'à l'interprétation forcée de l'article Ier. de l'ordonnance du Roi, du 18 mars 1766, qui defend aux Gouverneurs, Intendans et Conseils souverains d'exécuter et souffrir qu'on exécute aucune expédition du sceau ou du Conseil d'Etat, ou aucun ordre de sa part, s'ils ne sont signés du Secrétaire d'Etat ayant le département des colonies, et par lui envoyées auxdits Goûverneurs et Intendans. En effet, Messieurs, jamais l'intention du Roi n'a été de priver Mg[r]. le Chancelier du droit qu'il a, par sa charge, de vous faire passer directement les ordres de S. M. sur le fait de la justice dans toutes les affaires qui intéressent les particuliers, et l'ordonnance ne doit être entendue, à cet égard, que pour les objets d'administration, dont effectivement les expéditions sont toujours signées en commandement par le Secrétaire d'Etat du département de la marine, et si Mg[r]. le Chancelier se trouve dans le cas de vous écrire directement au nom du Roi pour des affaires de particuliers sur le fait de la justice, vous ne devez faire aucune difficulté de vous conformer entièrement aux ordres qu'il pourra vous donner, sans même en être prevenu par moi. *Signé*, DE BOYNES.

Enregist. au Conseil souverain.

(N°. 448.) ORDONNANCE *de MM. les Général et Intendant, qui prescrit de paver les Cours et Rues du Carenage de l'île de Sainte-Lucie.*

Du 16 septembre 1771.

IL est ordonné à tous les propriétaires des maisons de la ville du Carénage à Ste-Lucie de combler et faire paver les cours de leurs maisons et les rues sur lesquelles leurs façades s'étendent, et ce, en se conformant aux nivellemens et alignemens qui seront donnés par l'Ingenieur du Roi, chargé du détail des fortifications à Ste-Lucie; au moyen de quoi les eaux, qui croupissent dans la ville, trouveront un écoulement utile à la salubrité de l'air et à la propreté des rues. Il sera incessamment procédé audit nivellement, d'après lequel les particuliers seront tenus de satisfaire au contenu en la présente ordonnance, à peine de 500 l. d'amende, applicables aux travaux du comblement général de la ville, et d'être contraints neanmoins de combler et paver dans ledit délai, nonobstant l'amende.

Sera la présente ordonnance enregistrée au Greffe de l'Intendance de la Martinique.

Mandons et enjoignons aux Gouverneur et Subdélégué de l'île Ste-Lucie de la faire lire, *etc.*

Donné à la Martinique, le 16 septembre 1771. *Signé*, le Chevalier de VALLIÈRE, *et* le Président de PEINIER.

(N°. 449.) ARRÊT *en Réglement du Conseil souverain, qui fixe le nombre des Procureurs et des Huissiers, dans les jurisdictions de Saint-Pierre et du Fort-Royal.*

Du 6 novembre 1771.

CE jour, M. le président de Peinier a représenté à la Cour que, par son réglement du 12 juillet 1766, le nombre des Procureurs et des Huissiers de la jurisdiction de cette ville et du bourg St-Pierre a été fixé; savoir : à St Pierre, à dix Procureurs et douze Huissiers, et au Fort-Royal, huit Procureurs et dix Huissiers : que depuis ce tems on s'était aperçu que ce nombre était trop considérable, eu égard à la quantité actuelle des affaires, pour quoi il priait la Cour de les diminuer et de faire un nouveau réglement à cet égard. Sur quoi, la Cour, *etc.*, a arrêté qu'à l'avenir le nombre des Procureurs de la jurisdiction de cette ville et de celle du bourg Saint-Pierre sera fixé; savoir : au Fort-Royal à six, et à St-Pierre à huit, et le nombre des Huissiers à huit dans chacune desdites jurisdictions; ordonne que le présent arrêt sera enregistré aux-dites jurisdictions, *etc.*

Fait au Conseil souverain de la Martinique, le 6 novembre 1771. *Signé*, ROIGNAN, greffier.

(N°. 450.) ARRÊT *du Conseil souverain, sur les Huissiers de Sainte-Lucie.*

Du 6 novembre 1771.

LA Cour, *etc.*, autorise les Huissiers de Ste-Lucie à se réunir en communauté et bourse commune, conformément au réglement de la Cour, du 10 mai dernier, fait pour les Huissiers de cette île, auquel ils seront tenus de se conformer, à l'effet de quoi expédition dudit reglement sera envoyée aux Officiers de la juridiction de ladite île Ste-Lucie, à la diligence du Procureur-général du Roi, pour qu'ils tiennent la main à son exécution.

Fait au Conseil souverain de la Martinique, le 6 novembre 1771. *Signé*, ROIGNAN, greffier.

(N°. 451.) EXTRAIT *d'une Dépêche ministérielle de M.* de Boynes, *sur le Fret annuel accordé au Général et à l'Intendant.*

Du 27 décembre 1771.

Le Ministre mande à MM. de Nozieres et Tascher général et intendant de la Martinique, que le Roi leur accorde quinze tonneaux de fret par an pour leurs provisions de France.

(N°. 452.) ORDONNANCE *de MM. les Général et Intendant, sur le dépôt des Plans et Procès-Verbaux d'Arpentage.*

Du 1er. janvier 1772.

VU la requête du Sr. de Bouffer, arpenteur-général, nous autorisons le suppliant à former chez lui le dépôt général de tous les plans, procès-verbaux et autres pièces relatives à l'arpentage, qu'il retirera des mains des Arpenteurs particuliers, même des Greffes où il pourrait s'en trouver, bien entendu qu'il ne s'agira que des minutes de ceux morts ou retirés, le déboutant de sa demande en recueillement annuel des minutes des Arpenteurs vivans, lesquelles doivent leur rester tant qu'ils sont en exercice, tant pour l'utilité publique que pour leur intérêt particulier, que cette soustraction léserait : voulons que le premier Arpenteur de Sainte-Lucie soit dépositaire des minutes des Arpenteurs de ladite île seulement, et qu'il remette au suppliant toutes celles concernant la Martinique, qui ont pu rester en ses mains depuis sa translation d'ici à Ste-Lucie, et quant aux formalités à suivre dans ce recueillement, nous renvoyons l'Arpenteur-général au chapitre XVII, article VIII du tarif par nous dressé le 30 avril 1771.

Et lorsque le dépôt général sera formé par le sieur Bouffer, il sera à portée d'examiner le travail de chaque Arpenteur en exercice, d'après lequel examen il nous déférera ceux qu'il aura reconnus avoir erré dans l'exercice de leur profession Dans les cas graves et dans les autres cas, il s'entendra avec les auteurs des erreurs pour parvenir à les relever; lui permettons de se faire représenter les plans et procès-verbaux qui seront dressés dans les divers quartiers, pendant le cours de chaque année, et d'y faire telles observations qu'il conviendra, mais gratuitement et sans déplacer.

Ordonnons que l'Arpenteur-général aura chez lui un poinçon marqué A. G., dont il frappera l'empreinte à chaque extrémité de la chaîne de chaque Arpenteur particulier, laquelle sera à la Martinique de 5 pas de 3 p^{ds}. $\frac{1}{2}$ chacun. Ceux-ci, tous les ans en janvier, enverront leurs chaînes à l'Arpenteur-général pour être vérifiées.

Seront ces présentes déposées au Greffe de l'Intendance à St-Pierre, et expédition délivrée au sieur Bouffer, qui en délivrera extrait à chaque Arpenteur particulier en exercice à la Martinique, et au sieur Chavaux à Ste-Lucie, afin que nul n'en pretende cause d'ignorance, et de même à chaque Arpenteur qui sera reçu à l'avenir.

Donné à la Martinique, le 1er. janvier 1772. *Signé*, le Chevalier de VALLIÈRE, *et* le Président de PEINIER.

(N°. 453.) ORDONNANCE *de MM. les Général et Intendant, concernant l'Imposition de la Martinique, la Guadeloupe et Dépendances, pour l'année* 1772.

Du 1er. janvier 1772.

LE Roi n'ayant point dérogé aux ordres qu'il a donnés en 1769, pour l'assiette et la forme de l'imposition à établir aux îles françaises du vent ;

Nous, *etc.*, avons ordonné et ordonnons ce qui suit :

ART. Ier. Tous les esclaves, de l'un et de l'autre sexe, des îles Martinique, la Guadeloupe, Marie-Galante, la Desirade et les Saintes, depuis l'âge de 14 ans, jusqu'à celui de 60 exclusivement, attachés aux manufactures à sucre, seront imposés pour la présente année à 15 l. par tête, sur le pied des dénombremens qui ont dû être fournis.

II. Les esclaves des habitans cultivateurs de café, cacao, coton, manioc et autres vivres, seront taxés à 10 l. par tête, et sur les mêmes dénombremens.

III. Les esclaves des villes et bourgs, soit ouvriers, domestiques, ou servant à loyer et à la journée, et tous autres non attachés à la culture des terres, seront taxés indistinctement à 20 l. par tête, et sur les mêmes dénombremens.

IV. Les nègres et gens de couleur libres et affranchis, depuis l'âge de 14 ans jusqu'à 60, seront taxés à 15 l. par tête, sauf l'exception portée en l'article XVI.

V. Tous les blancs européens et ouvriers seront taxés à 6 l. par tête, et ceux non ouvriers et domiciliés dans ces îles, à 9 liv.

VI. L'industrie sera payée par les Commissionnaires établis auxdites îles, les Armateurs et Géreurs de cargaisons, les Négocians, les Marchands détailleurs, les Artisans, les Notaires, Procureurs et Huissiers, les Médecins, Chirurgiens, Apothicaires, Droguistes et Distillateurs, à raison de 4 pour 100 du loyer des maisons qu'ils occupent; et ceux qui sont propriétaires desdites maisons, paieront les mêmes 4 pour 100, sur le pied de l'évaluation qui sera faite du prix du loyer d'icelle, quelques qualités qu'ils aient et de quelques charges d'ailleurs qu'ils soient pourvus; les nobles même et autres privilégiés n'en seront pas exempts.

VII. Les maisons seront taxées sur le pied de 4 pour 100 de la valeur de leurs loyers, soit qu'elles soient occupées par les propriétaires, ou par des locataires: celles occupées pour le service du Roi ne seront point exemptes de ce droit: seront cependant déchargées de ladite imposition, les maisons qui seraient plus de trois mois sans être louées, et ce pour tout le tems qu'elles resteront dans cet état ; ce que les propriétaires seront tenus de constater contradictoirement avec le Directeur du Domaine.

VIII. Pour éviter toute fraude dans l'exécution des articles VI et VII, nous ordonnons que dans le cours d'un mois, à compter du jour de la publication des présentes, tous les propriétaires des maisons sises dans toutes les villes et bourgs des îles du vent, excepté le bourg Saint-Pierre, porteront ou enverront au bureau du Domaine du département où leurs maisons sont situées, la déclaration du prix de leur loyer, s'ils ont des locataires, ou l'evaluation d'icelui, s'ils les occupent eux-mêmes ; et ceux dont les maisons ne seraient point occupées à cette époque en justifieront.

Dans le même delai, tous les locataires des mêmes maisons se présenteront, ou enverront aux mêmes bureaux, pour y faire la déclaration du prix du loyer qu'ils paient, et dont ils seront obligés de justifier en exhibant leurs baux passés par devant Notaires, ou sous seing privé : les déclarations des locataires seront reçues auxdits bureaux sommairement et en marge de celles de chacun de leurs propriétaires ; seront lesdites déclarations signées par les parties et contredites, si lieu y a, par le Directeur du Domaine, qui, dans ce cas, se pourvoira par devant l'Intendant.

IX. Les propriétaires des maisons et magasins de la ville du Morne-Renferme (*) à la Grande-Terre-Guadeloupe, seront exempts, tant du

(*) Aujourd'hui la Pointe-à-Pitre.

droit d'industrie que de celui de 4 pour 100 sur les maisons, en par eux justifiant de leur propriété au bureau du Domaine du lieu.

X. Tous les Aubergistes, Traiteurs, Cabaretiers, Limonadiers et autres vendant en détail vin, eau-de-vie et liqueurs, ainsi que ceux tenant billard ou jeux permis, soit que ceux-ci donnent à boire ou non, payeront par an la somme par nous ordonnée et fixée, en raison des différentes villes et bourgs où ils seront établis, lequel paiement sera divisé en quatre époques de trois mois chacune, et exigible à l'avance en janvier, avril, juillet et octobre.

XI. A l'entrée et à la sortie des îles, il sera perçu un droit d'un pour 100 sur toutes les denrées et marchandises importées et exportées, les premières seront évaluées à la direction sur le pied du cours, lors de la déclaration des Capitaines marchands : le droit sur les autres sera perçu d'après les factures qui seront exhibées en bonne forme par lesdits Capitaines à leur arrivée.

XII. Les droits sur les gros sirops et tafias seront perçus seulement sur le pied de 3 pour 100 de leur valeur, à leur sortie de ces colonies pour passer à l'étranger ; ils seront soumis également au droit additionnel de 2 s. pour livre sur le montant du droit principal de 3 pour 100, conformément aux déclarations du Roi, des 3 février 1760 et 21 novembre 1763; tous lesquels droits seront exigés pour le compte des Fermiers-généraux, et ne feront point par conséquent partie de ladite imposition au profit du Roi.

XIII. Tous les droits seigneuriaux et domaniaux, tels que les épaves et aubaines, bâtardises, déshérences, les biens vacans non réclamés, les amendes, les confiscations et autres appartenant au Roi, continueront d'être perçus comme auparavant, le cas y échéant, et ils ne seront point censés faire partie de la présente imposition.

XIV. Ceux qui, par la nature de leurs biens, ou par les privilèges particuliers de leur état ou de leur charge, sont dans le cas des exemptions, continueront d'en jouir, ainsi qu'ils en ont joui par le passé, conformément à la déclaration du Roi, du 3 octobre 1730, et à la dernière ordonnance de S. M. concernant les milices, à la charge par eux de remettre au bureau du Domaine du Roi, une copie en forme probante des titres, brevets et commissions, en vertu desquels ils prétendront leur exemption; et faute d'y avoir satisfait en donnant leurs dénombremens, ils en seront déchus et privés.

Ces titres n'auront point d'effet rétroactif, les droits seront perçus suivant la qualification prise dans le dernier dénombrement donné dans son tems, sauf aux parties à se faire connaître au Domaine pour l'année suivante.

XV. Ceux qui auront deux titres d'exemption, ne pourront exciper que d'un seul; mais il leur sera libre d'opter pour le titre qui leur procurera une exemption plus forte, laquelle néanmoins n'aura lieu que pour le nombre effectif d'esclaves ou domestiques qu'ils auront à leur service et qui leur appartiendront réellement: nous faisons très-expresses défenses d'emprunter ou prêter des esclaves pour profiter de ladite exemption, à peine de confiscation des esclaves prêtés et de 500 liv. d'amende, le tout au profit de S. M., contre chacun de ceux qui auraient emprunté ou prêté lesdits esclaves, conformément à ladite déclaration du 3 octobre 1730.

XVI. L'ordre du Roi annoncé par la lettre du Ministre, en date du 26 août 1769, portant exemption de capitation pour tous les métis, mulâtres et nègres libres et affranchis, servant actuellement dans les compagnies de milice, ainsi que pour ceux qui auront atteint l'âge de 60 ans en y servant, ou qui auront été blessés au service, jouiront de ladite exemption pour leur tête seulement, sans qu'elle puisse s'étendre à leurs femmes et enfans ; les blessés et les surâgés, pour jouir de cette exemption, rapporteront au Domaine, une fois seulement, un certificat de leurs services ou blessures, vérifié par le Commandant du bataillon, et visé du Général ou du Gouverneur ; il leur suffira ensuite de faire note sur leurs dénombremens de la cause de leur exemption, qui sera enregistrée au Domaine.

XVII. Tous les habitans de quelque pays, qualité et condition qu'ils soient, exempts ou non exempts, ecclésiastiques ou autres, seront tenus de donner tous les ans leurs dénombremens par eux certifiés, de toutes les personnes libres et esclaves qui composent leurs maisons, communautés, fiefs, terres et habitations ; et ce dans la forme prescrite à tous les habitans des colonies, sous les peines d'ordonnance.

XVIII. Les propriétaires de terres titrées fourniront leurs dénombremens au bureau du Domaine du département où elles se trouvent, *indépendamment de celui qu'ils remettent au Greffe du Conseil*, suivant l'article XIII de ladite déclaration, ainsi qu'ils y ont été condamnés par jugement de l'Intendance, rendu à la Guadeloupe, le 18 mai 1758, et sous les peines portées audit article.

XIX. Déclarons exempts de droits les esclaves mutilés, les maniaques, les ladres, les perclus et aveugles qui composent la classe de ceux appelés infirmes, reconnus tels et à charge à leurs maîtres, qui justifieront de leur état au Domaine. Ne seront compris dans la classe des infirmes, ceux attaqués d'ulcères, les blessés, fiévreux, *etc.*

XX. Ceux qui formeront de nouveaux établissemens jouiront, pendant deux années, de l'exemption de capitation pour la quantité de nègres qu'ils y emploîront, suivant la déclaration qu'ils en feront devant l'Intendant, sur laquelle il réglera le nombre des nègres nécessaires pour le défrichement proposé ; laquelle déclaration sera accompagnée d'un procès-verbal d'arpentage de l'Arpenteur du quartier, qui constatera la quantité réelle du terreiu défriché, et s'il ne l'avait pas été anciennement ; et sera le tout, avec l'ordonnance de l'Intendant ou de celui qui le représentera, signifié au Directeur-général du Domaine, relativement à la susdite déclaration du Roi de 1730 ; laquelle exemption nous restreignons cependant aux établissemens des terres concédées depuis l'année 1767, faute par les concessionnaires antérieurs de s'être mis en règle.

XXI. La capitation étant acquise au Domaine du Roi dès le 1er. janvier, nous ordonnons que l'imposition que nous établissons pour la présente année, sera acquittée d'ici au 1er. avril prochain et en un seul paiement, entre les mains des Receveurs préposés à cet effet, à défaut de quoi les redevables seront contraints par toutes les voies de droit, même par corps, et par la saisie et vente de leurs nègres sans exception.

XXII. Les exemptions accordées par la déclaration du Roi, du 3 octobre 1730, n'étant pas applicables à tous les cas survenus depuis, y ayant lieu à des interprétations sur certains articles, nous y pourvoirons par ce qui suit :

1°. Les Supérieurs des maisons religieuses seront tenus de désigner dans leurs dénombremens le nombre effectif de nègres attachés à chaque Cure, sans pouvoir ajouter à la masse de leurs exemptions collectivement prises, celle des têtes qui n'existeront pas effectivement dans chaque cure.

Ils seront soumis également à faire les déclarations prescrites, par l'article VIII, *à tout propriétaire de maisons.*

2°. Tous Officiers militaires, retirés du service, ainsi que tous Médecins, Chirurgiens, Apothicaires et tous sujets pourvus de brevets ou commissions du Roi, mais non en fonctions pour le service de S. M., ne jouiront d'aucune exemption sur ces titres, et ce conformément à l'art. VI de ladite déclaration de 1730.

3°. L'Arpenteur-général, résidant à la Martinique, et les deux Arpenteurs brevetés du Roi, à la Guadeloupe, tous trois en fonctions et appointés par S. M., plus deux des plus anciens Arpenteurs dans chacune de ces îles, sont ceux qui doivent jouir de l'exemption accordée par l'article V de ladite déclaration.

Ceux d'entre ces derniers qui seraient brevetes du Roi, quoique non-appointes, seront préferes pour l'exemption à ceux nommés par le Gouvernement, quand même ils auraient éte pourvus depuis ceux-ci.

L'exemption du premier Arpenteur à la Guadeloupe sera la même que celle des Arpenteurs ordinaires.

4ᵉ. Les Directeurs de la poste ne jouiront de l'exemption à eux accordée par l'ordonnance de cet établissement, qu'après avoir fait enregistrer leurs commissions au bureau du Domaine de leur département ; et en cas d'amovibilité, il n'en sera alloué qu'une par an dans chaque district, laquelle sera établie en janvier.

5°. Les principaux employés du Domaine jouiront de celle de six têtes. Tous Receveurs particuliers, Commis et Visiteurs, ainsi que les Commis des autres bureaux du Roi, chacun de quatre têtes.

6°. Les exemptions des Officiers, Sergens et Maréchaux-des-logis des milices seront passées conformément à l'ordonnance du Roi, du 1er. septembre 1768, quant à la Martinique.

Sauf les exemptions personnelles sur lesquelles nous donnerons nos ordres particuliers au Domaine.

Prions messieurs les Officiers des Conseils souverains de la Martinique et de la Guadeloupe de faire enregistrer, *etc.*

Donné à la Martinique, le 1er. janvier 1772. *Signé*, le Chevalier de VALLIÈRE, *et* le Président de PEINIER.

Enregist. au Conseil souverain.

(N°. 454.)

(N°. 454.) ORDRE *du Roi, sur le paiement du traitement des Députés et Secrétaires des Chambres d'Agriculture: et sur une augmentation d'Imposition pour les Nègres justiciés.*

Du 29 février 1772.

SA MAJESTÉ s'étant fait rendre compte de la délibération de la Chambre d'agriculture de la Martinique, du 19 octobre 1771, par laquelle elle propose d'assigner les appointemens de son Secrétaire et de son Député sur la caisse des nègres justiciés et d'augmenter de 6,000 liv., argent de France, le traitement de son Député, attendu les ports de lettres et les voyages auxquels il est obligé; S. M. a approuvé cet arrangement. Elle veut en conséquence que les appointemens du Député de la Chambre d'agriculture soient portés à 14,000 l., argent de France, et qu'ils soient assignés, ainsi que ceux du Secrétaire de ladite Chambre, sur la caisse des nègres justiciés, pour: par le Secrétaire de la Chambre en être payé à compter du 1er. juillet 1771, et par le Député à compter de la même époque, des 8,000 liv. ci-devant allouées, et des 6,000 l. d'augmentation, à compter du 1er. janvier 1772: ordonne en conséquence S. M. que lesdites sommes soient imposées par augmentation sur les droits des nègres justiciés, jusqu'à ce qu'il en soit autrement ordonné. Mande S. M. aux Commandant-général et Intendant des îles du vent de tenir la main à l'exécution du présent ordre, et au Conseil souverain de l'enregistrer et de procéder à l'augmentation.

Fait à Versailles, le 29 février 1772. *Signé*, LOUIS; *et plus bas*, BOURGEOIS DE BOYNES.

Enregist. au Conseil souverain.

(N°. 455.) ARRÊT *en Réglement du Conseil souverain, sur l'exercice de la Chirurgie.*

Du 9 mars 1772.

VU la remontrance du Procureur-général du Roi, contenant que, si quelque objet méritait par son importance la plus scrupuleuse attention des Magistrats, c'était sans doute celui de la chirurgie, dont les conséquences n'embrassaient pas moins que l'humanité entière.

Que cependant c'était dans cette partie que les plus grands abus s'étaient glissés, abus auxquels l'ordonnance de 1764 n'avait pu même remédier.

Que l'article II de cette ordonnance portait: « Que les Chirurgiens qui voudraient s'établir » dans les villes et bourgs des différentes co- » lonies seraient, comme il se pratiquait dans » tout le Royaume, examinés et interrogés sur » tout ce qui concernait l'art de la chirurgie, » en présence de l'un des Médecins de S. M., » par le Chirurgien-major et un autre des Chi- » rurgiens de S. M., et même par les autres » Chirurgiens approuvés dans lesdites colonies, » qui, sans y être appelés, pourraient y assister » et interroger le récipiendaire. »

Que rien de plus sage que cette disposition, si les motifs qui l'avaient dictée animaient les examinateurs, desquels dépendait sa parfaite exécution ; mais, soit extrême indulgence, soit légéreté de leur part, des particuliers inconnus en avaient obtenu, avec une facilité très-condamnable, des certificats d'une capacité qu'ils avaient bientôt démentie par l'exercice de leur art.

Que c'était la principale source des désordres qu'il importait le plus de tarir.

Que, pour y parvenir et remplir exactement l'esprit de l'ordonnance, il était nécessaire de donner plus d'authenticité à l'examen.

Que la présence du Juge et du Procureur du Roi serait un moyen efficace pour obvier à une indulgence dangereuse.

Que, d'un autre côté, la permission à tout Maître en chirurgie d'assister à cet examen et d'interroger le récipiendaire n'était pas encore suffisante, parce que n'en étant jamais prévenus, ils l'ignoraient et ne pouvaient conséquemment s'y trouver, ce qui rendait illusoire la sage disposition de cet article.

Qu'il était donc indispensable d'astreindre le récipiendaire à avertir lui-même les Maîtres en chirurgie, du jour et heure où serait fixé son examen.

Que pour y ajouter encore plus de publicité, tout citoyen aurait la liberté d'y assister comme auditeur.

Qu'à cet effet le public en serait averti par une publication juridiquement faite à l'audience, et affichée trois jours avant l'examen, à la diligence du récipiendaire ; et afin que cette disposition fût exécutée, il serait fait défense aux examinateurs de procéder audit examen, si le récipiendaire ne prouvait, par le rapport de la pièce, qu'il avait satisfait à cette formalité.

Que, par ce moyen, le récipiendaire subirait l'examen rigoureux et nécessaire que l'ordonnance exigeait, l'impéritie y serait certainement dévoilée, sans pouvoir fonder aucune espérance sur l'indulgence ou la facilité du principal examinateur.

Que l'intérêt personnel des Maîtres en chirurgie serait un puissant motif pour les exciter à se trouver à cet examen, puisque, par leurs interrogations, ils pourraient éloigner le récipiendaire ignorant, et empêcher par-là le trop grand nombre de Chirurgiens, préjudiciable à leur fortune.

Que le récipiendaire n'oserait se présenter qu'avec les connaissances nécessaires, et du choc de ces intérêts particuliers résulterait visiblement le bien public et l'intérêt général.

Qu'il était aussi un autre abus aussi dangereux.

Que quelques Chirurgiens, craignant sans doute de voir découvrir leur ignorance par une consultation qui exposait leurs fautes aux yeux des connaisseurs, ces Chirurgiens employaient tous leurs efforts pour l'empêcher, et le malade en était la triste victime, s'il avait la faiblesse de leur accorder une confiance trop aveugle : s'ils ne réussissaient pas à éloigner cette consultation qu'ils redoutaient, et si le malade appelait quelqu'autre Chirurgien, ils l'abandonnaient dès ce moment.

Que le remède à opposer à cet abus était la destitution du Chirurgien, et la privation de ce qui lui serait dû par la maison où il aurait cessé de voir le malade.

Mais que, pour détruire entièrement les suites funestes des certificats de capacité, obtenus trop facilement, il était essentiel de remonter jusqu'à leur origine, et d'obliger les Chirurgiens, reçus depuis 1764, à un nouvel examen dans la forme requise; que sans cela ces soi-disant Chirurgiens exerceraient toujours impunément leur art, ou pour mieux dire leurs ravages; qu'on ne remédierait qu'au mal futur, en laissant subsister le mal présent.

Pour quoi il requérait à ce qu'il plût à la Cour, par un arrêt en réglement, ordonner que tous ceux qui se présenteraient pour exercer la chirurgie, seraient examinés par les Médecin et Chirurgien du Roi, et un autre des Chirurgiens de S. M., présence du Juge et du Procureur du Roi.

Que le récipiendaire serait tenu de prévenir les Maîtres en chirurgie du lieu, du jour et heure où se ferait son examen.

Et afin que le public put y assister comme auditeur, le récipiendaire serait également tenu de faire publier et afficher, en la manière ordinaire, le jour, lieu et heure de son examen.

Et pour parvenir à l'exécution parfaite de cet article, qu'il fût fait défenses aux examinateurs de procéder à l'examen, qu'il ne leur apparût, par le rapport de la pièce, que le récipiendaire avait rempli la formalité ordonnée.

Que tout Chirurgien qui serait convaincu d'avoir empêché une consultation demandée, ou d'avoir abandonné son malade après la consultation, serait et demeurerait destitué de l'exercice de la chirurgie, et privé de ce qui pourrait lui être dû par la maison dont il aurait abandonné le malade.

Que tous Chirurgiens, reçus depuis 1764, seraient tenus de subir un nouvel examen dans la forme prescrite par l'arrêt qui interviendrait, à peine d'être destitués et privés de la permission d'exercer la chirurgie.

Sur quoi, la matière mise en délibération;

La Cour ordonne que toutes les personnes qui se présenteront pour exercer la chirurgie, seront examinées par les Médecin et Chirurgien de S. M., présence du Juge et du Procureur du Roi, de qui ils seront tenus de prendre le jour.

Que le récipiendaire sera tenu de prévenir les Maîtres en chirurgie, du lieu, du jour et heure où se fera son examen : sera aussi tenu le recipiendaire de faire publier et afficher, en la manière ordinaire, lesdits jour et heure de son examen, afin que le public en soit instruit et puisse y assister ; fait défenses aux examinateurs de procéder à l'examen, qu'il ne leur apparaisse par le rapport de la publication, que le récipiendaire a rempli la formalité ci-dessus ordonnée.

Ordonne que tous les Chirurgiens, reçus depuis l'année 1764, seront tenus de subir un nouvel examen, dans la forme prescrite par le présent arrêt, à peine d'être destitués et privés de la permission d'exercer la chirurgie.

Ordonne en outre que tout Chirurgien qui sera convaincu d'avoir empêché une consultation demandée, ou d'avoir abandonné son malade après la consultation, sera et demeurera destitué de l'exercice de la chirurgie, et privé de ce qui pourrait lui être dû par la maison dont il aurait abandonné le malade; ordonne aussi que le présent arrêt sera imprimé, lu, *etc.*

Fait au Conseil souverain de la Martinique, le 9 mars 1772. *Signé*, ROIGNAN, greffier.

(N°. 456.) ORDONNANCE *de MM. les Général et Intendant, portant modification sur l'Imposition sur la Martinique, la Guadeloupe et Dépendances, pour l'année* 1772.

Du 9 mars 1772.

C'EST avec la plus sensible peine que S. M., après s'être fait rendre compte de l'état de ses finances, et spécialement des fonds affectés au service de la marine et des colonies, a reconnu la nécessité d'ajouter pour la présente année, aux impositions dont les îles du vent étaient déjà chargées, jusqu'à la concurrence de 300,000 l. pour chacune de ces colonies.

Mais le parti auquel S. M. s'est vue forcée, par rapport à cette portion de son empire, est la suite de celui qu'elle a pris, contre le vœu de son cœur, relativement à la Métropole même, où les voies économiques n'ont pu suffire à réparer le préjudice que la guerre dernière et ses suites ont apporté à l'ordre de ses finances.

Les dépenses très-considérables que S. M. a néanmoins faites depuis l'époque de la paix pour la sûreté de ses colonies, spécialement pour la Martinique, ont rendu plus indispensables les secours qu'elle en attend aujourd'hui, et sur lesquels elle compte avec d'autant plus de raison, qu'elle a déjà reçu en plusieurs occasions des preuves essentielles de leur fidélité, de leur zèle et de leur attachement ; d'ailleurs il est public que S. M., avant d'en venir à cette ressource, vient d'épuiser toutes les voies d'économie praticables dans les dépenses de l'administration de ses îles.

C'est dans ces circonstances, qu'en exécution de l'arrêt du Conseil, du 26 juillet 1771, nous sommes obligés de porter à 1,200,000 liv. la totalité des impositions pour chacune de ces colonies, ainsi qu'elles ont eu lieu en 1764 et 1765, à la Martinique, et de faire cesser la réduction de 300,000 liv. que S. M. n'avait accordée en 1766 à cette île, que par des motifs qu'elle a jugé ne pouvoir plus subsister.

Ces dispositions sont une suite de l'intention que S. M. avait annoncée dès 1766, d'assimiler, quant aux charges, deux îles également florissantes, et entre lesquelles elle a dans tous les tems partagé ses soins et les effets de sa protection.

Avant de nous déterminer sur le choix des objets susceptibles de la charge additionnelle, nous nous sommes livrés à l'examen le plus détaillé de chacun. Nos prédécesseurs ont bien voulu nous aider dans cette recherche; et d'après la comparaison que nous avons faite du passé et de l'état présent des choses, nous avons cru devoir nous fixer à un parti mitoyen qui, repartissant sur différens contribuables le poids du nouvel impôt, empêchât qu'il ne devînt une surcharge extrême pour aucune des classes des sujets de S. M., qui doivent le supporter.

Dans ce point de vue, nous avons vérifié que, pendant plus de trente années et jusqu'à l'époque de 1764, à la Martinique, et 1766, à la Guadeloupe, le café était assujetti à un droit de 6 d. pour livre, et qu'à ces mêmes époques ce droit a été réduit à celui d'un pour 100, sans que les colons ni le commerce eussent sollicité cette réduction.

La faveur que le café a depuis rapidement acquise, et l'avantage qu'il a conservé jusqu'ici d'être affranchi du fléau destructeur de la culture des sucres, nous ont déterminé à rétablir l'imposition des 6 d. pour livre sur les cafés, en supprimant le droit d'un pour 100 qu'ils ont payé depuis 1763 ; mais comme cette première imposition ne pourrait pas seule remplir l'objet demandé par S. M., nous nous trouvons forcés de le compléter par une augmentation de la capitation des nègres, proportionné à la faveur plus ou moins grande que méritent leurs diverses destinations, et d'ajouter sur les maisons une légère taxation de plus que ce qu'elles ont payé jusqu'à présent.

Telles sont les voies qui nous ont paru les moins onéreuses, les plus conformes à l'esprit de justice distributive, dans la nécessité où nous étions de choisir ; mais si dans le moment présent S. M. a été forcée d'étendre sur ces colonies une partie des nouvelles charges qu'elle vient d'imposer sur la Métropole, nous sommes autorisés par elle à assurer la portion de ses sujets, répartie dans ces îles, que son intention est de leur accorder le plutôt possible, des soulagemens proportionnés à ceux qu'elle vient de promettre solennellement à la France.

Dans ces circonstances, nous, *etc.*, avons ordonné et ordonnons ce qui suit :

Art. Ier. Tous les esclaves, de l'un et de l'autre sexe, des îles Martinique, la Guadeloupe, Marie-Galante, la Desirade et les Saintes, depuis l'âge de 14 ans jusqu'à celui de 60 exclusivement, attachés aux manufactures à sucre, seront imposés pour la présente année à un droit additionnel de 3 liv. par tête, lequel, avec le droit principal déjà assis, formera en tout 18 l.

II. Les esclaves des habitans cultivateurs de café, cacao, coton, manioc et autres vivres, payeront semblables droits additionnels de 4 l. par tête, qui, avec le droit principal déjà imposé, formera en tout 14 liv.

III. Les esclaves des villes et bourgs, soit ouvriers, domestiques ou servant à loyer et à la journée, et tous autres non attachés à la culture des terres, seront taxés indistinctement à 5 liv. de droit additionnel par tête, pour, avec celui de 20 liv. déjà fixé, former en tout 25 l.

IV. Il sera perçu sur les maisons des villes et bourgs un droit additionnel d'un pour 100, pour, avec celui déjà établi, former en tout un droit de 5 pour 100, en observant, quant aux formes de la perception, tout ce qui est prévu par les articles VII et VIII de l'ordonnance du 1er. janvier 1772.

V. Le droit d'un pour 100 sur le café exporté sera éteint et supprimé, et il sera perçu à la sortie un droit de 6 d. pour livre de poids de cette denrée, lequel sera établi d'après les factures qui seront exhibées en bonne forme par les Capitaines.

VI Toutes les marchandises sujètes au poids seulement, continueront de payer à l'entrée 1 pour 100 de leur valeur, qui sera appréciée comme par le passé au bureau du Domaine, sur le pied du cours, lors de la déclaration des Capitaines marchands à leur arrivée.

Toutes les denrées des colonies autres que le café continueront aussi d'être soumises au droit d'un pour 100, qui sera perçu à l'exportation sur les factures, comme il est spécifié dans le précédent article.

VII. Les articles IV, V, VI, IX, X, XII, XIII, XIV, XV, XVI, XVII, XVIII, XIX et XX de l'ordonnance du 1er. janvier 1772, concernant l'imposition, et notamment l'art. XXII, subdivisé en six sections, auront leur entier effet et exécution dans toutes leurs dispositions.

VIII. La capitation étant acquise au Domaine du Roi, dès le 1er. janvier, nous ordonnons que l'imposition additionnelle que nous établissons pour la présente année, sera perçue aussitôt la promulgation de notre ordonnance et sans autre délai, en un seul et même paiement, ainsi que l'imposition principale, entre les mains des Receveurs préposés à cet effet ; à defaut de quoi, les redevables seront contraints par toutes les voies de droit, même par corps, et par saisie et vente de leurs nègres sans exception.

IX. Le droit de 6 d. pour livre, imposé sur le café, sera pareillement perçu à compter du jour de la publication des présentes.

Prions messieurs les Officiers des Conseils souverains de la Martinique et de la Guadeloupe de faire enregistrer la présente ordonnance, lire, *etc.*

Donné à la Martinique, le 9 mars 1772. *Signé,* le Comte de NOZIERES, *et* le Président de TASCHER.

Enregist. au Conseil souverain.

(N°. 457.) EXTRAIT *d'une Dépêche ministérielle de M.* de Boynes, *sur le remplacement des Officiers militaires et ceux d'Administration.*

Du 19 mars 1772.

Le Ministre mande à MM. de Nozières et de Tascher, général et intendant à la Martinique, de tenir exactement la main à la double hiérarchie établie entre les Officiers militaires et ceux d'administration, dont les chefs, en cas de mort ou d'absence, doivent toujours être représentés par des Officiers du même état, voulant que les Sous-commissaires et même les Ecrivains traitent les affaires communes avec les Commandans et Gouverneurs particuliers, comme l'Intendant avec le Général.

(N°. 458.) ORDONNANCE *de MM. les Général et Intendant, concernant la Police générale des Ports et Rades des îles du vent de l'Amérique.*

Du 18 avril 1772.

L'UNIFORMITÉ de la législation, dans les cas où il y a lieu d'assimiler les uns aux autres les établissemens formés aux îles du vent, étant d'une utilité sensible et reconnue, nous avons jugé convenable de réduire à une seule ordonnance pour ces colonies, celles rendues séparément pour chacune, sous les titres de *Consigne*, *Police* ou *Instruction* : pour quoi nous avons ordonné et ordonnons ce qui suit :

ART. Ier. Les Capitaines et Lieutenans de port, entretenus à la Martinique et à la Guadeloupe, seront chargés, comme par le passé, de de la police des ports et rades sous nos ordres, relativement à la marine marchande ; et pour tout ce qui concerne le service du port, quant à la marine royale, les Officiers du port se conformeront d'ailleurs à ce qui est prescrit par l'ordonnance du Roi, du 25 mars 1765.

II. L'Officier de port rendra compte tous les jours au Général et à l'Intendant, ou aux Officiers qui les représenteront, des mouvemens des ports et rades de leur district, relativement à la navigation de long cours, au grand cabotage, tels que celui de Cayenne, St-Domingue et autres possessions éloignées, et aux bâtimens étrangers.

III. Il aura soin d'indiquer aux bâtimens français et étrangers, le lieu et l'aire de vent où ils devront se placer : il veillera à ce qu'ils conservent la place assignée à chacun, pour maintenir l'ordre et éviter les avaries. Il dirigera aussi le lestage et le délestage, sans que les Capitaines ou Patrons puissent se soustraire à son inspection, et fera mouiller les ancres de terre à trois brasses d'eau au moins ; sauf à porter lesdites ancres sur le rivage par ceux qui le jugeront à propos.

IV. Lorsqu'il aura découvert un bâtiment faisant signal d'incommodité, ou arrivant au mouillage sans ancres ou manœuvres importantes, il lui fera fournir par le Commandant de la rade, en toute diligence, les secours d'ancres, aussières et autres dont il aura besoin, jusqu'à ce qu'il ait eu le tems de s'en pourvoir.

Lorsqu'il arrivera des bâtimens de Roi, il ira à bord présenter un exemplaire de la présente consigne, pour par l'Officier commandant prendre, s'il le juge à propos, le commandement du port et de la rade, et il en avertira le Capitaine marchand alors commandant.

V. Nul ne pourra chauffer ni caréner bateau ou goëlette que sur les pontons, dans les lieux où il y en aura, à moins d'un permis de l'Officier de port, qui indiquera aussi les lieux où l'on pourra chauffer et caréner les pirogues, chaloupes et canots, et échouer volontairement les bâtimens condamnés.

Le même Officier veillera au maintien et à la propreté sur la grève, les cales et quais, empêchant aussi que les cales soient embarrassées de façon à gêner le public.

Il tiendra la main à l'exécution de la consigne de la chaloupe de ronde, dont il lui sera rendu compte tous les matins.

VI. Il avertira tout Capitaine de bâtiment venant du long cours ou du grand cabotage, de se présenter à son arrivée, au Général et à l'Intendant, ou à ceux qui les représenteront, et de leur donner la liste des passagers qui seront à son bord, avec un état de sa cargaison.

Au départ, il ne lui permettra de lever l'ancre qu'en se faisant représenter le permis *ad hoc*, qui lui aura été délivré par le Général et l'Intendant ou leurs représentans.

VII. L'Officier de port ne laissera mouiller les bâtimens étrangers (*), soit parlementaires, soit de commerce, qu'après qu'il lui aura apparu de la permission du Général ou du Commandant en son absence. Au départ, il faudra semblable

---

(*) Les Espagnols, étaient exceptés de cette disposition et étaient aussi libres que les caboteurs français,

permis pour qu'il leur délivre le sien pour lever l'ancre.

VIII. Les patrons ou maîtres des bâtimens du petit cabotage continueront de se présenter au Domaine et aux Classes à leur arrivée, suivant les ordonnances du Roi : *ils ne leveront l'ancre que sur le permis qui leur aura été donné par l'Officier de port*, et celui-ci ne le leur délivrera qu'après s'être assuré, par l'inspection de leurs expéditions, qu'ils se sont présentés aux mêmes bureaux à leur départ, afin de remplir le double objet relatif au commerce et à la sûreté, notamment à l'embarquement des passagers, qui ne peuvent émigrer sans le congé du Général, qui s'exhibe au bureau des Classes.

Quant aux caboteurs qui, sous la désignation de paquebots, font périodiquement les voyages de la Martinique à la Guadeloupe et en retour, nous les soumettons à prendre semblable permis de nous à l'arrivée et au départ, et ils donneront la liste des passagers à leur arrivée, comme il est dit à l'article VI pour les bâtimens de long cours.

IX. Ceux qui tireront du canon dans les ports, rades, hâvres et baies, sans en avoir obtenu la permission du Commandant de la place, seront punis suivant l'ordonnance du 8 avril 1721 : les autres délits le seront suivant l'exigence des cas.

X. Le Commandant de la rade ou du port sera élu à la pluralité des voix des Capitaines marchands ; l'élection s'en fera par devant l'Intendant ou l'Officier qui le représentera : il aura un exemplaire de la consigne du port, qu'il remettra à celui qui lui succédera, ainsi que les renseignemens relatifs à son commandement.

XI. Le Commandant de la rade, ou l'Officier qui le suppléera à son bord, tiendra une liste exacte, où seront inscrits par ordre les noms des bâtimens marchands et des Capitaines qui les commandent ; il y notera le lieu de leur départ et le jour de leur arrivée.

XII. Il ne laissera sortir aucuns bâtimens français ni étrangers, même ceux du petit cabotage, *que sur le permis de l'Officier de port*, qui lui sera porté à bord par ceux en partance, qu'il visera et leur rendra. En cas de contravention, il fera tirer en avant un coup de canon à boulet pour avertir le Capitaine ou Patron ; et si ensuite le bâtiment sortant n'envoie pas sa chaloupe, ou ne manœuvre pas pour revenir vers le Commandant, celui-ci fera tirer dessus.

Dans ces cas les coups de canon seront payés, ainsi qu'il sera réglé, au Commandant par ceux arrêtés en faute.

XIII. Il sera fourni tour-à-tour par chaque navire, une chaloupe de ronde pour l'exercice de la police dans le port ou la rade : lui seul sera dispensé d'en fournir.

Son signal pour l'appeler à son bord sera, pendant le jour, un pavillon anglais à la vergue d'artimon, et la nuit un fanal au beaupré.

Lorsqu'il aura des ordres à faire passer aux bâtimens de la rade, il mettra flamme blanche à la vergue d'artimon, et chaque Capitaine sera tenu d'envoyer sur-le-champ un Officier à son bord.

XIV. Le compte de la ronde lui sera rendu tous les matins à huit heures, par l'Officier qui l'aura faite le jour précédent ; et celui-ci ira ensuite rendre le même compte à l'Officier du port.

XV. Le Capitaine marchand, pour marque de commandement, portera au grand mât une flamme blanche, qu'il amènera à l'arrivée des bâtimens du Roi, et hissera pavillon blanc en avant; en quoi il sera imité par tous ceux de la rade, soit dans ce cas, soit dans d'autres occasions: au reste, il se conformera à tout ce qui est prescrit dans l'article IV, comme relatif à son commandement.

XVI. Le service de la chaloupe de ronde se fera, depuis 6 heures du soir, que l'Officier qui en sera chargé ira prendre l'ordre du Commandant de la rade, jusqu'à 8 heures du matin qu'il lui rendra compte, ainsi qu'à l'Officier de port. Sa mission sera de faire des rondes dans la rade, pour veiller à ce que les feux soient éteints aux heures indiquées ; faire raisonner les gens de quart et s'assurer de leur vigilance ; saisir les denrées ou marchandises que l'on déchargerait pendant la nuit ; s'opposer au mouillage des bâtimens étrangers qui se présenteront sans le permis du Général ou de l'Officier qui le représente ; se rendre aux signaux qui lui seront faits de jour ou de nuit, et enfin faire tout ce qui lui sera indiqué par le Commandant ou Officier de port, relativement à la police des rades ou des ports.

XVII. Toute la discipline et police particulière des navires marchands appartenant à l'Intendant, suivant l'article LXXXI de l'ordonnance du Roi, du 24 mars 1763, le compte de toute cette partie sera rendu à lui seul, pour ce qui n'est point exprimé dans la présente consigne.

XVIII. Sera au surplus exécutée, suivant sa teneur, l'ordonnance du 8 juin 1765, concernant la police particulière du bassin du Fort-Royal à la Martinique ; et dans les lieux où le Roi n'entretient point d'Officier de port, les mêmes formalités seront remplies par les Capitaines et Patrons, envers le Commandant de la place et l'Officier d'administration, tout ainsi qu'il est prescrit par ces présentes.

Recommandons aux Commandans de place, Officiers d'administration et autres par nous préposés dans les divers départemens, de tenir la main à l'exécution de la présente ordonnance, qui sera enregistrée au Greffe de l'Intendance, à celui de l'Amirauté, lue, *etc.*

Donné à la Basse-Terre Guadeloupe, le 18 avril 1772. *Signé*, le Comte de NOZIERES, *et* le Président de TASCHER.

(N°. 459.) ORDONNANCE *de MM. les Général et Intendant, portant Réglement sur les Dettes des Comédiens.*

Du 29 avril 1772.

L'ÉTABLISSEMENT du spectacle à la Martinique nous paraissant mériter toute faveur et protection, nous avons, jusqu'à présent, accédé à toutes les propositions qui nous ont paru utiles à sa consistance ; mais nous avons reconnu qu'on ne pouvait s'en promettre de succès certains, si on ne mettait des bornes à la facilité qu'ont les Acteurs de faire des dépenses qui, excédant de beaucoup leurs gages, pourraient entraîner leur insolvabilité, et conséquemment leur désertion. C'est pour éviter ces inconvéniens et, en même tems, pour épargner aux parties les frais ordinaires des procédures, que nous nous sommes déterminés à faire une loi particulière qui, d'après les usages reçus en certaines provinces de France, règle les réclamations que les créanciers auront à former, ainsi que la concurrence des retenues à exercer sur les Acteurs.

A CES CAUSES, nous, *etc.*, statuons et ordonnons ce qui suit :

ART. Ier. Tous particuliers, se prétendant créanciers des Acteurs, seront tenus de présenter leurs titres de créance au Trésorier de la compagnie des Actionnaires, lequel les fera reconnaître par les débiteurs : ces titres seront ensuite enregistrés par le Trésorier pour être payés, au marc la livre, sur les fonds dont il fera la retenue.

II. Si le prétendu débiteur conteste la dette, le créancier se retirera par devant les Juges royaux, qui entendront les parties et jugeront sommairement, comme s'agissant de fait de police à eux spécialement attribué à cet effet.

III. Pour payer les dettes des Acteurs, le Trésorier retiendra, par quinzaine, le tiers de leurs gages seulement, et en fera la distribution chez lui, tous les trois mois, aux heures qu'il indiquera : les deux autres tiers étant par nous déclarés non sujets à saisie judiciaire, ni retenue quelconque, et destinés aux besoins indispensables des Acteurs relativement à leur état.

IV. Cependant, s'il est fait, ès-mains du Trésorier, des saisies par le ministère des Huissiers, les exploits donnés à cette fin ne vaudront, pour lui, que comme présentation du titre, et il les enregistrera quand ils auront été reconnus par le débiteur, pour valoir acceptation comme à l'article Ier.

V. Nous conservons à tous propriétaires de maisons, aubergistes, boulangers et chirurgiens le droit d'exercer la retenue sur la totalité des gages des Acteurs, jusqu'à due concurrence, pour le prix du loyer et de la subsistance que ceux-ci tiendront d'eux, comme s'agissant d'objets de première nécessité, en justifiant de leurs titres ; et leurs quittances seront données, par le Trésorier, pour comptant aux Acteurs, qui seront tenus de les recevoir ainsi.

VI. La même loi, faite pour les Acteurs, aura son effet à l'égard de tous ceux employés comme gagistes audit spectacle, sans exception.

Prions messieurs les Officiers du Conseil souverain de la Martinique, de faire enregistrer *etc.*

Donné à la Martinique, le 29 avril 1772. *Signé*, le Comte de NOZIERES, *et* le Président de TASCHER.

Enregist. au Conseil souverain.

(N°. 460.) ARRÊT *du Conseil souverain, portant Réglement sur l'apposition des Scellés.*

Du 4 mai 1772.

VU la remontrance du Procureur général du Roi, contenant que l'apposition juridique des scellés sur les effets d'une succession était le moyen le plus efficace que nos lois aient pu employer pour obvier à des expilations trop ordinaires, ou à la soustraction de certains papiers, objet encore plus important.

Que la sagesse, la nécessité de cette ordonnance le déterminaient à rendre compte de plusieurs abus dangereux qui s'étaient glissés en cette partie et donnaient atteinte à son exécution.

Qu'il arrivait souvent qu'à la campagne, des veuves, héritiers ou exécuteurs-testamentaires, se trouvant éloignés du siége des jurisdictions, faisaient apposer le scellé par le plus proche voisin, quelquefois même par un ami, sans choisir pour cet effet des hommes publics et revêtus de quelque caractère, comme les Notaires, Commissaires de police, ou au moins un Habitant notable, que ces scellés, ainsi apposés d'une manière aussi irrégulière par ces personnes privées, étaient par elles levés avec aussi peu de formalité, et les héritiers ou représentans mis, par elles, illégalement en possession des biens de la succession.

Qu'il était facile de sentir les abus auxquels pareils actes donnaient lieu, et qu'il était de toute nécessité d'y remédier par un réglement qui assurât, de la manière la plus certaine, l'exécution de la loi prudente de l'apposition des scellés.

Que, pour y parvenir, il paraissait convenable d'obliger les veuves, héritiers ou exécuteurs-testamentaires, dans le cas où l'éloignement des siéges serait un obstacle au prompt transport de la Justice, de les faire apposer provisoirement par les Notaires, Commissaires de police du quartier, ou enfin par quelque Officier de milice et Notable; et, après cette apposition provisoire, de requérir le transport de la Justice, qui, en présence de ceux qui auraient posé les scellés et des autres particuliers intéressés, les croiseraient, en dresseraient procès-verbal et procéderaient, après délai compétent, à la levée d'iceux, en la manière ordinaire ; faire défense en conséquence à toutes personnes de lever les scellés qu'elles auraient apposés provisoirement, à peine d'être poursuivies à sa diligence.

Que, par ce moyen, la difficulté du transport actuel de la Justice, causée par l'éloignement et le danger d'une apposition informe, se trouvaient combinés et détruits, et toute voie fermée aux abus qu'il s'agissait de déraciner.

Pour quoi il aurait conclu à ce qu'il plût à la Cour, par un arrêt en réglement, statuer et ordonner que, dans le cas où il serait nécessaire de faire apposer les scellés, les veuves, héritiers, exécuteurs-testamentaires ou créanciers, dans le cas seulement d'éloignement des siéges, pourraient faire apposer provisoirement les scellés par les Commissaires de police ou Notaires, ou, à leur défaut, par quelque Habitant notable du quartier.

Qu'après cette première formalité remplie, laquelle ne pourrait être regardée que comme provisoire, ils seraient tenus de requérir les Officiers de la jurisdiction, qui, en leur présence, ensemble celle des personnes qui auraient apposé les scellés, les croiseraient et en dresseraient leur procès-verbal, pour, après délai compétent, être procédé à la levée d'iceux en la manière ordinaire.

Faire défense en conséquence à toutes personnes de lever les scellés qu'elles auraient apposés, dans le cas ci-dessus expliqué, à peine d'être poursuivies extraordinairement à sa diligence.

Obliger les veuves, héritiers ou exécuteurs-testamentaires à se conformer à la disposition de l'arrêt qui interviendrait, à peine de répondre en leur nom, de tous torts et dommages auxquels ils auraient donné lieu, même d'être poursuivies extraordinairement, si le cas y echet.

Sur quoi la Cour ordonne que, dans le cas où il sera nécessaire de faire apposer les scelles, les veuves, héritiers, exécuteurs-testamentaires ou créanciers, dans le cas seulement d'cloignement des siéges, pourront faire apposer provisoirement les scellés par les Commissaires de police ou Notaires, ou, à leur defaut, par quelque Habitant notable du quartier ; qu'après cette formalité remplie, ils seront tenus de requérir les Officiers de la jurisdiction qui, en leur présence, ensemble celle des personnes qui auront apposé les scellés, les croiseront et en dresseront procès-verbal, pour, après le délai ordinaire, être par eux procede à la levée d'iceux en la manière ordinaire.

Fait défenses, en conséquence, à toutes personnes de lever les scellés qu'elles auront apposés, dans le cas ci-dessus expliqué, à peine d'être poursuivies extraordinairement à la diligence du Procureur-général.

Ordonne que les veuves, héritiers, exécuteurs-testamentaires et créanciers se conformeront au présent arrêt ; à peine de répondre en leur nom, de tous torts et dommages auxquels ils auraient donné lieu, même d'être poursuivis extraordinairement, si le cas y échet. Ordonne en outre que le présent arrêt sera enregistré dans toutes les jurisdictions du ressort, ensuite imprimé, lu, publié, *etc.*

Fait au Conseil souverain de la Martinique, le 4 mai 1772. *Signé*, ROIGNAN, greffier.

(N°. 461.) ORDONNANCE *de MM. les Général et Intendant, qui remet en vigueur l'Arrêt du Conseil d'Etat du Roi, du 1er. mars 1744, en ce qui concerne les fraudes sur les quantités, poids et mesures des Marchandises et Denrées.*

Du 5 mai 1772.

SUR les plaintes réciproquement portées par devant nous, de la part du commerce de France et de celui des colonies confiées à notre administration, sur les infidélités qui se commettent journellement, tant sur la nature, quantité, que sur le poids et les mesures des denrées respectivement livrées par les navires français aux colons, ou par ceux-ci au commerce de France ; nous avons cru nécessaire et instant de remettre en vigueur l'arrêt du Conseil d'Etat du Roi, du 1er. mars 1744, enregistré au Conseil de la Martinique le 12 janvier 1745, par lequel ces sortes de fraudes ont été respectivement réprimées.

Donné à la Martinique, le 5 mai 1772. *Signé*, le Comte de NOZIERES, *et* le Président de TASCHER.

N. B. Voyez pour l'arrêt mentionné ci-dessus, celui sous le N°. 170, page 484, tome Ier.

(N°. 462.)

(N°. 462.) ORDONNANCE *de MM. les Général et Intendant, qui défend aux Gens de couleur toute communication avec les Galériens.*

Du 7 mai 1772.

SUR ce qui nous a été représenté que les nègres et mulâtres condamnés aux galères entretenaient, soit dans leurs marches, soit dans les travaux publics et autres circonstances, des communications, soit de gestes, soit de paroles ou par écrit, avec d'autres nègres ou mulâtres, ce qui est absolument contraire à la condition de leur état, qui les retranche de la société dont ils ont enfreint les lois, et conséquemment mérité la proscription.

Nous, *etc.*, défendons à tous nègres ou mulâtres d'avoir aucune communication, de quelque manière qu'elle puisse être, en aucun tems et en aucun lieu, avec ceux ou celles de la chaîne des galères, à peine de 25 coups de fouet pour la première fois, et de plus forte peine en cas de récidive.

Enjoignons au sergent des pertuisaniers, aux pertuisaniers et gardiens du bagne d'y tenir sévèrement la main, à peine de destitution de leur emploi, et de plus grave peine s'il y échoit.

Prions messieurs les Officiers du Conseil souverain de la Martinique de faire enregistrer, *etc.*

Donné à la Martinique, le 7 mai 1772. *Signé*, le Comte de NOZIERES, *et* le Président de TASCHER.

Enregist. au Conseil souverain.

(N°. 463.) ORDONNANCE *de M. l'Intendant, sur les Honoraires dus aux Médecins et Chirurgiens du Roi, pour visite des Nègres de traite.*

Du 5 juin 1772.

SUR les représentations qui nous ont été faites par les sieurs Médecin et Chirurgien du Roi en ce bourg St-Pierre, qu'il a toujours été d'usage qu'il leur fut donné des honoraires pour les visites et procès-verbaux, qu'ils sont tenus de faire à bord des bâtimens négriers, conformément aux ordonnances, considérant qu'il est juste que leur tems et les peines qu'ils se donnent ne soient point infructueusement employés ; qu'ils courent des risques lorsque, comme il arrive souvent, ces sortes de bâtimens sont infectés d'épidémies ou de maux contagieux ; voulant enfin obvier à toutes contestations sur la quotité du droit qui doit leur être attribué : nous ordonnons qu'à l'avenir, tout Capitaine de navire payera pour l'honoraire desdits Médecin et Chirurgien du Roi, à chacun d'eux, une moëde jusques et compris 100 nègres, une moëde et demie jusques et compris 150 nègres, deux moëdes jusques et compris 200, sauf à arbitrer pour les cas excédans.

Donné à la Martinique, le 5 juin 1772. *Signé*, le Président de TASCHER.

(N°. 464.) EXTRAIT *d'une Dépêche ministérielle de M.* de Boynes, *sur le traitement des Officiers qui remplissent un* intérim.

Du 27 septembre 1772.

Le Ministre mande à MM. de Nozieres et de Tascher, général et intendant de la Martinique, que l'Officier, soit militaire, soit d'administration, qui remplit un *intérim*, doit, pendant ce tems, jouir de la moitié des appointemens du Titulaire.

(N°. 465.) ORDONNANCE *du Roi, concernant les Brevets des Officiers d'Administration et de Judicature.*

Du 28 septembre 1772.

SA MAJESTÉ estimant nécessaire, pour accélérer son service dans les différentes colonies, de simplifier la manière de pourvoir aux charges et places de l'administration et Officiers de judicature, tant dans les Conseils souverains et les jurisdictions, que dans les siéges d'Amirauté établis dans lesdites colonies, elle veut et ordonne qu'à l'avenir, les Gouverneurs-lieutenans-généraux, Commandans-généraux et particuliers, les Intendans et autres Officiers d'administration de la marine dans lesdites colonies, les Officiers des Conseils souverains, ceux des jurisdictions et des siéges d'Amirauté établis aussi dans lesdites colonies, soient pourvus desdites charges et places, sur des brevets qui seront expédiés à cet effet, par le Secrétaire d'Etat ayant le département de la marine et des colonies : voulant S. M. que, sur la présentation qui sera faite desdits brevets, par les pourvus desdites charges et places, ils soient reconnus dans les qualités et fonctions qui y seront attribuées.

Mandant Sa Majesté, *etc.*

Fait à Versailles, le 28 septembre 1772. *Signé*, LOUIS ; *et plus bas*, par le Roi, BOURGEOIS DE BOYNES.

Enregist. au Conseil souverain.

(N°. 466.) EXTRAIT *d'une Dépêche ministérielle de M.* de Boynes; *sur les Réclamations des Etrangers pour Prises en interlope, faites en mer.*

Du 30 décembre 1772.

Le Ministre mande à MM. de Nozieres et de Tascher, général et intendant de la Martinique, que, d'après les réclamations sans nombre portées à la Cour par les Etrangers, au sujet des prises en interlope faites par les bâtimens du Roi et ceux du Domaine, l'intention de S. M. est qu'on lui envoie, avec le bordereau du produit des prises, une expédition de la procédure et les motifs des jugemens.

(N°. 467.) ORDONNANCE *de MM. les Général et Intendant, concernant la Chasse des Crabes aux flambeaux.*

Du 1er. janvier 1773.

SUR ce qui nous a été représenté par plusieurs habitans, que la chasse des crabes qui se fait la nuit aux flambeaux, a occasionné des incendies dans les cannes à sucre, et que le défaut de loi sur cet objet a empêché les propriétaires lesés de se pourvoir pour obtenir indemnité de leurs pertes : nous, *etc.*, faisons très-expresses inhibitions et défenses à toutes personnes, de quelque qualité et condition qu'elles soient, de chasser à l'avenir ou d'envoyer faire la chasse des crabes aux flambeaux, près des plantations et cannes à sucre ; comme aussi de passer avec les torches ou flambeaux allumés pour ladite chasse, par les chemins, routes et sentiers ainsi plantés, à peine, contre les contrevenans, de 100 l. d'amende, qui seront remises au Curé de la paroisse dans l'étendue de laquelle se trouvera le terrein sur lequel on aura chassé ; de payer en outre les dommages, si aucuns y a, et de plus grande peine, en cas de récidive.

Les esclaves qui seront surpris en contravention, seront punis de 29 coups de fouet et mis au carcan pendant une heure ; ce qui sera exécuté sur-le-champ sur l'ordonnance des Officiers de chaque jurisdiction, comme fait de police, indépendamment de l'amende que payeront leurs maîtres, s'il est constaté que ceux-ci les aient envoyés à cette chasse.

N'entendons au surplus l'interdire aux propriétaires dans l'étendue de leurs habitations, ni à aucune personne par eux commise ou autorisée.

Enjoignons aux Capitaines-commandans de quartiers ou de paroisses de veiller à l'exécution de la présente ordonnance, et de déférer les délinquans au Procureur du Roi de leur département.

Prions messieurs les Officiers du Conseil souverain de la Martinique de l'enregistrer, *etc.*

Donné au Fort-Royal de la Martinique, le 1er. janvier 1773. *Signé*, le Comte de NOZIERES, *et* le Président de TASCHER.

Enregistr. au Conseil souverain.

(N°. 463.) ORDONNANCE *de MM. les Général et Intendant, concernant l'Imposition sur la Martinique, pour l'année* 1773.

Du 1er. janvier 1773.

DEPUIS que S. M. a bien voulu nous confier l'administration de ses colonies, nos principales intentions se sont portées aux moyens d'en diminuer les charges, et nous avons soumis à S. M. les plans qui nous ont paru les plus propres à l'accomplissement de nos vœux, en conciliant ses intérêts avec une diminution des impositions établies sur cette portion de son Empire.

Mais, n'ayant point encore obtenu des réponses aux mémoires que nous avons adressés au Ministre sur cet important objet, nous ne pouvons, quant à présent, que renouveler et réunir les ordonnances que nos prédécesseurs et nous-mêmes avons rendues la précédente année, par rapport aux contributions auxquelles ces îles sont assujetties.

Dans ces circonstances, nous, *etc.*, avons ordonné et ordonnons ce qui suit :

ART. Ier. Tous les esclaves, de l'un et de l'autre sexe, de l'île Martinique, depuis l'âge de 14 ans, jusqu'à celui de 60 exclusivement, attachés aux manufactures à sucre, seront imposés pour la présente année à 18 l. par tête, sur le pied des dénombremens qui ont dû être fournis.

II. Les esclaves des habitans cultivateurs de café, cacao, coton, manioc et autres vivres, seront taxés à 14 l. par tête, et sur les mêmes dénombremens.

III. Les esclaves des villes et bourgs, soit ouvriers, domestiques, ou servant à loyer et à la journée, et tous autres non attachés à la culture des terres, seront taxés indistinctement à 25 liv. par tête, et sur les mêmes dénombremens.

IV. Les nègres et gens de couleur libres et affranchis, depuis l'âge de 14 ans jusqu'à 60, seront taxés à 15 l. par tête, à l'exception de ceux qui servent actuellement dans les compagnies de milice, qui sont exempts de capitation pour leur tête seulement.

V. Tous les blancs européens, ouvriers, seront taxés à 6 liv. par tête, et ceux non ouvriers et domiciliés dans l'île, à 9 liv.

VI. Les maisons seront taxées sur le pied de 5 pour 100 de la valeur de leurs loyers, soit qu'elles soient occupées par les propréitaires, ou par les locataires : celles occupées pour le service du Roi ne seront point exemptes de ce droit : seront cependant déchargées de ladite imposition, les maisons qui seraient plus de trois mois sans être louées, et ce pour tout le tems qu'elles resteront dans cet état ; ce que les propriétaires seront tenus de constater contradictoirement avec le Directeur-général du Domaine.

VII. L'industrie sera payée par les Commissionnaires établis dans les îles, les Armateurs et Géreurs de cargaisons, et Négocians ; les Capitaines marchands, les Marchands détailleurs, les Artisans, les Notaires, Procureurs et

Huissiers ; les Médecins, Chirurgiens, Apothicaires, Droguistes et Distillateurs, à raison de 4 pour 100 du loyer d'icelles, quelques qualités qu'ils aient et de quelques charges d'ailleurs qu'ils soient pourvus ; les nobles même et autres privilégiés n'en seront pas exempts.

VIII. Tous les Aubergistes, Traiteurs, Cabaretiers, Limonadiers et autres vendant en détail vin, eau-de-vie et liqueurs, ainsi que ceux tenant billard ou jeux permis, soit que ceux-ci donnent à boire ou non, payeront par an la somme ordonnée et fixée, par l'ordonnance du 16 août 1763, en raison des différentes villes et bourgs où ils seront établis, lequel paiement sera divisé en quatre époques de trois mois chacune, et exigible à l'avance en janvier, avril, juillet et octobre.

IX. Toutes les marchandises sujètes au poids seulement continueront de payer 1 pour 100 de leur valeur, qui sera appréciée comme par le passé, au bureau du Domaine, sur le pied du cours lors de la déclaration des Capitaines marchands, à leur arrivée.

X. Toutes les denrées de la colonie, autres que le café, continueront aussi d'être soumises, à la sortie, au droit d'un pour 100, lequel sera établi d'après les factures qui seront exhibées en bonne forme, par les Capitaines marchands à leur départ.

XI. Le café ne sera point sujet, à la sortie, au droit d'un pour 100, éteint et supprimé par notre ordonnance du 9 mars 1772, mais il continuera d'être perçu, à la sortie, un droit de 6 d. pour livre du poids de cette denrée, lequel droit sera perçu comme il est spécifié dans le précédent article.

XII. Les droits sur les gros sirops et tafias seront perçus seulement sur le pied de 3 pour 100 de leur valeur, à leur sortie de cette colonie pour passer à l'étranger ; ils seront soumis également au droit additionnel de 8 s. pour livre, conformément aux déclarations du Roi, des 3 février 1760, 21 novembre 1763 et du mois de novembre 1771 ; tous lesquels droits seront exigés pour le compte des Fermiers-généraux, ainsi que les autres droits du Domaine d'Occident, et ne feront point par conséquent partie de ladite imposition au profit du Roi.

XIII. Tous les droits seigneuriaux et domaniaux, tels que les épaves et aubaines, bâtardises, déshérences, les biens vacans non réclamés, les confiscations et autres droits appartenant au Roi, continueront d'être perçus, le cas y échéant, et ils ne seront point censés faire partie de la présente imposition.

XIV. Ceux qui, par la nature de leurs biens, ou par les priviléges particuliers de leur état et de leurs charges, se trouvent dans le cas d'une exemption, en jouiront comme par le passé, conformément à la déclaration du Roi, du 3 octobre 1730, et à l'ordonnance du 1er. janvier 1772, à la charge par les privilégiés de remettre au bureau du Domaine du Roi, une copie en forme probante des titres, en vertu desquels ils prétendront leurs exemptions; et faute d'y avoir satisfait, ils en seront déchus et privés ; et ceux qui se trouveraient dans le cas d'avoir deux titres d'exemption, ne pourront jouir que d'un seul et de celui dont l'exemption sera la plus forte, laquelle exemption néanmoins n'aura lieu que pour le nombre effectif d'esclaves ou domestiques qui seront à leur service : dans le cas où ce nombre serait au dessous de celui porté par l'exemption qu'il sera fondé de pretendre, nous faisons défenses à toutes personnes d'emprunter ou prêter des esclaves pour profiter de ladite exemption en entier, à peine de confiscation des esclaves prêtés et de 500 liv. d'amende, au profit de S. M., contre chacun de ceux qui auraient prêté ou emprunté lesdits esclaves, le tout conformément à la susdite déclaration du Roi.

XV. Les habitans ou autres qui seront dans le cas de former de nouveaux établissemens, jouiront, pour deux années, de l'exemption de capitation pour la quantité de nègres qu'on jugera devoir y être employés, suivant la déclaration qu'ils auront faite par devant l'Intendant, ou l'Ordonnateur qui le représentera ; laquelle déclaration sera accompagnée du verbal d'arpentage de l'Arpenteur du quartier, pour constater de la quantité réelle du terrein défriché ; et sera le tout, avec l'ordonnance de l'Intendant ou de celui qui le représentera, signifié au Directeur-général du Domaine, relativement à ladite déclaration du Roi, du 3 octobre 1730 ; laquelle exemption, conformément à l'ordonnance de nos prédécesseurs de l'année dernière, est cependant restreinte aux établissemens des terres concédées depuis 1767 ; faute par les concessionnaires antérieurs de s'être mis en règle.

XVI. La capitation étant acquise au Domaine du Roi dès le 1er. janvier, nous ordonnons que l'imposition que nous établissons pour la présente année, sera acquittée d'ici au 1er. avril prochain et en un seul paiement, et à défaut de quoi les redevables seront contraints par toutes les voies de droit, même par corps, et par la saisie et vente de leurs nègres sans exception.

Prions messieurs les Officiers du Conseil souverain de la Martinique de faire enregistrer, *etc.*

Donné à la Martinique, le 1er. janvier 1773. *Signé*, le Comte de NOZIERES, *et* le Président de TASCHER.

Enregist. au Conseil souverain.

(N°. 469.) ORDONNANCE *de MM. les Général et Intendant, portant Réglement et Tarif pour les Gens de couleur, lorsqu'ils sont chargés de l'exécution des Ordres du Gouvernement, ou des Mandemens de Justice.*

Du 1er. janvier 1773.

EXÉCUTER est le principal ressort de toute administration : ce principe ne serait, en cette colonie, qu'une vaine théorie si, dans les quartiers éloignés des lieux principaux où réside la main-forte, on n'employait pas les gens de couleur libres qui sont, à la disposition des Commandans de quartiers, chargés de l'exécution des ordres du Gouvernement, et souvent requis pour les décrets et autres mandemens de justice, auxquels ils sont obligés de prêter assistance. L'utilité de cette espèce de main-forte est reconnue ; mais elle est composée de gens de métier à qui le tems est précieux et qui, la plupart, n'ont pour vivre que l'ouvrage de leurs mains ; en sorte qu'il est de toute justice qu'ils soient dédommagés lorsqu'ils seront employés.

A CES CAUSES, nous avons estimé nécessaire de régler le salaire qui devra désormais être payé auxdits gens de couleur, lorsqu'ils seront chargés de quelque exécution, afin d'assurer cette exécution, *etc.*; nous avons statué et ordonné :

ART. Ier. Lorsque, par nos ordres ou sur les décrets, mandemens ou réquisitions de justice, les gens de couleur des différens bataillons de milice auront arrêté et conduit aux prisons ceux qu'ils auront été chargés d'arrêter et conduire, soit pour dettes, soit pour crime ou pour toute autre cause, la prise leur sera payée comme il suit ; savoir :

Au caporal porteur de l'ordre, ...	15 l.	35 liv.
Et pour les deux fusiliers, 10 l. chacun,	20	

En outre, il leur sera alloué à chacun 20 sols par lieue, en comptant du quartier où ils auront fait la capture, jusqu'au lieu où ils auront conduit les prisonniers.

II. Les prisonniers ne pourront être conduits qu'aux forts ou prisons royales de leur département, suivant la teneur des ordres, décrets, mandemens et réquisitions ; les droits ci-dessus alloués seront avancés par les concierges et geôliers au caporal, qui en donnera quittance; et lesdits concierges et geôliers seront remboursés, soit par le prisonnier, si son emprisonnement est reconnu juste, soit par la partie civile, ou par le Domaine, si le cas y échet.

III. Si le prisonnier est condanné en jugement à des peines afflictives ou infamantes, les droits alloués ci-dessus seront réputés frais de justice, et payés comme tels auxdits concierges ou geôliers,

en

en la manière accoutumée, sans qu'ils puissent être augmentés ou restreints, soit par le Domaine, soit par les parties civiles, soit enfin par les condamnés, s'ils supportent les dépens:

IV. Enjoignons aux Commandans de quartiers et aux Capitaines de paroisses de donner, dans les haltes, retraite et gardes sûres aux criminels ou autres, qui seront conduits dans les forts et prisons.

V. Ne sera dû ni payé aucun droit, si la capture n'est faite et l'emprisonnement exécuté.

VI. N'entendons comprendre dans la presente ordonnance les prises de nègres marrons, qui continueront d'être payées sur le pied des tarifs faits à ce sujet.

Prions messieurs les Officiers du Conseil souverain de la Martinique de faire enregistrer, *etc.*

Donné au Fort-Royal de la Martinique, le 1er. janvier 1773. *Signé*, le Comte de NOZIERES, *et* le Président de TASCHER.

Enregist. au Conseil souverain.

(N°. 470.) ORDONNANCE *de MM. les Général et Intendant, concernant la haute Police, sur plusieurs articles de la Religion, et des Religieux Missionnaires, Curés desservant les Paroisses des îles du vent.*

Du 1er. janvier 1773.

NOTRE premier soin, en prenant possession du Gouvernement de ces îles, a éte de nous occuper de la police concernant la Religion et les Religieux qui sont attachés au service des paroisses. Sur les représentations des Supérieurs des missions et les plaintes des Curés, nous avons cru qu'il était de nos plus essentielles fonctions de remédier à plusieurs abus, aussi contraires au respect dû aux Eglises, qu'au culte de la Religion, de pourvoir au maintien de l'ordre et de la discipline, à l'égard des Prêtres séculiers ou réguliers qui arrivent dans ces îles sans missions, de régler la conduite que doivent tenir dans les affaires civiles les Missionnaires qui desservent les paroisses, d'établir des moyens de conservation et de sûreté pour leurs personnes, et d'empêcher, en cas de mort, la déprédation des effets de leurs successions ; c'est pourquoi nous, *etc.*, avons ordonné et ordonnons ce qui suit :

Art. Ier. Les tumultes et les huées indécentes des blancs et sur-tout des nègres, lors de la célébration des mariages, forcent les Curés à ne plus administrer ce sacrement que pendant la nuit et à des heures indues, contre les règles de l'Eglise et les ordonnances de nos Rois, notamment celle de 1650.

Pour réprimer ces scandales, et conserver le respect et la révérence dus aux églises et à l'administration des sacremens, nous défendons à toutes personnes, de quelque qualité et condition qu'elles soient, de faire aucun bruit, ni commettre aucune irrévérence dans les églises, sur-tout pendant la célébration des mariages, à peine de 500 l. d'amende pour les blancs, de 8 jours de prison pour les libres et de 3 heures de carcan pour les esclaves ; ce qui sera exécuté sur-le-champ, par les Officiers chargés de la police.

II. Défendons, pareillement et pour les mêmes raisons, les attroupemens des nègres autour des églises, dans les jours de grandes solennités et particulièrement pendant celles de la semaine sainte; et ce, à cause des bruits indécens qui en résultent autour et souvent dans l'intérieur de l'Eglise, à peine d'être punis suivant l'exigence des cas, ce que nous confions à la prudence des Juges respectifs.

III. Malgré les différentes ordonnances de police et les déclarations de nos Rois, notamment du 16 décembre 1698, qui defendent aux marchands de vendre, à boutique ouverte, les fêtes et dimanches, aux ouvriers blancs de travailler et faire travailler ces mêmes jours, aux cabaretiers et maîtres de billards de recevoir en leurs maisons aucune personne, pendant le service divin; ces abus se sont tellement multipliés dans cette île, que nous avons jugé nécessaire de renouveler les mêmes défenses, sous peine de 1,000 l. d'amende, applicable à la décoration des Eglises du lieu; pour paiement de laquelle somme ils seront contraints par corps.

IV. Pour assurer aux peuples le ministère de la Religion et maintenir l'ordre de la discipline ecclésiastique, établi par les ordonnances du Roi et par l'arrêt en réglement du Conseil souverain de cette île, du 4 septembre 1715, et encore par l'édit de 1763; nous défendons à tous Prêtres, séculiers ou réguliers, qui viennent dans cette île, sous quelque prétexte que ce puisse être, de dire la messe dans aucune église, soit des paroisses, soit des Religieux de la Charité ou des Communautés religieuses, pareillement aux Curés et Supérieurs desdites communautés, de leur donner aucune permission ni ornement à cet effet, sans la permission par écrit des Supérieurs, Préfets des missions, chacun dans son district.

V. S. M. ayant pourvu au ministère public de la Religion dans cette île, en chargeant des corps religieux d'y fournir et entretenir le nombre suffisant de Missionnaires, et le Saint Siége leur ayant donné les pouvoirs nécessaires pour l'administration des paroisses, aucun Prêtre séculier ou régulier ne peut y exercer les fonctions du ministère, à moins qu'il ne soit agrégé à un des corps de missions, parce qu'il ne pourrait y réclamer les priviléges de son état, ni y être assujetti à l'observation des lois relatives à ce même état, n'ayant aucune protection ni dépendance ecclésiastique ; ainsi, pour conserver la décence due à l'état ecclésiastique et régulier, et la révérence des peuples envers les Ministres de la Religion, nous défendons à tous Prêtres séculiers ou réguliers d'exercer le ministère ecclésiastique, même aux Reguliers de demeurer et s'établir dans cette île, à moins qu'ils ne soient agrégés à un des corps de missions qui puisse veiller sur leur conduite, et leur donner protection et sûreté pour leurs besoins, en cas de maladie et infirmité ; et, afin d'éviter toute difficulté et inconvénient à ce sujet, nous ordonnons que les actes de ladite agrégation seront déposes au Greffe de l'Intendance, pour y avoir recours, si besoin est.

VI. Les Religieux particuliers, par leur règle et par les statuts, ne pouvant rien acquerir ni posseder, en propre, nous defendons, conformément à l'arrêt du Conseil souverain de cette île, du 6 mai 1720, à tous les Religieux missionnaires desservant les paroisses de cette île, de faire aucune acquisition, soit en leur nom, soit sous un nom emprunté, en terres, maisons ou autres biens immobiliers, ni même de louer ou cultiver d'autre terrein que celui attaché à la cure, sous peine de nullité des actes contenant lesdits marchés, et de confiscation au profit du Roi de tous lesdits biens ; recommandons l'exécution du présent article à la vigilance du Procureur-général du Conseil souverain de cette colonie.

Défendons pareillement auxdits Religieux missionnaires de vendre ou acheter des nègres et bestiaux, sans la permission par écrit de leur Supérieur-général, sans cependant leur interdire l'achat des choses nécessaires à leur usage, entretien et subsistance ; déchargeant, pour cet effet, les Supérieurs des missions de répondre pour toutes autres dettes ou créances contractées par lesdits Missionnaires.

VII. L'état des Missionnaires-curés, desservant les paroisses, les oblige souvent à demeurer seuls dans des presbytères éloignés des maisons du bourg, et hors de la portée de ceux de leurs paroissiens dans lesquels ils pourraient avoir confiance ; cet état les expose aux plus fâcheux inconvéniens, sur-tout dans le cas de maladie, où ils pourraient être abandonnés à leurs seuls domestiques et privés ainsi de l'assistance de leurs confrères ; leurs meubles et effets pourraient être pillés et dévastés, les registres, dépôts et autres choses secrètes confiés à leur charge et discrétion, enleves : par ces considérations, nous conformant aux dispositions de l'ordonnance du

Roi, du 24 mai 1724, concernant les secours spirituels et temporels qui doivent être administrés à tous ses sujets, nous enjoignons aux gens des bourgs les plus voisins des presbytères, aussitôt que leur Curé sera atteint de maladie, d'en avertir les Commandant du quartier et Marguillier en charge, lesquels seront tenus de donner avis de son état à ses confrères les plus voisins.

VIII. Nous invitons les sieurs Commandans et Marguilliers eux-mêmes à visiter souvent le Religieux malade, et à lui donner toute l'assistance et secours que des paroissiens notables doivent, sur-tout à leur Curé.

IX. En cas de mort dudit Curé, les Religieux voisins, qui auront été appelés, seront tenus de sceller du cachet de la mission, en présence et conjointement avec les Marguilliers en charge ou Commandans des lieux, tous les meubles et effets dudit Religieux défunt, de mettre les registres et autres choses qui se trouveront appartenir à la Fabrique, à la garde du Marguillier, et d'établir un gardien aux frais de la mission, dans le presbytère, pour avoir soin et répondre des nègres et effets dépendans de la succession dudit Curé; et, du tout, ils dresseront un état, lequel, signé d'eux et dudit gardien pour valoir reconnaissance de sa part, contiendra l'énumération et la description des nègres et effets commis sous sa garde, et sera en cette forme envoyé au Supérieur-général de la mission, comme ayant seul le droit d'en disposer, et de pourvoir à son remplacement.

Prions messieurs les Officiers du Conseil souverain de la Martinique de faire enregistrer, *etc.*

Donné au Fort-Royal de la Martinique, le 1er. janvier 1773. *Signé*, le Comte de NOZIERES, *et* le Président de TASCHER.

Enregist. au Conseil souverain.

(N°. 471.) ARRÊT *du Conseil souverain, relatif à la retenue à faire aux Huissiers qui manquent d'assiduité au Bureau de la Bourse commune.*

Du 5 janvier 1773.

LA Cour, sur la requête des Administrateur et Trésorier de la bourse commune des Huissiers de St-Pierre, autorise les supplians, conformément à l'art. VII de l'arrêt en réglement, du 10 mai 1771, à retenir aux Huissiers qui se seront absentés, les sommes qui leur seraient revenues dans les profits du bureau pendant leur absence, à proportion de la recette qui se trouvera faite lors des partages qui se font de deux en deux mois, de sorte que celui qui aura été 15 jours absent perdra le quart des 2 mois; pour 8 jours le huitième, pour 6 le dixième, ainsi du reste, pour être lesdites sommes réparties entre les autres Huissiers.

Fait au Conseil souverain de la Martinique, le 5 janvier 1773. *Signé*, ROIGNAN, greffier.

(N°. 472.) ORDONNANCE *de MM. les Général et Intendant, faisant défenses aux Gens de couleur de porter les Noms des Blancs.*

Du 6 janvier 1773.

L'ATTENTION que nous apportons à tout ce qui peut intéresser le bon ordre, nous a fait apercevoir un abus important qui s'est introduit depuis quelque-tems dans les colonies. Il consiste en ce qu'un grand nombre de gens de couleur de l'un et de l'autre sexe usurpe impunément les noms des blancs, même les plus qualifiés, établis en ces îles ; que non-seulement ils se font appeler par lesdits noms, mais qu'ils portent la hardiesse jusqu'à les prendre dans les actes publics et judiciaires : et comme cet abus répand dans les familles des blancs une confusion qui pourrait, par la suite, produire de très-grands inconvéniens, il nous a paru très-important d'y remédier au plutôt.

A CES CAUSES, nous, *etc.*, avons statué et ordonné ce qui suit :

ART. Ier. Nous faisons très-expresses inhibitions et défenses à tous les gens de couleur libres, de l'un et de l'autre sexe, de porter à l'avenir le nom d'aucunes personnes blanches établies en ces îles, de se faire appeler par lesdits noms, ni de les prendre dans aucun des actes qu'ils passeront, sous quelque prétexte que ce puisse être, à peine, contre les contrevenans, de 500 liv. d'amende pour la première fois, de 1,000 liv. en cas de récidive, même de plus griève peine si le cas y échet.

II. Faisons pareillement défense à tous Curés, Greffiers, Procureurs, Notaires et Huissiers de souffrir que les gens de couleur prennent des noms pareils dans aucun acte de leur ministère, leur enjoignons de les rayer et d'en donner avis au Procureur-général du Roi ; comme aussi enjoignons auxdits Curés, dans tous les actes de baptêmes, mariages et inhumations des gens de couleur, d'avoir attention d'y faire mention de leurdite qualité de gens de couleur.

III. Enjoignons aux Substituts du Procureur-général, chacun dans l'étendue de leur juridiction, de tenir exactement la main à l'exécution des présentes, et de poursuivre, à leur diligence, les contrevenans, pour les faire condamner aux peines prononcées par l'article Ier.

Prions messieurs les Officiers du Conseil souverain de la Martinique de faire enregistrer, *etc.*

Donné au Fort-Royal, le 6 janvier 1773. *Signé,* le Comte de NOZIERES, *et* le Président de TASCHER.

Enregist. au Conseil souverain.

(N°. 473.) EXTRAIT *d'une Dépêche ministérielle de M.* de Boynes, *concernant les Brevets de grâce.*

Du 5 février 1773.

Le Ministre mande à MM. de Nozières et de Tascher, que l'intention de S. M. est que, suivant ce qui a toujours eu lieu aux colonies, et ce qui a été encore confirmé par une décision nouvelle en 1769, les lettres de grâce accordées pour les colonies, le soient dans la forme de simples brevets expédiés par le Ministre de la marine, sans qu'il soit nécessaire qu'elles sortent des bureaux de Mgr. le Chancelier et soient revêtues du grand sceau; que S. M. ordonne en conséquence aux Conseils souverains de la Martinique et de la Guadeloupe d'enregistrer les brevets de grâce expédiés dans la forme ci-dessus relatée, désapprouvant et les représentations que les Conseils lui ont faites à cet égard, et la conduite particulière de M. de Tascher dans cette circonstance où il a appuyé les représentations des Conseils, ignorant apparemment la décision prise en 1769.

(N°. 474.) EXTRAIT *d'une Dépêche ministérielle de M.* de Boynes, *concernant les attributions des Conseils souverains.*

Du 13 février 1773.

Le Ministre mande à MM. de Nozieres et de Tascher, général et intendant de la Martinique, que le Roi défend au Conseil souverain de rendre aucun réglement en addition aux ordonnances de S. M., pas même de provisoire, le Conseil n'en ayant pas le droit; les Administrateurs seuls ayant cette permission, qui ne leur est accordée dans leurs instructions, que dans les cas les plus urgens.

(N°. 475.) ORDONNANCE *de MM. les Général et Intendant, concernant la Police à observer contre les Personnes attaquées de la petite Vérole.*

Du 2 mars 1773.

ETANT informés que les habitans des quartiers de cette île Martinique font transporter dans les villes et bourgs, indifféremment, les blancs, gens de couleur libres, ainsi que les esclaves qui sont attaqués de la petite vérole, vulgairement appelée, dans ces îles, *vérette*, afin d'empêcher que cette maladie épidémique ne se communique aux sujets des mêmes habitations qui sont dans le cas de la craindre; et considérant que de pareilles précautions, loin de remédier au mal, ne peuvent au contraire que produire un plus grand ravage, en introduisant cette maladie dans les villes et bourgs, bien plus peuplés que chaque habitation en particulier ; que d'ailleurs les habitans, obligés d'y communiquer journellement, soit par eux-mêmes, soit par leurs esclaves, pour l'importation ou exportation des denrées et provisions qui y sont comme en dépôt, sont exposés à porter dans leurs propres habitations l'air pestiféré dont ces villes et bourgs seraient indubitablement infectés, s'il n'y était promptement pourvu.

A CES CAUSES, nous, *etc.*, avons statué et ordonné ce qui suit :

ART. Ier. Recommandons à tous les habitans de l'île de faire construire sur leurs habitations, dans un endroit écarté et sous le vent de leurs bâtimens, une petite case pour y déposer et soigner ceux de leurs habitations qui seront attaquées de la petite vérole, dite vérette, et de ne les en laisser sortir qu'après qu'ils seront entièrement guéris ; leur faisons défenses de les envoyer dans les villes et bourgs, afin d'y être traités de ladite maladie, à peine de 300 liv. d'amende, pour chaque malade qu'on y ferait transporter.

II. Faisons pareillement défenses à toutes personnes, de quelque qualité et condition qu'elles soient, résidantes dans les villes et bourgs, de recevoir chez eux aucun malade de la petite vérole, dite vérette, venant d'habitations, à peine de 500 liv. d'amende par chaque malade.

III. Les condamnations des amendes ci-dessus seront prononcées par les Juges royaux et par corps, sur les poursuites des Procureurs du Roi de chaque jurisdiction, applicables moitié au dénonciateur, et l'autre moitié au profit des Dames de la Providence de la ville du Fort-Royal ; et, en cas de récidive, lesdites amendes seront du double.

Prions messions les Officiers du Conseil souverain de la Martinique de faire enregistrer, *etc.*

Donné à la Martinique, le 2 mars 1773. *Signé*, le Comte de NOZIERES, *et* le Président de TASCHER.

Enregist. au Conseil souverain.

(N°. 476.) EXTRAIT *d'une Dépêche ministérielle de M.* de Boynes, *concernant une Exemption de Capitation pour les Pères de dix Enfans.*

Du 7 mai 1773.

Le Ministre dans cette lettre adressée en commun à MM. de Nozieres et de Tascher, général et intendant de la Martinique, annonce à ces Messieurs que le Roi accorde l'exemption de la moitié de la capitation, tant sur les nègres de ville que sur ceux de la campagne, à tout propriétaire ou habitant père de dix enfans.

(N°. 477.) ARRÊT *du Conseil souverain, concernant les Monnaies étrangères, altérées par l'Eau régale.*

Du 11 novembre 1773.

VU la sentence, dont est appel, rendue en la jurisdiction de St-Pierre, le 30 octobre dernier, par M^e. Jacques Petit, écuyer, conseiller

du

Roi, honoraire en la Cour, juge royal, civil et criminel de la jurisdiction royale du bourg St-Pierre, assisté de Me. Bruant, substitut du Procureur du Roi audit siége, et de Me. Dugourg, avocat en icelui ; par laquelle sentence ledit Me. Petit aurait donné défaut contre ledit sieur Manpetit ; et pour le profit, vu ce qu'il résultait de la procédure, ordonnait que les pièces d'or, tant d'Espagne que de Portugal, déposées au Greffe, soit par le sieur Manpetit, d'envoi des sieurs Tarteyron et compe., négocians à Bordeaux, soit par divers autres particuliers, dénommés aux actes de dépôts joints à la procédure, seraient et demeureraient confisquées au profit du Roi, après avoir été coupées et brisées par le sieur Menard, orfévre et garde-poinçon de cette jurisdiction, en présence du Siége, en la chambre du Greffe ; de quoi il serait dressé procès-verbal : sur ladite confiscation, pris et prélevés les salaires dus à ceux qui ont procédé aux différentes visites et opérations faites sur lesdites pièces d'or ; condamnait ledit Sr. Manpetit, même par corps, à rembourser à ceux qui en avaient fait le dépôt, la valeur des espèces altérées par eux déposées, et ce, en argent ayant cours, sauf son recours contre lesdits Srs. Tarteyron et Cr., ainsi qu'il aviserait ; faisait défense, tant audit sieur Manpetit, qu'à toutes autres personnes, tant régnicoles qu'autres, d'introduire ou distribuer dans cette colonie aucune espèce de monnaie altérée, de quelque manière que ce fût, sous les peines de l'ordonnance ; donnait acte au Procureur du Roi de ses réserves de poursuivre, par les voies de droit, ceux qui avaient altéré les espèces d'or dont il s'agissait, ainsi que leurs fauteurs et complices ; ayant aucunement égard aux fins et conclusions de la requête présentée par le sieur Manpetit le jour d'hier ; vu ce qui résultait, tant de son interrogatoire que des pieces par lui produites au procès, l'aurait décharge de l'accusation contre lui intentée ; ordonnait en consequence que l'ecrou de son emprisonnement serait rayé et biffé du registre de la geôle ; le deboutait du surplus de ses conclusions, et ordonnait que ladite sentence serait imprimée, lue, publiée et affichée aux formes ordinaires, dans l'étendue de ladite jurisdiction et par tout où besoin serait, à ce que personne n'en pretende cause d'ignorance ; les depens pris sur le montant de ladite confiscation.

Ensuite de laquelle sentence est l'acte d'appel *à minimâ*, du Substitut du Procureur-géneral, en date du 2 de ce mois ; une expédition de la même sentence, signée *Issarrat*, commis-greffier, signifiée audit sieur Manpetit, à la requête dudit Substitut du Procureur-géneral, par Burin, huissier, le 3 de ce mois, avec sommation de se réintégrer dans les prisons royales de cette ville, le 8 de cedit mois, à 8 heures du matin, jour et heure d'audience de la Cour, pour voir statuer sur l'appel *à minimâ* de ladite sentence, déclaré par ledit Substitut du Procureur-général ; faute de quoi il y serait contraint par les voies de droit ; l'acte d'appel interjeté en la Cour de ladite sentence, par ledit sieur Manpetit, pour torts et griefs qu'il en ressentait, et qu'il déduirait en tems et lieu, se réservait de relever son appel en forme, dans le tems de l'ordonnance, ledit acte en date du 2 de ce mois, signé *Manpetit* et *Regnaudin*, signifié audit Substitut du Procureur-général, le même jour par ledit Burin; une requête présentée en la Cour par ledit sieur Manpetit; par laquelle et sur les moyens y contenus, il aurait conclu à ce qu'il plût à ladite Cour lui accorder pleine et entière main-levée des espèces dont il s'agissait au procès; l'ordonnance de la Cour étant ensuite de ladite requête, en date de ce jour, portant qu'elle serait jointe au procès, pour, en jugeant, y avoir tel égard que de raison; vu enfin toutes les pièces de la procédure criminelle, sur laquelle sentence, dont est appel, est intervenue, y énoncées et datées.

Tout vu et considéré, la Cour, *etc.*, faisant droit sur l'appel *à minimâ* du Substitut du Procureur-général, a mis l'appellation au néant.

Et faisant pareillement droit sur l'appel du sieur Manpetit, a mis l'appellation et ce dont est appel au néant, en ce que, par la sentence dont est appel, il a été ordonné que les pièces d'or, tant d'Espagne que de Portugal, déposées au Greffe de la jurisdiction de St-Pierre, soit par le sieur Manpetit, d'envoi des sieurs Tarteyron et comp^e., négocians à Bordeaux, soit par les divers particuliers dénommés aux actes de dépôts joints à la procédure, seraient et demeureraient confisquées au profit du Roi, après avoir été coupées et brisées par le sieur Ménard, orfèvre et garde-poinçon de ladite jurisdiction, en présence du Siége, en la chambre du Greffe, dont il serait dressé procès-verbal; émandant, quant à ce, ordonne que lesdites pièces d'or, tant d'Espagne que de Portugal, seront coupées par ledit sieur Menard, en présence des Officiers de la jurisdiction de St-Pierre, que la Cour a nommé commissaires à cet effet, et du sieur Manpetit, et ensuite remises audit sieur Manpetit ; le résidu de la sentence exécuté : condamne ledit sieur Manpetit en tous les dépens du procès, et aux salaires de ceux qui ont procédé aux différentes visites et opérations faites et à faire sur lesdites pièces d'or.

Et, attendu les rapports généraux que cette affaire peut avoir avec les intérêts du commerce et ceux de la colonie, et les suites qui pourraient en résulter au détriment de l'un ou de l'autre, la Cour a arrêté que MM. les Général et Intendant seront priés de se procurer tous les éclaircissemens nécessaires sur l'introduction des monnaies étrangères dans les colonies, pour pouvoir en rendre compte au Ministre et lui proposer les moyens convenables de concilier, à cet égard, les intérêts de la colonie avec ceux du commerce.

Mande au premier notre Huissier, *etc.*

Fait au Conseil souverain de la Martinique, le 11 novembre 1773. *Signé*, ROIGNAN, greffier.

(N°. 478.) ORDONNANCE *du Roi, pour une Imposition sur Sainte-Lucie.*

Du 25 novembre 1773.

SA MAJESTÉ s'étant fait rendre compte de l'état des cultures de l'île Ste-Lucie, elle aurait reconnu que les habitans peuvent supporter une imposition modique pour subvenir à une partie des dépenses que cette colonie occasionne ; en conséquence, S. M. a ordonné et ordonne que, à compter du 1er. janvier 1774, il sera perçu sur tous les esclaves qui sont dans l'île de Ste-Lucie, un droit de capitation; savoir: de 15 l. pour les esclaves domestiques, de pareille somme de 15 l. pour les esclaves attachés aux habitations en sucrerie, et de 9 l. pour ceux attachés aux habitations plantées en café, cacao et coton; le tout argent des îles. Veut S. M. que la perception de ladite capitation soit faite dans cette colonie, ainsi qu'il se pratique à la Martinique; pour le produit d'icelle être versé dans la caisse de la colonie, être employé aux dépenses que le service de S. M. exigera. Entend néanmoins S. M. que ledit droit de capitation ne soit perçu sur les esclaves attachés aux habitations, qu'après les trois premières années de leur exploitation, lesquelles trois années commenceront à courir du jour de la date des concessions.

Mande et ordonne S. M., *etc.*

Fait à Versailles, le 25 novembre 1773. *Signé*, LOUIS; *et plus bas*, par le Roi, BOURGEOIS DE BOYNES.

Enregist. au Conseil souverain.

(N°. 479.) DÉPÊCHE *ministérielle de M.* de Boynes, *concernant le droit d'Aubaine à Sainte-Lucie.*

Du 26 novembre 1773.

LE droit d'aubaine peut effectivement, Messieurs, ainsi que vous me le marquez par votre lettre du 28 juin dernier, empêcher bien des étrangers de venir s'établir à Sainte-Lucie, et, par cette raison, nuire considerablement aux progrès de la population et de la culture dans cette colonie ; néanmoins les motifs qui ont déterminé le Roi à décider en dernier lieu, que le droit d'aubaine devait subsister dans nos colonies, ne permettent pas de le supprimer pour Ste-Lucie. Cependant, pour concilier en même tems les avantages de cette colonie, avec les motifs qui ont déterminé la décision de S. M., il sera accordé, sur le demande que vous en ferez, des lettres de naturalité aux étrangers qui viendront s'établir dans cette île ; et s'ils venaient à y décéder avant l'expédition de ces lettres, le Roi fera don de leurs successions à leurs héritiers. Vous pouvez rendre publiques les intentions de S. M. à cet égard.

J'ai l'honneur d'être, *etc. Signé*, DE BOYNES.

N. B. Cette lettre du Ministre a été enregistrée au Conseil souverain de la Martinique, le 6 mars 1774, pour sortir son plein et entier effet, et copie envoyée au Greffe de la jurisdiction de Sainte-Lucie, pour y être mise à exécution.

(N°. 480.) ORDONNANCE *du Roi, portant Réglement pour la réception des Arpenteurs aux îles du vent de l'Amerique, et pour assurer la conservation des Minutes de leurs Procès-Verbaux d'Arpentage et des Plans des Concessions.*

Du 1er. décembre 1773.

SA MAJESTÉ étant informée que plusieurs des Arpenteurs qui ont été admis aux îles du vent de l'Amérique, n'ont pas la connaissance des parties de calcul, de géométrie et de dessin relatives à leur état ; que, par cette raison, ils sont incapables de remplir leurs fonctions ; que d'ailleurs ces Arpenteurs gardent chez eux les minutes des procès-verbaux d'arpentage, et les plans des concessions qui ont anciennement été arpentés ; que ces objets qui intéressent aussi essentiellement les habitans desdites îles du vent, exigent qu'il y soit pourvu ; S. M. a jugé qu'il était indispensable de faire des dispositions pour s'assurer de la capacité des Arpenteurs, et de régler en même tems ce qui doit être observé pour la conservation des minutes des procès-verbaux d'arpentage et des plans des concessions. En conséquence S. M. a ordonné et ordonne ce qui suit :

Art. Ier. Aucun particulier ne pourra être pourvu d'une place d'arpenteur, qu'après avoir été examiné sur toutes les parties de calculs, de géometrie et de dessin relatives à l'état d'arpenteur ; et cet examen se fera par deux Ingénieurs, en présence de deux Conseillers du Conseil souverain où la commission devra être enregistrée ; les Ingénieurs et les Conseillers seront nommés par le Commandant général et l'Intendant.

II. Les Arpenteurs, actuellement employés auxdites îles, seront tenus de subir l'examen, conformément à l'article Ier du présent réglement ; ils seront tenus, à cet effet, de se présenter dans les trois mois du jour de sa publication auxdites îles ; à défaut de quoi, les arpentages qu'ils feraient, seraient et demeureraient nuls. Si, après avoir subi l'examen, ils ont été reconnus capables, ils seront confirmés dans leurs fonctions par une nouvelle commission des

Commandant et Intendant desdites îles, sinon il leur sera fait défenses expresses d'en exercer les fonctions.

III. Il ne sera payé par les récipiendaires dans les fonctions d'arpenteur, ni par ceux actuellement employés et qui pourraient être conservés, aucun frais et droit quelconque pour raison des examens qu'ils subiront.

IV. Trois mois après la publication du présent réglement, les minutes des procès-verbaux d'arpentage et des plans des concessions, qui ont été anciennement arpentées dans les différentes îles du vent, seront remises et déposées par les Arpenteurs et autres qui les ont en leur possession, avec les inventaires qui en auront été dressés, au Greffe de la jurisdiction dans le ressort de laquelle les arpentages auront été faits ; à quoi faire tous Arpenteurs et autres seront contraints, même par corps ; et lors de la remise qu'ils en feront, il leur en sera donné décharge au bas de l'inventaire par le Greffier, qui en deviendra dépositaire.

V. Les Arpenteurs seront tenus de remettre à l'avenir, dans les trois premiers mois de chaque année, sous les peines portées par l'article précédent, dans les dépôts ci-dessus fixés, une expédition des minutes des procès-verbaux d'arpentage qu'ils auront faits, et des plans des concessions qu'ils auront levés pendant l'année précédente, avec l'inventaire au bas d'une copie duquel il leur sera donné décharge par les Greffiers qui s'en chargeront.

VI. Pourront les habitans desdites îles avoir recours auxdits dépôts pour se faire délivrer des expéditions des procès-verbaux d'arpentage et des plans des concessions dont ils auront besoin, en payant par eux, aux Greffiers dépositaires, les honoraires sur le pied du tarif qui sera dressé à cet effet par le Commandant-général et l'Intendant.

Mande et ordonne S. M., *etc.*

Fait à Versailles, le 1er. décembre 1773. *Signé*, LOUIS ; *et plus bas*, par le Roi, BOURGEOIS DE BOYNES.

Enregist. au Conseil souverain.

(N°. 481.) ORDONNANCE *de MM. les Général et Intendant, sur la vente du Poisson à Saint-Pierre et au Fort-Royal.*

Du 5 décembre 1773.

PARMI les différens réglemens rendus sur le fait de la police, ceux qui ont pour objet les comestibles, sont les principaux qu'il importe le plus de rappeler fréquemment au public ; le poisson étant sur-tout un article considérable de la subsistance dans les lieux les plus peuplés de la Martinique, spécialement pour les pauvres, on ne saurait trop veiller à ce que la cupidité, qui ne repose jamais, ne les frustre point de cet aliment ou n'en fasse hausser le prix.

A CES CAUSES, nous ordonnons que les réglemens de police des 27 janvier 1766 et 30 juin 1771 seront de nouveau publiés, *etc.*, et exécutés, *etc.*

Donné à la Martinique, le 5 décembre 1773. *Signé*, le Comte de NOZIERES, *et* le Président de TASCHER.

Enregist. au Conseil souverain.

Voyez les deux ordonnances mentionnées en l'autre part, la 1re. sous le N°. 347, page 443 du tome II, et la 2e. sous le N°. 445, page 92 du présent tome.

(N°. 482.) ORDONNANCE *de MM. les Général et intendant, qui établit l'Imposition coloniale, pour l'année* 1774.

Du 1er. janvier 1774.

LA situation des finances de S. M. ne lui permet pas encore de réaliser les espérances qu'elle a données à cette colonie, d'en diminuer les impositions dès que le permettraient les circonstances; mais elle a donné son approbation aux secours généraux et particuliers que nous lui avons donnés, dans le cours de la précédente année, et l'exemption qu'elle vient d'accorder aux pères de dix enfans, est un nouveau gage de sa bienveillance.

La colonie peut être assurée que nous continuerons d'apporter les soulagemens nécessaires aux calamités qui l'affligent; mais nous ne pouvons, à l'égard du mode de l'imposer, nous écarter, quant à présent, de celui des deux années précédentes.

Dans ces circonstances, nous, *etc.*, avons ordonné et ordonnons ce qui suit:

N. B. Les dispositions des 16 premiers articles de la présente ordonnance étant absolument les mêmes que celles de l'ordonnance du 1er. janvier 1773, voyez le N°. 468 du présent tome, page 138 et suivantes.

ART. XVII. Les pères de dix enfans vivans jouiront de l'exemption de moitié des droits de capitation, tant sur les nègres des villes que sur ceux des habitations, conformément à la lettre du Ministre, du 7 mai 1773, sur les certificats du Curé de leur paroisse, visés du Commandant de bataillon de milice de leur quartier.

Prions messieurs les Officiers du Conseil souverain de la Martinique de faire enregistrer, *etc.*

Donné à la Martinique, le 1er. janvier 1774. *Signé*, le Comte de NOZIERES, *et* le Président de TASCHER.

Enregist. au Conseil souverain.

(N°. 483.) ARRÊT *du Conseil souverain, portant l'imposition au profit de la Caisse des Negres justiciés.*

Du 4 janvier 1774.

CE jour, le Receveur-général des deniers de la caisse des nègres justiciés a remis sur le bureau les états et rôles des dénombremens fournis par les habitans de cette île pour l'an 1773, montant à 47,577 têtes, ensemble l'état général des sommes dues par ladite caisse pour les nègres justiciés ou tués en marronnage pendant ladite année 1773, de celles revenant au Greffier en chef de la Cour et au Domaine pour la dresse desdits états, ainsi que celles ordonnées, être payées sur ladite caisse, par S. M., à Mr. Petit, député des Conseils des colonies, au Député et au Secrétaire de la Chambre d'agriculture, ainsi que celle due au Receveur-général de ladite caisse pour son droit de recette, le tout montant à 97,700 l., et après que le Procureur-général a requis que cette somme fût répartie par tête de nègres payant droit, exemptions non déduites, en exécution de l'arrêt en réglement du 8 mai 1734.

La Cour, *etc.*, faisant droit sur le réquisitoire dudit Procureur-général du Roi, ordonne qu'il sera payé, par les habitans de cette île, la somme de 47 s. par chaque tête de nègres payant droit, exemptions non déduites, pour la quantité qu'ils sont employés dans leur dénombrement de ladite année, laquelle somme sera perçue, ainsi qu'il est porté par les réglemens de la Cour, pour payer les parties prenantes sur ladite caisse des nègres justiciés, conformément auxdits réglemens et à l'état remis par ledit Receveur-général.

Fait au Conseil souverain de la Martinique, le 4 janvier 1774. *Signé*, ROIGNAN, greffier.

(N°. 484.) ORDONNANCE *de MM. les Général et Intendant, concernant les Gens de couleur libres, qui prennent les Noms des Blancs, leurs anciens maîtres ou protecteurs.*

Du 4 mars 1774.

APRÈS avoir, par notre ordonnance du 6 janvier, enregistrée le 8 du même mois de l'année 1773, au Conseil souverain de la Martinique, imposé aux gens de couleur libres l'inhibition de porter les noms des familles des blancs établies et connues dans l'île, nous avons cru convenable de prescrire des moyens qui, en dissipant toute incertitude sur l'interprétation des dispositions de ladite ordonnance, prévinssent aussi certains inconvéniens relatifs à l'état des personnes;

personnes ; en conséquence avons ordonné ce qui suit :

Art. Ier. Les défenses portées en l'article Ier. de ladite ordonnance s'entendent des noms des familles des blancs établies et connues dans l'île, que les gens de couleur s'abstiendront de prendre à l'avenir ; quant à ceux qui en portent, ils cesseront de s'en qualifier et en prendront d'autres à leur choix.

Et comme ces noms, qu'ils sont tenus d'abandonner, sont consignés dans des actes publics qui constatent leur état, il sera pourvu ci-après à ce que cet intérêt précieux de l'état des personnes n'éprouve aucune altération de cet abandon des premiers noms.

II. Tous les gens libres qui seront dans le cas de changer de noms, se présenteront aux Greffes des jurisdictions où ils résideront, lors de l'enregistrement et de la publication de la présente ordonnance, et y feront déclaration du nom qu'ils quitteront et de celui qu'ils y substitueront immuablement pour l'avenir ; cette déclaration sera reçue et l'expédition délivrée par le Greffier, moyennant 15 s. seulement, sans pouvoir excéder ; laquelle déclaration ne pourra être faite, comme il est prescrit, par le présent article, que dans le Greffe de la jurisdiction du domicile où le déclarant fera sa principale résidence, à peine, contre les contrevenans, d'être poursuivis extraordinairement et de punition exemplaire. Entendons que ces nouveaux noms vaillent dorénavant tout autant que les anciens, sans obligation de rappeler ceux-ci dans les actes à passer, et sans que, pour raison de cette substitution, qui que ce soit puisse jamais inquiéter ni troubler ceux qui seront dans ce cas, à peine de tous dépens, dommages et intérêts.

III. Les gens de couleur libres qui n'ont point à changer de nom, déclareront également au Greffe ceux sous lesquels ils ont été connus jusqu'à ce jour et qu'ils entendent conserver, dont il leur sera également délivré expédition, sur semblable rétribution de 15 s. ; et cet article sera applicable aux gens de couleur qui seront nouvellement affranchis, ainsi qu'à ceux des îles Guadeloupe et dépendances qui pourraient venir s'établir dans l'étendue du ressort du Conseil de la Martinique.

IV. Les Greffiers tiendront, à l'effet desdites déclarations, un registre particulier, paraphé par le Substitut du Procureur-général de chaque jurisdiction, et auront une attention particulière à ce qu'il ne se glisse aucun abus relativement aux nouveaux noms, pour qu'il ne s'en prenne point de ceux des familles des blancs établies et connues dans l'île, ainsi qu'il est prescrit par l'article Ier. de la présente ordonnance.

V. Enjoignons à tous Curés, Greffiers, Notaires, Procureurs, Huissiers et autres personnes publiques, d'être attentifs dans les actes qu'ils passeront, d'y ajouter aux nouveaux noms que les gens de couleur auront pris, soutenus de l'expédition de la déclaration au Greffe, la qualification de *gens de couleur*, à peine de 10 l. d'amende.

VI. Sera au surplus notredite ordonnance, du 6 janvier 1773, exécutée en tous les points, où l'interprétation donnée par la présente n'y porte aucune dérogation.

Prions Messieurs du Conseil souverain de la Martinique et mandons à ceux des Jurisdictions de son ressort de faire lire, publier et enregistrer la présente ordonnance, *etc.*

Donné à la Martinique, le 4 mars 1774. *Signé*, le Comte de NOZIERES, *et* le Président de TASCHER.

Enregistr. au Conseil souverain.

Voyez le N°. 472, p. 151, pour l'ordonnance mentionnée d'autre part.

(N°. 485.) ORDONNANCE *de M. l'Intendant, concernant le Transport des Pierres et autres Matériaux, pour le service du Roi.*

Du 10 juin 1774.

LE service de S. M. exigeant actuellement des transports de pierres et autres matériaux pour ses fortifications, en conséquence de son ordonnance du 18 avril 1723, rapportée ci-après, nous avons ordonné et ordonnons ce qui suit : SAVOIR :

ART. Ier. Tous maîtres et patrons de bateaux et goëlettes, *etc.* des îles Martinique et Ste-Lucie prendront, au bureau des Classes du lieu de leur armement, les ordres de l'Officier chargé de ce détail, qui leur indiquera le lieu où ils doivent aller se charger desdites pierres et matériaux, et celui où ils devront les décharger, dont ils lui rapporteront un certificat en forme de l'Ingénieur en chef ou autres Officiers des fortifications, lorsqu'ils se représenteront audit bureau.

II. Tous propriétaires de canots-passagers se présenteront au bureau des Classes du lieu de leur résidence, dans 8 jours à compter de celui de la publication de la présente ordonnance, à l'effet d'y déclarer le nombre et les noms de leurs canots et patrons, où ils prendront également les ordres des Officiers de ce détail, et rapporteront pareils certificats ; le tout sous les peines portées par l'ordonnance.

Donné à la Martinique, le 10 juin 1774. *Signé*, le Président de TASCHER.

Enregist. au Conseil souverain.

N. B. Pour l'ordonnance ci-dessus mentionnée, voyez le N°. 80, page 201 du tome Ier.

(N°. 486.) ARRÊT *du Conseil souverain, concernant les Salaires dus aux Huissiers, lorsqu'ils sont chargés d'exécution contre les Redevables à la Caisse des Nègres justiciés.*

Du 7 juillet 1774.

CE jour, les Commissaires nommés par arrêt de la Cour, du 4 janvier dernier, pour dresser un projet de réglement pour fixer, d'une manière précise, les droits qui seront dus aux Huissiers, tant dans les bourgs que dans les campagnes, lorsqu'ils seront employés aux exécutions et saisies à faire, pour contraindre les redevables à la caisse des nègres justiciés, sur quoi, vu ledit projet de réglement et ouï le Procureur-général du Roi, en ses conclusions,

La Cour, procédant au réglement des salaires dûs aux Huissiers, lorsqu'ils seront charges d'exécution contre les redevables à la caisse des nègres justiciés, a arrêté ce qui suit :

Il sera alloué aux deux Huissiers chargés des contraintes, pour simple transport dans les villes et bourgs de leur résidence, la somme de 40 s., et lorsqu'ils seront obligés de procéder aux saisies-exécutions sur les biens des debiteurs et transport de meubles, il leur sera alloué la somme de 12 liv.

Lorsque les Huissiers seront obligés d'aller à la campagne pour exercer des contraintes contre les redevables, ils seront tenus de dresser un état de tous les redevables à la caisse, dans lequel ils indiqueront la demeure desdits redevables, lequel état ils seront tenus de faire aviser avant départ, par les Commissaires de la Cour ci-après nommés ; savoir : Mᵉ. Vacher Desépinais, dans l'étendue de la jurisdiction de Saint-Pierre ; Mᵉ. Menant, dans l'étendue de la jurisdiction de la Trinité ; et Mᵉ. Faure de Lussac, dans la jurisdiction du Fort-Royal ; lesquels Commissaires auront égard, dans la taxe qu'ils feront desdits états, au nombre des contraintes, à l'éloignement des lieux, à la difficulté des chemins, et taxeront en conséquence ce que les Huissiers pourront faire payer pour leurs salaires, à chacun des redevables.

Ordonne que le présent arrêt sera imprimé, lu, publié, *etc.*

Fait au Conseil souverain de la Martinique, le 7 juillet 1774. *Signé*, ROIGNAN, greffier.

(N°. 487.) ORDONNANCE *de M. l'Intendant, concernant les abus pratiqués par les Patrons de Canots-passagers, relativement à l'exportation frauduleuse des Denrées coloniales.*

Du 2 août 1774.

SUR ce qui nous a été représenté que les patrons des canots-passagers connivaient avec les exportateurs des denrées de ces colonies chez l'étranger, et qu'après les avoir chargées à St-Pierre, sous prétexte de les porter au Fort-Royal, il les versent en route dans des bateaux qui les attendent le long de la côte, pour les porter à leurs destinations frauduleuses. Voulant porter un prompt remède à un abus aussi préjudiciable au bien du commerce et des colonies.

Nous défendons à tous patrons de canots-passagers ou pirogues de faire route de St-Pierre au Fort-Royal, avec chargement, soit en sucre, soit en café, soit en coton, s'ils ne sont préalablement munis d'un certificat du Capitaine ou du Second du navire auquel ces denrées seront censées destinées au Fort-Royal, avec bonne mention du nom dudit navire, lequel certificat ils représenteront et laisseront au bureau général du Domaine, qui leur delivrera en conséquence un permis de faire route, chargés desdites denrées; à peine, en cas de contravention, d'être, le patron, s'il est esclave, frappé de 25 coups de fouet sur le bord de la lame et de garder prison pendant un mois; et, s'il est libre, de deux mois de prison; et, en cas de recidive, de deux heures de carcan, d'être pareillement fustigé et de deux mois de prison, quant au patron esclave ; et quant au libre de quatre mois de prison, et de plus grieve peine. Enjoignons au Directeur-général du Domaine, lorsque les navires partant iront s'expédier dans son bureau, de comparer le nombre et la portée des certificats avec le chargement réel de chaque navire, et de nous en rendre compte. Donnons le même ordre au Directeur particulier du Fort-Royal, pour l'exécution duquel il lui sera envoyé sans retard, par le Directeur-général, des *duplicata* desdits certificats, relativement à chacun des navires qui devront s'expédier au Fort-Royal.

Comme aussi, ordonnons que tous bateaux, qui sortiront chargés de denrées de la colonie pour le Fort-Royal, donneront au bureau du Domaine, avant leur départ, une caution solvable du montant de leur chargement ; déclareront à quel navire ils vont les porter, et rapporteront, dans quinzaine, la décharge de ladite caution, laquelle ne pourra leur être délivrée par le Directeur particulier du Domaine du Fort-Royal, qu'après qu'il aura vérifié que lesdites denrées y auront été remises, conformément à l'acquit-à-caution; le tout sous les peines portées par les ordonnances, dans le cas de contravention aux lois du commerce pour ces colonies.

Mandons aux Officiers des Amirautés, de St-Pierre et du Fort-Royal de tenir la main *etc.*

Donné à la Pointe-à-Pitre, île Guadeloupe, le 2 août 1774. *Signé*, le Président de TASCHER.

(N°. 488.) ARRÊT *du Conseil d'Etat du Roi, concernant les places d'Engagés, dues par chaque Navire allant aux Colonies, et le port des Fusils.*

Du 10 septembre 1774.

LE Roi s'étant fait représenter l'ordonnance du 19 février 1698, et le réglement du 16 novembre 1716, par lequel il aurait été enjoint, entr'autres dispositions, aux Armateurs de porter des engagés aux îles et colonies françaises, à raison de 3 engagés pour les navires de 60 tonneaux et au-dessous ; 4 pour ceux de 60 tonneaux à 100, et 6 pour ceux de 100 tonneaux et au-dessus ; l'ordonnance du 20 mai 1721, qui permet aux Armateurs des ports y dénommés, auxquels il n'aura point été fourni de particuliers destinés, par les ordres de S. M., pour les colonies, pour leur tenir lieu d'engagés, de remettre 60 l. pour chacun des engagés qu'ils auraient été tenus d'embarquer sur leurs bâtimens, au Commis du Trésorier de la marine ; autre ordonnance du 15 novembre 1728, qui, en confirmant les ordonnances antérieures, assujettit tous les navires marchands destinés pour les colonies, à y porter chacun 4 fusils, pour être déposés dans les magasins d'artillerie, jusqu'à ce que les Capitaines aient trouvé à les vendre ; et de rapporter, sous peine de 50 l. d'amende, aux Officiers de l'Amirauté du port du désarmement, un certificat du Garde-magasin, qui constate ce dépôt ; et S. M. étant informée que l'accroissement de la population dans ses colonies, et la multiplication des noirs qui y ont été importés, ont fait cesser depuis long-tems les engagemens qui avaient lieu autrefois ; et que les places d'engagés, que les Armateurs etaient obligés de fournir, ont été accordées à des personnes dont le passage en Amérique n'était pas nécessaire au service des colonies, elle aurait jugé à propos de faire un usage plus utile desdites places d'engagés, en en faisant remplir une partie par les soldats destinés à recruter les troupes des colonies, et en faisant verser le produit des autres dans la caisse des invalides de la marine, pour être employé, soit aux frais de passage des ouvriers et autres personnes envoyées dans les colonies pour le service de S. M., ou en gratification au profit des pauvres matelots, auxquels l'insuffisance des fonds de la caisse des invalides n'a pas permis d'accorder les secours dont ils ont besoin.

S. M. ayant en même tems reconnu que l'obligation imposée au commerce, de porter des fusils dans les colonies, était devenue sans objet ; et étant informée que cette obligation aurait été convertie depuis 1769, dans les colonies, en un droit de 30 l. par navire (argent des îles), au moyen duquel les Armateurs obtiennent des Gardes-magasins d'artillerie, les certificats prescrits par l'ordonnance du 15 novembre 1728, S. M. aurait bien voulu avoir égard aux représentations qui ont été faites à ce sujet en différens tems, et donner au commerce une nouvelle marque de sa protection, en suspendant l'exécution de ladite ordonnance et en faisant cesser le droit en argent, qui a été substitué à l'obligation de porter des fusils dans les colonies. A quoi voulant pourvoir, ouï le rapport, le Roi étant en son Conseil, a ordonné et ordonne ce qui suit :

Art. Ier. Les Capitaines de navires marchands, qui étaient obligés, par l'ordonnance du 19 février 1698, de porter des engagés dans les îles et colonies françaises, seront tenus de fournir, pour le passage des soldats et ouvriers destinés au service des colonies, le même nombre de places auxquelles ils étaient assujettis pour le transport desdits engagés.

II. Il ne pourra être employé plus de deux places pour chacun des soldats, bas-officiers et ouvriers envoyés dans les colonies pour le service de S. M.

III. Les Capitaines de navires qui ne seront point chargés de transporter lesdits passagers, paieront, entre les mains du Trésorier des invalides de la marine, la somme de 60 liv. pour chaque place qui ne sera point remplie ; et ils justifieront de la quittance de ladite somme, au Commissaire des Classes ou à celui qui en fera les fonctions, lequel en fera mention sur le rôle d'équipage.

IV. Les passagers embarqués à la place d'engagés, seront signalés sur le rôle d'équipage, et il sera fait mention de ceux d'entr'eux auxquels il aura été accordé deux places et de la qualité sous laquelle ils auront été présentés.

V. Les Capitaines de navires, à leur arrivée dans les colonies, seront tenus de représenter aux Commandans généraux, Gouverneurs et Intendans, ou Commissaires-ordonnateurs desdites colonies, les passagers, avec le rôle de leur signalement, pour vérifier si ce sont les mêmes qui auront dû être embarqués ; et, dans le cas où ils n'auraient pas à leur bord tout ou partie des passagers qu'ils doivent conduire, eu égard à la force de leur bâtiment, ils représenteront auxdits Commandans-généraux, Gouverneurs et Intendans, ou Commissaires-ordonnateurs, la quittance du Trésorier des invalides de la marine, qui justifiera qu'ils ont payé en argent les places qui n'ont point été remplies.

VI. Les Capitaines seront tenus de prendre un certificat desdits Commandans-généraux, Gouverneurs et Intendans, ou Commissaires-ordonnateurs, dans lequel il sera fait mention de la remise des passagers et de leur signalement, à l'effet de justifier que ce sont les mêmes qui auront dû être embarqués.

VII. Seront tenus lesdits Capitaines, à leur retour en France, en faisant leur déclaration, de remettre lesdits certificats aux Officiers des Amirautés, ou, faute par eux de les rapporter, ils seront tenus de payer 120 liv. par chaque passager qui n'aura point été remis, laquelle somme sera payée par lesdits Capitaines entre les mains du Trésorier des invalides de la marine, encore même qu'ils rapportassent des certificats de désertion desdits passagers, auxquels S. M. défend aux Juges d'Amirauté d'avoir égard ; et faute, par lesdits Capitaines, d'avoir payé ladite somme dans le delai d'un mois à compter de leur arrivée, ils y seront contraints, par les Juges d'Amirauté, par toutes voies dues et raisonnables, même par corps, à la requête des Procureurs de S. M. auxdits siéges d'Amirauté.

VIII. Les sommes qui seront payées par les Capitaines de navires, pour raison des places qui ne seront point remplies, et celles auxquelles ils auront ete contraints, faute par eux d'avoir rapporté les certificats prescrits par les articles précédens, seront portées en recette par les Trésoriers des invalides de la marine, dans un compte particulier qui sera arrêté dans la forme usitee pour la reddition des comptes desdits Trésoriers.

IX. Ordonne S. M. que, sur le montant desdites sommes, il sera prélevé les frais de passage des soldats et ouvriers destinés au service des colonies, et le surplus employé au soulagement des familles des gens de mer.

X. Dispense S. M., les Armateurs, de l'obligation de porter des fusils dans les colonies, jusqu'à ce qu'il en ait été autrement ordonné; fait défense d'exiger à l'avenir des Armateurs aucune taxe à ce sujet, à peine de concussion: ordonne au surplus S. M. que les ordonnances des 19 février 1698, 20 mai 1721 et 15 novembre 1728 seront executees selon leur forme et teneur, en tout ce qui n'est pas contraire au present arrêt.

Mande et ordonne S. M., *etc.*

Fait au Conseil d'Etat du Roi, Sa Majesté y étant, tenu à Versailles le 10 septembre 1774. *Signé*, DE SARTINE.

(N°. 489.) ORDONNANCE *de MM. les Général et Intendant, concernant le Cabotage.*

Du 30 octobre 1774.

Nos prédécesseurs ont, avec raison, remarqué que la caution de 300 liv. que donnent aux Amirautés

Amirautés de ces deux colonies, tous les caboteurs, à chaque mutation de *congé-passe-port*, n'etait nullement propre à rassurer le Gouvernement, contre la contravention aux lois prohibitives du commerce étranger dans ces colonies, dont ces mêmes cautions ne répondent à l'Amirauté, que jusqu'à la concurrence de cette modique somme.

C'est d'après cette observation qu'en 1768, époque de la réunion de gouvernement et de commerce entre ces deux colonies, S. M., d'après l'inspiration de ces mêmes Administrateurs, assujettit les caboteurs à fournir au Domaine une autre caution, qui devait répondre personnellement du quadruple des droits et de toutes les peines prononcées par les lettres-patentes de 1727, dans tous les cas d'expédition de l'une de ces deux colonies pour l'autre ; ils n'étendirent pas plus loin leurs précautions, parce qu'ils ne présumaient pas que les expéditions d'un port pour un autre, dans la même colonie, pussent donner lieu aux abus que peut entraîner la navigation d'île en île ; mais l'experience nous a montré qu'ils ne sont pas moins ordinaires, dans ce dernier cas que dans l'autre. Il n'est même que trop constant que les patrons, dont les voyages simulés d'un port a l'autre couvrent souvent une destination réelle pour l'etranger, en ont été jusqu'à present presque toujours quittes, lorsque leur contravention a été découverte, pour rester dans les îles où ils se sont frauduleusement rendus ; et ce parti leur coûte d'autant moins, que la plupart n'ont aucun des liens qui pourraient leur faire particulièrement affectionner une patrie : il arrive même le plus souvent que ces patrons reviennent avec sécurité dans ces colonies, sous d'autres noms que ceux sous lesquels ils ont été condamnés.

Nous avons pareillement eu diverses occasions de reconnaître, que presque tous les patrons n'ont qu'une propriété simulée de leurs bâtimens, qui, dans le fait, appartiennent à des particuliers domiciliés et solvables ; lesquels, par ces manœuvres, exercent avec impunité une contrebande, aussi nuisible à la Colonie qu'aux intérêts de la Métropole, et qui ne saurait être trop sévèrement réprimée.

C'est par ces considerations que nous avons cru devoir étendre aux expéditions de tout genre de ces mêmes patrons, le cautionnement qu'ils ne donnaient jusqu'ici, que pour celles d'île en île ; et nous nous déterminons à ce parti, d'autant plus volontiers, qu'en supposant qu'il en résultât une diminution dans le cabotage affecté aux exportations prohibées, ce cabotage serait bien avantageusement remplacé, par l'effet nécessaire des accroissemens que nous donnons chaque jour à la masse et aux mouvemens du commerce légitime dans ces colonies.

A CES CAUSES, nous avons, *etc.*, révoqué et révoquons par ces présentes la méthode des acquits-à-cautions, renouvelés à chaque expédition de l'une à l'autre des colonies que nous administrons : ordonnons qu'il y sera suppleé par un seul cautionnement, que nous fixons à la somme de 4,500 liv., conformément à la déclaration de S. M., du 22 mai 1768 ; lequel cautionnement, les caboteurs seront tenus de fournir au Domaine, à chaque mutation de *congé-passe-port*, immédiatement après qu'ils auront fait recevoir à l'Amiral la caution ordinaire de 300 liv. Enjoignons aux Officiers d'Amirautés de notre département de ne point expédier de *congé-passe-port* auxdits patrons, qu'ils ne leur aient présenté la quittance du Receveur du bureau du Domaine du lieu du départ. Et ladite caution de 4,500 l. répondra de *tous les versemens qui pourraient etre faits à l'étranger*, pendant le cours dudit armement, soit par abus des expéditions d'île en île, soit par semblables abus de celles de port en port, dans la même colonie.

Et notre présente ordonnance aura son exécution, à compter du 1er. janvier de la prochaine année.

Prions messieurs les Officiers des Conseils souverains de ces îles, *etc.*

Donné à la Basse-Terre Guadeloupe, le 30 octobre 1774. *Signé*, le Comte de NOZIERES, *et* le Président de TASCHER.

Enregist. au Conseil souverain.

(N°. 490.) ARRÊT *du Conseil souverain, concernant les Chirurgiens des îles du ressort de la Cour, et notamment ceux de Sainte-Lucie.*

Du 15 novembre 1774.

VU la remontrance du Procureur-général du Roi en la Cour, contenant que, malgré les soins et les sages précautions de la Cour à faire réformer les abus sans nombre qui se commettaient dans l'exercice de la chirurgie, dans tout son ressort, qui semblaient devoir garantir les colons de devenir les victimes de l'ignorance et de la cupidité des gens qui, sans talens et sans expérience, exerçaient l'art de la chirurgie, au détriment de l'humanité.

Que l'examen auquel les Chirurgiens exerçans avaient été soumis par l'ordonnance du Roi, du 30 avril 1764, et par l'arrêt en réglement de la Cour, du mois de mars 1772, paraissait devoir faire cesser totalement l'exercice de la chirurgie à ceux qui n'auraient pas été en état de subir l'examen; que cependant il était informé du contraire.

Que, dans l'île Ste-Lucie, il s'était établi une foule de gens, se disant chirurgiens, ce qui était un des fléaux de la colonie; que, dans la dernière tournée que M. le Général y fit, tous ces Chirurgiens eurent ordre de se rendre en la ville du Carénage, pour y subir l'examen ordonné; que plusieurs de ceux qui se présentaient furent reconnus incapables d'exercer et renvoyés à s'instruire, pour être examinés dans un autre tems; qu'un plus grand nombre encore de ces ignorans, sentant bien qu'ils ne pourraient répondre aux questions qui leur seraient faites, ou ne se rendirent pas au Carénage, ou retournèrent chez eux sans s'être présentés, ce qui aurait dû faire connaître aux colons, l'ignorance et l'incapacité de ces gens; mais l'habitude avait été la plus forte, et que la connaissance de leur igorance n'avait pas empêché ceux qui avaient eu confiance en eux d'y recourir de nouveau et d'en devenir les tristes victimes.

Que, d'un autre côté, il était informé que ces prétendus Chirurgiens, au lieu de se présenter, n'avaient envisagé que le bénefice qu'ils retiraient en continuant leur état, et le peu qu'ils risquaient à le faire, ayant trouvé le moyen d'éluder la disposition de l'ordonnance qui les déclare non recevables dans leurs demandes en compte de chirurgie ; par les billets qu'ils se faisaient consentir par ceux qu'ils voyaient dans leurs maladies, et au moyen desquels ils poursuivaient leurs débiteurs, sans que le ministère public pût s'apercevoir de leur contravention.

Que l'art. VIII de l'ordonnance de 1764, ne prononçant qu'une amende de 100 l. contre ceux qui exerçaient sans avoir subi l'examen et pris les titres nécessaires ; que, pour prévenir de pareils abus et arrêter la cupidité de ces sortes de gens qui voient un bénéfice considérable à contrevenir à cette loi, il estimait qu'il était nécessaire de prononcer, contre les contrevenans, une amende de 1,000 l. pour la première fois ; et, en cas de récidive, d'être poursuivis criminellement et punis suivant l'exigence des cas.

La matière mise en délibération :

La Cour, faisant droit sur le requisitoire du Procureur-général du Roi, fait nouvelles défenses à toutes personnes qui ne se seront point présentées pour être examinées, d'exercer la chirurgie dans tout le ressort de la Cour, et notamment dans l'île Sainte-Lucie, à peine de 1,000 l. d'amende pour la première fois, applicable aux réparations du Palais, et d'être poursuivis criminellement à la requête du Procureur-général du Roi ou de ses Substituts, en cas de récidive, et punis suivant l'exigence des cas.

Enjoint aux Substituts dudit Procureur-général du Roi de tenir exactement la main à l'exécution, tant du présent arrêt, qu'à celui du 9 mars 1772.

Ordonne que le présent arrêt sera imprimé, *etc.*

Fait au Conseil souverain de la Martinique, le 15 novembre 1774. *Signé*, ROIGNAN, greffier.

(N°. 491.) ORDONNANCE *de MM. les Général et Intendant, concernant la Vérification des Titres de Liberté des Affranchis.*

Du 29 décembre 1774.

L'ORDONNANCE du 1er. septembre 1761, concernant les affranchis, n'ayant pu être exécutée en son tems, à cause des troubles de la guerre, nous, conformément à icelle, *etc.*, avons statué et ordonné, statuons et ordonnons ce qui suit :

ART. Ier. Tous les gens de couleur de l'un et de l'autre sexe, qui se prétendent libres et vivent comme tels, seront tenus, dans trois mois à compter de la publication des présentes, de remettre les titres primordiaux de leurs affranchissemens ; savoir : à St-Pierre, entre les mains du sieur Levascher de Boisville ; au Fort-Royal, entre les mains du Sr. Chretienot ; à la Trinité, entre les manis du Sr. Lamaison ; au Marin, entre les mains du sieur Mays, que nous nommons et établissons commissaires à cet effet, pour, sur leur rapport et l'examen qui en sera fait, lesdits titres être par nous confirmés ou rejetés, suivant l'exigence du cas.

II. Lesdits Commissaires enregistreront lesdits titres par extrait, sur un registre particulier de nous paraphé, feront mention du domicile de ceux qui les auront présentés et en donneront leur récépissé, sans néanmoins que ledit récépissé puisse tenir lieu des titres, pour justifier dans un autre tems de la liberté de ceux qui prétendront en être en possession.

III. Lorsque les titres auront été par nous jugés conformes aux ordonnances du Roi, il sera fait sommairement mention de leur vérification et confirmation, tant à la marge de leur enregistrement que sur les titres même, ensemble du *folio* du registre où ils auront été enregistrés, afin qu'on puisse y recourir en cas de besoin, pour suppléer auxdits titres, s'il arrivait qu'ils fussent perdus ; ce fait, ils seront remis au propriétaire, sans qu'il soit payé par eux aucun droit d'enregistrement.

IV. Tous ceux qui jouissent de la liberté sans titres valables seront, conformément aux ordonnances du Roi, des 24 octobre 1713 et 15 juin 1736, confisqués et vendus comme esclaves au profit de S. M., à la requête du Directeur-général du Domaine ; nous réservant néanmoins d'accorder ou confirmer les libertés qui nous paraîtraient susceptibles de l'être, quoique non fondées en titres suffisans.

V. Les propriétaires des esclaves auxquels ils auront laissé la liberté de travailler pour leur compte, afin de se procurer leur liberté, seront tenus, dans trois mois de la publication de notre présente ordonnance, d'en faire leur déclaration au Commissaire du département, à peine de 500 liv. d'amende.

VI. Les particuliers qui auront acheté des esclaves du pécule que ces mêmes esclaves leur auront confié, et qui les laisseront par conséquent travailler pour leur compte, à l'effet de se procurer leur liberté, seront pareillement tenus de faire leur déclaration, dans le délai de trois mois, au Commissaire de leur département, sous la peine de 500 liv. d'amende.

VII. Tous les Capitaines de milice seront tenus de remettre incessamment, entre les mains desdits Commissaires, un dénombrement exact de tous les mamelouques, métis, mulâtres, nègres et autres gens de couleur qui font le service dans leurs compagnies, avec désignation de l'âge, du nombre d'enfans, de leur sexe et du lieu de leur domicile.

VIII. Lorsque cette opération sera entièrement consommée, le registre original desdits enregistremens restera déposé au Greffe de l'Intendance ; un double de ce registre, signé du Commissaire et visé de l'Intendant, sera déposé au Domaine, et le Directeur du Domaine aura soin d'y inscrire ceux qui à l'avenir seront affranchis ; à l'effet de quoi, ceux dont l'affranchissement sera dans la suite approuvé par nous ou par nos successeurs, seront tenus de donner communication au Domaine de ladite confirmation, en marge de laquelle, mention sera faite de son enregistrement ; sans que pour cela les impétrans soient dispensés de la faire enregistrer aux Greffes de l'Intendance et des Jurisdictions, en la manière accoutumée.

IX. Ceux qui, dans le délai de trois mois, n'auront pas remis leurs titres, seront réputés n'en avoir aucun ; en conséquence, ils seront regardés comme usurpateurs de la liberté, et, comme tels, vendus au profit du Roi, à moins qu'ils ne justifient qu'il ne leur a pas été possible de se présenter dans ledit délai.

X. Recommandons à tous les Religieux desservant les cures, de se conformer exactement à ce qui leur est prescrit par les ordonnances du Roi, des 25 octobre 1713 et 18 juin 1736; en conséquence, leur enjoignons de ne baptiser, comme libre; aucun enfant, qu'il ne leur soit justifié de l'affranchissement des mères, approuvé par le Général et l'Intendant, lorsqu'il a été obtenu, ou depuis reconnu par nous et confirmé en la manière prescrite par l'art. IV ci-dessus; seront en outre tenus lesdits Religieux, conformément auxdites ordonnances du Roi, de faire mention desdits actes sur leurs registres de baptême.

XI. Lesdits Religieux seront tenus de fournir annuellement au Directeur-général du Domaine un état, d'eux certifié, de tous les enfans de couleur qu'ils auront baptisé sous la qualité de libre, pour, par ledit Directeur-général du Domaine, faire la vérification de ceux qui sont vraiment nés libres.

XII. Les Notaires qui recevront des testamens qui contiendront des legs de liberté de quelques-uns des esclaves des testateurs, et les Greffiers ès-minutes desquels le dépôt des *testamens olographes* ou autres, contenant de pareils legs, aura été ordonné, seront tenus de fournir au Procureur du Roi de la jurisdiction où était le dernier domicile du testateur, un mois après son décès ou avant de délivrer la première expédition du testament, extrait en bonne forme de la disposition du legs de liberté, pour, par le Procureur du Roi, en poursuivre en sa qualité, contre qui il appartiendra, l'homologation par devant nous; à peine contre lesdits Notaires, Greffiers et autres Officiers publics, de 500 l. d'amende envers S. M., qui sera prononcée sur le requisitoire du Directeur-général du Domaine. Cet article aura également son exécution pour les testamens déjà reçus, et dont les dispositions contenant de pareils legs de liberté, n'auraient point encore été exécutées.

Prions messieurs les Officiers du Conseil souverain de la Martinique de faire enregistrer, *etc.*

Donné à la Martinique, le 29 décembre 1774. *Signé*, le Comte de NOZIERES, *et* le Président de TASCHER.

Enregist. au Conseil souverain.

(N°. 492.) ORDONNANCE *de MM. les Général et Intendant, concernant la Police du Quai de Saint-Pierre.*

Du 15 février 1775.

VU la requête ci-après des Capitaines des navires marchands de la rade du bourg Saint-Pierre, tendante à ce qu'il nous plaise, par les motifs y énoncés, ordonner que les échoppes, appentis, cabanes, ajoupas, jardins et entourages qui se trouvent au bord de la mer, depuis et compris la cale Neuve jusqu'à celle des Pères-Blancs, en dehors des tranchées, seront enlevés ainsi que les effets; et ce, par les propriétaires d'iceux, et que lesdits effets, notamment les bois, chaudières et cylindres, mâtures, chaloupes, pirogues et canots, et autres objets, seront déposés dans les lieux écartés; comme aussi, que toute la rue d'entre les tranchées et les maisons qui y font face, depuis la cale du Domaine jusqu'à la place du Mouillage, sera également dégagée de tous les effets et embarras qui peuvent s'y trouver, avec défenses, *etc.* Ordonner, de plus, que tous les cochons qui seront trouvés courir le bord de la mer, ainsi que dans l'étendue de ladite rue, seront tués et confisqués au profit de l'Hôpital. Ladite requête signée, *Eydin*, *Laplace*, *Mainard*, *Villavoine*, *Olivier*, *Charles*, *Ferrier*, *Guigou*, *Cordier*, *Bernard*, *Rodrigue*, *Manaury*, *Baritaud*, *Vieillard*, *Blyrier*, *Gellibert*; *Tanays* et *Guion*. Tout considéré : ordonnons que, dans la quinzaine de ce jour, les enlèvemens d'objets ci-dessus détaillés seront faits par ceux qui s'en prétendent propriétaires, et que les lieux seront dégagés de tous embarras quelconques ; passé lequel tems, ordonnons au sieur Decous, lieutenant de port, de faire faire ladite opération aux frais de qui il appartiendra, pour le paiement desquels il sera délivré exécutoire. Faisons défenses à toutes sortes de personnes de mettre à l'avenir dans lesdits lieux aucune chose capable de gêner la voie publique, à peine d'être, les contrevenans, poursuivis conformément aux ordonnances et réglemens rendus relativement à cette police : ordonnons aussi que tous les cochons qui seront trouvés courir au bord de la mer, même dans les rues, seront tués par les Archers de police et confisqués au profit de l'Hôpital. Enjoignons expressément au Lieutenant de port de tenir la main à l'exécution de la présente ordonnance et de nous en rendre compte dans quinzaine, à peine d'être responsable, en son propre et privé nom, de la non-exécution d'icelle ; laquelle, après l'entière exécution reconnue par le Procureur du Roi de l'Amirauté, sera deposée au Greffe de cette jurisdiction, pour en être délivré, sans frais, expedition audit sieur Decous, ainsi que de la requête.

Donné a la Martinique, le 15 février 1775. *Signé* le Comte de NOZIERES, *et* le President de TASCHER.

Suit la requête.

A Nosseigneurs les Général et Intendant des îles du vent de l'Amerique.

Supplient humblement tous les Capitaines de navires, actuellement mouillés dans la rade de Saint-Pierre;

Disant, Nosseigneurs, que la grande quantité d'échoppes, appentis, cabanes, ajoupas, jardins et entourages qu'on a construits, et qu'on construit tous les jours au bord de la mer, hors les tranchées, depuis la cale Neuve jusqu'à celle des Pères-Blancs, où se porte le fort du commerce, leur occasionne des pertes et des dommages très-considérables.

Que tous ces lieux sont habités, pour la plupart, par des gens de couleur, libres et esclaves, qui y vendent toutes sortes de liqueurs, donnent a jouer aux nègres, et retraite à tous les voleurs et marrons.

La proximité qu'il y a de ces lieux au bord de la mer, et la facilité qu'ont les équipages, tant des bâtimens d'Europe que de ceux du pays, d'y porter les vols qu'ils font, leur occasionnent des pertes inappréciables; il n'est point de bâtiment auquel on ne vole, dans la décharge, des barils de beurre, de petit-salé, d'eau-de-vie, caisses de chandelles, jambons panier de liqueurs, et très-souvent des ballots de marchandises sèches, sacs de café et de cacao : une fois que tous ces effets sont portés dans ces lieux, ceux qui les habitent guettent le moment favorable de les porter ailleurs, pour les mettre en sûreté. Les supplians ont la disgrâce d'avoir des procès avec leurs Armateurs, et quasi toujours de payer des vols qui leur ont été faits.

Indépendamment de toutes ces pertes, ces lieux leur en occasionnent très-souvent de bien plus sérieuses et qui intéressent bien plus l'humanité, c'est lors des raz-de-marées de-marées et vent du large, et lorsque leurs chaloupes et canots viennent à la côte dans les grosses mers, ils ont la douleur inexprimable, non-seulement de les voir périr et briser en pièces avec leurs marchandises, mais encore de voir noyer ou écraser ceux qui travaillent à leur sauvement, faute de pouvoir suffisamment étendre un palan ou caliorne, pour les haler à terre, à cause de ces échoppes, appentis cabanes, ajoupas et entourages.

Que les bords de la mer en dehors des tranchées sont remplis de toutes sortes de bois, chaudières et cylindres à sucre, pirogues, chaloupes, canots et toute sorte d'embarras, jetés en désordre çà et là, qui empêchent le chargement et déchargement, le portage et roulage de toutes les marchandises, et leur occasionnent des peines insurmontables.

Que la rue ou chemin, entre les tranchées et la rangée de maisons qui y fait face, est toujours bouchée et embarrassée par des bois de toutes les espèces, chaudières et cylindres, canots, pirogues, pierres et par un très-grand nombre d'étalages et d'ajoupas faits, tant par les blancs, que par les gens de couleur, qui mettent mille entraves aux transports de leurs marchandises.

Que la grande quantité de cochons qu'on laisse courir au bord de la mer, fouillent et gâtent les cales, ce qui cause des odeurs infectes et insupportables.

Ce considéré, Nosseigneurs, il vous plaise ordonner la démolition de toutes les échoppes, appentis, cabanes, ajoupas, jardins et entourages, compris depuis la cale Neuve, jusqu'à celle des Pères-Blancs, en dehors des tranchées; ordonner à tous et un chacun qui auront des effets au bord de la mer, de les faire enlever et ranger dans les lieux écartés, particulièrement tous les bois, chaudières et cylindres, mâtures, chaloupes, pirogues et canots, pierres, roches et autres embarras qui sont épars et jetés en désordre au bord de la mer; ordonner encore que la rue ou chemin compris entre les tranchées et les maisons qui y font face, soit débarassée généralement de tous les effets et embarras ci-dessus mentionnés; faire défenses et inhibitions à tous et un chacun, tant blancs que gens de couleur, libres et esclaves, de faire aucun étalage et ajoupa dans la susdite rue ou chemin; ordonner que tous les cochons qu'on trouvera courir dans les rues ou au bord de la mer, soient tués et confisqués au profit de l'Hôpital.

Ordonner au Lieutenant de port de tenir exactement la main à l'ordonnance qui interviendra; et ferez bien.

(Suivent les Signatures.)

(N°. 493.) ARRÊT *du Conseil souverain, concernant les Successions vacantes.*

Du 7 mars 1775.

VU la remontrance donnée en la Cour par le Procureur-général du Roi, contenant que, ayant été informé de plusieurs abus qui s'étaient introduits dans la gestion des successions vacantes, il avait cru qu'il était de son ministère de prendre une connaissance particulière de l'état dans lequel se trouvait cette partie importante d'administration publique.

Que, par l'examen qu'il en a fait, il aurait reconnu, non-seulement que les réglemens que la Cour avait jugé à propos de faire en différens tems sur cette matière, avaient été négligés et étaient tombés dans une inexécution presque totale, mais que ces réglemens eux-mêmes étaient insuffisans et n'avaient pas pourvu, à beaucoup près, à tous les cas; qu'en conséquence, pour parvenir à rétablir, dans cette partie, l'ordre qui devait y être observé, il lui paraît nécessaire et indispensable que la Cour se fasse remettre sous les yeux tous les réglemens qui avaient été faits jusqu'à ce jour sur cet objet, et qu'elle procède à un réglement nouveau et général, qui non-seulement rassemble et réunisse toutes les dispositions des précédens réglemens, mais qui pourvoie encore par des dispositions nouvelles à tous les cas qui n'avaient point été prévus.

Que ce réglement lui paraissait devoir porter sur deux objets également essentiels : le premier, de déterminer, d'une manière certaine et précise, les fonctions des Curateurs et les différens cas où leur ministère était nécessaire.

Le second, d'assurer la fidélité et l'exactitude de leur gestion, en les assujettissant à des formes sages et rigoureuses, qui ne leur permettent pas d'abuser de la confiance que la loi leur accorde.

Que, pour mieux éclaircir ces deux objets, et pour mettre la Cour à portée d'y statuer en plus grande connaissance de cause, le remontrant avait cru nécessaire de les discuter avec l'étendue qu'ils exigent dans un mémoire particulier, lequel il laisse sur le bureau ; requérant qu'il plaise à la Cour délibérer et ordonner sur icelui ce qu'elle jugera à propos et convenable.

La Cour, après avoir vu et examiné ledit mémoire, la matière mise en délibération, a réglé, statué et ordonné ce qui suit :

Art. Ier. Toute succession ouverte en l'absence des héritiers légitimes, *ab intestat*, ou sans que le défunt ait nommé un exécuteur-testamentaire, tombera en vacance ; et le Curateur de la juridiction dans laquelle ladite succession sera ouverte, s'en emparera pour faire le dû de sa charge, sans qu'il puisse, en aucun cas, ni sous quelque prétexte que ce soit, être nommé d'autres surveillans auxdites successions, que le Curateur, qui sera tenu de faire apposer les scellés sitôt après le décès, et de faire procéder, le plutôt qu'il sera possible, en présence du

Procureur du Roi, à un inventaire exact et fidèle de tous les effets de ladite succession, tant mobiliers qu'immobiliers, titres, papiers et renseignemens.

II. Les aubergistes, cabaretiers et autres personnes, de quelque qualité et condition qu'elles soient, ès-maisons desquels seront décédés des particuliers dont les héritiers sont absens, seront tenus d'en donner avis au Procureur du Roi du siége ou au Curateur du ressort, dans les 24 heures, à peine de tous dépens, et, en outre, de dommages et intérêts, lesquels seront fixés par le Juge des lieux, suivant l'exigence des cas et l'importance de la succession, mais qui ne pourront être remis en aucun cas.

III. Toutes personnes qui se trouveront nanties de quelques effets dépendans des successions vacantes, seront tenues, sous les mêmes peines prononcées par l'article précédent, de les remettre au plutôt au Curateur du ressort, pour être compris dans l'inventaire desdites successions; sans pouvoir les retenir, sous quelque prétexte que ce soit, pas même de prétendue propriété; sauf, après la remise, à réclamer en justice vis-à-vis du Curateur, sur laquelle réclamation sera fait droit par le Juge des lieux, ainsi qu'il appartiendra.

IV. Après la confection de l'inventaire, le Curateur fera procéder sans retardement à la vente des effets mobiliers et périssables, et pourvoira, pour le plus grand intérêt de la succession, à la conservation et administration des biens immobiliers, sans pouvoir les vendre ni les aliéner, à moins d'y être autorisé par justice, dans les cas qu'il pourrait y avoir nécessité.

V. Toutes saisies et arrêts qui seront faits par des creanciers des successions vacantes, entre les mains des débiteurs d'icelles, seront, par les Juges des lieux, convertis en opposition entre les mains du Curateur, pour ensuite être fait droit sur la délivrance des deniers desdites successions, ainsi qu'il appartiendra.

VI. Lorsqu'il se trouvera, dans une succession vacante, des fonds suffisans pour payer toutes les dettes, sans qu'il y ait apparence de déconfiture, le Curateur sera tenu de payer, sans aucun retardement, les créanciers qui se présenteront ; mais lorsqu'il y aura beaucoup de créanciers connus, qu'on pourra croire qu'il y en a encore d'autres qui n'ont pas eu le tems de se présenter, et qu'il y aura lieu de présumer que la succession ne sera pas suffisante pour acquitter toutes les dettes, le Curateur ne pourra être contraint à payer les créanciers connus, qu'après un délai de neuf mois ; à l'expiration duquel il sera tenu de répartir les fonds de la succession entre les créanciers qui se seront présentés, après laquelle répartition, le Curateur ne pourra plus être inquiété, ni recherché par les personnes qui se presenteront après ledit délai de neuf mois.

VII. Lorsqu'un défunt, dont les héritiers sont absens, sera marié et laissèra un conjoint survivant, la succession n'en sera pas moins réputée en vacance et sera aux soins du Curateur, qui sera tenu, sitôt après le decès, de faire apposer les scellés, si ladite apposition n'a pas été requise par le conjoint survivant; et de faire procéder à l'inventaire, lequel sera fait par le Notaire des successions vacantes, avec faculté néanmoins au conjoint survivant d'y faire trouver aussi un autre Notaire, s'il le juge à propos.

VIII. Dans le cas de l'article ci-dessus, tous les effets dépendans de la succession, seront laissés, lors de l'inventaire, entre les mains du conjoint survivant, qui en demeurera gardien et chargé de les représenter. Le Curateur s'entendra avec lui pour la vente des effets mobiliers, et, après l'expiration des délais accordés par la loi, procédera vis-à-vis du conjoint survivant, à l'appurement et à la liquidation de la succession; sauf, en cas de contestation, à les faire régler par justice.

IX. Lorsqu'il y aura eu un exécuteur-testamentaire nommé par le défunt, et qu'après l'an et jour, il ne se trouvera personne chargé par les héritiers de recevoir son compte d'exécution testamentaire, ledit compte sera rendu au Curateur du ressort, auquel est enjoint de l'exiger; et ne pourront, les exécuteurs-testamentaires, se dispenser de rendre ledit compte sur aucun prétexte, pas même en vertu des clauses qui auraient pu être insérées dans les testamens pour les dispenser de la reddition de compte, lesquelles clauses, seront réputées nulles, comme captées et suggérées par lesdits exécuteurs-testamentaires, pour se soustraire à l'exécution du présent réglement.

X. Ne pourront, à l'avenir aucuns exécuteurs-testamentaires nommés dans des successions dont les héritiers seront absens, se mettre en possession des biens dépendans desdites successions, qu'ils n'aient auparavant donné communication du testament au Curateur, qui en donnera son certificat au bas dudit testament;

défenses sont faites à tous Notaires de procéder à l'inventaire d'aucune succession qui sera dans ce cas, qu'il ne leur ait apparu de ladite formalité, dont ils seront tenus de faire mention dans l'intitulé dudit inventaire; seront, en outre, les Curateurs autorisés à prendre communication au Greffe de tous les procès-verbaux d'apposition de scellés, laquelle communication leur sera donnée sans frais.

XI. Il est ordonné à tous les Notaires de remettre, entre les mains des Curateurs, chacun dans le ressort de la jurisdiction où ils sont établis, quinzaine après la publication du présent réglement, une note exacte et détaillée de tous les testamens reçus depuis le 1er. janvier 1764, parmi lesquels il y a eu des exécuteurs-testamentaires nommés; sur laquelle note les Curateurs exigeront desdits exécuteurs-testamentaires, qu'ils leur justifient de la reddition de leurs comptes; et, à défaut de justification, est enjoint auxdits Curateurs de les poursuivre en justice, pour les contraindre à rendre lesdits comptes, à en payer le reliquat et à remettre les effets dont ils se trouveront nantis.

XII. Dans tous les cas où il se trouvera des biens vacans, soit par deshérence, déguerpissement ou délaissement par hypothèque, ils seront remis à la garde des Curateurs, qui seront tenus de veiller à leur conservation; et toutes les actions à former par ceux qui prétendront avoir quelques droits auxdits biens, seront intentées contre lesdits Curateurs.

XIII. Tous ceux qui seront à l'avenir pourvus de l'office de curateur aux successions vacantes, seront tenus de fournir une caution bonne et solvable; savoir : pour la jurisdiction du Fort-Saint-Pierre, de la somme de 30,000 l ; pour la jurisdiction du Fort-Royal, de la somme de 20,000 liv., et pour les autres jurisdictions du ressort, de la somme de 15,000 liv. ; laquelle caution sera agréée par le Procureur-général du Roi et reçue dans les formes ordinaires ; et ne pourront, lesdits pourvus, faire aucunes fonctions avant la réception de ladite caution.

XIV. Les Curateurs aux successions vacantes seront tenus d'avoir un registre paraphé par le Juge de la jurisdiction où ils sont résidans, dans lequel ils inscriront, par ordre de date, les successions qui viendront à vaquer et dont l'administration leur sera dévolue, ainsi que celles dont il leur sera rendu compte par les exécuteurs-testamentaires.

Il sera tenu au Greffe un registre semblable, dans lequel les Curateurs feront inscrire pareillement lesdites successions, et les Procureurs du Roi ou leurs Substituts, qui auront assisté aux inventaires desdites successions, tiendront la main à ce que le présent article soit observé exactement ; le tout à peine de 1,000 liv. d'amende, même de plus forte somme, si lieu y a, contre les Curateurs qui contreviendront au présent article.

XV. Lorsque les biens des particuliers décédés dans les campagnes, sans héritiers connus, ne seront pas assez considérables pour exiger le transport des Officiers de la jurisdiction sur les lieux, le Curateur pourra se faire autoriser par le Juge à faire transporter les effets au chef-lieu de la jurisdiction; mais ledit transport ne pourra être fait que par le Notaire des successions vacantes, qui sera tenu de faire renfermer tous les effets et papiers dans une malle, sur laquelle il apposera son cachet, en présence de deux habitans notables; de laquelle apposition, il sera dressé procès-verbal, pour être ensuite procédé à un inventaire exact, qui contiendra, non-seulement lesdits effets, mais encore le détail des papiers de toute nature qui dépendront desdites successions; ne pourront, les Curateurs, en aucun cas, se dispenser de faire procéder audit inventaire, sous quelque prétexte que ce soit, pas même d'insuffisance pour le paiement des frais.

XVI. Pour assurer l'exécution du précédent article, et aussi pour que tous les inventaires des successions vacantes se trouvent réunis dans un même dépôt, il sera commis dans chaque jurisdiction un Notaire qui sera seul autorisé à faire les inventaires des successions vacantes, et tous les actes relatifs à icelle; à la charge d'y vaquer sans prétentions d'aucun droit de vacations à celle desdites successions, où il ne se trouvera pas de quoi les payer; lequel Notaire, dans le cas de maladie ou autres empêchemens légitimes, pourra substituer tel autre de ses confrères qu'il avisera, en néanmoins se faisant remettre une expédition de l'inventaire fait par ledit Notaire substitué, pour être joint aux minutes des autres inventaires des successions vacantes.

XVII. Lorsque ledit Notaire, commis aux successions vacantes, viendra à décéder ou à se retirer, toutes les minutes concernant lesdites successions, seront remises entre les mains de celui qui lui succédera dans ladite commission, sans toutefois que ledit Notaire puisse prétendre droit à aucune autre minute concernant les particuliers, lesquelles seront remises au Greffe, ainsi qu'il est ordonné par les réglemens.

XVIII. Les Curateurs seront tenus, sitôt qu'ils auront pu s'instruire de l'etat d'une succession vacante, et au plus tard dans trois mois de son ouverture, d'en donner avis aux heritiers du defunt; à l'effet de quoi, leur est enjoint d'ecrire par *duplicata* auxdits héritiers, s'ils leur sont connus, ou, à leur défaut, au Curé ou au Magistrat de la paroisse dont le défunt était originaire, auxquelles lettres ils joindront aussi par *duplicata*, un état bref en trois articles, contenant; savoir : le montant de la vente du mobilier et de la valeur des immeubles existans en nature : le montant des dettes à recouvrer et le montant des dettes actives à la charge de la succession; lesquels états et lettres seront remis au Greffier de chaque jurisdiction, qui demeurera chargé de les faire partir par les premiers navires; de laquelle remise, ainsi que du nom des bâtimens dans lesquels auront été remis lesdits paquets, sera fait mention en marge de la déclaration de la succession dont il s'agira, portée sur le registre tenu au Greffe des successions vacantes.

XIX. Seront tenus, en outre, lesdits Curateurs, conformément aux ordres du Ministre, de remettre à la fin de chaque année à M. le Président de la Cour, un état certifié d'eux de toutes les successions tombées entre leurs mains, et qui n'auront pas été réclamées, contenant, ainsi qu'il est ordonné par l'article précédent, une indication de l'actif et du passif de chaque succession, pour être ledit état envoyé au Ministre.

XX. Seront encore tenus lesdits Curateurs, à la fin de chaque année, de déposer, dans la caisse du Domaine, l'argent qu'ils se trouveront avoir entre les mains, provenant des successions dont ils auront été chargés ; à l'effet de quoi, ils fourniront un état exact et détaillé des successions dont proviendra la somme par eux déposée, avec indication de la somme que chacune desdites successions aura produite, au bas duquel état le Receveur-général leur donnera un récépissé qui leur servira de decharge.

XXI. Les Curateurs présenteront tous les ans, à la séance du mois de mars, le compte des successions tombées entre leurs mains dans le cours de l'année précédente, lequel, après avoir été affirmé par eux, sera remis au Procureur-général du Roi, pour y fournir ses débats, et sera nommé à ladite séance un Commissaire pour en faire le rapport.

XXII. Les Curateurs joindront au compte par eux présenté, premièrement, une expedition en forme des déclarations portées sur le registre du Greffe, pour l'année dont ils rendront compte ; secondement, les récépissés qu'ils doivent avoir du Receveur du Domaine pour ladite année ; troisièmement, toutes les pièces au soutien dudit compte, partagées en liasse, pour chacune des successions comprises audit compte ; auxquelles liasses seront jointes copies des lettres qu'il leur est enjoint d'écrire, pour donner avis de l'ouverture desdites successions ; et, à defaut du rapport des pièces ci-dessus mentionnées, sur le compte qui en sera rendu par le Commissaire-rapporteur, sera prononcé contre lesdits Curateurs, telle amende qu'il appartiendra.

XXIII. Le Conseiller qui aura été nommé commissaire pour le réglement desdits comptes, en fera le rapport le plutôt qu'il sera possible; et l'arrêt qui interviendra contiendra une récapitulation exacte et détaillée de toutes les successions qui n'auront pu être réglées et appurées définitivement par ledit arrêt, ainsi que des sommes dont le Curateur aura été forcé en recette, desquelles successions et recette forcée, le Curateur sera tenu de se charger dans le compte de l'année suivante; à l'effet de quoi sera joint audit compte un extrait, certifié par le Greffier, de la récapitulation portée audit arrêt de réglement du compte précédent.

Ordonne que le présent réglement sera imprimé, lu, *etc.*

Fait au Conseil souverain de la Martinique, le 7 mars 1775. *Signé*, ROIGNAN, greffier.

(N°. 494.) ORDONNANCE *de MM. les Général et Intendant, concernant l'Imposition pour l'année* 1775.

Du 7 mars 1775.

Nous avons mis sous les yeux du Ministre, au mois d'octobre dernier, les motifs puissans de dégager ces colonies d'une portion des impôts qui les surchargent; nous ignorons encore la détermination de S. M., et cependant le moment est venu de fixer l'imposition de la présente année pour les îles de notre département.

Dans

Dans cet état de choses, à défaut d'ordres particuliers, nous ne pouvons nous régler que sur l'objet de notre mission génerale. Il nous fait un devoir de soulager provisoirement les maux des provinces qui nous sont confiées, quand le degré en est tel qu'ils seraient augmentés par les retards, et qu'ils altéreraient la masse des grands rapports qui lient ces Colonies à la Métropole et les font fructifier pour elle.

Deux classes de citoyens français, établis dans ces îles, ont les droits les plus instans aux secours que S. M. se propose d'étendre sur l'universalité de ses Colons ; l'une, qu'un malheur semblable accable à la fois dans ces deux colonies (la Martinique et la Guadeloupe), est celle des Cultivateurs du café, imposée à notre arrivée dans ces îles, d'après une prospérité suivie d'une infortune trop constante.

L'autre classe, frappée d'une calamité plus particulière à la Martinique, est celle des Habitans sucriers, dont le fléau des fourmis dévaste les cultures et anéantit les récoltes. En même tems que nous réunissons contre ce fléau tous les moyens que nous inspirent notre zèle et notre attachement pour ces colonies, nous croyons devoir assurer dès à présent à ces cultivateurs, au nom de S. M., tous les soulagemens qu'ils en attendent. Ceux qu'ils en ont déjà reçus et le secours spécial accordé l'annee dernière aux habitans de la Guadeloupe qu'affligeaient des pertes particulières, doivent faire espérer à tous les Colons, que le malheur pourrait poursuivre, de trouver dans les bontés paternelles de S. M. le prompt soulagement de leurs maux.

Nous avons été, nous espérons encore être les organes de sa bienveillance ; c'est dans de tels momens que les fonctions qu'elle daigne nous confier, nous ont été et nous sont véritablement chères.

A CES CAUSES, *etc.*, nous avons, *provisoirement* et sous son bon plaisir, statué et ordonné ce qui suit :

Les nègres des habitans caféyers, manioquiers et tous autres de cette classe ne payeront, pour l'année actuelle, soit à la Martinique, soit à la Guadeloupe et dépendances, que 10 liv. par tête, au lieu de 14 l. à la Martinique et 18 l. à la Guadeloupe, qu'ils payaient l'année dernière.

Les Administrateurs joindront leurs vœux à ceux du commerce et de ces colonies pour obtenir de S. M., la suppression ou au moins la forte diminution des droits de sortie que supporte maintenant cette denrée ; et ils continueront de seconder avec zèle les intérêts de S. M. en apportant aux malheurs particuliers, que peuvent éprouver les Colons dans l'une et dans l'autre de ces provinces, des adoucissemens tels que leurs situations respectives les réclameront pour eux.

Seront au surplus nos précédentes ordonnances, relatives à chacune de ces colonies, provisoirement exécutées selon leur forme et teneur.

Prions messieurs les Officiers du Conseil souverain de la Martinique de faire enregistrer, *etc.*

Donné à la Martinique, le 7 mars 1775. *Signé*, le Comte de NOZIERES, *et* le Président de TASCHER.

Enregistr. au Conseil souverain.

N. B. A la fin de l'arrêt d'enregistrement, la Cour adresse des remercimens aux Administrateurs pour les secours provisoires accordés par eux à ceux des Colons qui paraissent le plus en souffrance dans les circonstances actuelles, et les prie en même tems de renouveler leurs instances auprès de S. M., pour qu'il lui plaise d'accorder à la Colonie des secours plus généraux dont les différentes classes de Colons ont également besoin pour réparer les malheurs qu'ils éprouvent depuis plusieurs années.

(N°. 495.) ORDONNANCE *du Roi, pour donner une nouvelle forme aux Régimens affectés au service des Colonies de l'Amérique.*

Du 1er. mai 1775.

SA MAJESTÉ s'étant fait rendre compte de la situation des régimens affectés au service de ses colonies de l'Amérique, créés par ordonnance du 18 août 1772, elle a jugé qu'il convenait au bien de son service de faire quelques changemens dans leur composition; en conséquence, S. M. a ordonné et ordonne ce qui suit:

ART. Ier. Les quatre régimens, créés sur le pied de deux bataillons chacun par l'ordonnance du 18 août 1772; sous la dénomination de régimens *du Cap*, *du Port-au-Prince*, *de la Martinique* et *de la Guadeloupe*, continueront d'exister sous ces mêmes dénominations.

II. Chaque bataillon sera commandé par un Chef de bataillon, et sera composé de dix compagnies, dont une de grenadiers, une de chasseurs et huit de fusiliers.

III. Chacune des compagnies de grenadiers et chasseurs, soit en tems de paix, soit en tems de guerre, sera commandée par un Capitaine, un Lieutenant et un Sous-lieutenant, et composée d'un Fourrier, 2 Sergens, 4 Caporaux, 4 Appointés, 40 Grenadiers ou Chasseurs et d'un Tambour. Et pour former les compagnies de chasseurs, on fera choix, dans toutes les compagnies de fusiliers, des soldats du meilleur exemple, de la meilleure réputation, les meilleurs tireurs, les plus robustes et le plus en état de soutenir les marches et les fatigues de ce genre de service, mais sans égard à la taille; ce choix étant fait, on égalisera les compagnies de fusiliers.

Les 4 caporaux, les 4 appointés et les 40 grenadiers ou chasseurs seront distribués en 4 escouades de 12 hommes chacune, y compris 1 caporal et 1 appointé : la 1re. et la 3me. de ces escouades formeront la 1re. division, à laquelle sera attaché le 1er. sergent; la 2me. et la 4me. escouades formeront la 2me. division, à laquelle sera attaché le 2me. sergent ; la 1re. division sera subordonnée au Lieutenant, et la 2me. au Sous-lieutenant : ces deux Officiers en rendront compte tous les jours au Capitaine, qui en répondra au Chef de bataillon, le Chef de bataillon au Major et le Major au Colonel, ou, en son absence, au Lieutenant-colonel.

IV. L'intention de S. M. est que les grenadiers et chasseurs qui viendront à manquer soient remplacés sur-le-champ par les compagnies de fusiliers indistinctement, dans lesquelles on choisira toujours les plus beaux hommes pour les grenadiers : à l'égard des chasseurs, on se conformera exactement, pour le choix, aux dispositions de l'article précédent.

V. Les Colonels, Lieutenans-colonels et Chefs de bataillon, n'auront pas de compagnie.

VI. Chacune des compagnies de fusiliers sera, en tout tems, commandée par un Capitaine, un Lieutenant, un Sous-lieutenant; et sera composée, en tems de paix, d'un Fourrier 4 Sergens, 8 Caporaux, 8 Appointés, 56 Fusiliers et 2 Tambours.

Les 8 caporaux, les 8 appointés et les 56 fusiliers formeront 8 escouades de 9 hommes chacune, y compris 1 caporal et 1 appointé. La 1re. et la 5me. escouades formeront une 1re. subdivision, à laquelle sera attaché le 1er. sergent; la 2me. et la 6me. escouades formeront la 2me. subdivision, à laquelle sera attaché le 2me. sergent; la 3me. et la 7me. escouades formeront la 3me. subdivision, à laquelle sera attaché le 3me. sergent; la 4me. et la 8me. escouades formeront la 4me. subdivision, à laquelle sera attaché le 4me. sergent.

Les 1re. et 3me. subdivisions formeront la 1re. division, qui sera subordonnée au Lieutenant; et les 2me. et 4me. subdivisions formeront la 2me. division, que commandera le Sous-lieutenant. Ces deux Officiers en rendront compte tous les jours au Capitaine, qui en répondra au Chef de bataillon et le Chef de bataillon au Major, et celui-ci au Colonel, ou, en son absence, au Lieutenant-colonel.

VII. Il y aura à chaque bataillon des régimens, 2 pièces de canon à la Rostaing, lesquelles seront servies par 8 hommes, soit bas-officiers ou soldats, qui seront tirés des compagnies de fusiliers; et ils jouiront chacun d'un sol de haute-paie, tant qu'ils seront attachés à ce service.

VIII. L'intention de S. M. étant de ne plus augmenter à l'avenir le nombre des troupes sédentaires dans ses îles du vent et sous le vent de l'Amérique, par la création de nouveaux régimens ou de nouvelles compagnies, dont l'expérience a démontré le mauvais usage ; et ayant résolu de ne faire ces augmentations que par un nombre d'hommes réglé dans chaque escouade, sans augmentation d'officiers et de bas-officiers, elle veut et entend que les compagnies de fusiliers conservent, dans tous les tems, le nombre d'officiers et de bas-officiers fixé par l'art. VI de la présente ordonnance ; et elle se réserve d'envoyer, lorsque les circonstances l'exigeront, le nombre d'hommes dont elle jugera à propos d'augmenter les escouades de chaque compagnie.

IX. L'état-major de chacun desdits régimens sera composé d'un Colonel, d'un Lieutenant-colonel, d'un Major, qui continuera de commander en troisième le régiment, d'un Chef de bataillon par bataillon, d'un Aide-major, d'un Sous-aide-major aussi par bataillon, de deux Porte-drapeaux par bataillon, et d'un Tambour-major.

X. S. M. considérant que le bien de son service exige que les charges de Lieutenans-colonels et Majors soient remplies par les officiers les plus distingués, tant par leurs services que par leurs talens, elle a résolu de s'en réserver la nomination et de choisir à l'avenir les sujets qui devront les remplacer, parmi les Chefs de bataillon et Capitaines des régimens de France et des colonies indistinctement, qu'elle jugera devoir mériter cet avancement.

XI. Les Chefs de bataillon parviendront à ce grade par leur ancienneté de service, et ce sera à l'avenir le plus ancien Capitaine de grenadiers du régiment qui sera pourvu de cet emploi, quand il viendra à vaquer. Les Chefs de bataillon auront rang de major, commanderont et auront la police de leur bataillon, mais seront toujours subordonnés au Major du régiment.

XII. Le plus ancien Capitaine de fusiliers de chaque régiment montera à la compagnie de grenadiers, quand elle viendra à vaquer.

XIII. Les compagnies de chasseurs seront données aux Capitaines de fusiliers qui seront jugés, par le Commandant-général et par le Colonel, les plus capables de les bien commander, sans avoir égard à l'ancienneté.

XIV. Les compagnies de fusiliers qui viendront à vaquer seront données, à l'avenir, alternativement, au 1er. Lieutenant dans chaque régiment, et à un Officier tiré des troupes de France, dont S. M. se réserve la nomination, et ainsi successivement.

XV. Lorsqu'il vaquera une aide-majorité, le Colonel proposera le sujet qu'il croira le plus capable de remplir cette place, et le choisira parmi les Capitaines, les Sous-aides-majors et les Lieutenans.

XVI. Lorsqu'il vaquera une sous-aide majorité, le Colonel proposera également le sujet qu'il croira le plus capable, et choisira parmi les Lieutenans et Sous-lieutenans : le Sous-aide-major aura rang de lieutenant, du jour de sa réception ou brevet ; et en conséquence il commandera à tous les Sous-lieutenans et à tous les Lieutenans moins anciens que lui.

XVII. Les Porte-drapeaux seront à l'avenir tirés du corps des Fourriers et Sergens, auront rang des derniers Sous-lieutenans, et seront tenus de porter les drapeaux à pied, dans tous les tems.

XVIII. L'intention de S. M. est, qu'à l'avenir, les Commandans-généraux des îles du vent et sous le vent, ou, en leur absence, ceux qui les représenteront, inspectent les régimens desdites îles, d'après les instructions qui leur seront adressées pour en faire la revue.

XIX. S. M., considérant l'éloignement des îles du vent et sous le vent, autorise les Commandans-généraux, ou, en leur absence, ceux qui les représenteront, à pourvoir provisoirement aux places de Chefs de bataillon, Capitaines de grenadiers, Capitaines de chasseurs, Aides-majors, Sous-aides-majors, Lieutenans et Porte-drapeaux, qui, par la suite, viendront à vaquer; ces places devant être remplies, ou par ordre d'ancienneté, ou conformément à la proposition du Colonel, ainsi qu'il est expliqué dans les articles X jusqu'à XVI de la présente ordonnance. Les Commandans-généraux donneront une commission provisoire auxdits Officiers, en vertu de laquelle ils seront reçus dans leur nouveau grade ; et ils en instruiront le Secrétaire d'Etat ayant le département de la marine, pour leur faire expédier d'autres commissions de S. M.

Quant aux compagnies de fusiliers et sous-lieutenances qui viendront à vaquer, S. M. se réserve d'y pourvoir, sur l'avis qui en sera donné par les Commandans-généraux et les Colonels des régimens au Secrétaire d'Etat ayant le département de la marine. Les Commandans-généraux et les Colonels désigneront les Lieutenans qui devront monter par leur ancienneté aux compagnies, et joindront à leur avis une note de leurs talens, application et conduite.

XX. Le Major de chaque régiment sera seul chargé d'ordonner, sous l'autorité du Colonel et du Lieutenant-colonel, les menues réparations, dont il confiera le soin, dans chaque bataillon, aux Aides-majors et Sous-aides-majors, qui seront tenus de lui en rendre compte : il sera chargé, de plus, de l'administration des deniers du régiment ; et, pour n'être pas distrait de ses fonctions, il pourra choisir un Officier auquel il confiera l'administration de la caisse et toute la régie du détail, sous son autorité. Cet Officier, dont le nom sera porté sur l'état de revue, comme chargé du détail, recevra 600 l. par an, en sus des appointemens de son grade, et néanmoins le Major répondra toujours de la caisse, et sera tenu de signer et certifier tous les mouvemens du contrôle du régiment, et de les envoyer au Secrétaire d'Etat ayant le département de la marine.

XXI. Tout l'argent de la solde ou de toute autre paie qui appartiendra à chaque régiment, sera remis tous les mois au Major, pour être renfermé dans une caisse à laquelle il y aura trois serrures, dont le Colonel aura une clef, le Major une autre et l'Officier chargé du détail la troisième. En l'absence du Colonel, la clef dont il doit être dépositaire, demeurera entre les mains du Lieutenant-colonel, et, en son absence, dans celles du Chef de bataillon, commandant le régiment. En l'absence du Major, sa clef sera remise à un Aide-major, de manière que, dans tous les cas, la caisse ne puisse s'ouvrir qu'en présence de trois personnes. Il y aura toujours dans la caisse un état des fonds qui y seront mis, et un état de ceux qui en seront tirés, avec les causes des recettes et des dépenses ; ces états seront signés par le Commandant du corps, par le Major et l'Officier chargé de la caisse : il en sera remis un tous les mois au Commandant-général et à l'Intendant.

XXII. Chaque Colonel nommera aux places de fourrier et de sergent qui viendront à vaquer : il choisira les fourriers parmi tous les sergens du régiment, et les sergens parmi tous les caporaux. Les Capitaines des grenadiers, chasseurs et fusiliers proposeront au Colonel les caporaux, qu'ils choisiront parmi les appointés et soldats de leurs compagnies ; quant aux places d'appointés, elles seront données à l'ancienneté.

XXIII. Le terme des engagemens sera fixé à 8 ans ; les soldats qui monteront aux hautes-paies, ne seront pas tenus de servir 3 ans au delà du terme de leur engagement, et le congé absolu sera donné régulièrement aux soldats dont l'engagement sera expiré.

XXIV. Tout bas-officier, soldat ou tambour qui voudra renouveler un second engagement, recevra, à son choix, 120 l. comptant, ou un sol de haute-paie par jour pendant les 8 ans de son second engagement ; dans l'un et l'autre cas, il portera, pour marque distinctive de son service, sur le bras gauche, un chevron de ruban de laine de la couleur du parement de l'habit uniforme dont il fera partie, comme il est établi dans l'infanterie française.

Les bas-officiers, soldats ou tambours qui auront renouvelé ce second engagement, et qui, après avoir servi 16 ans dans le régiment où ils seront, ou ci-devant dans les troupes des îles du vent ou sous le vent, se trouveront absolument hors d'état, par des infirmités ou blessures, de continuer leurs services, ce qui sera constaté par le Commandant-général lors de la revue d'inspection, jouiront chez eux de la moitié de la solde du grade dans lequel ils auront servi 8 ans.

XXV. Tout bas-officier, soldat ou tambour qui renouvellera volontairement un troisième engagement, recevra, à son choix, 240 liv. comptant, ou 2 s. de haute-paie par jour pendant la durée de son troisième engagement, et portera deux chevrons en laine, ainsi et de la même manière qu'il est dit en l'article XXIV.

XXVI. Les bas-officiers, soldats ou tambours qui, ayant renouvelé un troisième engagement, auront servi 24 ans dans le régiment, ou ci-devant dans les troupes des îles du vent ou sous le vent, pourront se retirer chez eux avec la solde entière de leur grade actuel, pourvu qu'ils y aient servi 8 ans, sans quoi ils ne jouiront que de la solde du grade qu'ils avaient auparavant.

Les bas-officiers, soldats ou tambours qui, après 24 ans de service, voudront le continuer dans le regiment où ils seront, recevront une haute-paie de 4 s. par jour, tant qu'ils resteront au régiment, et tous les ans, à la revue d'inspection, ces soldats vétérans seront les maîtres de se retirer chez eux avec leur solde entière, comme il est expliqué ci-dessus. Ces bas-officiers, soldats ou tambours, ayant acquis la veterance, en porteront la marque distinctive, comme les autres vétérans de l'infanterie française. Le Commandant-général en adressera, après sa revue d'inspection, un état nominatif au Secrétaire d'Etat ayant le département de la marine, afin qu'il adresse au régiment les brevets et plaques de ces vétérans.

XXVII. Chacun des Commandans-généraux des îles du vent et sous le vent adressera, tous les ans après sa revue d'inspection, au Secrétaire d'Etat ayant le département de la marine, un état des demi-soldes et soldes entières qu'il aura éte dans le cas d'accorder, avec une note des services des soldats, de leurs grades, de leurs différens engagemens, de leurs noms et surnoms, et des lieux où ceux qui les auront obtenues se retirent en France, afin qu'il soit pourvu au paiement desdites demi-soldes ou soldes entières ; ceux desdits soldats qui resteront dans les îles du vent ou sous le vent, seront payés par les ordres des Intendans départis auxdites îles. Les bas-officiers et soldats à qui la solde ou demi-solde aura été accordée, et qui se retireront en France, se présenteront, en debarquant, au Commissaire de la marine de résidence dans le port de leur debarquement, lui présenteront leurs cartouches et certificats de services, sur lesquels sera fait mention de la solde accordée.

Ledit Commissaire mettra son vu sur les cartouches, les enregistrera et donnera avis au Secrétaire d'Etat ayant le département de la marine, de l'arrivée desdits bas-officiers et soldats, et des lieux où ils se retireront ; il leur fera payer, pour les mettre en état de se rendre en droiture dans les lieux où ils devront se retirer,

retirer, pour y jouir de la solde qui leur aura été accordée ; savoir : 4 s. par lieue à chacun des fourriers, sergens et caporaux, et 3 s. aussi par lieue à chacun des appointés et soldats ; et en outre 6 l. à chacun d'eux, sans distinction de grade, pour leur tenir lieu de traversée, et leur donner les moyens de se fournir les menues hardes dont ils pourront avoir besoin à leur débarquement.

XXVIII. Les Commandans-généraux constateront chaque année, à leur revue d'inspection, le nombre de bas-officiers et soldats qui doivent jouir des hautes-paies accordées par les articles XXIV, XXV et XXVI de la présente ordonnance, et ce qui aura été déboursé par chaque régiment pour les rengagemens. Ils arrêteront le montant de ces deux objets, et en donneront main-levée aux Majors des régimens, au bas de l'état nominatif desdits bas-officiers et soldats, et chaque Major sera remboursé, par le Trésorier de la colonie, des avances que la caisse du régiment aura pu faire à ce sujet. Les Commandans-généraux remettront, après leur revue d'inspection, l'état nominatif de ces hautes-paies, signé d'eux et des Commandans et Major de chaque régiment, au Commissaire de la marine chargé de la police du régiment, pour en suivre les mouvemens dans ses revues.

XXIX. Les appointemens des officiers et la solde des soldats de chaque régiment seront payés sur le pied qui suit, à compter du jour de l'enregistrement de la présente ordonnance, au Contrôle de la marine de chaque colonie ; le tout sans aucune augmentation, pour raison de supplément d'appointemens pour tenir lieu de rations ; SAVOIR :

	APPOINTEMENS ET SOLDE.				
	PAR JOUR.				PAR AN.
ÉTAT-MAJOR.					
Au Colonel,	33 l.	6 s.	8 d.		12000 l.
Au Lieutenant-colonel,	22	4	5	$\frac{1}{3}$	8000
Au Major,	15				5400
A chaque Chef de bataillon,	11	2	2	$\frac{2}{3}$	4000
A chaque Aide-major, avec commission de capitaine,	8	1	8		2910
A chaque Aide-major, sans commission de capitaine,	5	1	8		1830
A chaque Sous-aide-major,	4				1440
A l'Officier chargé du détail, en supplément d'appointemens,	1	13	4		600
A chaque Porte-drapeau,	3	10			1260
Au Tambour-major,	1				360
Compagnie de Grenadiers.					
Au Capitaine,	10				3600
Au Lieutenant,	4	8	10	$\frac{2}{3}$	1600
Au Sous-lieutenant,	4	2	2	$\frac{2}{3}$	1480
Au Fourrier,	1				360
A chaque Sergent,		18	6		333
A chaque Caporal,		13			234
A chaque Appointé,		11	6		207
A chaque Grenadier,		10			180
Au Tambour,		10			180
Compagnie de Chasseurs.					
Au Capitaine,	9	8	6	$\frac{2}{3}$	3400
Au Lieutenant,	4	3	4		1500
Au Sous-lieutenant,	3	16	8		1380
Au Fourrier,		19	6		351
A chaque Sergent,		18			324
A chaque Caporal,		12	6		225
A chaque Appointé,		11			198
A chaque Chasseur,		9	6		171
Au Tambour,		9	6		171
Compagnie de Fusiliers.					
Au Capitaine,	8	1	8		2910
Au Lieutenant,	3	16	8		1380
Au Sous-lieutenant,	3	13	4		1320
Au Fourrier,		18	6		330
A chaque Sergent,		17			306
A chaque Caporal,		11	6		207
A chaque Appointé,		10			180
A chaque Fusilier,		8	6		153
Au Tambour,		8	6		153

XXX. Les Officiers, tant de l'état-major que des compagnies, jouiront de leurs appointemens en entier, à la seule déduction des 4 deniers pour livre attribués aux invalides de la marine; les Capitaines supporteront en outre la retenue des 4 deniers pour livre sur la solde des bas-officiers et soldats de leurs compagnies.

XXXI. Veut S. M. que, sur la solde réglée à chaque fourrier, sergent, caporal, appointé, grenadier, chasseur, fusilier et tambour, il en soit affecté 16 den. par jour pour chaque fourrier et sergent, et 8 den. pour chaque caporal, appointé, grenadier, chasseur, fusilier et tambour, pour s'entretenir de linge et de chaussure.

Le décompte de la retenue pour linge et chaussure sera fait tous les 4 mois, afin que chacun puisse connaître sa situation; et, pour cet effet, le chef de chaque chambrée sera tenu d'y afficher le décompte de chacun.

Après le décompte fait, on conservera à la masse de l'entretien du linge et chaussure, la somme de 15 l. pour chaque homme, laquelle formera le premier article de recette du décompte, et le surplus lui sera payé sur-le-champ: lesdites 15 l. seront conservées à la caisse, et ne seront données à chacun d'eux, sauf le cas d'un besoin imprévu, que lorsque, après avoir obtenu leur congé absolu, ils quitteront le régiment.

XXXII. A l'égard des réparations journalières de l'habillement, équipement, armement desdits régimens, S. M. fera fournir, sur le pied du complet, une masse de 6 liv. pour chaque homme par an, en tout tems, laquelle sera remise, tous les mois, à la caisse de chaque régiment, avec la solde, pour être employée auxdites réparations ; et sera tenu le Major d'en rendre compte, ainsi qu'il sera ci-après ordonné.

XXXIII. L'intention de S. M. est que, sur cette masse de 6 liv., il soit donné à chaque tambour une haute-paie de 2 s. par jour, au moyen de laquelle les tambours seront tenus d'entretenir leurs caisses de peaux et de cordages, et de se fournir de baguettes : veut au surplus S. M. qu'il soit prélevé sur cette petite masse 20 l. par mois par bataillon, pour tenir lieu de frais de registres, d'imprimés, de papier, d'encre, de cire d'Espagne et autres menus frais que la régie doit occasionner.

XXXIV. Les appointemens et la solde des régimens seront pris sur les fonds à ce destinés, ainsi que toute la dépense relative à la levée et au remplacement des hommes.

XXXV. Les revues et montres seront faites tous les mois, par un Commissaire de la marine ou autre principal Officier d'administration, dans la forme prescrite par les ordonnances pour les troupes de S. M.

XXXVI. Les appointemens des Officiers et la solde des soldats seront payés, tous les mois, au Major, d'après la revue du Commissaire, ainsi que le montant de la masse des menues réparations de l'habillement, équipement et armement, dont le Major donnera son reçu provisionnel : il donnera, à la fin de chaque année, une quittance du tout, et cette quittance sera seule assujettie au contrôle.

XXXVII. Le major de chaque régiment rendra tous les ans, en présence du Colonel, du Lieutenant-colonel, des Chefs de bataillon qui se trouveront au régiment, devant le Commandant-général et l'Intendant de la colonie, ou ceux qui les représenteront, un compte général des sommes qu'il aura reçues et des dépenses qui auront été faites pour le régiment; et ledit compte sera clos et arrêté par eux à la fin de chaque année.

Il sera fait trois expéditions dudit compte et de l'arrêté qui sera mis au bas, dont une sera remise au Major pour sa décharge, la seconde au Contrôle de la marine, et la troisième sera envoyée au Secrétaire d'Etat, ayant le département de la marine et des colonies.

XXXVIII. Pour parvenir à la nouvelle composition prescrite par la présente ordonnance, les Commandans-généraux, chargés de son exécution, feront mettre chacun des régimens sous les armes, feront une revue exacte desdits régimens, par laquelle ils constateront le nombre d'officiers et soldats dont lesdits régimens seront composés : le Commissaire de la marine fera aussi la sienne, pour servir au paiement desdits régimens, jusques et compris le jour de leur nouvelle composition exclusivement. Les Commandans-généraux entreront, lors de leurs revues, dans le détail le plus exact des dettes desdits régimens, pour y pourvoir, ainsi qu'il appartiendra : ils feront dresser un contrôle de tous les officiers, contenant leurs noms, surnoms, les dates et lieux de leur naissance; le détail exact de leurs services, l'époque de leurs différens grades, leurs blessures; enfin, tous les détails qui pourront faire connaître leurs services, leurs mœurs et leurs talens.

XXXIX. Ces opérations faites, les Commandans-généraux feront dresser les contrôles par compagnies, des hommes qui les composeront, contenant leurs noms, surnoms et signalemens; le lieu et la date de leur naissance, leur grade, l'époque de leur engagement et celle de leur arrivée dans la colonie ; et ils adresseront du tout des doubles au Secrétaire d'Etat ayant le département de la marine.

XL. Le régiment de la Guadeloupe n'ayant sur pied qu'un bataillon, quoiqu'il ait été créé sur le pied de deux bataillons, S. M. veut que le second bataillon soit incessamment formé, suivant les dispositions de la présente ordonnance ; à l'effet de quoi S. M. fera passer à la Guadeloupe les officiers nécessaires pour la composition des deux bataillons de ce régiment, et en même tems le nombre suffisant de recrues pour les compléter.

XLI. Les Quartiers-maîtres qui se trouvent dans chaque régiment, ne devant point faire partie de la nouvelle composition, l'intention du Roi est que ceux qui ont obtenu des lettres de service de lieutenant, soient remplacés dans ce grade, et que les autres le soient dans le grade de sous-lieutenant.

XLII. L'uniforme desdits régimens sera composé ; savoir :

D'un habit de drap léger, petit Lodève bleu, doublé de toile lessivée au quart blanc ; le parement en botte, garni en dessous de quatre petits boutons ; de six gros boutons sur le devant, dont un en haut, deux au milieu et trois au bas de la taille, de trois à chaque poche, qui sera coupée en travers, et d'un autre sur chaque côté, avec un petit à l'épaulette, qui sera de laine couleur du parement.

Veste de coutil bis-blanc, doublée de toile blanche au quart lessivée, sans poches ni pattes marquées, garnie de dix boutons sur le devant et d'un à chaque manche.

Culotte de coutil bis-blanc, avec caleçon de toile séparé.

Bouton de métal massif, blanc, à queue, timbré d'un ancre.

Chapeau bordé de blanc.

A l'égard des paremens et collets, ils seront distingués ainsi qu'il suit; savoir :

Régiment du Cap, *paremens et collet de drap vert de Saxe.*

Régiment du Port-au-Prince, *paremens et collet de drap rouge.*

Régiment de la Martinique, *paremens et collet de drap ventre de biche.*

Régiment de la Guadeloupe, *paremens et collet de drap cramoisi.*

Les distinctions réglées pour les fourriers et sergens seront en galon d'argent de 12 lignes, ainsi qu'il est observé dans les autres corps de l'infanterie.

Les distinctions pour les caporaux et les appointés seront en galon de fil blanc, large de 10 lignes, dans la forme et la position qui sont réglées pour l'infanterie.

Les grenadiers auront pour distinction deux épaulettes en laine de la couleur de leurs paremens.

Les chasseurs auront pour distinction deux épaulettes en laine blanche.

XLIII. Les justaucorps, veste et culottes uniformes des Officiers desdits régimens, seront conformes à ceux des soldats, tant pour la couleur que pour la coupe des poches et la position des boutons ; ils ne différeront que par les qualités des draps et des toiles pour doublures, qui seront plus fins ; par les paremens et collets, qui seront de soie, et par les boutons, qui seront argentés. Ils auront un chapeau bordé d'un galon uni en argent, sans plumet.

Les grades des officiers seront distingués par des épaulettes plus ou moins riches ; savoir :

Le Colonel portera une épaulette de chaque côté, en argent, ornée de franges riches à nœuds de cordelière ; et s'il est brigadier, il y sera ajouté les autres distinctions attachées à ce grade.

Le Lieutenant-colonel, une seule épaulette de même forme, à gauche.

Le Major, une épaulette de chaque côté, en argent, ornée de franges seulement, sans graines d'épinards ou nœuds de cordelière.

Les Chefs de bataillon, une épaulette en argent, avec une frange simple en or.

Le Capitaine et l'Aide-major qui aura commission de capitaine, une épaulette en argent, ornée de franges seulement, comme celles du Major.

Le Lieutenant ne pourra porter l'épaulette pleine en argent ; elle sera losangée de carreaux couleur du parement. La frange sera mêlee d'argent et de soie.

Le Sous-lieutenant portera l'épaulette à fond de soie, couleur du parement, avec des carreaux d'argent.

Le Porte-drapeau portera l'épaulette à fond de soie, couleur du parement, lisére d'argent.

XLIV. L'habillement des tambours-majors et tambours sera a la petite livree du Roi.

XLV. S. M. continuera de se charger de la levée desdits régimens, ainsi que de l'habillement, équipement et armement, et des recrues dont ils auront besoin.

XLVI. Les Officiers qui seront nommés à des emplois dans lesdits régimens, recevront, au moment de leur embarquement, une avance de deux mois sur leurs appointemens. Et à l'égard des bas-officiers et soldats, la subsistance devant leur être fournie à bord des vaisseaux, ils ne jouiront, pendant la traversée, que de le demi-solde, dont il leur sera payé une avance de deux mois, et le décompte du surplus leur sera fait à leur arrivée dans la colonie.

XLVII. S. M. pourvoira, sans retenue d'appointement ni de solde, à la subsistance des officiers, bas-officiers et soldats pendant la traversée.

XLVIII. Au moyen de ce que S. M. se charge de pourvoir à la dépense de la levée des hommes et des frais de recrues, elle défend, sous quelque prétexte que ce soit, aux Officiers de donner aucun congé absolu, excepté dans le seul cas d'infirmité et d'incapacité de service bien constatées.

XLIX. Chaque régiment pourra engager pour tambour des nègres ou mulâtres libres, qui recevront la même solde et la même ration réglées par la présente ordonnance pour les tambours.

L. La ration pour les bas-officiers, soldats et tambours, sera composée de 20 onces de farine, ou de 24 onces de pain frais et de 8 onces de bœuf frais ou salé.

LI. Il sera retenu tous les mois, à chaque bas-officier, soldat ou tambour, 3 s. 8 d. pour chaque ration qui lui aura été fournie ; et, dans le cas où on manquerait dans la colonie des comestibles indiqués ci-dessus, il y sera suppléé par les denrées du pays, qui seront payées sur le pied réglé par les Commandans-généraux et Intendans, ou par ceux qui les représenteront.

LII. S. M. défend expressément aux Colonels et aux Officiers des régimens de laisser travailler aucuns soldats hors de leur garnison, sous quelque prétexte que ce soit ; ils ne doivent être employés qu'aux travaux du Roi, pour lesquels ils seront payés suivant le prix fixé par le Commandant-général et par l'Ingénieur.

Tout soldat qui aura la permission de travailler de son métier dans le lieu de sa garnison, sera tenu de coucher aux casernes.

LIII. S. M. ordonne qu'aux îles du vent et sous le vent le service se fasse, grade égal, par ancienneté de commissions, lettres ou brevets, afin d'éviter les difficultés qui pourraient survenir entre les Officiers de différens corps ou régimens qui se trouveraient dans lesdites îles.

Mandant Sa Majesté, *etc.*

Fait à Versailles, le premier mai 1775. *Signé*, LOUIS ; *et plus bas*, par le Roi, DE SARTINE.

(N°. 496.) ORDONNANCE *du Roi, portant établissement de Hautes-Paies et distinctions pour les Bas-Officiers, Soldats et Tambours des compagnies de Canonniers-Bombardiers des Isles du Vent et sous le Vent.*

Du 1er. mai 1775.

SA MAJESTÉ ayant réglé par son ordonnance de ce jour, les récompenses qu'elle juge à propos d'accorder aux bas-officiers, soldats et tambours des régimens employés pour son service aux îles du vent et sous le vent, et voulant également régler les récompenses dont il lui paraît juste de faire jouir les bas-officiers, soldats et tambours des compagnies de canonniers-bombardiers, employés aux mêmes îles, elle a ordonné et ordonne ce qui suit :

ART. Ier. Tout bas-officier, soldat ou tambour des compagnies de canonniers-bombardiers, établies aux îles du vent et sous le vent, qui voudra renouveler un 2me. engagement, recevra à son choix, 140 liv. comptant, ou 1 s. de haute-paie par jour, pendant les 8 ans de son 2me. engagement : dans l'un ou l'autre cas, il portera pour marque distinctive de son service, sur le bras gauche, un chevron de ruban de laine rouge. Les bas-officiers, soldats ou tambours qui auront renouvelé un 2me. engagement, et qui, après avoir servi 16 ans dans lesdites compagnies, ou ci-devant dans les troupes des îles du vent ou sous le vent, se trouveront absolument hors d'etat, par des infirmites ou blessures, de continuer leurs services, ce qui sera constaté par les Commandans-generaux desdites îles, lors de leurs revues d'inspection, jouiront chez eux, de la moitié de la solde du grade dans lequel ils auront servi 8 ans.

II. Tout bas officier, soldat ou tambour qui renouvellera volontairement un 3me. engagement recevra, à son choix, 260 liv. comptant, ou 2 s. de haute-paie, par jour, pendant la durée de son 3me. engagement, et portera deux chevrons en laine, ainsi et de la manière qu'il est dit en l'article précédent.

III. Les bas-officiers, soldats ou tambours, qui, ayant renouvelé un 3me. engagement, auront servi 24 ans dans lesdites compagnies de canonniers-bombardiers, ou ci-devant dans les troupes des îles du vent ou sous le vent, pourront se retirer chez eux, avec la solde entière de leur grade actuel, pourvu qu'ils y aient servi 8 ans, sans quoi il ne jouiront que de la solde du grade qu'ils avaient auparavant.

Les bas-officiers, soldats ou tambours, qui, après 24 ans de service, voudront le continuer dans la compagnie où ils seront, recevront une haute-paie de 4 s. par jour, tant qu'ils y resteront; et tous les ans, à la revue de l'inspection, ces bas-officiers, soldats et tambours seront les maîtres de se retirer chez eux, avec leur solde entière, comme il est expliqué ci-dessus. Ces bas-officiers, soldats ou tambours ayant acquis la vétérance, en porteront la marque distinctive comme les autres vétérans de l'infanterie française. Les Commandans-généraux desdites îles du vent et sous le vent, adresseront, après leur revue d'inspection, un état nominatif au Secrétaire d'Etat ayant le département de la marine, afin qu'il leur adresse les brevets et plaques de ces vétérans.

IV.

IV. Veut S. M., à l'égard des bas-officiers et soldats qui ont été tirés du Corps-royal, pour passer dans lesdites compagnies de canonniers-bombardiers, et qui pourraient encore par la suite en être tirés pour la même destination, que leurs services dans le Corps-royal leur soient comptés dans lesdites compagnies de canonniers-bombardiers, pour parvenir aux hautes-paies et distinctions, en justifiant toutefois de leur ancienneté, par congés et certificats en bonne forme.

V. Chacun des Commandans-généraux des îles du vent et sous le vent, adressera tous les ans, après sa revue d'inspection, au Secrétaire d'Etat ayant le département de la marine, un état des demi-soldes et soldes entières qu'il aura éte dans le cas d'accorder aux bas-officiers et soldats desdites compagnies, avec une note de leurs services, de leur grade, de leurs différens engagemens, de leurs noms et surnoms, et des lieux où ceux qui les auront obtenues, se retirent en France, afin qu'il soit pourvu au paiement desdites demi-soldes ou soldes entières. Ceux d'entr'eux qui resteront dans les îles du vent et sous le vent, seront payés par les ordres des Intendans départis auxdits îles. Les bas-officiers et soldats à qui la solde ou demi-solde aura été accordée, et qui se retireront en France, se présenteront en débarquant, au Commissaire de la marine de résidence dans le port de leur débarquement, lui présenteront leurs cartouche et certificat de services, sur lesquels sera fait mention de la solde accordée. Ledit Commissaire mettra son vu sur les cartouches, les enregistrera et donnera avis au Secrétaire d'Etat ayant le département de la marine, de l'arrivee desdits bas officiers et soldats, et des lieux où ils se retireront. Il leur fera payer, pour les mettre en état de se rendre en droiture dans les lieux où ils devront se retirer, pour y jouir de la solde ou demi-solde qui leur aura été accordée; savoir: 4 s par lieue à chacun des fourriers, sergens et caporaux; et 3 s. aussi par lieue à chacun des appointés et soldats: et en outre 6 l. à chacun d'eux, sans distinction de grade, pour leur tenir lieu de traversée, et leur donner les moyens de se fournir les menues hardes dont ils pourront avoir besoin à leur débarquement.

VI. Les Commandans-généraux constateront chaque année, à leur revue d'inspection, le nombre des bas officiers et soldats desdites compagnies des canonniers-bombardiers qui doivent jouir des hautes-paies accordées par la présente ordonnance, et ce qui aura été déboursé pour les rengagemens. Ils arrêteront le montant de ces deux objets au bas de l'état nominatif desdits bas-officiers et soldats; et les Intendans feront pourvoir au paiement par le Trésorier de la colonie. Les Commandans-généraux remettront, après leur revue, l'état nominatif de ces hautes-paies, signé d'eux, du Commandant de l'artillerie et du Capitaine de chaque compagnie, au Commissaire de la marine chargé de la police desdites compagnies de canonniers-bombardiers, pour en suivre les mouvemens dans ses revues.

Mande et ordonne S. M., *etc.*

Fait à Versailles, le premier mai 1775. *Signé*, LOUIS; *et plus bas*, par le Roi, DE SARTINE.

(N°. 496.) ARRÊT *du Conseil d'État du Roi, portant gratification de 25 s. par quintal de Morue importée, soit des Ports de France, soit des lieux où on fait la Pêche, aux Isles françaises du Vent.*

Du 19 mai 1775.

LE Roi s'étant fait représenter l'arrêt rendu en son Conseil, le 31 juillet 1767, par lequel S. M., dans la vue d'étendre le commerce de la pêche nationale, et d'encourager le transport des morues sèches qui en proviendraient, dans les îles et colonies françaises de l'Amérique, aurait accordé aux Armateurs et Négocians français, pendant le cours et espace de 6 années, à compter du 1er. juillet 1767, une gratification de 25 s. par quintal de morues sèches qu'ils transporteraient, soit des ports de France, soit des lieux où ils auraient fait leur pêche, dans les îles françaises du vent, à condition que lesdites morues seraient de pêche française ; laquelle gratification leur serait payée par l'Adjudicataire-général des fermes, en se conformant aux formalités prescrites par ledit arrêt ; et aurait en même tems défendu à tous Négocians et Armateurs d'y transporter aucun poisson de pêche étrangère, comme aussi à tous Capitaines de navires français pêcheurs, de prendre du poisson de pêche étrangère, sous les peines énoncées audit arrêt. S. M., étant informée que cette gratification, dont le terme est expiré, est encore nécessaire pour exciter le zèle de ceux qui s'adonnent à cette pêche ; et desirant leur donner une nouvelle marque de sa protection, et les encourager à suivre de plus en plus un commerce aussi important : ouï le rapport du sieur Turgot, conseiller ordinaire et au Conseil royal, contrôleur-général des finances.

Le Roi, étant en son Conseil, renouvelle et continue, pour le tems et espace de 6 années, à compter du 1er. juillet prochain, la gratification de 25 s. par quintal de morues sèches, accordée par l'arrêt du Conseil du 31 juillet 1767 ; veut, en conséquence, S. M. que ladite gratification soit payée de la même manière, avec les mêmes formalités et aux mêmes conditions prescrites par ledit arrêt du 31 juillet 1767, qui continuera à être exécuté suivant sa forme et teneur.

Mande et ordonne S. M., *etc.*

Fait au Conseil d'Etat du Roi, Sa Majesté y étant, tenu à Versailles le 19 mai 1775. *Signé*, DE SARTINE.

Enregistr. au Conseil souverain.

(N°. 497.) ARRÊT *du Conseil souverain, qui fixe les émolumens des Procureurs de Sainte-Lucie, près la Cour.*

Du 9 novembre 1775.

LA Cour, *etc.*, ordonne qu'au lieu de 20 l., accordées aux Procureurs de la Trinité et de Saint-Pierre par le tarif, il sera passé à ceux de Sainte-Lucie la somme de 30 l. pour chaque cause dont ils seront chargés en la Cour, et qu'ils plaideront en personne, sans qu'ils puissent exiger cette augmentation lorsqu'ils seront représentés par des Procureurs de cette île.

Fait au Conseil souverain de la Martinique, le 9 novembre 1775. *Signé*, ROIGNAN, greffier.

(N°. 498.) ARRÊT *du Conseil souverain, qui fixe, au Siége de la Juridiction Royale de Sainte-Lucie, le nombre des Procureurs à huit, et celui des Huissiers à dix.*

Du 9 novembre 1775.

(N°. 499.) ARRÊT *du Conseil souverain, concernant la Caisse des Nègres justiciés, lequel Arrêt fixe à 25 s. par tête de Nègre payant droit, l'Imposition établie pour cet objet.*

Du 8 janvier 1776.

CE jour, le Procureur-général du Roi a dit :

MESSIEURS,

Le moment est arrivé où vous pouvez enfin remplir ce que vous vous proposiez depuis long-tems, de donner à la colonie une connaissance exacte de l'état de la caisse des nègres justiciés : cette caisse, il faut l'avouer, s'est trouvée pendant plusieurs années dans de grands embarras, et dans une confusion que les circonstances et les malheurs de la colonie avaient rendue inévitable. La plupart des Colons se refusaient avec persévérance à payer leur quote part des impositions : en vain, obtenait-on des ordres des chefs, pour les y contraindre, ces ordres restaient sans effet. La caisse, arriérée par là dans ses recettes, se trouvait sans fonds, et par conséquent dans l'impossibilité de payer elle-même ce qu'elle devait : de là l'accumulation de ses charges ; de là les plaintes des maîtres des nègres justiciés qui n'étaient pas payés ; de là le discrédit de la caisse, et le défaut sa confiance; de là, enfin, un nouveau prétexte aux contribuables de mauvaise volonté, pour se refuser à payer. Il fallait, Messieurs, du tems et de la patience pour remédier à ces abus; mais enfin, vous y êtes parvenus par vos soins et par l'attention suivie et non interrompue que vous avez donnée à l'administration de cette caisse : l'ordre y est aujourd'hui entièrement rétabli, et si parfaitement, que non-seulement la caisse est libérée de toutes ses charges anciennes, mais que même le prix des nègres justiciés est payé à leurs maîtres, presqu'aussi-tôt qu'ils ont obtenu l'arrêt qui fixe leur estimation.

Ce tableau, que vous pouvez, Messieurs, présenter à la colonie, comme le résultat de la plus exacte vérité, ne peut être sans doute que très-satisfaisant pour elle; mais il ne suffit pas pour remplir tout ce qu'elle est en droit de desirer au sujet de la caisse des nègres justiciés; il est juste de l'instruire encore de tous les détails relatifs, tant à l'établissement de cette caisse, qu'aux formes diverses d'administration qu'elle a éprouvées depuis qu'elle existe. C'est l'objet que je me propose de remplir dans le récit historique que je vais mettre sous vos yeux, dans lequel, en parcourant toutes les époques, et en rendant compte des différentes révolutions que la caisse a subies, même des malheurs qu'elle a essuyés, j'exposerai en même tems les secours qu'elle a reçus en différens tems de la part des Chefs, secours importans, qui ont favorisé essentiellement sa libération; secours néanmoins ignorés d'une grande partie du public, et dont il est juste qu'il soit instruit.

La caisse des nègres justiciés n'est pas, comme quelques personnes se l'imaginent, une cotisation libre et volontaire des Colons, un établissement formé par eux-mêmes, qu'ils soient les maîtres d'anéantir à leur volonté. Cette caisse doit son existence à l'autorité immédiate du Roi; le titre de sa création existe dans l'article XL du Code noir, qui en ordonnant qu'il serait fait une imposition pour le paiement des nègres justiciés, a eu pour objet la sûreté publique et générale, et la nécessité d'engager les maîtres des nègres coupables de crimes, à les livrer à la justice, en les dédommageant de leur prix.

Dans le principe, l'administration de la caisse des nègres justiciés était entre les mains de MM. les Intendans, et la perception des deniers destinés à cet objet, se faisait par les Receveurs du Domaine ; mais en l'année 1734, M. d'Orgeville, qui était alors intendant des îles du vent, ayant jugé que cette taxe, uniquement affectée au paiement des nègres, était bien plûtot, par sa nature, un établissement colonial, que relatif au Domaine du Roi, et ayant reconnu d'ailleurs que la perception de cette taxe mettait de l'embarras dans les recettes du Domaine, il jugea à propos de renvoyer cet objet à la Cour, et rendit à cet effet une ordonnance qui fut enregistrée le 8 janvier 1734.

C'est depuis cette époque que la Cour s'est trouvée chargée de l'administration de la caisse des nègres justiciés : il fut pourvu à sa régie par un premier réglement du 8 mai 1734, par lequel le Greffier de la Cour fut établi Receveur-général de ladite caisse, et les Marguilliers, de chaque paroisse, Receveurs particuliers, à l'effet de faire la recette de ce qui était dû par chacune desdites paroisses, dont ils devaient verser les fonds entre les mains du Receveur-général, qui, de son côté, devait tous les ans rendre ses comptes à la Cour.

Cette forme de régie parut, dans ces premiers tems, préférable à toute autre, parce qu'elle se présentait comme la plus simple et la moins dispendieuse ; mais l'expérience ne tarda pas à faire connaître qu'elle avait de grands inconvéniens, qu'on n'avait pas prévus. La plupart des Marguilliers négligèrent la recette dont ils étaient chargés ; leur inexactitude à remettre, entre les mains du Receveur-général, les fonds qu'ils devaient percevoir, occasionna celle du Receveur-général à rendre ses comptes : de là résultèrent deux abus considérables, qui furent la première cause du dérangement de la caisse.

D'un côté la recette ne se faisant point, la caisse se trouva sans fonds, par conséquent dans l'impossibilité de payer elle-même : les nègres, dont le paiement avait été ordonné, ne purent être payés qu'après nombre d'années ; les propriétaires, qui languissaient dans l'attente de leur paiement, se plaignirent avec justice : ces plaintes jettèrent des soupçons, sur la régie, et ces soupçons servant de prétexte et d'excuse à la mauvaise volonté, augmentèrent encore l'opiniâtreté des contribuables qui refusaient de payer.

D'un autre côté, les Receveurs-généraux, ne pouvant pas rendre leurs comptes, par le défaut de remises des fonds de la part des Receveurs particuliers, il s'écoula plusieurs années sans qu'il y eut aucun compte réglé : par là la Cour ignora pendant long-tems le véritable état de la caisse, et les causes du désordre où elle se trouvait ; et ce désordre alla toujours en augmentant.

Ces abus ayant été enfin reconnus, on crut y remédier en substituant aux Marguilliers, dont plusieurs refusaient même de se charger de la recette, des Receveurs particuliers qui furent établis dans chaque paroisse, et pour lesquels la Cour, dans la vue de les encourager à bien remplir leurs fonctions, sollicita, et obtint des Chefs, des exemptions qui devaient les dédommager de leurs peines. On espérait, de ces nouveaux Receveurs, plus d'exactitude : ils devaient être chargés de demander aux habitans de leurs paroisses, de les presser, de les solliciter. On se flattait que, par ce moyen, la rentrée des fonds se ferait plus facilement que par le passé ; mais la Cour fut encore trompée dans son attente : bientôt ces nouveaux Receveurs furent découragés eux-mêmes par les désagrémens et les dégoûts extrêmes qu'ils éprouvèrent de la part d'une grande partie des contribuables, et dès-lors ils négligèrent leur recette : d'un autre côté, la guerre qui survint en 1756, servit encore de nouveau prétexte pour ne pas payer. Par là la recette se trouva entièrement interrompue, et la caisse retomba dans la confusion où elle s'était trouvée précédemment.

Telle était sa situation lors de la prise de l'île en 1762. A cette époque, les demandes que firent les Anglais pour le logement et les fournitures de leurs troupes, mirent la colonie dans la nécessité d'avoir une caisse coloniale. Cet établissement et la manière d'y pourvoir, était de la plus grande importance ; il était juste que la colonie fût consultée ; en conséquence la Cour jugea à propos d'assembler les Commissaires qui avaient été établis dans chaque quartier, pour avoir leurs avis sur les arrangemens qu'il convenait de prendre. Entr'autres choses, qui furent proposées par ces Commissaires, ils demandèrent que la caisse des nègres justiciés fût réunie à celle de la colonie. Cette proposition était raisonnable ; en effet, il devenait inutile de conserver une caisse particulière pour le paiement des nègres, tandis qu'on en établissait une générale, destinée à fournir à toutes les dépenses de la colonie. Cette réunion fut donc ordonnée, et en même tems il fut réglé, par un commun accord des Commissaires, qu'il serait alloué au Greffier de la Cour, qui se trouvait par là privé de la recette, une somme de 1,500 liv. par an, au moyen de laquelle il serait tenu d'expédier *gratis* tout ce qui serait relatif à la caisse des nègres justiciés.

Mais cet arrangement, que les circonstances avaient déterminé, ne fut pas de longue durée. La colonie étant rentrée, en 1763, sous la domination du Roi, tout y fut rétabli sur l'ancien pied. La caisse coloniale, qui avait été créée sous la domination anglaise, cessa d'exister, parce que l'objet qui avait donné lieu à son établissement n'était plus : mais il n'en fut pas de même de la caisse des nègres justiciés : l'objet de son établissement subsistait toujours ; il fallait donc qu'elle reprît son existence et son ancienne régie : seulement, comme il avait été reconnu pendant cet intervalle, par le réglement des comptes du sieur Bourdin, qui le constitua reliquataire d'une somme assez forte, qu'il y avait inconvénient que le Greffier de la Cour fut Receveur-général de la caisse, parce que cette recette l'exposait à des contraintes par corps, incompatibles avec son état ; il fut statué qu'à l'avenir, il serait établi un autre Receveur-général, et le sieur Dolivet, que sa probité connue avait fait choisir pour Receveur de la caisse coloniale, fut maintenu dans la qualité de Receveur de celle des nègres justiciés.

Après la mort du sieur Dolivet, arrivée en 1765, la recette de la caisse passa entre les mains du sieur Cornibert : sa régie fut exacte et fidèle : ses comptes cependant furent un peu arriérés.

L'époque de cette régie fut remarquable par un secours considérable que la caisse reçut dans ce tems, et dont elle fut redevable à l'intégrité de M. le président de Peinier, lors intendant, lequel, à la fin de 1766, ayant reconnu que le produit de l'imposition due au Roi avait donné un excédent de la somme de 56,000 liv., le rendit à la colonie comme objet qui lui appartenait, et ordonna que ladite somme de 56,000 liv. serait versée, par le Receveur du Domaine, dans la caisse des nègres justiciés. Ce soulagement procura à la colonie l'avantage d'être exempte, pour l'année 1767, de l'imposition des nègres justiciés.

Au sieur Cornibert, qui donna sa démission en 1769, succéda le sieur Monsigny Duverval. Cette gestion fut fatale à la caisse. Le dérangement des affaires dudit sieur Monsigny, l'obligea, vers la fin de 1771, à disparaitre. Le sieur Littée fut nommé, pour lui succéder, en novembre de ladite année 1771, et par la vérification qui fut faite à sa diligence de l'état de la caisse, le vide de la gestion du S^r. Monsigny, se trouva monter à la somme de 43,265 liv. 11 s. La perte de cette somme n'est cependant pas tombée sur la colonie : elle aurait eu à la vérité peu de ressources pour s'en faire remplir par le sieur Monsigny Duverval; mais le sieur Monsigny de Courbois, son frère, sensible aux suites que cette malheureuse affaire pouvait avoir, offrit de se rendre garant et responsable, en son propre et privé nom, de ladite somme, moyennant que la Cour voulut bien lui accorder des facilités pour le paiement. Cette propostion, qui mettait la colonie à l'abri d'une perte certaine et irréparable, était d'ailleurs trop généreuse pour n'être pas acceptée : il fut donc réglé, par arrêt du 4 mai 1772, qu'on recevrait en paiement plusieurs effets offerts par ledit sieur de Courbois, à la charge par lui d'en demeurer garant, et que, pour le surplus de ce qui était dû par le sieur Monsigny Duverval, ledit sieur de Courbois serait tenu de le payer en sept années, en sept termes égaux,

Cet événement fut sans doute malheureux et affligeant pour la colonie; mais d'un autre côté, il a contribué à ramener l'ordre, et c'est à lui qu'on est redevable de la bonne administration qui subsiste aujourd'hui dans la caisse : en effet, c'est depuis cette époque que la Cour, ayant donné une attention encore plus particulière à la gestion de la caisse, est parvenue à découvrir la source et l'origine du dérangement dans lequel elle avait toujours été.

Trois causes principales y contribuaient.

La première était l'inexactitude des contribuables à payer leur quote part des impositions; inconvénient auquel on n'avait pas pu remédier jusqu'alors.

La seconde, l'inexactitude des Receveurs particuliers à remettre entre les mains du Receveur-général les fonds qu'ils touchaient; l'infidélité même de quelques-uns de ces Receveurs qui retenaient ce qu'ils avaient touché et devenaient insolvables. Il était justifié que la caisse avait éprouvé plusieurs pertes de ce genre assez considérables.

La troisième, l'impossibilité dans laquelle les Receveurs-généraux, faute de remises des fonds, se trouvaient de rendre leurs comptes tous les ans, ainsi qu'ils y étaient astreints par les réglemens de la Cour.

Ce fut pour remédier à ces inconvéniens qu'il fut fait, en 1773, un réglement par lequel il fut ordonné :

Premièrement, qu'il serait établi dans chaque paroisse un Receveur particulier, entre les mains de qui chaque contribuable serait tenu de payer sa quote part des impositions dans les délais qui furent fixés par ce réglement; et qu'après l'expiration desdits délais, les états des non-payans seraient envoyés par les Receveurs particuliers au Receveur-général, qui les remettrait aux Huissiers, pour exercer, contre lesdits non-payans, les contraintes judiciaires.

Secondement, que les Receveurs particuliers, sitôt après l'expiration des délais fixés pour leur recette, seraient tenus de verser dans la caisse du Receveur-général ce qu'ils auraient reçu, à peine d'y être contraints par corps, comme dépositaires de deniers publics.

Troisièmement, que le Receveur-général, de son côté, serait tenu, conformément aux anciens réglemens, de rendre son compte à la Cour au commencement de chaque année.

Ces dispositions assuraient l'exactitude de la recette et le bon ordre de la régie; mais il fallait, de plus, pourvoir à ce que l'infidélité ou l'insolvabilité des Receveurs n'occasionnât pas à la caisse des pertes pareilles à celles qu'elle avait déja essuyées; il fut réglé pour cet effet, qu'au moyen d'un dixième qui serait accordé au Receveur-général de la caisse sur le montant de la recette effective qui aurait été faite, il serait tenu d'établir à ses frais un Receveur particulier dans chaque paroisse, ou de se transporter lui-même, dans le tems de la recette, dans chacune des paroisses où il n'y aurait pas de Receveur particulier et qu'il serait en outre responsable, en son propre et privé nom, de l'insolvabilité desdits Receveurs particuliers, et de toutes les sommes qu'ils auraient touchées (*), pour sûreté desquelles ledit Receveur-général fournit lui-même une caution de la somme de 30,000 livres.

Il fut donc ordonné que le Receveur-général serait tenu, à mesure qu'il aurait des deniers entre les mains, de les employer au paiement des parties prenantes, suivant l'ordre de date des arrêts, sans pouvoir, sous aucun prétexte, intervertir ledit ordre.

Le réglement dont je viens de rendre compte, qui établissait des formes rigoureuses, auxquelles les contribuables n'étaient pas accoutumés, fit dans les premiers tems une grande sensation. Les premières contraintes qui furent exercées, excitèrent bien des plaintes et des murmures : on devait s'y attendre; mais tous les gens sensés comprirent que cette rigueur était inévitable, parce qu'il est évident que la caisse ne peut payer qu'avec ce qu'elle reçoit. Si donc on veut établir de l'ordre et de la régularité dans ses paiemens, il est d'une nécessité indispensable de tenir la main à ce que ses recettes soient faites avec exactitude.

D'un autre côté, l'expérience a bien prouvé que ce réglement était le seul moyen par lequel l'ordre pouvait être rétabli : en effet, c'est aux arrangemens nouveaux, mis en vigueur par ce réglement, qu'est due la situation heureuse dans laquelle la caisse se trouve aujourd'hui, par l'exactitude qui a régné, tant dans les paiemens, que dans la reddition des comptes du Receveur-général actuel.

Par l'effet de cette administration nouvelle, la caisse serait parvenue pomptement à sa libération, sans un évènement inattendu, qui, en 1771, lui occasionna de nouveaux embarras. A cette époque la Cour reçut un ordre du Roi, qui lui enjoignait de faire payer sur la caisse, les droits attribués, tant au Député du Conseil, qu'à celui de la Chambre d'agriculture et à son Secrétaire. Ces droits qui montaient alors à la somme de 25,700 l. par an, formaient pour la colonie une charge nouvelle très-onéreuse. La Cour crut qu'il était de son devoir de faire des représentations à ce sujet : elle les fonda,

(*) Les droits de recette sont également fixés au dixième à la Guadeloupe, dont 7 et demi sont attribués au Receveur-général, et 2 et demi aux Receveurs particuliers.

tant

tant sur l'état malheureux auquel la colonie était réduite par les fléaux divers qu'elle avait essuyés, que sur la nature de la caisse des nègres justiciés, qui, par le titre de son établissement, était uniquement affectée au paiement des nègres condamnés par la justice, et qui ne devait par conséquent être chargée d'aucun paiement étranger à cet objet : d'après ces motifs, la Cour supplia S. M. de vouloir bien ordonner que les objets dont il était question, continueraient à être payés par son Domaine, comme il avaient toujours été jusqu'alors.

Mais ces représentations furent sans effet ; il vint, en 1772, des ordres nouveaux : la Chambre d'agriculture obtint même, sur la demande qu'elle en avait faite, que les appointemens de son Député seraient augmentés de 9,000 liv. par an, au moyen de quoi, la charge imposée à la colonie pour ces objets, s'est trouvée monter à 34,700 liv. par an : ces nouveaux ordres étaient exprès et précis : il fallut obéir ; la Cour, cependant, ne les enregistra, qu'en ordonnant que ses représentations seraient de nouveau envoyées au Ministre ; mais cette seconde démarche n'eut pas plus d'effet que la première. Loin d'y avoir égard, il fut ordonné que le paiement de ces objets, serait régulièrement payé à l'échéance de chaque quartier de trois mois.

L'embarras dans lequel cette circonstance jeta la caisse, était d'autant plus grand, que dans l'intervalle des représentations faites par la Cour, le paiement de ces objets qui était ordonné depuis juillet 1771, avait été suspendu, au moyen de quoi les arrérages étaient accumulés et montaient à une somme très-considérable.

Il fallut, pour y pourvoir, établir en 1773, une imposition de 35 s. par tête de nègres, imposition qui n'aurait pas même été suffisante pour libérer la caisse : mais heureusement pour la colonie, elle reçut vers cette même époque, un secours considérable dont elle fut redevable à la bienveillance de M. le président de Tascher, et dont voici quels furent l'objet et l'occasion.

L'orsque l'île était rentrée, en 1763, sous la domination du Roi, il s'était trouvé dans la caisse coloniale établie sous la domination anglaise un reliquat provenant, tant de ce qui avait été reçu par le sieur d'Olivet, receveur-général, que ce qui restait dû par plusieurs colons.

Ce reliquat appartenait incontestablement à la colonie; mais M. Lariviere qui, lors de son arrivée, s'était trouvé très-pressé de fonds pour fournir aux dépenses royales, en avait provisoirement disposé, et l'avait fait verser dans la caisse du Roi.

Depuis, ce reliquat avait été destiné par la colonie, à une statue du feu Roi, dont MM. d'Ennery et de Peinier furent priés de faire la demande en son nom; mais les réponses du Ministre, ne remplirent pas l'espérance de la colonie.

En conséquence, quelque tems après, la Cour forma, auprès de M. de Peinier, la réclamation de cette somme, pour être appliquée au soulagement de la colonie; mais, malgré la bonne volonté de ce Chef, les embarras de la caisse du Roi, ne lui permirent pas, pendant tout le tems de son administration, de rendre à la colonie sur cet objet, la justice qu'il reconnaissait lui être due.

La circonstance critique dans laquelle se trouvait la colonie en 1771, par les pensions des Députés et Secrétaires de la Chambre d'agriculture, dont la caisse des nègres justiciés venait d'être chargée, fournit à la Cour une nouvelle occasion de réitérer sa demande auprès de M. le président de Tascher. Ce Chef, toujours disposé à soulager la colonie, dans tout ce qui peut dépendre de lui, accueillit favorablement cette demande; il ordonna en conséquence, qu'il serait fait une vérification exacte, tant des titres sur lesquels la réclamation de la Cour était fondée, que du montant de ce qui avait été reçu par la caisse du Domaine. Par cette vérification, il fut reconnu que le reliquat de la caisse coloniale avait produit dans celle du Roi, un recouvrement réel et effectif, de la somme de 63,068, liv., et par les ordres de M. le Président, cette somme fut versée dans la caisse des nègres justiciés.

Ce soulagement, dans la position malheureuse où la caisse se trouvait, fut pour elle du plus grand avantage. Il en résulta, d'un côté, que l'imposition qu'on avait été forcé de porter à 35 s. par tete de négres, fut réduite à 20 s.; de l'autre, que la caisse eut le moyen de payer les arrérages dus depuis long-tems à la Chambre d'agriculture et au Député du Conseil. Les comptes du Receveur-général de l'année 1773, justifient que, dans cette année, il a payé pour ce seul objet la somme de 82,250 liv.

Ce secours, procuré à la colonie par M. le président de Tascher, avait remis la caisse à peu près dans son cours ordinaire. L'exactitude du Receveur actuel, tant pour l'ordre de ses paiemens que pour la reddition de ses comptes, a achevé de la libérer, et de la mettre dans l'ordre le plus desirable.

Le sieur Littée avait été, ainsi que je l'ai dit, substitué en 1771, au sieur Monsigny Duverval : en cette qualité, il s'est trouvé chargé de la recette des années 1772, 1773, 1774, et 1775, et il a régulièrement rendu ses comptes tous les ans, ainsi qu'il y était astreint par les réglemens de la Cour.

Le compte de 1772, a été réglé par arrêt du 7 juillet 1773.

Celui de 1773, par arrêt du 4 novembre 1774.

Et celui de 1774, par arrêt du 2 mai 1775.

Quand à celui de 1775, il sera présenté à la Cour à la prochaine séance du mois de mars.

Par ces comptes il est justifié :

Premièrement, que tous les anciens arrêts, dont le paiement avait été arriéré, sont aujourd'hui soldés et acquittés.

Secondement, que les arrêts de l'année dernière, sont aussi acquittés, jusques et compris même quelques-uns de la dernière séance du mois de novembre.

Troisièmement, qu'indépendamment des frais de régie, dont je donnerai l'état dans le moment, les paiemens effectifs, faits par le Receveur-général aux parties prenantes, depuis son installation jusqu'à la présente année, montent à la somme de 281,350 liv. Je mettrai sous les yeux de la Cour, et je laisserai sur le bureau l'état des paiemens.

Après vous avoir exposé, Messieurs, quel est l'état actuel de la caisse, quelles ont été les vicissitudes, et quelle est la forme de son administration présente, je crois à propos, de dire un mot des charges qu'elle supporte. Ce détail me paraît d'autant plus nécessaire, que je suis instruit qu'il existe dans le public un préjugé qu'il est bon de détruire. Bien des personnes s'imaginent que, dans tous les tems, il a été pris sur cette caisse des taxes arbitraires, qui en absorbaient le produit,

C'est une erreur dont il convient de détromper la colonie, quoiqu'elle n'ait pu être produite que par l'inattention la plus irréfléchie. Pouvait-on en effet se persuader que la Cour, à qui l'administration de la caisse est confiée, et qui en reçoit les comptes, eût alloué en bonne dépense, des paiemens qui n'auraient pas été appuyés sur des titres légaux et juridiques ? Quoi qu'il en soit, il convient que la colonie sache, que la vérité est, que jamais cette caisse n'a été grevée d'aucune autre charge étrangère à l'objet de son établissement, que d'une pension annuelle de 2,000 liv. accordée par le Roi au sieur Rauffin, arpenteur-général des îles. Cette dépense était fondée sur un ordre exprès de S. M. : la Cour ne pouvait pas par conséquent en refuser l'allocation. Depuis la mort dudit Rauffin, cet objet n'a plus subsisté, et la caisse n'était chargée uniquement que des dépenses indispensables pour sa régie, jusqu'au moment où il a plu au Roi, d'ordonner que les droits attribués au Député des Conseils, et à la Chambre d'agriculture, seraient payés par la caisse.

Au moyen de cet ordre, de l'exécution duquel la Cour n'a pas pu, malgré tous ses efforts, dispenser la colonie, les charges actuelles de la caisse consistent :

Premièrement, dans cet objet, qui monte annuellement à la somme de 34,700 livres.

Secondement, dans la somme de 1,500 liv., allouée au Greffier de la Cour, par les Commissaires de la colonie, pour toutes les expéditions relatives à la caisse, lesquelles expéditions il est tenu de délivrer *gratis*.

Troisièmement, dans le dixième de la récette effective accordée au Receveur-général, qui, à ce moyen, est obligé de se procurer, à ses frais, des Receveurs particuliers, dont il est garant et responsable, et qui fait bon à la caisse de toutes les sommes touchées par ces Receveurs particuliers.

Quatrièmement, dans une somme de 400 liv. qu'on paie aux employés du Domaine, pour fournir une copie des dénombremens, dont on a besoin pour fixer le montant de l'imposition.

Cinquièmement enfin, dans quelques frais d'huissiers, et d'impression, qui sont indispensables; mais qui ne s'élèvent jamais à une somme bien forte.

Telles sont, Messieurs, les seules charges que supporte présentement la caisse des nègres justiciés : les comptes de sa régie, réglés par la Cour, et qui existent dans son Greffe, justifient que jamais aucun autre paiement, à quelque titre que ce pût être, n'a été porté dans les comptes du Receveur-général de la caisse; c'est une vérité dont la colonie sera sans doute persuadée, d'après le témoignage public et authentique de la Cour.

Il ne me reste plus, Messieurs, pour terminer tout ce que je m'étais proposé de mettre sous vos yeux, au sujet de l'administration de la caisse des nègres justiciés, qu'à vous présenter les états qui m'ont été remis par le Receveur-général de la caisse, et d'après lesquels vous avez à procéder à la fixation de l'imposition de l'année 1775.

Vous verrez par ces états, d'un côté, que, sur ce qui est dû à la caisse, tant pour le restant des précédentes impositions, que par les autres objets qu'elle a à recouvrer, on peut compter pour bonne recette la somme d'environ 25,000 liv.; d'un autre côté, que les charges de l'année dernière, qu'il faut prendre pour base de l'imposition actuelle, ont monté à environ 73,000 liv., et qu'il faut, de plus, envisager, que le grand nombre des nègres qui ont été condamnés à la présente séance, dont l'estimation monte à environ 18,000 liv. rendront les charges de la présente année beaucoup plus considérables qu'à l'ordinaire; en sorte que, pour pouvoir y faire face, il faut que le produit de l'imposition, eu égard aux non-valeurs, sur lesquelles on doit aussi calculer, s'élève au moins à la somme de 60 et quelques mille liv.; laquelle somme est à répartir sur environ 48,000 nègres payant droits, qui est le nombre auquel montent les dénombremens fournis au Domaine pour l'année 1775, ainsi qu'il est constaté par l'état remis par le Receveur-général de la caisse, que je laisse sur le bureau.

C'est d'après ce tableau que vous avez, Messieurs, à régler sur quel pied vous fixerez ladite imposition; sur quoi je requiers qu'il plaise à la Cour de délibérer.

La matière mise en délibération:

La Cour, après avoir vu et examiné les états présentés par le Receveur-général de la caisse, et mis sur le bureau par le Procureur-général du Roi, ordonne que l'imposition des nègres justiciés de l'année 1775, sera et demeurera fixée à 25 s. par tête de nègres payant droits, portés aux dénombremens de ladite année 1775, exemptions non déduites, de laquelle somme sera fait recette, ainsi qu'il est ordonné par les réglemens de la Cour, pour payer les parties prenantes sur la caisse des nègres justiciés.

A été arrêté, en outre, qu'il sera fait de nouvelles remontrances au Roi, pour représenter l'état malheureux et de détresse dans lequel se trouve la colonie et l'impuissance où elle est de supporter les charges qui lui sont imposées; et qu'en conséquence, S. M. sera suppliée de vouloir bien décharger la caisse des nègres justiciés du paiement des droits attribués, tant au Député du Conseil, qu'au Député et au Secrétaire de la Chambre d'agriculture, et ordonner que ces objets seront payés à l'avenir par son Domaine, comme ils l'étaient avant 1771; pour la rédaction desquelles remontrances la Cour a nommé commissaires MM. Duval de Grenonville et Rollin de la Haute.

Ordonne que le discours du Procureur-général du Roi et le présent arrêt seront imprimés, *etc.*

Fait au Conseil souverain de la Martinique, le 8 janvier 1776. *Signé*, ROIGNAN, greffier.

(N°. 500.) EXTRAIT *d'une Dépêche ministérielle de M.* de Sartine, *sur le Droit d'imposer, qui appartient au Roi seul.*

Du 19 janvier 1776.

Le Ministre, dans cette lettre écrite en commun à MM. D'Argout et de Tascher, général et intendant, leur témoigne sa surprise sur un bruit parvenu jusqu'à lui : « Il s'agit, dit-il, d'une taxe de 6 liv. par tête de » nègre et de 10 pour 100 sur les loyers des maisons, » imposée sur la ville de St-Pierre, pour l'établissement » et confection des fontaines publiques. » Le Ministre demande les renseignemens les plus positifs à ce sujet, disant qu'*il ne peut pas croire que les Administrateurs se soient arrogés le droit d'établir un impôt, droit réservé au Roi seul, et incommunicable par sa nature et son importance.*

(N°. 501.) ORDONNANCE *de MM. les Général et Intendant, concernant l'Imposition sur la Martinique, pour l'année* 1776.

Du 4 mars 1776.

LE Conseil et plusieurs des notables Colons de ces îles ont eu connaissance des représentations que nous avons faites, en différens tems, aux Ministres de S. M., pour en obtenir la diminution des impôts établis sur ces colonies.

Nous ne pouvons mieux démontrer à tout ce qui les compose, à quel degré nous avons insisté pour leur obtenir ce soulagement, que par la teneur même de la réponse que nous avons reçue du Ministre actuel.

« S. M. aurait desiré pouvoir accorder aux » Habitans des îles du vent, pour l'année 1776, » la modération de l'impôt, que vous avez sollicitée avec tant d'instances ; mais l'état de ses » finances et les nouveaux sacrifices qu'elle » vient de faire, pour mieux assurer la garde » de ses colonies, l'ont obligée de suspendre » l'effet de sa bienveillance, jusqu'à des époques

» plus heureuses : elle a cependant bien voulu
» supprimer la contribution de 60,000 liv.,
» argent de France, *ordonnée sur Ste-Lucie.* »

Il est sensible, par les termes de cette réponse, que nos supplications réitérées et les motifs qui les appuyaient, ont obtenu du Ministre de S. M., toute l'attention dont nous nous flattions, et l'exemption de tout impôt, dont Ste-Lucie continue de jouir, est un premier motif de reconnaissance envers lui.

Les nouvelles dépenses auxquelles il a déterminé S. M., pour ajouter aux moyens de défense de la Martinique, sont encore un de ses bienfaits ; et s'il n'accorde point, quant à présent à cette colonie, la diminution d'impôt que nous avions sollicitée pour elle, il donne au moins des espérances de la procurer, quand ces dépenses additionnelles auront cessé avec les circonstances qui les ont déterminées.

Si la teneur des nouveaux ordres de S. M. ne nous permet point d'annoncer, quant à présent, des soulagemens dont l'universalité des Colons de cette île puisse se ressentir, il est au moins consolant pour nous, que S. M. veuille bien, comme nous l'espérions, ne pas désapprouver les secours particuliers que nous avons provisoirement accordés, par notre ordonnance du 7 mars de l'année dernière, aux Habitans sucriers, dont les fourmis ont dévasté les cultures, ainsi qu'aux Cultivateurs de café, dont la position devient de jour en jour plus désastreuse.

C'est encore une consolation pour nous d'avoir personnellement vérifié que la culture de l'indigo, régénérée par nos soins dans ces îles, fait à la Martinique depuis 2 années, des progrès satisfaisans ; mais nous avons reconnu que les établissemens de ce genre ne pouvaient se multiplier au gré de nos vœux, si la détresse de ceux qui les entreprennent n'était aidée par des encouragemens particuliers, et nous nous y portons d'autant plus volontiers, que cette conduite nous est tracée par les faveurs de différens genres, que les Rois, prédécesseurs de S. M., ont accordées aux cultures naissantes.

A CES CAUSES, nous, *etc.*, avons statué et ordonné ce qui suit :

ART. Ier. Tous les esclaves de l'un et de l'autre sexe de l'île Martinique, depuis l'âge de 14 ans jusqu'à celui de 60 exclusivement, attachés aux manufactures à sucre, seront imposés pour la présente année, à 18 l. par tête, sur le pied des dénombremens qui ont dû être fournis.

II. Les esclaves des habitans cultivateurs de café, cacao, coton, manioc et autres vivres, seront taxés à 10 l. par tête, et sur les mêmes dénombremens.

N. B. Les dispositions des articles III à XV inclusivement étant absolument les mêmes que celles de l'ordonnance du 1er. janvier 1773, voyez le No. 468 du présent tome, page 138 et suivantes.

XVI. Les habitans, fondateurs de manufactures d'indigo, jouiront d'une année d'exemption de tous impôts, sur les nègres attachés à cette culture, en justifiant toutefois, par certificats des Commandans de la paroisse et du bataillon, que lesdites manufactures sont parachevées et en état d'activité : nous supplierons S. M. de vouloir bien leur prolonger cette faveur pour moitié, pendant les deux années suivantes.

Cette même denrée continuera d'être exempte de l'un pour cent, à la sortie de la colonie, et le Ministre de la marine sera par nous supplié de vouloir bien s'entendre avec celui des finances, pour que cette production soit exempte jusqu'à nouvel ordre, de tous droits aux entrées de France, quand elle proviendra de la Martinique.

XVII. La capitation étant acquise au Domaine du Roi, du 1er. janvier, nous ordonnons que l'imposition que nous établissons pour la présente année, sera acquittée d'ici au 1er. avril prochain, en un seul paiement ; à defaut de quoi les redevables seront contraints par toutes les voies de droit, même par corps, et par la saisie et vente de leurs nègres, sans exception.

XVIII. Les pères de dix enfans vivans jouiront de l'exemption de moitié des droits de capitation, tant sur les nègres des villes, que sur ceux des habitations, conformément à la lettre du Ministre, du 7 mai 1773, sur les certificats du Curé de leur paroisse, visés du Commandant de milice de leur quartier.

Il est, au surplus, très-entendu que les pères de dix enfans, quand même ils en perdraient après avoir ressenti ce bienfait, ne continueront par moins d'en jouir, S. M. ne retirant point les grâces qu'elle a faites.

Prions messieurs les Officiers du Conseil souverain de la Martinique de faire enregistrer, *etc.*

Donné à la Martinique, le 4 mars 1776. *Signé*, le Comte de NOZIERES, *et* le Président de TASCHER.

Enregist. au Conseil souverain.

(N°. 502.) MÉMOIRE *du Roi, pour servir d'Instruction aux Gouverneurs et Intendans des îles du vent, relativement à l'exportation des Sirops et Tafias, et à l'établissement de Guildiveries.*

Du 31 mars 1776.

SA MAJESTÉ desirant procurer au commerce national les moyens de soutenir la concurrence des étrangers, dans l'achat des sirops et tafias de nos colonies, et lui en faciliter l'exportation, en engageant les habitans desdites colonies à en diminüer le volume, par leur conversion en eau-de vie, S. M. veut qu'il soit payé par les étrangers, qui enlèveront des sirops et tafias de nos colonies, un droit de 3 s. par velte, pour le produit de ce droit être converti en une prime de pareille somme de 3 s. par velte de sirops et tafias exportés par les navires français.

Ordonne S. M. aux Intendans desdites îles de faire payer ladite prime auxdits Armateurs, après que la quantité de cette marchandise chargée sur leurs bâtimens aura éte constatée, par les employés du Domaine du port du chargement. S. M. voulant engager les habitans des susdites îles à établir des guildiveries, elle déclare par le présent mémoire, les esclaves employés à ces établissemens, exempts de tout droit de capitation.

Mande et ordonne S. M., *etc.*

Fait à Versailles, le 31 mars 1776. *Signé*, LOUIS; *et plus bas*, par le Roi, DE SARTINE.

Enregist. au Conseil souverain.

(N°. 503.) EXTRAIT *d'une Dépêche ministérielle de M.* de Sartine, *sur différentes Primes accordées au Commerce national, et sur le besoin de veiller avec soin aux Francisations simulées.*

Du 8 avril 1776.

Cette lettre, commune aux deux Administrateurs en chef, fixe le droit de 5 liv. par quintal de morue introduite à l'entrepôt de Sainte-Lucie, pour être converti en une prime de pareille somme pour chaque quintal de morue de pêche nationale, apportée par les bâtimens français aux îles du vent; assujettissant d'ailleurs chaque velte de sirop et tafia, exportée par les étrangers, à un droit de 3 s. *qui sera aussi converti en une prime de pareille somme pour chaque velte de la même denrée chargée sur les navires français.*

Le Ministre, dans la même lettre, annonce que le Roi accorde l'exemption de la capitation aux habitans qui auront des guildiveries pour les nègres employés à ces établissemens.

Enfin, le Ministre fait défenses, de la part du Roi, d'admettre aucun bâtiment étranger, ailleurs qu'à l'entrepôt de Sainte-Lucie, et ne permet d'admettre comme navires français que ceux qui auront fait un voyage en Europe et dont le Capitaine, les Officiers et les deux tiers de l'équipage seront nationaux; il ordonne en même tems de faire cesser les abus résultant de la francisation des bâtimeens par des ventes simulées.

(N°. 504.) ARRÊT *du Conseil souverain, concernant la Caisse des Libertés.*

Du 7 mai 1776.

CE jour, MM. Duval de Grenonville et Menant, nommés commissaires par arrêt du jour d'hier, pour l'examen des comptes des libertés, volontairement communiqués à la Cour par M. le président de Tascher, ayant fait le rapport desdits comptes et des pièces au soutien d'iceux, il a été reconnu, à l'égard de cette île, que les recettes provenant des taxations faites pour raison des affranchissemens accordés par M. le comte de Nozieres et mondit sieur le président de Tascher, pendant les 4 années de leur administration, terminées le 15 mars dernier, s'élevaient à la somme de 271,525 l., et la dépense par eux imputée sur le même objet, à celle de 216,799 l.; qu'en conséquence il restait en caisse, à la fin de leur administration commune, 54,726 liv.

Et qu'à l'égard des recettes faites pour le même objet à Sainte-Lucie, durant le même tems, les recettes montaient à 41,091 l., et les dépenses à 36,276 l.; qu'en conséquence il restait en caisse pour cet objet 4,815 liv.

Que, par les comptes arrêtés par mesdits sieurs les comte de Nozieres et président de Tascher, appuyés du certificat du Greffier de l'Intendance de ces îles, justifiant les recettes y portées, et des quittances des parties prenantes, relatives aux dépenses, la Cour a vu avec satisfaction que l'application desdites recettes a tourné à l'utilité publique, aux embellissemens de la colonie et à des œuvres pies.

Après quoi monsieur le Général a dit :

Qu'il ne pouvait qu'applaudir à la communication que MM. les Administrateurs précédens ont donné à la Cour, des comptes dont il s'agit, que cela est digne de leur délicatesse, à laquelle il rend justice avec plaisir, et qu'il est dans l'intention de suivre leur exemple, en faisant mettre à toutes les séances du Conseil l'état des libertés accordées, celui de l'emploi qu'il en sera fait, et un compte général du tout à la fin de chaque année; qu'en conséquence il est d'avis, d'accord avec M. le Président, que la Cour se fasse rapporter, par les différens Greffiers des jurisdictions, une note des libertés enregistrées, pour servir de preuves aux comptes qui seront rendus à l'avenir; et qu'elle ordonne que celui de l'année lui soit envoyé par le Receveur de la caisse des libertés de ces îles, à la séance de janvier de chaque année.

Sur quoi la matière mise en délibération, *etc.*, la Cour ordonne qu'il sera fait registre du discours de mondit sieur le Général ; en conséquence, ordonne aux Greffiers des différentes jurisdictions du ressort d'envoyer, à chaque séance, au Procureur-général, un état des libertés enregistrées à leurs greffes, dans l'intervalle desdites séances ; ordonne en outre que le Receveur de la caisse des libertés de ces îles sera tenu d'envoyer à la Cour, à la séance de janvier, le compte général de ses recettes et dépenses pour le même objet, avec les pièces au soutien, pour y avoir tel égard que de raison : ordonne en outre que les comptes communiqués, ainsi que les pieces au soutien, resteront déposés au Greffe de la Cour.

Et M. le président de Tascher étant entré, messieurs les deux Chefs ont dit au Conseil :

Que sur les 54,726 liv. restant en caisse à la Martinique, 35,000 liv. seraient dès à présent employées à secourir les besoins des pauvres habitans, dans les diverses paroisses de la colonie ; que 10,000 liv. seraient appliquées à finir la nouvelle maison des Enfans trouvés de Saint-Pierre, que le surplus servirait à hâter le comblement du Fort-Royal ; et, par rapport à Ste-Lucie, le restant en caisse serait employé à continuer, à la décharge des habitans, les paiemens des dépenses faites pour le chemin du grand Cul-de-sac, maintenant terminé.

Sur quoi la Cour a ordonné qu'il sera fait registre du dire de MM. les Général et Intendant, et que le présent arrêt sera imprimé, *etc.*

Fait au Conseil souverain de la Martinique, le 7 mai 1776. *Signé*, ROIGNAN, greffier.

(N°. 505.) ORDONNANCE *de MM. les Général et Intendant, concernant la Police des Esclaves aux Processions.*

Du 30 mai 1776.

VU la remontrance à nous présentée par le Procureur du Roi en la jurisdiction royale de St Pierre, tendante à ce que, par les motifs y énoncés, il nous plût ordonner que les esclaves, de l'un et de l'autre sexe, ne pourraient assister aux processions et les suivre, qu'avec leurs habits ordinaires et conformes à leur état, à peine du fouet et du carcan, et contre les maîtres qui les autoriseront, de 50 l. d'amende.

Nous ordonnons que les esclaves, de l'un et l'autre sexe, ne pourront assister aux processions et les suivre qu'avec leurs habits ordinaires et conformes à leur état, à peine du fouet et du carcan, et contre les maîtres qui les autoriseront, de 50 l. d'amende; ce qui sera enregistré au Greffe de l'Intendance et aux jurisdictions royales de cette île Martinique, imprimé, *etc.*

Donné à la Martinique, le 30 mai 1776. *Signé*, D'ARGOUT *et* le Président de TASCHER.

(N°. 506.) ARRÊT *du Conseil d'Etat du Roi, portant homologation de la Délibération des Députés de la Colonie, qui assure* un million, *argent des iles, à celui qui indiquera un moyen sûr de détruire les Fourmis.*

Du 8 juin 1776.

VU par le Roi, étant en son Conseil, la délibération prise le 9 mars 1775, par les Députés des différens-quartiers de l'île de la Martinique, assemblés au Fort-Royal, par laquelle il a été arrêté qu'il serait payé, par la colonie, *un million*, argent des îles, à celui qui trouverait un moyen simple et sûr de détruire les fourmis qui dévastent cette colonie; que cette somme serait repartie sur les habitans sucriers seulement, par tête de nègres payant droit attachés aux sucreries, sans exception d'aucuns priviléges; qu'elle serait perçue en trois années, par des Commissaires choisis dans chaque paroisse et qui verseraient directement ladite somme entre les mains de celui auquel ledit prix aurait été adjugé ; que pour l'adjudication dudit prix, il serait nommé 17 commissaires choisis dans différens quartiers, lesquels, après l'examen qu'ils auraient fait, chacun dans son quartier, des épreuves qui pourraient être proposées, en référeraient à leur assemblée générale et demeureraient autorisés à adjuger le prix acquis ; qu'enfin lesdites sucreries qui pourraient s'établir ou se rétablir dans les trois années qui suivront l'adjudication, seraient tenues de contribuer comme les autres.

Vu également la lettre des Srs. de Nozieres et de Tascher, Gouverneur-général et Intendant de ladite île de la Martinique, en date du 15 octobre 1775, par laquelle ces Administrateurs auraient demandé au nom des habitans de cette colonie, que ladite délibération fut homologuée par S. M.

Tout considéré : ouï le rapport, le Roi étant en son Conseil, a homologué et homologue la délibération prise le 9 mars 1775, par les Députés des différens quartiers de l'île Martinique, assemblés au Fort-Royal, pour assurer un million argent des îles, à celui de quelque nation qu'il soit, qui indiquera un moyen simple et sûr de détruire les fourmis qui dévastent cette colonie ; pour ladite délibération avoir son plein et entier effet. Autorise en conséquence S. M., les habitans de ladite colonie à nommer des Commissaires, pour, après l'examen qu'ils auront fait dans leur territoire, des moyens propres pour la destruction des fourmis, en référer à leur assemblée générale, et adjuger ladite somme d'un million, argent des îles, à celui qu'ils estimeront l'avoir méritée ; autorise également,

S. M., lesdits Commissaires, à imposer, dans l'espace de trois années consécutives, ladite somme d'un million sur tous les esclaves payant droit attachés aux sucreries dans ladite île de la Martinique, ou qui y seront établies ou rétablies dans les trois années qui suivront l'adjudication dudit prix.

Ordonne S. M. que le présent arrêt sera enregistré au Conseil souverain de la Martinique.

Fait au Conseil d'Etat du Roi, Sa Majesté y étant, tenu à Versailles, le 8 juin 1776. *Signé*, DE SARTINE.

Enregistr. au Conseil souverain.

(N°. 507.) ARRÊT *du Conseil d'Etat du Roi, sur les Affranchissemens.*

Du 8 juin 1776.

VU par le Roi, étant en son Conseil, l'ordonnance rendue le 29 décembre 1774, par les S^rs^. Commandant-général et Intendant des îles du vent, par laquelle, entr'autres dispositions il est enjoint à tous les gens de couleur, qui se prétendent libres et vivent comme tels, de rapporter, sous trois mois, les titres primordiaux de leurs affranchissemens; sous peine d'être regardés comme usurpateurs de la liberté, et comme tels vendus au profit de S. M.

S. M. considérant que cette ordonnance tend à jeter le trouble et l'inquiétude parmi les gens de couleur libres, et que lesdits sieurs Commandant-général et Intendant ont excédé les bornes de leurs pouvoirs, en se permettant de confirmer celles de ces libertés qui seraient douteuses, S. M. aurait jugé nécessaire de supprimer ladite ordonnance.

A quoi voulant pourvoir, ouï le rapport : le Roi, étant en son Conseil, a déclaré et déclare nulle et de nul effet, l'ordonnance rendue le 29 décembre 1774, par lesdits sieurs Commandant-général et Intendant des îles du vent : ordonne, S M., auxdits Commandant-général et Intendant, de tenir la main à l'exécution des ordonnances des mois de mars 1685, 15 juin 1736, et de l'arrêt du Conseil du 24 octobre 1713. Enjoint, en conséquence, S. M., aux Prêtres et Religieux desservans les cures aux îles du vent, de ne baptiser aucuns enfans de couleur, comme libres, s'il ne leur apparâît des actes de liberté des mères, dûment autorisés par les Administrateurs de la colonie; et, à cet effet, d'envoyer tous les trois mois à l'Intendant desdites îles, ou à celui qui le représentera, un état des enfans de couleur qu'ils auront baptisés, comme libres, pour, lesdits enfans, être confisqués et vendus au profit de S. M., s'ils sont nés de mères esclaves. Enjoint également aux Commandans et Officiers de milice, dans les différens quartiers desdites îles, de faire arrêter tous les esclaves affranchis, sans permission des Administrateurs, pour être pareillement confisqués et vendus au profit de S. M., conformément à l'arrêt du Conseil du 24 octobre 1713,

Ordonne S. M., que le présent arrêt sera enregistré au Conseil souverain de la Martinique.

Fait au Conseil d'Etat du Roi, Sa Majesté y étant, tenu à Versailles, le 8 juin 1776.

Signé, DE SARTINE.

Enregist. au Conseil souverain.

(N°. 508.) EDIT *du Roi, portant établissement, à Versailles, d'un Dépôt des Papiers publics des Colonies.*

Du mois de juin 1776.

LOUIS, *etc.*, SALUT : Les papiers publics des colonies françaises de l'Amérique, de l'Afrique, et de l'Asie, ont été, de tous les tems, exposés, par l'effet du climat, à plusieurs causes de destruction. Les actes d'une génération se conservent à peine, sans être altérés pour la génération suivante; et l'état civil, comme les propriétés de ceux de nos sujets qui habitent ces pays, se trouvent sans cesse compromis. L'inutilité des moyens essayés jusqu'à ce jour sur les lieux, pour conserver des titres qui intéressent aussi essentiellement le repos et la sûreté des familles, ne nous laisse de ressource que dans l'établissement, en France, d'un dépôt où seront apportées des expéditions légales et authentiques, tant des registres de baptêmes, mariages et sépultures, que de tous les actes judiciaires et extrajudiciaires, concernant les personnes et les propriétés pour le passé et pour l'avenir, des *duplicata* des actes qui auront lieu après l'enregistrement du présent édit. Les originaux laissés sur les lieux pourront aussi être suppléés, en cas de perte ou d'autres accidens, par des copies de ces expéditions ou *duplicata*, lesquelles seront envoyées dans les colonies où il en sera besoin. Un autre effet de cet établissement, sera encore de fournir, sur l'existence de nos sujets qui passent dans lesdites colonies, des renseignemens que le trop grand éloignement ne permet de se procurer qu'avec peine, et dont le défaut arrête souvent des arrangemens intéressans pour les familles.

A CES CAUSES, *etc.*, nous ordonnons, voulons et nous plaît ce qui suit:

ART. Ier. Il sera établi à Versailles, pour la conservation et sûreté des papiers publics de nos Colonies, un Dépôt des Chartres des Colonies, dont la forme sera déterminée par le présent édit.

II. Il sera fait incessamment, par les Greffiers des Conseils souverains, un relevé sommaire des enregistremens faits avant cet édit, des lois émanées de notre autorité, et des expéditions, tant des réglemens faits par les Gouverneurs-généraux et Intendans, avec mention sommaire de leurs enregistremens, que des réglemens, faits par les Conseils souverains. On remontera à un tems aussi reculé, que l'état des registres pourra le permettre. Ces relevés et expéditions seront signés par lesdits Greffiers, et visés par le Président de chaque Conseil.

III. Les Curés ou desservans les paroisses, feront, aux frais des paroisses, un double signé d'eux, et légalisé par le Supérieur ecclésiastique, des registres de baptêmes, mariages et sépultures dont ils seront dépositaires; et les préposés aux hôpitaux civils, un double des registres d'inhumations qui auront précédé l'enregistrement du présent édit, pour être remis ainsi qu'il sera dit ci-après.

IV. Les Curés et desservans les paroisses, seront, en cas de refus ou de négligence, contraints à la poursuite de nos Procureurs, par la saisie de leur temporel, ou de celui des missions dont ils relèvent, à la remise desdits registres. Les Préposés aux hôpitaux civils seront contraints par des amendes qu'ils ne pourront répéter sur les biens desdits hôpitaux.

V. Les Greffiers feront aussi incessamment des expéditions signées d'eux, et visées par le premier Officier du siége, sans frais, des registres de baptêmes, mariages et sépultures, déposés en leurs Greffes, dont le premier double ne se sera pas trouvé ès-mains du Curé ou desservant de la paroisse, avec lequel ils vérifieront le nombre et les années des registres dont il se trouvera dépositaire; à quoi les Greffiers seront contraints par interdition, à la poursuite de nos Procureurs.

VI. Enjoignons aux Gouverneurs-généraux et Intendans, aux Conseils souverains, et à nos Procureurs-généraux de tenir la main à ce que les expéditions ci-dessus prescrites, se fassent avec le plus de diligence et d'exactitude qu'il sera possible, et soient, tous les trois mois, remises aux Greffes des Intendances et subdélégations, suivant les résidences, avec des états dans la forme de ceux mentionnés ci-après.

VII. Les parties intéressées à des actes, jugemens ou arrêts de date antérieure à l'enregistrement du présent édit, pourront, pour leur sûreté, remettre à leurs frais, aux Greffiers des Conseils souverains ou des Juges des lieux, des expéditions desdits actes, jugemens ou arrêts, signées et collationnées par les Notaires ou Greffiers, dépositaires de minutes, et visées par le Président du Conseil, ou par le Juge ordinaire, sans frais. Il sera fait sommairement mention du dépôt par lesdits Greffiers, sur un registre tenu à cet effet, coté et paraphé par le Président du Conseil ou par le Juge des lieux, sans frais; et, pour ladite mention, il sera payé, pour chaque dépôt, aux Greffiers, un droit de 5 s., monnaie de France, dans les colonies où les paiemens se font en cette monnaie, et de 7 s. 6 d. dans les autres colonies.

VIII. Les Officiers des classes dans les colonies françaises, feront incessamment un relevé des passagers arrivés de France ou autres lieux, et de ceux qui seront partis desdites colonies, soit pour France, soit pour un autre colonie, depuis l'année 1749, inclusivement, autant que l'état des registres tenus et des rôles d'équipages expédiés au bureau jusqu'a ce jour, pourra le permettre. Il sera pareillement adressé par le Secrétaire d'Etat ayant le département de la marine, des ordres aux Officiers des Classes des ports de France où se font les embarquemens pour les colonies, de faire un relevé, par année, depuis et compris 1749, des rôles d'equipages, en ce qui concerne seulement les passagers qui y sont portés, soit en allant, soit en revenant; lesquels relevés seront visés, tant dans les colonies que dans les ports de France, par les Officiers supérieurs d'administration, et adressés, par ces derniers, au Secrétaire d'Etat ayant le département de la marine.

IX. Après l'enregistrement du présent édit, les Greffiers des Conseils souverains feront expéditions des lois qui émaneront à l'avenir de nous, et des réglemens qui seront faits par les Gouverneurs-généraux et Intendans, avec mention des arrêts d'enregistrement, ainsi que des arrêts de réglement faits par les Conseils souverains; et ces expéditions seront visées des Présidens de chaque Conseil souverain.

X. Les Curés ou Desservans les paroisses, tiendront à l'avenir, aux frais de la paroisse, un troisième registre pour les baptêmes, mariages et sépultures, dans la forme prescrite par les ordonnances, et leur signature sera légalisée au bas de la dernière page, par le Supérieur ecclésiastique. Les Préposés aux hôpitaux civils tiendront aussi un troisième registre des inhumations faites auxdits hôpitaux ; et leur signature sera légalisée au bas de la dernière page, par le Juge des lieux, sans frais.

XI. Les Notaires retiendront, aux frais des parties, deux minutes de différens actes qu'ils recevront, dont l'une sera destinée pour le dépôt, et visée sans frais par le Juge des lieux. Exceptons néanmoins de la nécessité de la seconde minute, les actes d'inventaires, de partages, ou de ventes sur inventaire, sauf aux parties à remettre, à leurs frais, expéditions desdits actes, aux termes de l'article VII, lorsqu'elles le croiront nécessaire pour leur sûreté.

XII. Exceptons pareillement de la nécessité des deux minutes, la rédaction des testamens, si les circonstances ne permettent pas de dresser sur-le-champ une seconde minute : voulons, en ce cas, que la seconde minute soit remplacée, aux frais des parties, par une expédition faite et signée dans les quinze jours de l'ouverture et publication desdits testamens, et visée, par les Juges des lieux, sans frais.

XIII. Les Greffiers des Conseils supérieurs et des siéges inférieurs, retiendront par devers eux, aussi aux frais communs des demandeurs

et

et des défendeurs des expéditions des arrêts et jugemens définitifs rendus contradictoirement ou par defaut, en matière civile seulement; lesquelles expéditions seront visées par les Presidens des Conseils et par les Juges des lieux, sans frais : exceptons de la disposition du présent article, les jugemens rendus sur action purement personnelle entre parties presentes ou domiciliées dans la colonie.

XIV. Les Greffiers du Tribunal-terrier retiendront également, aux frais des parties, des expéditions des jugemens définitifs rendus contradictoirement ou par defaut; lesquelles expéditions seront visées par le President du Tribunal.

XV. Pourront, les parties intéressées aux concessions des terreins dans les campagnes, et des emplacemens en ville, et aux procès-verbaux d'arpentage et placement desdites concessions antérieures ou posterieures à l'enregistrement du present édit, deposer aux Greffes des lieux de leur residence, aux termes de l'article VII, des expéditions desdits actes, lesquelles seront signées par les dépositaires des minutes et visées; savoir : les concessions, par les Gouverneur-général et Intendant, et les procès-verbaux d'arpentage ou de placement, et tous autres actes de cette nature, par le Juge des lieux, sans frais.

XVI. Les Greffiers des Intendances ou Subdélégations retiendront pareillement, aux frais des parties, une seconde minute des actes d'affranchissemens, qui sera visée par les Gouverneur et Intendant; et il sera permis aux libres et aux affranchis, de remettre, aux termes de l'article VII, expédition des actes d'affranchissemens accordés précédemment à eux ou à leurs auteurs, signée du Greffier de l'Intendance ou Subdélégation, dépositaire de la minute, et visée par les Gouverneur et Intendant.

XVII. Les Curés ou Desservans les paroisses, les Préposés aux hôpitaux civils, les Greffiers des différens tribunaux et les Notaires, seront, à la diligence de nos Procureurs-généraux et de leurs Substituts, tenus de remettre, dans le premier mois de chaque année, au Greffe de l'Intendance ou de la Subdélégation, le plus prochain de leur résidence, les doubles des registres de baptêmes, mariages et sépultures, les doubles des registres d'inhumations faites aux hôpitaux civils, les expéditions des lois et des réglemens, les doubles minutes ou expéditions des actes ou jugemens retenus ou reçus par eux, dans le cours de l'année précédente. Chacun de ces dépositaires dressera en même tems trois états sommaires des registres et pièces qu'il aura à deposer, contenant le nombre et l'année des registres, la date des arrêts et jugemens, la nature et la date des actes; avec les noms des parties.

XVIII. Ces états seront certifiés par les déposans, et visés sans frais; ceux des Desservans des paroisses, des Préposés aux hôpitaux civils, et des Greffiers des Siéges royaux civils et d'Amirauté, par les Juges des lieux; ceux des Greffiers des Intendances ou Subdélégations, du Tribunal-terrier et des Conseils souverains, par les Présidens respectifs.

XIX. Deux de ces états seront remis au Greffe de l'Intendance ou de la Subdélégation, suivant la résidence du déposant; l'un sera envoyé en France; le second restera en dépôt au Greffe de l'Intendance ou de la Subdélégation, pour y avoir recours, en cas de besoin; le troisième demeurera ès-mains du déposant, pour lui servir de décharge : à l'effet de quoi, le Greffier de l'Intendance ou de la Subdélégation certifiera, sans frais, au bas de ce troisième état, que remise lui a été faite des pièces y mentionnées.

XX. Les Officiers des Classes tiendront à l'avenir un registre coté et paraphé par l'Officier supérieur de l'administration, qui contiendra les noms et qualités des passagers arrivés de France ou d'autres lieux dans la colonie, les noms des navires sur lesquels ils auront passé, et la date de leur arrivée; ainsi que les noms et qualités des passagers qui partiront des colonies, le nom des navires sur lesquels ils passeront, et la date de leur départ, avec mention de leur destination pour France, pour une autre colonie ou autre lieu quelconque : duquel registre il sera fait un relevé qui sera visé par l'Officier supérieur de l'administration, et déposé dans le premier mois de chaque année au Greffe de l'Intendance, pour être envoyé en France. Il sera également tenu dans les ports de France, par les Officiers des Classes, pareil registre, contenant les noms et qualités des passagers allant aux colonies ou venant d'icelles; dont le relevé, fait en la même forme, sera adressé tous les ans au Secretaire d'État ayant le département de la marine.

XXI. Le Greffier de l'Intendance ou de la Subdelégation dressera un état général sommaire des papiers qui lui auront été remis ou envoyés, par chapitres séparés, où seront distingues les registres de baptêmes, mariages ou sépultures, les arrêts et jugemens, les actes passés devant Notaires, les actes remis par les parties, les affranchissemens, les concessions, la qualité et la résidence du déposant et la date de la remise en son Greffe; et cet état général sera visé de l'Intendant.

XXII. Les relevés, doubles minutes et expéditions, ordonnés par les articles précédens, seront écrits sur papier à la teillière, en écriture courante, et seront payés à raison de 20 s. le rôle dans les colonies où les paiemens se font en monnaie de France, et de 30 s. dans les autres colonies, le rôle contenant 2 pages de 24 lignes chacune, et la ligne au moins 15 syllabes; les pièces marqués par les articles VII, XI, XIII, XIV, XV, XVI, seront payées par les parties intéressées. L'Intendant pourvoira sur ce pied, aux frais du Domaine, au paiement des relevés et expéditions ordonnés par les articles II, V, IX, et sur un pied modéré, au paiement des états et frais de transport marqués par les articles XVII et XXI, et aux dépenses nécessaires pour l'exécution des articles ci-après; desquels paiemens il sera annuellement, par l'Intendant, envoyé un état au Secrétaire d'Etat ayant le département de la marine.

XXIII. Tous lesdits papiers, avec les états généraux et particuliers d'iceux, seront mis et emballés avec soin dans une ou plusieurs caisses, scellées du sceau de l'Intendant, et chargées, par les ordres dudit Intendant, sur un ou plusieurs navires, avec connaissement; le procès-verbal de scellé, et le connaissement seront envoyés par l'Intendant, au Secrétaire d'Etat, ayant le département de la marine. Les clefs des caisses seront confiées à l'Officier de l'administration, embarqué sur l'un de nos vaisseaux, ou aux Capitaines des navires marchands, qui auront signé les connaissemens : enjoignons audit Officier d'administration et auxdits Capitaines, de veiller avec la plus grande attention à la conservation de ces papiers, et à ce que les caisses les contenant, soient placées dans l'endroit le plus sain ; à peine contre les Officiers d'administration, d'interdiction et contre les Capitaines des bâtimens marchands, d'être privés de commandement pendant une année, pour la première fois, et pour toujours, en cas de récidive : leur permettons en cas de nécessité, d'ouvrir les caisses pour en déplacer les papiers ; de quoi il sera dressé un procès-verbal, signé par les Officiers de l'état-major de nos vaisseaux, ou par les Officiers des navires marchands, et envoyé au Secrétaire d'État ayant le département de la marine.

XXIV. Ces caisses seront remises, avec les clefs, au premier Officier d'administration du port de l'arrivée, lequel en déchargera le connaissement, après avoir vérifié les scellés ; et s'ils ne paraissent pas entiers, ou si les évènemens ont donné lieu à quelques avaries ou déplacement pendant la traversée, il en sera donné avis au Secrétaire d'Etat ayant le département de la marine, sur les ordres duquel il sera dressé dans le port, s'il y échet, procès-verbal de l'état des caisses, et de la nature et des suites des avaries.

XXV. L'Officier d'administration adressera lesdites caisses, par la messagerie, au Secrétaire d'État ayant le département de la marine, lequel ordonnera la levée des scellés, après qu'ils auront été reconnus sur les procès-verbaux faits dans les colonies, dans les bâtimens de transport ou dans les ports du débarquement, et la vérification du contenu desdites caisses, par confrontation des états ordonnés par les articles XVII et XXI du présent édit ; de quoi il sera dressé procès-verbal, au pied duquel, et sur l'ordre du Secrétaire d'Etat ayant le département de la marine, le Directeur du dépôt, que nous commettrons par un brevet particulier, prendra charge des papiers y contenus, dont il lui sera remis un double, souscrit dudit Secrétaire d'Etat.

XXVI. Ceux qui auront intérêt à demander expédition de quelques pièces faisant partie du dépôt, s'adresseront au Directeur d'icelui, en lui justifiant de leur droit ou qualité, soit par des titres, soit par le certificat en bonne forme des Juges de leur domicile.

XXVII. Les expéditions, visées par le Directeur du dépôt, feront foi en justice ; elles seront délivrées sans frais, sur papier commun, et ne seront sujettes au contrôle, comme étant représentatives de titres et actes passés et reçus dans des pays où le papier timbré ni le contrôle n'ont pas lieu, à moins qu'il n'en soit fait usage en justice réglée ; auquel cas lesdites expéditions seront contrôlées, et les droits acquittés dans les bureaux les plus prochains, conformément à la déclaration du 6 décembre 1707, et à l'article XCVII du tarif du contrôle du 29 septembre 1722.

Si donnons en mandement, *etc.*

Fait à Versailles, au mois de juin 1776, *Signé*, LOUIS ; *et plus bas*, par le Roi, DE SARTINE.

Enregist. au Conseil souverain.

(N°. 509.) EXTRAIT *d'une Dépêche ministérielle de M.* de Sartine, *qui approuve l'élection des Commissaires du Commerce.*

Du 3 août 1776.

Dans cette lettre adressée en commun au Général et à l'Intendant, le Ministre approuve l'élection de quatre Commissaires du commerce, et prescrit aux Administrateurs de lui envoyer les noms de ceux qui seront nouvellement élus.

(N°. 510.) ORDONNANCE *du Roi, concernant les Embaucheurs et Fauteurs de Désertion.*

Du 12 septembre 1776.

SA MAJESTÉ, après avoir établi un nouvel ordre de peines contre les déserteurs de ses troupes, a cru devoir aussi expliquer ses intentions à l'égard des embaucheurs et des fauteurs de désertion; en conséquence, S. M. a ordonné et ordonne ce qui suit :

ART. Ier. S. M., ayant remis le crime de désertion commis par les soldats, cavaliers, dragons et hussards de ses troupes, tant françaises qu'étrangères, avant le 1er. janvier dernier, défend à ses Juges de faire ou continuer aucunes poursuites contre ceux qui auraient été les instigateurs ou fauteurs de desertions commises avant ladite époque.

II. Sera réputé embaucheur et puni comme tel, quiconque, par promesses, menaces ou autrement, aura sollicité un soldat, cavalier, dragon ou hussard des troupes de S. M., à déserter, sans que la peine puisse être remise ni modérée, dans le cas où le déserteur aurait prévenu sa condamnation par un retour volontaire à son régiment.

III. Sera pareillement réputé embaucheur et puni comme tel, quiconque n'étant pas autorisé par S. M. à faire des recrues pour le service, étranger, aura sollicité à entrer dans ledit service, un sujet de S. M. non engagé dans ses troupes.

IV. Ceux qui solliciteront un soldat, cavalier, dragon ou hussard à déserter à l'ennemi, en tems de guerre, seront punis de mort.

V. Ceux qui solliciteront un sujet de S. M. non engagé à son service, à passer au service ennemi, en tems de guerre, seront punis de mort.

VI. Ceux qui solliciteront un soldat, cavalier, dragon ou hussard à déserter à l'étranger, en tems de paix, seront condamnés aux galères pour 30 ans.

VII. Ceux qui solliciteront un sujet de S. M. non engagé à son service, à passer à celui de l'étranger, en tems de paix, seront condamnés aux galères pour 20 ans.

VIII. Ceux qui solliciteront un soldat, cavalier, dragon ou hussard à déserter, pour passer dans un autre régiment des troupes de S M., ou pour demeurer dans ses Etats, sans s'engager de nouveau à son service, seront condamnés aux galères pour 10 ans.

IX. Les articles IV à VIII ci-dessus, seront executés, même au cas où les sollicitations pratiquées par l'embaucheur n'auraient été suivies d'aucun effet.

X. Les complices des embaucheurs seront condamnés aux peines portées contre lesdits embaucheurs, par les articles IV à VIII ci-dessus.

XI. Ceux qui s'opposeront à la capture d'un déserteur, ou qui, après qu'il aura été arrêté, le retireront des mains des conducteurs, seront condamnés; savoir : dans le 1er. cas, aux galères pour 20 ans; et dans le 2me. cas, aux galères à perpétuité.

XII. Ceux qui, en exécution des articles précédens, seront condamnés à la peine des galères, seront flétris des lettres *GAL*.

XIII. S. M. défend très-expressément à tous ses sujets, de quelque qualité et condition qu'ils soient, de donner retraite aux déserteurs, et de faciliter leur fuite par quelque voie que ce soit, à peine de 150 l. d'amende contre chacun des contrevenans; laquelle amende sera appliquée; savoir : un tiers à l'hôpital du lieu ou au plus prochain, un tiers aux cavaliers de maréchaussée qui auront fait la capture desdits déserteurs, lequel tiers leur tiendra lieu de la gratification de 50 liv., à eux attribuée par l'ordonnance de S. M. du 12 décembre dernier; et l'autre tiers à celui qui aura dénoncé les contrevenans aux dispositions du présent article; et dans le cas où il n'y aura point de dénonciateur, l'amende de 150 liv. sera appliquée, moitié à l'hôpital du lieu ou au plus prochain et moitié aux cavaliers de maréchaussée.

XIV. S. M. défend très-expressément à tous ses sujets, de quelque qualité et condition qu'ils soient, d'acheter, troquer ou garder, soit à titre de gage, nantissement ou autrement, les chevaux, habillemens, armes et équipages des cavaliers, dragons, soldats ou hussards, servant dans ses troupes, à peine, aux contrevenans, de confiscation, et de 400 liv. d'amende contre chacun d'eux, applicable, pour un quart, à ceux qui les auront dénoncés, pour un quart, à l'hôpital du lieu, ou au plus prochain, et, pour le surplus, aux cavaliers de maréchaussée qui auront arrêté le soldat, cavalier, dragon ou hussard, auxquels appartiendront lesdits habillemens, armes, équipages ou chevaux, ou qui auront découvert ceux qui les tiennent de lui; et, dans le cas où il n'y aura point de dénonciateur, ladite amende de 400 liv. sera appliquée, moitié à l'hôpital du lieu ou au plus prochain, et moitié auxdits cavaliers de maréchaussée, qui, au moyen de cette portion de ladite amende, ne pourront répéter la gratification de 50 l., mentionnée en l'article précédent.

XV. S. M. ordonne que les articles III et VII, de la déclaration du 5 février 1731, seront exécutés selon leur forme et teneur; en conséquence, que les Prévôts des maréchaussées connaîtront, en dernier ressort, privativement à tous autres Juges, des crimes des embaucheurs ou fauteurs de désertion.

XVI. Lorsqu'il écherra seulement de condamner en l'amende prononcée par la présente ordonnance, contre les fauteurs de désertion, il ne pourra être décerné, contre l'accusé, d'autre decret que celui d'ajournement personnel, lequel sera converti en decret de prise de corps, si l'accusé ne se représente pas.

XVII. Dans le cas de l'article précédent, les formalités prescrites par les ordonnances, seront observées en ce qui concerne, tant le jugement de la compétence, que l'instruction qui doit précéder le jugement définitif; le procès néanmoins ne pourra être réglé à l'extraordinaire, même lorsque l'accusé sera contumax.

XVIII. Lorsque l'accusé contre lequel il n'échet de prononcer d'autre peine que celle de l'amende, aura subi l'interrogatoire qui précède immédiatement le jugement définitif, il sera conduit dans les prisons pour sûreté du paiement de ladite amende, au cas qu'elle soit prononcée contre lui; et lorsqu'il y aura été condamné, il ne pourra être élargi qu'après y avoir satisfait.

XIX. Si l'accusé condamné à l'amende est insolvable, son insolvabilité sera constatée par procès-verbal; auquel cas S. M. ordonne qu'il sera, par nouveau jugement rendu sur le rapport dudit procès-verbal, ordonné que l'accusé tiendra prison pendant 3 mois, si l'amende prononcée contre lui n'est que de 150 liv; et pendant 6 mois, s'il a été condamné à celle de 400 livres.

XX. Les Juges ne pourront statuer sur la destination des habillemens, équipages, armes et chevaux des soldats qui les auront troqués, engagés ou vendus; mais sera tenu le Prévôt de maréchaussée, ou son Lieutenant, d'en donner avis au Secrétaire d'Etat ayant le Département de la guerre, qui prendra à cet égard les ordres de S. M.

XXI. Lorsque les soldats qui auront vendu, troqué, engagé ou donné en nantisssement, leurs habillemens, armes ou chevaux, auront été constitués prisonniers, le procès sera fait contre l'acheteur, troqueur desdits effets, ou celui qui les aura gardés, reçus en gage ou nantissement, en observant ce qui est prescrit par les articles suivans.

XXII. Le soldat sera interrogé sur le fait de l'achat, troc ou engagement des effets mentionnés en l'article precédent, et récolé sur son interrogatoire.

XXIII. Il sera retenu prisonnier jusqu'à la fin de l'instruction qui doit précéder le jugement définitif de celui qui est accusé d'avoir acheté, troqué, gardé ou reçu en gage lesdits effets; et l'instruction finie, ledit soldat sera renvoyé au Conseil de guerre : en conséquence les Juges, qui prononceront sur la compétence du Prevôt, en ce qui concerne l'acheteur, seront tenus d'ordonner que l'instruction sera continuée avec le soldat, sauf, après qu'elle sera finie, à renvoyer ledit soldat au Conseil de guerre, pour y être jugé sur le fait de désertion, s'il y a lieu.

XXIV. Déroge S. M. à toutes les ordonnances précédemment rendues, en ce qui est contraire aux dispositions de la présente.

Mande et ordonne S. M., *etc.*

Fait à Versailles, le 12 septembre 1776. *Signé*, LOUIS; *et plus bas*, par le Roi, SAINT-GERMAIN.

(N°. 511.) EXTRAIT *d'une Dépêche ministérielle de M.* de Sartine, *sur l'emploi du produit des Affranchissemens.*

Du 14 septembre 1776.

Le Ministre, dans cette lettre adressée en commun au Général et à l'Intendant, félicite ces Administrateurs sur l'ordre qu'ils ont mis dans la manutention des deniers provenant

provenant des affranchissemens, lequel a eu l'approbation du Conseil de la Martinique, tant pour l'emploi que pour la forme ; le Ministre ordonne de maintenir le Trésorier de la colonie dans l'exercice des recettes et dépenses de cette partie, dont la comptabilité continuera d'être inspectée par les Administrateurs, et sera communiquée au Conseil souverain.

(N°. 512.) EXTRAIT *d'une Dépêche ministérielle de M.* de Sartine *à M. le Général, au sujet de l'Exemption des Milices demandée pour les Economes de MM. les Conseillers du Conseil souverain.*

Du 29 novembre 1776.

Le Ministre, en répondant à M. le Général sur cette demande, observe que le corps des milices étant établi pour tenir les Habitans armés pour la cause commune et la sûreté intérieure, il s'ensuit que nul Habitant ne devrait être dispensé de ce service ; que si le Magistrat l'est par état, celui qui le représente comme citoyen doit être attaché à un corps formé pour le salut de tous ; que d'après ces principes, les Economes des Officiers du Conseil, *sans exception*, doivent être enrôlés dans les milices, armés et équipés comme les Habitans ; mais que M. le Général peut dispenser le principal Econome (de l'Habitation seulement sur laquelle réside le Magistrat), d'assister aux revues de ce corps ; que, par cette tolérance, messieurs les Officiers du Conseil obtiendront le but qu'ils desirent, sans porter atteinte aux principes sur lesquels est fondé l'établissement des milices.

(N°. 513.) ORDONNANCE *de MM. les Général et Intendant; concernant la Poudre à feu.*

Du 21 décembre 1776.

PAR notre ordonnance, du 1er. octobre dernier, nous avons renouvelé l'exécution de l'article XII de celle de Mrs. de Champigny et de Ranché, concernant les incendies, en date du 1er. avril 1745, lequel article est conçu en ces termes : « Faisons défenses à tous Capitaines » de navires, Négocians et autres particuliers » de mettre dans les magasins et maisons du » bourg aucuns barils de poudre ; enjoignons à » ceux qui en ont de les déposer dans la pou- » drière du Fort, à peine de 500 l. d'amende, » pour chaque baril qui sera trouvé chez eux. »

Par là nous avons pourvu, autant qu'il est en nous, à la sûreté de l'intérieur du bourg St-Pierre, relativement aux inconvéniens résultans du magasinage de la poudre; mais, d'un côté, le local de la poudrière du Fort ne pouvant pas contenir toute la poudre qui y serait présentée, et d'un autre côté, notre surveillance devant se porter plus loin et s'étendre sur les accidens qui pourraient nuire aux navires étant en rade, nous offrons, d'une part, le magasin de l'Islet-à-Ramier dans la baie du Fort-Royal, pour y déposer les poudres dont il s'agit ; et, d'autre part, nous avons fait choix d'un local propre à recevoir et conserver cette marchandise, dans la distance d'une demi-lieue et sous le vent du bourg de Saint Pierre.

A CES CAUSES, nous, *etc.*, ordonnons que les Capitaines de navires, Négocians et autres particuliers, dont les poudres n'ont pu ou ne pourront être admises dans la poudrière du Fort, seront tenus de les faire transporter audit magasin, situé près la batterie de la Pointe-la-Marre, sauf à les en retirer avec les plus grandes précautions, quand ils trouveront occasion d'en commercer, et ce, à peine de 500 l. d'amende pour chaque baril qui demeurerait dans les navires ou dans les magasins de ce bourg, trois jours après la publication de notre ordonnance.

Quant aux frais de magasinage, ils seront incessamment réglés, d'accord avec le commerce, et le tableau en sera publié et affiché par-tout où besoin sera.

Donné à la Martinique, le 21 décembre 1776. *Signé*, D'ARGOUT, *et* le Présid. de TASCHER.

(N°. 514.) ORDONNANCE *de MM. les Général et Intendant, qui fixe le prix de la Viande de boucherie à 25 sols la livre, et celle de Mouton à 22 sols 6 deniers la livre.*

Du 8 janvier 1777.

N. B. MM. D'Argout et de Tascher, général et intendant, d'après les représentations à eux faites par les Officiers de police, sur la rareté toujours croissante de la viande de boucherie, et le besoin qu'en ont en général les habitans des villes et sur-tout les malades, se déterminèrent, dans l'espoir d'engager les Espagnols à apporter des bestiaux dans la colonie, à porter le prix de la viande de bœuf à 25 sols et celui de la viande de mouton à 22 sols 6 deniers.

(N°. 515.) EXTRAIT *d'une Dépêche ministérielle de M.* de Sartine, *à MM.* D'Argout *et* de Tascher, *général et intendant de la Martinique, sur les Commissaires de Commerce.*

Du 22 février 1777.

Lettre commune qui approuve que, dans le choix des Commissaires de commerce à la Martinique, il ait été pourvu à ce que les intérêts du commerce de la Métropole et de la Colonie en particulier fussent également défendus dans les assemblées.

Le Ministre observe en même tems que, comme les représentations de la Métropole tiennent d'un autre côté à la Colonie, il ne saurait trop recommander aux Administrateurs d'apporter la plus grande attention pour apprécier dans toutes les occasions les avis des Commissaires.

(N°. 516.) ORDONNANCE *de MM. les Général et Intendant, portant que la Poudre à feu, apportée par les Capitaines de Navires marchands, sera déposée dans les Magasins et Poudrières de S. M., pour lequel dépôt lesdits Capitaines paieront un Droit de 3 liv. 15 s., par quintal de Poudre, aux Gardiens des Poudrières.*

Du 4 mars 1777.

N. B. MM. d'Argout et de Tascher rappellent dans cette ordonnance les dispositions de celle de MM. de Champigny et de Ranché, du 1er. avril 1745, de la note du 1er. octobre et de l'ordonnance du 21 décembre

1776, au sujet des précautions à prendre par les Capitaines de navires marchands pour la sûreté de leurs poudres pendant leur séjour dans les ports. Ils ordonnent qu'elles seront portées dans les magasins et poudrières de S. M., et qu'il sera payé par les Capitaines, aux Gardiens respectifs des magasins ou poudrières, 3 liv. 15 s. par quintal de poudre déposé auxdits lieux.

Enregist. au Conseil souverain.

(N°. 517.) MÉMOIRE *du Roi, pour servir d'Instructions au Sieur Marquis* de Bouillé, *Marechal de Camp, Gouverneur de la Martinique, et au Sieur Président* de Tascher, *Intendant de la même Colonie.*

Du 7 mars 1777.

LES colonies, occupées d'abord au hasard, formees ensuite sans connaissance de leur utilité, sont devenues des possessions de la plus grande importance.

L'office de ces établissemens est d'opérer la consommation des produits de la culture et de l'industrie du Royaume; ils fournissent de plus des denrées de luxe que l'habitude nous a rendues necessaires.

Par cette réciprocité de communication et de besoins, le commerce national est porté au delà de ses bornes premières et naturelles, et conserve un principe d'actions qui ne dépend, ni de la concurrence des étrangers, ni de la prohibition des souverains.

Ainsi une multitude de travailleurs, [illegible] dans le Royaume à l'approvisio[illegible] occupés colonies, existe sur le supe[illegible]ement des [illegible]au des riches qui consomment les denrées qu'elles nous donnent en échange, et une plus grande multitude encore existe au dépens de l'étranger, auquel nous versons la plus grande partie de ces mêmes denrées : de là le travail, la population, la richesse et la puissance de l'Etat. Plus les colonies diffèrent du royaume par leurs productions, plus elles sont parfaites, et telles sont nos îles à sucre ; elles n'ont aucun de nos objets de commerce, elles en ont d'autres qui nous manquent et que nous ne saurions avoir. C'est par cette différence heureuse que les fruits de notre sol trouvent un debouché avantageux et toujours certain ; c'est par l'échange de ces mêmes fruits, qu'affranchis de la servitude que nous imposerait autrement la nécessité d'acheter les denrees des îles, nécessaires à notre consommation, nous obtenons encore un tribut considerable de l'etranger, et qui seul décide la balance du commerce en faveur du Royaume.

La *Martinique*, dont S. M. a confié l'administration aux sieurs de Bouillé et de Tascher, est une de ces possessions précieuses et le premier établissement solide que la France ait eu en Amérique ; elle était autrefois le siége du Gouvernement général des îles du vent et sous le vent, *Saint-Domingue* et *Cayenne* en ont été successivement distraits ; la *Guadeloupe*, après avoir été alternativement séparée et réunie, forme depuis 1775, un Gouvernement indépendant, celui de la *Martinique* se trouve ainsi restraint à l'île même et à celui de *Ste-Lucie*, qui en est une dépendance.

L'île de la *Martinique*, située au vent des autres possessions françaises, semble destinée, par sa position et l'avantage de son port, à les protéger toutes, comme à menacer celles des puissances rivales; elle a 16 lieues de long sur 45 de circonférence. Le sol en général est froid et humide, les terres ne produisent qu'après avoir été brûlées et découvertes pendant longtems; elles sont cependant trop dépréciées parce qu'on les a mal connues; on assure qu'avec des forces les productions peuvent être augmentées d'un tiers, sans même recourir à de nouveaux defrichemens.

Cette île est divisée en 8 quartiers, subdivisée en 28 paroisses; ses villes principales sont le *Fo t-Royal*, le *Fo t St-Pierre* et *la T inité*.

Le *Fo t-Royal* est le chef-lieu de la colonie et la résidence du Gouverneur-genéral; son port est un des plus beaux et des plus sûrs de l'Amérique, les escadres y trouvent un asyle assuré et sortent facilement pour tenir la mer autour des autres îles.

Le *Fo t S i t-Pierre* est le centre du commerce, l'Intendant y fait sa résidence; la ville est assez considerable et bien peuplée, il n'y a qu'une rade peu sûre; on fait retirer les navires dans le tems de l'hivernage au Fort-Royal, mais ce désavantage est compensé par la facilité de partir par tous les vents et à toutes les heures.

La T inité, quoique d'un ordre inférieur aux deux premières villes, est tres-riche; il y a un port peu fréquenté.

L'île de *S inte- ucie*, peu éloignée de la Martinique, a environ 12 lieues dans sa plus grande longueur, sur 6 à 7 de large: le sol, généralement médiocre sur les bords de la mer, s'améliore en se rapprochant du centre. Le cacao réussit assez bien dans divers endroits des hauteurs, le café a également des succès dans plusieurs quartiers ; en général la terre est spécialement propre au sucre, en ce qu'il y est d'une qualité supérieure. Quelques faveurs, accordées en 1768 à cette colonie, et dont elle jouit encore par tolérance, l'ont tirée de l'état d'inertie dans lequel elle avait langui jusqu'alors ; ses progrès sont satisfaisans et on estime que, lorsqu'elle sera portée au plein de sa culture, elle pourra occuper 50 à 60,000 nègres et fournir au commerce des productions pour 15 millions. Le port appelé *le Carenage* serait un des meilleurs des Antilles, s'il était moins mal sain ; on trouve autour de l'île plusieurs baies vantées pour le mouillage des vaisseaux.

Telles sont les deux îles dont S. M. a confié l'administration aux sieurs de Bouillé et de Tascher ; tout ce qui concerne la religion, la distribution de la justice, la police générale, les finances et impositions, les approvisionnemens, le commerce, la culture, la concession des terres, la sûreté intérieure et extérieure, est soumis à leur vigilance et à leurs soins.

Religion.

La Religion, par la sainteté de son principe comme par l'excellence de sa fin, doit fixer les premiers regards de l'administration, c'est par elle que l'homme connaît ce qu'il doit à Dieu, à ses semblables et à lui-même. C'est sur-tout par le frein qu'elle impose que peuvent être maintenus des esclaves, trop malheureux par l'esclavage même, et également insensibles à l'honneur, à la honte et aux châtimens. S. M. prescrit avant toutes choses, aux sieurs de Bouillé et de Tascher, d'honorer la Religion, de la faire respecter, de donner de la considération à ses Ministres et plus encore au sacerdoce, en veillant sur les mœurs et la conduite des Ecclésiastiques. Le service spirituel est confié à la Martinique et à Sainte-Lucie, comme dans les autres colonies françaises, à différens ordres religieux, dont on y a autorisé l'établissement sous le titre de Missionnaires. Le Supérieur de chaque ordre est en même tems Préfet apostolique. Comme Supérieur régulier, il tient sa mission de ses Supérieurs majeurs : comme Préfet apostolique, il relève immédiatement du Saint Siége et exerce ses pouvoirs en vertu des lettres d'attache de S. M., enregistrées aux tribunaux. Ces deux titres renferment les parties essentielles de l'administration, tant spirituelle que temporelle de la Mission ; savoir : la supériorité sur la personne des Missionnaires, la disposition des choses de la Mission et les pouvoirs pour l'exercice du ministère de la Religion.

Quoique les Missions des îles ne puisssent être comparées à nos diocèses dans l'ordre hiérarchique, par le défaut de la partie d'autorité et de jurisdiction réservée au caractère épiscopal, elles en ont en quelque sorte l'ordonnance, en ce que les Réguliers qui en sont chargés, tiennent lieu de clergé, et que les paroisses sont régies et gouvernées de la même manière et par les mêmes lois que celles du Royaume. Tout ce qui concerne le spirituel de la Religion, l'administration des sacremens, la discipline régulière et ecclésiastique appartient au Supérieur préfet apostolique, sauf l'abus dont la connaissance est attribuée aux Tribunaux supérieurs, comme elle l'est aux Parlemens dans le Royaume et, à cet égard, l'autorité qui lui est départie, soit par le St Siége, en qualité de Préfet apostolique, soit par les Supérieurs majeurs de l'ordre, en qualité de Supérieur régulier, est indépendante de la puissance temporelle, comme celle des Evêques et des Supérieurs religieux du Royaume, qui ne doivent compte qu'à Dieu de l'usage qu'ils font de cette même autorité.

L'inspection sur le culte extérieur, sur la personne, les mœurs et les fonctions des Missionnaires regarde les Administrateurs en commun, en ce qui tient à la haute police, à l'exclusion des tribunaux auxquels cette inspection appartient en France. L'exception au droit public du Royaume, en cette partie, a été déterminée par la considération de l'éloignement des lieux, qui affaiblit toujours l'influence de l'autorité primitive, et par les dangers du scandale et du choc des pouvoirs en une matière aussi délicate.

Il n'y a point aux colonies de curé proprement dit, les Missionnaires qui desservent les paroisses sont amovibles à volonté ; les Préfets apostoliques donnent et retirent les pouvoirs quand ils le jugent à propos. de même qu'un Evêque en France, commet les Vicaires, les change ou les laisse dans l'inaction à son gré. Ainsi un Ecclésiastique quel qu'il soit, ne peut, sans commission du Préfet apostolique, exercer aucune fonction du ministère, parce que le Préfet, suivant les pouvoirs qui lui sont confiés par le St Siége, est l'Ordinaire de la Mission, non-seulement pour le régime général des églises, mais encore pour l'administration particulière des paroisses. Si cet Ecclésiastique est seculier, le Chef de la Mission se borne à lui retirer les pouvoirs, par la même autorité qu'il les lui a conférés, sauf, s'il y a scandale, à emprunter le secours de la puissance temporelle. S'il est religieux, indépendamment de la révocation des pouvoirs, on le rappelle dans la maison conventuelle ; on le renvoye même en France à la régularité du cloître, en vertu de la discipline de l'ordre.

Tel est le régime spirituel dans nos îles, d'après l'institution du St Siége et les réglemens émanés du Trône, régime simple et singulièrement adapté à ces pays éloignés, en ce que, par le défaut d'Evêque, il met les Prêtres sous la main du Gouvernement, et prévient le choc des pouvoirs, le plus dangereux de tous les désordres. Ainsi, les sieurs de Bouillé et de Tascher doivent inspecter les Missionnaires à la Martinique et à Sainte-Lucie, les corriger, même les renvoyer en France, si l'honneur de la Religion ou le bien public l'exigent ; ils useront cependant de cette sévérité sans éclat, et rendront compte au Secrétaire d'Etat ayant le département de la marine, des motifs qui les y auront déterminés.

Les lois du Royaume à l'égard des Juifs et des Protestans ne sont pas rigoureusement observées dans les colonies. S. M. veut bien permettre que ceux qui sont établis à la Martinique et à Ste-Lucie ne soient point inquietés pour leur croyance, pourvu toutefois qu'ils s'abstiennent de tout exercice public de la Religion qu'ils professent.

Justice.

La Justice est, après la Religion, l'objet le plus digne de l'attention des souverains. Ils règnent principalement pour maintenir la propriété et la sûreté des peuples, et s'ils ne peuvent remplir ce devoir par eux-mêmes, leur première obligation est d'etablir, pour les suppléer, des Juges intègres et éclairés. Ceux qui en acceptent les pénibles fonctions ont les plus grands droits à la reconnaissance de leurs Concitoyens et à la protection du Gouvernement. Les sieurs de Bouillé et de Tascher doivent donc honorer les Magistrats et leur concilier, par leurs exemples, le respect dû à leur caractère ; mais ils veilleront en même tems à ce qu'ils se conduisent avec l'honnêteté, la décence et la dignité de leur état.

Les tribunaux établis pour rendre la justice, à la Martinique et ses dépendances, consistent en un Conseil souverain, trois Jurisdictions et trois Siéges d'Amirauté.

Le Conseil souverain tient ses séances, tous les deux mois, au *Fort-Royal*, son autorité est renfermée dans la distribution de la justice; le droit de faire des représentations lui est seulement réservé, après l'enregistrement des réglemens qui lui sont présentés. Il est essentiel qu'il soit etroitement contenu dans ces bornes, par l'influence que ses démarches peuvent avoir sur les esprits ; mais l'ordre public exige que les Administrateurs s'abstiennent, avec un égal scrupule, de tout ce qui appartient aux tribunaux. Les S[rs]. de Bouillé et de Tascher doivent se borner, en cette partie, à la seule inspection

et à

et à prêter main-forte à l'exécution des jugemens. S. M. leur recommande d'éviter avec soin d'attirer à eux les affaires contentieuses, de s'y immiscer même, sous aucun prétexte, par autre voie que par celle de la conciliation.

Les Jurisdictions connaissent en première instance des affaires civiles et criminelles. La compétence des Sieges d'Amirauté s'étend sur les affaires maritimes : les mêmes Officiers composent ces Tribunaux. Il y a une Jurisdiction et un Siege d'Amirauté au *Fort-Royal*, à *la Trinité* et à *Saint-Pierre* à la Martinique, et *au Carénage*, à Sainte-Lucie.

Entre les pouvoirs confiés aux Administrateurs, est celui de nommer provisoirement aux places vacantes dans les Jurisdictions, ainsi qu'à celles d'Assesseurs, de Substituts du Procureur-général et de Greffier aux Conseils souverains. L'intention de S. M. est que les Srs. de Bouillé et de Tascher donnent les plus grands soins au choix de ces Officiers, et qu'ils ne proposent pour les premières places, que ceux qui auront été éprouvés dans l'exercice des places inférieures, à moins qu'il n'y ait des raisons d'exclusion ; et, en ce cas, ils en rendront compte, afin que S. M. y pourvoie, ils ne doivent pas perdre de vue que le pouvoir qui leur est confié à cet égard, est l'effet d'une confiance nécessaire, que la plus légère négligence trahirait.

Finances.

Les finances de la Martinique consistent dans le produit de l'imposition locale et dans les fonds que S. M. fait passer chaque année, pour subvenir aux dépenses de la Colonie. Ces fonds sont envoyés en espèces, afin de prévenir les abus auxquels les lettres-de-change ont anciennement donné lieu. S. M. prévient le sieur de Tascher que les envois seront régulièrement faits, et elle lui défend de tirer aucune lettre-de-change sur ses Trésoriers, sans un ordre exprès de sa part.

Les colonies étant destinées à opérer la consommation du superflu du Royaume et à accroître la richesse nationale, par l'avantage des échanges, tout impôt attaque directement l'effet de cette destination. Les besoins de l'Etat ont cependant forcé S. M. à faire contribuer la Martinique aux dépenses intérieures qu'elle occasionne. La contribution avait été portée en 1763, à 800,000 l., elle a été réduite à 600,000 liv., et on l'a rétablie en 1775 sur l'ancien pied. S. M. aurait desiré de pouvoir accorder aux habitans la diminution que les Administrateurs ont demandée pour eux : mais, si l'état des finances lui impose la nécessité de maintenir le tribut actuel, elle sera toujours disposée à en diminuer le poids, par toutes les voies que sa sagesse et sa bienfaisance pourront lui suggerer. S. M. recommande aux sieurs de Bouillé et de Tascher de seconder ses vues et d'en accélérer l'accomplissement, en se bornant aux dépenses indispensables, et en y apportant la plus grande économie.

L'imposition était anciennement réglée par des arrêts du Conseil, elle est ordonnée maintenant par un mémoire de S. M., ou une simple lettre du Secrétaire d'Etat de la marine, qu'on fait enregistrer au Conseil souverain ; le Gouverneur et l'Intendant en règlent la répartition en commun, et la perception se fait, sous l'autorité de l'Intendant seul ; elle consiste en un droit de capitation, par tête d'européens et des gens de couleur libres ou esclaves ; en un second droit sur les loyers des maisons, et en un troisième sur les denrées à la sortie de l'île. Cette forme de perception est la seule qui ait été pratiquée jusqu'à présent (*). Les sieurs de Bouillé et de Tascher examineront s'il ne serait pas possible d'en introduire une nouvelle, qui fût plus agréable et moins onéreuse à la colonie. Ils discuteront cet objet important avec le Conseil souverain et la Chambre d'agriculture, et ils enverront leurs observations communes au Secrétaire d'État de la marine. Ils s'attacheront principalement à fixer l'assiette la plus égale et à établir la proportion la plus exacte relativement à la valeur des denrées.

S. M. a prescrit en particulier au sieur de Tascher l'ordre qu'il doit suivre dans la comptabilité : il s'y conformera avec une rigide exactitude.

Commerce et Culture.

Ce n'est que par le commerce que les colonies sont utiles au Royaume, et ce n'est que par la culture qu'il peut se soutenir et s'accroître : ainsi l'administration doit essentiellement s'occuper de la propriété de ces établissemens, de l'extension de leur culture, des moyens enfin de les porter au degré d'opulence dont ils sont susceptibles.

(*) En 1763 MM. de Fenelon et de la Riviere, général et intendant, établirent l'impôt sur les denrées coloniales à leur sortie de l'île. Voy. tom. II, p. 199.

Mais s'il faut que les colonies soient riches, elles ne doivent l'être qu'au profit du commerce national, et de là naît la nécessité de les tenir sous la loi de la plus austère prohibition. Sans la richesse, elles n'atteindraient point à leur fin, sans prohibition, elles tourneraient à notre charge, et auraient le plus grand inconvénient encore d'augmenter la puissance de nos rivaux.

Les S[rs]. de Bouillé et de Tascher concluront aisément de ce principe, qu'un des plus importans de leurs devoirs est de favoriser le commerce du Royaume, et d'empêcher que la contrebande ne lui dérobe aucun des avantages dont il peut profiter. Les précautions prises depuis quelques années, contre les versemens frauduleux, ont eu des succès. S. M. recommande aux S[rs]. de Bouillé et de Tascher de les maintenir, d'en établir même de nouvelles, s'il est possible, de ne négliger enfin aucun moyen de détruire un abus aussi contraire aux véritables intérêts du Royaume qu'à ceux de la Colonie.

Quoique la prohibition soit l'institution première de nos établissemens américains, cette loi austère emporte cependant celle de fournir à leurs besoins, et son empire cesse, lorsque l'obligation réciproque ne peut être remplie, sans quoi le Royaume tarirait cette source de richesses, par la voie même qu'on emploîrait pour la conserver. On a été contraint, par cette considération, d'établir, en 1767, des entrepôts à *Sainte-Lucie* pour les *îles du vent*, et au *Môle-St-Nicolas* pour *Saint-Domingue*, et on y a autorisé l'admission, par l'étranger, de bois, de toute espèce d'animaux vivans et de quelques autres objets que le commerce du Royaume n'apportait pas ou ne pouvait pas apporter, et l'exportation des sirops et tafias délaissés par ce même commerce.

L'entrepôt de *Sainte Lucie*, absolument nul pour la *Guadeloupe*, par le trop grand éloignement, est d'une médiocre utilité pour la *Martinique*. Plusieurs causes éloignent les secours dont on s'était flatté, et toujours la Colonie est réduite à se procurer les objets les plus essentiels, comme les nègres et la morue, par la contrebande, voie également nuisible, au Colon qui paie les risques que le vendeur court, et au commerce national, privé de son côté, des denrées données en échange. Une ressource vient d'être ouverte à la *Côte d'Espagne* pour les bois et les bestiaux, et S. M. se propose d'employer tous les moyens qui dépendront d'elle, pour pourvoir aux autres besoins, et concilier les intérêts indivisibles du Royaume et des colonies.

Il est encore des circonstances qui peuvent forcer à recourir à l'étranger, pour procurer aux habitans les denrées necessaires à leur subsistance. Les sieurs de Bouillé et de Tascher ne doivent cependant s'y déterminer que dans des cas indispensables, et lorsqu'il ne leur restera plus d'espérance d'être secourus à tems par le commerce national ; ils doivent alors faire constater, dans une assemblée d'Habitans, de Négocians et de Capitaines de navire français, la nature et la qualité des objets que les besoins du moment pourront exiger, et ils en enverront un procès-verbal au Secrétaire d'Etat de la marine. Les sieurs de Bouillé et de Tascher apporteront, dans ce cas, la plus grande attention à empêcher que l'on n'excède les quantités déterminées par le procès-verbal, et qu'elles ne servent d'occasion pour introduire d'autres marchandises, ou exporter les productions coloniales ; ils s'abstiendront sur-tout des permissions particulières et exclusives, qui favorisent le monopole et compromettent toujours l'administration.

Population.

Le population de nos îles est de deux espèces, celle des *blancs* et celle des *gens de couleur.*

Les *blancs* sont des européens que l'attrait de la fortune a appelés dans ces climats, ou qui sont nés dans les colonies des Européens anciennement établis. On ne connaît guère, dans ces pays, d'autre distinction que celle de la couleur et celle que donnent les premières places ; tous les états sont d'ailleurs confondus ; les seuls privilèges dont jouissent les Gens de condition, qui ont fait enregistrer leurs titres, se bornent à l'exemption du droit de capitation pour 12 têtes d'esclaves et à la préférence pour les places d'officiers de milice. Cette espèce de population est celle qui tend le plus directement à remplir la destination des colonies par la consommation des denrées et marchandises de la Métropole ; mais elle est nécessairement bornée dans un pays qui exige que de grandes possessions soient dans les mains d'un seul et où tout le travail est réservé aux esclaves.

L'agriculture, qui fournit en Europe des hommes à toutes les professions, n'occupe dans les colonies que des propriétaires de terres et quelques artisans. On a fait, en différens tems, des réglemens pour obliger les possesseurs d'habitations, d'avoir un nombre de blancs proporportionné à celui des esclaves, on a reconnu que ces hommes, dont l'entretien était trop cher, nuisaient encore, par la dissolution de leurs mœurs, à l'objet de la sûreté et de la discipline qu'on s'etait proposé, et les réglemens sont restés sans exécution.

Les *gens de couleur* sont libres ou esclaves. Les libres sont des affranchis ou des descendans d'affranchis. A quelque distance qu'ils soient de leur origine, ils conservent toujours la tache de leur esclavage et sont déclarés incapables de toutes fonctions publiques ; les Gentils-hommes même qui descendent, à quelque degré que ce soit, d'une femme de couleur, ne peuvent jouir de la prérogative de la noblesse. Cette loi est dure mais sage et nécessaire dans un pays où il y a quinze esclaves pour un blanc ; on ne saurait mettre trop de distance entre les deux espèces ; on ne saurait imprimer aux nègres trop de respect pour ceux auxquels ils sont asservis. Cette distinction, rigoureusement observée même après la liberté, est le principal lien de la subordination de l'esclave, par l'opinion qui en résulte, que sa couleur est vouée à la servitude et que rien ne peut la rendre egale à son maître. L'administratiou doit être attentive à maintenir sévèrement cette distance et ce respect. Il faut encore qu'elle ait sans cesse les yeux ouverts sur les esclaves pour prévenir les complots, et empêcher les attroupemens et le marronnage.

On réussirait sans doute beaucoup mieux en adoucissant le sort de ces esclaves et en leur faisant perdre, s'il est possible, par les bons traitemens, le desir de la liberté. Ce moyen, dicté par la uature, est sollicité en même sems par les vrais intérêts de l'Habitant. Le nègre, bien traité, bien nourri, travaillerait mieux, vivrait plus long-tems, et la fécondité des femmes suffirait pour remplacer ceux qui mourraient ou deviendraient infirmes. Il est d'autant plus intéressant d'éclairer les propriétaires à cet égard, que l'espèce s'épuise et viendra insensiblement à manquer, tandis qu'elle pourrait se soutenir, se multiplier même dans nos îles par la seule reproduction.

Une avarice, aussi cruelle que mal entendue, a rendu jusqu'à présent le Colon insensible à ces considérations et au cri de l'humanité. La plupart des maîtres sont des tyrans qui pèsent en quelque sorte la vie de leurs esclaves, avec le produit d'un travail forcé. Cet excès, trop commun, ne peut cependant être corrigé par la loi, parce qu'il reste souvent inconnu et qu'il est presque toujours impossible d'en acquérir la preuve. Il serait d'ailleurs dangereux de donner aux nègres le spectacle d'un maître puni pour des violences commises contre son esclave ; l'empire de la persuasion, l'intérêt, la vanité, l'orgueil, sont le frein unique qu'on puisse opposer à un désordre aussi révoltant. L'intention de S. M. est que les sieurs de Bouillé et de Tascher y veillent avec le plus grand soin, qu'ils distinguent, par leurs égards, les maîtres barbares d'avec ceux qui traitent humainement leurs esclaves, et qu'ils excluent les premiers de toute distinction, de tous grades et de tous emplois, qu'ils donnent enfin envers eux l'exemple du mépris et de l'indignation.

Un objet sur lequel leur vigilance doit encore se porter essentiellement, est la plantation des vivres, toujours trop négligée ; S. M. leur recommande de tenir sévèrement la main à l'exécution des réglemens faits à ce sujet ; l'avarice des habitans est maintenant éclairée par les dangers auxquels ils ont été exposés dans ces derniers tems, et l'Administration doit être sourde au murmure de ceux qui persisteraient dans leur aveuglement. Le premier soin est d'assurer la subsistance de la classe nombreuse des esclaves, qui ne peuvent être nourris avec les denrées d'Europe, et aucune considération ne peut permettre de la laisser dépendante des secours étrangers. Les sieurs de Bouillé et de Tascher rendront les Commandans de quartier responsables de cette partie de la police et dénonceront, sans ménagement, ceux qui se permettront la plus légère négligence, afin qu'ils soient destitués comme indignes de toute confiance et de toute fonction publique.

Le transport des nègres en France, où cette espèce devient chaque jour plus nombreuse, est égalemont contraire aux progrès de la culture et à la sûreté des colonies. On enlève ainsi, par un luxe ridicule, une infinité de bras aux ateliers, et ces esclaves, assimilés dans le Royaume à tous les citoyens, rapportent un esprit d'indépendance et de libertinage, dont les suites peuvent devenir très-dangereuses.

L'avantage de multiplier les ouvriers a fait tolérer dans le principe, l'envoi des noirs en Europe, mais ce motif n'existe plus ; il serait même à desirer que les métiers fussent exclusivement dans les mains des blancs, la culture aurait plus de bras, les colonies plus de défenseurs et le commerce un aliment plus étendu. L'abus est connu depuis long-tems, mais les précautions qui ont été successivement prises, comme les consignations qu'on exige aujourd'hui, n'ont pu le détruire. S. M. se propose d'employer des moyens plus efficaces et, en attendant qu'elle y ait pourvu, elle recommande aux sieurs de Bouillé et de Tascher de ne permettre aux habitans d'emmener avec eux que les esclaves nécessaires pour les secourir pendant la traversée, en cas de maladie, et de tenir la main à ce qu'il soit consigné, pour chacun, une somme de 3,000 liv., argent de France, qui sera confisquée au profit de S. M., faute de retour après un an.

L'affranchissement est une suite de l'esclavage : le bon ordre exige qu'il ne soit permis qu'avec discrétion. Il convient sans doute d'offrir l'attrait de la liberté au zèle et à l'attachement des esclaves pour leurs maîtres ; mais elle n'est souvent que le prix de la débauche et du concubinage, et aux inconvéniens du scandale se joint le danger de multiplier les paresseux et les mauvais sujets. Les sieurs de Bouillé et de Tascher doivent donc être attentifs à n'accorder la permission d'affranchir que pour des causes bien légitimes, et, afin qu'ils ne soient pas trompés sur les motifs, l'intention de S. M. est qu'ils prennent, sur les demandes qui leur seront faites, l'avis par écrit du Doyen et du Procureur-general du Roi au Conseil souverain ; et qu'ils en fassent mention dans la permission qu'ils délivreront.

Les reglemens faits sur cette matière assujettissent les maîtres à assurer la subsistance aux affranchis ; cette obligation, généralement appliquée, tournerait en abus. Si l'affranchi est en état de gagner sa vie, il ne faut pas le soustraire au besoin du travail et le livrer à la paresse, par l'assurance d'une pension ; ce secours doit être réservé aux vieillards et aux valétudinaires. Les S^rs^. de Bouillé et de Tascher observeront en conséquence de n'accorder aucune permission, qu'autant que la subsistance sera assurée, en cas de vieillesse, d'infirmité ou de maladie passagère, et l'acte en sera annexé à la permission. S'il est encore jugé convenable d'obliger le maître à payer une somme pour obtenir la liberté d'affranchir ; elle sera proportionnée à ses facultés et aux motifs de l'affranchissement, et l'application ainsi que le montant en seront spécifiés dans la permission accordée.

Sûreté intérieure et extérieure.

Deux *Citadelles*, très-rapprochées l'une de l'autre, (le *Fort-Royal* et le *fort Bourbon*) des batteries éparses dans les différentes parties de la côte, et un nombre déterminé de troupes assurent la défense de la Martinique.

Les deux forts doivent être maintenant dans un état de perfection, sauf quelques bâtimens civils qui restent à faire au fort Bourbon et pour lesquels les fonds ont été arrêtés. S. M. prescrit au S^r^. de Bouillé d'examiner avec soin les fortifications, les avantages et les inconvéniens de leur position, ainsi que les différens plans de défense qui ont été faits, et d'adresser ses observations, sur chaque objet, au Secrétaire d'Etat de la marine. Il en usera de même pour les batteries et ordonnera les réparations dont elles seront susceptibles. Un Ingénieur en chef et 3 Ingénieurs ordinaires sont entretenus dans la Colonie.

Les troupes destinées à la garde de l'île consistent en un régiment de 2 bataillons, formant au complet 1,472 hommes, qui, par l'augmentation de 79 a 103 par compagnie, peuvent être portés à 1,850, les Officiers non compris. Il y a aussi 2 compagnies d'artillerie sédentaire de 100 hommes chacune, et S. M. y a fait passer les 2mes. bataillons des régimens d'Auxerrois et de Viennois, formant chacun, sur le pied de la nouvelle composition, 762 hommes.

Le S^r^. de Bouillé aura sur ces troupes toute l'autorité attribuée aux Gouverneurs et Commandans des provinces du Royaume par l'ordonnance des places, du 1er. mars 1768. Il veillera à ce qu'elles soient tenues dans la plus exacte discipline et bien exercées aux évolutions militaires.

Il tiendra la main à ce que les Officiers qui serviront sous ses ordres remplissent régulièrement leurs fonctions. L'autorité et la vigilance du sieur de Bouillé doivent également s'étendre sur tout ce qui a rapport à la marine militaire et marchande, et sur la police des ports ; il aura à cet égard tous les pouvoirs attribués aux Commandans des ports du Royaume, par les ordonnances de la marine.

Le S^r^. de Tascher remplira, en ce qui concerne les troupes, les fonctions des Intendans d'armées ; celles des Commissaires des guerres seront exercées sous ses ordres, par des Officiers commis à cet effet. Il se conformera, quant

à

à la marine et à la navigation, aux ordonnances rendues sur cette matière, tant pour les ports du Royaume, que pour les colonies en particulier.

A l'appui des troupes pour la sûreté intérieure viennent les milices ; elles ont en quelque sorte pris naissance avec les colonies. Les premiers Français qui se sont établis aux îles de l'Amérique en ont été les conquérans, et pour s'y maintenir contre les naturels du pays, ils étaient obligés de se tenir toujours armés : aux Indiens, qui ont été bientôt détruits, ont succédé les nègres qu'on a introduits dans ces îles pour les travaux de la culture, ennemis bien plus dangereux par leur nombre comme par la manière dont ils sont distribués ; ces esclaves, jaloux de la liberté si naturelle à tous les hommes, n'ont regardé leurs maîtres que comme leurs tyrans ; il a fallu les contenir par la crainte et par l'appareil de la force, de là la nécessité des armes et l'existence des milices, qui ont pris successivement une forme régulière.

Cet établissement a cependant souffert une interruption ; les milices n'ont été vues que sous l'aspect de la défense contre les ennemis de l'Etat. On a pensé qu'elles nuisaient au progrès de la culture, en détournant l'Habitant de son atelier et on les a supprimées en 1763 ; mais on n'a pas tardé à reconnaître qu'elles avaient principalement pour objet la sûreté intérieure, et elles ont été rétablies peu d'années après. Il est en effet indispensable que des maîtres nécessairement haïs, soient craints et par conséquent armés pour en imposer à une multitude d'esclaves. Il faut leur présenter un simulacre de troupes prêtes à s'opposer à leurs entreprises : il faut un point de réunion et de concert pour prévenir et arrêter les émeutes. Dans ce pays encore il est necessaire que l'autorité soit active et toujours présente, et les milices remplissent parfaitement cet office. Elles sont divisees par quartier : chaque quartier a un Commandant et chaque paroisse un Capitaine; tous correspondent avec un chef immédiat, et par cette chaîne de correspondance, les avis sont donnés et les ordres exécutés avec la même célérité.

Une ordonnance du 1er. septembre 1768, fixe la forme et le service des milices. Les grâces militaires sont attribuées aux Officiers comme à ceux des troupes réglées, à quelques différences près pour les tems de service ; ces places donnent une sorte de supériorité à un citoyen sur un autre citoyen, et le sieur de Bouillé doit juger combien il est important qu'il ne propose pour les remplir, que des personnes qui en soient susceptibles par leur naissance, et sur-tout par la considération dont elles jouissent dans la colonie. Ceux qui ont servi, soit en France, soit dans l'île même, ont des droits à la préférence, lorsqu'il n'y a pas des raisons de les exclurre. Le choix doit être tel, dans tous les cas, que les Habitans n'aient point de répugnance raisonnable à obéir à leur semblable, et que le mérite et la considération indiquent celui qui doit commander.

On doit encore avertir le Sr. de Bouillé du point de vue sous lequel il doit considérer les Habitans. Ils sont militaires, sans cesser d'être citoyens libres et sans perdre la liberté commune aux citoyens ; ils sont soumis, en ce qui tient au service, à la discipline militaire : ainsi ces Habitans, pour les affaires personnelles, comme pour les réelles, ne reconnaissent d'autorité, que celle de la loi, et de Juges, que les Tribunaux ordinaires. Ils sont encore assujettis aux charges publiques, sans que la qualité de milicien, même d'officier de milice, puisse les en dispenser. D'un autre côté, ils sont obligés de contribuer de leur personne à la défense et à la sûreté de la colonie, et dans l'actualité de ce service, l'autorité du Gouverneur et des Officiers, qui commandent sous ses ordres, agit sur eux comme sur des militaires. Le Sr. de Bouillé doit éviter avec soin de confondre ces deux qualités, à l'égard desquelles la plus légère erreur deviendrait une tyrannie.

Les fonctions des Officiers de milice ne se bornent pas au seul service militaire ; ils sont encore chargés dans leur quartier de la police et de tout ce qui tient à la municipalité. Ils doivent correspondre en cette partie, avec le Gouverneur et avec l'Intendant, et exécuter leurs ordres, soit communs, soit particuliers, suivant la nature des objets et la division des pouvoirs. Les sieurs de Bouillé et de Tascher ne perdront pas de vue cette distinction et préviendront, par leur sagesse, toutes les discussions que l'oubli des bornes posées fait si souvent naître.

Tels sont les objets qui composent l'ensemble de l'administration commise aux Srs. de Bouillé et de Tascher, et les principes sur lesquels ils doivent diriger leur zèle et leurs soins. L'importance de ces objets leur fait connaître à la fois le degré de confiance que S. M. leur donne, et celui des obligations qu'elle leur impose. Si la distance des lieux, la nature des choses, la disposition même des personnes, exigent que leur autorité soit étendue, c'est un dépôt sacré confié à leur prudence, et dont le plus léger abus serait un crime. Les limites des fonctions et des pouvoirs qui leur sont attribués, dans leur qualité respective, sont fixées par un réglement du 24 mars 1763. S. M. leur prescrit de s'y conformer scrupuleusement ; ces fonctions et ces pouvoirs sont un par leur objet, et ne tendent qu'au plus grand bien de l'administration ; le point qui les divise dans les détails est imperceptible. Si les S[rs]. de Bouillé et de Tascher sont animés d'un même zèle et d'un même esprit, dans les objets communs, la résolution doit être l'effet d'une délibération sage et dégagée de toute prévention personnelle ; et dans les objets qui leur sont particuliers, ils doivent se consulter et s'éclairer réciproquement, en sorte que tous les mouvemens conduisent au même but, et que le choc des opinions et de la rivalité, source nécessaire de la confusion et du désordre, ne se fasse jamais sentir. Un principe qu'ils ne doivent jamais oublier, c'est que le Gouvernement doit être modéré, sage et bienfaisant, que l'autorité est établie pour le bonheur de tous, non pour la satisfaction de ceux qui en sont les dépositaires, et que c'est sur-tout aux colonies qu'il est vrai de dire qu'elle n'est jamais plus puissante, que lorsqu'elle est chérie et respectée.

Mande et ordonne S. M., *etc.*

Fait à Versailles, le 7 mars 1777. *Signé*, LOUIS ; *et plus bas*, par le Roi, DE SARTINE.

Enregistr. au Conseil souverain.

(N°. 518.) Arrêt *du Conseil souverain concernant la Caisse des Affranchissemens.*

Du 7 mars 1777.

Ce jour, M^{e}. Perrinelle Dumay, conseiller, commissaire nommé par arrêt de la Cour du 7 janvier dernier, à l'effet d'examiner les comptes des libertés de cette île et de celle de Sainte-Lucie, données pendant l'année 1776, et rendus par le sieur Levacher, trésorier de la caisse desdites libertés, ayant fait le rapport desdits comptes, et des pièces au soutien d'iceux, il a été reconnu, à l'égard de cette île, que les recettes provenantes des taxations faites pour raison des affranchissemens accordés par messieurs les Général et Intendant, depuis le 30 mars de ladite année 1776, jusqu'à la fin d'icelle, s'élevaient à la somme de 75,875 liv., et les dépenses par eux imputées sur le même objet, à celle de 73,362 liv. 5 s. dont tous les articles, exactement vérifiés, ont été trouvés avoir été employés utilement pour la colonie; qu'en conséquence, le Trésorier était reliquataire de la somme de 2,512 liv. 15 sous.

Et qu'à l'egard des recettes faites pour le même objet à Sainte-Lucie, durant le même tems, ces recettes montaient à 7,597 liv., et la dépense à 4,675 liv.; et qu'en conséquence, il restait en caisse pour cet objet, la somme de 2,922 liv.

A été pareillement reconnu que la solde du compte des libertés de cette île, vérifié le 7 mai dernier, et montant à la somme de 54,726 livres, a été employée, conformément aux intentions de MM. les Général et Intendant, et aux dispositions de l'arrêt rendu ledit jour 7 mai dernier.

Ordonne qu'à l'avenir, au lieu du compte que le Receveur était tenu d'envoyer à la séance de janvier, et des états que les Greffiers des juridictions étaient obligés d'envoyer tous les deux mois au Procureur-général, il sera, à ladite séance du mois de janvier, sur la réquisition dudit Procureur-général, nommé un rapporteur, entre les mains duquel ledit Receveur et les Greffiers, seront tenus de remettre au plus tard, dans ledit mois de janvier ; savoir : le Receveur-général, son compte général des recettes et dépenses, qu'il affirmera par devant ledit Rapporteur, et les Greffiers, un état général des enregistremens par eux faits dans le courant de l'année précédente, dans lequel état lesdits Greffiers seront tenus de spécifier les libertés qui seront accordées *gratis*, et celles pour lesquelles il aura été établi une taxe, et de faire mention de la date de la quittance du Receveur, entre les mains duquel ladite taxe aura été payée ; pour, sur le tout et le rapport fait par lesdits Conseillers-rapporteurs, être procédé, à la séance de mars, à la vérification dudit compte des libertés, et pour que les états à fournir par les Greffiers puissent être exacts, et contenir la totalité des libertés accordées pendant le cours de chaque année, enjoint à tous ceux qui auront obtenu des concessions de liberté, de les faire enregistrer au Greffe des jurisdictions de leur domicile, au plus tard, dans le délai d'un mois pour cette île, et de deux mois pour celle de Sainte-Lucie, sous telles peines qu'il appartiendra.

Ordonne que le présent arrêt sera imprimé, et publié dans toutes les paroisses de cette île et de celle de Sainte-Lucie, *etc.*

Fait au Conseil souverain de la Martinique, le 7 mars 1777. *Signé*, ROIGNAN, greffier.

(N°. 519.) ORDONNANCE *de MM. les Général et Intendant, concernant l'Imposition sur la Martinique, pour l'année* 1777.

Du 7 mars 1777.

SA MAJESTÉ, *d'après les détails que les Administrateurs de la Martinique, lui ont adressés sur les fléaux qui l'affligent, est véritablement touchée de la situation de cette Colonie. Elle s'occupe des moyens de lui faire ressentir les effets de sa bienfaisance; et les Administrateurs seront incessamment informés de ce qui aura été décidé à ce sujet.*

Le Ministre du Roi, nous exprimait ainsi, dans sa lettre du 21 juin dernier, les dispositions favorables de S. M. pour cette Colonie, et l'impression qu'avait faite sur elle le tableau des malheurs qui l'ont successivement frappée, surtout dans les dernières années.

Les intentions de S. M. et celles de son Ministre, nous étant si bien connues, nous ne pouvons imputer qu'aux contrariétés des mers, le retard des déterminations qui nous sont annoncées. Et comme dans cet état des choses, la classe la plus souffrante des Colons de cette île, a droit à nos attentions les plus particulières, nous accomplissons ce devoir, en reculant la perception de l'imposition sur les nègres des Habitans caféyers, jusqu'à une époque à laquelle nous aurons sans doute reçu de S. M. et de son Ministre, les soulagemens que nous avons spécialement demandés pour eux.

Nous accordons aussi, conformément aux derniers ordres de S. M., à ceux des Colons de cette île qui ont des guildiveries, les exemptions que nous estimons les plus propres à soutenir, et même à multiplier ces sortes d'entreprises.

Les Cultivateurs d'indigo continueront de jouir des avantages que leur assurait notre précédente ordonnance; et il sera fait comme de justice et de coutume, acception des malheurs particuliers qui n'ont point encore cessé d'affliger les différentes classes des sujets de S. M., établis dans cette île.

Comme il s'en faut de beaucoup que ces diverses dispositions accomplissent le vœu de notre attachement pour cette Colonie, et celui de son institution par la Métropole, et pour elle, nous renouvellerons auprès de S. M. et de son Ministre, toutes nos instances pour en obtenir des secours plus généraux et plus étendus.

A CES CAUSES, nous avons provisoirement, *etc.*, statué et ordonné ce qui suit :

ART. Ier. Tous les esclaves de l'un et de l'autre sexe de l'île Martinique, depuis l'âge de 14 ans jusqu'à celui de 60 exclusivement, attachés aux manufactures à sucre, seront imposés pour la présente année, à 18 liv. par tête, sur le pied des dénombremens qui ont dû être fournis.

II. Les esclaves des Habitans cultivateurs de café, cacao, coton, manioc et autres vivres, seront taxés à 10 liv. par tête, et sur les mêmes dénombremens, de laquelle capitation la perception n'aura lieu, qu'à l'époque du mois de novembre prochain, au cas que S. M. n'en eût pas autrement disposé.

N. B. Les dispositions des articles III à XV inclusivement étant absolument les mêmes que celles de l'ordonnance du 1er. janvier 1773, voyez le N°. 468 du présent tome, page 138 et suivantes.

XVI. Les Habitans fondateurs de *manufactures d'indigo*, jouiront d'une année d'exemption, de tous impôts sur les nègres attachés à cette culture, en justifiant toutefois, par certificat des Commandans de la paroisse et du bataillon, que *lesdites manufactures sont parachevées, et en etat d'activité*. Nous supplierons S. M., de vouloir bien leur prolonger cette faveur pour moitié, pendant les deux années suivantes.

Cette même denrée continuera d'être exempte de l'un pour cent à la sortie de la Colonie; et le Ministre de la marine sera par nous de nouveau supplié, de vouloir bien s'entendre avec celui des finances, pour que cette production soit exempte, jusqu'à nouvel ordre, de tous droits aux entrées de France, quand elle proviendra de la Martinique.

XVII. Les Habitans qui ont des guildiveries, jouiront, en vertu des derniers ordres de S. M., en date du 31 mars dernier, enregistrés en la Cour, le 1er. juillet suivant, d'une exemption de nègres, que nous fixons à *six*, pour chacune de ces manufactures; bien entendu qu'ils feront à cet égard, les mêmes justifications qui sont prescrites, relativement à celles d'indigo, par le précédent article.

XVIII. La capitation étant acquise au Domaine du Roi, du 1er. janvier, nous ordonnons que l'imposition que nous établissons pour la présente année, sera acquittée d'ici au 1er. avril prochain, en un seul paiement; à défaut de quoi les redevables seront contraints par toutes les voies de droit, même par corps, et par la saisie et vente de leurs nègres de toute espèce, sauf toute fois l'exemption portée en l'article II, en faveur des Habitans caféyers et autres de cette classe.

XIX. Les pères de dix enfans vivans, jouiront de l'exemption de moitié des droits de capitation, tant sur les nègres des villes que sur ceux des habitations, conformément à la lettre du Ministre du 7 mai 1773, sur les certificats des Curés de la paroisse, visés du Commandant de bataillon de milice de leur quartier.

Il est au surplus très-entendu, que les pères de dix enfans, quand même ils en perdraient après avoir ressenti ce bienfait, ne continueront pas moins d'en jouir, S. M. ne retirant point les grâces qu'elle a faites.

Prions messieurs du Conseil souverain de la Martinique de faire enregistrer, *etc.*

Donné à la Martinique, le 8 mars 1777. *Signé*, D'ARGOUT, *et* le Président de TASCHER.

Enregist. au Conseil souverain.

(N°. 520.) ORDONNANCE *de MM. les Général et Intendant, concernant les Matelots déserteurs.*

Du 26 avril 1777.

ÉTANT nécessaire de pourvoir à la sûreté de la navigation, de laquelle dépend la sûreté du commerce de ces îles ; et sur la connaissance que nous avons de la nombreuse désertion des matelots des bâtimens marchands, dont les expéditions retardées, faute d'équipage, pour le retour desdits bâtimens dans les ports de France, entraîneraient des suites fâcheuses.

A quoi voulant remédier par tous les moyens qui nous ont paru propres à prévenir les abus multipliés chaque jour, nous conformant d'ailleurs aux ordonnances du Roi, rendues en cette partie, nous *etc.*, statuons et ordonnons ce qui suit.

ART. Ier. Les Capitaines des bâtimens étrangers seront prévenus à leur arrivée, que, dans le cas où il se trouverait des matelots français à leur bord, quand visite en sera faite, par qui de droit, soit pendant leur station dans les rades de la colonie, soit à leur départ, ils encourront la peine de l'amende de 500 liv. applicable aux réparations des quais.

II. Aucun bâtiment étranger, après avoir appareillé des principaux ports, du Fort-Royal, de Saint-Pierre et de la Trinité, ne pourra relâcher dans aucune anse ou rade de la colonie, à moins d'un cas forcé ; et le Sergent du poste de la relâche, se rendra à bord du bâtiment mouillé, pour y reconnaître, sur le rôle du Capitaine, s'il n'y aurait pas des matelots excédans le rôle ;

dans ce cas, après la visite qu'il aura faite dans le bâtiment, il les arrêtera et les fera conduire au premier poste; il veillera sur-tout à ce qu'aucune pirogue ou canot ne transportent à bord du bâtiment de relâche, aucun matelot français, ou réputé tel.

III. Les Commandans de quartier feront avertir tous les habitans des paroisses de leurs départemens, de ne recevoir chez eux aucun matelot, sous les peines prescrites par les ordonnances: ils prêteront main-forte au besoin, à l'effet de ramener au commerce, et par devant le Commissaire aux Classes, les déserteurs qui seront trouvés dans l'intérieur de l'île; pour la prise et conduite desquels il sera payé ce que de droit, proportionnément à la course.

IV. Les Capitaines de tous les navires marchands, obligeront leur équipage à se retirer le soir à bord de leur navire, où le Maître d'equipage fera l'appel tous les matins, et veillera à ce qu'il n'en descende aucun à terre pendant la nuit. Ceux que les Capitaines garderont à terre, seront pareillement veillés par les Officiers du navire, en résidence au magasin.

V. Les Capitaines tiendront la main à ce que leurs Officiers et le Maître d'equipage, soit à bord, soit à terre, n'exercent, envers les matelots, aucune voie de fait, les coupables devant être dénoncés au Commissaire, pour être punis suivant l'exigence des cas.

VI. Les matelots d'un navire ne seront pas soufferts la nuit à bord d'un autre, ni de jour, aux heures où leur travail n'y sera pas nécessaire.

VII. Il est expressément defendu aux Capitaines de chercher à se procurer, pour leurs

bâtimens

bâtimens, des officiers, officiers-mariniers, matelots et autres d'un autre navire ; les équipages devant être conservés en entier pour leur retour en France, tels qu'ils ont été formés à l'armement, sauf les changemens de gré à gré, que les Capitaines soumettront à la décision du Commissaire.

VIII. Aussitôt qu'il aura été connu par le Capitaine ou un de ses Officiers, de la désertion d'un ou plusieurs matelots, ce qui sera constaté chaque jour par l'appel du matin, le Capitaine se rendra, dans l'heure, par devant l'Officier chargé du service, ou celui préposé aux Classes, pour aviser promptement à la recherche du matelot déserté, qui sera puni conformément aux ordonnances du Roi.

IX. Il sera fourni du corps-de-garde le plus voisin, la quantité de soldats nécessaires, pour courir après le déserteur, et il sera payé pour la prise et conduite du matelot arrêté, la somme de 40 s. par soldat, pour celui pris dans le bourg, et de 4 liv. pour celui pris à la campagne.

X. Les corps-de-garde établis au Prêcheur, au Carbet et à la Case-Navire, seront fournis du nombre d'hommes suffisans, pour doubler leur patrouille de jour et de nuit, soit dans l'intérieur, soit à l'extérieur du bourg, et sur-tout dans les cabarets ; ils fourniront, en outre sur les lieux, et sur les chemins qui leur seront indiqués, les hommes qui seront demandés, à l'effet d'arrêter et conduire à Saint-Pierre, au corps-de-garde le plus voisin, les matelots ou gens réputés tels, qu'ils auront rencontrés, sans exhiber de billet de leurs Capitaines : rapport en sera fait ensuite au Commissaire, pour y aviser ultérieurement, et il leur sera payé le prix ci-dessus.

XI. Les chaloupes de ronde, dans l'espace qu'elles ont à parcourir toutes les nuits, veilleront à ce qu'aucune pirogue ou canot ne paraissent en rade, sans avoir été visités, afin de s'assurer s'il n'y aurait pas de matelots déserteurs.

XII. Les patrouilles des différens postes du Fort Royal et de Saint-Pierre arrêteront la nuit, tous matelots ou réputés tels, qui seraient trouvés dans la rue ou dans les cabarets, pour être mis en prison, aux ordres du Commissaire aux Classes.

XIII. Les cabaretiers ou autres, soit dans les bourgs, soit dans les campagnes, qui auraient donné retraite aux matelots déserteurs, paieront, pour la première fois, 300 liv. d'amende, dont moitié applicable au dénonciateur, et l'autre moitié aux réparations des quais; et en cas de récidive, outre l'amende, ils seront punis de la prison.

XIV. Les Capitaines de navires, à leur départ, et à l'instant qu'ils retireront leur rôle d'equipage, solderont les frais concernant les déserteurs de leurs bâtimens, dont il leur sera donné un état certifié et arrêté du Commissaire aux Classes, pour leur décharge envers les Armateurs.

Recommandons aux Commandans particuliers, Officiers d'administration et autres par nous préposés dans les divers départemens, de tenir la main à l'exécution de la présente ordonnance, qui sera enregistrée aux Greffes de l'Intendance et de l'Amirauté, lue, *etc.*

Donné au Fort-Royal de la Martinique, le 26 avril 1777. *Signé*, D'ARGOUT, *et* DE MONTDENOIX.

(N°. 521.) ARRÊT *du Conseil souverain, concernant les Curateurs aux Successions vacantes.*

Du 7 mai 1777.

LA Cour, *etc.*, fait défenses aux Curateurs aux successions vacantes de son ressort, de porter, à l'avenir, aucune dresse de compte dans ceux qu'ils rendent aux héritiers ou légataires des successions, dont ils auront eu l'administration, et ce, sous telles peines qu'il appartiendra; ordonne que la présente disposition sera publiée et enregistrée aux différentes Jurisdictions de cette île, et à celle de Sainte-Lucie.

Fait au Conseil souverain de la Martinique, le 7 mai 1779. *Signé*, ROIGNAN, greffier.

(N°. 522.) EXTRAIT *d'une Dépêche ministérielle de M.* de Sartine, *à MM.* de Bouillé *et* de Montdenoix, *sur l'Importation en France des Sirops et Tafias.*

Du 1er, juin 1777.

Lettre commune qui permet l'importation en France, par l'entrepôt, des sirops et tafias, qui en seront exportés ensuite pour l'étranger, et qui répond en même tems, qu'il n'est pas possible d'extraire des droits d'occident, ceux appliqués à ces denrées prises par les étrangers, pour les verser dans la Colonie, comme le demandait le Conseil souverain, dans son mémoire du 4 novembre 1776.

(N°. 523.) ORDONNANCE *de MM. les Général et Intendant, concernant les Droits de Cabaret, dans l'étendue de l'île Ste-Lucie.*

Du 12 juin 1777.

SUR les représentations qui nous ont été faites que nos prédécesseurs, pour favoriser le comblement de la ville du Carénage, si important à la salubrité de ce chef-lieu, auraient jugé convenable de fixer, par des ordonnances des 28 mai et 20 décembre 1770, une imposition sur les aubergistes, cabaretiers et gens tenant billard à Sainte-Lucie, dont le produit serait appliqué aux travaux dudit comblement; que, nonobstant la publicité de ces ordonnances, elles sont fréquemment éludées dans leur exécution : à quoi voulant remédier, en fixant les règles à observer par rapport aux permissions pour tenir auberge, cabaret et billard; nous, *etc.*, avons réglé et ordonné ce qui suit :

ART. Ier. Le nombre des cabaretiers sera fixé par les Administrateurs particuliers de la colonie, qui auront égard au peu de concurrence des quartiers, afin de n'en pas surcharger le nombre et les mettre par ce moyen hors d'état de payer les droits de leur imposition.

II. Nul ne pourra tenir cabaret, qu'il n'en ait obtenu de l'Officier d'administration, chargé de la subdélégation de l'Intendance, une permission, qui sera enregistrée au Domaine et au Greffe de l'Intendance, pour lequel enregistrement sera payé 8 l. 5 s. au Commis-greffier, et rien au bureau du Domaine ; ne sera ladite permission délivrée, que sur la quittance du Trésorier de la colonie ou des Tresoriers particuliers des quartiers, où lesdits cabaretiers voudront s'établir, et seront les droits payés d'avance, tous les trois mois.

III. Tous les aubergistes, cabaretiers et gens tenant billard, paieront chacun la somme de 300 l. pour l'année d'avance, tous les trois mois, et ceux qui seront trouvés debitant vin et autres liqueurs sans permission, seront, outre la confiscation de leurs marchandises, condamnés à 500 l. d'amende pour la première fois, et du double en cas de récidive, applicable au comblement du Carénage, et les délinquans seront contraignables par corps.

IV. L'importance du comblement de la ville du Carénage étant toujours la même, nous y appliquons la masse du produit de l'imposition sur les auberges, cabarets et billards.

V. Nous défendons à toutes personnes, de quelque état qu'elles soient, de vendre ni débiter aucune boisson à Sainte-Lucie, sans être munis de la permission de l'Officier d'administration subdélégué de l'Intendance, sous les peines portées en l'art. III. Et chargeons les Commis à la police, et à leur défaut, les Sergens-majors des milices spécialement, d'y veiller ; à chacun desquels nous accordons *gratis* une permission, excepté au Carénage, où il y a des archers chargés de la police.

VI. Ceux qui auront obtenu la permission de tenir cabaret, pourront vendre et détailler du vin, cidre, de la bière et toutes sortes de boissons fortes : leur défendons cependant de vendre du tafia aux soldats, à peine d'être déchus de la permission et de 300 liv. d'amende, applicable comme dessus.

VII. Ne pourront les cabaretiers tenir leurs cabarets ouverts ni donner à boire à huis-clos, après 9 heures du soir, à quelque personne que ce soit, ni aux soldats après la retraite battue, sous peine de 300 liv. d'amende.

VIII. Les aubergistes et cabaretiers qui se proposeront de cesser de tenir auberge ou cabaret, seront tenus d'en faire la déclaration au bureau du Trésorier ou Receveur de leur quartier, huitaine avant le commencement du quartier, à peine, contre les contrevenans, d'être contraints au paiement du quartier qui aura commencé à courir, faute par eux d'avoir fait ladite déclaration.

IX. Les aubergistes ou cabaretiers qui auront obtenu des permissions, seront tenus d'exploiter par eux-mêmes les auberges et cabarets, sans qu'ils puissent céder leurs permissions, sous les peines portées par l'article III.

X. Faisons défenses aux aubergistes ou cabaretiers de tenir plusieurs cabarets, ni faire vendre du vin ni autres liqueurs en d'autres maisons, que celles par eux occupées ou déclarées ; et ce, sous les mêmes peines.

XI. Faisons défenses à toutes personnes de donner à jouer les jeux de hasard ; ne permettons que les jeux connus sous le nom de jeux de commerce, à peine, contre les contrevenans, de 2,000 l. d'amende, et à être bannis de la colonie.

XII. Ordonnons que toutes les contraventions seront poursuivies à la requête du Procureur du

Roi, par devant le Juge des lieux, et seront les sentences exécutées par provision, nonobstant l'appel, comme fait de police.

Prions messieurs les Officiers du Conseil souverain d'enregistrer la présente ordonnance, *etc.*

Donné à la Martinique, le 12 juin 1777. *Signé*, DE BOUILLÉ, *et* DE MONTDENOIX.

Enregist. au Conseil souverain.

(N°. 524.) ORDONNANCE *de MM. les Général et Intendant, concernant les Fontaines publiques des villes du Fort-Royal et de Saint-Pierre.*

Du 13 juin 1777.

SUR les plaintes qui nous ont été portées, relativement aux dommages causés par divers aux fontaines établies en la ville du Fort-Royal et en celle de Saint-Pierre, soit en détournant le cours des rivières qui fournissent l'eau auxdites fontaines, soit en lavant le linge dans les bassins et ruisseaux qui en dépendent, soit en se baignant dans ces mêmes bassins, et enfin en approchant desdites fontaines, des tonneaux, barriques et autres futailles, dont le poids et le choc brisent les canaux, et occasionnent des dégradations, nous aurions reconnu la nécessité de remédier à ces inconvéniens, et d'assurer la conservation d'un établissement intéressant, quant à l'utilité publique.

A CES CAUSES, nous, *etc.*, statuons et ordonnons ce qui suit :

ART. Ier. Faisons défenses à toutes personnes de détourner le cours des rivières qui fournissent l'eau aux fontaines, à peine, contre les esclaves, du fouet et du carcan ; et contre les blancs et autres personnes libres, de 8 jours de prison et de 30 liv. d'amende.

II. Leur défendons aussi de laver dans les bassins desdites fontaines, et dans les ruisseaux qui en dépendent, soit linges, ustensiles et autres choses quelconques, sous peine de confiscation desdits effets, en faveur des hôpitaux, et de 30 l. d'amende.

III. Faisons pareilles défenses à toutes personnes, de quelque âge, qualité et condition qu'elles soient, de se baigner, soit de jour, soit de nuit, dans les bassins desdites fontaines et dans les ruisseaux qui en dépendent, à peine, contre les esclaves, de 8 jours de prison et de recevoir à la geôle 25 coups de fouet, aux frais de leurs maîtres ; et contre les blancs et autres personnes libres, de 8 jours de prison et de 12 l. d'amende.

IV. Défendons aussi de remplir, auprès des fontaines, des tonneaux, barriques et autres futailles, à peine de confiscation des barriques et futailles, au profit des hôpitaux.

V. Les amendes prononcées ci-dessus, seront applicables au profit de l'Entrepreneur, chargé de l'entretien des canaux et fontaines.

VI. Permettons à tous les blancs d'arrêter les esclaves et autres gens de couleur, qui se trouveront en contravention de la présente ordonnance, et de les conduire ou faire conduire chez le Procureur du Roi, qui les enverra à la geôle, si le cas le requiert.

VII. Les contraventions seront portées devant les Juges de police, pour être jugées sommairement et sans frais ; et seront les sentences exécutées ; savoir : celles contre les esclaves en dernier ressort, et celles contre les blancs et autres personnes libres, par provision, nonobstant et sans préjudice de l'appel.

Prions messieurs les Officiers du Conseil souverain de la Martinique de faire enregistrer, *etc.*

Donné à la Martinique, le 13 juin 1777. *Signé*, DE BOUILLÉ, *et* DE MONTDENOIX.

Enregist. au Conseil souverain.

(N°. 525.) ORDONNANCE *du Roi, portant peines contre les Embaucheurs de Gens de Mer.*

Du 1er. juillet 1777.

SA MAJESTÉ ayant, par son ordonnance de ce jour, accordé une amnistie générale aux Officiers-mariniers et Matelots qui se sont rendus coupables de désertion, et étant informée que, dans le nombre des gens de mer qui se sont trouvés ou se trouvent en pays et sur les vaisseaux étrangers, il y en a beaucoup qui n'y sont passés, que parce qu'ils avaient été excités à le faire par gens qui, séduits par l'appât de quelques rétributions qui leur étaient données, ou par quelque autre motif aussi criminel, les avaient embauchés : à quoi desirant pourvoir, S. M., pour empêcher que lesdits gens de mer perdent le fruit de la grâce qui leur est accordée par ladite amnistie, en commettant de nouveau le même crime et que d'autres n'y soient pareillement exposés, a jugé nécessaire de prononcer, contre ces embaucheurs, les mêmes peines que celles prescrites par les anciennes ordonnances rendues contre les Officiers-mariniers et Matelots déserteurs du Royaume et des Classes ; et, en conséquence, elle a ordonné et ordonne que tous particuliers qui seront convaincus d'avoir embauché lesdits Officiers-mariniers et Matelots, pour les attacher au service des bâtimens étrangers, et pour les faire passer dans lesdits pays étrangers, soient punis de 3 ans de galères pour la première fois, et des galères perpétuelles, en cas de récidive ; et qu'à cet effet lesdits particuliers soient arrêtés, pour être envoyés dans le port et arsenal de marine le plus prochain, pour y être jugés par le Conseil de guerre qui y sera assemblé : S. M. attribuant aux Conseils de guerre la connaissance desdits délits.

Mande et ordonne S. M., *etc.*

Fait à Versailles, le premier juillet 1777. *Signé*, LOUIS ; *et plus bas*, par le Roi, DE SARTINE.

(N°. 526.) ORDONNANCE *de MM. les Général et Intendant, concernant la Police relative à la sûreté des Bâtimens de mer, et à la commodité des opérations du Commerce maritime à Saint-Pierre.*

Du 20 juillet 1777.

EN conformité des ordres du Roi à nous adressés, pour procurer au commerce maritime à Saint-Pierre, toute la sûreté et la commodité que comporte le local de la rade et du quai, nous avons cru ne pouvoir mieux y parvenir qu'en faisant exécuter les dispositions de l'ordonnance rendue le 23 février 1775, par MM. de Nozieres et de Tascher, et donnant aux mesures qu'elle indique, l'extension qui nous est recommandée; ce qui a été prévu par l'article IV de ladite ordonnance.

Sur ce qui nous a été représenté aussi par le Lieutenant de port placé à St-Pierre, relativement au danger résultant pour la navigation et le mouillage des bâtimens, de la grande quantités d'ancres perdues et de quelques carcasses de navires coulés dans la rade, qui en embarrassent le fond, occasionnent de fréquentes avaries aux cables, et rendent les opérations du relèvement et de la drague d'une nécessité pressante et indispensable; afin de profiter de la saison de l'hivernage, pendant laquelle les bâtimens sont tenus de se retirer dans le bassin du Fort-Royal, nous, *etc.*, statuons et ordonnons ce qui suit:

Art. Ier. Il sera procédé incessamment au rétablissement des tranchées, par-tout où elles se trouvent démolies dans l'etendue du quai. Cette réparation sera faite aux dépens des propriétaires des maisons, chacun desquels sera tenu de rétablir la partie située devant la maison qui lui appartiendra.

II. Les dispositions des articles VII et VIII de l'ordonnance du 23 février 1775, concernant l'entretien et réparation des cales, par les propriétaires des maisons qui y sont obligés, et concernant le dégagement de la rue d'entre les tranchées et les maisons qui y font face, depuis la cale du Domaine, jusqu'à la place du Mouillage, seront remises en vigueur; enjoignons au Lieutenant de port de veiller, avec l'attention la plus suivie, à leur exécution.

III. Pour obvier par la suite à l'inconvénient des bourbiers et cloaques, qui se forment en tems de pluie, la rue mentionnée ci-dessus, d'entre les tranchées et les maisons qui y font face, depuis la cale du Domaine jusqu'au Mouillage, sera pavée incessamment aux dépens des propriétaires des maisons, qui y contribueront chacun pour la maison qui lui appartient, en la manière qu'il a été réglé par rapport au retablissement des tranchées.

IV. Dans quinzaine, à compter de la publication de la présente ordonnance, les échoppes, appentis, cabanes, ajoupas, jardins et entourages, qui se trouvent au bord de la mer en dehors des tranchées, depuis la cale du Domaine jusqu'à celle de l'Hôpital, et depuis celle des Pères-Blancs, jusqu'à la place du Mouillage, seront demolis et enlevés ; en cas de delai de la part des possesseurs, les démolitions et enlèverneus seront faits à leurs frais et dépens, à la diligence du Lieutenant de port, que nous chargeons expressément d'y tenir la main.

V. La jetée qui se trouve en avant de la maison du sieur Beaugray, ayant été reconnue nuisible dans le cas de raz-de marée, à cause du danger de naufrage, auquel elle expose les équipages, ainsi que les chaloupes et canots, qui ne peuvent éviter de s'y briser ; ledit sieur Beaugray fera demolir, avant la fin de l'hivernage, 14 pieds de cette jetée, conformément à l'avis de l'Ingénieur qui s'est transporté sur les lieux, pour déterminer la démolition, au point où les risques et les inquiétudes du commerce demeureraient prévenus pour l'avenir.

VI.

VI. Les possesseurs de quelques maisons ou magasins bâtis en dehors des tranchées, par des concessions particulières du Gouvernement, feront, dans la quinzaine après la publication de la présente, remise au Greffe de l'Intendance, des titres de leurs propriétés, au sujet desquels le Ministre s'est réservé de statuer définitivement.

VII. Les cales de l'Hôpital, de Beauséjour, de Saint-Dominique et celle des Pères-Blancs, seront ouvertes de 10 pieds, pour la commodité des roulages et transports. Afin de procurer aussi une plus grande facilité pour l'embarquement et débarquement des marchandises, il sera construit à l'endroit de chacune desdites cales, un quai solide, en maçonnerie et bien pavé, de 35 pieds de long, à prendre de la tranchée en avançant du côté de la mer. La dépense de l'ouverture des cales, ainsi que de la bâtisse des quais, sera prise sur les fonds de la caisse des affranchissemens, qui est à même d'acquitter, dès à présent, le paiement concernant le premier des quatre quais, dont la construction sera indiquée par les Commissaires du Commerce.

VIII. Le Lieutenant de port établi à Saint-Pierre, nous ayant représenté la nécessité de faire draguer les ancres et de relever quelques carcasses de bâtimens coulés dans la rade, ce qui occasionne de fréquentes avaries aux cables; nous l'autorisons à se charger, à ses risques, de cette opération, n'entendant qu'il soit supporté aucuns frais par le Roi, pour raison du relèvement et sauvetage.

IX. Vu l'utilité reconnue pour le commerce, de l'entreprise relative au curage de la rade de St-Pierre, il sera fourni, par les navires actuellement retirés dans le bassin du Fort-Royal, l'équipage nécessaire pour l'armement de deux chaloupes. Ce service sera réparti sur la totalité des navires, dont chacun tour-à-tour, fournira un ou deux matelots au plus, par quinzaine.

Prions messieurs les Officiers du Conseil souverain de la Martinique de faire enregistrer, *etc.*

Donné à la Martinique, le 20 juillet 1777. *Signé*, DE BOUILLÉ, *et* DE MONTDENOIX.

Enregist. au Conseil souverain.

(N°. 527.) EXTRAIT *d'une Dépêche ministérielle de M.* de Sartine *à MM. les Général, et Intendant de la Martinique, sur l'Imposition.*

Du 31 juillet 1777.

Lettre commune, qui réduit la contribution de la Martinique, à un million de livres coloniales pour l'année 1778; fixe la capitation des Caféyers à 8 liv. par tête d'esclave, et substitue au droit de 6 deniers par livre pesant de café celui de 3 pour 100 du prix réel.

Projet du Ministre de faire agréer au Roi, que la perception sur les cabarets soit réunie au produit de ses droits domaniaux pour faire un fonds qui sera destiné à la décharge de la Colonie, aux travaux publics et aux autres objets de salubrité, *etc.*; ce fonds remplacera les taxations sur les libertés, à l'égard desquelles on fera connaître incessamment les intentions du Roi.

Le Ministre engage MM. les Administrateurs de communiquer le projet de l'impôt aux Habitans assemblés par députés des paroisses, et s'ils votent à la pluralité des voix pour quelque changement, ou pour un autre genre de répartition, ils pourront adopter leurs propositions s'ils n'y voient pas d'inconvénient.

S. M. approuve que, pour la présente année 1777, les Administrateurs n'exigent des Habitans caféyers que 6 liv. par tête de nègre, pour les dédommager des 6 deniers par livre qu'ils ont déjà supporté cette même année à la sortie de leurs denrées.

(N°. 528.) DÉCLARATION *du Roi, qui défend l'Entrée du Royaume à tous Noirs et autres Gens de couleur, et qui fixe les Mesures à observer pour le retour dans les Colonies de ceux qui ont accompagné leurs Maîtres en France, pour les servir pendant la traversée.*

Du 9 août 1777.

LOUIS, *etc.*, SALUT : Par nos lettres-patentes du 3 septembre dernier, nous avons ordonné qu'il serait sursis au jugement de toutes causes ou procès concernant l'état des noirs de l'un ou de l'autre sexe, que les habitans de nos colonies ont amenés avec eux en France pour leur service : nous sommes informés aujourd'hui que le nombre des noirs s'y est tellement multiplié, par la facilité de la communication de l'Amérique avec la France, qu'on enlève journellement aux colonies cette portion d'hommes la plus necessaire pour la culture des terres, en même tems que leur séjour dans les villes de notre Royaume, sur-tout dans la Capitale, y cause les plus grands désordres ; et lorsqu'ils retournent dans les colonies, ils y portent l'esprit d'indépendance et d'indocilité, et y deviennent plus nuisibles qu'utiles : il nous a donc paru qu'il était de notre sagesse de déférer aux sollicitations des habitans de nos colonies, en défendant l'entrée de notre Royaume à tous les noirs : nous voulons bien cependant ne pas priver ceux desdits habitans, que leurs affaires appellent en France, du secours d'un domestique noir pour les servir pendant la traversée, à la charge toutefois que lesdits domestiques ne pourront sortir du port où ils auront été débarqués, que pour retourner dans la colonie d'où ils auront eté amenés ; nous pourvoirons aussi à l'etat des domestiques noirs, qui sont actuellement en France ; enfin nous concilierons, par toutes ces dispositions, le bien général de nos colonies, l'intérêt particulier de leurs habitans, et la protection que nous devons à la conservation des mœurs et du bon ordre dans notre Royaume.

A CES CAUSES, *etc.*, voulons et nous plaît ce qui suit :

ART. Ier. Faisons défense expresse à tous nos sujets, de quelque qualité et condition qu'ils soient, même à tous etrangers, d'amener dans notre Royaume, après la publication et enregistrement de notre présente déclaration, aucun noir, mulâtre ou autres gens de couleur, de l'un et de l'autre sexe, et de les y retenir à leur service, le tout à peine de 3,000 livres d'amende, même de plus grande peine, s'il y echet.

II. Défendons pareillement, sous les mêmes peines, à tous les noirs, mulâtres ou autres gens de couleur, de l'un ou de l'autre sexe, qui ne seraient point au service, d'entrer à l'avenir dans notre Royaume, sous quelque cause et prétexte que ce soit.

III. Les noirs ou mulâtres qui auraient été amenés en France, ou qui s'y seraient introduits depuis ladite publication, seront, à la requête de nos Procureurs ès-siéges des Amirautes, arrêtés et reconduits dans le port le plus proche, pour être ensuite rembarqués pour nos colonies, à nos frais, suivant les ordres particuliers que nous ferons expédier à cet effet.

VI. P. rmettons néanmoins à tout habitant de nos colonies, qui voudra passer en France, d'embarquer avec lui un seul noir ou mulâtre, de l'un ou de l'autre sexe, pour le servir pendant la traversée, à la charge de le remettre, à son arrivée dans le port, au dépôt qui sera à ce destiné par nos ordres, et d'y demeurer jusqu'à ce qu'il puisse être rembarqué : enjoignons à nos Procureurs des Amirautés du port où lesdits noirs auraient été débarqués, de tenir la main à l'exécution de la présente disposition, et de les faire rembarquer sur le premier vaisseau qui fera voile dudit port pour la colonie de laquelle ils auraient été amenés.

V. Les habitans desdites colonies qui voudront profiter de l'exception contenue en l'article précédent, seront tenus, ainsi qu'il a toujours eté d'usage dans nos colonies, de consigner la somme de 1,000 l., argent de France, ès-mains du Trésorier de la colonie, qui s'en chargera en recette, et de se retirer ensuite pardevers le

Gouverneur-général, ou Commandant dans ladite colonie, pour en obtenir une permission, qui contiendra le nom de l'Habitant, celui du domestique noir ou mulâtre qu'il voudra amener avec lui, son âge et son signalement ; dans laquelle permission, la quittance de consignation sera visée, à peine de nullité, et seront lesdites permission et quittance enregistrées au Greffe de l'Amirauté du lieu du départ.

VI. Faisons très-expresses défenses à tous Officiers de nos vaisseaux, de recevoir à bord aucun noir, mulâtre ou autres gens de couleur, s'ils ne leur représentent ladite permission dûment enregistrée, ainsi que la quittance de consignation, desquelles mention sera faite sur le rôle d'embarquement.

VII. Défendons pareillement à tous Capitaines de navire marchand, de recevoir à bord aucun noir, mulâtre ou autres gens de couleur, s'ils ne leur représentent la permission enregistree, ensemble ladite quittance de consignation, dont mention sera faite dans le rôle d'embarquement, le tout à peine de 1,000 l. d'amende pour chaque noir ou mulâtre, et d'être interdit pendant 3 ans de toutes fonctions, même du double desdites condamnations en cas de recidive. Enjoignons à nos Procureurs ès sieges des Amirautés du lieu du débarquement, de tenir la main à l'exécution de la presente disposition.

VIII. Les frais de garde desdits noirs dans le dépôt, et ceux de leur retour dans nos colonies, seront avancés par le Commis du Trésorier-général de la marine dans le port, lequel en sera remboursé sur la somme consignée en exécution de l'article V ci-dessus, et le surplus ne pourra être rendu à l'Habitant que sur le vu de l'extrait du rôle du bâtiment sur lequel le noir ou mulâtre domestique aura été rembarqué pour repasser dans les colonies, ou de son extrait mortuaire, s'il était décédé : et ne sera ladite somme passée en dépense aux Trésoriers-généraux de notre marine, que sur le vu desdits extraits en bonne et due forme.

IX. Ceux de nos sujets, ainsi que les étrangers, qui auront des noirs à leur service, lors de la publication et enregistrement de notre présente déclaration, seront tenus, dans un mois à compter du jour de ladite publication et enregistrement, de se présenter par devant les Officiers de l'Amirauté, dans le ressort de laquelle ils sont domiciliés; et s'il n'y en a pas, par devant le Juge royal dudit lieu, à l'effet d'y déclarer les noms et qualités des noirs, mulâtres ou autres gens de couleur, de l'un et de l'autre sexe, qui demeurent chez eux, le tems de leur débarquement et la colonie de laquelle ils ont été exportés : voulons que, passé ledit délai, ils ne puissent retenir à leur service lesdits noirs, que de leur consentement.

X. Les noirs, mulâtres ou autres gens de couleur, qui ne seraient pas au service, au moment de ladite publication, seront tenus de faire aux Greffes desdites Amirautés ou Jurisdictions royales, et dans le même délai, une pareille déclaration de leur nom, surnom, âge, profession, du lieu de leur naissance, et la date de leur arrivée en France.

XI. Les déclarations prescrites par les deux articles précédens, seront reçues sans aucun frais, et envoyés par nos Procureurs ès-dits siéges, au Secrétaire d'Etat ayant le département de la marine, pour, sur le compte qui nous en sera rendu, être par nous ordonné ce qu'il appartiendra.

XII. Et, attendu que la permission que nous avons accordée aux habitans de nos colonies, par l'article IV de notre présente déclaration; n'a pour objet que leur service personnel pendant la traversee, voulons que lesdits noirs, mulâtres ou autres gens de couleur, demeurent, pendant leur séjour en France et jusqu'à leur retour dans les colonies en l'état où ils etaient lors de leur départ d'icelles, sans que ledit état puisse être changé par leurs maîtres ou autrement.

XIII. Les dispositions de notre présente déclaration seront exécutées nonobstant tous édits, declarations, réglemens ou autres à ce contraires, auxquels nous avons derogé et derogeons expressément.

Si donnons en mandement, *etc.*

Fait à Versailles, le 9 août 1777. *Signé*, LOUIS; *et plus bas*, par le Roi, DE SARTINE.

Enregist. au Conseil souverain.

(N°. 529.) ORDONNANCE *du Roi, pour régler provisoirement le Traitement des Officiers, Bas-Officiers et Soldats des 4 Régimens coloniaux des Isles du Vent et sous le Vent.*

Du 28 août 1777.

(N°. 530.) ORDONNANCE *du Roi, pour régler le Traitement des Régimens d'Infanterie qui seront employés dans les Colonies de l'Amérique.*

Du 28 août 1777.

(N°. 531.) ORDONNANCE *du Roi, pour donner une nouvelle forme aux 6 Compagnies de Canonniers-Bombardiers des îles du vent et sous le vent de l'Amérique, et assimiler leur Traitement à celui des Troupes du Corps-Royal employées dans ces mêmes Colonies.*

Du 28 août 1777.

(N°. 532.) ORDONNANCE *du Roi, pour régler le Traitement des Compagnies de Dragons qui seront employées dans les Colonies de l'Amérique.*

Du 28 août 1777.

N. B. Nous avons conservé simplement les titres des 4 ordonnances ci-dessus (imprimées en entier dans le 2d. supplément de l'ancien Code, p. 120 et suiv.), comme pouvant servir à l'histoire de la Colonie. Les dispositions particulières de ces ordonnances nous ont paru inutiles à réimprimer, parce que depuis long-tems on y avait dérogé par des ordonnances subséquentes, et principalement par celle du 10 décembre 1784, rapportée ci-après.

(N°. 333.) DÉPÊCHE *ministérielle de M. de Sartine, à MM. les Administrateurs de la Martinique, concernant la Déclaration du Roi, du 9 août 1777, qui défend l'Entrée du Royaume à tout Noir, etc.*

Du 1er. septembre 1777.

JE vous envoie, Messieurs, une déclaration que le Roi vient de donner, relativement à l'introduction dans le Royaume, des noirs, mulâtres et autres gens de couleur, libres ou esclaves, de l'un et de l'autre sexe. Vous aurez soin de faire procéder sans délai à l'enregistrement de cette loi, par le Conseil souverain de la Colonie, d'où elle sera envoyée ensuite à tous les Siéges des justices de l'île, et de veiller à ce qu'elle soit publiée et affichée exactement, afin que, comme elle intéresse tous les habitans, aucun n'en puisse prétendre cause d'ignorance. Comme la durée et la stabilité d'une loi dépend de l'exactitude avec laquelle elle est maintenue, et que le Roi a fort à cœur que cette loi, qui intéresse autant le bon ordre que l'utilité des colonies, soit observée très-ponctuellement, je crois devoir entrer avec vous dans quelques détails sur son exécution. D'abord, l'intention du Roi est que vous apportiez le plus grand soin à ce que toutes les dispositions portées par l'art. IV pour l'embarquement des noirs, soient remplies à la rigueur. S. M. entend que la consignation ne puisse jamais être éludée, et elle m'ordonne de vous mander qu'elle n'accordera d'exemption, pour quelque cause et sous quelque prétexte que ce puisse être.

La conduite des Capitaines de navires marchands ne peut non plus être surveillée de trop près, sur-tout dans le commencement. Il faudra donc redoubler de soins et faire faire les perquisitions les plus exactes, pour qu'il ne soit embarqué aucun noir ou autres gens de couleur en fraude, et s'il s'en trouvait de recélés à bord des bâtimens qui seront visités sous voiles, vous en ferez dresser un procès-verbal détaillé, que vous m'adresserez sans délai, pour être, d'après lui, pourvu à la punition des Capitaines, conformément à l'article VII de la déclaration.

L'intention du Roi étant qu'il ne puisse entrer en France aucun noir, mulâtre ou autre gens de couleur libres, pour quelque cause que ce puisse être, et la prohibition portée par la loi étant sans exception à cet égard, il sera nécessaire de prendre également les plus grandes précautions pour qu'il n'en soit embarqué aucun.

La sagesse du Roi ne lui permettant pas de laisser subsister plus long-tems les désordres que l'introduction des noirs cause dans le Royaume, où ils n'étaient que des instrumens de luxe et de vanité pour leurs maîtres ; par une suite de la protection qu'il accorde aux habitans des colonies, il a bien voulu permettre à ceux qui passeront en France, d'amener un seul noir pour les servir dans la traversée ; mais S. M. défend absolument que chaque Habitant puisse en amener plus d'un : elle vous charge de tenir soigneusement la main à cette disposition. Vous préviendrez d'ailleurs les habitans, que, s'ils parvenaient à introduire en fraude un plus grand nombre de noirs que celui qui est accordé par l'art. IV, et à tromper votre zèle et votre vigilance, S. M. est disposée à punir très-sévèrement cette désobéissance. Vous préviendrez également les habitans de la colonie, qu'en même tems qu'il est du bien du service du Roi, que les noirs soient conduits dans un dépôt en debarquant, et y soient renfermés jusqu'au rembarquement, néanmoins ils y seront traités avec douceur et humanité. D'ailleurs il dépendra des colons d'augmenter le bien-être de leur noir dans le dépôt, à raison de la nourriture et du logement ; mais ce sera leur affaire de payer ces objets, et la dépense dont le Roi veut bien faire l'avance, aux termes de l'article VIII, devant être la même pour tous les individus qui seront dans le dépôt, S. M. n'entrera pour rien dans les augmentations dont je viens de parler. Vous les avertirez aussi, qu'aucun noir ne pourra sortir du dépôt, tout le tems qui s'écoulera depuis son entrée jusqu'à son départ, pour quelque prétexte que ce puisse être, et il a été donné les ordres les plus exacts à cet égard. Au reste, il dépendra également des habitans de se faire remettre, dans un délai plus ou moins court, le surplus qui peut leur revenir des 1,000 l. consignées : comme cette rentrée dépend du retour du noir dans la colonie, ce sera leur affaire de hâter son rembarquement le plutôt possible.

S. M. a été informée à cet égard d'un abus qui s'est introduit, de supposer des extraits mortuaires des noirs, pour parvenir à se faire rendre les sommes consignées. Comme son intention est d'arrêter un abus aussi intolérable, elle m'a ordonné de vous prévenir qu'il sera apporté le plus grand soin à la verification des extraits

mortuaires

mortuaires énoncés en l'article VIII ; que la somme consignée ne sera rendue qu'autant que l'authenticité de l'acte sera bien prouvée et connue, et que ceux qui se porteraient à altérer, falsifier des extraits mortuaires, ou à les supposer, seront poursuivis extraordinairement et punis suivant la rigueur des ordonnances.

L'article XII de la déclaration, en ordonnant que les noirs, mulâtres ou autres gens de couleur, demeureront, pendant leur séjour en France et jusqu'à leur retour dans les colonies, en l'état où ils étaient lors de leur départ d'icelles, défend expressément les ventes d'esclaves, les échanges et toutes autres transmutations ou changemens, aussi pernicieux que contraires aux bonnes mœurs et dont il y a eu souvent des exemples.

Enfin, pour assurer encore mieux l'exécution de la loi, et que je sois à portée d'en informer exactement S. M., je joins ici des modèles d'états que vous aurez pour agréable d'envoyer chaque mois, et qui seront signés du Gouverneur-général, ou du Commandant pour le Roi, et de l'Intendant. Le premier contiendra les noms des noirs, mulâtres ou autres gens de couleur qui auront été embarqués pour France, pendant le cours du mois précédent, en distinguant leur âge, leur sexe, leur état, le nom du maître, le quartier de l'île où il fait sa résidence, le port de France où il compte débarquer, la date de la consignation, avec celle de la permission d'embarquer qui aura été donnée par le Gouverneur-général ou le Commandant dans la colonie, enfin le nom du vaisseau sur lequel le maître et l'esclave auront été embarqués, et celui du Capitaine qui le commandera. Le second état contiendra le nom des noirs, mulâtres ou autres gens de couleur débarqués dans votre Colonie pendant le mois précédent, en distinguant également l'âge, le sexe, l'état, la profession, s'il a été ramené seul ou avec son maître, et dans ce dernier cas, le nom du maître, celui du vaisseau qui l'aura ramené et du Capitaine qui l'aura commandé, avec la date de la remise de la consignation qui aura été faite du même noir, portée dans l'état précédent, et la quotité du montant de la somme qui aura été remise, déduction faite des frais, qui doivent être prélevés aux termes de l'article VIII. Ces états d'embarquement et de debarquement doivent se comparer l'un avec l'autre, et servir de contrôle à d'autres états pareils qui me seront envoyés des ports, en sorte qu'ils opèrent une balance dans toute cette partie du service, et que la vérification puisse s'en faire à tous instans ; ces états, dis-je, demandent d'être faits avec le plus grand soin, et je ne doute point que vous n'y apportiez votre exactitude ordinaire.

Tels sont, Messieurs, les différens objets sur lesquels j'ai cru devoir entrer dans quelques détails. S'il y en avait sur lesquels vous eussiez des réflexions à me proposer, qui puissent tendre à perfectionner encore l'exécution de cette loi, je vous prie de me les adresser le plutôt possible. Au reste, S. M. s'en repose sur votre prudence pour les choses qui ne seraient pas prévues dans cette lettre, dont vous aurez soin de donner connaissance aux Habitans de la Colonie ; et elle attend de votre zèle, pour le bien de son service, que vous ne négligerez rien pour remplir ses intentions et répondre à ses vues,

J'ai l'honneur d'être, *etc. Signé*, DE SARTINE.

Enregist. au Conseil souverain.

(N°. 534.) ORDONNANCE *de MM. les Général et Intendant, concernant les Canaux et Fontaines, notamment celle des Marins établie sur la Place du Mouillage.*

Du 26 septembre 1777.

VU la requête à nous présentée par le sieur Segond, et le plan y joint, nous autorisons le sieur Segond, architecte, à construire la fontaine destinée au service des marins, au lieu indiqué par ledit plan et conformément à icelui, avec permission au Sr. Segond et ses héritiers ou ayans-cause de vendre aux marins l'eau dont ils pourront avoir besoin, aux prix et conditions dont ils conviendront avec ledit Entrepreneur, sans néanmoins que lesdits marins soient obligés de prendre l'eau à ladite fontaine, et à la charge par ledit Sr. Segond et ses représentans de fournir l'eau *gratis* aux vaisseaux et autres bâtimens de S. M.; autorisons aussi le Sr. de Perpigna, trésorier des deniers destinés à la construction des fontaines, de compter audit Sr. Segond la somme de 8,367 l. 10 s. qui lui reste en main; savoir : 6,292 l. 10 s. en argent, et le surplus en crédit sur les contribuables, moyennant quoi ledit Sr. De Perpigna demeurera bien et dûment déchargé de sa recette. Ordonnons en outre que les particuliers redevables des prises d'eau, paieront annuellement audit sieur Segond, les rentes de 50 et de 30 liv. fixées par la délibération du 10 juillet 1773 et conformément à icelle ; et pour parfaire l'indemnité exigée par ledit sieur Entrepreneur, il lui sera payé par le Receveur des deniers procédant des affranchissemens, la somme de 3,300 l., immédiatement après que la fontaine destinée à l'usage des marins aura été construite ; au moyen de quoi ledit S^{r}. Segond sera tenu d'entretenir à ses frais et dépens, et à perpétuité, les canaux et fontaines par lui construits, ainsi qu'il s'y est obligé au bas de la susdite requête, tant pour lui que pour ses héritiers ou ayans-cause, à peine de tous dépens, dommages et intérêts, et sous l'hypothèque de tous ses biens présens et à venir. Et seront ces présentes enregistrées au Greffe de l'Intendance, et ensuite déposées, ainsi que le plan que nous avons paraphé, au Greffe de la Jurisdiction royale du bourg Saint-Pierre, où se trouve le dépôt de tous les actes concernant la construction des fontaines.

Donné à la Martinique, le 26 septembre 1777. *Signé*, De Bouillé, *et* De Montdenoix.

(N°. 535.) Instruction *et Consigne de M. le Général, pour la police des Ports et Rades de la Martinique et Dependances.*

Du 31 octobre 1777.

Le bon ordre des ports et des rades étant un des premiers moyens de contribuer au bien du commerce, et l'uniformité des règles, un des objets les plus essentiels dans la législation, nous avons estimé nécessaire d'établir à ce sujet une consigne locale, et de la rapprocher, autant que la différence des lieux peut le permettre, de la régie des ports de France, prescrite par l'ordonnance de S. M., du 27 septembre 1776: en conséquence avons ordonné et ordonnons ce qui suit :

ART. Ier. Les Capitaines et Lieutenans de ports seront chargés, sous l'autorité du Général, de la police des ports et rades, relative à la marine marchande, de la garde, sûreté, conservation et entretien journalier des vaisseaux, tous autres bâtimens flottans, appartenans au Roi, machines à leurs usages et propres à l'entretien et à la sûreté des ports et rades.

II. L'Officier de port rendra compte tous les jours au Général, ou à l'Officier qui le représentera, des mouvemens des ports et rades, crimes et délits qui y seraient commis ; toute discipline des navires marchands lui étant exclusivement attribuée par l'ordonnance du 27 septembre 1776.

III. Lorsqu'il arrivera des bâtimens du Roi, l'Officier du port se rendra à bord du vaisseau commandant, prendra les ordres de l'Officier qui le commandera, pour le conduire au mouillage, s'il le juge à propos, et lui remettra un exemplaire de la présente consigne, pour lui donner connaissance de la police du port et de la rade, s'il en prend le commandement.

IV. Il indiquera aux bâtimens français et étrangers, le lieu et l'aire de vent où ils doivent se placer ; veillera à ce qu'ils conservent la place assignée, et dirigera le lestage et delestage, sans que les Capitaines ou Patrons puissent se soustraire à cette inspection.

V. Si un bâtiment, venant au mouillage, faisait signal d'incommodité, il lui fera fournir sur-le-champ, par le Commandant de la rade, les secours d'hommes et effets dont il aura besoin.

VI. Nul ne pourra chauffer ni caréner, sans un permis de l'Officier de port, qui indiquera les pontons et lieux propres à cette opération: il indiquera aussi les endroits de la côte où l'on pourra échouer les bâtimens condamnés.

Il veillera au maintien des cales et des quais, à la propreté de la grève, et empêchera que les cales soient embarrassées.

VII. Il préviendra tout Capitaine de bâtiment venant de long cours ou de grand cabotage, de l'obligation de se présenter devant le Général et l'Intendant, ou ceux qui les représenteront, de leur donner la liste de ses passagers et l'état de sa cargaison : il ne permettra de lever l'ancre pour le départ, qu'après s'être fait représenter l'acquit-à-caution, vu par le Général et Intendant, ou leurs représentans.

VIII. Aucun bâtiment étranger, soit parlementaire, soit caboteur, ne mouillera sans un permis du Général, ou du Commandant en son absence; pareil permis sera nécessaire pour le départ. Les Espagnols seuls seront exceptés de cette règle, et traités comme les nationaux.

IX. Les Patrons des bâtimens de petit cabotage rempliront, dès leur arrivée, les formalites prescrites par les ordonnances, relativement au Domaine et au bureau des Classes : ils ne partiront que sur le permis de l'Officier de port, qui ne le délivrera qu'après s'être assuré, par l'examen de leurs expéditions, qu'à leur depart, ils se sont presentés aux mêmes bureaux.

Les paquebots qui font périodiquement les trajets de cette Isle à la Guadeloupe, ne pourront s'expédier sans un semblable permis pour l'arrivée et le départ. Les Patrons de ces bâtimens remettront, à leur arrivée, la liste des passagers, ainsi que le porte l'art. VII, pour les bâtimens de long cours.

X. Défendons, sous les peines de l'ordonnance du 8 avril 1721, de tirer le canon dans les ports, rades et hâvres, sans la permission du Commandant de la place.

XI. L'élection du Commandant de la rade ou du port se fera, par devant le Général ou l'Officier qui le représentera, à la pluralité des voix des Capitaines marchands, le plus ancien sera toujours préféré. Le Commandant, ainsi nommé, aura un exemplaire de la présente ordonnance, qu'il transmettra à son successeur avec les renseignemens relatifs.

XII. Le Commandant de la rade tiendra liste des noms des bâtimens marchands, de ceux des Capitaines qui les commandent, avec le lieu de leur départ et le jour de leur arrivé.

XIII. Tout bâtiment français ou étranger, même de petit cabotage, sera obligé de présenter et faire viser par ledit Commandant, le permis de partir de l'Officier de port : et, en cas de contravention, le Commandant tirera en avant un coup de canon à boulet, pour avertir le Capitaine ou Patron ; et, si le bâtiment sortant n'envoie pas sa chaloupe, ou ne manœuvre pas pour revenir vers le Commandant, celui-ci fera tirer dessus.

Dans ces cas, les coups de canon seront payés au Commandant par le délinquant.

XIV. Tous les navires, à l'exception du commandant, fourniront tour à tour une chaloupe armée pour la ronde. L'Officier qui la commandera en rendra compte, tous les matins à six heures, au Commandant marchand et à l'Officier de port.

XV. Le navire marchand, commandant la rade, portera au mât de misaine une flamme blanche, qu'il amènera à l'arrivée des bâtimens du Roi, et hissera pavillon blanc de l'arrière, ainsi que tous ceux de la rade.

Pour appeler les Capitaines à son bord, il mettra, pendant le jour, un pavillon anglais à sa vergue d'artimon, et la nuit, un fanal au beaupré.

Une flamme blanche à ladite vergue indiquera qu'il a des ordres à communiquer, et chaque Capitaine enverra sur-le-champ un Officier à son bord. Chaque signal sera accompagné d'un coup de canon.

XVI. L'Officier de ronde se rendra à six heures du soir avec sa chaloupe, à bord du Commandant, pour y prendre ses ordres; depuis cette heure jusqu'à six heures du matin, il veillera à ce que les feux soient éteints aux heures indiquées; fera raisonner les gens de quart; arrêtera et conduira à bord du Commandant, ceux qui n'auraient pas répondu, saisira les denrées et marchandises que l'on déchargerait pendant la nuit; s'opposera au mouillage des bâtimens étrangers dépourvus du permis du Général, ou de l'Officier qui le représente; se rendra aux signaux de jour et de nuit, ainsi qu'aux endroits où il entendrait quelque rumeur, et exécutera enfin les ordres du Commandant et Officier de port.

XVII. Si, dans la nuit, quelque bâtiment, chaloupe ou canot s'introduisait dans la rade, sans vouloir raisonner, après avoir été hélé plusieurs fois, celui qui l'aura aperçu et hélé, sonnera sa cloche et mettra un feu au bout de son bâton d'enseigne ; le Commandant de la rade fera alors signal d'ordre, et fera doubler les rondes.

XVIII. Lorsque les bateaux du Domaine du Roi seront dans les ports, ils feront diverses bordées pendant la nuit, sans s'éloigner d'une demi-lieue, feront raisonner les bâtimens qu'ils rencontreront, et ne permettront l'entrée aux étrangers qu'à jour ouvrant.

XIX. Il sera fourni par le Roi, au Commandant marchand, une quantité convenable de poudre, gargousses et boulets, les pavillons et flammes nécessaires aux signaux, et une barre de justice avec ses anneaux, desquels effets il donnera un reçu, et lorsqu'il remettra le commandement, il se fera donner, par son successeur, un semblable reçu, qu'il déposera entre les mains de l'Officier de port.

XX. Le port du Fort-Royal étant destiné à servir d'arsenal à la marine de S. M. et déclaré port royal, par le réglement du 24 mars 1763, le Capitaine de port ne rendra compte qu'au Général seul, excepté dans le cas d'absence du Général hors de la Colonie, où il le rendra au Commandant en second, et se conformera, pour le surplus, à ce qui le concerne dans l'ordonnance du 27 septembre 1776, relativement à la régie des ports et arsenaux.

XXI. Sera la présente ordonnance exécutée dans tous les ports et rades des îles Martinique et Ste-Lucie : recommandons au Commandant en second et autres Officiers sons nos ordres d'y tenir exactement la main.

Donné au Fort-Royal de l'île Martinique, le 31 octobre 1777. *Signé*, DE BOUILLÉ.

(N°. 536.) ARRÊT *du Conseil souverain, concernant les Gages de* 150 livres *par mois pour les Huissiers nouvellement reçus, et leur Examen après les six premiers mois.*

Du 8 novembre 1777.

LA Cour ordonne qu'à l'avenir les Huissiers des différentes jurisdictions du ressort, nouvellement reçus, continueront d'être gagés pendant six mois, comme il est porté par les réglemens de 1771 ; qu'après l'expiration de ce terme, lesdits Huissiers seront examinés par les Juges desdites jurisdictions sur les différentes parties de leur état, lesquels feront dresser quelques actes de leur ministère ; que ceux qui seront trouvés capables seront envoyés, par un procès-verbal, dressé à cet effet et sans frais, à partager aux profits des bourses communes ; mais que ceux qui seront jugé incapables, seront renvoyés à un tems eloigné, à l'arbitrage des Juges, pour subir de nouveau examen, pendant lequel tems ils continueront à être gagés, à raison de 150 liv. par mois.

Fait au Conseil souverain de la Martinique, le 8 novembre 1777. *Signé*, ROIGNAN, greffier.

(N°. 537.) ORDONNANCE *de MM. les Général et Intendant, concernant les vols des Bestiaux.*

Du 9 novembre 1777.

LES vols des bestiaux, dont plusieurs habitans nous ont porté leurs plaintes, ne pouvant avoir pour auteurs, que des gens inconnus et sans aveu qui, à la faveur de leur obscurité, corrompent secrétement les esclaves : il s'ensuit qu'en mettant en défaut la criminelle industrie des uns, et la facilité des autres à la corruption, on arrêtera ce désordre de la manière la plus efficace.

En conséquence, défendons à tous les Bouchers d'acheter des bestiaux, d'autres personnes que des Habitans où de leurs Economes, ou des Capitaines et Géreurs des bâtimens qui en apporteraient en ces îles, à peine de 1,000 liv. d'amende, en cas de contravention, pour la première fois, du double en cas de récidive, de 3,000 liv. et destitution du droit de boucherie pour la troisième fois.

Leur enjoignons, sous les mêmes peines, d'avoir à dénoncer au Procureur du Roi de la Jurisdiction où ils résident, les particuliers autres que ceux ci-dessus dénommés, qui viendraient leur offrir des bestiaux à acheter ; d'arrêter en même tems les bestiaux offerts, pour être lesdits particuliers, poursuivis extraordinairement à la requête desdits Procureurs du Roi, et punis suivant l'exigence des cas.

Prions messieurs les Officiers du Conseil souverain de la Martinique de faire enregistrer, *etc.*

Donné au Fort-Royal de la Martinique, le 9 novembre 1777. *Signé*, De Bouillé, *et* De Montdenoix.

Enregistr. au Conseil souverain.

(N°. 538.) Arrêt *du Conseil souverain, qui ordonne la mise à exécution de l'Ordonnance du* 12 *mai* 1766, *concernant les Fraudes dans les Dénombremens.*

Du 10 novembre 1777.

Ce jour, le Procureur-général du Roi a dit :

Par l'inexécution, de la part des Greffiers et Notaires, de l'ordonnance rendue par MM. le comte D'Ennery et le président de Peinier, le 12 mai 1766, on n'a pas pu remédier aux fraudes sur les fausses déclarations des négres portés sur les dénombremens des Habitans de cette Isle ; que cet objet devient tous les jours plus intéressant, relativement à la manière dont la Colonie se trouve imposée : pour quoi il requérait qu'il fût prononcé une peine contre lesdits Greffiers et Notaires en cas de récidive de leur part, et qu'il fût ordonné que ledit réglement, du 12 mai 1766, soit de nouveau publié et affiché pour être exécuté suivant sa forme et teneur.

La matière mise en délibération, la Cour enjoint aux Greffiers des jurisdictions du ressort et aux Notaires de l'île, de se conformer exactement à l'avenir, à l'ordonnance du 12 mai 1766, en ce qui les concerne, à peine d'interdiction, qui sera réglée par la Cour.

Ordonne

Ordonne que le présent arrêt, ensemble l'ordonnance ci-dessus relatée, seront imprimes, etc.

Fait au Conseil souverain de la Martinique, le 10 novembre 1777. *Signé*, ROIGNAN, greffier.

Voyez pour l'ordonnance ci-dessus mentionnée, le N°. 354, tome II, page 472 et suivantes.

(N°. 539.) INSTRUCTIONS *de Messieurs les Général et Intendant, pour MM. les Capitaines-commandans des Paroisses, sur la façon dont ils doivent recevoir les Déclarations des Habitans, pour leurs Dénombremens et Recensemens.*

Du 10 novembre 1777.

ETANT nécessaire, pour le bien du service, de faire fournir annuellement aux habitans et particuliers de cette île, toutes les declarations qui sont utiles au Gouvernement, pour la régie du Domaine du Roi, nous avons jugé qu'il serait à propos de donner pour cet effet, nos instructions à MM. les Capitaines-commandans, chargés de recevoir ces déclarations, tant pour en faciliter l'exécution, que pour en prescrire l'ordre et la forme, qui doivent régulièrement s'observer.

Un des points les plus essentiels de l'ordre relatif à cette opération, consiste à prévenir les moyens frauduleux qu'emploient ceux qui, par l'infidélité de leurs dénombremens, cherchent à se soustraire aux charges publiques, et font retomber sur leurs concitoyens, l'effet de leur mauvaise foi. Cette conduite, infiniment coupable, ne pouvant être poursuivie avec trop d'éclat, nous avons cru devoir prendre des mesures, d'après lesquelles le manège des fausses déclarations, fût non-seulement puni, mais encore mis dans une évidence flétrissante, due à l'improbité.

Comme néanmoins le retour sur le passé aurait des suites trop étendues, nous déclarons que les dénombremens, pour l'année prochaine, seront reçus sans comparaison avec ceux donnés pour les précédentes années.

Et afin que les présentes instructions eussent une forme authentique, nous les avons rédigées en articles, et revêtues du sceau de notre autorité.

N. B. Les 8 premiers articles étant absolument les mêmes que ceux des instructions du 12 octobre 1765, voyez le N°. 335, tome II, p. 411 et suivantes.

IX. Le préjudice qui résulte pour la Colonie, de l'infidelité dans les déclarations au sujet des esclaves, ayant eté reconnu par les resultats présentes à l'Assemblée du 9 novembre, nous regardons comme un devoir indispensable *de faire poursuivre, avec la plus grande rigueur, les délinquans* aux dispositions de l'ordonnance du 12 mai 1766, concernant les fraudes dans les denombremens.

X. MM. les Capitaines-commandans exigeront que le dénombrement fourni par chaque Habitant, soit non-seulement certifie de lui, mais encore de deux de ses voisins les plus à portée, et tiendront la main à l'établissement d'un tableau, où seront inscrits les noms des habitans et le nombre des nègres qu'ils auront déclarés ; et ce tableau sera exposé dans la salle désignée pour les assemblées des paroisses.

XI. Les Notaires et Greffiers devant délivrer à l'avenir, au Directeur du Domaine, avec la plus grande exactitude, les extraits, tant des inventaires et partages, quant aux esclaves, que les états contenant les noms de ceux attachés aux habitations vendues par décret, licitation et autorité de justice, il sera procédé sans ménagement, contre les coupables de déclarations infidèles, et les condamnations prononcées, seront affichées à la porte de l'Eglise du lieu où la contravention aura été commise.

XII. MM. les Capitaines-commandans recevront les déclarations des maisons des bourgs, tant par les propriétaires, que par les locataires d'icelles ; *en observant de demander le prix des loyers*, ou évaluation desdites maisons, de même que l'état et profession des personnes qui les occupent ; seront lesdites déclarations reçues sur un état dressé par colonnes, lequel sera envoyé, pour cet effet, à chaque Capitaine-commandant de paroisse.

XIII. MM. les Commandans des paroisses apporteront toute la promptitude et les soins possibles à cette opération, afin d'être en état de faire parvenir au bureau général du Domaine, tous les dénombremens et récensemens, au plus tard avant la fin de décembre.

XIV. Les circonstances actuelles ayant rappelé la nécessité d'avoir des listes exactes des ouvriers, nous avons fait réimprimer l'ordonnance du 6 décembre 1766, relative à cette partie de police. MM. les Commandans, à qui il en est adressé des exemplaires, voudront bien tenir la main, en ce qui les concerne, à ce que les dispositions de cette loi soient exécutées.

Donné au Fort-Royal de la Martinique, le 10 novembre 1777. *Signé*, DE BOUILLÉ, *et* DE MONTDENOIX.

N. B. Voyez pour l'ordonnance du 6 décembre 1766, ci-dessus mentionnée, le N°. 365, t. II, p. 500.

(N°. 540.) ORDONNANCE *de MM. les Général et Intendant, concernant l'Imposition sur la Martinique, pour l'année* 1778.

Du 2 janvier 1778.

SA MAJESTÉ, sensible aux malheurs qui affligent depuis si long-tems la Martinique, a bien voulu réduire l'imposition de cette Colonie, pour la présente année, à un million, argent des îles.

Les vues paternelles du Roi ne se sont pas bornées à un soulagement aussi important, vu la nature des circonstances actuelles, elles ont encore embrassé les moyens de rendre la charge la moins onéreuse qu'il serait possible, par une répartition égale, juste, établie sur la valeur des denrées et sur la situation des différentes classes d'habitans.

« S. M. attend, plutôt qu'elle n'exige, une » contribution nécessaire, du zèle et de la recon» naissance de ses sujets, et elle veut que le » poids de cette même contribution soit moins » senti, par la liberté d'en déterminer la forme.»

Telles sont les expressions du Ministre, digne organe des dispositions émanées du Trône, en nous adressant les ordres d'après lesquels nous avons convoqué l'Assemblée de la Colonie, représentée par les Députés des paroisses, pour régler, à la pluralité des voix, le genre de répartition qui serait préférable.

C'est d'après le vœu consenti du bien général, et conformément à l'arrêté de l'Assemblée du 9 novembre dernier, que nous avons statué et ordonné, statuons et ordonnons ce qui suit :

ART. Ier. Tous les esclaves de l'un et de l'autre sexe de l'île Martinique, attachés aux sucreries, depuis l'âge de 14 ans jusqu'à celui de 60 exclusivement, seront imposés pour la présente année, à 18 liv. par tête, sur le pied des dénombremens qui ont dû être fournis.

II. Les esclaves des Habitans cultivateurs de café, cacao, coton, manioc et autres vivres, seront taxés à 8 liv. par tête, et sur les mêmes dénombremens.

III. Les esclaves des villes et bourgs, soit ouvriers, domestiques, ou servant à loyer et à la journée, seront taxés indistinctement à 25 l. par tête, et sur les mêmes dénombremens.

IV. Les nègres et gens de couleur libres et affranchis, depuis l'âge de 14 ans jusqu'à 60, seront taxés à 15 liv. par tête, à l'exception de ceux qui servent dans les compagnies de milice, qui seront exempts de capitation pour leur tête seulement.

V. Tous les blancs européens ouvriers, seront taxés à 6 liv. par tête, et ceux non ouvriers et domiciliés dans l'île, à 9 liv.

VI. Les maisons, situées dans les villes et bourgs, seront taxées sur le pied de *cinq pour cent* de la valeur de leurs loyers, soit qu'elles soient occupées par les propriétaires ou par les locataires ; celles occupées pour le service du Roi, ne seront pas exemptes de ce droit : seront cependant déchargées de ladite imposition, les maisons qui seraient plus de 3 mois sans être louées, et ce pour le tems qu'elles resteront dans cet état ; ce que les propriétaires seront tenus de constater contradictoirement avec le Directeur-général du Domaine.

VII. Toutes les marchandises sujètes au poids seulement, continueront de payer 1 pour 100 de leur valeur, qui sera appréciee comme par le passé, au bureau du Domaine, sur le pied du cours, lors de la déclaration des Capitaines marchands à leur arrivée.

VIII. Il sera perçu sur le café, à la sortie, un droit de *trois pour cent* sur le prix vénal, lequel sera établi d'après les factures qui seront exhibées en bonne forme par les Capitaines marchands à leur départ.

IX. Les autres denrées de la colonie, autres que le café et l'indigo ; savoir : sucre, coton, cacao et gingembre, continueront d'être soumises au droit d'*un pour cent*, qui sera établi sur les factures comme à l'article précédent.

X. Les Habitans indigotiers jouiront, pendant le courant de l'année 1778, de moitié d'exemption d'impôt sur tous les nègres attachés à cette culture, en justifiant au Directeur-général du Domaine, par les certificats du Commandant du bataillon de leur quartier et de celui de leur paroisse, que *lesdites manufactures sont en état d'activité*.

L'indigo continuera d'être exempt, pendant le cours de l'année 1778, du droit d'*un pour cent* à la sortie de la Colonie.

XI. Les Habitans qui ont des guildiveries, jouiront d'une exemption de 6 nègres, pour chacune de ces manufactures ; bien entendu qu'ils observeront, à cet égard, les mêmes formalités prescrites par le précédent article, relativement à l'indigo.

XII Conformément à l'ordonnance de nos Prédécesseurs, du 16 août 1763, tous les cabaretiers, traiteurs, aubergistes, limonadiers et autres vendant en détail vin, eau-de-vie et liqueurs, ainsi que ceux tenant billard ou jeu permis, soit que ceux-ci donnent à boire ou non, paieront par an, la somme ordonnée et fixée par l'art. VII de la susdite ordonnance ;

SAVOIR :

Ceux résidant au Fort-Royal et au Lamentin,	800[l].
Ceux résidant à Saint-Pierre, ...	1200.
Ceux résidant à la Trinité, ...	400.
Ceux résidant au Marin, ...	200.
Ceux résidant au Prêcheur et au Carbet, . . .	300.
Ceux résidant dans les autres bourgs de cette île,	150.

Le paiement de ces droits sera divisé en 4 époques de 3 mois chacune, et exigibles à l'avance en janvier, avril, juillet et octobre.

Les droits de cabaret seront toujours payés entre les mains du Receveur du Domaine, et ne feront pas partie de la présente imposition, le Ministre de la marine se proposant de faire agréer au Roi la réunion de la perception sur les cabarets, au produit des droits domaniaux, pour former un fonds destiné aux travaux publics, et aux objets d'embellissement et de salubrité ; mais cet arrangement ne devant être déterminé que lors de la promulgation du réglement qui doit avoir lieu concernant la taxation sur les libertés, le produit des droits de cabaret restera déposé dans la caisse du Roi, jusqu'à la réception des ordres de S. M.

XIII. Les droits sur les gros sirops et tafias seront perçus sur le pied de *trois pour cent* de leur valeur, à leur sortie de cette colonie pour passer à l'étranger ; ils seront soumis également au droit additionnel de 8 s. pour livre, conformément aux déclarations du Roi des 3 février 1760, 21 novembre 1763, et du mois de novembre 1771. Tous lesquels droits seront exigés pour le compte des Fermiers-généraux, ainsi que les autres droits du Domaine d'occident : ils ne feront point par conséquent partie de ladite imposition au profit du Roi.

XIV. Tous les droits seigneuriaux et domaniaux, tels que les épaves et aubaines, les bâtardises, les deshérences, les biens vacans non réclamés, les amendes, les confiscations et autres droits appartenans au Roi, continueront d'être perçus le cas y échéant, et ils ne seront pas censés faire partie de la présente imposition.

XV. Ceux qui, par la nature de leurs biens, ou par les priviléges particuliers de leur état et de leurs charges, se trouvent dans le cas d'une exemption, en jouiront comme par le passé, conformément à la déclaration du Roi, du 3 octobre 1730, et à l'ordonnance du 1er. janvier 1772, à la charge, par les privilégiés, de remettre au bureau du Domaine du Roi, une copie en forme probante des titres en vertu desquels ils prétendent leurs exemptions ; et faute d'y avoir satisfait, ils en seront privés. Ceux qui seront dans le cas d'avoir deux titres d'exemption, ne pourront jouir que d'un seul et de celui dont l'exemption sera la plus forte, laquelle néanmoins n'aura lieu que pour le nombre effectif d'esclaves ou domestiques qui seront à leur service. Dans le cas où ce nombre serait au-dessous de celui porté par l'exemption qu'il sera fondé de prétendre, nous faisons défenses à toutes personnes d'emprunter ou prêter des esclaves pour profiter de ladite exemption en entier, à peine de confiscation des esclaves prêtés et de 500 l. d'amende au profit de S. M., contre chacun de ceux qui auront prêté ou emprunté lesdits esclaves, le tout en conformité de la susdite déclaration du Roi.

XVI. Les Habitans ou autres qui seront dans le cas de former de nouveaux établissemens, jouiront, pour deux années, de l'exemption de capitation, pour la quantité de nègres qu'ils y emploîront, suivant la déclaration qu'ils auront faite par devant l'Intendant, ou l'Ordonnateur qui le représentera, laquelle déclaration sera accompagnée du procès verbal d'arpentage de l'Arpenteur du quartier, pour constater la quantité réelle du terrein défriché, et sera le tout, avec l'ordonnance de l'Intendant, ou de celui qui le représentera, signifié au Directeur-général du Domaine, relativement à ladite déclaration du 3 octobre 1730 ; laquelle exemption, conformément à l'ordonnance de nos Prédécesseurs, de l'année 1772, est cependant restreinte aux établissemens des terres concédées depuis 1767, faute par les concessionnaires antérieurs de s'être mis en règle.

XVII. La capitation étant acquise au Domaine du Roi, du 1er. janvier, nous ordonnons que l'imposition que nous établissons pour la présente année, sera acquittée d'ici au 1er. juillet prochain, en un seul paiement; à défaut de quoi les redevables seront contraints par toutes les voies de droit, même par corps, et par la saisie et vente de leurs nègres de toute espèce.

XVIII. Les pères de dix enfans vivans, jouiront de l'exemption de moitié des droits de capitation, tant sur les nègres des villes que sur ceux des habitations. Ceux qui n'ont que des maisons, jouiront de moitié de l'exemption du droits sur leurs maisons, et cette exemption sera accordée sur les certificats des Curés de la paroisse, visés du Commandant de bataillon de milice de leur quartier.

Il est au surplus très-entendu, que les pères de dix enfans, quand même ils en perdraient après avoir joui de cette exemption, ne continueront pas moins d'en jouir, S. M. ne retirant jamais les grâces qu'elle a faites.

Prions messieurs du Conseil souverain de la Martinique de faire enregistrer, *etc.*

Donné à la Martinique, le 2 janvier 1778. *Signé*, DE BOUILLÉ, *et* DE MONTDENOIX.

Enregist. au Conseil souverain.

(N°. 541.) ORDONNANCE *du Roi, portant défenses aux Capitaines de Navires de laisser débarquer aucun Noir, Mulâtre, ou autre Gens de couleur, avant d'avoir fait leur rapport à l'Amirauté.*

Du 23 février 1778.

SA MAJESTÉ ayant ordonné, par sa déclaration du mois d'août dernier, que les noirs, mulâtres et autres gens de couleur, de l'un et de l'autre sexe, que les habitans des colonies amèneraient en France, pour les servir pendant la traversee, seraient, à leur arrivée dans les ports, placés dans les dépôts qui ont été destinés à cet effet; et S. M. étant informée que les Capitaines de navires marchands laissent débarquer les noirs, mulâtres et autres gens de couleur qui sont sur leur bord, avant que d'avoir fait leur rapport aux Amirautés, et que les Officiers desdits siéges se trouvent par là hors d'état d'exécuter ladite déclaration du 9 août dernier : S. M., voulant faire cesser cet abus, elle a ordonné et ordonne ce qui suit :

Les Maîtres et Capitaines de navires qui auront à leur bord des noirs, mulâtres ou autres gens de couleur, de l'un et de l'autre sexe, ne pourront les laisser debarquer avant d'avoir fait leur rapport aux Greffes des Amirautes, et que les Officiers desdits sieges ne se soient transportés à bord des navires, pour y vérifier le nombre desdits noirs et les faire transferer au depôt ; à peine, contre lesdits Maîtres ou Capitaines de navires, de 500 l. d'amende et d'être interdits pendant trois mois de leurs fonctions; lesquelles peines auront egalement lieu contre ceux qui recéleraient des noirs à leur bord.

Mande et ordonne S. M., *etc.*

Fait à Versailles, le 23 février 1778. *Signé*, LOUIS ; *et plus bas*, par le Roi, DE SARTINE.

Enregist. au Conseil souverain.

(N°. 542.) ORDONNANCE *de MM. les Général et Intendant, concernant la Pêche et la Vente du Poisson.*

Du 11 mars 1778.

PAR une spéculation peu réfléchie, quelques particuliers de la Case-Navire ayant trop multiplié le nombre de leurs seines, relativement à celui de leur équipage, ont fait éprouver au public l'inconvénient de la disette du poisson qu'ils sont obligés de laisser échapper, par le défaut de forces nécessaires, tandis que d'un autre côté, ils occupent inutilement un espace de mer que d'autres rempliraient d'une manière plus fructueuse : pour faire cesser cet abus, dont le public nous a porté ses plaintes, nous avons statué et statuons ce qui suit :

Défendons aux maîtres des seines de prendre le trait dans les anses de la Case-Navire et des environs, qu'ils n'aient dans chaque canot, le nombre de 6 nègres, le patron compris, à peine de 500 l. d'amende pour la première fois, et en cas de récidive, de la confiscation desdites seines et canot.

En conséquence, permettons à tous seineurs en état d'entourer le poisson, de prendre le trait aux lieux et places déjà retenus par les seines qui ne seraient pas suffisamment garnies.

Reïtérons en même tems les défenses déjà faites, de vendre leur poisson aux nègres de journée et autres, qui en font, au préjudice du public, un commerce clandestin et illicite, comme aussi de le vendre sans le peser préalablement, à peine de 500 l. d'amende pour la première fois, de 2 mois de prison en cas de récidive,

récidive, et de confiscation du poisson, laquelle confiscation sera au profit du Commis à la police, et le produit des amendes applicable à l'entretien et réparation des batteries du quartier.

Enjoignons audit Commis à la police de dresser procès-verbal des contraventions aux présentes, et de les adresser sur-le champ au Procureur du Roi de l'Amirauté, pour poursuivre les delinquans.

Prions messieurs les Officiers du Conseil souverain de la Martinique de faire enregistrer, *etc.*

Donné au Fort-Royal Martinique, le 11 mars 1778. *Signé*, DE BOUILLÉ, *et* DE MONTDENOIX.

Enregist. au Conseil souverain.

(N°. 543.) LETTRES-PATENTES *du Roi, portant dérogation à celles du 3 mars 1750, pour l'institution des Dames* Religieuses Dominicaines, *établies dans la paroisse du Mouillage de la ville de Saint-Pierre Martinique, sous le titre d'*Hôpital de femmes, *en leur permettant de recevoir pour Novices et Professes des Demoiselles Créoles, et les autorisant en même tems à acquérir et posséder des biens immeubles jusqu'à la concurrence de 200,000 liv.*

Du 1er. avril 1778.

Enregist. au Conseil souverain.

(N°. 544.) EDIT *du Roi, portant érection des Jurisdictions de la Martinique et de Ste-Lucie en Senechaussees, et suppression de celle etablie à la Trinite de la Martinique.*

Du mois d'avril 1778.

LOUIS, *etc.*, SALUT : Dans le compte que nous nous sommes fait rendre de ce qui concerne les Sénéchaussées de St-Pierre, du Fort-Royal et de la Trinité en l'île Martinique, et celle du Carénage en l'île Sainte-Lucie, nous avons reconnu que ces Jurisdictions, établies dans les premiers tems par les Gouverneurs, Lieutenans-généraux et Intendans des îles du vent, n'ont été confirmées par aucun édit émané de nous, ou des Rois nos prédécesseurs ; et en même tems que nous avons jugé nécessaire de donner la sanction de notre autorité à l'etablissement des Senechaussées de St-Pierre et du Fort-Royal en l'île Martinique, et de celle du Carénage en l'île de Ste-Lucie, nous avons pensé que la Sénéchaussée de la Trinité en l'île de la Martinique, pouvait être supprimée sans inconvénient, en partageant ladite île entre les deux Jurisdictions de St-Pierre et du Fort-Royal.

A CES CAUSES, nous, *etc.* érigeons et établissons trois nos Sieges et Sénéchaussées royales qui ressortiront au Conseil souverain établi en l'île de la Martinique ; savoir :

Un au Fort-St-Pierre, dont le ressort comprendra les paroisses de la Trinité, de Sainte-Marie, du Marigot, de la Grande-Anse, de la Basse-Pointe, du Macouba, du Prêcheur, des Fort et Mouillage de St-Pierre, du Carbet et de la partie de la paroisse de la Case-Pilote jusqu'à la rivière du bourg.

Un autre Siége au Fort-Royal, dont le ressort comprendra la partie de la paroisse de la Case-Pilote depuis la rivière du bourg, et les paroisses du Fort-Royal, du Lamentin, de la Rivière-Salée, du Trou-au-Chat, du Saint-Esprit, des Trois-Islets, des Anses-d'Arlets, du Diamant, de Ste-Luce, de la Rivière-Pilote, du Marin, de Sainte-Anne, du Vauclin, du François, du Robert, du Gros-Morne et de la Tartane.

Et le troisième Siége au Carénage de l'île Sainte-Lucie, dont le ressort comprendra l'île entière : voulons que chacune desdites Sénéchaussées établies par le présent édit soient composées d'un notre Sénéchal, d'un Lieutenant dudit Sénéchal, d'un Procureur pour nous, et d'un Greffier garde des minutes; lesquels Officiers ne pourront exercer qu'en vertu des brevets que nous leur ferons expédier : attribuons auxdits Juges et, en leur absence, aux Lieutenans d'iceux, la connaissance, en première instance, de tous procès civils et criminels, mus et à mouvoir entre nos sujets desdites îles de la Martinique et de Ste-Lucie, et de toutes causes personnelles, reçues et mixtes, en la même forme et manière observées dans les Siéges royaux de notre Royaume; à la charge de se conformer à la Coutume de Paris, aux lois particulières faites, soit pour les colonies en général, soit pour la Martinique et Ste-Lucie en particulier, et à toutes autres que suit le Conseil souverain établi en l'île de la Martinique. Voulons que les appellations des sentences et jugemens rendus par lesdits Juges ou leurs Lieutenans soient portées et relevées en toutes matières audit Conseil souverain de la Martinique.

Autorisons les S[rs]. Petit, sénéchal, Emérigon, procureur pour nous, et Jacquin, greffier en la jurisdiction de Saint-Pierre ; Borde, sénéchal, Simon Chauvot, procureur pour nous, et Malherbe de Contest, greffier en la jurisdiction du Fort Royal ; Chambon, procureur pour nous, et Viard, greffier en la jurisdiction de l'île de Ste-Lucie, à exercer les fonctions desdites places en vertu des brevets qui leur ont été expédiés, et que nous avons confirmé et confirmons en tant que de besoin.

Si donnons en mandement, *etc.*

Donné à Versailles, au mois d'avril 1778. *Signé*, LOUIS ; *et plus bas*, par le Roi, DE SARTINE.

Enregist. au Conseil souverain.

(N°. 545.) DÉCLARATION *du Roi, portant confirmation des Jugemens rendus par les Jurisdictions de la Martinique et de Sainte-Lucie.*

Du 20 avril 1778.

LOUIS, *etc.*, SALUT : Sur ce qui nous aurait été représenté que les jurisdictions de St-Pierre, du Fort-Royal et de la Trinité en l'île Martinique, et celle du Carénage en l'île de Ste-Lucie, auraient été anciennement établies par les Gouverneur, notre Lieutenant-général, et Intendant des îles du vent, sans qu'il y ait eu depuis aucun acte de confirmation de nous, ni des Rois nos prédécesseurs, et que la juridiction de la Trinité devenant d'ailleurs inutile, il convenait de distribuer les quartiers de son ressort, entre les jurisdictions de St-Pierre et du Fort-Royal, nous aurions, par notre édit de ce mois, créé et érigé auxdits lieux de St-Pierre et du Fort-Royal à la Martinique, et au Carénage de l'île de Ste-Lucie, des Sénéchaussées, et fixé les quartiers qui seraient à l'avenir dépendans de leurs ressorts ; il nous a paru également nécessaire, pour la tranquillité des familles, de confirmer tous les jugemens rendus par les Officiers des jurisdictions anciennement établies par les Administrateurs des îles du vent, aux quartiers de Saint-Pierre, du Fort-Royal et de la Trinité en l'île de la Martinique, et au Carénage en l'île de Sainte-Lucie, sur la validité desquels jugemens il pourrait s'élever des discussions en ce que lesdites jurisdictions n'auraient point été établies par nous.

A CES CAUSES, *etc.*, nous avons confirmé et confirmons, par ces présentes, tous les jugemens rendus par les Juges des jurisdictions anciennement établies par les Gouverneur, notre Lieutenant-général, et Intendant des îles du vent, aux quartiers de Saint-Pierre, du Fort-Royal et de la Trinité en l'île Martinique, et au Carénage en l'île de Ste-Lucie, en ce qui regarde les pouvoirs desdits Juges. Voulons et entendons que lesdits jugemens ne puissent être attaqués, sous prétexte que lesdites jurisdictions n'auraient point été établies par nous, et ce jusqu'au jour de l'enregistrement de notre édit du présent mois, portant création de deux Sénéchaussées en l'île de la Martinique, dont une à St-Pierre et l'autre au Fort-Royal, et d'une troisième au Carénage de l'île Ste-Lucie.

Si donnons en mandement, etc.

Donné à Versailles, le 20 avril 1778. *Signé*, LOUIS ; *et plus bas*, par le Roi, DE SARTINE.

Enregist. au Conseil souverain.

(N°. 546.) DÉPÊCHE *ministérielle à MM. les Administrateurs, relative à l'envoi des Edit et Declaration du Roi, concernant les Jurisdictions de la Martinique et de Sainte-Lucie.*

Du 27 avril 1778.

J'AI reçu, Messieurs, avec votre lettre du 31 juillet dernier, les pièces relatives aux jurisdictions dépendantes du ressort du Conseil souverain de la Martinique. Il résulte des éclaircissemens contenus dans ces pièces et dans votre dépêche, que ces jurisdictions n'ont existé jusqu'à présent que par la seule autorité des Administrateurs. S. M., à qui j'en ai rendu compte, a jugé qu'il était nécessaire de confirmer les jugemens dans ces tribunaux inférieurs, pour prévenir les réclamations auxquelles le vice de leur établissement pourrait donner lieu, et de créer légalement les jurisdictions de St-Pierre et du Fort-Royal à la Martinique, et du Carénage de Ste-Lucie. Je joins ici la déclaration et l'édit qui ont été expédiés en conséquence: vous voudrez bien les faire enregistrer et tenir la main à leur exécution. Les quartiers qui composaient le ressort de la jurisdiction de la

Trinité, qui se trouve supprimée, ont été distribués entre celles de Saint-Pierre et du Fort-Royal, ainsi que Mrs. de Nozieres et de Tascher l'avaient proposé ; distribution qui m'a paru parfaitement conforme à la situation topographique des lieux.

S. M., en approuvant la suppression de la jurisdiction de la Trinité, a bien voulu accorder au Sr. Dangleberme, procureur pour elle, un traitement annuel de 800 l., argent de France, en attendant qu'on puisse lui procurer une autre place. M. de Montdenoix le fera payer en conséquence, à compter du jour qu'il cessera de remplir ses fonctions. S. M. a également décidé que le Sr. Noël continuerait ses fonctions de notaire, jusqu'à ce qu'il se présente une occasion de le placer plus avantageusement. Vous voudrez bien me le proposer en conséquence, lorsque les circonstances le permettront. A l'égard des postulans et Huissiers, vous le répartirez dans les deux jurisdictions de St-Pierre et du Fort-Royal.

J'ai l'honneur d'être, *etc. Signé*, DE SARTINE.

Enregist. au Conseil souverain.

(N°. 547.) **Arrêt** *du Conseil d'État du Roi, qui ordonne qu'à l'avenir le prix des Esclaves suppliciés et tués en marronnage à la Martinique et Dépendances, sera remboursé à leurs Maîtres au taux commun de* 1,300 liv. *pour les Nègres, et de* 1,200 livres *pour les Négresses, le tout argent des Isles.*

Du 1er. mai 1778.

Sur ce qu'il a été représenté au Roi, étant en son Conseil, que l'estimation des esclaves suppliciés et tués en marronnage dans ses colonies des îles du vent, ordonnée être faite par des habitans, pour en rembourser la valeur à leurs maîtres, aux termes de l'édit de 1685, est souvent portée à un prix excessif et trop onéreux pour la caisse affectée à cette partie, et qu'elle ne peut être modérée par les Officiers du Conseil souverain de la colonie, sans nuire à l'ordre judiciaire, qui veut que des arbitres nommés en justice et ayant serment, soient crus sur leur arbitrage. S. M. étant d'ailleurs informée que, dans sa colonie de Saint-Domingue, le remboursement des esclaves suppliciés et tués en marronnage, s'opère sur un réglement qui fixe un taux commun pour les uns et les autres, sans qu'il soit résulté aucun inconvénient de cet usage; et voulant, à cet égard, établir l'uniformité entre ses différentes colonies : ouï le rapport;

Le Roi, étant en son Conseil, a ordonné et ordonne qu'à l'avenir, le prix des esclaves suppliciés et tués en marronnage à la Martinique et dépendances, sera remboursé à leurs maîtres au taux commun de 1,300 l. pour les nègres, et de 1,200 l. pour les negresses, le tout argent des colonies ; dérogeant, à cet effet, à l'art. XL de l'édit de 1685, et à l'arrêt de son Conseil du 28 septembre 1776.

Fait au Conseil d'Etat du Roi, Sa Majesté y étant, tenu à Versailles, le 1er. mai 1778. *Signé*, DE SARTINE.

Enregist. au Conseil souverain.

(N°. 548.) EXTRAIT *d'une Dépêche ministérielle de M.* de Sartine, *à MM. les Général et Intendant de la Martinique, concernant la sûreté des Bâtimens de mer.*

Du 3 mai 1778.

Lettre commune, concernant la sûreté des bâtimens de mer et la commodité des cales et quais à St-Pierre. Cette lettre ordonne aux Administrateurs de faire démolir toutes les baraques du bord de la mer, et même les maisons bâties sur les quais, si elles sont nuisibles à la sûreté des bâtimens de mer et au débarquement des marchandises.

(N°. 549.) DÉPÊCHE *ministérielle de M.* de Sartine, *à MM. les Général et Intendant de la Martinique, concernant les Successions des Brevetés.*

Du 30 juin 1778.

J'AI reçu, Messieurs, avec le mémoire que vous m'avez fait remettre, la copie des lettres respectivement écrites par M. de Montdenoix, et le Juge de St-Pierre, relativement à ce qui s'est passé à l'occasion de la succession Bouffer. Il n'est point douteux que la connaissance des affaires de cette succession, et principalement des réclamations des créanciers, n'ait dû appartenir aux Juges ordinaires. L'ordonnateur n'avait que le droit d'intervenir aux scellés et à l'inventaire, pour retirer les papiers relatifs à l'administration. Comme il n'y a eu jusqu'à présent aucune règle fixe et précise à l'égard des successions des brevetés et entretenus pour le Roi aux colonies, je m'occupe d'un réglement qui fixera invariablement à cet égard les fonctions des Officiers de justice et d'administration.

Je suis, *etc. Signé* DE SARTINE.

Enregistr. au Conseil souverain.

(N°. 550.) ORDONNANCE *de MM. les Général et Intendant, concernant l'admission des Etrangers dans les Ports de la Martinique et Dépendances, pour l'introduction des Subsistances, pour l'exportation des Denrées coloniales données en paiement, et portant Régement concernant la Perception des Droits de l'Imposition locale, ainsi que du Droit du Domaine d'Occident et du Commerce, pendant le tems de la durée de l'Importation et de l'Exportation.*

Du 30 juin 1778.

LA disette et la cherté des subsistances de premier besoin que la Colonie éprouve depuis plusieurs mois, par la rareté, et presque par la privation des bâtimens du commercè de France, ont occasionné une gêne d'autant plus difficile à supporter, que le terme en est fort incertain.

Dans ces circonstances, nous avons cru ne pouvoir mieux remedier aux inconvéniens présens, et à ceux que l'on doit prevoir à l'avenir, qu'en suspendant l'action de la loi prohibitive, ouvrant les ports aux etrangers qui introduiront les subsistances, et permettant l'exportation des denrées coloniales données en paiement.

D'après ce noüvel état de choses, dont l'objet principal est de pourvoir aux besoins de la Colonie, et de procurer les debouchés du produit de ses cultures, nous avons pris les moyens qui nous ont paru convenables pour assurer la perception, tant des droits de l'*imposition locale*, que de ceux du *domaine d'occident et du commerce*.

A CES CAUSES, nous avons provisoirement, *etc.*, statué et ordonné ce qui suit:

ART. Ier. A compter du 15 juillet prochain, l'entrée des ports de la Colonie sera ouverte aux étrangers, pour l'introduction de toutes subsistances, sous la condition de l'accomplissement des formalités de droit, et requises envers le Domaine du Roi.

II. Sous la même condition, l'exportation des denrées de toute espèce, données en paiement des subsistances importées, sera permise à ladite époque du 15 juillet.

III. Les marchandises sujètes au poids, continueront, comme par le passé, à payer, lors de l'importation, 1 pour 100 de leur valeur, qui sera appréciée au bureau du Domaine, sur le pied du cours, lors de la déclaration des Capitaines, Maîtres et Patrons étrangers, à l'arrivée de leurs bâtimens.

IV. Il sera perçu sur le café, à la sortie, un droit de 3 pour 100 sur le prix vénal, lequel sera établi d'après les factures exhibées par les Capitaines, Maîtres et Patrons des bâtimens, employés à ladite exportation.

V. Les denrées de la Colonie, autres que le café et l'indigo, savoir : sucre, coton, cocao et gingembre, resteront soumises au droit d'un pour 100, qui sera établi par les manufactures; ainsi qu'il est prescrit par l'article précedent.

VI. Les droits sur les *gros sirops et tafias* continueront à être perçus sur le pied de 3 pour 100 de leur valeur, à la sortie de la Colonie, avec l'addition de 8 s. pour livre, conformément aux déclarations du Roi des 3 février 1760, 21 novembre 1763, et à l'edit du mois de novembre 1771; lesquels droits appartiennent aux Fermiers généraux, et font partie de ceux à eux attribués.

VII. Pour assurer la perception des droits du *Domaine d'occident* et du *commerce*, faite à l'entrée en France, sur le pied de 3 et demi pour 100, avec un droit additionnel de 8 s. pour liv., elle sera établie de même dans la Colonie, sur les denrées qui en seront exportées; et le Receveur des Fermiers-généraux demeurera autorisé à l'exiger ainsi, pour le compte de qui il appartiendra.

VIII. Au moyen de la perception de 3 et demi pour 100, avec le droit additionnel de

8 s.

8 s. pour livre, qui devient la représentation du droit du *Domaine d'occident* et du *commerce*, à l'entrée dans le Royaume; les denrées de toute espèce, données en paiement des subsistances apportées dans la Colonie, seront affranchies du droit de sortie de 3 pour 100, et de 40 s. par quintal de sucre.

Prions messieurs les Officiers du Conseil souverain de la Martinique de faire enregistrer, *etc.*

Donné à la Martinique, le 30 juin 1778. *Signé*, DE BOUILLÉ, *et* DE MONTDENOIX.

Enregist. au Conseil souverain.

(N°. 551.) ARRÊT *du Conseil souverain, concernant l'érection des Jurisdictions en Sénéchaussées.*

Du 7 juillet 1778.

VU par la Cour l'édit du Roi donné à Versailles au mois d'avril dernier, portant suppression de la jurisdiction de la Trinité, création et érection de 3 sièges et sénéchaussées royale; savoir : une au bourg Saint-Pierre, une autre en cette ville du Fort-Royal, avec le ressort désigné audit édit, et la troisième au Carénage de l'île Sainte-Lucie. La déclaration du Roi donnée à Versailles le 20 du même mois d'avril, qui confirme tous les jugemens rendus par les Juges des jurisdictions anciennement établies par les Gouverneurs-généraux et Intendans des îles du vent, aux quartiers de Saint-Pierre, du Fort-Royal et de la Trinité de cette île, et au Carénage de celle de Sainte-Lucie, en ce qui regarde les pouvoirs desdits Juges ; lesdits édit et déclaration signés, *Louis*, et plus bas, *De Sartine : etc.* Vu aussi la lettre du Ministre écrite, à ce sujet de Versailles, à MM. les Général et Commissaire-général, le 27 du même mois d'avril ; et lecture faite du tout par le Greffier en chef.

La Cour, ouï le Procureur-général du Roi en ses conclusions, et M^r. Duval de Grenonville, en son rapport verbal, ordonne que l'édit portant suppression de la Jurisdiction de la Trinité, et création des Sénéchaussées de Saint-Pierre, du Fort Royal et du Carénage Sainte-Lucie, donné au mois d'avril dernier, ensemble la déclaration du Roi du 20 du même mois, et la lettre du Ministre du 27, seront enregistrés sur le registre particulier des enregistremens de la Cour, pour sortir leur plein et entier effet, et être executés selon leur forme et teneur, ensuite imprimés, lus, publiés et affichés par-tout où besoin sera, et enregistrés auxdites Sénéchaussées de Saint-Pierre, du Fort-Royal, et du Carénage de Sainte-Lucie, à la diligence du Procureur-général du Roi, qui en certifiera la Cour à la prochaine séance.

Ordonne que M^r. Ménant, conseiller, que la Cour a nommé commissaire à cet effet, se transportera en la Jurisdiction du bourg de la Trinité, pour y faire enregistrer ledit édit du Roi ; ensuite constater de l'etat des registres servans actuellement en ladite jurisdiction ; en faire l'inventaire, ainsi que des anciens, et généralement de toutes les pièces et minutes déposées en ladite Jurisdiction, lesquels la Cour a ordonné être transportés en la Senechaussée royale de cette ville aux soins du Greffier, à qui celui de la Trinité sera tenu de les remettre, et qui en sera chargé sur le pied dudit inventaire.

Fait au Conseil souverain de la Martinique, le 7 juillet 1778. *Signé*, ROIGNAN, greffier.

(N°. 552.) ORDONNANCE *de MM. les Général et Intendant, concernant l'administration des Fabriques des Paroisses, la réformation, la tenue des Registres des Baptêmes, Mariages, Sépultures, et portant Réglement sur ce qui doit être fourni aux Religieux desservans les Cures des îles Martinique et Sainte-Lucie.*

Du 31 août 1778.

QUOIQU'IL ait été pourvu par plusieurs ordonnances de nos Prédécesseurs, notamment par celles du 11 mai 1726 et du 9 septembre 1772, tant à l'administration des paroisses, qu'aux points essentiels relatifs au culte et aux obligations des Fabriques envers les Religieux desservans les cures des îles du vent, nous avons cependant reconnu, et les Prefets apostoliques nous ont représenté, qu'il s'etait introduit des abus importans sur quelques-uns de ces mêmes articles, particulièrement sur la régie des revenus des Fabriques, sur la reddition des comptes des Marguilliers, sur la tenue, la conservation et le dépôt des registres des baptêmes, mariages et sépultures, qu'il était nécessaire, pour le bien des églises, pour le repos et la sûreté des familles, de réprimer, comme aussi de procurer aux Missionnaires-curés, des secours suffisans et indispensables pour le service des paroisses.

A CES CAUSES, nous, en vertu du réglement du Roi du 24 mars 1763, qui attribue exclusivement aux Administrateurs en commun la haute police de la colonie et, par suite de cette attribution, celle sur ce qui concerne la Religion et les personnes qui y sont attachées, avons ordonné et ordonnons ce qui suit :

ART. Ier. Les Fabriques des églises de ces colonies, n'ayant en général, ni rentes ni revenus fixes, sont forcées de recourir à des impositions particulières sur les paroisses, pour les moindres réparations, d'où il est arrivé que, dans des cas pressans, quelques-uns ont disposé, à cet effet, des fonds même des fondations, lesquelles demeurent par conséquent sans être acquittées, ou retombent à la charge de la Fabrique, ce qui est absolument contre la disposition des lois, l'intérêt des Fabriques même et l'intention des fondateurs.

Pour obvier à l'avenir à un pareil désordre, nous enjoignons aux Marguilliers en charge de placer dorénavant, en constitution de rente, les capitaux des fondations qui seront faites, aussitôt qu'ils leur auront été remis entre les mains, et ce, par des actes et contracts en bonne forme : leur défendons d'en faire ou laisser faire à l'avenir, même par delibération de paroisse, aucune autre disposition quelconque et dans quelque cas que ce puisse être, sous peine d'en repondre en leur propre et privé nom.

II. Sur ce qu'il est arrivé fréquemment que les Marguilliers sortant de charge, diffèrent, bien au delà du tems fixé, à rendre compte de leur gestion, qu'ils donnent en reprise à leurs successeurs, des comptes pour le paiement desquels ils n'ont fait aucune poursuite, et qu'ils demeurent souvent eux-mêmes redevables à la Fabrique, d'où s'ensuivent des retardemens préjudiciables au service des églises et des pertes pour les Fabriques même, par l'insolvabilité des débiteurs : nous ordonnons que les Marguilliers rendront dorénavant leurs comptes, un mois après être sortis de l'exercice de comptables; et, faute par eux de le faire, qu'ils seront responsables en leur propre et privé nom, tant du reliquat des deniers réels, que des poursuites judiciaires qu'ils auront faites pour la rentrée desdites créances, et que ceux entrant en charge seront tenus de faire toutes les diligences nécessaires pour les y contraindre, sous peine d'en répondre pareillement en leur propre et privé nom.

III. Afin d'établir une surveillance plus étendue sur des parties qui n'intéressent pas moins le service divin que les paroisses, nous recommandons aux Préfets apostoliques de se faire représenter par les Curés, dans les visites de leurs districts respectifs, l'état de la situation de leurs paroisses, en ce qui appartient à la décence du culte. Enjoignons aux Marguilliers sortant de charge, d'envoyer à M. l'Intendant les comptes annuels des Fabriques, pour être par lui pourvu au rétablissement des fonds qui auraient été distraits ou aliénés, et pour maintenir l'ordre et l'exactitude qui doivent être observés dans l'administration des biens desdites Fabriques.

IV. Quoique les registres contenant les actes de baptêmes, mariages et sépultures soient assez exactement tenus et conservés dans la plupart des paroisses, nous sommes cependant informés qu'il s'en trouve dans plusieurs, sur-tout des anciens, en très-mauvais état, soit par les effets du climat, ou par les ravages des insectes; d'autres, dont quelques actes sont si informes et si défectueux, qu'il y manque des signatures de témoins et même du Curé; quelques-uns enfin qui n'ont pas encore été déposés aux Greffes des jurisdictions; mais, comme les différentes ordonnances et réglemens faits à ce sujet, sont épars dans différens livres ou cahiers, nous avons jugé nécessaire, pour remédier à ces abus, de rassembler dans les articles ci-dessous, tout ce qui concerne la tenue, la conservation et les dépôts de ces mêmes registres, afin qu'étant remis plus complètement sous les yeux des Curés, ils aient plus de facilité à s'y conformer.

V. Chaque Curé doit tenir trois registres pour y inscrire les actes de baptêmes, mariages et sépultures qui se font chaque année dans sa paroisse, soit des blancs ou gens de couleur libres, pareillement deux pour les baptêmes et mariages des esclaves.

Ces registres doivent être fournis par les Marguilliers, aux frais de la Fabrique, un mois avant la fin de chaque année, sous peine de 60 liv. d'amende.

Sur quoi on doit observer:

1°. De choisir, pour les cahiers qui doivent être déposés aux Greffes, de bon papier et de format à la tellière, ainsi qu'il est prescrit par l'édit de 1776.

2°. Que les deux registres; savoir: celui pour les blancs et libres, et l'autre pour les esclaves, qui doivent demeurer entre les mains des Curés, soient au moins de six cahiers chacun en grand papier et bien attachés, afin qu'ils puissent servir plusieurs années, et qu'ils soient moins exposés à être perdus ou égarés.

3°. Que ces registres soient tous également cotés et paraphés par le Juge royal des lieux, à la diligence des Curés.

4°. Que tous les actes de baptêmes, mariages et sépultures, soient inscrits sur chacun de cesdits registres de suite, et sans aucun blanc, ni rature, à moins qu'elle ne soit approuvée, et soient signés au même tems qu'ils seront faits, par tous ceux qui les doivent signer, dont le Curé doit être toujours le dernier.

5°. Qu'aucun de cesdits actes ne peuvent être inscrits ni signés sur des feuilles volantes, sous peine d'amende et autres plus grandes peines, suivant l'exigence des cas.

6°. Que les noms et surnoms des parties et des témoins soient correctement écrits.

7°. De ne donner de dénomination et qualification, qu'à raison du rang ou des offices dont les personnes se trouvent pourvues.

8°. Au cas qu'aucuns d'entre les parties ou des témoins prennent titre et qualité d'écuyer, les Curés sont tenus d'en envoyer chaque année la liste au Procureur-général.

VI. Dans les actes de baptême, il sera fait mention du jour de la naissance de l'enfant, du nom qui lui aura été donné, de celui de ses parrain et marraine, et de celui de ses père et mère, s'il est légitime.

S'il n'est pas légitime, on n'y fera mention que du nom de sa mère et de ses parrain et marraine seulement, à moins que le père ne se déclarât pour des raisons particulières.

On spécifiera dans les actes de baptême des gens de couleur libres, leur état et le degré de couleur, avec leur surnom, pourvu que ce ne soit pas celui des maîtres qui les auraient affranchis.

Quoiqu'il soit défendu de faire ondoyer aucun enfant, cependant, dans le cas de nécessité, c'est-à-dire, de maladie constatée par un Chirurgien ou, à son défaut, par la Sage-femme, il sera dressé acte sur les régistres, tant du jour de sa naissance, que du nom de ses père et mère ; et si ledit ondoiement a été fait par autres que par le Curé, ils seront tenus, sous peine d'amende, de l'en avertir aussitôt et de signer ledit acte conjointement avec lui. Lors du supplément des cérémonies du baptême, il en sera aussi dressé acte en la même forme que pour le baptême, avec mention de l'acte d'ondoiement.

Si les parens différaient trop long-tems, même après l'ondoiement, de présenter leurs enfans au baptême, les Curés sont autorisés, par la déclaration de 1698, d'en porter plainte au Procureur du Roi pour les y contraindre.

Toutefois ils ne pourront recevoir au baptême ceux des gens de couleur libres, sans auparavant s'être fait représenter les actes de liberté de leurs père et mère, ainsi qu'il est prescrit par l'edit de 1736, qui veut que les enfans des esclaves baptisés comme libres, soient saisis et vendus au profit du Roi, comme esclaves, et leurs maîtres condamnés en outre à payer une amende.

Encore moins pourraient-ils en admettre aucun de paroisse étrangère, à moins d'une permission par écrit du propre Curé ou du Préfet de la mission ; et, en ce cas, les actes en seront rapportés sur les registres de la propre paroisse.

VII. Les Curés ou Desservans ne doivent recevoir des bans de mariage pour être publiés, que des mains des parties contractantes et signés d'elles-mêmes, ainsi que de leurs père et mère, tuteur ou curateur, s'ils sont mineurs.

Ils ne doivent pareillement les délivrer et marier lesdits contractans, que 24 heures après la dernière publication.

Les actes de la célébration seront dressés sur les bans, pour quoi les noms, surnoms et domiciles des parties, ainsi que de leurs père et mère, tuteur ou curateur doivent y être expressément mentionnés.

Dans les actes de célébration de mariage, on inscrira soigneusement les noms, surnoms, âges, qualités et domiciles des contractans ; et s'ils sont enfans de famille, en tutelle ou curatelle, on y fera mention expresse du consentement de leurs père et mère, tuteur ou curateur ; lequel consentement, en cas d'absence, ne pourra être suppléé que par un acte, dont la minute aura été déposée au dépôt public.

Quatre témoins, dignes de foi, doivent assister à ladite célébration, et leurs noms, qualités et domiciles être inscrits, avec mention de leur degré d'alliance ou de parenté avec les contractans.

Les témoins et les contractans signeront lesdits actes sur les 3 registres, conjointement avec le Curé ou le Célébrant, et au cas qu'ils ne sachent signer, il sera fait mention de la déclaration qu'ils en feront.

Quoique lesdits actes doivent être inscrits sur les registres de la paroisse où le mariage aura été célébré, cependant si cette célebration etait faite en paroisse étrangère, il doit en être rapporté copie sur le registre de la propre paroisse des contractans.

Il sera aussi fait mention dans lesdits actes de la publication des bans et du certificat du Curé, si elle a été pareillement faite dans une autre paroisse, des dispenses qui auront été accordées, soit desdites publications, soit de parenté, avec la date et l'inscription du Prefet qui les aura accordées, comme aussi de l'autorisation de M. l'Intendant à l'égard des Européens, de quelque classe et condition qu'ils soient.

Si c'est un veuf ou une veuve, on y rappellera le nom et surnom du mari ou de la femme défunts, d'après le vu de l'extrait mortuaire, qu'il est absolument nécessaire de faire exhiber auparavant.

VIII. Dans les actes de sépultures, il sera fait mention du jour du décès, du nom et de la qualité de la personne décédée, même des enfans, de quelque âge qu'ils soient, et seront lesdits actes signés sur les 3 registres, par 2 des plus proches parens ou amis, et par le Curé ou Desservant qui aura fait ladite sépulture.

S'il y a transport du corps hors de la paroisse, il en sera fait acte comme ci-dessus, dans la propre paroisse du défunt, comme aussi dans celle où se fera ladite sépulture.

IX. Quoique les lois du Royaume défendent d'enterrer un corps avant les 24 heures expirées, cependant, à cause de la chaleur de ces climats, qui pourrait occasionner une corruption dangereuse, l'usage s'est établi de les enterrer *douze heures* après le décès ; mais les Curés ne pourront abréger ce tems, même au cas de maladie épidémique, que sur le certificat du Chirurgien.

X. Les corps de ceux qui auront été trouvés morts, soit de mort naturelle, ou avec des indices de mort violente, ne pourront être inhumés qu'en conséquence de l'ordonnance du Juge des lieux, notifiée au Curé par le ministère du Procureur du Roi, dont il sera mention dans l'acte de sépulture ; pareillement ceux qui, par les lois du Royaume, sont privés de la sépulture ecclésiastique, ne pourront être inhumés, s'il y a lieu, que par ordonnance du Juge, notifiée ainsi qu'il est expliqué ci-dessus.

XI. Les Curés ou Desservans des paroisses, sont les seuls dépositaires des registres de tous les susdits actes, pour quoi ils doivent les conserver soigneusement sous la clef et dans l'endroit le plus sec de la sacristie ou du presbytère, et n'en délivrer copie qu'aux parties intéressées.

XII. Au cas de changement de Curé, le nouveau Desservant sera tenu, aussitôt après son installation, de se faire remettre par son Prédécesseur, en la manière prescrite par l'article IX des lettres-patentes du 29 août 1763, les registres de la paroisse et de lui en donner décharge par récépissé, contenant le nombre, les années et l'etat dans lequel se trouveront lesdits registres. La copie dudit récépissé, signée des deux Curés et du Marguillier en charge, sera déposé parmi les minutes de la Fabrique.

XIII. Au cas de mort de Curé, tous lesdits registres seront enfermés sous la clef, laquelle sera remise au Marguillier qui en sera chargé aux mêmes conditions, jusqu'à ce qu'il en ait fait la remise en la même forme au successeur, ou à celui chargé de la desserte de la cure.

XIV. Les Curés sont tenus de déposer ou faire déposer, chaque année dans le courant du mois de janvier, au Greffe de la Jurisdiction de leur paroisse, les doubles des registres des baptêmes, mariages et inhumations des blancs et libres, ainsi que celui des baptêmes et mariages des esclaves, et d'en retirer, pour leur décharge, un récépissé du Greffier.

Afin de mieux s'en assurer par la suite, ledit récépissé de la remise sera transcrit par les Curés sur le registre qui doit demeurer entre leurs mains.

XV. Les troisièmes registres qui doivent être remis au Greffe de l'Intendance pour le Dépôt des Colonies, conformément à l'édit de 1776, seront envoyés par les Curés à leurs Préfets respectifs, afin d'être auparavant certifiés et légalisés par eux, pour être déposés ensuite audit Greffe, pareillement sous le récépissé dudit Greffier.

XVI. Quant aux anciens registres des dépôts des paroisses, qui se trouvent en mauvais état, soit par leur propre vétusté ou autres accidens, ils seront, dans le plus bref delai, transcrits et copiés sur de nouveaux registres, aux frais des Fabriques et à la diligence des Curés, qui seront tenus de les faire collationner et viser par les Juges des lieux, qui en dresseront procès-verbal au pied d'iceux, pour qu'ils puissent servir par la suite d'originaux.

XVIII. Pour réparer, autant qu'il est possible, le défaut de signature des Curés morts ou absens

absens de ces colonies, dans certains actes particuliers, nous ordonnons qu'elles seront suppléées par les Curés actuels, sous les yeux des Juges des lieux, qui parapheront toutes et chacune desdites signatures, et en dresseront procès-verbal sur le même registre.

XVIII. A l'égard des doubles registres qui n'ont point encore été déposés aux Greffes des Jurisdictions, non plus qu'à celui de l'Intendance, pour le Dépôt établi à Versailles, nous chargeons les Curés d'y pourvoir, sous *quatre mois* pour tout délai, sous les peines portées par les ordonnances; et, en cas de frais de copie, autorisons les Marguilliers en charge à y pourvoir aux dépens des Fabriques.

XIX. Etant nécessaire d'assurer aux Religieux desservans, les secours dont ils ont besoin pour remplir le service des paroisses, les Marguilliers seront tenus, conformément aux ordres du Roi, consignés dans la dépêche du Ministre, en date du 3 octobre 1776, de leur fournir, aux dépens de la Fabrique, *un nègre domestique et un cheval*, ainsi que les linges, ustensiles et autres ameublemens d'usage pour les presbytères, de manière cependant que lesdits Desservans ne pourront en disposer sans une délibération de la paroisse même.

Prions messieurs les Officiers du Conseil souverain de la Martinique de faire enregistrer, *etc.*

Donné à la Martinique, le 31 août 1778. *Signé*, DE BOUILLÉ, *et* DE MONTDENOIX.

Enregist. au Conseil souverain.

(N°. 553.) ORDONNANCE *de M. le Général, concernant les Gens de couleur libres, se disant Marins.*

Du 14 octobre 1778.

PLUSIEURS gens de couleur libres, se disant marins et n'exerçant pas cette profession, abusent des priviléges qu'elle leur donne pour se soustraire au service de la milice, et en font à ce moyen retomber tout le poids sur ceux de leur classe qui remplissent ce devoir avec zèle et exactitude.

Voulant remédier à un désordre aussi contraire au bien du service, qu'aux intérêts des autres particuliers qui s'en trouvent lésés : sur les plaintes qui nous ont été portées, nous avons ordonné et ordonnons ce qui suit :

ART. Ier. Tous gens de couleur libres, marins classés, seront tenus de s'enrôler comme les autres dans les compagnies de milices de leurs quartiers respectifs.

II. Ils ne pourront s'embarquer sans en prévenir le Capitaine de la compagnie où ils serviront, qui leur délivrera un congé, lequel sera visé par le Commandant du quartier.

III. Toutes les fois qu'ils seront à terre, ils seront obligés de se présenter aux revues, et de faire le service des patrouilles, gardes et corvées pour lesquels ils pourront être commandés.

IV. Défendons à tous Capitaines, Maîtres et Patrons des bâtimens, caboteurs et autres, sous peine de 500 l. d'amende et d'un mois de prison, d'embarquer aucun desdits gens libres, qu'il ne leur apparaisse du congé ci-dessus expliqué, lequel ils déposeront au bureau des Classes,

V. Ayant précédemment défendu aux corsaires d'embarquer aucun desdits gens libres sans une permission signée de nous, nous renouvelons la même disposition à cet égard.

Sera la présente ordonnance imprimée, *etc.*

Donné au Fort-Royal de l'île Martinique, le 14 octobre 1778. *Signé*, DE BOUILLÉ.

(N°. 554.) ORDONNANCE *de MM. les Général et Intendant, portant défense de pecher sur les Vivres de premier besoin, pendant les circonstances de la guerre.*

Du 16 octobre 1778.

ÉTANT informés que des spéculateurs avides, fondant sur les besoins publics, les espérances de leur fortune, se rendent adroitement détenteurs des premiers objets de subsistance, pour imposer ensuite au peuple la loi impérieuse de la nécessité ; afin de remédier aux désordres qui naîtraient de ce monopole odieux, nous avons statué et statuons ce qui suit :

ART. Ier. Défendons très-expressément aucunes spéculations, pendant les circonstances de la guerre, sur les vivres de premier besoin, tels que la farine, le bœuf salé et la morue, lesquels nous déclarons vrais monopoles prohibés par les lois, sous peine de mort.

II. Défendons à tous particuliers d'acheter en gros les cargaisons desdits articles, qu'auparavant le public n'en ait eu connaissance, et qu'il n'ait eu, pour s'en pourvoir, l'espace de 15 jours entiers, à compter de l'ouverture de la vente.

III. Ordonnons que, dans les circonstances de disette, ceux qui auraient formé des magasins de vivres, ne pourront en faire la vente que sur le pied qui sera fixé par le Gouvernement, dans la proportion relative auxdites circonstances.

IV. Sera la présente ordonnance imprimée, lue, publiée et affichée par-tout où besoin sera, à la diligence des Procureurs du Roi, auxquels nous recommandons de veiller à son exécution, et de poursuivre les infracteurs, pour le procès leur être fait et parfait, suivant la rigueur des ordonnances.

Donné à la Martinique, le 16 octobre 1778. *Signé*, DE BOUILLÉ, *et* DE MONTDENOIX.

(N°. 555.) SUPPLÉMENT *aux Instruction et Consigne de M. le Général, du 31 octobre 1777, pour la Police des Ports et Rades de la Martinique et Dépendances.*

Du 8 novembre 1778.

LES circonstances de la guerre exigeant, pour la sûreté du commerce et des vaisseaux mouillés dans les ports et rades de notre Gouvernement, et particulièrement dans la rade de Saint-Pierre, l'établissement d'un mode de police qui réunît, à une surveillance toujours active pour prevenir une surprise, les avantages d'une vigoureuse defense, en cas d'attaque de la part de l'ennemi, et nous étant fait représenter notre instruction du 31 octobre 1777, nous avons cru nécessaire d'établir et ordonner, établissons et ordonnons ce qui suit :

ART. Ier. Il y aura toujours, dans la rade de Saint-Pierre, un Domaine qui fera la police sous les ordres du Commandant de la frégate du Roi qui y sera mouillée, et qui suivra ce qui a été précédemment ordonné.

II. Dans le cas où ledit bateau du Domaine aurait été envoyé en reconnaissance, il fera à son retour, aussitôt qu'il sera à la vue de la rade, les signaux ci-après :

S'il a rencontré ou aperçu des forces supérieures à la frégate mouillée dans la rade de Saint-Pierre, il mettra un pavillon anglais à la tête de son mât et il tirera un coup de canon. Si c'est de nuit, il mettra deux feux l'un sur l'autre dans ses haubans.

Si les forces sont inférieures à ladite frégate et à celles qui pourraient être mouillées avec elle, il mettra deux pavillons le long de son mât, l'un blanc et l'autre anglais, qui sera placé au-dessous. Si c'est de nuit, il tirera des fusées de distance en distance.

Le Commandant de la frégate, après avoir aperçu lesdits signaux, tirera deux coups de canon.

III. Les autres bateaux du Domaine, et les corsaires qui se rendront dans la rade de Saint-Pierre, et à la vue de ladite rade, seront tenus à faire les mêmes signaux, dont le Visiteur du Domaine, chargé de la patache, leur remettra une copie à leur départ de St-Pierre.

IV. S'il se présente un brûlot à l'ouvert de la rade de Saint-Pierre, le bateau du Domaine, chargé de la police de la rade, fera voile à l'instant sur lui, en filant son cable, pour l'aborder et l'enlever. La fregate ou, à son defaut, le Domaine, fera les signaux qui sont indiqués ci-après ; et, à ces signaux, tous les navires et bateaux qui se trouveront en rade enverront audit bateau du Domaine leurs matelots les plus déterminés pour en augmenter l'équipage ; et la prise dudit brûlot sera divisée entr'eux et l'équipage du Domaine, conformément à l'ordonnance. Les matelots qui se distingueront en cette occasion, seront, en outre, récompensés par le Gouvernement.

Les Capitaines de navires ou bateaux qui n'enverront pas, à ce signal, des matelots au Domaine, seront rigoureusement punis.

V. Dans le cas où la frégate mettrait à la voile contre des vaisseaux anglais, tous les corsaires qui se trouveront en rade, seront obligés de mettre aussi à la voile au signal que la frégate leur en fera, et se rangeront sous ses ordres.

VI. Le Commandant marchand de la rade assignera à tous les bâtimens qui viendront d'Europe, le rang qu'ils devront tenir dans l'ordre qui est établi, pour présenter leur avant à la mer, sur lequel ils établiront deux pièces de canon pour défendre la rade.

Tous les bateaux, goëlettes et autres petits bâtimens, qui ne seront pas en état d'être placés en ligne avec les navires marchands, mouilleront dans les lieux que le Commandant de la rade leur indiquera, et les bâtimens étrangers dans ceux qui leur seront prescrits ou qu'on leur prescrira, suivant les circonstances.

VII. Tous les corsaires en armement seront obligés de mouiller près de la patache, et ils seront soumis aux visites du Visiteur du Domaine qui en est chargé, toutes les fois quil le jugera à propos pour l'exécution des ordres dont il est chargé, et il sera mis une garde à leur bord.

Il est défendu à tous Capitaines de corsaire, à peine de 1,000 liv. d'amende, de recevoir à son bord, en quelque qualité que ce puisse être, aucun gens sans aveu, et toute autre personne que des flibustiers et marins connus, ou des particuliers porteurs de permission du Gouvernement pour travailler dans l'île, et dans lesquelles il sera fait mention de leur signalement.

Enjoignons au Commissaire aux Classes, au Lieutenant de port, au Visiteur chargé de la patache, à tous Capitaines du Domaine et Visiteurs de mer, de tenir la main à l'exécution du présent article.

VIII. Il est expressément défendu à tous corsaires de mouiller ailleurs qu'aux ports et rades du Fort-Royal, de Saint-Pierre, de la Trinité et du Marin, à moins de nécessité absolue ou de besoin urgent, ou dans le cas où ils seraient chassés ; mais ils ne pourront mettre du monde à terre sans la permission de l'Officier de garde le plus voisin, qui ne permettra pas qu'il soit embarqué à bord dudit corsaire, aucune autre personne que celles de l'équipage, qui auront été mises à terre.

Les Commandans de batteries tireront à boulet sur tous les corsaires qui n'exécuteront pas le présent article, et qui mettront à terre plus d'une personne pour aller demander la permission à l'Officier de garde, et avant de l'avoir obtenue.

L'Officier de garde fera mettre une sentinelle à ladite chaloupe, à qui il consignera de ne laisser embarquer que l'équipage de ladite chaloupe.

IX. Aucun corsaire ne pourra louvoyer en rade sans une permission de nous ; et alors il sera établi une garde à ses frais, qui s'assurera de tous les flibustiers qui viendront à bord, sous voiles, pour les présenter au Commissaire aux Classes ou à un de ses employés, ou au Visiteur chargé de la patache, qui vérifiera si ce sont des flibustiers connus, ou des particuliers porteurs de permission dans la forme prescrite, et sur laquelle leur signalement sera porté.

X. Aucun bâtiment, français ou étranger, ne pourra, sous les peines portées dans les ordonnances, embarquer aucun particulier, sans un congé de nous, dans la forme ordinaire : leur défendons en outre, sous les mêmes peines, de recevoir à leur bord aucun nègre ou gens de couleur libre ou esclave, sans notre permission expresse.

XI. N. B. *Cet article ne contenant que les signaux, nous avons cru devoir le supprimer vu son inutilité.*

XII. Si un vaisseau de la rade avait connaissance, pendant la nuit, de quelque chose qui pût occasionner du désordre, soit chaloupe, bot ou autre embarcation, qui ne répondrait pas aux hèles ordinaires, il tirerait dessus, et s'il n'est pas en position de tirer, ou qu'après avoir tiré, l'embarcation ne réponde pas et ne se fasse pas reconnaître, il se couvrira de feux et sonnera sa cloche jusqu'à ce que tous les bâtimens voisins répètent ce signal, et que le Commandant tire un coup de canon pour faire savoir qu'il est averti.

Si, après ce coup de canon, le Commandant en tire deux autres et met un feu à sa grande hune, chaque bâtiment armera son canot et l'enverra à bord du Commandant.

Donné à la Martinique, le 8 novembre 1778. *Signé*, De Bouillé.

(N°. 556.) Ordonnance *de MM. les Général et Intendant, qui règle les Droits et Emolumens du Capitaine de Port du Fort-Royal.*

Du 7 décembre 1778.

Etant nécessaire de régler d'une manière fixe les droits de capitaine de port du Fort-Royal, sur les navires marchands qui entrent dans le port, mouillent dans sa rade, ou font la carène; d'après les informations que nous avons prises des droits perçus pour les mêmes objets dans les ports royaux des îles Guadeloupe et St-Domingue, nous avons réglé et établi ce qui suit :

Art. Ier. Le Capitaine de port du Fort-Royal jouira du droit de 66 liv. par chaque navire qui entrera dans le port.

II. Il jouira également du droit de 33 l. par chaque bâtiment qui mouillera dans la rade.

III. Chaque navire qui s'abattra en carène lui payera, pour cet objet, 66 liv.

Sera la présente ordonnance enregistrée au Greffe de l'Intendance et à celui de l'Amirauté, *etc.*

Donné au Fort-Royal Martinique, le 7 décembre 1778. *Signé*, De Bouillé, et De Montdenoix.

(N°. 557.) ARRÊT *du Conseil souverain concernant les Prises des Negres marrons.*

Du 2 mars 1779.

LA Cour, *etc.*, ordonne que, dorénavant, les Geôliers des prisons du ressort ne pourront exiger des Propriétaires qui réclameront des nègres amenés à la geôle comme marrons, d'autres droits de prise, que celui qui aura été fixé par écrit par le Procureur-général du Roi, ou par le Procureur du Roi des Sénéchaussées, et ce, sur l'ordre que le Geôlier sera tenu de représenter, comme quittance, au Propriétaire du nègre réclamé, lequel sera autorisé à n'avoir égard à d'autre taxe.

Ordonne que le présent arrêt sera imprimé, lu, *etc.*

Fait au Conseil souverain de la Martinique, le 2 mars 1779. *Signé*, ROIGNAN, greffier.

(N°. 558.) ORDONNANCE *de MM. les Général et Intendant, concernant l'Imposition sur la Martinique, pour l'année* 1779.

Du 20 avril 1779.

LE Roi n'ayant point dérogé aux ordres qu'il a donnés en 1778, pour l'assiette et la forme de l'imposition à établir à la Martinique, nous, *etc.*, avons ordonné et ordonnons ce qui suit :

N. B. Les dispositions de la présente ordonnance étant (sauf l'augmentation ci-après) les mêmes que celles de 1778, voyez le N°. 540, page 352 et suivantes.

A ajouter à l'art. XIII de l'ordonnance précitée.

Il sera aussi perçu 3 et ½ pour 100 et 8 s. pour livre sur les sucres, cafés, coton, cacao et autres denrees coloniales apportées à l'étranger; les sucres paieront en outre le droit de 40 s. par quintal et les 8 s. pour livre. Tous lesquels droits ne feront point partie de la presente imposition, et seront perçus par les Receveurs des Fermes génerales en ces îles.

Enregist. au Conseil souverain.

(N°. 559.) ORDONNANCE *de MM. les Général et Intendant, concernant le Prix et la Vente du Poisson.*

Du 28 avril 1779.

SUR ce qui nous a été représenté par les Procureurs du Roi des Senechaussées de cette île, que, depuis la circonstance de la guerre, quelques seineurs vendent leur poisson à un prix excessif, et abusent du moment de la nécessité qui oblige à recourir à ce moyen de vivre par la rarete des autres subsistances; nous avons cru devoir arrêter le désordre resultant d'une fixation arbitraire, accordant néanmoins à une profession utile, et qui participe à la difficulté du tems present, la faveur dont elle est susceptible.

D'après ces considérations, *etc.*, nous avons ordonné et ordonnons ce qui suit:

Pendant toute la duree de la guerre actuelle seulement, le prix du petit poisson, au-dessous d'une livre, sera fixe à *dix sous* la livre, au lieu de 7 s. 6 den.

Le prix du poisson, d'une livre et au-dessus, sera porté à *vingt sous*.

Faisons défenses aux seineurs et à leurs préposés, des faits desquels ils demeureront responsables, de vendre le poisson au delà de la taxe réglée ci-dessus, sous peine d'amende de 300 liv. pour la première fois, du double et de 3 mois de prison, en cas de récidive ; le produit des amendes applicable un tiers au dénonciateur, un tiers au Commis de la police et l'autre tiers à l'hôpital du Fort-Royal.

Prions messieurs les Officiers du Conseil souverain de la Martinique de faire enregistrer, *etc.*

Donné à la Martinique, le 28 avril 1779. *Signé*, DE BOUILLÉ, *et* DE MONTDENOIX.

Enregist. au Conseil souverain.

(N°. 560.) EXTRAIT *d'une Dépêche ministérielle de M.* de Sartine, *qui prescrit l'exécution de la Défense faite de charger des Denrées coloniales sur les Bâtimens du Roi.*

Du 10 mai 1779.

Le Ministre blame M. de Montdenoix d'avoir demandé, en faveur de Mme. la baronne d'Arros, une exception à la défense qui a été faite d'embarquer des denrées coloniales sur les bâtimens du Roi ; ajoutant qu'il aurait dû prévoir que la grâce que cette Dame sollicitait, tirerait nécessairement à conséquence et ne devait pas être appuyée par lui, quelque favorable que fût la position de cette Dame.

(N°. 561.)

(N°. 551.) ARRÊT *du Conseil souverain, qui fixe les Emolumens du premier Huissier sur les Bourses communes de St-Pierre et du Fort-Royal.*

Du 5 juillet 1779.

SUR la requête présentée par le premier Huissier, à l'effet d'obtenir que ce qui était payé par la bourse commune des Huissiers de la juridiction de la Trinité, dernièrement supprimée, le soit à l'avenir par les bourses communes des juridictions de Saint-Pierre et du Fort-Royal.

La Cour, *etc.*, ordonne que la somme de 400 l. que la bourse commune des Huissiers de la Trinité était obligée de payer au premier Huissier, par l'arrêt en réglement du 10 mai 1771, sera répartie, par égale portion, sur les bourses communes des Huissiers de la Sénéchaussée de cette ville et de celle de St-Pierre : en conséquence, ordonne que les Administrateurs desdites bourses communes paieront à l'avenir audit premier Huissier, savoir : ceux de Saint-Pierre la somme de 2,000 l. et ceux de cette ville celle de 1,000 l., et ce conformément à ce qui est prescrit par le reglement dudit jour 10 mai 1771.

Fait au Conseil souverain de la Martinique, le 5 juillet 1779. *Signé*, ROIGNAN, greffier.

(N°. 562.) ORDONNANCE *de MM. les Général et Intendant, concernant le Commerce avec la Côte d'Espagne.*

Du 1er. octobre 1779.

DESIRANT établir sur un fondement solide et inaltérable, les relations d'amitié et de commerce qui nous unissent aux Espagnols, nos fidèles et secourables alliés, et voulant augmenter au degré possible, les sentimens de bienveillance et d'intimité qui règnent entre les sujets de l'auguste maison de Bourbon, nous avons regardé comme le moyen le plus propre à inspirer une confiance réciproque entre les deux nations, la justice prompte et immédiate, rendue dans tous les cas : il nous a paru convenable en même tems de favoriser et encourager les diverses importations de vivres que les possessions espagnoles verseront dans la suite à la Martinique et dépendances.

A CES CAUSES, nous, *etc.*, statuons et ordonnons ce qui suit :

ART. Ier. Les sujets de S. M. C. qui jouissent en France, en vertu de l'art. XXIII du pacte de famille arrête le 24 décembre 1761, des mêmes privileges que les nationaux, jouiront également dans l'étendue du gouvernement de la Martinique et dépendances, des priviléges de la nation, seront réputés régnicoles et auront, à l'abri des lois, les mêmes facilités et avantages que les sujets naturels de S. M. T. C.

II. Les denrées nécessaires à la vie des peuples du gouvernement de la Martinique, qui auront été importées sur les bâtimens espagnols, ne paieront aucun droit d'entrée, et en demeureront, dès-à-present, entièrement déchargées.

III. Pour encourager nos fidèles alliés à transporter, malgré les risques de la guerre, les secours utiles à la subsistance, il sera alloué, à titre de gratification, pendant un an à compter de la date de notre présente ordonnance :

Par quintal de poisson salé, ... ,	2 l.
Par quintal de tasseau ou viande salée, . . .	3.
Par tête de boeuf vivant, ...	6.
Par tierçon de riz ou de maïs, ...	3.
Par quintal de cassave, ...	3.

Sera ladite gratification payée aux Capitaines, Géreurs ou Armateurs des bâtimens, après que la quantité des denrées importées aura été constatée par les employés du Domaine.

IV. Si les matelots appartenant aux bâtimens espagnols qui apporteront les articles de subsistance spécifiés ci-dessus, viennent à tomber malades pendant le cours du voyage, ils seront traités dans les hôpitaux royaux ou municipaux, avec les mêmes soins et les mêmes attentions que les propres sujets de S. M.

V. Tous les bâtimens de construction espagnole, introduits dans les ports du gouvernement de la Martinique pour y être vendus, ne paieront aucun droit de tonnage et ne seront assujettis à aucune taxation.

VI. Pour le paiement des cargaisons espagnoles vendues aux sujets français, les Capitaines auront le privilege d'Amirauté, afin que la justice la plus expeditive leur soit rendue dans tout le ressort du Gouvernement.

VII. Dans le cas où un bâtiment espagnol serait poursuivi jusque sur les côtes de l'île Martinique et dépendances, par quelque vaisseau, frégate, corsaire ou autre navire ennemi, il lui sera donné la plus prompte assistance, et les secours d'hommes ou de munitions exigés par la circonstance, seront expédiés avec empressement.

Prions messieurs les Officiers du Conseil souverain de la Martinique, de faire enregistrer *etc.*

Donné à la Martinique, le 1er. octobre 1779. *Signé*, DE BOUILLÉ, *et* DE MONTDENOIX.

Enregist. au Conseil souverain.

(N°. 563.) ARRÊT *du Conseil souverain, portant Réglement et Tarif des Salaires des Huissiers pour les voyages en campagne.*

Du 10 novembre 1779.

N. B. Ce réglement et tarif ayant été changé, nous avons cru devoir le supprimer comme inutile.

(N°. 564.) ARRÊT *du Conseil d'Etat du Roi, concernant les Successions des Curés.*

Du 27 novembre 1779.

LE Roi étant informé des discussions survenues entre la Fabrique de la paroisse du Marin, située dans l'île de la Martinique, et le Supérieur-général de la mission des Capucins de cette colonie, relativement à la cote-morte du Missionnaire capucin desservant ladite paroisse, que ce Supérieur-général prétend avoir le droit de recueillir ; considérant S. M. que le pécule d'un Religieux desservant une cure dans ses colonies, n'est que le produit des moyens accordés par la paroisse, afin de le mettre en état de remplir les devoirs de son ministère, qu'il est juste que sa succession retourne à la Fabrique, afin qu'elle puisse subvenir, sans établir de nouvelles impositions, à l'installation du Successeur ; considérant d'ailleurs que les Missions, dans ses colonies, jouissent d'un traitement qui suffit et au delà pour leur entretien, et que la cote-morte ou la succession d'un Religieux n'appartient de droit au couvent, que quand ce Religieux décède dans le cloître, ou même dehors, sans être pourvu de bénefices-cures ; mais que, si un Religieux-curé décède, sa cote-morte appartient à la Fabrique et aux pauvres de la paroisse ; S. M. voulant maintenir dans l'étendue de son île de la Martinique l'observation d'une règle invariablement suivie dans les Cours et Tribunaux de son Royaume.

A quoi voulant pourvoir : ouï le rapport, le Roi etant en son Conseil, a ordonné et ordonne que la cote-morte, ou succession du Religieux desservant la paroisse du Marin, située dans l'île de la Martinique, sera apprehendée par les Marguilliers de ladite paroisse, pour être employée jusqu'à concurrence des choses nécessaires à l'installation du nouveau Curé, et le surplus déposé dans la caisse de la Fabrique. Ordonne S. M. que les cotes-mortes ou successions des Religieux-curés de toutes les paroisses de la Colonie appartiendront desormais aux Fabriques, aux charges et conditions ci-dessus énoncées. Veut néanmoins S. M. que les dettes desdites cotes-mortes ou successions ne puissent être payées par les Marguilliers, que sur le rapport d'un titre, ou d'un compte visé par l'Intendant de la colonie ou son représentant.

Mande et ordonne S. M., *etc.*

Fait au Conseil d'Etat du Roi, Sa Majesté y étant, tenu à Versailles, le 27 novembre 1779. *Signé*, DE SARTINE.

Enregist. au Conseil souverain.

(N°. 565.) ORDONNANCE *de MM. les Général et Intendant, concernant la suppression des Boucheries.*

Du 28 novembre 1779.

LA disette de bestiaux dans la colonie privant les hôpitaux militaires du secours le plus essentiel aux malades, dont le nombre considérablement augmenté par l'arrivée des vaisseaux du Roi jusqu'à ce jour, s'accroîtra encore par la suite ; et le service du Roi, en outre des devoirs que l'humanité prescrit, nous obligeant de procurer de la viande fraîche aux malades et particulièrement aux scorbutiques, il ne nous reste que la ressource de supprimer, pour un tems, les boucheries, et jusqu'à ce qu'il soit venu de la côte d'Espagne une suffisante quantité de bestiaux que nous y avons fait acheter; en conséquence, *etc.*, nous avons ordonné et ordonnons ce qui suit :

A commencer du jour de la publication de la présente ordonnance, toutes les boucheries du Fort-Royal et du Fort-Saint-Pierre, seront suspendues ; et il est défendu aux bouchers de tuer des bœufs, vaches et veaux, à peine de 1,000 liv. d'amende, applicables aux hôpitaux du lieu, et jusqu'à ce qu'il en soit autrement ordonné.

Nuls autres que les bouchers des hôpitaux, et dans les hôpitaux, ne pourront tuer des bestiaux ci-dessus désignés ; mais il sera prescrit auxdits hôpitaux de céder de la viande aux habitans malades, sur les certificats des Médecins et Chirurgiens qui les traiteront ; aux Officiers des troupes, sur les billets des Majors des corps, et aux Etats-majors des vaisseaux du Roi, sur les billets des Capitaines.

Mandons aux Procureurs du Roi des Sénéchaussées du Fort-Royal et de Saint-Pierre, et à tous Officiers de police, de tenir la main à l'exécution de la présente ordonnance, qui sera lue, *etc.*

Donné à la Martinique, le 28 novembre 1779. *Signé*, DE BOUILLÉ, *et* DE MONTDENOIX.

(N°. 566.) ARRÊT *du Conseil souverain, concernant les visites à faire des Vivres et Denrées comestibles avariés.*

Du 2 mai 1780.

LA Cour, *etc.*, ordonne qu'à l'avenir les Substituts du Procureur-général du Roi dans chaque Sénéchaussée du ressort seront tenus de faire faire une visite exacte par les Commissaires de police, à l'effet de constater si les denrées comestibles exposées en vente peuvent être vendues et consommées, sans qu'il puisse en résulter aucun inconvenient, et dans le cas qu'il s'en trouvât de corrompues, de les faire jeter à la mer, sans pouvoir être exposées en vente. Ordonne aussi qu'à l'avenir lesdits Substituts dudit Procureur-général seront tenus de faire faire tous les mois, et plus souvent s'ils le jugent à propos, des visites exactes dans les bourgs, villes et lieux de leur ressort, à l'effet de constater s'il ne se fait pas par les Marchands et Négocians des amas de vivres dans leurs magasins, d'en constater par des procès-verbaux sur lesquels les contrevenans seront poursuivis, suivant la rigueur des ordonnances.

Ordonne que le présent arrêt sera enregistré aux Sénéchaussées du ressort, lu, etc.

Fait au Conseil souverain de la Martinique, le 2 mai 1780. *Signé*, ROIGNAN, greffier.

(N°. 567.) EXTRAIT *d'une Dépêche ministérielle de M.* de Sartine, *sur l'admission des Employés de l'Administration, dans les Hôpitaux.*

Du 21 juillet 1780.

Lettre commune aux Administrateurs en chef de la Martinique, qui ordonne que les Employés de l'administration soient admis dans les hôpitaux et traités, suivant les intentions du Roi, sur le même pied que les Officiers de ses troupes, en enjoignant à MM. les Administrateurs de tenir la main à ce qu'ils n'éprouvent à ce sujet aucune difficulté.

(N°. 568.) ORDONNANCE *de MM. les Général et Intendant, concernant l'Imposition sur la Martinique, pour l'année* 1780.

Du 5 septembre 1780.

IL aurait été satisfaisant pour nous d'annoncer à la Colonie le succès des représentations qui avaient été faites, pour obtenir la remise de la capitation des années 1779 et 1780. Mais c'est avec regret que nous avons vu, par la lettre du Ministre du 24 janvier dernier, que les circonstances critiques de la guerre n'avaient pas permis à S. M. d'y avoir égard : elle n'a pas cru devoir renoncer au secours que ses finances locales tirent du produit des impositions, dans le moment sur-tout où les forces qu'elle met en activité dans ces îles exigent une augmentation de moyens, pour faire face aux dépenses considérables qu'elles occasionnent.

C'est en conséquence des ordres de S. M. que la perception des reliquats de 1779 va être incessamment continuée, et que nous établissons aujourd'hui l'imposition pour l'année courante 1780.

Nous ne pouvons nous dispenser d'exhorter les Habitans et autres redevables, à donner dans cette occasion de nouvelles preuves de leur zèle et de leur exactitude. Les besoins pressans de la caisse de S. M. exigent les plus grands efforts de leur part : ils éprouveront de la nôtre tous les adoucissemens et toutes les facilités qui pourront dépendre de nous.

A CES CAUSES, nous, *etc.*, établissons l'imposition pour la présente année ainsi qu'il suit :

N. B. Les 9 premiers articles étant absolument les mêmes que ceux de l'ordonnance du 2 janvier 1778, voyez le N°. 540, page 352 et suivantes de ce tome.

X. Les Habitans qui ont des guildiveries, jouiront d'une exemption de 6 nègres, au plus, pour chacune de ces manufactures actuellement en activité, ce que les propriétaires seront tenus de justifier par un certificat du Commandant de leur quartier.

XI. Conformément à l'ordonnance de nos Prédécesseurs, du 16 août 1763, tous les cabaretiers, traiteurs, aubergistes, limonadiers et autres vendant en détail vin, eau-de-vie et liqueurs, ainsi que ceux tenant billard ou jeu permis, soit que ceux-ci donnent à boire ou non, paieront par an, la somme ordonnée et fixée par l'art. VII de la susdite ordonnance;

SAVOIR:

Ceux résidant au Fort-Royal et au Lamentin,	800[l].
Ceux résidant à Saint-Pierre, ...	1200.
Ceux résidant à la Trinité, ...	400.
Ceux résidant au Marin, ...	200.
Ceux résidant au Prêcheur et au Carbet, . . .	300.
Ceux résidant dans les autres bourgs de cette île,	150.

Le paiement de ces droits sera divisé en 4 époques de 3 mois chacune, et exigibles à l'avance en janvier, avril, juillet et octobre.

Les droits de cabaret seront toujours payés entre les mains des Receveurs du Domaine, et ne feront pas partie de la présente imposition, mais le produit en restera déposé dans la caisse du Roi, jusqu'à la réception des ordres de S. M. sur cet objet.

XII. Les droits sur les gros sirops et tafias seront perçus sur le pied de *trois pour cent* de leur valeur, à leur sortie de cette colonie pour passer à l'étranger ; ils seront soumis également au droit additionnel de 8 s. pour livre, conformément aux déclarations du Roi des 3 fevrier 1760, 21 novembre 1763, et du mois de novembre 1771.

Il sera aussi perçu 3 et $\frac{1}{7}$ pour 100, et 8 s. pour livre sur les sucre, café, coton et cacao et autres denrées coloniales exportees à l'étranger; les sucres paieront en outre le droit de 40 s. par quintal et les 8 s. pour livre : tous lesquels droits, appartenant au Domaine d'occident, ne feront point partie de la présente imposition; et seront perçus par les Receveurs des Fermes generales en ces îles.

N. B. Les articles XIII à XVII, étant absolument les mêmes que ceux XIV à XVIII de l'ordonnance ci-dessus précitée, voyez au présent tome, p. 356 et suiv.

Prions messieurs les Officiers du Conseil souverain de la Martinique de faire enregistrer, *etc.*

Donné au Fort-Royal de la Martinique, le 5 septembre 1780. *Signé*, DE BOUILLÉ, *et* le Président de PEINIER.

Enregist. au Conseil souverain.

(N°. 569.) ORDONNANCE *de MM. les Général et Intendant, portant Réglement pour les Hôpitaux militaires de la Colonie.*

Du 28 septembre 1780.

INSTRUITS qu'il y a dans les hôpitaux militaires un grand nombre de particuliers, parmi lesquels la plupart jouissent d'une santé qui devrait les en exclure, ce qui occasionne un defaut de chambres pour ceux qui auraient un besoin réel de secours ; sachant, de plus, que la manière dont est servie la table à laquelle mangent ceux qui sont en état de quitter leur chambre, contribue autant à prolonger les convalescences, qu'à occasionner des rechutes ; voulant remédier à ces abus, nous avons ordonne ce qui suit :

Art. Ier. Nulle personne, Officier ou autre, ne sera reçue dans les hôpitaux militaires sans un billet d'entrée. Ce billet, pour les Officiers de troupes, sera signé du Major du regiment, visé du Commandant ; pour les Officiers dont le régiment ne sera pas en garnison sur les lieux, le billet d'entree à l'hôpital sera signé par le Major de la place, visé du Lieutenant de Roi ; pour les Officiers de marine, il sera signé de l'Officier chargé du detail à bord du bâtiment où l'Officier sera embarqué, et visé par le Commandant dudit bâtiment. Tous ces billets seront aussi visés par le Commissaire chargé de la police des hôpitaux, qui signera seul les billets pour les employés.

II. L'intention du Roi étant qu'aucun de ceux qui sont à son service, attaqués de maladies vénériennes ou de la gale, ne soient reçus dans les hôpitaux, nul n'y sera admis à moins qu'il ne soit porteur d'un billet du Général, visé de l'Intendant, qui ont seuls, suivant les circonstances, le droit de faire des exceptions à la règle.

III. Il ne sera reçu dans les hôpitaux militaires aucuns domestiques d'Officiers, quand même ils seraient malades, excepté toutefois ceux des

Officiers

Officiers de la marine et des Officiers tenant garnison à bord des vaisseaux et autres bâtimens du Roi, lesquels y seront reçus dans le cas de maladie seulement, et traités aux dépens de S. M.

IV. Les Médecins du Roi, les Chirurgiens-majors et les Religieux-chirurgiens faisant la visite dans les hôpitaux militaires, auront le plus grand soin de n'y souffrir ni tolérer aucune personne qui ne soit réellement malade : leur recommandons de signer les billets de sortie aussitôt que les malades seront en convalescence et qu'ils n'auront plus besoin d'être traités et médicamentés ; nous les rendons responsables des abus en ce genre qui viendront à notre connaissance.

V. Faisons très-expresses défenses aux Supérieurs des hôpitaux militaires, d'admettre à la table de leur communauté, les Officiers, ou autres malades ou convalescens ; ceux des Officiers qui pourront sortir de leur chambre, seront servis ensemble à une table particulière, à laquelle mangera toujours un Religieux. Il ne sera servi sur cette table, aucuns fruits d'aucune espèce, ni aucuns ragoûts ; on aura soin de ne la garnir que de légumes et de viande bouillie, grillée ou rôtie, ou de poisson frit : il n'y sera donné pour dessert, que des pruneaux ou des confitures ; le vin y sera réglé suivant les ordonnances ; nul externe, Officier ou autre, ne pourra être admis à cette table, sous quelque prétexte que ce puisse être.

VI. Le dîner sera servi à midi précis, et le souper à 7 heures du soir.

Enjoignons aux Commissaires chargés de la police des hôpitaux, de tenir la main à l'exécution du présent réglement.

Donné au Fort-Royal Martinique, le 28 septembre 1780. *Signé*, DE BOUILLÉ, *et* le Président de PEINIER.

(N°. 570.) ORDONNANCE *de M. le Général, faisant défenses à tous Particuliers de draguer des Ancres et Cables dans la rade de Saint-Pierre.*

Du 5 novembre 1780.

LE coup de vent, du 12 octobre dernier, ayant obligé les bâtimens qui se sont trouvés dans la rade de Saint-Pierre, de mettre à la voile, sans avoir le tems de retirer leurs ancres, il est défendu à tous particuliers de quelqu'état qu'ils puissent être, de draguer les ancres et les cables dans la rade de Saint Pierre. Ordonnons au Sr. Sinson de Précler de s'occuper à les faire draguer incessamment, de les faire déposer à l'arsenal, en faisant enregistrer les lieux de la rade où ils auront été dragués ; et seront lesdits ancres et leurs cables remis aux Capitaines des vaisseaux auxquels ils appartiennent, dans le délai d'un an, à compter de ce jour, passé lequel tems, ils demeureront en propriété au Roi.

Mandons aux Officiers de l'Amirauté du Fort-Saint-Pierre, de faire des recherches des ancres et cables qui auront pu être dragués avant la présente ordonnance, pour que lesdits ancres et cables soient remis à l'arsenal, et dont il sera donné des reçus aux particuliers qui les auront dragués, pour, après l'année fixée par la présente ordonnance pour la réclamation de ces effets, leur être remis en propriété, s'ils n'ont pas été réclamés, et tenir la main à l'exécution de la présente ordonnance, en ce qui les concerne.

Donné à la Martinique, le 5 novembre 1780. *Signé*, DE BOUILLÉ.

(N°. 571.) ARRÊT *du Conseil souverain, concernant les Cochons des Villes et Bourgs de la Colonie.*

Du 9 novembre 1780.

VU la remontrance du Procureur-général du Roi, contenant que la multiplicité des plaintes qui lui étaient portées sur les cochons qui vaguent dans les rues des villes et bourgs de cette île, excitaient son ministère sur un objet de police auquel on aurait dû remédier depuis long-tems; que ces animaux couraient dans les rues et y faisaient des ordures, qui en rendaient le séjour désagréable et mal sain; que les désordres qu'ils commettaient dans les bourgs des campagnes étaient encore plus de conséquence; qu'il était notoire qu'ils y vivaient dans la plupart des cimetières, dont la clôture n'était pas achevée, et s'y repaissaient des cadavres qu'ils avaient fouillés et déterrés; que ces abus subsisteraient, si la Cour ne se portait à infliger des peines contre les propriétaires desdits cochons.

Pour quoi il requérait qu'il plût à la Cour d'ordonner que les cochons qui seraient trouvés dans les villes et bourgs du ressort de cette île, seront tués et confisqués au profit des Archers de police dans les ville et bourg de St-Pierre et du Fort-Royal, et au profit des Commis à la police dans les bourgs de la campagne, et que les propriétaires d'iceux seraient condamnés en 50 l. d'amende, applicables au Domaine du Roi, et que l'arrêt à intervenir serait lu, publié et affiché par-tout où besoin serait, à ce que personne n'en prétendît cause d'ignorance.

La matière mise en délibération, la Cour, faisant droit sur ladite remontrance, fait défenses à toutes personnes de laisser vaguer les cochons dans les villes et bourgs de cette île ; ordonne que ceux qui seront trouvés dans lesdits bourgs et villes, seront tués et confisqués au profit des Archers de police, dans cette ville et au bourg St-Pierre, et au profit des Commis à la police dans les autres bourgs de la campagne ; ordonne aussi que les propriétaires des cochons tués seront condamnés à 50 l. d'amende applicables au Domaine du Roi, par les Juges des lieux, sur les procès-verbaux dressés par les Commis à la police desdits ville et bourgs ; et que le présent arrêt sera imprimé, lu, *etc.*

Fait au Conseil souverain de la Martinique, le 9 novembre 1780. *Signé*, ROIGNAN, greffier.

(N°. 572.) EXTRAIT *d'une Dépêche ministérielle de M. le Marquis* de Castries, *à MM. les Général et Intendant de la Martinique, sur les Hôpitaux.*

Du 16 décembre 1780.

Lettre commune à MM. les Administrateurs, qui les approuve d'avoir remis aux Religieux de la Charité l'hôpital du Fort-Royal, que les Entrepreneurs ne tenaient pas d'une manière convenable.

(N°. 573.) ORDONNANCE *de MM. les Général et Intendant, qui ordonne, d'année en année, un nouvel examen et vérification de la repartition des Chemins, et qui enjoint l'exécution de l'Ordonnance du 5 novembre* 1765.

Du 2 janvier 1781.

L'EXPÉRIENCE ayant fait reconnaître que la repartition des chemins prescrite tous les 3 ans, par l'art. XI de l'ordonnance du 5 novembre 1765, était insuffisante, attendu les changemens qui peuvent survenir pendant un pareil espace de tems, soit dans les propriétaires des habitations, soit dans le nombre des nègres attachés à leurs cultures, nous ordonnons qu'à l'avenir et à compter de la présente année 1781, il sera fait tous les ans, par le Grand-voyer, un examen et vérification de la dernière répartition, pour être par lui dressé procès-verbal des rectifications dont elle sera susceptible ; à l'effet de quoi les Commandans de chaque paroisse seront tenus de lui représenter ladite repartition avec les nouveaux dénombremens qui auront été fournis.

La conservation des chemins, dependant principalement de l'attention qu'on aura de laisser à chaque Habitant la portion dont il aura été chargé par la dernière répartition, nous invitons les Commandans à ne faire, autant qu'il sera possible aucun changement à cet egard, à moins de motifs valables, dont ils nous rendront compte.

Sera au surplus ladite ordonnance du 5 novembre 1765, exécutée suivant sa forme et teneur.

Prions messieurs les Officiers du Conseil souverain de la Martinique de faire enregistrer, *etc.*

Donné à la Martinique, le 2 janvier 1781. *Signé*, DE BOUILLÉ, *et* le Présid. de PEINIER.

Enregist. au Conseil souverain.

Voyez pour l'ordonnance ci-dessus mentionnée, le N°. 337, tome II, page 416 et suivantes.

(N°. 574.) ARRÊT *du Conseil souverain, qui fixe le nombre des Notaires, Procureurs et Huissiers.*

Du 4 janvier 1781.

CE jour, M. le président de Peinier, président de la Cour, a dit :

Le nombre des Notaires, Procureurs et Huissiers, fixé par l'arrêt du 12 juillet 1776, pour les trois jurisdictions qui existaient alors en cette île, se trouvant trop considérable depuis la suppression de la jurisdiction de la Trinité, pour l'expédition des affaires, il arrive que quelques-uns de ceux qui étaient pourvus de ces offices, ne trouvant point à se procurer, par leur travail, un entretien honnête et légitime, cherchaient à y suppléer, soit en suscitant des affaires qui auraient pu facilement se concilier entre les parties, soit en multipliant inutilement, et au détriment des mêmes parties, des frais qui les ruinaient; que, par ces considérations, il estimait qu'il était nécessaire de diminuer le nombre de ces offices, et de les fixer relativement au travail à faire, afin que chacun pût remplir ses fonctions honnêtement, et pût en subsister.

La matière mise en délibération, la Cour, *etc.*, après s'être fait représenter les précédens réglemens faits à ce sujet, notamment les arrêts des 1er. juillet 1765 et 12 juillet 1766, considerant le peu d'affaires portées dans les différens tribunaux de cette colonie, et la quantité de Notaires, Procureurs et Huissiers qui y sont établis, a réglé et arrêté ; savoir : que le nombre des Notaires demeurera fixé à l'avenir pour toute l'etendue de l'île ; savoir : 8 en résidence dans la Sénéchaussée du Fort-Royal, et 10 dans celle du bourg St-Pierre ; que le nombre des Procureurs demeurera aussi fixé à 18, huit dans la Sénéchaussée du Fort-Royal, et dix dans celle du bourg Saint-Pierre ; qu'enfin, le nombre des Huissiers et Sergens demeurera également fixé à 20, répartis également dans chaque Senéchaussée.

Déclare qu'il ne pourra à l'avenir, sous quelque prétexte que ce soit, être reçu aucun Notaire, Procureur et Huissier au delà du nombre fixé par le présent réglement ; en consequence ordonne que, dans les Sénéchaussées où il se trouvera y en avoir un plus grand nombre, les premières places vacantes demeureront supprimées.

Ordonne, en outre, que le présent arrêt sera imprimé, lu, *etc.*

Fait au Conseil souverain de la Martinique, le 4 janvier 1781. *Signé*, Roignan, greffier.

(N°. 575.) ARRÊT *du Conseil souverain, concernant les Dommages occasionnés par les Bestiaux.*

Du 4 janvier 1781.

CE jour, Mes. Dessales et Poquet de Janville, conseillers, commissaires nommés par arrêt du 6 septembre dernier, pour la rédaction d'un réglement général, concernant les dommages causés par les bestiaux, ont remis sur le bureau, le projet dudit réglement ainsi qu'il suit :

Le désordre que causent les bestiaux de toute espèce sur les plantations; les querelles fréquentes qui surviennent à raison de ce entre voisins ; les procès sans nombre qui naissent de ces sortes de discussions, par l'insuffisance des lois sur cette matière, ont décidé le Conseil à rendre, le 6 septembre dernier l'arrêt que voici.

« La Cour ordonne qu'il sera fait un réglement général » sur la matière dont il s'agit, dans lequel seront rap- » pellés les anciens réglemens et ordonnances qui ont » pu être faits précédemment sur cet objet et par lequel » sera en outre statué sur les cas qui n'ont pas été prévus » par lesdits réglemens et ordonnances ; et pour la rédac- » tion dudit réglement, a nommé Mes. Dessalles fils, et » Poquet de Janville, commissaires, lesquels remettront » sous les yeux de la Cour, le plutôt que faire se pourra, » ledit projet de réglement, pour y être statué ainsi » qu'il appartiendra. »

On ne connait sur la matière dont il s'agit, et les registres même du Conseil, ne font mention que d'un arrêt en réglement du 10 juillet 1730.

Cet arrêt, après avoir réglé par des dispositions très-sages la clôture des savannes, ordonne :

« Que, lorsque les bêtes cavalines ou à cornes d'un » particulier seront prises chez un autre habitant, les » propriétaires des bestiaux seront tenus de payer à » celui chez qui ils auront été pris, la somme de 10 l. » pour le prix de chacun d'eux, et en outre, celle de » 20 s. par jour pour la nourriture à compter du jour

» que le maître desdits bestiaux aura été averti, si » mieux n'aime l'Habitant chez qui lesdits bestiaux » auront été pris, faire estimer le dommage qui lui » aura été fait, et ce par deux Habitans voisins, qui » dresseront procès-verbal de leur estimation, sur lequel » sera fait droit par le Juge des lieux, en la manière » ordinaire. »

Cet arrêt, dicté d'après des vues de sagesse et de bien public, ne remédiait cependant pas à tous les inconvéniens; et on peut avancer qu'il est même insuffisant sur cette matière; parce que si, d'un côté, la prise paraît n'être pas assez forte, vu le tort que fait un animal dans une plantation quelconque, sur-tout lorsqu'il y a passé la nuit; d'un autre côté, il n'est aucun Habitant capable d'apprécier au juste la valeur du dégât qui peut avoir été fait, sans parler encore du désagrément de ne pas pouvoir trouver des arbitres à cet effet, parce que chaque Habitant n'est pas bien jaloux de déplaire à son voisin, à son ami, par un semblable arbitrage.

Au surplus, l'arrêt du 10 juillet 1730, n'est que pour les bêtes cavalines et à cornes. Or tout le monde sait que les cochons, les cabrits et les moutons font quelquefois autant de ravage.

Les Commissaires soussignés estiment donc qu'il est à propos que le Conseil fasse un réglement qui embrasse tous les animaux quelconques qui peuvent faire du dommage, et pour y travailler avec plus d'ordre, il est bon de connaître quels sont les genres d'animaux nuisibles, aux dégâts desquels il convient de remédier.

Les bêtes cavalines, mulets et autres de cette espèce étant d'un très-grand prix, et tombant, lorsqu'on les tue, en perte totale pour les maîtres; d'ailleurs n'étant pas à beaucoup près aussi difficiles à prendre, et pouvant s'arrêter avec beaucoup moins de risque que les bêtes à cornes, les Commissaires soussignés estiment qu'il ne doit être permis dans aucun cas de les tuer, mais seulement de les arrêter; et ils croient que la prise peut en être fixée à 16 liv. 10 s. pour chaque bête, et en outre, celle de 30 s. par jour pour la nourriture, à compter du jour de la prise, si le maître est inconnu; ou s'il est connu, du jour seulement qu'il aura été averti, si mieux n'aime l'habitant chez qui lesdits bestiaux auront été pris, faire estimer le dommage qui pourra lui avoir été fait, par deux habitans voisins, qui dresseront procès-verbal de leur estimation, dans lequel il feront mention de la quantité de bêtes trouvées en dommage; sur lequel procès-verbal sera fait droit par le Juge des lieux, en la manière ordinaire.

Les bêtes à cornes méritent d'autres considérations: il y en a beaucoup de douces qu'il est très-facile de prendre, mais il s'en trouve aussi de sauvages et d'indomptées, qu'il n'est pas possible d'arrêter sans de très-grands risques, d'ailleurs il n'y a pas autant d'inconvéniens à permettre de tuer des bêtes à cornes, parce qu'au moins on profite de la viande, ainsi il paraît qu'à cet égard, il y a une distinction bien juste à faire.

L'Habitant qui trouvera chez lui des bêtes à cornes étrangères, douces et faciles à prendre, doit les faire arrêter, sans qu'il lui soit permis de les faire tuer, parce qu'on ne doit jamais causer du dommage à son voisin sans nécessité. La prise doit en être fixée à 16 l. 10 s., et la nourriture à 30 s. comme pour les bêtes cavalines; mais lorsqu'il se trouvera des bêtes à cornes sauvages et indomptées, qu'on ne pourrait arrêter sans risque, alors l'Habitant chez qui elles seront, sera tenu d'appeler deux Témoins blancs qui attesteront, par un certificat signé d'eux, que la bête était sauvage et indomptée, et ne pouvait pas être arrêtée sans risque, et sur ce certificat, il sera permis à l'Habitant de la faire tuer; mais il sera tenu d'en faire avertir sur-le-champ le maître, s'il le connaît, pour qu'il puisse profiter de la viande, et la retirer en payant le droit de prise ci dessus réglé, ou si le maître est inconnu, il sera tenu de faire débiter la bête, et d'en remettre le produit au Curé de la paroisse, qui le tiendra en dépôt entre ses mains pendant 15 jours, pour être remis au maître de la bête, s'il le réclame dans le délai; lequel expiré, le Curé sera autorisé à distribuer aux pauvres la somme qui lui aura été remise.

Les cochons, par leur nature, font un tort infini; les ravages que causaient ceux des bourgs, l'infection qu'ils répandaient dans l'air, par leurs ordures, ont déjà décidé le Conseil à les proscrire entièrement des villes et bourgs de cette île. C'est encore une question, si on ne devrait pas les exclure des habitations, par les dégâts qu'ils y commettent ; mais comme c'est pour les esclaves un genre de commerce facile, et une subsistance pour bien de gens, on est obligé de les tolérer, mais aussi il est nécessaire qu'ils soient enfermés, et qu'ils ne puissent causer aucun tort. A cet effet les Commissaires soussignés estiment qu'on ne saurait y apporter trop de rigueur; et en conséquence, ils croient qu'il est nécessaire de permettre à tous les habitans qui en trouveront sur leurs terres, de les tuer et de les confisquer à leur profit, sans que pour raison de ce, ils soient tenus à aucune restitution vis-à-vis des propriétaires.

Les chèvres et cabrits étant des animaux coureurs et vagabonds, qu'il n'est pas possible d'arrêter, et qui, d'ailleurs nuisent beaucoup aux plantations et aux arbres qu'ils font périr en mangeant l'écorce, les Commissaires soussignés estiment qu'il doit être permis de les tuer, en rendant la bête au maître à qui elle appartient, s'il est connu, en payant la prise, ou s'il ne l'est pas, en observant ce qui a été proposé plus haut sur l'article des bêtes à cornes ; mais dans le cas où des chèvres et cabrits auraient été arrêtés, les Commissaires soussignés estiment que la prise doit être fixée à 3 livres par chaque bête.

Les moutons, quoique plus tranquilles que les chèvres et cabrits, et bien plus faciles à arrêter, ne laissent pas de nuire beaucoup aux plantations sur-tout des vivres, dont la rareté dans ce moment-ci fait sentir tout le prix. Les Commissaires estiment donc qu'il doit être défendu de tuer les moutons, mais qu'il doit être permis de les faire prendre, et que la prise doit être fixée, ainsi que celle des cabrits, à 3 liv. par tête ; laquelle prise, l'Habitant sera en droit d'exiger avant que de remettre les bêtes arrêtées, et, en cas que le maître à qui ils appartiendront, ne voulût pas les retirer sur-le-champ, l'Habitant qui les aura pris, sera autorisé à faire payer 10 s. par jour pour la nourriture.

Les volailles d'inde, les poules, canards et pintades, inquiètent aussi beaucoup les petits habitans dont les terres sont plus voisines les unes des autres, et dont tout le revenu consiste en grande partie, en maïs, pois, riz et légumes, qui, par ces volailles, sont arrachés et détruits. Il est inconcevable combien il naît de querelles et d'inimitiés entre les petits habitans, à raison du dégât commis par cette dernière espèce. Comme jusqu'ici les lois n'ont rien statué à cet égard, et que par conséquent, on s'imagine n'être pas en droit de tuer lesdites volailles, ni d'en exiger aucune prise ; les habitans s'inquiètent fort peu de les retenir, et les voient impunément ruiner les plantations de leurs voisins. Dans ce cas, les Commissaires estiment qu'il serait à propos de permettre à tout Habitant incommodé par les volailles de ses voisins, de les tuer, après en avoir cependant averti une seule fois les propriétaires, sans qu'ils puissent néanmoins les retenir à leur profit.

Il reste maintenant à fixer le délai dans lequel on pourra se pourvoir : les Commissaires estiment qu'il ne peut être moins de quinzaine, par la distance de plusieurs quartiers de leurs Sénéchaussées respectives ; qu'il serait à propos d'ordonner aux Juges de procéder auxdites affaires le plus sommairement que faire se pourra, et ils croient même qu'il devrait être défendu de porter de pareilles affaires par appel au Conseil, attendu le peu de conséquence de la chose et de la quantité des frais, qui ne manqueraient jamais d'excéder de beaucoup l'objet principal.

Signé, DESSALLES fils, *et* POQUET DE JANVILLE.

Sur quoi la Cour : après avoir vu et examiné ledit projet de réglement, et ouï le Procureur-général du Roi en ses conclusions, a réglé, statué et ordonné ce qui suit :

ART. Ier. Tout Habitant dont la savanne sera limitrophe aux plantations de ses voisins, sera tenu et obligé de la faire clorre de bonnes haies vives ou de fortes palissades, et d'entretenir à ses frais ladite clôture, de manière que ses bestiaux ne puissent aller chez ses voisins, et faute par lui de faire ou de réparer ladite clôture, sur la première réquisition de son voisin, il pourra y être contraint par justice, et condamné à tels dommages qu'il appartiendra.

II.

II. En cas que les savannes soient contiguës, chaque propriétaire sera obligé de faire et d'entretenir la moitié de la palissade ou lisière qui les séparera, ou d'entretenir le tout à frais communs, si mieux n'aiment lesdits propriétaires laisser entr'eux leurs savannes communes : mais dans le cas où les savannes auraient été laissées communes pendant un certain tems, celui des voisins qui croira avoir plus d'interêt à faire clorre lesdites savannes sera toujours en droit de le demander, et d'y faire contraindre son voisin par justice.

III. Lorsque des bêtes cavalines, mulets et autres de cette espèce seront trouvés sur les terres d'un Habitant, il ne lui sera pas permis dans aucun cas de les tuer, mais seulement de les faire arrêter, et il sera autorisé à exiger 16 l. 10 s. pour la prise de chacune desdites bêtes, et en outre celle de 30 s. par jour pour la nourriture, à compter du jour de la prise, si le maître de la bête est inconnu, ou s'il est connu, du jour seulement qu'il aura été averti, si mieux n'aime l'Habitant chez qui lesdites bêtes auront été prises, faire estimer le dommage qui pourra lui avoir été fait, et ce, par deux Habitans voisins, qui dresseront procès-verbal de leur estimation, dans lequel ils feront mention de la quantité de bêtes trouvées en dommage ; sur lequel procès-verbal sera fait droit par le Juge des lieux, en la manière ordinaire.

IV. Tout Habitant, qui voudra former l'action en dédommagement du dommage par lui souffert, sera tenu de se pourvoir dans la quinzaine, au plus tard, du certificat qui lui aura été donné par les Habitans appelés pour constater ledit dommage, à peine d'être déchu de son action, et lesdites actions en dédommagement seront vidées par les Juges le plus sommairement qu'il sera possible.

V. L'Habitant qui trouvera chez lui des bêtes à cornes étrangères, douces et faciles à prendre, sera autorisé à les faire arrêter, sans qu'il lui soit permis de les tuer. La prise en sera fixée à 16 l. 10 s., et la nourriture à 30 s., comme pour les bêtes cavalines, sauf le droit de faire estimer le dommage, ainsi qu'il est réglé par les articles III et IV.

VI. Mais lorsqu'il se trouvera des bêtes à cornes sauvages ou indomptées, qu'on ne pourrait arrêter qu'avec beaucoup de risques, alors l'Habitant, chez qui elles seront, sera tenu d'appeler deux Témoins blancs, qui attesteront par un certificat signé d'eux, que la bête était sauvage ou indomptée, et qu'elle ne pouvait être arrêtée qu'avec risque; et sur ce certificat, il sera permis à l'Habitant de la tuer, mais il sera tenu d'en faire avertir sur-le-champ le maître, s'il le connaît, pour qu'il puisse profiter de la viande et la retirer en payant le droit de prise ci-dessus réglé, ou si le maître est inconnu, il sera tenu de faire débiter la viande par un Boucher, et d'en remettre le produit au Curé de la paroisse, qui le tiendra en dépôt entre ses mains pendant une quinzaine de jours, pour être remis au maître de la bête; s'il le réclame dans ledit délai, après l'expiration duquel, le Curé sera tenu de distribuer aux pauvres la somme qui lui aura été remise.

VII. Les cochons étant des animaux immondes, très-nuisibles aux plantations et à la salubrité de l'air, ceux qui voudront en élever seront tenus de les enfermer exactement dans des parcs d'où ils ne sortent pas, mais lorsqu'ils s'échapperont chez les voisins, ceux chez qui ils iront, seront autorisés à les faire tuer et se les approprier en dédommagement des torts qu'ils pourront avoir faits, sans être tenus à aucune restitution en faveur des propriétaires.

VIII. Ceux qui élèvent des chèvres et cabrits seront également tenus de les faire garder avec soin et de les contenir chez eux, de manière qu'ils n'aillent pas chez leurs voisins, qui seront autorisés, quand ils en trouveront chez eux, à les faire tuer, en rendant la bête au maître à qui elle appartient, s'il est connu, ou s'il ne l'est pas, en observant ce qui a été réglé par l'article VI, et dans le cas où l'Habitant chez qui lesdits bêtes et cabrits auront été trouvés, au lieu de les faire tuer, les aurait fait arrêter, il sera autorisé à se faire payer 3 liv. de prise par chacune desdites bêtes, laquelle prise sera due également lorsque lesdites bêtes auront eté tuées.

IX. Les moutons ne pourront être tués dans aucun cas, mais il sera permis aux Habitans qui en trouveront chez eux, de les faire prendre et de se faire payer 3 l. par chaque tête, ainsi que pour les cabrits; laquelle prise, le maître à qui ils appartiendront, sera tenu de payer, avant que de pouvoir les retirer, ce qui aura lieu également pour les prises des bêtes cavalines et à cornes.

X. Il sera permis aux Habitans, dont les plantations seront endommagées, par les poules d'inde, canards, pintades et toute autre espèce de volaille, de les faire tuer, toutefois après avoir préalablement fait avertir une seule fois les maîtres à qui elles appartiennent, et sans pouvoir s'approprier lesdites volailles, qui seront rendues à leurs maîtres.

XI. Lorsqu'un Habitant aura pris chez lui quelque bétail quelconque, dont le maître sera inconnu, ou refusera, après avoir été averti de les retirer et de payer la prise, il sera autorisé à les garder chez lui pendant une quinzaine de jours, pendant lesquels il sera en droit d'exiger la nourriture, ainsi qu'elle a été fixée par les articles précédens. Mais après ladite quinzaine, lesdites bêtes seront envoyées en fourrière dans la geôle la plus prochaine, où elles resteront en dépôt pendant un autre délai de quinzaine, après lequel elles seront vendues à l'enchère publique, à la diligence du Concierge ; et le surplus du produit, déduction faite de tous les frais que ladite bête aura occasionnés, sera remis, conformément à l'art. VI, au Curé de la paroisse, pour être employé, ainsi qu'il a été réglé par ledit article.

Ordonne que le présent arrêt sera enregistré aux Sénéchaussées, imprimé, lu, *etc.*

Fait au Conseil souverain de la Martinique, le 4 janvier 1781. *Signé*, ROIGNAN, greffier.

(N°. 576.) DÉPÊCHE *ministérielle de M. le Marquis* de Castries, *à MM. les Général et Intendant, relative aux Substituts de M. le Procureur-général du Roi.*

Du 5 mars 1781.

J'AI reçu, Messieurs, avec votre lettre du 18 décembre 1780, l'arrêt par lequel le Conseil souverain de la Martinique demande que les Substituts du Procureur-général jouissent des mêmes priviléges que les Conseillers et particulièrement de la noblesse graduelle, à l'instar des Substituts des Procureurs-généraux des différentes Cours du Royaume. Cette demande est fondée sur une erreur : les Substituts des Procureurs-généraux des Cours supérieures ne jouissent point en France des mêmes priviléges que les Conseillers. Je vous prie en conséquence de prévenir cette compagnie que l'intention du Roi est de ne rien changer à l'état des Substituts de ses Procureurs-généraux aux Colonies.

Je suis, *etc. Signé* DE CASTRIES.

(N°. 577.) ORDONNANCE *de M. le Général, qui défend de rien acheter ni troquer des Soldats et Matelots.*

Du 30 mars 1781.

IL est défendu à tous particuliers blancs, et à tous gens de couleur, d'acheter des effets des soldats, à peine d'une amende de 600 l. pour la première fois, et, en cas de récidive, d'être poursuivis extraordinairement, suivant la rigueur de l'ordonnance du 2 juillet 1716.

Il est aussi défendu, sous la même peine, d'acheter des effets, de quelque nature qu'ils soient, d'aucun matelot des vaisseaux du Roi, à moins que lesdits matelots ne soient porteurs d'un billet signé d'un Officier de la marine du Roi du vaisseau où ils seront employés, sur lequel les effets seront mentionnés, et que l'acquéreur retiendra pour sa décharge.

Il est également défendu à tous particuliers blancs, et à tous gens de couleur, de troquer, en tout ou en partie, à quelque titre et sous quelque prétexte que ce puisse être, des effets d'habillement, armement ou équipement, avec des soldats, ou de favoriser leur travestissement, de quelque manière que ce soit, à peine d'être poursuivis conformément à l'art. L du tit. XX de l'ordonnance du 1er. mars 1768, et jugé par le Conseil de guerre à qui nous attribuons la connaissance de ce délit, à défaut de la juridiction des Prévôts généraux de maréchaussée, suivant la déclaration du Roi du 5 février 1731.

Donné à la Martinique, le 30 mars 1781. *Signé*, De Bouillé.

(N°. 578.) Déclaration *du Roi, concernant les Jeux de hasard et autres prohibés.*

Du 30 mars 1781.

Louis, *etc.*, Salut : Depuis notre avènement à la couronne, nous n'avons cessé de nous occuper de la prospérité de nos Etats et du bonheur de nos sujets, nous nous sommes appliqués à établir l'ordre dans toutes les parties de l'administration de notre Royaume, et nous commençons à jouir avec satisfaction du succès de nos soins : mais nous nous flatterions en vain de rendre nos peuples heureux par notre économie, et par l'attention avec laquelle nous avons évité jusqu'à present d'augmenter leurs charges, si nous ne faisions pas usage de la puissance que Dieu nous a donnée, pour remédier aux malheurs qu'un grand nombre de nos sujets attirent sur leurs familles par leur inconduite. L'abus des jeux, qui s'est multiplié depuis quelque tems, a fixé notre attention, et nous nous sommes fait représenter les ordonnances des Rois nos prédécesseurs sur une matière aussi importante : nous avons reconnu qu'ils ont, dans tous les tems, donné des lois salutaires dont il est de notre sagesse de maintenir l'exécution.

A CES CAUSES, *etc.*, voulons et nous plaît ce qui suit :

ART. Ier. Les édits, ordonnances, arrêts et réglemens contre les jeux de hasard et autres prohibés, seront exécutés selon leur forme et teneur, et sous les peines y portées, suivant l'exigence des cas, tant dans notre bonne ville de Paris, que dans toutes les autres villes et bourgs de notre Royaume, pays, terres et seigneuries de notre obéissance.

II. Seront réputés prohibés, outre les jeux de hasard, principalement tous les jeux dont les chances sont inégales, et qui présentent des avantages certains à l'une des parties au préjudice des autres.

III. Faisons très-expresses et itératives inhibitions et défenses à toutes personnes, de quelque état et condition qu'elles soient, de s'assembler en aucun lieu privilégié ou non privilegié, pour jouer auxdits jeux prohibés et à tous autres de même nature, sous quelques noms que lesdits jeux aient été ci-devant introduits, et sous quelque forme et dénomination qu'ils puissent être présentés dans la suite.

IV. Les Commissaires au Châtelet dans notre bonne ville de Paris, et les Officiers de police dans les autres villes et bourgs de notre Royaume seront tenus de veiller exactement sur les maisons où il pourrait être tenu de pareilles assemblées de jeux prohibés ; ils en informeront nos Procureurs et les Juges de police, lesquels seront tenus de procéder contre les contrevenans dans les formes prescrites par les ordonnances, de les condamner aux peines portées par les articles ci-après, et d'en donner avis à nos Procureurs-généraux.

V. Ceux qui seront convaincus d'avoir joué auxdits jeux prohibés, seront condamnés, pour la première fois ; savoir : ceux qui tiendront lesdits jeux sous le titre de banquiers ou sous quelqu'autre titre que ce soit, en 3,000 liv. d'amende chacun, et les joueurs en 1,000 l. chacun, applicables un tiers à nous, un tiers aux pauvres des hôpitaux des lieux et l'autre tiers au dénonciateur.

VI. Lesdites amendes seront payables sans déport et par corps ; et, faute de paiement d'icelles, les contrevenans garderont prison, jusqu'au parfait paiement.

VII. En cas de récidive, l'amende contre ceux qui auront tenu lesdits jeux et contre les joueurs, sera du double, sans que lesdites amendes puissent être remises ni modérées, pour quelque cause et sous quelque prétexte que ce soit.

VIII. Ceux qui, après avoir été deux fois condamnés auxdites amendes, seraient de nouveau convaincus d'avoir tenu lesdites assemblées, seront poursuivis suivant la rigueur des ordonnances et punis de peines afflictives ou infamantes, suivant l'exigence des cas.

IX. Ceux qui, pour faciliter la tenue desdits jeux, auront prêté ou loué seulement leurs maisons, seront condamnés en 10,000 l. d'amende, au paiement de laquelle lesdites maisons seront et demeureront spécialement affectées.

X. Déclarons nuls et de nul effet tous contrats, obligations, promesses, billets, ventes, cessions, transports et tous autres actes, de quelque nature qu'ils puissent être, ayant pour cause une dette de jeu, soit qu'ils aient été faits par des majeurs ou des mineurs.

Si donnons en mandement, *etc.*

Donné à Versailles, le 30 mars 1781, *Signé*, LOUIS ; *et plus bas*, par le Roi, DE CASTRIES.

Enregist. au Conseil souverain.

(N°. 579.) DÉCLARATION *du Roi, portant suppression de la Question préparatoire.*

Du 8 avril 1781.

LOUIS, *etc.*, SALUT : Les anciennes ordonnances des Rois nos prédécesseurs avaient toujours adopté l'usage d'appliquer à la question, l'accusé d'un crime constant et auquel la loi réservait la peine de mort, lorsque les indices étant considérables contre l'accusé, la preuve ne se trouvait cependant pas être suffisante pour lui faire subir cette peine.

Par l'art. Ier. du titre XIX de l'ordonnance du mois d'août 1670, tous Juges ont été autorisés à ordonner cette question, dénommée question préparatoire. Par l'article XI, ils ont été même autorisés à arrêter, que, nonobstant la condamnation à cette question, les preuves subsisteraient en leur entier pour pouvoir condamner l'accusé à toutes sortes de peines pécuniaires ou afflictives, excepté toutefois celle de mort, à laquelle l'accusé qui avait souffert la question sans rien avouer, ne pouvait être condamné, si ce n'est qu'il survînt de nouvelles preuves depuis la question. La faculté laissée aux Juges d'ordonner, suivant les circonstances, la question préparatoire avec ou sans réserves de preuves, a rendu nécessaire de déterminer la place que chacune de ces condamnations devait occuper dans l'ordre des peines, d'autant plus que les jugemens, soit définitifs, soit d'instruction, devant passer à l'avis le plus doux en matière criminelle; si le plus sévère ne prévaut d'une voix dans les procès qui se jugent à la charge de l'appel, et de deux, dans ceux qui se jugent en dernier ressort, il était indispensable de régler, entre ces deux manières de prononcer, laquelle était la plus douce ou la plus sévère.

C'est d'après ces considérations que, par l'article XIII du titre XXV de la même ordonnance qui détermine l'ordre des peines, après la peine de la mort naturelle, la question avec la réserve des preuves en leur entier a été marquée comme la plus rigoureuse, et que la question sans réserve des preuves n'a été rangée qu'après celle des galères perpétuelles et du bannissement perpétuel, comme étant moins rigoureuse.

Nous nous sommes fait rendre compte des motifs qui avaient déterminé à autoriser d'une manière aussi précise, l'usage de la question préparatoire, et nous avons été informés que, lors des conférences tenues préalablement à la rédaction de l'ordonnance du mois d'août 1670, des Magistrats, recommandables par une grande capacité et par une expérience consommée, s'étant expliqués sur ce genre de question, auraient déclaré qu'elle leur avait toujours semblé inutile ; qu'il était rare que la question préparatoire eût tiré la vérité de la bouche d'un accusé, et qu'il y avait de fortes raisons pour en supprimer l'usage ; et il nous paraît que l'on n'a cédé pour lors qu'à une sorte de respect pour son ancienneté. Nous sommes bien éloignés de nous déterminer trop facilement à abolir les lois qui sont anciennes et autorisées par un long usage : il est de notre sagesse de ne point ouvrir des facilités pour introduire en toutes choses un droit nouveau qui ébranlerait les principes, et pourrait conduire par degré à des innovations dangereuses.

Mais, après avoir donné toute notre attention à l'usage dont il s'agit, avoir examiné tous ses rapports et tous ses inconvéniens, et les avoir balancés avec les avantages que la justice en a pu retirer, et qui pourraient en résulter par la suite pour la conviction et pour la punition des coupables, nous ne pouvons nous refuser aux réflexions et à l'expérience des premiers Magistrats, qui nous laissent entrevoir plus de vigueur contre l'accusé dans ce genre de condamnation, que d'espérance pour la justice de parvenir par l'aveu de l'accusé à completer la preuve du crime dont il est prévenu. Nous ne croyons donc pas devoir différer de faire cesser un pareil usage, et d'annoncer en même tems à nos peuples, que si, par un effet de notre clémence naturelle, nous nous relâchons en cette occasion de l'ancienne sévérité des lois, nous n'entendons pas toutefois restreindre leur autorité par rapport aux autres voies qu'elles prescrivent, pour constater les délits et les crimes, et pour punir ceux qui en seront dûment convaincus. Nous sommes d'ailleurs bien assurés que nos Cours, qui sont dépositaires de cette autorité, continueront, à notre exemple, de protéger toujours l'innocence et la vertu.

A CES CAUSES, nous, *etc.*, abolissons et abrogeons l'usage de la question préparatoire.

Défendons à nos Cours et autres Juges de la donner avec ou sans réserve des preuves, en aucuns cas et sous quelque prétexte que ce puisse être ; et sera notre présente déclaration, à compter du jour de sa publication, exécutee selon sa forme et teneur, *etc.*

Si donnons en mandement, *etc.*

Donné à Versailles, le 8 avril 1781. *Signé*, LOUIS ; *et plus bas*, par le Roi, DE CASTRIES.

Enregist. au Conseil souverain.

(N°. 580.)

(N°. 580.) RÉGLEMENT *de M. le Général, concernant la Fontaine de la Rade de Saint-Pierre.*

Du 11 avril 1781.

ART Ier. LES gabarres et chaloupes qui iront faire de l'eau à la fontaine de la rade de Saint-Pierre, seront munies d'un grapin pour mouiller au large, et porteront une amarre sur les corps placés à cet effet sur le rivage.

II. Ne pourront les Patrons desdites gabarres et chaloupes, à peine de prison, placer aucune amarre sur les pilotis de la fontaine, ni se placer entre les pilotis pour faire de l'eau ; mais ils se tiendront mouillés, et se serviront des manches que le Fontainier leur fournira pour remplir leurs pièces.

III. Il est défendu, sous la même peine, à tous matelots et autres personnes, de monter sur la dale, pour quelque cause que ce soit, à moins qu'ils n'y soient préposés par les Officiers du genie ou du port, ou par le Fontainier.

IV. Ne pourront les équipages des gabarres et chaloupes donner l'eau à la fontaine, quand elle en aura été détournée ; mais ils s'adresseront au Fontainier.

V. Les bâtimens du commerce ne pourront faire leur eau que dans le tems où la fontaine ne sera pas occupée pour le service du Roi.

Donné à la Martinique, le 11 avril 1781. *Signé*, DE BOUILLÉ.

(N°. 581.) ORDONNANCE *de MM. les Général et Intendant, qui enjoint à tous Propriétaires de la ville de St-Pierre de faire numéroter leurs Maisons ou Magasins.*

Du 28 avril 1781.

ÉTANT nécessaire de renouveler l'ordonnance anciennement rendue pour faire numéroter les maisons ou magasins du bourg St-Pierre, dont l'exécution a été négligée depuis quelques années, nous enjoignons à tous propriétaires desdits maisons ou magasins, de quelque qualité et condition qu'ils soient, de faire numéroter ceux ou celles qui ne l'ont pas été, dans un mois pour tout délai, à compter du jour de la publication des présentes, à peine de 50 liv. d'amende, en se conformant à l'ordre qui sera établi à cet effet par le Grand-voyer, et en cas de contestation, à ce qui sera réglé par le Procureur du Roi.

Mandons aux Officiers de police de tenir la main à l'exécution de la présente, qui sera lue, *etc.*

Donné à la Martinique, le 28 avril 1781. *Signé*, DE BOUILLÉ, *et* le Présid. de PEINIER.

(N°. 582.) ORDONNANCE *de MM. les Général et Intendant, concernant le cours et la valeur des Quadruples et des Piastres gourdes.*

Du 1er. mai 1781.

SUR le compte qui nous a été rendu que les Habitans de Tabago ne voulaient prendre les quadruples que sur le pied de 80 liv., argent de France, et la piastre-gourde, sur celui de 5 liv., nous ordonnons que lesdites espèces y auront cours, comme dans les autres îles du vent françaises ou conquises; savoir : les quadruples pour 84 l. argent de France, ou 126 l. argent des îles, et les piastres-gourdes pour 5 l. 10 s. argent de France, ou 8 l. 5 s. argent des îles, à peine de 100 liv. d'amende, pour la première fois, contre ceux desdits Habitans ou autres qui refuseraient de les prendre au taux ci-dessus fixé, et du double en cas de récidive.

Prions messieurs les Administrateurs particuliers de ladite Colonie de tenir la main à l'exécution de la présente ordonnance, qui y sera lue, publiée, *etc.*

Donné à la Martinique, le 1er. mai 1781. *Signé*, DE BOUILLÉ, *et* le Présid. de PEINIER.

(N°. 583.) ARRÊT *du Conseil souverain, sur la remise faite par S. M. de l'Imposition pour l'année* 1781.

Du 7 mai 1781.

CE jour, M. le président de Peinier a donné communication à la Cour d'une lettre commune, écrite à M. le Général et à lui, par le Ministre de S. M., par laquelle il conste que, sur les représentations par eux faites de la détresse de la Colonie et de l'impossibilité de pouvoir y établir l'imposition ordinaire, à cause des coups de vent qui l'ont ravagée en 1779 et 1780, il leur laissait la liberté d'exempter les quartiers les plus ravagés, de l'imposition de cette année; et M. le Président ayant annoncé à la Cour, que, sur la parfaite connaissance que M. le Général et lui avaient, que tous les quartiers de l'île ont été presqu'également maltraités et qu'il serait impossible d'admettre aucune distinction à ce sujet, ils s'étaient déterminés à accorder une exemption générale à toute la Colonie pour la présente année, dans la confiance où ils étaient que S. M. ne les désapprouverait pas.

La Cour a arrêté que mondit S^r. le Général et M. le Président seraient remerciés de leur attention à exposer au Ministre du Roi les malheurs de la Colonie, et de ce qu'ils veulent prendre sur eux de l'exempter de l'imposition de cette année : a arrêté aussi qu'ils seraient priés de vouloir bien continuer leurs bons offices auprès de S. M., et lui renouveler leurs représentations sur la détresse où se trouvent les colonies en général, et la Martinique en particulier, depuis la prise de St-Eustache par les ennemis de l'Etat.

Fait au Conseil souverain de la Martinique, le 7 mai 1781. *Signé*, ROIGNAN, greffier.

(N°. 584.) DÉPÊCHE *ministérielle du Maréchal* de Castries, *aux Administrateurs, sur le choix des Officiers de Justice.*

Du 7 juillet 1781.

IL importe essentiellement, Messieurs, au service du Roi que les fonctions de la magistrature ne soient confiées qu'à des sujets qui, par leur mérite, leurs connaissances et leur conduite, puissent dignement les remplir.

Pour prévenir toute surprise et assurer le meilleur choix, le Roi a prescrit des règles qui rempliront cet objet important, si les Conseils souverains justifient la nouvelle marque de confiance que S. M. leur donne, par une grande attention dans les propositions dont ils se trouvent chargés.

Le Procureur-général du Conseil souverain sera choisi dorénavant entre les Conseillers qui devront avoir exercé, au moins pendant 6 ans, un office de magistrature, soit dans un Conseil souverain, soit dans les jurisdictions ou siéges d'Amirauté de la Colonie. Lorqu'une de ces places viendra à vaquer, le Conseil souverain proposera à la pluralité des voix, 3 Conseillers. La délibération sera prise en présence du Gouverneur et de l'Intendant, ou de leurs représentans. Il en sera dressé un procès-verbal que les Administrateurs adresseront, avec leurs observations et leurs avis, au Secrétaire-d'Etat de la marine, qui prendra les ordres du Roi sur le choix que S. M. jugera à propos de faire entre les 3 Conseillers proposés.

Les Conseillers seront choisis parmi les Assesseurs, les Substituts des Procureurs-géneraux, les Officiers de judicature et les Avocats qui auront exercé leurs offices et suivi le barreau dans la colonie, pendant 5 années, au moins, sans interruption. Toutes les formes prescrites ci-dessus pour le choix des Présidens et Procureurs-généraux seront également observées pour celui des Conseillers. Les offices de Juges et de Procureurs du Roi dans les jurisdictions ne pourront être donnés qu'à d'autres Officiers de judicature, à des Avocats, à des Notaires et à des Procureurs gradués, qui auront exercé leurs fonctions dans la Colonie, également pendant 5 ans, au moins, sans interruption. La même proposition de 3 sujets à la pluralité des voix, la même délibération en présence des Administrateurs, le même procès-verbal prescrit par les articles précédens, auront lieu pour ces offices inférieurs comme pour ceux de Président, de Procureur-général et de Conseiller des Conseils souverains.

Lorsque quelque office viendra à vaquer dans les jurisdictions, les fonctions de Juge seront remplies de droit par le Lieutenant de Juge, et celles de Procureur du Roi par le plus ancien Substitut, et celle de Greffier par le principal Commis-greffier, ayant serment en justice, jusqu'à ce qu'il ait été pourvu à l'office vacant.

Telles sont, Messieurs, les règles que S. M. vous prescrit ; son intention est qu'elles soient exactement suivies. Vous voudrez bien remettre une copie de cette dépêche à chacun des Conseillers souverains, afin qu'ils s'y conforment. Vous les préviendrez que, s'ils ne justifiaient pas, par des choix scrupuleux, l'essai que S. M. m'a autorisé de faire dans la nomination aux places de magistrature et de judicature, elle ne balancerait pas à revenir aux anciennes formes.

J'ai l'honneur d'être, *etc.*

Signé, DE CASTRIES.

Enregist. au Conseil souverain.

(N°. 585.) RÈGLES *que Sa Majesté veut être observées pour la nomination aux places de Chevalier dans l'Ordre royal et militaire de St-Louis, à l'égard des Officiers employés au département des Colonies.*

Du 27 août 1781.

TROUPES RÉGLÉES.

SA MAJESTÉ voudra bien accorder la croix de Saint-Louis à tout Colonel, qui aura servi pendant 18 années consécutives.

A tout Lieutenant-colonel et Chef de bataillon qui aura servi, sans interruption, pendant 20 années consécutives.

A tout Major qui aura servi pendant 22 années sans interruption.

Tout Chef de bataillon, qui n'aura pas le brevet de Lieutenant-colonel, aura la croix de St-Louis à 24 ans de service, sans interruption.

A tout Capitaine, Lieutenant et autre Officier qui aura servi, sans interruption, pendant 26 ans consécutifs.

Les services ne seront comptés que de l'âge de 15 ans révolus.

Le service de Bas-officier et Soldat sera compté à raison de deux années pour une. Le service sera constaté par des certificats, dont la vérité sera certifiée par les Officiers supérieurs et le Gouverneur, qui apostilleront le mémoire pour la croix.

Les mois d'une campagne de guerre seront comptés doubles, eu égard au service de paix, et cette disposition aura un effet rétroactif. Les

Officiers seront tenus, pour cet effet, de se procurer une attestation des Capitaines du régiment, avec lesquels ils auront fait la guerre, et l'attestation sera jointe au mémoire contenant la demande de la croix.

Le service de guerre ne sera compté sur terre, que lorsque des armées rassemblées seront campées ou cantonnées en présence de l'ennemi, sans que les camps ou cantonnemens, formés pour la sûreté des côtes ou frontières, puissent être réputés services de guerre, à moins que les camps ou cantonnemens n'aient été attaqués par l'ennemi. et encore dans les colonies, lorsque l'ennemi aura effectué une descente ou qu'il y aura en combat pour l'en empêcher ; de même, lorsque les troupes embarquées auront effectué ou tenté une descente sur le pays ennemi.

Le service de mer sera aussi compté comme service de guerre, du jour où le vaisseau, dont l'Officier fera partie, passera en rade sa revue de départ.

Les Officiers qui, par des actions de bravoure, se seront distingués dans les occasions perilleuses et éclatantes seront exempts de toute règle, et la croix de Saint-Louis leur sera accordée, quelque soit leur âge et quelque tems de service qu'ils aient, après qu'ils auront rempli les formes ci-dessous réglées.

L'action de bravoure doit être constatée par un procès-verbal dressé, autant que faire se pourra, dans le jour même, par les Officiers-généraux qui seront présens, et, en leur absence, par les Officiers supérieurs des corps qui en auront eté témoins, ou par ceux du vaisseau sur lequel sera l'Officier, s'il est embarqué ; et lorsqu'il n'y aura point d'Officiers supérieurs, par les Officiers qui se trouveront présens à l'action, ou par les Notables de tous états et conditions, lesquels certifieront l'action par un acte dans la meilleure forme et la plus authentique, que le tems et les lieux le comporteront.

Ce procès verbal, tel qu'il est prescrit, sera remis, par l'Etat-major du régiment, au Général de l'armée, ou à tout autre Commandant en chef, qui l'adressera au Ministre de la guerre, pour être présenté à S. M., à l'effet d'accorder ou de refuser la croix, suivant les circonstances.

Si un Officier, ayant quitté un emploi dans un corps, par retraite ou abandonnement, se trouve être rentré dans un régiment, les services ne lui seront comptés, pour la croix, que du jour qu'il y sera entré, et ses services antérieurs seront regardés comme non avenus, si toutefois il y a plus d'un an et un jour d'interruption, ou s'il n'est pas prouvé qu'il a quitté pour des blessures, qui ne lui permettaient pas de continuer le service.

S. M. ne donnera à l'avenir ni promesses ni expectatives de la croix de St-Louis aux Officiers en activité de service, non plus qu'à ceux qui se retireront.

Les Officiers réformés des régimens qui ne sont pas rentrés en activité de service, ou n'y rentreront pas dans l'espace de 10 ans, du jour de leur réforme, ne pourront prétendre à la croix de Saint-Louis.

Aucun Officier ne pourra être nommé à une place de Chevalier dans l'Ordre, s'il ne fait profession de la Religion catholique, apostolique et romaine.

Les Commandans en second des îles principales seront assimilés aux Mestres-de-camp; les Lieutenans de Roi, aux Lieutenans-colonels; les Majors de place, aux Majors de troupes, et les Aides-majors, aux Capitaines.

MILICES DES COLONIES.

Il ne sera employé aucun Officier à la suite des milices; ceux qui ont actuellement ce titre, seront supprimés et seront remplacés, d'après les propositions des Gouverneurs et Commandans, et ne seront susceptibles de la croix de Saint Louis, qu'autant qu'ils deviendront titulaires de quelque emploi militaire, alors on évaluera leurs services réels.

Les Commandans de bataillon de milices obtiendront la croix, après 28 ans de services effectifs.

Les Majors, après 30 ans.

Les Capitaines, après 32 ans.

Les Lieutenans, après 36 ans effectifs.

Les services de guerre leur seront comptés doubles, comme aux Officiers des troupes réglées et aux mêmes conditions.

On se conformera, au surplus, aux dispositions de l'ordonnance du 13 décembre 1779. *Signé*, DE CASTRIES.

(N°. 583.) ARRÊT *du Conseil souverain, concernant les 50 pas du Roi.*

Du 5 septembre 1781.

CE jour, M^{e}. Poquet de Janville, conseiller, faisant fonctions de Procureur-général du Roi, a remis sur le bureau un mémoire adressé à la

Cour, par le Sr. de la Corbiere, arpenteur-général, portant que Mr. Petit, arpenteur-général et conseiller, proposa, en 1705, un réglement sur l'arpentage dans les îles du vent, dont l'enregistrement fut ordonné par M. Mithon, alors intendant. Dans ce réglement, il est dit que les 50 pas du Roi seraient pris à l'herbe naissante, ce qui excepte les anses de sable nommément, de quelque grandeur qu'elles soient; le Sr. de la Corbiere a toujours suivi cette loi, n'en connaissant aucune qui y fût contraire.

Appelé dernièrement à une opération de ce genre dans la paroisse de Saint-Pierre, où les terres sont estimées très-haut, il a voulu suivre cette méthode ; mais on lui a opposé une lettre du Ministre, enregistrée au Conseil de cette île, à la date de 1758, qui dit que les 50 pas du Roi seront pris au jet ou flot de la lame, ce qui fait entrer dans les 50 pas toutes les anses de sable et a fait naître une difficulté qui subsiste encore.

Le Sr. de la Corbiere a cru dévoir suspendre toute opération semblable et représenter à la Cour l'embarras où il se trouve, et la nécessité qu'il y a de regler définitivement l'endroit où doit commencer la mesure des 50 pas du Roi : sur quoi la matière mise en délibération, la Cour, *etc.*, ordonne que la lettre du Ministre, en date du 3 décembre 1757, écrite à Mrs. de Beauharnois et de Givry, alors général et intendant de ces îles, enregistrée en la Cour le 3 juillet suivant, sera imprimée, *etc.*; ordonne en outre que les Arpenteurs seront tenus de se conformer au contenu de ladite lettre dans les opérations qu'ils feront, et qui y seront relatives.

Fait au Conseil souverain de la Martinique, le 5 septembre 1781. *Signé*, ROIGNAN, greffier.

Suit la Dépêche ministérielle de M. de Moras, *concernant les* cinquante pas *du Roi* (*).

Versailles, le 3 décembre 1757.

MESSIEURS,

Le sieur Navarre, négociant à St-Pierre, s'est pourvu contre deux jugemens rendus contre lui sur la même affaire.

Le premier est une ordonnance de MM. de Bompar et Hurson, dont il demandait à être reçu appelant.

Et le second, un arrêt du Conseil souverain de la Martinique, qu'il attaquait par la voie de la cassation.

L'objet des contestations sur lesquelles ces deux jugemens étaient intervenus, était un terrein que le sieur Navarre avaient pris à titre de bail emphithéotique de la veuve Poujade, et situé au bourg de St-Pierre, dans l'étendue des cinquante pas du Roi.

Sur le rapport que j'ai fait de sa requête au Conseil d'Etat, il a été déclaré non-recevable dans son appel de l'ordonnance de MM. de Bompar et Hurson, et débouté de sa demande en cassation de l'arrêt du Conseil souverain de la Martinique.

Cette affaire m'ayant donné occasion de rappeler au Roi, les principes relatifs à la réserve de ce qu'on appelle aux îles les 50 pas du Roi, S. M. a jugé à propos de consacrer de nouveau ces principes par une dispositon particulière qu'elle a fait insérer dans l'arrêt rendu sur la requête du sieur Navarre. Pour vous faire connaître précisément l'esprit de cette disposition, il est

(*) Cette lettre du Ministre et l'arrêt du Conseil qui en ordonne la publication, sont des actes d'autant plus précieux, qu'ils forment toute la jurisprudence des Colonies sur ce sujet. On ne connaissait avant sur cette matière, qu'un arrêt en réglement du Conseil souverain, du 3 mars 1670, tome I, page 13; et un ordre du Roi, du 6 août 1704, tome I, page 68.

nécessaire

nécessaire que j'entre avec vous-même dans un certain détail sur la matière.

Cette espace de terrein dans le circuit des îles, a toujours été réservé, tant par les Seigneurs qui ont commencé à les posséder et à les établir, que par les compagnies qui ont succédé à ces Seigneurs dans cette jouissance, et par le Roi, depuis qu'il a réuni les îles à son Domaine par un édit du mois de décembre 1674. L'objet de cette réserve était d'avoir de quoi établir, dans le contour des îles, les bourgs, paroisses, forts, retranchemens batteries et autres ouvrages publics et nécessaires, tant pour leur décoration que pour leur défense; en sorte que toutes les concessions qui ont été accordées dans le circuit des îles, n'ont commencé et pris leur pied qu'au dessus des 50 pas des Seigneurs, et ensuite du Roi, espace qui doit se compter du bord de la terre franche, et où le jet de la mer et le flot ne montent pas.

Ces terreins, dans le commencement de l'établissement des îles, ont paru d'un si petit objet, qu'on y a fait peu d'attention.

Dans les lieux où l'on a établi des bourgs, des forts et des batteries, ils ont servi à cet usage. Dans le reste des contours des îles, les propriétaires des terreins d'au-dessus ont obtenu des Seigneurs, Gouverneurs et Intendans pour le Roi, des permissions de défricher ces terreins, dont la jouissance leur procurait des facilités pour l'exploitation de leurs habitations.

Ces permissions ont été données gratuitement, sans redevances pour les Seigneurs ni pour le Roi, et sous la réserve de reprendre les terreins lorsqu'on en aurait besoin pour le service du Roi ou du public; mais cette grâce a causé depuis plusieurs abus de la part de ceux qui l'ont obtenue.

Ils ont regardé les terreins en question comme chose qui leur était devenue propre; les uns les ont compris dans les ventes du reste de leurs habitations, d'autres les ont partagés dans les succesions, et il y en a eu qui les ont cédés à rentes : en un mot les 50 pas du Roi ont presque toujours suivi le sort des habitations aux propriétaires desquelles il avait été permis de les défricher.

Cet espace de terrein n'a cependant jamais cessé d'appartenir au Roi, et plusieurs ordonnances rendues en différens tems s'en sont toujours expliquées sur ce pied-là,

Le droit des 50 pas du Roi a même été regardé dans tous les tems comme un droit domanial, et comme tel il a été compris dans tous les baux des Fermiers du Domaine d'occident depuis 1687 jusqu'en 1733, que les droits de ce Domaine, qui se percevaient aux colonies, ont été réunis à la marine.

Il est vrai que ces Fermiers n'ont jamais eu de jouissance réelle de ces terreins, mais ce n'est que parce qu'ils ont négligé de les faire valoir, et qu'ils n'ont pas voulu en entreprendre le défrichement, et le droit du Roi n'en est pas moins constaté par ces baux.

Ainsi S. M. peut, quand il lui plaira, reprendre tous les terreins habitués ou non-habitués pour les donner à qui elle voudra, et au titre de redevance ou libéralité gratuite qu'elle jugera à propos. Les ventes, les partages, les baux à rentes que peuvent en avoir fait les particuliers à qui l'usage en avait été accordé, ne peuvent faire aucun tort au droit du Souverain.

On pourrait même aller plus loin; c'est que, si S. M. voulait user de ce droit à la rigueur, elle pourrait répéter et faire tourner à son profit, et les prix principaux de ces ventes, et le produit des rentes.

Mais S. M. n'est point dans cette intention; elle se borne à la conservation de son droit : c'est l'objet de la disposition particulière qu'elle a fait ajouter à l'arrêt rendu sur l'affaire de Navarre, comme vous le verrez par l'expédition que je vous envoie de cet arrêt, que S. M. veut que vous fassiez enregistrer aux Conseils souverains des îles, afin que ses intentions sur cette matière soient connues. Elle desire aussi que vous profitiez de toutes les occasions pour ne pas oublier son droit, de manière que les Habitans sachent toujours à quoi s'en tenir à cet égard. Elle trouve bon en même tems que vous suiviez l'usage de concéder les terreins dont il s'agit pour la jouissance seulement, et elle n'entend point que l'on puisse inquiéter les concessionnaires actuels dans cette jouissance, tant que les portions de terrein comprises dans leurs concessions ne seront pas nécessaires pour s'en servir relativement aux objets de la réserve faite par le Domaine.

Je suis, *etc. Signé*, De Moras.

(N°. 587.) ARRÊT *du Conseil souverain, portant Tarif pour les Canots-passagers et de Poste.*

Du 6 septembre 1781.

N. B. Nous avons conservé le titre de cet arrêt, qui élève déjà beaucoup le prix du fret fixé en 1765, comme une preuve authentique de la sollicitude active avec laquelle le Conseil souverain a veillé de tout tems aux intérêts respectifs de tous ceux à qui il dispense la justice. Nous nous sommes crus dispensés d'en conserver les dispositions, parce que l'augmentation successive des objets de première nécessité, et par conséquent de la main-d'œuvre, a entraîné naturellement un accroissement bien considérable dans le prix du fret des canots-passagers et de poste.

(N°. 588.) EXTRAIT *d'une Dépêche ministérielle de M. le Marquis* de Castries, *à M.* de Peinier, *intendant de la Martinique, sur les Bâtimens neutres.*

Du 21 octobre 1781.

Le Ministre décide dans cette lettre que les bâtimens neutres, allant ou faisant leur retour en France, acquitteront, avant leur départ des iles du vent, les droit du Domaine d'occident.

(N°. 589.) ARRÊT *du Conseil souverain, qui défend à tous Curés, Notaires, Arpenteurs et autres Officiers publics de qualifier aucuns Gens de couleur du titre de* Sieur *et de* Dame.

Du 6 novembre 1781.

LA Cour, *etc.*, vu le procès-verbal du S^r. de la Corbiere, fait en exécution de l'arrêt de la Cour, du 6 novembre dernier, ordonne que la qualité de *sieur* et celle de *dame*, données par ledit S^r. de la Corbiere au nommé Lafontaine et à la Ve. Dumoulin, métis, seront rayées.

Fait défenses à tous Curés, Notaires, Arpenteurs et autres Officiers publics de qualifier ainsi aucuns gens de couleur, sous telles peines qu'il appartiendra.

Ordonne, en outre, que le présent arrêt sera imprimé, *etc.*

Fait au Conseil souverain de la Martinique, le 6 novembre 1781. *Signé*, ROIGNAN, greffier.

(N°. 590.) ARRÊT *du Conseil souverain, qui interdit aux Gens de couleur le Port des Armes.*

Du 8 novembre 1781.

VU la remontrance de M^e. Soudon de Rivecourt, conseiller, faisant fonctions de Procureur-général du Roi, portant que l'édit de 1685 contient un article dont la disposition, relative à la police des nègres, est très-sage et très-utile pour la tranquillité des maîtres, sur le compte de leurs esclaves ; que cependant, soit par inexactitude, soit par trop d'indulgence de la part de ceux qui sont préposés dans chaque bourg au maintien de la police, cet article est resté jusqu'à présent sans exécution. Il porte : « Défendons aux esclaves de porter aucunes » armes offensives, ni de gros bâtons, à peine » de fouet et de confiscation des armes au » profit de celui qui les en trouvera saisis, à » l'exception seulement de ceux qui seront en- » voyés à la chasse par leurs maîtres, et qui » seront porteurs de leurs billets ou marques » connues. »

L'indiscipline des esclaves, s'augmentant chaque jour dans cette Colonie, exige de plus en plus que l'on cherche les moyens de les contenir. Les gros bâtons dont ils ont soin de se munir généralement, tous les jours de dimanches et fêtes, lorsqu'ils sortent des habitations pour se rendre dans les bourgs, sont fréquemment pour eux un sujet de rixe et un moyen trop facile d'exercer leur vengeance : il en résulte même souvent des batailles générales d'un parti de nègres qui se liguent, sous le plus léger prétexte, contre un autre parti ; de là s'ensuivent bien des maladies, dont le principe est soigneusement caché aux maîtres, qui ne peuvent par conséquent y apporter les remedes convenables, et souvent, si ce n'est la perte des sujets, du moins un état de dépérissement ou de langueur qui en rend tout service impossible. D'ailleurs, ainsi armés et assemblés, même en petit nombre, ils se rendent inaccessibles à quiconque, sans armes, voudrait en approcher ; dès-lors la police, dont le soin n'est communément confié qu'à un seul homme dans chaque bourg, ne peut jamais bien s'exercer sur eux, dans ces cas de rixes ou batailles, qu'ils ont coutume de se livrer dans les environs : pour obvier, autant qu'il est possible, à ces inconvéniens dangereux, le remontrant requiert que dorénavant l'article XV de l'edit de 1685 soit exécuté à la rigueur, et qu'il soit rendu à ce sujet, un arrêt qui sera affiché dans toutes les paroisses de l'île.

La matière mise en délibération, la Cour ordonne que l'article XV de l'edit du Roi de 1685 sera exécuté suivant sa forme et teneur; qu'en conséquence, tout nègre qui sera trouvé les jours de fêtes et dimanches dans les places des bourgs, dans leurs environs ou dans les grands chemins, portant de gros bâtons, coutelas ou autres armes, sans billet de son maître qui en fera mention, sera arrêté et conduit à la geôle la plus prochaine, pour y être condamné, par simple ordonnance du Senéchal, dans les 24 heures, à 19 coups de fouet; enjoint aux Commis à la police des différens bourgs du ressort, de tenir la main à l'exécution du présent arrêt, et aux Procureurs du Roi des Sénéchaussées d'envoyer, tous les jours de dimanches et fêtes, dans les principaux bourgs de leurs ressorts, deux ou plusieurs Archers, suivant l'exigence des cas, pour y prêter mainforte aux Commissaires de police.

Ordonne, en outre, que le présent arrêt sera imprimé, lu, *etc.*

Fait au Conseil souverain de la Martinique, le 8 novembre 1781. *Signé*, ROIGNAN, greffier.

(N°. 591.) ORDONNANCE *du Roi, concernant les Missions Ecclésiastiques dans les Colonies françaises de l'Amérique.*

Du 24 novembre 1781.

LOUIS, *etc.*, SALUT : Sur le compte qui nous a été rendu de l'administration des Missions dans nos colonies de l'Amérique, nous avons reconnu que les réglemens faits sur cet objet important sont insuffisans, et que l'augmentation de la culture et de la population exige que nous permettions aux Habitans, à cause de l'éloignement des paroisses, d'établir des Chapelles sur leurs habitations, afin qu'ils puissent assister et faire assister plus exactement leurs esclaves au service divin.

A CES CAUSES, *etc.*, voulons et nous plaît ce qui suit :

ART. Ier. Le Préfet apostolique, sous l'autorité et discipline duquel seront les Missionnaires, en vertu des pouvoirs dont il sera revêtu par le Saint Siége, ne pourra remplir aucunes de ses fonctions, qu'après l'enregistrement de la bulle ou bref de sa nomination et de ses pouvoirs, en vertu de nos lettres d'attache en celui de nos Conseils souverains, dans le ressort duquel sa Mission se trouvera établie.

II. Nos Gouverneur-lieutenant-général et Intendant auront inspection et autorité sur la conduite personnelle des Missionnaires, et sur celle de leurs Supérieurs, tant comme Supérieur, que comme Préfet apostolique, non-seulement relativement à leurs mœurs, mais encore par rapport aux négligences ou abus d'autorité qu'ils pourraient se permettre dans les actes appartenans au for extérieur.

III. Voulons que nosdits Gouverneur-lieutenant-général et Intendant fassent honorer et respecter lesdits Supérieurs et Missionnaires dans les fonctions de leur ministère : voulons aussi que, en cas de scandale de leur part ou de trouble causé par eux à l'ordre et à la tranquillité publique, nosdits Gouverneur-lieutenant-général et Intendant puissent ordonner, par voie d'administration, le déplacement desdits Missionnaires et leur renvoi en France, et même, selon la nature et la gravité des cas, donner ordre audit Supérieur de venir en France rendre compte de sa conduite.

IV. Le Supérieur de chaque Mission commettra à la desserte de toutes les paroisses de son district, et distribuera, selon qu'il le jugera à propos, les Missionnaires, après avoir communiqué à nos Gouverneur-lieutenant-général et Intendant les changemens et nominations qu'il aura déterminés.

V. Si aucun des Missionnaires nommés pour desservir une paroisse, était jugé, par nos Gouverneur-lieutenant-général et Intendant, ne pouvoir y être employé sans inconvénient, sera tenu, le Supérieur de la Mission, d'en nommer un autre.

VI. Ne pourra ledit Supérieur retirer, changer ou renvoyer en France, aucun Desservant des paroisses, sans avoir préalablement pris, par écrit et à la pluralité des voix, l'avis des cinq plus anciens desdits Desservans; et sera signé d'eux le résultat dudit avis, pour être remis à nos Gouverneur-lieutenant-général et Intendant, sans qu'il soit besoin que leurs motifs soient détaillés dans ledit résultat.

VII. Faisons défenses aux Supérieurs desdites Missions d'employer aux fonctions du ministère ecclésiastique dans les colonies, aucuns Prêtres séculiers ou réguliers, qui ne seraient pas pourvus de démissoire de leur Evêque diocesain, ou lettre d'obédience de leur Supérieur régulier.

VIII. Le Supérieur de chaque Mission pourra, si bon lui semble, se réserver les fonctions curiales du chef-lieu de la colonie, et retenir près de lui le nombre de Missionnaires qu'il jugera nécessaire pour le suppléer et l'aider dans les fonctions de son ministère.

IX. Chaque Préfet apostolique fera, au moins une fois par an, la visite des différentes paroisses et chapelles de sa Mission ; il examinera la conduite des Missionnaires, l'état et la tenue des registres de mariages, baptêmes et sépultures, celui des ornemens et vases sacrés, la situation des fabriques, les réparations à faire aux églises et aux presbytères, et du tout rendra compte aux Gouverneur-lieutenant-général et Intendant.

X. Le Préfet apostolique veillera particulièrement à ce que les esclaves, dans chaque paroisse, reçoivent de leurs Curés les instructions nécessaires et les sacremens de l'Eglise, et dans le cas où il aurait connaissance de négligence ou empêchement de la part des maîtres, il en donnera avis aux Gouverneur-lieutenant-général et Intendant, afin qu'il y soit par eux pourvu.

XI. Pourront les Habitans faire construire des chapelles particulières sur leurs habitations, auquel cas ils s'adresseront au Préfet apostolique dans le district duquel leurs habitations seront situées, pour obtenir la permission d'y faire célébrer la messe, et ne pourra ladite permission leur être refusée lorsque lesdites chapelles seront construites et ornées décemment.

XII. Lorsqu'une chapelle particulière aura été établie en vertu de la permission du Préfet apostolique, il aura le droit de visite et d'inspection sur ladite chapelle, ainsi que sur la conduite de l'Aumônier entretenu pour la desservir.

XIII. Défendons à tous Curés, desservans les paroisses de nos colonies, de célébrer aucun mariage dans lesdites chapelles.

XIV. Chaque Préfet apostolique rendra compte une fois chaque année, au Secrétaire d'Etat ayant le département de la marine et des colonies, de l'état de la Mission, des Paroisses et des Communautés religieuses, ainsi que de la conduite des Missionnaires ; et sera tenu ledit Préfet apostolique de remettre une copie dudit compte à nos Gouverneur-lieutenant-général et Intendant.

Si donnons en mandement, *etc.*

Donné à Versailles, le 24 novembre 1781. *Signé*, LOUIS ; *et plus bas*, par le Roi, DE CASTRIES.

Enregist. au Conseil souverain.

(N°. 592.) Edit *du Roi, concernant les Successions vacantes dans les Colonies françaises de l'Amérique, les Curateurs en titre d'office, les Exécuteurs-Testamentaires et les Legataires.*

Du 24 novembre 1781.

Louis, *etc.*, Salut : Le compte qui nous a été rendu des abus introduits dans l'administration des successions, lorsqu'en l'absence des héritiers, elles viennent à s'ouvrir dans nos colonies de l'Amérique, nous a convaincus de l'insuffisance des réglemens relatifs à ces sortes de biens, comme à ceux qui sont chargés de les régir, en qualité, soit de Curateurs en titre d'office, soit d'Exécuteurs testamentaires : nous avons pensé, en conséquence, qu'il était de notre justice de faire cesser les plaintes qui nous ont été portées sur des objets si importans, de fixer clairement les cas dans lesquels le ministère du Curateur en titre d'office sera reputé indispensable, et ceux où les successions vacantes pourront être confiées à d'autres administrateurs ; de pourvoir à la sûreté de toutes les parties interessées, par des dispositions qui ne laissent aucun doute sur les obligations de ces mêmes Curateurs et Exécuteurs-testamentaires, ainsi que sur la manière dont les Legataires pourront exercer leurs droits.

A ces causes, *etc.*, voulons et nous plaît ce qui suit :

Art. Ier. Avons approuvé et confirmé, approuvons et confirmons l'etablissement des Curateurs en titre d'office, aux successions vacantes, dans les Siéges royaux de nos colonies de l'Amérique ; conférons, par le présent édit, à nos Conseils souverains desdites colonies, le pouvoir par eux exercé provisoirement jusqu'à ce jour, de nommer dans le ressort, lesdits Curateurs, en présence des Gouverneur-lieutenant général et Intendant, comme aussi de prescrire les conditions à remplir pour pouvoir exercer ledit office du Curateur, et de recevoir les cautions que lesdits Conseils exigeront desdits Curateurs, sans pouvoir les en dispenser.

II. Les Curateurs en titre d'office seront nommés à vie, et pourront néanmoins être destitués par nos Conseils souverains, pour cause de négligence ou de malversations dans leurs fonctions, indépendamment des autres peines qui seraient encourues pour lesdites malversations, le tout en présence des Gouverneur-lieutenant-général et Intendant.

III. Les successions seront réputées vacantes, toutes les fois qu'il ne se présentera personne ayant titre ou qualité pour s'en mettre en possession, et leur administration appartiendra au Curateur en titre d'office, établi dans le lieu où elles seront ouvertes, lequel Curateur sera tenu de faire apposer les scellés et de faire faire inventaire en présence de notre Procureur, par un Notaire de la jurisdiction. Déclarons, que s'il se trouve en plusieurs jurisdictions, des biens et effets dépendans de la même succession, chacun desdits biens et effets sera régi séparément, par le Curateur de la jurisdiction dans laquelle ils seront situés, à la charge de rendre compte au Curateur de la jurisdiction du défunt, lequel Curateur sera constitué Régisseur principal et chargé en chef de toute ladite succession.

IV.

IV. Les Curateurs en titre d'office, seront tenus de procéder, soit en demandant, soit en défendant, sur toutes les actions relatives aux successions confiées à leur administration, et d'opérer, avec toute la célérité possible, la liquidation desdites successions, à peine de tous dépens, dommages et intérêts, contre lesdits Curateurs, pour raison des préjudices que leur négligence pourrait occasionner aux héritiers ou aux créanciers ; defendons néanmoins auxdits Curateurs, de se permettre aucunes poursuites ni procédures, sans avoir été au préalable autorisés par l'avis de nos Procureurs, à défaut de laquelle autorisation, les frais et dépens qui tomberont en pure perte pour les successions, seront à la charge desdits Curateurs. Enjoignons en conséquence, à nos Procureurs, de veiller pour l'intérêt des absens, et de consulter nos Procureurs-généraux, dans les cas qui leur paraîtront douteux.

V. Si les héritiers absens et non représentés par des fondés de pouvoirs, ont des parens dans la colonie, il sera fait une assemblée desdits parens, pour nommer un d'entr'eux, Curateur auxdits héritiers absens ; auquel cas, ledit Curateur élu aura l'administration des biens de la succession, exclusivement au Curateur en titre d'office, lorsque, sur les conclusions de notre Procureur, ladite élection aura été homologuée par le Juge des lieux où le défunt avait son domicile ; et seront, si besoin est, les amis et les voisins notables du defunt, appelés à ladite assemblée.

VI. Ne sera regardée comme vacante, même en partie, toute succession, dont un héritier légitime se trouvera présent ou représenté, encore qu'il ne justifiât pas être seul héritier, et qu'il n'eût aucun parent sur les lieux, pourra ledit héritier, en sa qualité d'habile à succéder, réclamer la curatelle et administration de la succession, sans toutefois que, par ladite réclamation, il soit censé avoir fait acte d'héritier; et, dans ce cas, lesdites curatelle et administration lui seront déférées, exclusivement au Curateur en titre d'office, à la charge par ledit héritier de donner une caution solvable; seront néanmoins les scellés apposés, aussitôt après le décès, sur les effets et papiers de ladite succession, desquels il sera fait inventaire en présence de notre Procureur, auquel nous enjoignons de veiller à ce que ladite apposition des scellés n'éprouve aucun retardement, et même de la requérir, sans attendre qu'il soit, à cet égard, présenté requête par ledit héritier.

VII. S'il se trouve des héritiers présens et des héritiers absens, un desdits héritiers présens sera nommé Curateur dans une assemblée de parens, amis ou voisins notables; et sera, au surplus, l'article précédent exécuté à son égard.

VIII. Toutes les personnes domiciliées hors le chef lieu de la jurisdiction, dans les maisons desquelles seraient décédés des particuliers dont aucun héritier ne se trouverait sur les lieux, donneront sans délai, avis dudit décès à notre Procureur, par un exprès aux frais de la succession. Seront pareillement tenues lesdites personnes de faire leur déclaration des effets appartenans aux défunts, entre les mains d'un Officier public, ayant serment en justice, soit Substitut de notredit Procureur, soit Notaire, demeurant dans le quartier, le tout à peine de répondre des pertes et dommages que leur retardement, à cet égard, pourrait occasionner aux parties intéressées.

IX. Tous autres détenteurs d'effets appartenans auxdites successions seront, sous les mêmes peines, pareillement obligés d'en faire leurs déclarations au Greffe de la Jurisdiction, et ensuite de la remettre à qui, par justice sera ordonné, sauf auxdits détenteurs à insérer dans leursdites déclarations, les prétentions qu'ils pourront avoir sur lesdits effets ; et il y sera statué par le Juge, en la manière ordinaire.

X. Tous les effets, déclarés ou rapportés en vertu des deux articles précédens, seront compris dans l'inventaire, avec indication des reclamations qui auraient pu être faites par les parties dans les mains desquelles lesdits effets se seront trouvés.

XI. Si celui qui sera décédé, sans héritiers présens ni représentés dans la colonie, était en société, inventaire sera fait, après l'apposition des scellés, par le Curateur, avec l'Associé survivant, de tous les effets et papiers de ladite société ; à l'effet de quoi, ledit survivant représentera ceux desdits effets et papiers qui pourront alors être dans ses mains ; et seront les livres et registres de ladite société, paraphés et arrêtés par tous les assistans audit inventaire.

XII. Si la société ne consiste qu'en effets mobiliers, le Curateur en provoquera la vente et le partage, pour se mettre en possession de la part afférente aux héritiers absens du defunt. Sera toutefois laissé à l'Associé survivant, le recouvrement à faire des créances, ainsi que la direction des affaires commencées, pour la poursuite desquelles l'agence dudit Associé serait nécessaire.

XIII. Si, dans ladite société, il se trouve des immeubles et effets mobiliers, elle continuera, relativement auxdits immeubles et effets mobiliers attachés à leur exploitation, entre l'associé survivant et les héritiers du défunt, jusqu'à ce qu'elle soit dissoute par une licitation ou toute autre sorte de partage. Ne pourra toutefois ladite licitation être valablement faite avec le Curateur en titre d'office, ni même avec le Curateur qui aurait été élu par les parens, qu'après l'expiration d'une année, depuis le décès dudit défunt, et audit cas, les étrangers seront admis à enchérir ; à l'effet de quoi, pendant le cours de ladite année, celui qui poursuivra ladite licitation, la fera publier par des affiches, avec les formalités et dans les délais prescrits par le présent édit, pour les ventes judiciaires des immeubles provenans des successions vacantes. Voulons que, pendant la continuation de ladite société, ledit Associé survivant reste administrateur des immeubles communs entre lui et les héritiers du défunt.

XIV. Si la société avait été formée par le défunt, pour raison du bail d'une habitation, par lui prise à ferme avec l'Associé survivant, ladite société continuera pendant le reste de la durée dudit bail, avec les héritiers dudit défunt ; au moyen de quoi, s'ils sont absens et non représentés, le Curateur en titre d'office se mettra en leur lieu et place pour l'exploitation de ladite habitation.

XV. Les dispositions des articles XI à XIV ci-dessus, concernant les successions des associés, ne seront exécutées dans tout leur contenu, qu'autant que les clauses de l'acte d'association n'y seront point formellement contraires.

XVI. Lorsqu'un conjoint viendra à prédécéder sans enfans issus de son mariage, et que ses héritiers se trouveront absens et non représentés, les scellés seront apposés sans délai, sur les effets et papiers de sa succession, à la requête du conjoint survivant, ou de notre Procureur en la Jurisdiction. Enjoignons à notredit Procureur de faire procéder, en sa présence, à l'inventaire desdits effets et papiers, pour, du tout, être fait délivrance provisoire audit conjoint survivant. Laissons à l'arbitrage du Juge, d'obliger ledit survivant à donner caution pendant 5 années, ou à ne pas l'y obliger; ce qui toutefois ne pourra être ainsi réglé, qu'après que notre Procureur aura été ouï en ses conclusions. Voulons néanmoins que si ladite succession ne consiste qu'en mobilier, ledit conjoint survivant ne puisse être dispensé de donner bonne et suffisante caution pour lesdites cinq années, s'il n'est, dans la colonie, propriétaire d'établissemens capables de répondre de la valeur du mobilier.

XVII. Dans le cas où ledit conjoint survivant serait l'épouse, son administration sera surveillée par le Curateur en titre d'office, sans le concours duquel elle ne pourra rien vendre ni acheter pour le compte de ladite administration; et seront toutes ses actions poursuivies en justice au nom dudit Curateur.

XVIII. Dans tous les cas où il y aura des héritiers absens, l'institution d'un Exécuteur-testamentaire, ni celle d'un Légataire universel ne dispenseront pas notre Procureur de faire apposer diligemment les scellés sur les effets et papiers du testateur, si fait n'a été, et d'en faire inventaire.

XIX. Tout inventaire commencera par l'examen des papiers, à l'effet de connaître les heritiers absens, d'avoir des renseignemens sur leur residence, et principalement de constater, s'il existe ou s'il n'existe pas de testament. Ordonnons que, aussitôt que lesdits renseignemens seront acquis, des premières lettres d'avis soient écrites pour être envoyées aux heritiers; et seront lesdites lettres d'avis concertées entre notre Procureur et le Curateur en titre d'office, s'il est dans le cas d'assister à l'inventaire, ou entre notredit Procureur et telle autre partie assistante audit inventaire en qualité d'héritier, de conjoint survivant, de curateur élu, d'exécuteur-testamentaire ou légataire universel : entendons que lesdites lettres présentent un aperçu de la nature et de la valeur de la succession.

XX. Si aucun héritier n'est présent ni représenté, il sera fait estimation des biens, meubles et immeubles de la succession, sur la requête du Curateur, et par experts qui seront nommés d'office par le Juge des lieux; et sera fait, dans ledit inventaire, mention de ladite estimation.

XXI. D'après les susdites opérations, il sera fait, par ledit Notaire, un relevé sommaire dudit inventaire et de ladite estimation; lequel relevé sera joint à de secondes lettres d'avis, faites par notre Procureur, ou par notredit Procureur et le Curateur en commun, ainsi qu'il est porté en l'article XIX.

XXII. Tous lesdits avis seront adressés aux héritiers, s'ils sont connus, et, dans le cas contraire, à notre Procureur-général en France, dans le Parlement ou Conseil souverain de la province dont le défunt aurait paru originaire, ou dans laquelle on présumerait que lesdits héritiers pourraient résider ; enjoignons, en outre, à nos Procureurs de faire insérer lesdits avis, dans tous les papiers publics de la colonie.

XXIII. Pour faire passer à leur destination lesdits avis, ils seront remis par *duplicata*, en tems de paix, et par *triplicata*, en tems de guerre, au Greffier de la Jurisdiction, lequel les fera partir par les premiers navires, prendra du Capitaine un certificat, et inscrira lesdits chargemens en marge du registre mentionné dans l'article LI de notre présent édit.

XXIV. Il sera fait, par ledit Notaire, des copies en forme desdites expéditions par *duplicata* ou *triplicata*, selon qu'on se trouvera en paix ou en guerre, lesquelles copies seront envoyées à l'Intendant par ledit Greffier, avec les notes des navires sur lesquels les paquets auront été chargés ; et seront lesdites copies adressées, par ledit Intendant, au Secrétaire d'Etat ayant le département de la marine et des colonies.

XXV. Si les biens vacans, par ceux qui décéderont hors des villes et bourgs, sont trop peu considérables pour exiger le transport de notre Procureur, le Curateur en titre d'office pourra se faire autoriser par le Juge, à faire apporter au chef-lieu de la Jurisdiction, les effets ainsi laissés par ledit défunt, et sera, desdits effets seulement, dressé procès-verbal par un Notaire, lequel les fera renfermer dans une caisse qu'il scellera en présence de deux Habitans connus et voisins du lieu du décès,

Entendons qu'il soit fait ensuite un simple récolement desdits effets par notredit Procureur et ledit Curateur.

XXVI. Aussitôt que l'inventaire d'une succession vacante aura été achevé, le Curateur fera procéder à la vente des effets mobiliers périssables, après toutefois y avoir été autorisé par une ordonnance du Juge, rendue sur les conclusions de notre Procureur en la Jurisdiction. Voulons même que ladite ordonnance soit visée par notre Procureur-général, lorsqu'elle permettra de vendre des nègres, domestiques, ouvriers ou d'une espèce semblable : quant à la forme de ladite vente, elle sera réglée par la même ordonnance, relativement à la valeur desdits effets, et il en sera fait ainsi des autres conditions qui pourront dépendre dudit Juge.

XXVII. Sous le titre d'effets périssables, et par cette raison susceptibles d'être vendus, ne seront jamais compris les nègres, bestiaux et ustensiles mobiliers servant à l'exploitation de l'habitation ou manufacture qui pourra se trouver dans la succession.

XXVIII. Pourront néanmoins lesdits nègres, bestiaux et ustensiles mobiliers de culture, être vendus séparément de l'habitation à laquelle ils seront attachés, pourvu que les terres et bâtimens de ladite habitation ne restent pas invendus, et que leur vente ait été ordonnée par le Juge.

XXIX. Voulons que dans le cas où le Juge aurait ordonné ladite vente, sa sentence ne puisse être mise à exécution, qu'après avoir été visée par notre Procureur-général, auquel elle sera envoyée avec un état au vrai de l'actif et du passif de la succession, lequel état sera certifié par le Curateur et visé par notre Procureur en la Jurisdiction. Autorisons notredit Procureur-général à se rendre appelant de ladite sentence, s'il l'estime convenable à l'intérêt commun de ladite succession et des créanciers.

XXX. Tout Curateur élu par les parens des héritiers absens, tout conjoint survivant, ainsi que tout héritier ou légataire universel envoyés, par provision seulement, en possession des biens vacans, ne seront considéres que comme de simples administrateurs, jusqu'à ce qu'il leur soit fait délivrance définitive desdits biens. Voulons en conséquence qu'ils soient assujettis aux règles ci-dessus prescrites par les articles XXVI et XXVII, concernant la vente des effets mobiliers périssables, comme aussi aux dispositions des articles XXVIII et XXIX, concernant la vente des immeubles; et seront toutes lesdites règles et dispositions pareillement appliquées aux Exécuteurs-testamentaires, à moins que, par le testament même, ils ne soient spécialement autorisés auxdites ventes.

XXXI. Les Curateurs élus, les Curateurs en titre d'office, ni les Officiers des sieges et tribunaux dans lesquels les ventes seront faites ou ordonnees, ne pourront se rendre adjudicataires, soit par eux-mêmes, soit par personnes interposées, d'aucuns biens, meubles ou immeubles des successions vacantes. Voulons qu'en cas de contravention au present article, les biens et effets ainsi acquis, soient rendus à la succession, pour être recriés et vendus à son profit, et que les délinquans et leurs prête-noms soient condamnés solidairement et par corps, à payer à ladite succession le double de la valeur desdits effets. Seront en outre, lesdits délinquans et leursdits prête-noms, déclarés incapables d'exercer aucunes fonctions publiques.

XXXII. Nos Procureurs seront toujours parties nécessaires aux appositions de scellés, inventaires et ventes des biens dépendans des successions, dont les héritiers ou partie d'iceux seulement, se trouveront absens de la colonie, sans y être représentés par des fondés de leurs pouvoirs.

XXXIII. Les tuteurs feront, dans nos colonies, fonctions de curateurs pour les mineurs absens, et il en sera ainsi des mères tutrices. Voulons même que ladite curatelle se proroge dans leur personne après l'expiration de la tutelle, jusqu'à ce que les héritiers se présentent en personne, ou par des fondés de leurs pouvoirs, pour exercer leurs droits : exceptons toutefois le cas d'une mère qui, après un second mariage, perdrait la tutelle de ses enfans ; déclarons qu'audit cas, on se conformera aux dispositions de l'article suivant.

XXXIV. Tant que le conjoint survivant, de quelque sexe qu'il soit, conservera la tutelle ou curatelle de ses enfans absens, s'il leur échoit des successions collatérales, elles seront pareillement administrées par ledit conjoint survivant, lequel toutefois sera tenu d'en faire faire inventaire en présence de notre Procureur. Dans le cas néanmoins où ledit conjoint survivant serait l'épouse, laquelle aurait convolé à de nouvelles noces, un autre curateur sera nommé auxdits enfans dans une assemblée de parens et amis. N'entendons aussi empêcher les mères survivantes de provoquer la nomination dudit curateur, à l'effet de faire procéder, contradictoirement avec lui, à l'inventaire de la communauté, et de parvenir à la liquidation de ses droits.

XXXV. Il sera libre à tous particuliers de proroger, pendant 5 années, l'exécution testamentaire qu'il leur plaira de confier, comme aussi de nommer un ou plusieurs exécuteurs, pour être subrogés les uns aux autres, et ne pourra le Curateur en titre d'office s'immiscer aucunement, en sadite qualité, dans les affaires de leur succession, pendant le tems marqué pour la durée de ladite exécution, à moins que lesdits exécuteurs ne soient refusans de s'en charger, ou ne viennent eux-mêmes à décéder. Voulons néanmoins que, dans le cas où les testateurs auraient chacun leur exécuteur-testamentaire, avec pouvoir de libérer leur succession, sans avoir limité le tems pour opérer la libération, le Juge puisse, suivant la nature des circonstances, fixer un délai au delà duquel ladite exécution testamentaire ne pourra être prolongée.

XXXVI. A l'expiration d'une exécution testamentaire, celui qui en aura été chargé sera tenu d'en rendre compte, sans qu'il puisse en être dispensé par le testateur; déclarons nulle et de nul effet, comme étant l'ouvrage de la suggestion, toute clause qui, dans un testament, contiendrait une telle dispense; et dans le cas où ladite exécution testamentaire, ayant concerné des heritiers absens, il serait question de remettre la succession auxdits héritiers en personne ou aux fondés de leurs pouvoirs, ladite remise ne pourra être valablement faite qu'en vertu d'une ordonnance du Juge, rendue sur les conclusions de notre Procureur.

XXXVII. Lorsque la durée de l'exécution testamentaire aura été de 5 années, sans qu'on ait eu connaissance des héritiers, le compte en sera rendu par devant le Conseil souverain, sur le réquisitoire de notre Procureur-general, en la même forme et de la même manière que celui des Curateurs en titre d'office. Voulons qu'audit cas, le reliquat en argent dudit compte soit versé dans la caisse de notre Tresorier, et que les immeubles de la succession soient remis ès-mains du Curateur, pour être vendus à sa poursuite et diligence, et les fonds provenans de ladite vente, être pareillement versés dans ladite caisse. Pourra néanmoins, la poursuite de ladite vente, être confiée audit Exécuteur-testamentaire, s'il est consentant de s'en charger gratuitement, auquel cas, il sera, par notredit Conseil, commis à cet effet; pourra aussi ledit Curateur, sans attendre ledit réquisitoire de notredit Procureur-général, se pourvoir d'office en notredit Conseil souverain, et demander l'envoi en possession desdits immeubles.

XXXVIII. Si ladite exécution testamentaire n'est pas prorogée à 5 années, lors de son expiration, le compte en sera rendu au Curateur, en presence de notre Procureur, en cas que les héritiers ne soient ni présens ni représentés; et ne pourra ledit compte être réputé définitif, qu'après avoir été homologué par le Juge des lieux; seront aussi, lors de ladite reddition de compte et sans attendre ladite sentence d'homologation, tous les biens meubles et immeubles de la succession, remis audit Curateur.

XXXIX.

XXXIX. Pendant l'absence des héritiers non représentés, tout Exécuteur-testamentaire, dont la commission aura été prolongée au delà de l'année coutumière, sera tenu, à la fin de chaque année, de justifier sa gestion active et passive, par des états sommaires, soutenus de pièces justificatives. Seront lesdits états et pièces justificatives remis à notre Procureur, lequel, après l'examen du tout, pourra requérir ce qu'il avisera bon être, rendra lesdites pièces audit Exécuteur-testamentaire, et gardera lesdits états pour y avoir recours en cas de besoin.

XL. Si, à la fin de chaque année de sa gestion, l'Exécuteur-testamentaire ne fournit pas les états sommaires et pièces mentionnées dans l'article précédent, ou si, de leur examen, résultent des preuves d'une conduite préjudiciable aux intérêts des héritiers absens, il sera, à la diligence de notre Procureur, déclaré déchu de son administration, privé du legs à lui fait par le testament, condamné à tous dommages et intérêts envers les parties lésées par son fait ou sa négligence, et même à plus grande peine, s'il y échéoit. Voulons, en conséquence, que tous les biens, titres et papiers de la succession soient remis au Curateur ; et sera ledit Exécuteur-testamentaire contraint par corps à ladite remise, ainsi qu'au paiement desdites restitutions ou condamnations pécuniaires qui pourront être prononcées contre lui.

XLI. Quelque reculé que puisse être le terme marqué pour faire cesser la fonction d'un Exécuteur-testamentaire, il ne pourra se dispenser de remettre aux héritiers les biens de la succession aussitôt qu'ils se présenteront pour les recueillir, ou par eux-mêmes, ou par des fondés de leurs pouvoirs, sauf audit Exécuteur-testamentaire à retenir dans ses mains, des valeurs suffisantes pour remplir les legs particuliers ; et, où ladite succession ne consisterait qu'en mobilier, s'il a été chargé de l'acquittement des dettes, il sera tenu, avant la remise desdits biens auxdits héritiers, d'acquitter toutes les dettes connues au moment de leur réclamation ; à moins que, par les créanciers mêmes, il ne soit déchargé de ladite obligation.

XLII. Enjoignons à nos Procureurs de faire recherche de toutes les successions pour lesquelles il aura été précédemment nommé des Exécuteurs-testamentaires, lesquels n'auraient encore ni fait la remise, ni rendu compte desdites successions : voulons que nosdits Procureurs en remettent un bordereau à l'Intendant, et un autre bordereau semblable à notre Procureur-général.

XLIII. Les testamens portant institution de Légataires universels ou nomination d'Exécuteurs-testamentaires, tous présens dans la colonie, ne pourront à l'avenir être homologués, sans que le Curateur en titre d'office ait été intimé, lorsque les héritiers du testateur seront absens et non représentés. Ne pourra toutefois ledit Curateur se rendre appelant de la sentence d'homologation ; entendons que la faculté d'interjeter un semblable appel ne puisse être exercée que par nos Procureurs.

XLIV. Tant que les héritiers ne pourront être mis en cause, les Légataires universels ne pourront aussi obtenir, contradictoirement avec le Curateur en titre d'office, qu'une délivrance provisoire de leurs legs, encore qu'ils eussent en propriété, dans la colonie, des établissemens suffisans pour répondre de la valeur desdits legs. Déclarons qu'en vertu de ladite délivrance provisoire, ils ne pourront se regarder que comme de simples administrateurs des biens à eux légués, ni faire aucune vente des biens, meubles et immeubles de la succession, qu'en se conformant aux règles et formalités prescrites par notre présent édit, pour les ventes à faire par les Curateurs en titre d'office.

XLV. Dans le cas néanmoins où, depuis le décès du testateur, il se serait écoulé 5 années sans que ses héritiers se fussent présentés, sur la requête des Légataires universels et sur les conclusions de notre Procureur, la délivrance provisoire faite auxdits Légataires, sera convertie en délivrance définitive, au moyen de quoi ils pourront, comme propriétaires, valablement disposer de tous les biens à eux légués. Ne pourra toutefois, par la sentence portant délivrance définitive, être préjudicié auxdits héritiers et à leurs droits de contester la validité du testament, lequel droit ils ne pourront exercer que pendant 30 années, à compter du jour dudit décès : déclarons que lesdites 30 années courront également contre les mineurs, les interdits et tous autres sans exception ; et où lesdits héritiers, après ladite sentence, parviendront à faire annuller un legs universel, ils n'auront d'action que contre le Légataire, ses héritiers et autres représentans à titre gratuit, et nullement contre les tiers détenteurs qui auraient acheté de lui et payé les biens légués.

XLVI. Les Légataires particuliers seront assujettis aux règles prescrites par les deux articles précédens, concernant les Legataires universels; exceptons seulement les legs pieux, ceux faits pour les œuvres de charité, ou qui pourraient être regardés comme des actes rémunératoires. Entendons que la délivrance définitive desdits legs ainsi exceptés, puisse être ordonnée sans exiger caution, et sans attendre que les 5 années ci-dessus dites se soient écoulées. Déclarons en outre que, dans la classe desdits actes rémunératoires, seront compris les legs faits aux Exécuteurs testamentaires, lorsqu'ils auront accompli les intentions du testateur.

XLVII. Si les Légataires tenus de donner caution, ne peuvent en présenter une recevable, les biens à eux légués seront remis entre les mains du Curateur en titre d'office, pour être par lui administrés pour le compte de qui il appartiendra, jusqu'à ce qu'il n'y ait plus lieu d'exiger ladite caution. Laissons néanmoins à la prudence de nos Juges d'accorder sur lesdits legs, s'il y a lieu, des provisions alimentaires, et ce, pendant les 5 années que pourra durer l'obligation de donner caution. Voulons au surplus que, dans tous les cas, les fruits des biens légués appartiennent aux Légataires universels ou particuliers, à compter du jour de la demande en délivrance provisoire, lorsque ladite délivrance deviendra définitive.

XLVIII. Les saisies faites sur le défunt, ou entre les mains du Curateur en sadite qualité, demeureront converties en oppositions simples pour la conservation des droits des saisissans, sans qu'il soit besoin de le faire prononcer.

XLIX. Le Curateur dressera, de toute succession, un tableau general des creanciers connus, dans l'ordre de leurs privileges et hypothèques ; sera ledit tableau communiqué à notre Procureur, pour le paiement desdits créanciers être ordonné par le Juge, après toutefois qu'il aura été par lui statué sur les oppositions qui pourront être formées contre lesdits créanciers.

L. Les paiemens seront faits sans délai par ledit Curateur, à mesure que les fonds lui rentreront ; déclarons qu'il sera tenu personnellement des intérêts et frais que ses retardemens volontaires pourraient occasionner.

LI. Sera tenu dans chaque Jurisdiction un registre particulier, coté et paraphé par le Juge, dans lequel registre le Greffier inscrira, par ordre de date, les successions du ressort qui tomberont en vacance, et généralement toutes les autres successions sans aucune exception, dans lesquelles il se sera trouvé des héritiers absens. Voulons qu'à chacune desdites successions soient mentionnés les noms, surnoms et domicile du defunt, le lieu de son origine, s'il est connu, les noms et demeures desdits héritiers absens, si faire se peut, ou les renseignemens les plus propres à les indiquer, comme aussi les noms, demeure et qualités de l'Exécuteur-testamentaire, du Légataire universel, Curateur ou autres, auquel le soin de ladite succession aurait été confié. Seront en outre notés en marge, les navires par lesquels les avis auront été envoyés, le tems de leur départ, ainsi que le port pour lequel ils étaient destinés, et lorsque ladite succession aura été réclamée par les héritiers ou mise en nôtre main, il en sera pareillement fait mention.

LII. De 3 mois en 3 mois, il sera remis par ledit Greffier à l'Intendant, ainsi qu'au Procureur-général du Conseil souverain, auquel ressortira la Jurisdiction, une copie dudit registre, contenant les enregistremens faits pendant le dernier quartier, et sera ladite copie adressée par ledit Intendant au Secrétaire d'Etat ayant le département de la marine et des colonies.

LIII. Les Curateurs en titre d'office auront aussi un registre, coté et paraphé par le Juge de leur résidence, dans lequel ils inscriront, avec tous les détails prèscrits par l'art. LI ci-dessus, les successions vacantes dont ils auront pris possession ; et sera, tous les 3 mois, ledit registre, visé par notre Procureur, après avoir été confronté avec celui tenu par le Greffier.

LIV. Seront en outre lesdits Curateurs obligés de tenir un registre-journal, paraphé du Juge, sur lequel ils porteront, de suite et sans aucun blanc, toutes les recettes et dépenses qu'ils feront pour les successions par eux régies. Ordonnons que chaque article desdites dépenses et recettes soit numéroté, et qu'à la marge, comme dans le corps de l'article même, la succession à laquelle il appartiendra soit indiquée ; et sera, tous les 3 mois, remis au Greffier de la Jurisdiction, par lesdits Curateurs, un double dudit journal, signé d'eux ; duquel journal tout particulier pourra prendre communication sans frais et sans déplacer.

LV. A la fin de chaque année, les Greffiers enverront, à l'Intendant et à notre Procureur-général, un bordereau des successions réclamées dans leur ressort respectif, et remise aux héritiers, soit par les Curateurs en titre d'office, soit par des Curateurs élus, ou par des Exécuteurs-testamentaires; et sera ledit bordereau visé par notre Procureur et par le Juge de la Jurisdiction.

LVI. Le compte de chaque succession vacante et non réclamée sera rendu pour le Curateur en titre d'office, d'année en année, et dans les 3 premiers mois de l'année suivante; à l'effet de quoi il remettra au Greffe de notre Conseil souverain, dans le ressort duquel il sera établi, ledit compte avec les pièces au soutien desquelles pièces sera fait un inventaire sommaire, au bas duquel il sera donné audit Curateur, une reconnaissance par le Greffier dudit Conseil souverain, et, où une succession vacante serait réclamée dans le courant de l'année, ledit Curateur ne pourra se dispenser d'en rendre compte aux héritiers, aussitôt que leur reclamation aura été autorisée par le Juge.

LVII. Immédiatement avant la remise des comptes ci-dessus dits au Greffe de notre Conseil souverain, le Curateur dressera le bordereau des sommes d'argent qui devront se trouver dans sa caisse, lequel bordereau sera visé par notre Procureur, après avoir été par lui verifié sur les journaux des recettes et dépenses remis au Greffe de la Jurisdiction par ledit Curateur. Voulons qu'après ladite vérification, visite soit faite de ladite caisse par le Juge et notredit Procureur, et que l'état au vrai en soit par eux certifié au bas dudit bordereau; lequel sera annexé aux pièces produites avec les comptes.

LVIII. Les comptes ainsi rendus en notre Conseil souverain, y seront juges dans une des séances dudit Conseil, sur les conclusions de notre Procureur-general : entendons qu'à cet effet, il soit nomme par l'Intendant ou celui qui présidera en l'absence dudit Intendant, un Rapporteur pour examiner lesdits comptes, et en faire le rapport le plus diligemment possible.

LIX. Tout Curateur, dont les comptes ne seront pas rendus annuellement, et dans le tems marqué par l'art. LVI ci-dessus, sera condamne en 1,000 liv. tournois d'amende pour la première fois; et, en cas de récidive, condamné à la même amende et destitué de son emploi; et où il serait convaincu d'infidélité, soit dans sa régie, soit dans son compte de caisse, comme aussi d'un déficit dans les sommes d'argent qui devraient s'y trouver, nous ordonnons que dès la première fois, sa destitution et ladite amende de 1,000 liv. tournois, soient prononcées contre lui, indépendamment de la restitution des sommes par lui détournées. A l'égard du préjudice qu'il pourrait causer aux parties par de simples fautes d'administration, nous entendons qu'il en soit puni par les dommages et intérêts auxquels il sera condamné envers lesdites parties, pourvu toutefois que lesdites fautes ne soient point de nature à le faire juger incapable d'exercer son emploi.

LX. Les Curateurs en titre d'office pourront assister aux scellés et inventaires et occuper dans les procédures, soit par eux-mêmes, soit par ministère d'un Procureur; et, dans les deux cas, il ne pourront exiger que les mêmes droits. Entendons qu'il ne leur soit alloué d'autres frais que ceux qui auront été utiles à la succession, ou qui auront été nécessaires pour remplir des formalités indispensables.

LXI. Les comptes d'un Curateur, liquidés par les arrêts d'un Conseil souverain, ne pourront être attaqués par les héritiers, que pour erreur de calcul; auquel cas il leur sera libre de se pourvoir contre lesdits arrêts, par une simple opposition, à l'effet de faire réformer lesdites erreurs. N'entendons néanmoins interdire auxdits héritiers la faculté de rendre plainte contre ledit Curateur par devant notredit Conseil souverain, pour raison d'infidélité dont ils croiraient avoir acquis la preuve, auquel cas, ils pourront, pour leurs intérêts civils, prendre telles conclusions qu'ils aviseront bon être, indépendamment desdits arrêts de liquidation.

LXII. L'administration des Curateurs en titre d'office sera terminée par la sentence qui aura été rendue sur la réclamation des héritiers présens ou représentés par des fondés de procurations spéciales; et, à défaut de réclamation, la durée de ladite administration sera de 5 années, à compter du jour du décès, sans pouvoir être prolongée au delà de ce terme, pour quelque cause et sous quelque prétexte que ce soit, en ce non compris cependant les 9 mois de plus mentionnés dans l'article suivant. Entendons que, sur lesdites 5 années, soit imputé et déduit le tems pendant lequel les biens de la succession auraient pu rester dans les mains d'un Exécuteur-testamentaire.

LXIII. A l'expiration desdites 5 années, les successions non réclamées entre les mains du

Curateur en titre d'office, seront, de droit, présumées tombées en déshérence, et provisoirement remises en notre possession. Voulons, en conséquence, que les sommes d'argent provenues desdites successions, et dont les Curateurs auront été déclarés redevables par l'arrêt de liquidation de leur dernier compte, soient versées par eux dans la caisse de notre Trésorier, lequel en fera recette extraordinairement en vertu des ordonnances de l'Intendant, et en donnera décharge auxdits Curateurs au bas d'une ampliation desdites ordonnances. Voulons en outre que si, à ladite époque, il reste des immeubles dans lesdites successions, la vente en soit ordonnée par ledit arrêt de liquidation. Entendons que, pour parvenir à ladite vente, il soit fait 3 publications par affiches, de 3 mois en 3 mois, pour l'adjudication desdits immeubles être faite après les 9 mois révolus pendant lesquels lesdits Curateurs continueront de les administrer.

LXIV. A l'égard de la succession d'un conjoint prédécédé sans enfans, et de laquelle succession le conjoint survivant aurait été mis provisoirement en possession, conformément à l'art. XVI de notre présent édit, voulons que, après la révolution desdites 5 années, à défaut d'héritiers présens ou représentés, ladite succession soit déclarée appartenir audit survivant, et qu'en conséquence il lui en soit fait, par le Juge, délivrance définitive, sauf toutefois les réclamations qui pourraient dans la suite être faites par les héritiers.

LXV. Les affiches, pour parvenir à la vente prescrite par l'article LXIII ci-dessus, seront adressées et apposées en la forme usitée pour les autres ventes judiciaires des immeubles de nos colonies. Entendons qu'elles contiennent des renseignemens suffisans pour faire connaître la nature et la valeur des immeubles à vendre, avec indication de lieux où l'on pourra se procurer de plus grands éclaircissemens, et du jour préfix auquel il sera procédé à l'adjudication.

LXVI. Les ventes ci-dessus dites seront faites par le Juge des lieux où les habitations seront situées, en présence de notre Procureur ou de son Substitut, du Curateur en titre d'office, et du Contrôleur, soit principal, soit particulier, ou d'un autre Officier d'administration commis par lui pour le représenter.

LXVII. Lorsqu'en vertu des articles précédens une succession vacante aura été remise en notre main, les héritiers qui se présenteront pour la réclamer, seront tenus de la prendre dans l'état où elle se trouvera, sans pouvoir inquiéter ni rechercher les tiers détenteurs qui auraient acquis légalement, et payé les biens, meubles ou immeubles de ladite succession.

LXVIII. Tout Curateur sera, de droit, contraignable, par corps, ainsi que par la saisie et vente de ses biens, meubles ou immeubles, au paiement du reliquat des comptes de son administration, soit que ledit reliquat doive être versé dans la caisse de notre Trésorier, soit qu'il doive être remis à des héritiers ou créanciers; seront aussi les Cautions desdits Curateurs contraignables par les mêmes voies, pour le montant de leur cautionnement. Si donnons, *etc.*

Donné à Versailles, le 24 novembre 1781. *Signé*, LOUIS; *et plus bas*, par le Roi, DE CASTRIES.

Enregist. au Conseil souverain.

(N°. 593.) EDIT *du Roi, concernant les Chemins publics et particuliers dans les Colonies.*

Du 24 novembre 1781.

LOUIS, *etc.*, SALUT : Informés des inconveniens qui résultent des corvées ordonnées par les Rois nos predécesseurs pour l'entretien et la construction des chemins publics dans nos colonies ; considérant d'ailleurs que ces sortes de travaux sont des charges foncières dont aucun Habitant ne peut être affranchi, nous avons cru devoir préférer aux contributions par corvées, une répartition par tâches des chemins à entretenir, et ne laisser subsister l'ancien usage des corvées que pour la construction des nouveaux chemins. Nous avons même tout lieu de croire qu'au moyen de cette répartition, de tels travaux auront le double avantage d'être, à l'avenir, mieux exécutés et moins onéreux aux contribuables : desirant aussi de prévenir les contestations qui s'élevent frequemment, au sujet des chemins particuliers, entre les possesseurs des habitations : nous nous sommes proposés d'établir des règles simples et précises, d'après lesquelles les prétentions respectives à cet égard, ne puissent plus avoir rien d'incertain.

A CES CAUSES, *etc.*, voulons et nous plaît ce qui suit :

ART. Ier. Tous les chemins seront distingués par les dénominations de grands chemins, de communication et chemins particuliers.

II. Seront réputés grands chemins, ceux à l'usage general de la colonie, conduisant aux chefs-lieux chefs-lieux et d'une ville à une autre. Seront réputés chemins de communication, ceux de traverse pour communiquer d'une paroisse à une autre, à un grand chemin ou embarcadère public ; et seront réputés chemins particuliers ceux de servitude, qui, partant d'une habitation en traversent une ou plusieurs autres pour aboutir, soit au grand chemin, soit à un chemin de communication, soit à un embarcadère.

III. Les grands chemins auront, à la plaine, 50 pieds francs de largeur ; auront, dans les mornes, 25 pieds, sur les terreins unis et de niveau, et 15 seulement sur le penchant des montagnes. Les chemins de communication auront à la plaine, 28 pieds francs de largeur, dans les mornes, 15 pieds sur les terreins unis ou de niveau, et 10 seulement sur le penchant des montagnes.

IV. Les grands chemins et les chemins de communication seront également considérés comme chemins publics. Voulons que les uns et les autres soient conservés, quant à leur direction, dans l'état où ils se trouveront lors de l'enregistrement du présent édit, à moins qu'il ne soit reconnu nécessaire d'y faire des changemens ; auquel cas, il y sera pourvu par les Gouverneur-lieutenant-général et Intendant.

V. Lesdits chemins publics seront bombés, et il y sera pratiqué, à droite et à gauche, des fossés propres à procurer l'écoulement des eaux.

VI. Lorsqu'une portion des chemins publics traversera des terres couvertes de bois, lesdits bois seront abattus dans une largeur de 6 toises sur chaque côté desdits chemins, et dans une largeur de 3 toises seulement pour les chemins particuliers.

VII. Les propriétaires d'habitations pourront planter des haies vives ou sèches sur les terreins à eux appartenans, qui borderont les chemins publics, à la charge par eux, de laisser 3 pieds de distance entre lesdites haies et le chemin ou le fossé, et de faire tailler, au moins, deux fois l'année, les haies vives.

VIII. Les cannes à sucre et toutes autres cultures seront plantées à 4 pieds de distance au moins de la haie bordant le fossé des chemins publics.

IX. L'entretien et les réparations des chemins publics seront, à compter du jour de l'enregistrement du présent édit, répartis par tâches entre les paroisses qui se trouveront dans le cas d'y contribuer, et de suite entre les habitations qui les composent. Voulons que la portion assignée à chacune desdites paroisses et successivement à chaque habitation, soit marquée par des bornes indicatives, en la manière qui sera prescrite par les Gouverneur-lieutenant-général et Intendant ; et seront lesdits chemins réparés et entretenus de manière qu'ils soient, en tout tems, d'un usage facile et commode.

X. Toute paroisse voisine d'un chemin public dont elle fera habituellement usage, sera tenue de contribuer à l'entretien et aux réparations dudit chemin public, encore qu'il ne passe point sur le territoire de ladite paroisse.

XI. Dans la répartition des tâches, on aura égard au voisinage des paroisses et à celui des habitations ; entendons que lesdites tâches soient distribuées de manière qu'elles se trouvent, autant que faire se pourra, dans les limites desdites paroisses et à la proximité desdites habitations.

XII. Aussitôt après l'enregistrement du présent édit, il sera fait, en vertu des ordres des Gouverneur-lieutenant-général et Intendant, par le Voyer-général de la colonie, assisté des Voyers particuliers, et, à leur défaut, d'Arpenteurs nommés par lesdits Gouverneur-lieutenant-général et Intendant, un toisé général des chemins publics actuellement existans dans chaque partie respective, lesquels seront distingués en deux classes, dont l'une comprendra les grands chemins, et l'autre les chemins de communication.

XIII. Les Voyers et Arpenteurs annoteront dans leur procès-verbal les differentes parties de chemin qui exigeront plus de travaux annuels pour leur entretien, à raison de la nature du sol, ou de la proximité des villes, bourgs et embarcadères. Voulons que lesdits travaux soient évalués respectivement les uns aux autres, et que, d'après ladite évaluation, soient réglées les tâches respectives et proportionnelles de tous les Habitans tenus de contribuer audit entretien.

XIV. Après la confection dudit toisé, en la manière prescrite par les articles précédens, il sera fait, par les mêmes Voyers et Arpenteurs, un projet de repartition pour l'entretien des chemins publics entre les paroisses respectives, avec indication des portions de chemins que chacune desdites paroisses sera tenue d'entretenir. Voulons qu'il assiste à la rédaction dudit projet de répartition, un Commissaire de chacune des paroisses, entre lesquelles ladite répartition aura lieu.

XV. La répartition entre les paroisses sera réglée en raison du nombre respectif de leurs nègres de tout âge et de tout sexe. Voulons néanmoins que, dans le cas où une paroisse des mornes concourrait, pour l'entretien d'un chemin avec une paroisse de la plaine, à un nombre égal de nègres entr'elles, la tâche de ladite paroisse de la plaine soit réglée au double de la tâche de ladite paroisse des mornes; voulons que la même règle de proportion soit observée entre les habitations relativement à leur situation respective.

XVI. Le toisé-général, le procès-verbal de l'estimation des travaux et l'état de répartition, dressé en conséquence de ladite estimation, seront publiés et affichés à la porte de l'Eglise de chacune des paroisses respectives; sera faite la publication suivant l'usage ordinaire, et certifiée par le Commandant des milices de chaque paroisse.

XVII. Dans le délai de quinzaine, à compter du jour de la publication ordonnée par l'article précédent, pourront les paroisses qui croiront être lésées par le projet de répartition, faire, sur ledit projet, telles représentations qu'elles estimeront convenables; seront à cet effet, lesdites paroisses, sur la demande qui en sera faite pour elles et en leur nom, par leur Commandant, à nos Gouverneur-lieutenant général et Intendant, autorisées à nommer respectivement dans une assemblée paroissiale, convoquée dans les formes ordinaires, un ou plusieurs Habitans pour constater la lésion et rédiger les représentations à faire, lesquelles seront remises auxdits Commandans des paroisses, et par eux adressées auxdits Gouverneur-lieutenant-général et Intendant : ordonnons qu'après l'expiration dudit délai de quinzaine, aucune paroisse ne soit admise à s'assembler pour procéder auxdites représentations.

XVIII. Avant de faire droit sur les représentations des paroisses, les Gouverneur-lieutenant-général et Intendant nommeront d'office 3 Commissaires pris entre les Voyers et Arpenteurs, autres que ceux qui auront procédé à la répartition ; lesquels Commissaires feront la visite des lieux, vérifieront les objets desdites représentations, et dresseront procès-verbal de leur vérification, auquel sera joint leur avis motivé.

XIX. Les Gouverneur-lieutenant-général et Intendant, d'après lesdits procès-verbal et avis, et selon qu'ils l'estimeront convenable, arrêteront définitivement entre les paroisses respectives, la répartition des chemins à entretenir, et rendront, à cet effet, une ordonnance commune, contre laquelle il ne pourra être formé aucune opposition, ni réclamation ; seront, en conséquence, établies les bornes indicatives, mentionnées dans l'article IX du présent édit, pour marquer les tâches assignées à chacune desdites paroisses.

XX. D'après la répartition générale entre les paroisses, comme aussi d'après les mêmes estimations et règles de proportion qui l'auront déterminée, il sera procédé à la répartition particulière à faire entre les Habitans, en raison du nombre respectif de leurs nègres ; et à cet effet chacune desdites paroisses nommera 4 Commissaires, lesquels, avec le Commandant et le

Voyer, dresseront le projet de la répartition particulière; et sera le procès-verbal dudit projet signé desdits Commandant, Voyer et Commissaires.

XXI. Ledit procès-verbal sera affiché, par copies, à la porte de l'Eglise paroissiale, et déposé en original, pendant 15 jours, chez le Commandant de la paroisse, où tous les Habitans intéressés en pourront prendre communication sans déplacer; et si aucuns croyaient être lésés, ils feront leurs représentations par des mémoires qu'ils remettront audit Commandant, lequel leur en donnera son récépissé, et les adressera, sur-le-champ avec son avis, aux Gouverneur-lieutenant-général et Intendant. Declarons que lesdits 15 jours expirés, lesdits mémoires ne pourront plus être reçus.

XXII. Les faits énoncés dans lesdits mémoires seront vérifiés par deux Commissaires, que les Gouverneur-lieutenant-général et Intendant choisiront à cet effet, dans une des paroisses les plus voisines, lesquels Commissaires dresseront procès-verbal de ladite vérification, et y joindront leur avis motivé.

XXIII. D'après lesdits vérification et avis, le projet de répartition particulière sera homologué par les Gouverneur-lieutenant-général et Intendant, avec les changemens qui leur auront paru justes et nécessaires, et ne sera reçue aucune réclamation contre l'ordonnance portant ladite homologation, laquelle sera affichée et publiée dans la paroisse. Voulons qu'en conséquence de ladite ordonnance, il soit établi, conformément à l'art. IX ci-dessus, des bornes pour indiquer la tâche distribuée à chaque habitation en particulier.

XXIV. Lorsque les réparations, tant générales que particulières, auront été arrêtées et exécutées, elles seront toujours suivies à l'avenir, à moins qu'il ne survienne dans la fortune des contribuables ou dans le local des chemins, des changemens imprévus occasionnés par force majeure, et assez considérables pour exiger qu'il soit fait une nouvelle répartition de l'entretien desdits chemins.

XXV. Seront tenus tous lesdits Habitans, sans aucune exception, d'entretenir les portions de chemin qui auront été respectivement assignées à leurs habitations ; à défaut de quoi, il y sera pourvu par le Voyer, ainsi qu'il sera prescrit ci-après. Voulons qu'à l'égard dudit entretien, il ne puisse être prétendu aucun privilége ni exemption, même par ceux qui pourraient en avoir obtenu à titre onéreux, sauf à être par nous pourvu à leur indemnité, d'après les titres qu'ils représenteront à nos Gouverneur-lieutenant-général et Intendant.

XXVI. Dans le cas où un propriétaire d'habitation n'y ferait pas sa résidence, son économe sera contraint, par les mêmes voies et de la même manière que le propriétaire même, à l'entretien du chemin dont l'habitation sera chargée, et à tous les travaux que cette partie pourra exiger, sans que ledit économe puisse rien répéter contre ledit propriétaire, pour raison des frais que sa négligence aurait pu occasionner, ou des condamnations qui auraient été prononcées contre lui.

XXVII. Toute personne jouissant, à quelque titre que ce soit, d'une habitation, en représentera le propriétaire, relativement à l'entretien des chemins, et sera tenu à toutes les charges dudit entretien.

XXVIII. Les habitations qui seront établies à l'avenir, seront exemptes de toute contribution à l'entretien et à la construction des chemins publics, pendant 3 ans, à compter, pour les concessions anciennes, du jour de la publication de notre présent édit, et pour les concessions nouvelles du jour de leur enregistrement.

XXIX. Les portions de grands chemins, aboutissans aux villes et bourgs principaux, qu'il conviendra de laisser à la charge des Habitans desdits villes et bourgs, seront déterminées par les Voyers-généraux et mentionnées dans leur procès-verbal.

XXX. Dans chaque ville et bourg, les contribuables s'assembleront dans la forme ordinaire des assemblées de paroisses, pour déterminer eux-mêmes la manière d'exécuter ce qui sera à leur charge, soit par corvée commune, soit par adjudication au rabais ; et le moyen qui aura été adopté à la pluralité des voix sera suivi.

XXXI. Les cotisations desdits contribuables seront réglées en proportion des valeurs respectives de leurs maisons, magasins et emplacemens ; il sera choisi, par eux, 4 Commissaires pour dresser avec le Commandant et le Voyer de la paroisse, les rôles desdites cotisations, lesquels rôles ne seront définitivement arrêtés et ordonnés par les Gouverneur-lieutenant-général et Intendant, qu'après avoir fait remplir les formalités prescrites par l'art. XXI du présent édit, pour les états de répartitions particulières à faire entre les habitations. Déclarons qu'aucune représentation contre lesdits rôles ne pourra être faite que dans les délais prescrits par ledit art. XXI, et seront les faits allégués dans lesdites représentations, vérifiés par tels nouveaux Commissaires qu'il plaira aux Gouverneur-lieutenant-général et Intendant de nommer.

XXXII. Indépendamment du Voyer-général établi dans la colonie, les Gouverneur-lieutenant-général établiront le nombre de Voyers particuliers qu'ils jugeront nécessaires, et à chacun desquels ils assigneront un district pour l'inspection des chemins publics.

XXXIII. Le Voyer-général pourra visiter les chemins publics, aussi souvent qu'il l'estimera convenable, et sera néanmoins tenu de faire, chaque année, après avoir pris l'ordre des Gouverneur-lieutenant-général et Intendant, une visite générale. Voulons que, sur chaque paroisse, il soit accompagné dans ladite visite, par le Commandant et deux Commissaires de ladite paroisse, lesquels Commissaires seront pris parmi les Habitans et nommés par eux. Ordonnons pareillement, que l'état où les chemins auront été trouvés et les travaux qu'ils exigeront, comme aussi les causes de leur dégradation et les plaintes qui pourront être portées à ce sujet, soient constatées par un procès-verbal signé desdits Voyer-général, Commandant et Commissaires; lequel procès-verbal sera envoyé auxdits Gouverneur-lieutenant-général et Intendant, pour être par eux ordonné ce qu'il appartiendra, et où ledit Commandant de paroisse ne pourrait assister à ladite visite, il sera suppléé par un autre Officier des milices.

XXXIV. Seront tenus les Voyers particuliers de faire, tous les 6 mois, une visite générale des chemins de leur district, et d'en dresser un procès-verbal, tel qu'il est ordonné par l'article précédent. N'entendons, néanmoins, leur interdire la liberté de visiter lesdits chemins aussi souvent et toutes les fois qu'ils le jugeront à propos.

XXXV. Si quelques Habitans négligeaient d'entretenir les parties de chemins assignées à leurs habitations respectives, le Voyer particulier les avertira de les réparer dans le délai de 8 jours; il donnera connaissance dudit avertissement au Commandant et aux 2 Commissaires aux chemins de ladite paroisse; et ledit délai expiré, il fera faire aux frais desdits Habitans en retard, les travaux nécessaires pour réparer lesdites parties de chemin.

XXXVI. Lorsque lesdits ouvrages auront été faits, il sera procédé à leur visite et réception par les Commandant et Commissaires de la paroisse, en présence des Habitans qui les auront occasionnés par leur négligence, où iceux dûment appelés; et sera, par lesdits Commandant et Commissaires, dressé procès-verbal de la visite et réception. Si lesdits ouvrages sont de nature à être reçus, voulons que le montant des frais qu'ils auront occasionnés soit réglé par ledit procès verbal.

XXXVII. Au bas dudit procès-verbal, nos Gouverneur-lieutenant-général et Intendant donneront une ordonnance portant que, huitaine après la signification qui en aura été faite auxdits Habitans, ils seront contraints même par corps, à payer audit Voyer le montant des frais mentionnés audit procès-verbal, sans qu'il soit besoin d'autre commandement que celui qui leur aura été fait par ladite signification ; voulons néanmoins que, pour accélérer ledit paiement, nos Gouverneur-lieutenant-général et Intendant puissent en faire prendre le montant, par forme d'avance seulement, sur la caisse municipale.

XXXVIII. Attendu l'impossibilité d'évaluer avec précision les travaux à faire sur chacune des parties d'un chemin neuf, nous ordonnons que tous les nouveaux chemins publics, dont la construction pourra être jugée nécessaire, seront faits par corvées, lesquelles seront réglées en la manière ci-après prescrite. N'entendons, toutefois, interdire aux Habitans la faculté de prendre, si bon leur semble, la voie de l'adjudication au rabais.

XXXIX. Lorsqu'il sera question d'ouvrir un nouveau chemin public, si les Gouverneur-lieutenant-général et Intendant le jugent nécessaire, ils en ordonneront l'ouverture en commun, et le tracé en sera fait en la manière ordinaire, par des Voyers qu'ils commettront à cet effet.

XL. Sera dressé procès-verbal dudit tracé, lequel constatera l'étendue du nouveau chemin d'une limite à l'autre et la largeur qu'il conviendra de lui donner, selon la situation des lieux en plaine ou dans les mornes, comme aussi les rivières, ravines, marais et bois qui s'y rencontreront, les escarpemens, ponts, levées, saignées et pavés qu'il sera nécessaire d'y faire et entretenir.

XLI. Après la confection du procès-verbal, il sera fait, par les mêmes Voyers, un état des paroisses qu'ils estimeront devoir contribuer au nouveau chemin ; lequel état contiendra un projet général de contributions par corvées, en raison du nombre des esclaves qu'il y aura respectivement dans les paroisses contribuables, de l'utilité que chaque paroisse pourra retirer dudit chemin, de l'éloignement où elle s'en trouvera, et dans les proportions etablies par l'art. XV, entre les paroisses et habitations de la plaine et des mornes : ledit état contiendra pareillement un projet de contribution particulière entre les habitations respectives de chaque paroisse, dans lequel seront observées les proportions établies pour la contribution génerale entre lesdites paroisses.

XLII. Le procès-verbal contenant le tracé du nouveau chemin, l'etat des paroisses contribuables, la contribution générale de chacune desdites paroisses et les contributions particulières des habitations seront publiés et affichés à la porte de l'Église de chacune des paroisses respectives, suivant l'usage ordinaire. Pourront les Habitans intéressés en prendre connaissance et faire les représentations qu'ils jugeront convenables, soit relativement à la contribution des paroisses, les unes respectivement aux autres, soit relativement à celle des habitations dans chacune desdites paroisses.

XLIII. Dans le délai de 15 jours, à compter du jour de la publication du procès-verbal et des états de contributions, les représentations, si aucune y a, seront remises aux Commandans de chaque paroisse, lesquels les adresseront, avec leur avis, aux Gouverneur-lieutenant-général et Intendant, pour y avoir tel égard qu'il appartiendra.

XLIV. Les Gouverneur-lieutenant-général et Intendant nommeront, s'ils le jugent nécessaire, 2 Commissaires, à l'effet de vérifier les faits allégués dans les représentations ; et, d'après le procès-verbal de vérification, auquel sera joint l'avis motivé desdits Commissaires, lesdits Gouverneur-lieutenant-général et Intendant arrêteront définitivement, par une ordonnance contre laquelle nulle opposition ne sera reçue, l'état des paroisses contribuables, comme aussi celui de la contribution générale entre lesdites paroisses, et des contributions particulières entre les habitations qui les composent.

XLV. Lorsque le nouveau chemin aura été parachevé, il sera ajouté aux autres chemins publics, et réparti par paroisses et par habitations, dans la forme prescrite ci-dessus pour l'entretien desdits chemins.

XLVI. Pourront nos Gouverneur-lieutenant-général et Intendant, selon la nature des circonstances et l'exigence des cas, prendre sur les caisses municipales ou sur notre trésor, tout ou partie des fonds nécessaires pour la construction et l'entretien des ponts qu'exigeront les chemins, tant anciens que nouveaux.

XLVII. Défendons à tout Habitant, de quelque qualité et condition qu'il soit, de faire paître ses animaux dans les chemins publics, à peine de 60 liv. tournois d'amende, laquelle sera prononcée par le Juge du ressort. Voulons en outre que la prise desdits animaux soit payée aux preneurs par les délinquans, suivant le tarif qui sera arrêté par nos Gouverneur-lieutenant-général et Intendant.

XLVIII. Les Habitans qui ont titre ou possession suffisante pour jouir d'un chemin sur les habitations de leurs voisins, seront maintenus dans ladite jouissance, et, en cas de contestation pour raison desdits titres ou possessions, ils se pourvoiront par devant les Juges des lieux.

XLIX. Tout Habitant, sans être tenu à aucun dédommagement, aura un chemin sur les habitations aux étages desquelles la sienne se trouvera située, et seront lesdits étages déterminés à cet égard, par le lieu de l'embarcadère, ou par le chemin public qui y conduit.

L. Le chemin sera pris, ou ordonné en cas de contestation, dans un lieu et dans une direction commode pour celui qui en devra jouir. Entendons néanmoins que ladite direction ne puisse traverser l'emplacement où seront situés les maisons, cases à nègres et autres bâtimens des habitations, hors le cas d'une absolue nécessité. Voulons même que ledit chemin soit conduit de manière à devenir le moins préjudiciable que faire se pourra, à celui ou ceux sur les possessions desquels il passera.

LI. Tout chemin déjà établi et qui sera praticable, ne pourra être changé par l'Habitant qui en jouit, sous prétexte d'en avoir un autre plus court ou plus commode, à moins que le propriétaire de l'habitation sur laquelle passerait le nouveau chemin n'y consente.

LII. En cas de partages et de subdivisions d'une habitation jouissant d'un chemin, les différentes portions démembrées de ladite habitation suivront leurs lisières pour aller joindre ledit chemin dont l'usage leur sera commun;

et si quelques lisières se trouvaient impraticables, lesdites portions seront asservies les unes aux autres pour le passage nécessaire jusqu'à la jonction dudit chemin commun ; de manière qu'à cet égard les partages et subdivisions ne puissent jamais nuire à un étranger.

LIII. Il ne sera accordé qu'un seul chemin pour les nouvelles habitations qui pourront être établies sur le terrein compris dans une seule et même concession ; et elles jouiront dudit chemin, conformément à ce qui est prescrit par l'article précédent.

LIV. L'ouverture et la construction des chemins particuliers seront faites aux frais des Habitans à qui ils auront été accordés, lesquels Habitans seront pareillement chargés de les entretenir, sauf à y faire contribuer ceux qui en feront habituellement usage ; et sera ladite contribution réglée par les Gouverneur-lieutenant-général et Intendant, sur les mémoires contradictoires des parties et l'avis du Voyer.

LV. La connaissance de toutes les contestations qui, à d'autres égards que la contribution mentionnée dans l'article précédent, pourront naître au sujet desdits chemins particuliers, appartiendra aux Juges ordinaires, et par appel aux Conseils souverains.

Si donnons en mandement, *etc.*

Donné à Versailles, le 24 novembre 1781. *Signé*, LOUIS ; *et plus bas*, par le Roi, DE CASTRIES.

Enregist. au Conseil souverain.

(N°. 594.) ORDONNANCE *du Roi, concernant les Biens des Fabriques des Eglises dans les Colonies de l'Amérique.*

Du 24 novembre 1781.

LOUIS, *etc.*, SALUT : Nous sommes informés qu'il s'est introduit une grande négligence dans la gestion des biens temporels des églises dans nos colonies, que les Marguilliers n'y rendent point leurs comptes, et n'en paient point les reliquats dans les termes prescrits par les ordonnances rendues à ce sujet : en un mot, que l'ordre nécessaire à la conservation de ces mêmes biens n'est aucunement suivi, ce qui occasionne aux Fabriques de ces églises des diminutions considérables sur leurs revenus : voulant donc faire cesser de tels abus et empêcher qu'ils ne puissent à l'avenir se renouveler : nous avons cru devoir prendre les plus justes mesures pour assurer l'observation constante des règles auxquelles ces sortes de gestions doivent être invariablement assujetties.

A CES CAUSES, *etc.*, voulons et nous plaît ce qui suit :

ART. Ier. Dans le délai de 6 mois après la publication de notre présente ordonnance, il sera dressé, si fait n'a été, dans chaque paroisse de nos colonies, un état et inventaire de tous les titres, papiers et renseignemens des biens appartenans à la Fabrique, ainsi que des meubles et ornemens de l'Eglise, en présence du Prêtre desservant la cure, du Marguillier en charge et de 2 Habitans nommés à cet effet par ladite paroisse. Ordonnons que lesdits état et inventaire soient écrits sur un registre et signés desdits Desservans, Marguilliers en charge et Habitans.

II. Ledit registre sera destiné à inscrire encore les marchés passés par les Marguilliers, les arrêtés de leurs comptes, la mention des paiemens de leurs reliquats, et généralement l'extrait de tous les actes concernant le temporel de ladite Eglise.

III. Il sera tenu un registre particulier dans lequel seront inscrits, par ordre de date, le produit des quêtes et les dons en argent qui pourront être faits à l'Eglise. Enjoignons à tous Marguilliers en charge de faire faire exactement lesdites quêtes dans les églises aux jours de dimanches et fêtes : voulons qu'en cas de négligence de leur part, ils soient forcés en recette sur le pied de la plus forte desdites quêtes, et ce pour chacun desdits jours où il n'aura pas été quêté.

IV. Dans toutes nos colonies, les Marguilliers seront nommés par leurs paroisses respectives, et ne resteront en charge qu'une année; n'entendons néanmoins empêcher qu'ils soient continués, de leur consentement et par délibération de ladite paroisse.

V. A l'expiration de son année d'exercice, tout Marguillier sera tenu de rendre compte de sa gestion, et de payer comptant le reliquat dudit compte, entre les mains du nouveau Marguillier nommé pour le remplacer.

VI. Le compte dudit Marguillier sera reçu par le Prêtre desservant la cure, par le Marguillier entrant en charge et 2 Habitans dont la paroisse aura fait choix, et sera l'arrêté dudit compte signé par toutes lesdites parties sur le registre mentionné ci-dessus.

VII. Ne pourra toutefois ledit arrêté de compte être réglé définitivement qu'après avoir été communiqué à notre Procureur en la Jurisdiction du lieu, à l'effet d'être par lui examiné et debattu.

VIII. Si, à l'occasion des débats fournis, soit par les oyans-comptes, soit par notre Procureur, il s'élève des contestations, elles seront portées devant le Juge de ladite Jurisdiction, sauf l'appel en notre Conseil souverain du ressort, des sentences qui pourront être rendues par ledit Juge, et pourra ledit appel être interjeté par notredit Procureur, comme par les autres parties.

IX. Lesdites contestations seront réputées matières sommaires : voulons aussi que les sentences qui interviendront soient exécutoires par provision et nonobstant l'appel, sans toutefois que les Fabriques soient tenues de donner caution pour l'exécution provisoire des condamnations prononcées à leur profit.

X. Les Marguilliers seront à l'avenir contraignables par corps pour la reddition de leurs comptes et pour le paiement des sommes dont ils se trouveront redevables.

XI. Les poursuites contre un Marguillier en retard de compter ou de payer, seront faites à la requête et diligence du Marguillier entrant en charge. Voulons qu'après avoir obtenu ladite contrainte par corps contre le Marguillier redevable, il en provoque l'exécution, en envoyant copie de la sentence à nos Gouverneur-lieutenant-général et Intendant,

XII. Si, pendant les 6 premiers mois de son exercice, le nouveau Marguillier n'a pas fait les poursuites nécessaires pour faire prononcer ladite condamnation, ou s'il a négligé d'en envoyer copie à nos Gouverneur-lieutenant-général et Intendant, il sera, de droit et sans qu'il soit besoin de le faire ordonner par un jugement, personnellement et solidairement debiteur des sommes pour lesquelles lesdites poursuites auraient dû être faites. Voulons qu'en conséquence il soit tenu de s'en charger en recette, quand même elles ne lui auraient pas été payées effectivement.

XIII. La contrainte par corps n'aura lieu contre les héritiers d'un Marguillier; déclarons qu'ils ne pourront être poursuivis que par les autres voies ordinaires, au paiement des sommes dues à la Fabrique par le défunt; exceptons néanmoins le cas dans lequel il serait reconnu que les deniers de ladite Fabrique seraient passés dans les mains desdits héritiers depuis la mort dudit Marguillier; entendons qu'audit cas, ils soient contraignables par corps à la restitution desdits deniers.

XIV. Ladite contrainte par corps n'aura lieu non plus contre les Marguilliers dont la gestion aura précédé la publication de notre présente ordonnance; enjoignons seulement aux Marguilliers qui se trouveront en charge, lors de ladite publication, de les poursuivre par toute autre voie, pour les obliger à rendre compte et à payer leurs débets: déclarons que, faute par lesdits Marguilliers en charge de faire les diligences convenables à cet égard, et d'en justifier, ils seront forcés en recette pour le montant desdits débets.

XV. Sera pareillement forcé en recette, tout Marguillier qui ne justifiera point avoir fait les poursuites nécessaires pour se procurer la rentrée des sommes non perçues par lui pour la Fabrique, et qui auraient dû l'être pendant l'année de son exercice.

XVI. Veilleront pareillement nos Procureurs ès-jurisdictions à ce que les comptes des exercices antérieurs à la publication des présentes, soient diligemment rendus. Leur enjoignons d'envoyer à l'Intendant et à notre Procureur-général au Conseil souverain du ressort, dans le délai de 6 mois après ladite publication, un état des comptes non rendus ou non soldés dans leurs ressorts respectifs, ainsi que des poursuites qui auront été faites à ce sujet. Ordonnons à nos Gouverneur-lieutenant-général et Intendant d'y tenir la main.

XVII. A chaque mutation de Marguillier, il sera fait, dans la forme prescrite par l'art. Ier. de la présente ordonnance, un nouvel inventaire des titres, papiers, meubles et autres effets appartenans, tant à l'Eglise qu'à la Fabrique; à l'effet de quoi tous lesdits titres, papiers et autres effets seront représentés et remis au Marguillier entrant en charge; et ce d'après l'inventaire précédent qui en aura été fait par son Prédécesseur, ainsi que des autres actes qui pourraient avoir eu lieu postérieurement audit inventaire.

XVIII. Tout Prêtre, desservant une cure dans nos colonies, sera tenu, sous peine de 150 liv. tournois d'amende, d'envoyer chaque année, tant à l'Intendant qu'à notre Procureur-général, une copie par extrait et signée de lui, de l'arrêté définitif du compte rendu par le dernier Marguillier de sa paroisse.

XIX. Les Marguilliers ne pourront accepter aucune fondation nouvelle, qu'en vertu d'une délibération de la paroisse, homologuée par nos Gouverneur-lieutenant-général et Intendant, avec le consentement du Prêtre commis à la desserte de la cure; leur enjoignons de veiller à ce que les charges des fondations antérieurement reçues soient acquittées; leur faisons très-expresses inhibitions et défenses d'en appliquer les biens à des usages autres que ceux auxquels ils se trouveront destinés par lesdites fondations. Voulons qu'elles soient toutes énoncées dans un tableau, lequel sera, par l'ordre du Marguillier, placé dans le lieu le plus apparent de la Sacristie.

XX. En ce qui concerne la concession des bancs dans les églises, les permissions d'y placer des épitaphes, les ordres à donner pour faire sonner les cloches, la convocation des assemblées de la paroisse, relativement au service de l'Eglise, la nomination aux places de Chantres, de Sacristains et autres Clercs de l'œuvre, les droits à payer, tant aux Prêtres desservans les cures, qu'aux Fabriques, et généralement tous autres objets relatifs audit service; il sera fait par nos Gouverneur-lieutenant-général et Intendant, un nouveau réglement auquel les Marguilliers et lesdits Prêtres desservans, seront tenus de se conformer après qu'il aura été enregistré en nos Conseils souverains, et publié en la manière ordinaire.

XXI. Toutes les quêtes dans les églises seront au profit et pour l'utilité desdites eglises. Entendons que pour quelques causes que ce puisse être, il n'en puisse être fait aucune autre, qu'en vertu d'une permission expresse de nos Gouverneur-lieutenant-général et Intendant; et dans le cas, où ils auraient permis d'en faire une pour les pauvres, le produit en sera remis au Prêtre faisant fonctions de curé, pour ledit produit être par lui employé à sa destination, sans que ledit Prêtre soit tenu d'en rendre aucun compte. Voulons qu'il en soit ainsi de toutes les autres sommes d'argent qui lui seront données ou léguées pour aumônes ou autres œuvres pies.

Si donnons en mandement, *etc.*

Donné à Versailles, le 24 novembre 1781. *Signé*, LOUIS ; *et plus bas*, par le Roi, DE CASTRIES.

Enregist. au Conseil souverain.

(N°. 595.) ORDONNANCE *de MM. les Général et Intendant, concernant la Répartition fixée pour réparer les dommages occasionnés par la Rivière du Fort St-Pierre,*

Du 5 décembre 1781.

LE débordement de la rivière du Fort ayant causé des dommages considerables le 3 septembre dernier, une partie du quai et quelques maisons sur la rive droite ayant été emportees, il etait d'une nécessité instante d'y remédier sans délai, et de prévenir les ravages encore plus grands qu'une nouvelle inondation causerait infailliblement.

Les dépenses à faire pour ces différens ouvrages se trouvant, pour la plus grande partie, à la charge des particuliers, nous leur avions laissé le soin de se concilier entr'eux, par notre ordonnance du 22 septembre dernier, mais l'indécision des propriétaires, le jour de l'assemblée qui fut tenue chez M. le Sénéchal, le 8 octobre dernier, nous a convaincus que la diversité des opinions et des intérêts aurait mis un obstacle insurmontable à l'accord unanime, duquel doit résulter un parti décisif et dont l'exécution ne fût pas retardée; nous avons donc jugé que le Gouvernement devait en prendre connaissance autant pour l'intérêt public que pour celui des particuliers.

D'après cette détermination, nous avons chargé M. O'Connor, capitaine au Corps-royal du génie, de faire dresser le devis estimatif des réparations à faire au quai du pont sur la rive droite: et nous les avons fait exécuter par le sieur Despujols, grand-voyer, les circonstances n'ayant pas permis, dans un besoin aussi pressant, de remplir les formalités trop longues des criées et adjudication au rabais.

Nous avons aussi chargé l'Ingénieur en chef de faire dresser le plan des autres ouvrages à faire le long de la rivière du Fort, et sur chacune de ses rives, tant pour réparer les dommages, que pour prévenir le danger auquel le public est exposé pour l'avenir: ce plan a été suivi d'un devis estimatif et d'une répartition la plus équitable pour le paiement des dépenses, eu égard à la position des maisons et à leur distance de la rivière, qui fixe la proportion des charges, en raison égale à l'éloignement du danger.

L'Ingénieur en chef a distingué ce qui est à la charge des particuliers, et ce qui doit être supporté par le Roi, à cause du Fort, des magasins, poudrières et transports de l'artillerie.

Pour ne laisser aucune incertitude sur l'exécution des ouvrages, et pour accélérer leur perfection, nous avons cru nécessaire de faire déterminer l'étendue des quais, la dimension des murs et les conditions de l'entreprise, nous avons aussi réglé l'ordre à suivre pour l'adjudication des ouvrages et les termes des paiemens; nous avons enfin préposé un Receveur des deniers à payer par les contribuables.

C'est d'après toutes ces opérations, *etc.*, que nous avons statué et ordonné, statuons et ordonnons ce qui suit :

ART. Ier. Les ouvrages qui ont été faits par le sieur Despujols, en exécution de nos ordres, pour réparer les dommages occasionnés au quai du pont par les debordemens, sont fixés à la somme de 10,197 l. 17 s. 9 d., suivant le devis estimatif approuvé par M. O'Connor, capitaine au Corps-royal du genie, ces ouvrages seront payés et acquittés conformément à l'état de répartition qui en a été dressé par le sieur Moreau du Temple, ingénieur-géographe.

II. Le tiers de la susdite somme de 10,197 liv. 17 s. 9 d. sera supporté par les S^rs^. Roi d'Arcount, Ducassou, Chaix, Bassy et Aubert, par proportion égale, eu égard à la valeur des loyers de leurs maisons, en conformité du tableau qui en a été dressé, et qui sera imprimé à la suite de notre présente ordonnance.

III. Les propriétaires des maisons de la Grande-Rue du Pont, de la rue Abadie et de la rue Hurtaud, supporteront tous ensemble la somme de 3,660 l., eu égard à la valeur des loyers de leurs maisons, et à l'éloignement du danger des débordemens, en conformité du susdit tableau.

IV.

IV. Ayant considéré que le Fort, la Poudrière et le Magasin du Roi courent les mêmes risques que les maisons des particuliers, la somme de 3,138 l. 12 s. 4 d. pour compléter ce qui restera à payer du montant desdits ouvrages, demeurera à la charge de S. M.

V. Tous les contribuables seront tenus de payer et acquitter entre les mains du Trésorier de la bourse commune des Huissiers, la somme qui est à leur charge ; savoir : moitié un mois après la publication de la présente ordonnance, et moitié six mois après ladite publication.

VI. Le Sr. Despujols sera obligé, avant de pouvoir exiger le dernier terme, de faire recevoir son ouvrage, et de faire constater qu'il est à sa perfection et conforme au devis des 21 septembre et 26 octobre derniers, déposé au Greffe de l'Intendance ; ce qui sera vérifié par un Officier du Corps-royal du génie, qui sera par nous commis à cet effet, lequel en dressera son procès-verbal, et ledit Sr. Despujols sera tenu de garantir ses ouvrages pendant un an, sauf les événemens de force majeure, qui sont bornés aux tremblemens de terre et ouragans.

VII. Tous les autres ouvrages à faire, tant sur la rive droite de la rivière, que sur la rive gauche, seront à la charge des propriétaires des maisons. Ces ouvrages doivent être garantis et supportés par eux dans la proportion déterminée par ledit Sr. Moreau du Temple, eu égard aux loyers de leurs maisons, suivant le tableau qui sera imprimé à la suite des présentes.

VIII. Tous ces ouvrages seront proposés par entreprise et criés au rabais, sur le pied de l'estimation qui en a été faite par le S[r]. Moreau du Temple. Les offres seront reçues à la salle de l'Intendance, le   à 10 heures du matin, par le Procureur du Roi en fonctions, et l'adjudication en sera faite le même jour aux offres les plus favorables pour les cointéressés, lesquels auront le droit d'assister auxdites criées et adjudications.

IX. La somme fixée par le S[r]. Moreau du Temple, pour chacun des contribuables, sera diminuée en raison du moindre prix des ouvrages, en cas de rabais, et suivant la proportion établie dans le tableau de contribution.

X. Les ouvrages étant indépendans les uns des autres, suivant les procès-verbaux dressés par le S[r]. Moreau du Temple, il sera fait le même jour et au même lieu, trois criées et trois adjudications différentes, tant pour faciliter les Entrepreneurs, en divisant l'ouvrage, que pour hâter l'exécution, en multipliant les Entrepreneurs.

XI. La première adjudication sera pour le mur de quai à faire devant la maison de la dame Piquet, en continuation du quai du Pont, sur la rive droite, rue et quai de Peinier. La seconde sera du mur du quai à faire depuis la clôture du terrein du S[r]. Guis jusqu'à la maison du S[r]. Desgasons, sur la même rive. La troisième sera du mur du quai à faire depuis la maison du S[r]. de Jussac, jusqu'à celle du S[r]. Mathieu inclusivement, sur la rive gauche.

XII. La rue de Peinier aura 15 pieds de large, parallèle au quai, depuis la maison de la dame Piquet jusqu'à celle de la dame Clavier.

XIII. Les Adjudicataires seront obligés de se conformer aux toisé, plan et proportions indiqués par le S^{r}. Moreau du Temple, dont il leur sera donné communication sans frais, par le sieur Bonodet de Foix, greffier de l'Intendance, et qui seront représentés le jour des criées. Pourront lesdits Entrepreneurs aller prendre ladite communication tous les jours, depuis 8 heures du matin jusqu'à 10, à compter du jour de la publication des présentes jusqu'à celui de l'adjudication.

XIV. Les Entrepreneurs seront tenus de recevoir l'alignement du Grand-voyer, de faire vérifier leurs ouvrages et de les garantir, comme il est dit en l'art. VI ci-dessus.

XV. La dame Piquet supportera seule la moitié du prix de l'adjudication des ouvrages qui se feront devant sa maison : les propriétaires du quartier, qui sont la dame Lamarque, le S^{r}. Delgrès, Claude et Gratien, Réné, la dame Clavier et la dame Molin, en supporteront un sixième, et le surplus sera à la charge de S. M., à cause du passage des troupes, vivres et artillerie.

XVI. Le prix de l'adjudication des ouvrages à faire depuis le mur de clôture du terrein du S^{r}. Guis, jusqu'à la maison du S^{r}. Desgasons, sera supporté par tous les propriétaires de la rue Levassor; depuis le S^{r}. Guis, jusqu'à la mulâtresse nommée Marie Sinson, et de la rue Macary, depuis M. de la Periere, jusqu'aux héritiers Lacalle, conformément au susdit tableau.

XVII. Le mur de quai à construire depuis la maison du S^{r}. de Jussac, jusqu'à l'encoignure du S^r^. Mathieu, où doit être l'angle d'épaulement et le pavé qui doit être fait sur la même étendue de terrein, seront à la charge de tous les propriétaires des maisons voisines, tant de la rue Ste-Marthe, à droite et à gauche, que de la rue de l'Intendance et de la place du Pont, conformément au susdit tableau.

XVIII. Les adjudications seront faites à la charge par l'Adjudicataire de remplir tout ce qui sera dépendant des ouvrages, comme fouilles de fondations, détournemnnt d'eau, remblai, mortier de pouzzolane, jusqu'à 6 pieds de hauteur, et au-dessus mortier ordinaire en chaux et sable, et de construire conformément au plan de profil présenté par ledit S^r^. Moreau du Temple.

XIX. Tous les contribuables seront tenus de payer au Trésorier de la bourse commune des Huissiers, la moitié de leur quote-part dans la contribution, un mois après l'adjudication des ouvrages, et l'autre moitié 6 mois après ladite adjudication; mais l'Entrepreneur-adjudicataire ne pourra recevoir le premier paiement qu'après avoir fait la moitié de l'ouvrage, et le restant après que l'ouvrage sera perfectionné, vu et accepté comme en l'art. VI ci-dessus.

XX. Les religieuses Ursulines feront construire un mur de quai sur toute l'étendue de leur terrein, à la rive gauche, depuis l'angle d'épaulement vis-à-vis la maison du S^r^. Mathieu, jusqu'à la hauteur indiquée dans le plan de la rivière, qui a été dressé par ledit S^r^. Moreau du Temple le 27 octobre dernier, déposé au Greffe de l'Intendance : lesdites dames Religieuses pourront en faire prendre connaissance toutes les fois qu'elles en auront besoin. Ledit mur de quai conforme au plan de profil prescrit par ledit S^r^.-Moreau du Temple, et les ouvrages seront commencés incessamment après la publication des présentes, et continués sans interruption jusqu'à leur perfection. L'alignement dudit mur sera donné aux Entrepreneurs par le Grand-voyer.

XXI. Tous les propriétaires du terrein sur la rive droite, depuis Claude et Gratien jusqu'au S^r^. Guis inclusivement, et le S^r^. de Jussac de Launay, sur la rive gauche, seront tenus de construire un mur de quai, et y procéderont comme il est dit et ordonné en l'article précédent.

XXII. Faute par les contribuables de payer et acquitter leur quote-part dans les termes indiqués par les articles V et XVIII, et dans la huitaine après l'expiration d'icelle, sans autre délai, ils y seront contraints par toutes les voies de droit, en vertu des présentes.

XXIII. Si les propriétaires des terreins et maisons, devant lesquels les murs de quai doivent être construits, négligeaient de commencer leurs ouvrages, ou les interrompaient après les avoir commencés, il y sera par nous pourvu, suivant l'exigence des cas, sur le rapport qui nous en sera fait par le Grand-voyer, que nous avons commis et commettons à cet effet pour nous en rendre compte.

XXIV. Sera la présente ordonnance déposée au Greffe de l'Intendance, pour, une expédition d'icelle être, à la diligence du Procureur du Roi, imprimée, lue, *etc.*

Donné à la Martinique, le 5 décembre 1781.
Signé, DE BOUILLÉ, *et* le Presid. de PEINIER.

(N°. 596.) EXTRAIT *d'une Dépêche ministérielle de M. le Marquis* de Castries, *à MM.* de Bouillé *et* de Peinier, *sur une Exemption de Droits accordée pour cause de malheurs.*

Du 7 décembre 1781.

Lettre commune qui, en approuvant l'exemption de capitation que les Administrateurs avaient étendue dans tous les quartiers de l'Isle, quoique S. M. n'eût entendu l'accorder qu'à ceux qui avaient le plus souffert, leur recommande en même tems, de la part du Roi, d'entrer en ces occasions dans les détails nécessaires pour distinguer les plus malheureux d'avec ceux qui ont moins souffert; S. M. n'accordant des indemnités qu'à ceux qui ont fait des pertes, et ne voulant pas que jamais cette grâce soit générale.

(N°. 597.) ORDONNANCE *de MM. les Général et Intendant, concernant les Tranchées et Cales du bord de la Mer, à St-Pierre.*

Du 20 décembre 1781.

PAR notre ordonnance du 5 de ce mois, nous avons statué sur les ouvrages à faire pour la conservation du Pont de Saint-Pierre ; nous avons fixé l'étendue des quais à construire sur les bords de la rivière ; nous avons déterminé l'ordre des travaux, la forme de l'adjudication des entreprises, la nature des engagemens, le terme des paiemens et la contribution de chaque propriétaire des maisons et terreins ; l'intérêt du public s'est joint à celui des particuliers, pour arrêter notre attention et hâter l'exécution des ouvrages, afin de prévenir de nouveaux malheurs.

Les mêmes motifs ont tourné nos regards sur le bord de la mer : le dernier raz-de-marée a porté la désolation dans cette partie du bourg Saint-Pierre ; la perte a été immense, le danger encore plus grand, tant pour la fortune que pour la vie des citoyens.

Les tranchées ont été renversées, et les cales ont été dégradées ; presque tous les particuliers ont réparé les dommages devant leurs maisons, mais tout le terrein qui est renfermé entre les cales du Beauséjour et de Saint-Dominique, est privé de cette barrière nécessaire pour rompre la force des lames et arrêter l'impétuosité de la mer ; les cales n'offrent plus la commodité que leur établissement promet au commerce pour l'embarquement et débarquement des denrées ; l'ouverture de ces cales, beaucoup plus grande que les rues au bout desquelles elles sont placées, laisse trop à découvert les maisons qui font face au bord de la mer aux extrêmités de chaque rue ; tous ces objets demandent des changemens et des travaux prompts et solides : pour nous déterminer sans incertitude sur le nouvel arrangement à prendre, nous avons ordonné le transport sur les lieux, du Capitaine de port, des Commissaires du commerce, du Procureur du Roi et du Grand-voyer ; c'est sur leur avis, motivé par l'intérêt général du commerce, et par l'intérêt particulier de chaque propriétaire, que nous *etc.*, avons réglé, statué et ordonné ce qui suit :

ART. Ier. Chaque propriétaire des maisons situées au bord de la mer, depuis la cale du Beauséjour, jusqu'à la cale de S.-Dominique, sera tenu de faire reconstruire les tranchées, sur toute l'étendue de son terrein, et cet ouvrage sera commencé dans deux mois du jour de la publication des présentes ; lequel délai expiré, il y sera pourvu à leurs frais et dépens ; à l'effet de quoi le Grand-voyer, que nous commettons par ces présentes, nous en rendra compte dans ledit délai.

II. L'alignement desdites tranchées sera donné par le Grand-voyer et rectifié pour ne former qu'une ligne droite, depuis le coin de la cale de l'Hôpital, jusqu'à celui de la maison du Sr. Louis Louis.

III. Les tranchées seront augmentées de 3 pieds à chaque côté des cales de l'Hôpital, Beauséjour, Saint-Dominique, des Jacobins, de manière que les entrées desdites cales n'aient plus que 24 pieds de largeur, au lieu de 30, et cette augmentation sera à la charge des propriétaires des maisons qui sont au coin des rues où sont les cales.

IV. Les tranchées seront construites dans les dimensions déjà adoptées pour celles qui ont été faites, tant pour les fondemens, que pour la hauteur, l'épaisseur et le talut dans une parfaite conformité.

V. Lors de la reconstruction des tranchées, sera placé, dans le corps de l'ouvrage, des ancres à la distance de 15 pieds l'une de l'autre, à la hauteur du sable du bord de la mer, dont les organaux seront battans et à découvert, pour pouvoir y frapper, au besoin, les ancres de terre des bâtimens mouillés en rade.

VI. Les cales Beauséjour et St-Dominique seront de 35 pieds de largeur à la surface du pavé, à partir des murs des tranchées, dont l'encoignure sera rapprochée à la distance de 24 pieds, conformément aux dispositions de l'article III de la présente ordonnance : la longueur desdites cales, en dehors des tranchées, sera de 30 pieds sur les côtés et 36 dans le milieu, de sorte qu'elles présenteront un angle obtus à la lame.

VII. La maison du S^r. Louis Louis étant construite sur la cale des Jacobins, il n'y aura à faire que le côté droit de cette cale, qui sera travaillé comme les cales Saint-Dominique et Beauséjour.

VIII. Les fondations seront fouillées jusqu'à 3 pieds au-dessous du niveau de la hauteur ordinaire de la lame, les murs seront de 6 pieds d'épaisseur dans le bas des fondemens, et les faces extérieures élevées à 4 pouces de talut par pied, jusqu'à la hauteur du pavé.

IX. La bordure du pavé se terminera par un cours d'assise de pierres de taille en boutisses, posées à la distance de 8 pieds les unes des autres, de 20 pouces de longueur, d'un pied de largeur et 7 pouces d'épaisseur carrée.

X. Tous les angles seront également en pierres de taille, formant le talut par tête et lits ; et ces pierres auront au moins les dimensions prescrites dans l'article précédent

XI. Le pavé, qui remplira les cales, sera en maçonne de 15 pouces d'épaisseur et en pavé ordinaire, le milieu du ruisseau en carreaux de pierres de taille.

XII. Le mortier sera composé de deux cinquièmes de chaux et trois cinquièmes de tuf de falaise bien battu et corroyé; et ne pourra être employé que du jour au lendemain, pour être rebattu avant que d'être mis en œuvre.

XIII. La cale de l'Hôpital se trouvant trop basse sur le bout, tous les murs seront à la hauteur de la pente de la rue, dans les proportions indiquées pour les cales Beauséjour et Saint-Dominique, même plan et même construction.

XIV. L'Entrepreneur fera, à ses frais, toutes les fouilles des fondations, épuisemens d'eau et bâtardeaux nécessaires ; il fournira tous les matériaux et mettra les cales à leur perfection; il commencera ces ouvrages 15 jours après l'adjudication qui en aura été faite et les continuera sans les interrompre.

XV. L'ouvrage fini, l'Entrepreneur sera obligé de le faire recevoir et de faire constater qu'il est conforme aux conditions prescrites par la présente ordonnance, ce qui sera fait par telles personnes que nous commettrons à cet effet, avant que l'Entrepreneur reçoive le dernier paiement ; il sera tenu aussi de garantir son ouvrage pendant un an.

XVI. Le prix de l'entreprise sera payé; savoir : un tiers en commençant l'ouvrage, un tiers après les cales Beauséjour et Saint-Dominique perfectionnées, et le restant après que l'ouvrage aura été accepté.

XVII. Les ouvrages mentionnés ci-dessus, seront proposés par entreprises, et criés au rabais, sur le pied de l'estimation qui en a été faite par le Grand-voyer; les offres seront reçues à la salle de l'Intendance, le 21 janvier 1782, à 10 heures du matin, par le Procureur du Roi en fonctions, et l'adjudication en sera faite le même jour aux offres les plus favorables.

XVIII. Le prix de l'adjudication sera supporté par tous les propriétaires des maisons qui ont intérêt à l'établissement des cales, comme il va être statué.

A la Grande-Rue.

Les maisons qui doivent contribuer, sont celles des Pères de l'Hôpital, occupée par la dame Daney, d'une part ; et celle du Sr. Lussy, occupée par le Sr. Biguerisse, d'autre part.

A la Place de l'Hôpital.

La maison occupée par le Sr. Vatable et, en descendant, toutes les maisons de ladite place ; celles des rues Justine, Beauséjour, St-Dominique et Grande-Rue jusqu'à l'Eglise, d'une part ; et la maison des mineurs Billouin, occupée par le Sr. Artaud, d'autre part.

XIX. Toutes les maisons du bord de la mer seront exemptes de contribution, attendu qu'elles seront tenues de faire les tranchées et de les entretenir.

XX. Le prix des loyers des maisons, ou leur juste appréciation pour ceux qui occupent eux-mêmes, sera la règle de proportion pour la concurrence des propriétaires dans le prix de l'adjudication ; et ce suivant l'ordonnance particulière que nous rendrons sur l'état qui en sera présenté par le Directeur du Domaine.

XXI. Chaque contribuable sera tenu de payer, entre les mains du Trésorier de la bourse commune des Huissiers, la somme à laquelle il sera imposé ; savoir : un tiers dans la huitaine après l'adjudication des ouvrages ; un tiers, un mois après, et un tiers deux mois après l'adjudication, à peine de contrainte par toutes les voies de droit, en vertu des présentes.

XXII. Sera la présente ordonnance déposée au Greffe de l'Intendance, pour être, à la diligence du Procureur du Roi, imprimée, lue, *etc.*

Donné à la Martinique, le 20 décembre 1781. *Signé*, DE BOUILLÉ, *et* le Président de PEINIER.

(N°. 598.) ORDONNANCE *de MM. les Général et Intendant, pour faire numéroter les Canots.*

Du 26 décembre 1781.

N. B. Cette ordonnance ne faisant que rappeler pour ainsi dire celle du 2 juin 1728, tome Ier., page 322, et celle du 5 juillet 1765, tome II, page 388, nous avons cru inutile de la réimprimer, en observant cependant, qu'elle enjoint aux propriétaires de gabarres ou accons de faire aussi numéroter ces bâtimens, disposition qui n'existe pas dans les ordonnances précédentes.

(N°. 599.) ARRÊT *du Conseil souverain, qui déclare qu'à l'avenir il ne sera plus donné d'autorisation aux Avocats pour faire les fonctions de Procureurs.*

Du 5 janvier 1782.

SUR les représentations faites à la Cour par M. le président de Peinier, à l'occasion de l'autorisation donnée à la séance dernière, à

M^e.

Me. Salmon, avocat, de faire les fonctions de procureur, en la Cour et en la Sénéchaussée du Fort-Royal ; laquelle portait atteinte aux droits du Gouvernement, à qui seul il appartient de donner des commissions pour postuler, et à l'arrêt en réglement qui fixe le nombre des Procureurs.

La Cour a arrêté qu'à l'avenir il ne sera plus donné d'autorisation à aucun Avocat pour faire les fonctions de procureur, et que le réglement qui en fixe le nombre sera exécuté suivant sa forme et teneur.

Fait au Conseil souverain de la Martinique, le 5 janvier 1782. *Signé*, ROIGNAN, greffier.

(No. 600.) ORDONNANCE *de MM. les Général et Intendant, concernant l'Imposition sur la Martinique, pour l'année 1782.*

Du 5 février 1782.

SA MAJESTÉ, touchée des pertes que la Colonie avait éprouvées lors du coup de vent du mois d'octobre 1780, avait bien voulu exempter du droit de capitation, pour l'an ee dernière, les quartiers qui auraient souffert : elle nous fit annoncer ses favorables intentions à cet égard, par la lettre commune de son Ministre, datée de Versailles le 8 mars 1781. La connaissance que nous avions qu'aucun des quartiers n'avait eté épargné, nous porta à rendre cette grâce générale pour tous ; nous avons eu la satisfaction d'être approuvés, et la Colonie entière a joui d'un bienfait que les circonstances de la guerre ont dû lui faire trouver plus précieux encore.

Nous aurions desiré qu'il eût été possible d'obtenir de S. M. de prolonger cette exemption pour l'année courante, mais les mêmes circonstances lui imposent la nécessité de rétablir un droit dont le produit, ajouté aux autres contributions locales, doit aider à faire face aux dépenses de son service qui deviennent de plus en plus considérables.

Nous ne doutons pas que les Habitans, sensibles à ces motifs puissans, et pénétrés de la reconnaissance infinie qu'il doivent à S. M., ne s'empressent d'acquitter une dette aussi légitime et aussi privilégiée : nous espérons en même tems que ceux qui peuvent être en retard sur les impositions précedentes, y satisferont sans plus de délai, et nous épargneront le désagrément d'employer les voies de rigueur pour les y faire contraindre.

A CES CAUSES, *etc.*, nous avons établi et établissons l'imposition pour la présente année, ainsi qu'il suit :

N. B. Les dispositions de la présente ordonnance étant (sauf l'augmentation ci-après) les mêmes que celles de 1780, voyez le N°. 568, p. 405 du ce tome.

A ajouter à l'art. XII de l'ordonnance précitée.

Tous les bâtimens portant pavillon neutre, ainsi que les bâtimens américains, qui chargeront pour France, seront soumis au paiement de ces droits dans les divers bureaux où ils se feront expédier, conformément aux ordres du Ministre, consignés dans sa lettre à nous adressée, en date du 21 octobre 1781.

Enregist, au Conseil souverain.

(N°. 601.) ORDONNANCE *de MM. les Général et Intendant, concernant la Reconstruction des Cales.*

Du 20 avril 1782.

NOUS avons annoncé, par notre ordonnance du 21 décembre 1781, un réglement particulier pour la reconstruction des cales du Mouillage; cette opération a été retardée par la difficulté qu'il y a eu à distinguer les loyers des maisons imposées, confondues avec les autres dans les déclarations faites au Domaine par les propriétaires.

Cependant l'entreprise a été adjugée aux formes ordinaires, aux jour et lieu indiqués par notredite ordonnance; le rabais a réduit le prix de l'adjudication à 33,000 liv.

Cette somme doit être supportée par les propriétaires des maisons, conformément aux articles XVIII, XIX et XX de notredite ordonnance, ainsi que celle de 1759, tant pour droit de recette accordé aux Huissiers, que pour indemniser de ses peines et soins le S^r^. Rabier, qui a été employé à faire le tableau des loyers et à recevoir les déclarations de tous les propriétaires et locataires.

Chaque contribuable aurait dû payer le tiers de la somme à laquelle il est imposé, 8 jours après l'adjudication, un tiers un mois après, et l'autre tiers deux mois après; mais le tableau n'était pas dressé, et la quotité de chaque contribuable n'était pas connue. L'ouvrage n'a pas néanmoins été négligé; déjà la cale Beauséjour est perfectionnée, et celle de St-Dominique est commencée; il est donc nécessaire de remplir les conditions envers l'Adjudicataire et de le rembourser promptement de ses avances.

Nous avons cru devoir faciliter les propriétaires, en divisant l'acquittement de la charge qui leur est annoncée depuis la publication de la susdite ordonnance ; la régle de proportion a été établie sur la déclaration fournie par chaque propriétaire, et par les locataires des maisons et magasins. La plus scrupuleuse attention sur la valeur des maisons et le prix des loyers a fixé la distribution de la somme imposée, et la grande utilité que le commerce retirera des ouvrages qui en sont l'objet, ne laissera aucun regret sur les sommes que chaque particulier doit payer.

A CES CAUSES, nous, *etc.*, ordonnons ce qui suit :

Chaque propriétaire imposé paiera, dans 8 jours après la publication de la présente ordonnance, entre les mains du Trésorier de la bourse commune des Huissiers, la moitié de l'imposition, et l'autre moitié dans un mois, à compter du jour de ladite publication, suivant la quotité portée dans le tableau imprimé à la suite des présentes, à peine d'y être contraint par toutes voies de droit. Renvoyons, au surplus, à la susdite ordonnance du 20 décembre 1781, pour tout ce qui concerne l'Entrepreneur.

Ordonnons que la présente sera enregistrée au Greffe de l'Intendance et à celui de la Sénéchaussée du bourg Saint-Pierre.

Donné à la Martinique, le 20 avril 1782. *Signé*, JOUBERT, *et* le Présid. de PEINIER.

(N°. 602.) EXTRAIT *d'une Dépêche ministérielle de M. le Marquis* de Castries, *à MM. les Général et Intendant de la Martinique, sur les Extraits mortuaires des Gens de mer.*

Du 25 mai 1782.

Lettre commune sur les inconvéniens qui résultent de la négligence à faire passer au Ministre, les extraits mortuaires des gens de mer qui décèdent, soit dans les hôpitaux ou ailleurs.

Ordre aux Administrateurs-généraux de prescrire à tous les Officiers d'administration servant sous leurs ordres, dans les différens quartiers, de se les procurer exactement, pour les faire passer régulièrement au Ministre, par *duplicata*, et même par *triplicata* en tems de guerre.

(N°. 603.) ORDONNANCE *de MM. les Général et Intendant, concernant l'établissement d'un Bourg à l'Anse-l'Abime, paroisse du Prêcheur.*

Du 11 juin 1782.

LA population est l'objet le plus intéressant dans l'établissement des colonies ; elle mérite toute la faveur de l'Administration, elle est considérablement augmentée à la Martinique ; il est donc devenu nécessaire d'augmenter en raison égale et de multiplier les bourgs de cette colonie. Instruits que plusieurs particuliers, blancs et gens de couleur libres, s'étaient réunis sur l'Anse-l'Abîme, au quartier du Prêcheur, nous avons voulu connaître la situation du local, l'espèce de citoyens qui l'habitent, et le genre d'occupations qui les y attachent.

Une difficulté survenue entre le Sr. Dupuy, propriétaire de l'habitation qui est au-dessus de l'anse, et les particuliers qui y sont établis, sur la concession ou bail à rente à eux consenti par le Sr. Dupuy, a fixé plus particulièrement notre attention : il nous a paru que le Sr. Dupuy avait usurpé les droits de S. M., en concédant et donnant à bail à rente, les terreins des 50 pas du bord de la mer, et que ces baux, aux termes des ordres du Roi, « ne peuvent faire » aucun tort aux droits du Souverain. »

En conséquence, nous avons ordonné le transport de l'Arpenteur général sur les lieux, pour dresser procès-verbal de l'état d'iceux, déterminer les 50 pas du Roi et nous donner les connaissances relatives à cet établissement, tant pour l'emplacement des maisons, que pour les personnes qui les habitent, leurs qualités et leurs occupations ; et pour être d'autant plus certain de l'exactitude de cette opération, nous avons ordonné que le tout serait fait en présence du Commandant du bataillon et de celui du quartier du Prêcheur.

L'opération ordonnée a été faite le 23 mai dernier ; elle constate que tous les particuliers domiciliés à l'Anse-l'Abîme sont sur les 50 pas du Roi, dont la propriété n'est jamais transmise au possesseur du terrein supérieur, qui n'en a la jouissance que lorsque S. M. n'en a pas besoin pour des batteries, des établissemens de bourg, ou tout autre usage pour son service, ou l'utilité publique.

Les 50 pas du Roi ont été fixés « sur la terre » franche, et où le jet et le flot de la mer ne » montent pas. » Conformément aux dispositions de la lettre du Ministre, écrite le 3 décembre 1757, et enregistrée le 3 juillet suivant au Conseil de cette Isle ; de sorte que le S^r^. Dupuy n'a aucun droit de propriété sur cette anse, qu'après les 50 pas du Roi, que S. M. « peut reprendre, pour en disposer et les donner » à qui elle voudra, aux termes de la susdite » lettre. »

N. B. Nous avons conservé, avec soin, de cette ordonnance ce qui nous a paru consacrer la jurisprudence coloniale sur les 50 pas du Roi. Nous avons cru devoir supprimer les considérans et les dispositions qui les suivent, ce bourg n'ayant jamais contenu une grande quantité d'habitans, ni répondu aux espérances que MM. les Administrateurs avaient formées sur cet établissement.

(N°. 604.) ARRÊT *du Conseil souverain, concernant les Canots-passagers ou de Poste.*

Du 4 juillet 1782.

N. B. Cet arrêt nous a paru inutile à réimprimer, ne faisant qu'ordonner l'exécution des ordonnances précédentes, déjà trop nombreuses sur le même sujet.

(N°. 603.) LETTRES-PATENTES *du Roi, en forme d'Edit, concernant les Ennoblissemens dans les Colonies françaises, et les preuves de Noblesse à faire dans le Royaume, par les Habitans desdites Colonies.*

Du 24 août 1782.

LOUIS, *etc.*, SALUT : Les Rois nos prédécesseurs ont cru qu'il était de leur sagesse d'affectionner de plus en plus à leur service, et d'exciter à la vertu, par des distinctions honorables, ceux de leurs sujets qui avaient transporté leur fortune, fixé leur établissement, ou qui étaient nés dans les colonies françaises ; plusieurs Habitans de nosdites colonies ayant, en considération des services importans qu'ils avaient rendus, obtenu des lettres de noblesse, nous nous sommes informés qu'on a cherché à semer des inquiétudes dans les familles desdits Habitans, sous le prétexte des révocations prononcées ; 1°., par la déclaration du 27 septembre 1664, des ennoblissemens accordés depuis le 1er. janvier 1634 ; 2°., par l'édit du mois d'août 1715, de ceux accordés depuis le 1er. janvier 1689 ; 3°., par l'arrêt du Conseil du 2 mai 1730, sur le droit du joyeux avènement du feu Roi, notre honoré seigneur et aïeul, à la couronne, de ceux accordés depuis 1643, jusqu'au 1er. septembre 1715, dans le cas où l'on ne satisfera pas à ce droit ; 4°., par l'édit du mois d'avril 1771, de ceux accordés depuis le 1er. janvier 1715, aussi dans le cas où les sommes qu'il impose sur les ennoblis ou sur leurs descendans, ne seraient pas acquittées.

Nous nous sommes faits représenter ces déclarations, édits et arrêts, et nous avons remarqué, par les objets d'administration qu'ils renferment, qu'ils étaient peu susceptibles d'application à l'administration des colonies françaises ni à la plupart des ennoblissemens accordés aux Habitans d'icelles ; conséquemment, que l'exception à leur égard n'avait point été nécessaire ; que d'ailleurs, s'il existait dans nosdites colonies quelques familles, dont les titres d'ennoblissement fussent dans le cas de la revocation prononcée par les déclarations, édits et arrêts de notre Conseil ci-dessus mentionnés, et qui n'ont pas été enregistrés dans nos Conseils souverains de nosdites colonies, il ne serait pas juste que ces familles perdissent la distinction de la noblesse qui aurait de bonne foi déterminé des alliances honorables et des établissemens avantageux : dans ces circonstances, nous pensons qu'il est de notre justice de venir au secours desdits Habitans, de reconnaître le zèle et la fidélité qu'ils ont toujours montré, de faire cesser la fausse application qu'on aurait pu donner auxdits déclarations, édits et arrêts ; de fixer irrevocablement, non-seulement dans nos colonies, mais même dans notre Royaume, l'effet des ennoblissemens accordés à aucuns des Habitans d'icelles : nous avons, en même tems, jugé à propos de faciliter auxdits Habitans, les preuves de noblesse qu'ils seront dans le cas de faire dans notre Royaume, en prenant toutefois les précautions necessaires pour écarter les fraudes qui pourraient en altérer la pureté.

A CES CAUSES, *etc.*, voulons et nous plaît ce qui suit :

Art. Ier. Les lettres d'ennoblissement accordées par nous ou par les Rois nos prédécesseurs, à aucuns Habitans de nos colonies, ou à ceux qui depuis qu'ils auraient transporté leur domicile dans lesdites colonies, auraient été ennoblis, continueront d'avoir leur effet à leur égard ou à l'égard de leurs enfans mâles et femelles, et descendans en ligne directe et en légitime mariage, soit dans nos colonies, soit dans notre Royaume, pourvu que lesdites lettres d'ennoblissement aient été revêtues des formalités ordinaires et accoutumées, et qu'il ne puisse être valablement opposé, soit auxdits ennoblis ou à leurs descendans, aucune dérogeance.

II. Leur noblesse sera comptée, à dater des enregistremens desdites lettres d'ennoblissement, dans nos Parlemens et autres Cours, et dans les Conseils souverains de nos colonies, en la forme ordinaire et accoutumée Voulons qu'ils en jouissent pleinement et paisiblement, sans qu'on puisse leur opposer, en aucun cas, la déclaration du 27 septembre 1664 ; l'édit du mois d'août 1715 ; la déclaration du 27 septembre 1723 ; l'arrêt du Conseil du 2 mars 1771, ni aucune autre ordonnance ou reglement, dont nous n'avons pas ordonné l'enregistrement dans les Conseils souverains de nosdites colonies.

III. Ordonnons que lesdits ennoblis ou ceux de leurs descendans, nés dans nos colonies, qui seront tenus de rapporter, indépendamment de leurs lettres d'ennoblissemens ou titres constitutifs de leur noblesse, et des titres et actes nécessaires pour justifier de leur filiation et possession de noblesse, un acte de notoriété du Conseil souverain, dans le ressort duquel leur domicile sera établi, portant que les ennoblis, depuis la date de leur titres d'ennoblissement et leurs descendans, n'auront exercé aucun état incompatible avec la noblesse dont ils seront revêtus; qu'ils auront pris les qualites nécessaires, pour la conserver : ne pourra, ledit acte de notoriété être donné que d'après les conclusions de notre Procureur-général, par le Conseil souverain assemblé en nombre compétent ; et sera ledit acte signé par tous les Juges qui auront assisté à la séance et par notre Procureur-général.

IV. Attendu les partages des familles, dont les titres originaux restent ordinairement en possession de la branche aînée, et vu le danger de confier à l'incertitude de la navigation les originaux des titres justificatifs de la noblesse ; voulons, sans tirer à conséquence, que les copies collationnées des titres constitutifs de noblesse, et arrêts d'enregistrement d'iceux, soient admis dans les preuves que les Habitans de nos colonies sont obligés de faire dans notre Royaume : et seront lesdites copies, attestées conformes aux originaux et signées par nos Conseils souverains, chacun dans leur ressort, en observant les mêmes formalités prescrites par l'art. III des présentes; et sera en outre indiquée, dans ladite attestation, la branche de la famille entre les mains de laquelle lesdits titres originaux seront restés.

V. Les descendans des ennoblis, pour obtenir l'acte mentionné en l'art. III et dans la forme qui y est désignée, seront tenus de rapporter, outre le titre de leur ennoblissement, les titres et autres actes civils, tels que contrats de mariage, partages, transactions, testamens et autres pièces admises dans les preuves de noblesse, et de les joindre à la requête qu'ils feront présenter au Conseil souverain du ressort, à l'effet d'avoir ledit acte, lequel leur sera donné comme ci-dessus, d'après les conclusions de notre Procureur-général ; de laquelle production il sera fait mention dans ledit acte.

VI. N'empêchons, soit nos Procureurs-généraux ès-dits Conseils, soit nosdits Conseils souverains, chacun dans leur ressort, de requérir et ordonner, s'ils avisent qu'il en soit besoin, d'après les requêtes des parties, pour avoir le certificat de non-dérogeance, une enquête dans laquelle seront entendus au moins 4 témoins notables, entre ceux que les parties pourront indiquer au nombre de 6, et que nos Procureurs-généraux pourront choisir.

VII. L'enquête ne pourra être ordonnée que pour avoir le certificat de non-dérogeance ; n'entendons qu'elle puisse suppléer au défaut de titres, ni au défaut de qualités nécessaires pour la conservation de la noblesse.

VIII. Les ennoblis, pour avoir ledit acte, ne seront tenus de joindre à leur requête que les lettres d'ennoblissement, ou le titre constitutif de leur noblesse.

IX. Les descendans des ennoblis, pour obtenir la signature et attestation des copies conformes à l'original et dans la forme mentionnée à l'article IV, seront tenus de joindre à leur requête le titre constitutif de leur noblesse, et de se conformer à l'art. V ci-dessus.

X. N'entendons rien innover, pour ce qui regarde la production des pièces, à l'effet de justifier dans notre Royaume de la noblesse de

nos

nos sujets des colonies, si ce n'est à l'égard du titre constitutif d'icelle, lequel pourra être produit en copie collationnée dans la forme prescrite par l'art. IV du présent édit.

Si donnons en mandement, *etc.*

Donné à Versailles, le 24 août 1782. *Signé*, LOUIS ; *et plus bas*, par le Roi, DE CASTRIES.

Enregist. au Conseil souverain.

(N°. 606.) ORDONNANCE *de MM. les Général et Intendant, concernant les Boulangers, sur le poids, cuisson et qualité du Pain.*

Du 3 septembre 1782.

SUR le compte qui nous a été rendu du prix actuel de la farine de froment dans les magasins du commerce, nous ordonnons, qu'à compter du jour de la publication des présentes, le poids du pain de 7 s. 6 d. sera porté à 10 onces, et à proportion pour ceux au-dessus.

Enjoignons très-expressément aux Boulangers de donner à leur pain une cuite convenable, sous les mêmes peines que celles qui ont été fixées pour le faux poids. Leur défendons en même tems, aussi sous lesdites peines, de faire aucun mélange de mauvaises farines dans le pain qu'ils fourniront journellement au public, lequel, malgré l'augmentation du poids ci-dessus, devra être de bonne qualité sous tous les points.

Mandons aux Officiers de police de faire lire, *etc.*, et de tenir sévèrement la main à son exécution.

Donné à la Martinique, le 3 septembre 1782. *Signé*, le Vicomte de DAMAS, *et* le Président de PEINIER.

(N°. 607.) EXTRAIT *d'une Dépêche ministérielle de M. le Marquis* de Castries, *à M.* de Peinier, *intendant de la Martinique et Dépendances, sur les Bâtimens neutres, pour le Droit du Domaine d'Occident.*

Du 9 novembre 1782.

Par cette lettre, le Ministre blâme M. de Peinier d'avoir donné ordre aux Receveurs du Domaine d'occident, de n'exiger de la part des Capitaines des navires étrangers qui ont déclaré faire leur retour en France, que leurs soumissions d'y acquitter les droits, et lui enjoint de leur faire payer lesdits droits à l'avenir avant leur départ pour France, à moins qu'ils ne soient partis directement des ports de ce Royaume pour les îles, et n'y aient contracté l'obligation d'y faire leur retour.

(N°. 608.) ORDONNANCE *de MM. les Général et Intendant, concernant le Nivellement et le Pavé de la ville du Fort-Royal, pour l'écoulement des eaux.*

Du 31 décembre 1782.

LE Fort-Royal qui, par la beauté de sa baie et l'importance de son bassin est devenu la ville principale de l'île de la Martinique, a fixé dans tous les tems l'attention du Gouvernement; les

Administrateurs-généraux des îles du vent se sont occupés constamment d'y corriger l'insalubrité de l'air : leurs travaux n'ont pas été infructueux ; des comblemens faits en divers tems, un canal ouvert pour l'écoulement des eaux ont prouvé aux Habitans de cette ville l'avantage inappréciable de respirer un air plus pur. Il arrive cependant encore tous les ans, lorsque le sec succède aux pluies, que les eaux stagnantes dans les rues, par le défaut des pentes des pavés, y produisent des exhalaisons infectes qui occasionnent des maladies souvent daugereuses.

Le Gouvernement est convaincu depuis longtems de la nécessité de corriger le vice du nivellement des pavés, et de procurer, par une opération générale et suivie dans toute la ville, l'écoulement des eaux ; mais pour y parvenir le travail est immense ; il sera dispendieux, suivant le devis qui en a été donné par les soins et sous l'inspection de M. Geoffroy, directeur-général des fortifications aux îles du vent ; la dépense s'élèvera à plus de 250,000 l. ; elle ne peut être supportée que par les propriétaires des maisons et terreins, ainsi que par les gens vivans d'industrie, demeurans au Fort-Royal : quoique cette somme nous ait d'abord paru énorme, cependant, après un examen mûr et réfléchi, nous avons jugé que l'on ne pouvait trouver une circonstance plus favorable pour entreprendre ce travail, si avantageux aux citoyens actuels de cette ville et à ceux qui l'habiteront par la suite, étant reconnu que le prix des loyers des maisons est aujourd'hui double et même triple de ce qu'il étoit avant la guerre.

En conséquence, *etc.*, ordonnons ce qui suit:

N. B. Nous avons supprimé les dispositions de cette ordonnance, qui nous ont paru purement temporaires.

(N°. 609.) ORDONNANCE *du Roi, portant défenses aux Officiers des Amirautés de prendre aucun intérêt, directement ni indirectement, dans les Bâtimens armés en course, à peine d'interdiction et de* 1,500 *livres d'amende.*

Du 15 janvier 1783.

SA MAJESTÉ étant informée que quelques Officiers des Amirautés ont pris des intérêts dans des bâtimens armés en course dans l'étendue de leur ressort, ce qui est également contraire au bon ordre et à la règle, puisque les Officiers des Amirautés pourraient être chargés de l'instruction des prises faites par les mêmes corsaires dans lesquels ils auraient pris un intérêt; S. M. a fait très-expresses inhibitions et défenses à tous les Officiers des Amirautés, de prendre aucune part ni intérêt dans les bâtimens armés en course, directement ni indirectement, à peine d'interdiction et de 1,500 liv. d'amende.

Mande et ordonne S. M., *etc.*

Fait à Versailles, le 15 janvier 1783. *Signé*, LOUIS; *et plus bas*, par le Roi, DE CASTRIES.

(N°. 610.) ARRÊT *du Conseil d'Etat du Roi, portant défenses à tous Capitaines et Commandans des Bâtimens armés en course, de revendre en mer à des Ennemis de l'Etat, les Prises qu'ils auront faites sur eux.*

Du 15 janvier 1783.

LE Roi, étant en son Conseil, a fait très-expresses inhibitions et défenses à tous Capitaines ou Commandans de bâtimens armés en course de revendre en mer, à des ennemis de l'Etat, aucune des prises qu'ils auraient faites sur eux, pour quelque cause et sous quelque prétexte que ce puisse être, à peine contre lesdits Capitaines ou Commandans des corsaires, d'être interdits la première fois, pour 3 mois de leurs fonctions, et en cas de récidive, d'être déclarés incapables de jamais commander aucun bâtiment.

Veut et ordonne, en outre, S. M. que le montant des ventes des prises que lesdits Capitaines ou Commandans auraient pu faire en contravention au présent arrêt, soit confisqué au profit de l'Amiral de France.

Mande et ordonne S. M., *etc.*

Fait au Conseil d'Etat du Roi, Sa Majesté y étant, tenu à Versailles, le 15 janvier 1783. *Signé*, DE CASTRIES.

(N°. 611.) DÉPÊCHE *ministérielle de M. le Maréchal* de Castries, *concernant les Places d'Assesseurs.*

Du 17 janvier 1783.

J'AI reçu, Messieurs, avec la lettre de MM. de Joubert et de Peinier, du 15 juin de l'année dernière, N°. 127, et celle de M. le marquis de Bouillé du 4 novembre suivant, le mémoire contenant les représentations du Conseil souverain de la Martinique, relativement aux règles prescrites par la dépêche, du 7 juillet 1781, pour la nomination aux offices de Conseillers. Il est certain que la préférence est due aux Assesseurs pour ces places, lorsqu'ils ont les services et les talens nécessaires pour en bien remplir les fonctions ; et dans ces cas, le Conseil est le maître de faire valoir leurs droits, en les proposant. Il ne faut pas en conclure que les Juges et les Avocats ne soient point susceptibles de cet avancement, lorsque leur fortune les mettra dans le cas de pouvoir faire le sacrifice des avantages pécuniaires de leur état, et qu'il ne se trouvera pas d'Assesseurs éligibles. Ce n'est que dans cet esprit que les Juges et les Avocats ont été admis à la concurrence. Pour faire cesser plus efficacement les inquiétudes du Conseil à cet égard, le Roi, à qui j'en ai rendu compte, a bien voulu permettre qu'aux îles du vent, les Assesseurs puissent être nommés à des places de Conseillers après 3 ans de services, et que les Conseils ne proposent que deux sujets, S. M. veut en conséquence que les règles prescrites par ma lettre du 7 juillet 1781, soient observées pour les offices de Conseillers, avec les modifications contenues dans cette dépêche que, vous ferez enregistrer au Conseil souverain ; vous tiendrez, au surplus, la main à l'exécution des intentions de S. M. Il sera bien rare que d'autres que les Assesseurs soient nommes, sur-tout si vous avez soin de remplir le nombre de 4, crees pour chaque Conseil.

J'ai l'honneur d'être, *etc.*

Signé, DE CASTRIES.

(N°. 612.) ORDONNANCE *de MM. les Général et Intendant, concernant la police des Boucheries.*

Du 11 février 1783.

ÉTANT informés que les Bouchers de la ville du Fort-Royal, pour se soustraire à l'execution de notre ordonnance du 14 septembre 1781, dont la publication a été renouvelée le 3 novembre 1782, refusent de débiter de la viande à ceux qui ne veulent la payer que 35 s. la livre, conformément à ladite ordonnance, et que par ce moyen, ils reduisent les citoyens à s'en passer, ou à la payer un quart de gourde.

A quoi voulant remédier, et assurer par des punitions plus sévères l'exécution de notre susdite ordonnance.

Nous faisons d'itératives défenses à tous les Bouchers de cette île, de vendre la livre de bœuf, de veau et de mouton à plus haut prix que celui de 35 s., et celle de cochon, de 22 s. 6 d. la livre, à peine de 1,500 liv. d'amende, de 3 mois de prison et d'être déchus pour toujours de tenir boucherie ; ce qui sera prononcé par le Sénéchal, sur les plaintes et dénonciations de deux ou trois personnes qui auraient été obligées de payer la viande au-dessus de la taxe, ou à qui on en aurait refusé.

Ordonnons auxdits Bouchers de servir les bourgeois ou leurs domestiques, chacun à leur arrivée, sans aucune préférence, les premiers arrivés devant être servis les premiers, sous les mêmes peines.

Leur défendons de débiter les têtes, pieds et tripes pour faire l'appoint des pesées, ou de toute autre manière, au lieu de viande, sous les mêmes peines.

Ordonnons que la présente sera enregistrée, lue, publiée, *etc.*

Donné à la Martinique, le 11 février 1783. *Signé*, DE BOUILLÉ, *et* le Présid. de PEINIER.

(N°. 613.) ORDONNANCE *de MM. les Général et Intendant, pour la Police des Nègres à la journée.*

Du 25 février 1783.

N. B. Nous n'avons pas cru devoir conserver cette ordonnance, dont les dispositions sont presque textuellement les mêmes que celles de l'ordonnance du 1er. mars 1766, tome II, page 450.

Le tarif qui est joint à celle-ci, pour fixer le prix du travail des nègres à 3 l. par jour, ne se trouve pas à la vérité dans celle de 1766 ; mais comme il ne peut être d'aucune utilité, attendu l'augmentation du prix de la main-d'œuvre, il nous a paru entièrement inutile de le réimprimer.

(N°. 614.) DÉPÊCHE *ministérielle de M.* de Castries, *sur l'autorité des Arrets du Conseil d'État du Roi, rendus entre Particuliers, et signifiés en vertu de* paréatis *du grand Sceau.*

Du 25 février 1783.

J'AI été informé, Messieurs, que le Conseil souverain de la Grenade a refusé de reconnaître l'autorité de plusieurs arrêts du Conseil du Roi, rendus entre particuliers, quoiqu'ils eussent été signifiés en vertu d'un *paréatis* du grand sceau. Cette formalité est, sans difficulté, suffisante pour les rendre exécutoires dans les colonies, comme dans tous les autres pays soumis à l'obéissance de S. M. La lettre du Roi de 1744, qui défend aux Conseils souverains des colonies de reconnaître et d'enregistrer les réglemens, arrêts du Conseil et autres expéditions du sceau qui ne leur auraient pas été adressés par le Secrétaire d'Etat de la marine, n'est applicable qu'aux arrêts concernant l'administration, et non à ceux rendus entre particuliers. Je vous prie de donner cette explication au Conseil souverain de la Grenade, qui n'aurait pas dû se méprendre à ce sujet, afin que les difficultés qu'il a élevées cessent.

J'ai l'honneur d'être, *etc.*

Signé, DE CASTRIES.

(N°. 615.) ORDONNANCE *de MM. les Général et Intendant, concernant l'Imposition sur la Martinique, pour l'année* 1783.

Du 1er. mars 1783.

L'INTENTION du Roi étant que l'imposition sur la Martinique continue d'être fixée sur le même pied qu'elle a été pour l'année dernière, et les besoins pressans et multipliés du service de S. M. exigeant que nous ne différions pas davantage à nous procurer les secours qui doivent en résulter; nous avons cru ne devoir rien changer au mode qui a été suivi jusqu'à présent, et en conséquence, *etc.*, avons statué et statuons sur cet objet, ainsi qu'il suit:

N. B. Les dispositions de cette ordonnance étant absolument les mêmes que celles de l'année 1782, voyez le N°. 600, page 517 de ce tome.

Donné au Fort-Royal de la Martinique, le 1er. mars 1783. *Signé*, DE BOUILLÉ, *et* le Président de PEINIER.

Enregist. au Conseil souverain.

(N°. 616.) ORDONNANCE *de MM. les Général et Intendant, concernant le Canal du Mouillage à Saint-Pierre.*

Du 2 mars 1783.

LE canal qui conduit l'eau aux fontaines du Mouillage, est une ressource assurée pour le bourg, en cas d'incendie, c'est un avantage toujours renouvelé pour les particuliers, et le soin de conserver cet edifice mérite toute notre attention.

La cruelle expérience des débordemens de la rivière du Fort, doit faire mettre tout en usage pour prévenir de nouveaux malheurs et assurer les propriétés des particuliers : nous avons déjà prescrit et fait exécuter sur les deux rives, divers ouvrages qui garantissent les maisons et retiendront la rivière dans son lit, et nous avons statué sur les objets relatifs aux quais, aux tranchées et aux cales.

Nos ordonnances des mois de décembre 1781 et janvier 1782, ont déterminé les impositions d'après les devis estimatifs, plans et rapports qui nous ont été présentés par MM. les Officiers du genie; tout ce qui devait être fait à cet égard, est à sa perfection : mais un nouvel ouvrage aussi pressant, et peut-être même plus essentiel, exige de nouvelles dispositions, il est relatif au canal.

L'ordonnance rendue par MM. de Nozieres et de Tascher, pour l'etablissement des fontaines du Mouillage a laissé au Sr. Segond, entrepreneur, l'entretien du canal; mais les évènemens de force majeure ne peuvent être rejetés sur cet Entrepreneur, et le dommage qu'ils occasionnent est une charge publique. Le dernier débordement a frappé le mur du canal à la prise d'eau, et le cours de la rivière s'est porté sur la rive gauche, au pied du morne qui soutient le canal; un nouveau débordement dégraderait entièrement le terrein et détruirait l'édifice qui fournit l'eau dans toute la partie du Mouillage.

MM. O'Connor et Fonbanide, capitaines au Corps-royal du génie furent chargés de visiter les lieux dégradés, de fixer tous les ouvrages nécessaires pour soutenir ce canal, et le garantir du danger des débordemens. Ils ont estimé qu'il convenait de construire un premier mur à la prise d'eau pour écarter la rivière; ils ont fixé le prix de cet ouvrage à 1,200 liv., et ont été d'avis qu'il devait être à la charge du public, ne pouvant être réputé objet d'entretien.

Ils ont regardé comme indispensable un second mur prolongé depuis l'entrée de la savanne des religieuses Ursulines, pour contenir la rivière dans son lit, et lui donner une direction plus certaine vers le Pont. Ce mur conservera le canal et, en même tems, met à l'abri des inondations le terrein desdites dames Religieuses, qui, ayant un intérêt réel à cette construction, doivent supporter le tiers du prix fixé par le devis à 11,630 liv., les deux autres tiers étant, comme le premier mur, à la charge du public.

Un troisième mur a été construit par les Religieuses, à la hauteur de leur maison bâtie sur la savanne, mais ce mur, isolé et sans soutien, laisse un vide immense qui nécessite un comblement jusqu'à ladite maison, sans cela la force du courant dans les moindres débordemens aurait bientôt renversé ce mur, et les autres ouvrages deviendraient inutiles; la rivière suivrait le lit qui s'était ouvert par la rue Sainte-Marthe, et occasionnerait des dommages considérables dans cette rue, dans celle de l'Intendance, et même au Pont.

Tout ce qui a été fait à cet égard, ayant pour objet principal de garantir les maisons des Religieuses, elles ont dû supporter tous les frais de cette bâtisse, et le public ne doit contribuer en rien en cette partie: mais le vide immense

qui

qui se trouve entre le premier et le second mur, et entre le second et l'angle d'épaulement à côté du sieur Mathieu, doit être rempli par des murs qui joignent ceux qui ont été construits, et fassent un corps de maçonne prolongé depuis la prise d'eau du canal jusqu'au bourg, assez fort pour résister au torrent et retenir la rivière dans son lit.

Ces deux murs auront 173 toises de long : il seront soutenus par le remblai qui sera fait derrière, sur toute leur longueur qui rendra aussi le terrein uni, et dans la vue de faciliter la descente de la rivière, on pratiquera 12 petits escaliers, et deux grandes rampes pour la commodité du public, ce qui, en rompant la continuité du mur, n'ôtera rien de sa force, et ne laissera la crainte d'aucun danger, parce que les rampes et escaliers seront ouverts dans la direction même de la rivière; tous ces murs seront surmontés par une banquette qui régnera dans toute la longueur, et terminés, par un bahut en pierre de taille.

Le terrein ainsi nivellé, borné d'un côté par la banquette du mur de la rivière, et de l'autre, par les maisons des Religieuses, présente la facilité d'exécuter un plan formé depuis longtems pour une promenade avec plantation d'arbres : ce dernier objet ne peut être regardé que comme agrément ; aussi nous nous reservons de fournir les moyens de faire cette plantation ; mais les deux murs qui doivent être construits, ainsi que le comblement du terrein, sont à la charge du public, puisqu'ils ont pour base la conservation du canal qui conduit l'eau au Mouillage, celle de la partie du bourg qui est auprès de la rivière sur la rive gauche, et celle du Pont.

Les ouvrages exécutés depuis deux ans, soit à la rivière, soit au bord de la mer, ont soumis les propriétaires des maisons à des contributions établies pour leur sûreté particulière ; mais il nous a paru juste que les nouvelles dépenses fussent réparties, tant sur les propriétaires, que sur les locataires, en gardant la proportion d'équité relative à l'intérêt de chacun, dans la conservation du canal qui conduit l'eau aux fontaines, et du Pont, qui unit les deux parties du bourg St-Pierre ; et comme les propriétaires de la partie du Fort n'ont aucun intérêt personnel à la conservation du canal, nous avons estimé que les propriétaires du Mouillage doivent seuls y contribuer.

Sur tout ce qui a été déterminé, nous avons pris l'avis de M. de Geoffroy, directeur-général des fortifications, qui a présidé au travail du Sr. Moreau du Temple, ingénieur-géographe, et en a fait dresser le plan et le devis. Il a aussi approuvé l'estimation faite de tous lesdits ouvrages, et après avoir vérifié les opérations de MM. O'Connor et Fonbanide, il y a donné également son approbation : mais la dépense serait trop considérable pour être exécutée en entier dans la circonstance où nous sommes. Il faut attendre un tems plus heureux; cependant il y a une opération indispensable et estimée telle par MM. les Ingénieurs, pour garantir la rue Sainte-Marthe, le Pont et le Canal ; et comme les Religieuses et le Roi sont intéressés à la conservation desdits pont et canal, ils supporteront une partie du prix auquel l'ouvrage sera fixé,

D'après le plan qui en a été remis, le premier mur, à l'entrée de la savanne des Religieuses, est situé de la manière la plus avantageuse, il oppose une résistance solide à l'endroit le plus dangereux : l'effort du torrent se portera directement sur lui, et ne pouvant plus le surmonter, il n'est plus à craindre qu'il se fasse un nouveau lit ; mais ce mur est isolé, il faut combler tout le vide qui est opposé au cours de la rivière sur la longueur dudit mur ; c'est le premier ouvrage à faire et l'endroit le plus essentiel.

Le terrein qui est au-dessous de ce premier mur est fort bas, et le mur n'a que 50 toises ; l'eau pourrait s'échapper à l'extremité et inonder cette partie ; mais, après 25 toises, le terrein s'élève et devient un obstacle que l'eau ne pourrait surmonter qu'en passant par dessus les murs ; elle ne peut d'ailleurs, en cet endroit, causer un dommage sensible ; il n'y a ni maisons ni plantations ; il faut donc prolonger de 25 toises le mur susdit et lui faire un épaulement pour ménager son profil.

L'immense quantité de terre, roches et sable que le debordement a transportés, forme un lit qui peut devenir, par sa résistance, capable de jeter l'eau sur le côté du mur et le dégrader ; il convient que l'Entrepreneur y prenne son remblai.

Le mur construit devant la maison des Religieuses doit aussi être comblé et réparé, l'eau ayant déjà filtre au travers des fondemens et formé un lit qui le rend isolé, et peut le détruire entièrement : il leur faut aussi un épaulement ; le terrein qui règne ensuite jusqu'à

M. Mathieu est très-élevé, l'eau n'y peut parvenir d'une manière dangereuse qu'à la longue, ce qui donne le tems d'y pourvoir ; il est aussi convenable de dégager la rivière dans cette partie.

Près de l'épaulement de M. Mathieu, le terrein est dégradé et demande d'être soutenu, en faisant un mur à cet effet ; il faut qu'il soit utile par la suite, c'est-à-dire le faire dans le prolongement de celui des dames Religieuses, lui donner 10 toises de long et un petit épaulement à chaque bout.

Tels sont les seuls préservatifs que l'on puisse opposer avec quelque succès en ce moment ; les épaulemens serviront aux rampes projetées ; et sans cette précaution, les profils seraient exposés.

Ce projet adopté, il ne reste qu'à en établir le devis ; il doit l'être en vertu des commodités et incommodités auxquelles l'Entrepreneur sera assujetti.

Presque toutes les terres pour combler, les roches, sable et l'eau seront sous la main de l'Entrepreneur, ce qui doit être considéré. Ainsi il paraît que la toise cube de comblement est portée à un prix raisonnable à 33 l., et celle de maçonnerie à 280 liv. Ce prix est fixé en raison, non-seulement de la proximité des matériaux, mais aussi en comparaison de ce que l'on paie dans les endroits où ils sont éloignés.

Sur tous ces motifs et d'après le devis, *etc.*, ordonnons ce qui suit :

Art. Ier. Les ouvrages à faire sur la rive gauche de la rivière, pour la conservation du pont et du canal du Mouillage, seront supportés par tous les propriétaires et locataires des maisons du Mouillage du bourg St-Pierre, sous la déduction d'un cinquième de leur prix, qui sera à la charge des dames religieuses Ursulines, et de la somme de 6,000 liv., qui restera à la charge de S. M.

II. L'imposition sera assise de manière que les propriétaires en supporteront les deux tiers, et les locataires l'autre tiers.

III. La perception de la somme imposée sera acquittée par chaque particulier, entre les mains du Directeur de la bourse commune des Huissiers, ou de celui qui sera par lui préposé, en deux termes égaux, dont le premier sera échu dans deux mois du jour de la publication des présentes, et l'autre dans six mois; et les propriétaires des maisons seront comptables de la quote-part des locataires : à l'effet de quoi ils auront droit d'exiger d'eux auxdites époques la partie de l'imposition qui est à leur charge.

IV. L'imposition ne sera déterminée que par le prix de l'adjudication definitive qui sera faite des ouvrages, lesquels seront criés aux formes ordinaires, après publication au son du tambour et annoncés dans la Gazette. L'adjudication se fera en la salle de l'Intendance, en présence de M. l'Intendant et du Procureur du Roi en fonctions.

V. Le prix des criées sera celui de l'estimation faite par MM. les Officiers du génie, vérifiée par M. de Geoffroy, directeur des fortifications, et au rabais. Tous Entrepreneurs seront admis au rabais et pourront être adjudicataires, en donnant bonne et suffisante caution pour la sûreté des clauses et conditions des procès-verbaux de criées, lesquelles offres au rabais seront reçues aux formes ordinaires par le Greffier de l'Intendance.

VI. Les ouvrages qui doivent être adjugés seront criés séparément, étant indépendans les uns des autres. La division des charges des Entrepreneurs hâtera l'exécution de l'ouvrage, et facilitera les entreprises.

VII. La première adjudication sera du mur à construire dans le haut de la savanne, en continuation de celui qu'ont fait faire les religieuses Ursulines, 25 toises de long, avec l'épaulement de 8 toises et fondation dudit mur.

VIII. La seconde adjudication sera pour la continuation du mur qui est près de l'encoignure de la maison du S^r. Mathieu, l'épaulement et fondation dudit mur.

IX. La troisième adjudication sera pour le comblement du terrein vide, et le nivellement de tout le terrein qui est le long des murs ci-dessus.

X. Les murs seront exécutés par les Entrepreneurs suivant les dimensions, talus, plombés, *etc.* qui leur seront indiqués par M. Bonnet, capitaine au Corps-royal du génie, qui a été chargé de la conduite de ces ouvrages, et qui donnera les alignemens, directions, talus, *etc.* de conformité au plan qui en a été dressé.

XI. Les Entrepreneurs seront payés à la toise cube, sur le pied de l'adjudication par toise, et répondront de leurs ouvrages pendant un an, sauf les évènemens de force majeure, bornés aux tremblemens de terre et ouragans ; les cautions demeureront responsables jusqu'après l'année expirée.

XII. La maçonnerie sera exécutée avec mortier en pouzzolane du pays, après l'expérience de sa bonté, 3 semaines avant de commencer l'ouvrage ; cette expérience aux dépens de l'Entrepreneur.

XIII. Le mortier, composé de deux cinquièmes de chaux et trois cinquièmes de ladite terre de pouzzolane, prise sur le morne des Religieuses, lequel, avant que d'être employé, sera reconnu bon par l'Officier du génie.

XIV. La maçonnerie aura un parement net du côté de la rivière, bien rejointoyé ; les premiers seront posés dans un bain suffisant de mortier, calés et frappés doucement au marteau pour faire refluer le mortier par les joints.

XV. Les angles des épaulemens seront taillés proprement et posés en boutisse et parneresse.

XVI. Les Entrepreneurs se fourniront, sans exception, tous les matériaux et outils nécessaires.

XVII. Si quelque raison particulière détermine à une augmentation de travaux, les Entrepreneurs les feront par continuation du prix ; et de même si l'on jugeait à propos de suspendre, ils ne pourront prétendre aucun dédommagement.

XVIII. Ils prendront dans les îlets qui sont formés dans la rivière et aux endroits désignés par l'Officier du génie, les terres, sable et gravier, pour les remblais du derrière des murs ; le toisé en sera fait au déblai seulement, qui leur sera payé sur le pied de 33 liv. la toise cube, les relais compris.

XIX. Ils ne combleront ni ne feront aucun ouvrage, sans que l'Officier du génie l'ait disposé, aligné et calculé, dont il tiendra un registre, duquel il leur donnera copie, pour ensuite être refait le toisé total à la fin des ouvrages.

XX. Ils mettront les roches qu'ils emploîront pour le comblement derrière les murs, entre deux lits de terre, chacun d'un tiers d'épaisseur, pour éviter que l'eau ne se fasse jour dans les interstices; ce qui arriverait si les roches étaient en bas.

XXI. Ils se conformeront à ce qui leur sera réglé par l'Officier du génie, et ne pourront rendre leur ouvrage par sous-entreprise.

XXII. Le déblai des terres sera fait jusqu'à la profondeur nécessaire pour établir solidement les fondemens.

XXIII. L'Entrepreneur, qui fera le comblement derrière le mur des Religieuses, sera tenu, avant de le faire et sans augmentation de frais, de réparer ce mur sur lequel l'eau s'est fait un passage; il le fera d'une manière solide, sans quoi l'eau dégraderait le comblement; et il en sera responsable, comme il est dit en l'article XI.

XXIV. Le prix de l'adjudication sera acquitté aux Entrepreneurs par le Trésorier de la bourse commune des Huissiers, sur le certificat de l'Officier du génie, visé par le Procureur du Roi; savoir: la moitié dans 2 mois, à compter du jour que l'ouvrage aura été commencé, et le restant 6 mois après le premier paiement, lorsque les ouvrages auront été reconnus conformes aux plan et devis, et reçus aux formes ordinaires par les Officiers du Corps-royal du génie. Seront obligés, les adjudicataires, de se procurer assez d'ouvriers pour que les ouvrages soient à leur perfection avant l'hivernage, à peine de tous dommages et intérêts.

XXV. Faute, par les contribuables, de payer et acquitter les sommes auxquelles sera portée leur cotisation, aux termes indiqués ci-dessus, ils y seront contraints sur l'exécutoire qui sera décerné par M. l'Intendant ; à l'effet de quoi il sera donné un état des propriétaires en retard, 15 jours après lesdits termes, au bas duquel sera décerné un seul exécutoire contre tous.

XXVI. Sera notre présente ordonnance imprimée, lue, *etc.*

Donné à la Martinique, le 2 mars 1783. *Signé*, DE BOUILLÉ, *et* le Présid. de PEINIER.

(N°. 617.) ORDONNANCE *de MM. les Général et Intendant, pour l'établissement de deux Pontons, Seaux, Bailles*, etc. *pour la rade du bourg St-Pierre.*

Du 28 mars 1783.

LES Capitaines et Négocians du bourg St-Pierre, exposèrent en 1767, la nécessité d'etablir des pontons dans la rade dudit bourg; et, sur l'offre qui fut faite par les sieurs Thore et Guys, de former cet établissement, le Gouvernement leur accorda un privilége exclusif pour 10 ans, qui sont expirés depuis le mois de mai 1777.

Depuis ce tems, l'établissement a été abandonné; cependant il est d'une nécessité absolue, dans une rade aussi fréquentée que celle de Saint-Pierre.

La crainte du feu et les malheurs arrivés dans cette rade avaient fait prévoir cet accident, et imposé aux concessionnaires dudit privilége, la charge de 50 seaux et 6 bailles entretenus pour l'utilité publique. Cette dernière précaution est d'une sagesse infinie par les consequences des incendies. Tout paraissait avoir *été* oublié à cet égard, et la guerre qui vient d'être heureusement terminée, avait écarté l'idée d'un nouvel établissement par l'incertitude des évènemens, et la difficulté de se procurer les choses nécessaires, pour lui donner toute solidité.

M. de Préclerc, capitaine de port, nous a représenté, combien il est intéressant de rétablir ces pontons : il a fourni un *prospectus* calqué sur celui de 1767, avec quelques changemens qui nous paraissent déterminés par les circonstances actuelles.

Sur la communication que MM. les Commissaires du commerce ont prise du projet à nous présenté, ils ont donné leur avis, en vertu de notre ordonnance, du 16 janvier dernier : ils ont adopté le projet ; mais ont pensé qu'il convenait à l'intérêt du commerce, que l'adjudication de l'entreprise fût faite judiciairement aux formes ordinaires, afin que le concours des Entrepreneurs réduise le prix des ouvrages à un taux, qui laisse aux Capitaines et Armateurs tous les avantages de l'établissement, avec certitude de la juste appréciation des journées des pontons et de tout ce qui en dépend.

En conséquence, vu le mémoire des Capitaines des navires, présenté au Gouvernement en 1767, les articles de l'entreprise des Srs. Thore et Guys, l'ordonnance de MM. le comte d'Ennery et le président de Peinier, du 23 mai 1767, la représentation du Capitaine de port donnée le 15 janvier dernier, notre ordonnance de soit communiqué du 16 dudit mois, l'avis des Commissaires du commerce du 20 du même mois.

En vertu, *etc.*, nous avons ordonné et ordonnons que l'entreprise pour l'etablissement de 2 pontons, raz, seaux, bailles et autres ustensiles pour ledit établissement, sera criéé et adjugée aux formes ordinaires au rabais; et sur le pied de l'évaluation par nous fixée et déterminée dans les articles qui seront imprimés à la suite de la présente ordonnance, et sur les clauses et conditions y insérées, le tout à la diligence de M. de Préclerc, capitaine de port; à l'effet de quoi nous le renvoyons à se pourvoir par devant le Lieutenant-général de l'Amirauté du bourg Saint-Pierre; et pour favoriser les Entrepreneurs et diminuer le prix de l'entreprise, nous avons accordé et accordons par ces présentes, un privilége exclusif de dix années consécutives en faveur de l'Adjudicataire, à compter du jour de la sentence de l'adjudication.

Ordonnons que les présentes, ensemble les articles ci-joints, seront imprimés, lus, *etc.*

Donné à la Martinique, le 28 mars 1783. *Signé*, DE BOUILLÉ, *et* le Présid. de PEINIER.

N. B. Les dispositions des sept premiers articles étant absolument les mêmes que celles de l'ordonnance du 23 mai 1767, voyez le N°. 372, t. II, p. 514 et suiv.

VIII. Tout bâtiment faisant la navigation d'Europe, paiera 49 l. 10 s. par jour.

IX. Tout bâtiment commencera à payer ses journées du jour qu'il s'embossera sous le ponton, jusques et compris le jour qu'il levera ses bannes, et qu'il quittera le côté du ponton.

X. Les Capitaines seront libres d'aller virer sur tel autre bâtiment non désarmé qu'ils jugeront à propos.

XI. Le Capitaine du port dirigera la position du ponton, et aura l'inspection de leur bonne tenue ; et s'il était adjudicataire, la surveillance et inspection dudit ponton appartiendra au Capitaine commandant les marchands.

Vu et déterminé par nous Général et Intendant à la Martinique, le 28 mars 1783. *Signé*, DE BOUILLÉ, *et* le Présid. de PEINIER.

(N°. 618.) ORDONNANCE *de MM. les Général et Intendant, concernant l'ouverture de la rue Thomas en servant de communication entre les rues du Précipice et de la Source.*

Du 29 mars 1783.

(N°. 619.) ORDONNANCE *de MM. les Général et Intendant, concernant la police des Cabarets, Cafés, Auberges et Billards.*

Du 15 mai 1783.

L'ORDONNANCE rendue le 16 août 1763, sur les cabarets, souffre dans son exécution des difficultés que le tems et les circonstances ont amenées. La rigueur des peines qu'elle prononce, semble être en contradiction avec des usages autorisés. Il nous a donc paru nécessaire de rectifier, conformément au tems présent, les dispositions de cette ordonnance et de renouveler les articles dont l'exécution tient au bon ordre et à l'exacte police.

En conséquence, nous, *etc.*, ordonnons ce qui suit :

ART.

ART. II. Ceux qui auront obtenu la permission de tenir cabaret, auberge et café, pourront distribuer et détailler du vin, du cidre, de la bière, du tafia ; et ceux-là seuls auront droit de faire ce détail par petites mesures dans les villes, bourgs et autres lieux publics ; n'entendant aucunement empêcher la distribution qui se fait par les habitans du tafia par eux travaille ; laquelle distribution ne pourra être faite que sur leur habitation même, en bouteilles et non par petites mesures, à peine de 500 l. d'amende, applicables aux travaux publics.

III. Défendons aux Cabaretiers, Aubergistes et Maîtres de cafés du Fort-Royal et de Saint-Pierre, ainsi qu'à ceux des lieux où il y aura garnison de troupes, de recevoir chez eux des Bas-officiers et Soldats, sous tel prétexte que ce soit, à peine de 500 liv. d'amende, applicable, moitié au Cantinier des troupes du lieu, et l'autre moitié aux travaux publics.

V. Défendons aux Cabaretiers, Aubergistes, Maîtres de cafés et Teneurs de billards, de recevoir personne chez eux pendant les offices divins, grand'messe et vêpres, à peine de 300 liv. d'amende, applicables comme en l'art. Ier.

Ordonnons que ces présentes seront enregistrées au Greffe de l'Intendance, *etc.*

Donné à la Martinique, le 15 mai 1783. *Signé* le Vicomte de DAMAS, *et* le Président de PEINIER.

N. B. Les articles supprimés dans cette ordonnance, étant textuellement les mêmes, que ceux de l'ordonnance du 16 août 1763, voyez le N°. 262, tome II, page 228.

(N°. 620.) ARRÊT *du Conseil d'État du Roi, qui permet aux Bâtimens étrangers arrivans directement des côtes d'Afrique, avec des Cargaisons de 180 Noirs au moins, d'aborder dans le Port principal de chacune des îles de la Martinique, la Guadeloupe, Ste-Lucie et Tabago, jusqu'au 1er. août 1786, et d'y vendre lesdits Noirs, en payant pour chaque tête de Negres, Negresses, Negrillons ou Négrites, un Droit de 100 livres, argent de France, dont le produit sera employé en Primes sur les Noirs provenant de la Traite française, qui seront introduits pendant le meme tems auxdites Isles du Vent.*

Du 28 juin 1783.

LE Roi s'étant fait représenter dans son Conseil l'état des nègres qui ont été introduits, par le commerce de France dans ses colonies d'Amérique, depuis 1763 jusqu'en 1778; et S. M. ayant reconnu qu'entre ces deux époques, la traite française avait à peine suffi aux besoins de Saint-Domingue, et que le commerce, entraîné vers cette colonie, abandonnait les îles du vent, elle a jugé devoir suppléer à leur situation, et s'occuper des moyens d'y remplir les vides que la guerre avait occasionnés: elle se propose, pour cet effet, d'y admettre, pendant l'espace de 3 ans, les nègres de traite étrangère, S. M. a voulu néanmoins conserver au commerce de France les moyens de soutenir la concurrence avec les etrangers, afin qu'à l'expiration du terme stipulé, on puisse se passer d'un secours qu'une absolue nécessité peut seule autoriser, et elle a pris des mesures pour que cette exception, forcée et passagère, aux lois prohibitives, ne puisse pas être étendue aux denrées coloniales, dont le commerce et le transport doivent être exclusivement réservés à la Metropole.

A quoi voulant pourvoir : ouï le rapport ; le Roi étant en son Conseil, a ordonné et ordonne ce qui suit :

Art. Ier. Les réglemens intervenus sur le commerce et la navigation des étrangers dans les îles et colonies françaises, seront exécutés selon leur forme et teneur : veut, en conséquence, S. M. que tout commerce et navigation des étrangers soient et demeurent prohibés dans lesdites îles et colonies françaises en Amérique, sous les peines portées par lesdits réglemens.

II. Permet néanmoins S. M. aux Capitaines des navires étrangers du port de 120 tonneaux et au-dessus, uniquement chargés de noirs, et au nombre de 180 au moins, arrivant directement des côtes d'Afrique, sans avoir touché dans leurs colonies propres, d'aborder aux îles de la Martinique, de la Guadeloupe, de Ste-Lucie et de Tabago, dans le seul port desdites îles où sera établi le Gouvernement, et d'y débarquer et vendre leursdites cargaisons de noirs, en payant 100 liv., argent de France, par chaque tête de noirs, négresses, négrillons ou négrites, dont lesdites cargaisons seront composées.

III. Ne pourront les Capitaines desdits navires, sous peine de confiscation desdits navires et cargaisons, entrer dans les ports qu'avec leur pavillon au haut du grand mât, qu'ils arboreront à 3 lieues de distance, pour indiquer leur qualité de négriers étrangers ; et il sera sur-le-champ envoyé à leur bord, au moins deux Commis, pour en faire la visite et empêcher qu'il n'en soit rien déchargé. Seront tenus lesdits Capitaines de faire au bureau du Domaine, dans les 24 heures, une déclaration exacte du nombre de noirs de toutes espèces, dont les cargaisons seront composées, sans qu'il puisse en être débarqué aucun, qu'en la présence de deux Commis, et sur le congé ou permis du bureau ; le tout sous les mêmes peines.

IV. Si, lors de la visite faite avant, pendant ou après le débarquement, il se trouvait sur lesdits bâtimens négriers étrangers aucunes marchandises, veut S. M. qu'il soit procédé à la saisie des navires, des nègres et desdites marchandises, par les Officiers de l'Amirauté, et que la confiscation du tout soit par eux prononcée, avec amende de 3,000 liv,

V. Permet S. M. aux Capitaines desdits bâtimens négriers étrangers de charger, dans les ports où ils auront vendu leurs cargaisons, sur les permis du bureau du Domaine et en présence de deux Commis, des sirops et tafias, et des marchandises apportées d'Europe, pour être exportées à l'étranger seulement, en payant à la sortie 1 pour 100 des marchandises d'Europe, et les droits établis sur les sirops et tafias à la sortie à l'étranger. Veut S. M. que le surplus de la valeur des noirs vendus soit acquitté en argent ou en lettres-de-change, sans qu'il soit permis auxdits Capitaines de charger aucune autre denrée coloniale, sous peine de confiscation des bâtimens et cargaisons chargées en retour, et de 3,000 liv. d'amende.

VI. Les deniers provenans du droit de 100 liv., argent de France, imposé pour chaque tête de noirs, seront mis en réserve, pour être appliqués uniquement au paiement d'une pareille prime de 100 liv. que S. M. accorde aux Capitaines des bâtimens négriers français, pour chaque tête de noirs, négresses, négrillons et négrites, qu'ils introduiront dans lesdites îles du vent, sur les certificats, tant des Officiers de l'Amirauté et du Receveur du Domaine, que des Commissaires du commerce, visés par l'Intendant ou l'Ordonnateur. Les Capitaines négriers français ne pourront néanmoins exiger le paiement de ladite prime entière, si le produit des droits perçus sur les étrangers n'est pas suffisant pour l'acquitter ; et, en ce cas, il sera fait, chaque année au 31 juillet, un calcul des droits perçus dans les 4 îles du vent, pour en être le montant réparti, par une réduction proportionnelle, aux Capitaines français qui auront introduit des noirs dans les mêmes 4 îles.

VII. L'admission des bâtimens négriers étrangers, permise par le présent arrêt, n'aura plus lieu au 1er. août 1786 ; mais les Capitaines qui, à cette époque, se trouveront dans les ports respectifs des îles françaises du vent, auront la faculté d'achever la vente de leurs noirs et de prendre en retour les cargaisons spécifiées par l'article V.

VIII. Ordonne S. M. que les dispositions du présent arrêt seront exécutées selon leur forme et teneur ; dérogeant, à cet effet, à tout ce qui pourrait y être contraire.

Mande et ordonne S. M., *etc.*

Fait au Conseil d'Etat du Roi, Sa Majesté y étant, tenu à Versailles, le 28 juin 1783. *Signé*, LA CROIX, Maréchal DE CASTRIES.

(N°. 621.) EDIT *du Roi, portant abolition du Droit d'Aubaine dans la* Guyanne française, *et dans les îles de* Sainte-Lucie *et de* Tabago.

Du mois de juin 1783.

LOUIS, *etc.*, SALUT : Animés du desir de réparer, autant qu'il est en nous, les maux occasionnés par la guerre, nous avons profité des premiers momens de la paix, pour nous faire rendre compte de la situation de nos colonies en Amérique, et nous occuper du moyen de leur procurer un accroissement de culture, dont la métropole partagera les avantages. Nous avons reconnu que si, dans presque toutes nos colonies, le nombre des colons n'est pas en proportion avec la quantité des terreins à cultiver, il en existe trois sur-tout, *la Guyanne française* et les îles de *Sainte-Lucie* et de *Tabago*, où la disproportion est si considérable, que la culture ne pourrait qu'y languir pendant long-tems, si nous n'y appellions pas des capitalistes étrangers par l'abolition du droit d'aubaine. Si cette suppression produit dans ces colonies les effets heureux que nous nous en promettons, ce sera un motif de plus pour en étendre, par la suite, aux autres le bienfait.

A CES CAUSES, *etc.*, voulons et nous plaît ce qui suit :

ART. Ier. Nous avons aboli et abolissons le droit d'aubaine dans la *Guyanne Française*, ainsi que dans les îles de *Ste-Lucie* et *Tabago*. Permettons en conséquence à tous étrangers, de quelque nation qu'ils soient, de s'y établir, et de disposer, en faveur de qui bon leur semblera, même en faveur des étrangers, par donation entre-vifs, ou par testament, suivant les lois et les formes observées dans lesdites colonies, de tous les biens, de quelque nature qu'ils soient, mobiliers ou immobiliers, qu'ils y auront acquis, à quelque titre que ce soit.

II. Les successions desdits étrangers seront recueillis par leurs héritiers naturels en quelque pays qu'ils habitent, et à quelque domination qu'ils soient soumis, quand même nous serions en guerre avec leur souverain; et leur seront délivrées, sans qu'elles puissent être assujetties à autres ni plus grands droits, que ceux qui se paient par nos propres sujets pour les successions de même nature.

III. En exécution des articles précédens, tous les étrangers et leurs ayant-causes, pourront recueillir, dans les trois colonies ci dessus désignées, tous leurs biens et effets, de quelque nature qu'ils soient; transporter, où ils jugeront à propos, les biens et effets mobiliers à l'exception de ceux destinés à l'exploitation des habitations, et notamment des esclaves qui ne pourront être exportés en nature, fussent-ils même employés à d'autres travaux qu'à ceux de l'agriculture, faire valoir lesdites habitations, les vendre, ainsi que les autres objets ci-dessus exceptés, et en retirer le prix pour le transporter où il leur plaira, en justifiant seulement de leurs titres de propriété.

Si donnons en mandement, *etc.*

Donné à Versailles, au mois de juin 1783, *Signé*, LOUIS; *et plus bas*, par le Roi, LA CROIX, Maréchal DE CASTRIES.

Enregist. au Conseil souverain.

(N°. 622.) ORDONNANCE *de MM. les Général et Intendant, pour l'attribution de la Police des Boulangers.*

Du 22 juillet 1783.

LES variations qu'éprouvent journellement le prix des farines dans les magasins du commerce, et la difficulté de statuer au moment opportun sur le poids du pain, nous a décidé à renvoyer cette police aux Officiers des Sénéchaussées, sous l'inspection du Gouvernement, en chaque endroit de leur siége; en conséquence, nous autorisons les Sénéchaux, à compter du jour de l'enregistrement des présentes, à rendre, le premier lundi de chaque quinzaine du mois, une ordonnance qui fixe le poids du pain, dans la proportion du prix des farines, et sur le certificat qui leur sera fourni par les Procureurs du Roi, de la valeur de cette denrée, dans les magasins du commerce, laquelle ordonnance sera visée de l'Ordonnateur du lieu et du

Lieutenant de Roi, et notifiée aux Boulangers, à ce qu'ils n'en ignorent. Autorisons egalement les Sénéchaux à diminuer sur le poids du pain, une ou deux onces, au profit des Boulangers des bourgs éloignés du Fort-Royal et de St-Pierre, à raison des distances, pour les indemniser des frais et transports ; ce qui sera enregistré au Greffe de la Sénéchaussée et exécuté selon sa forme et teneur.

Donné au Fort-Royal de la Martinique, le 22 juillet 1783. *Signé*, le Vicomte de DAMAS, *et* DE VIÉVIGNE.

(N°. 623.) RÉGLEMENT *du Juge de Police de St-Pierre, sur les Bouchers, et les emplacemens et Halles pour les Boucheries.*

Du 1er. septembre 1783.

NOUS, *etc.*, ouï le Procureur du Roi ; avons établi et réglé :

ART. Ier. Le nombre des Bouchers du bourg Saint-Pierre et dépendances demeure fixé à 8, qui seuls auront le droit de tuer et débiter des bœufs, moutons, cabris et cochons.

II. Lesdits 8 Bouchers se retireront par devant le Gouvernement pour en obtenir commission, laquelle sera enregistrée au Greffe de l'Intendance et en celui de la Sénéchaussée, *et nul desdits Bouchers ne pourra cesser de tuer, sans prévenir trois mois d'avance*, à peine de 500 liv. d'amende et d'un mois de prison.

III. Il est fait défense aux Bouchers de comprendre dans leurs pesées les pieds, mâchoires et entrailles, le tout sous les peines portées par les ordonnances.

IV. Les Bouchers seront tenus de fournir journellement de la viande au public, à l'hôpital et aux vaisseaux du Roi, à peine de 300 liv. d'amende pour chaque jour de manque à ladite fourniture, laquelle amende sera solidairement supportée par les 8 Bouchers.

V. Faisons défense à tous Bouchers et autres personnes de vendre au détail de la viande d'aucune espèce dans l'étendue des paroisses du Prêcheur et du Carbet, et de faire porter à Saint-Pierre des bœufs, moutons ou cochons morts pour les y débiter ou faire débiter ; le tout à peine de 300 liv. d'amende et de confiscation des bestiaux.

VI. Lorsqu'un Habitant aura quelques bêtes à corne, moutons ou cochons tués par accident sur ses terres et dont la viande sera saine, il pourra les vendre aux Bouchers commissionnés, ou les leur faire détailler pour son propre compte, et en ce dernier cas il paiera au débitant une commission de 10 pour 100 : mais, avant le débit, la viande sera visitée par un des Commis à la police, qui n'en permettra la vente que lorsque ladite viande sera en effet bien saine.

VII. Nul des Bouchers commissionnés ne pourra céder sa place à un autre, sans notre consentement avec l'attache du Gouvernement, sous les peines portées par l'article II, contre le Boucher qui aurait cédé son droit.

VIII. Lesdits Bouchers seront placés au-dessous du Pont, sur la rive gauche, dans une halle qui sera construite à cet effet divisée en 8 loges, une pour chaque Boucher, et leur faisons défenses, sous les mêmes peines de l'art. V, de débiter en aucune manière leur viande ailleurs que dans lesdites loges, leur laissant néanmoins la liberté de tuer où ils jugeront à propos. *Signé*, ASTORG.

(N°. 624.) ARRÊT *du Conseil souverain concernant les Lisières ou Haies vives, servant de bornes ou de clôture commune.*

Du 6 novembre 1783.

CE jour, le Procureur-général du Roi a dit :

Qu'il existait dans la campagne une source de querelles qu'il était de la sagesse de la Cour de détruire ; que plusieurs Habitans, sans considération pour la propriété des autres Habitans limitrophes, s'imaginaient pouvoir jouir avec toute liberté de leurs héritages jusqu'aux confins d'iceux, en y faisant différentes plantations nuisibles à la jouissance de leurs voisins ; que plusieurs autres, connaissant l'équité du principe qui ne permet pas à l'un, quoique maître du total de son terrein, de nuire notablement par sa jouissance à celle de l'autre, ignoraient les distances qu'ils devaient observer dans leurs plantations ; que d'autres enfin croyaient pouvoir à leur gré entretenir à moitié, et abandonner tour à tour et sans indemnité les lisières servant de bornes, ou celles qui avaient été établies d'accord des parties, pour clôture commune ; qu'il convenait de remédier à de pareils abus, et d'ôter à l'avenir, par un réglement précis, tout sujet de contestations entre les Habitans limitrophes.

Sur quoi la matière mise en délibération, la Cour a statué et ordonné ce qui suit :

ART. Ier. Toute lisière en général ou haie vive servant de bornes ou de clôture commune sera entretenue moitié par moitié, sarclée et ébranchée une fois par an, s'il n'y a titre au contraire.

II Si la lisière est offensive, comme lisière de campêche, de citronnier, *etc.* elle sera à frais communs, taillée sur les côtes et etêtée deux fois par an, en mai et novembre.

III. Pourra le voisin renoncer à l'entretien de ladite lisière, en quittant le droit d'icelle et la terre sur laquelle ladite lisière s'etendra, conformément à l'article ci-après.

IV. Si ladite lisière est composée de médeciniers, bois immortel et autres mêmes arbres sans branches offensives, outre l'abandon de la lisière, le voisin abandonnera un pas de sa terre; et si la lisière est composée de grands arbres, comme galbas, poiriers, pois-doux, ou d'autres dont les branches soient etendues et offensives, comme citrons, campêches, *etc.* l'abandon du terrein sera de 2 pas.

V. Pourra ledit voisin, quand bon lui semblera, demander la moitié de ladite lisière et la totalité du terrein abandonné, ou à rentrer en son premier droit, en remboursant moitié de ladite lisière et la totalité du prix du terrein abandonné.

VI. Sera loisible à tout Habitant de se clorre, en observant et laissant à ses bornes les distances d'un ou deux pas, conformément à l'article IV du présent réglement.

VII. L'Habitant qui cultivera sur les confins de sa terre, sera tenu de laisser entre sa borne et sa plantation la distance; savoir : de 2 pieds, s'il plante manioc ou cannes; de 3 pieds, s'il plante café ou coton; de 5 pieds, s'il plante du cacao; pareille distance de 5 pieds pour les

moyens

moyens arbres fruitiers ou non, et 7 pieds ou 2 pas pour les arbres de hautes tiges et à grandes branches.

VIII. Lorsque la lisière des bornes passera dans un bois neuf ou de haute-futaie, ou bien le long dudit bois, l'habitant qui cultivera à sa ligne, pourra, jusqu'à la concurrence de 2 pas, couper sur son voisin, et au ras de terre lesdits bois ou arbres, en les laissant sur la place, sommation préablement faite audit voisin de le faire lui-même dans la huitaine, et sans qu'il soit besoin d'autre formalité ni de mandement de justice.

IX. Chacun pourra, en outre, couper et retenir les branches d'arbres qui avanceront sur son terrein.

Ordonne que le présent arrêt sera enregist. *etc.*

Fait au Conseil souverain de la Martinique, le 6 novembre 1783. *Signé*, ROIGNAN, greffier.

(N°. 625.) EXTRAIT *d'une Dépêche ministérielle de M. le Marquis* de Castries, *aux Général et Intendant de la Martinique et Dépendances, sur l'émigration des Habitans des Colonies.*

Du 4 décembre 1783.

Lettre commune qui approuve les Administrateurs généraux d'avoir pris des précautions pour empêcher les émigrations des Habitans, et leur donne avis en même tems que le Gouvernement espagnol a conçu le projet d'attirer les Colons et les nègres de la Martinique et de la Guadeloupe à l'île de la Trinité, leur enjoignant de redoubler de soins pour prévenir ce mal, et de rendre compte de ce qu'ils auront fait à cet égard.

(N°. 526.) ORDONNANCE *du Roi, concernant les Etats-Majors des îles du vent de l'Amérique.*

Du 20 décembre 1783.

SA MAJESTÉ ayant jugé utile à son service d'apporter quelques changemens à l'ordre ci-devant établi dans les Etats-majors des îles du vent et de les subordonner, pour le commandement militaire, au Gouverneur-lieutenant-général de la Martinique ; et voulant régler, dans des proportions plus convenables à leurs grades, les appointemens qui leur seront attribués à l'avenir, elle a ordonné et ordonne ce qui suit :

ART. Ier. Veut S. M., qu'indépendamment des Gouverneurs, lesdits Etats-majors soient composés de 2 Commandans en second, de 4 Commandans particuliers, de 3 Majors et 8 Aides-majors, suivant la répartition ci-après :

Isles de la Martinique et de Ste-Lucie.

Un Gouverneur-lieutenant-général, lequel sera en même tems Commandant-général de toutes les îles du vent.

Un Commandant en second, qui résidera à St-Pierre.

Un Major au Fort-Saint-Pierre.

Un Major et un Aide-major au Fort-Royal.

Un Aide-major au fort Bourbon.

Un Gouverneur, un Commandant particulier et un Aide-major à Sainte-Lucie.

Isles de la Guadeloupe, Marie-Galante, Saint-Martin et Saint-Barthélemi.

Un Gouverneur-général ou particulier ; un Commandant en second, qui résidera à la Pointe-à-Pitre, jusqu'à ce que le siége du Gouvernement y soit transporté.

Un Major et un Aide-major à la Basse-Terre.

Un Aide major à la Pointe-à-Pitre.

Un Commandant particulier et un Aide-major à Marie-Galante.

Un Commandant particulier et un Aide-major à St-Martin et à St-Barthélemi.

Isle de Tabago.

Un Gouverneur, un Commandant particulier et un Aide-major.

II. Les appointemens des Gouverneurs-généraux seront réglés par des ordres particuliers de S. M. ; ceux des autres Officiers demeurent fixés comme ci-après :

A chaque Gouverneur particulier, ...	24,000 l.
A chaque Commandant en second, . . .	20,000
A chaque Commandant particulier, . . .	9,000
A chaque Major, ...	6,000
A chaque Aide-major, ...	3,600

III. Lorsque le Gouverneur-général de la Martinique sera absent des îles du vent, le commandement militaire sera dévolu au Gouverneur-général de la Guadeloupe, et, au défaut de ce dernier, ledit commandement passera au Gouverneur particulier de Ste Lucie.

IV. Le Gouverneur-général et les Commandans en second seront susceptibles de tout avancement, selon leur ancienneté et leurs grades.

Les Commandans particuliers seront susceptibles du brevet de Colonel, et ne pourront néanmoins prétendre tant qu'ils resteront dans ces emplois, qu'au grade de Brigadier.

Les Majors ne pourront obtenir que le brevet de Lieutenant-colonel.

Les Aides-majors seront choisis dans la classe des Capitaines, et ne seront susceptibles que du brevet de Major.

V. Les Lieutenans de Roi actuels, dont les places seront réduites, à l'avenir, à l'état de Major-commandant, conserveront le titre de Lieutenant de Roi, avec le logement dont ils jouissent actuellement, et qui n'aura plus lieu pour leurs successeurs.

Mande et ordonne S. M., *etc.*

Fait à Versailles, le 20 décembre 1783. *Signé*, LOUIS ; *et plus bas*, par le Roi, le Maréchal de CASTRIES.

(N°. 627.) ORDONNANCE *de MM. les Général et Intendant, concernant la Police générale des Nègres et Gens de couleur libres.*

Du 25 décembre 1783.

LE retour de la paix devant rendre au commerce et à l'agriculture, l'activité dont les avaient privé les désordres inséparables de la guerre, nous devons nous occuper sans retard du rétablissement des ressorts destinés à les faire mouvoir : un des principaux, sans contredit, est la discipline des noirs, qui a éprouvé un relâchement auquel il est tems de mettre ordre. C'est dans ces vues que nous venons d'établir des Commis à la police dans ceux des quartiers où il n'y en avait pas encore; et notre but a été de donner aux Officiers à qui le soin de cette police est confié, ce nouveau moyen, secondé du concours des Volontaires libres, conformément à l'art. XII de l'ordonnance du 24 octobre 1782, d'arrêter des abus qu'une surveillance plus suivie doit, sinon détruire entièrement, du moins rendre plus rares. Ces Commis, ne connaissant, la plupart, ni l'étendue, ni les bornes des fonctions qui leur sont attribuées, laissent des ordonnances sans exécution, à défaut de les savoir, ou bien gênent, par un zèle que la loi ne règle pas suffisamment, le Commerçant et l'Habitant dans une communication aussi nécessaire que sagement établie, si elle est assujettie à des règles fondées sur l'expérience. D'un autre côté, les maîtres, voulant exiger des esclaves un travail qui les dédommage des dépenses qu'ils leur occasionnent, les excèdent quelquefois par un travail au-dessus de leurs forces : le Gouvernement doit veiller sur le sort de ces hommes que la loi impérieuse du besoin peut faire, par cette raison, sortir de leur devoir. Il convient donc, en même tems qu'on contiendra l'esclave, de veiller à ce que le maître remplisse un engagement que l'humanité lui a fait contracter avec la loi, en l'obligeant à vêtir et nourrir son esclave, et à le traiter humainement : c'est pour obvier aux inconvéniens multipliés d'une police trop negligée et operer le rétablissement du bon ordre, sollicité journellement par les différens états, et notamment par les Officiers des Sénéchaussées, qui sont chargés plus particulièrement d'y veiller, que nous avons cru devoir réunir dans un seul et même réglement tout ce qui est émané du Gouvernement sur cette matière ; expliquer, étendre ou ajouter, suivant que le besoin l'a exigé, aux dispositions du Code noir, et des ordonnances subséquemment rendues par le Roi et par nos Prédécesseurs, auxquelles le tems et l'agrandissement des établissemens ont apporté des changemens nécessaires. A ce moyen, les Commandans de quartiers, les Commis à la police des bourgs éloignés du siége des Sénéchaussées et les maîtres des esclaves pourront, chacun en droit soi, tenir la main ou exercer une police dont ils auront les règles sous les yeux.

C'est pourquoi, *etc.*, nous ordonnons et statuons ce qui suit :

Art. Ier. Les gens de couleur libres ne pourront porter aucune arme, soit en ville, soit en la campagne, hors les cas de service; ils ne pourront non plus s'assembler sous prétexte de noces, festins ou danses, sans une permission du Commandant du lieu, visée du Procureur du Roi pour la police intérieure, à peine d'une amende de 300 liv. contre celui qui aura provoqué l'assemblée, de 100 liv. contre chacun des assistans, et de 300 liv. contre le maître de la maison, où elle se sera tenue; lesquelles amendes seront applicables aux réparations du Palais.

II. Les gens de couleur libres ne pourront acheter de la poudre et du plomb des marchands, sans un permis du Procureur du Roi, qui en spécifiera la quantité; et s'il en est trouvé sans ce permis, le marchand et l'acheteur seront mis à l'amende de 500 liv. chacun, applicables aux réparations du Palais, et punis de plus forte peine, suivant le cas.

III. Faisons défenses à tous Officiers de justice de se servir des gens de couleur libres ou esclaves pour dresser ou copier les actes et expéditions émanés de leur état, sous peine de 500 liv. d'amende, applicables aux réparations du Palais, contre l'Officier public; d'un mois de prison contre le Libre, et de confiscation de l'esclave au profit du Roi.

IV. Faisons défenses à tout Orfévre ou autres personnes d'acheter d'un esclave aucune argenterie, neuve ou vieille, cassée, rompue, brûlée ou autrement, à peine de 500 l. d'amende, et de plus grande peine, s'il y échet; leur enjoignons, sur la proposition de l'esclave, de s'en saisir, et de le faire conduire à la geôle, dans les bourgs ou au Commis à la police, à la campagne, pour être dénoncé et remis au Procureur du Roi.

V. Tout homme ou femme de couleur libre, qui aura retiré chez soi un esclave marron ou sans billet de son maître, ou qui recélera des effets volés et les partagera, sera déchu de sa liberté et vendu au profit du Roi, sauf le tiers du prix qui sera donné au dénonciateur; sur le produit net de la vente, les dommages intérêts du maître de l'esclave soutiré, à raison de 10 l. par jour, prélevés sur le prix de la vente. Et tout esclave, dans la case ou dans le jardin duquel on trouvera un nègre marron, sera condamné à 30 coups de fouet par la main du bourreau, et à huit jours de prison.

VI. Aucun nègre, ni tous autres gens de couleur libres, ni esclaves, ne pourront exercer la médecine ou la chirurgie, ni faire aucune préparation de remèdes, ni traitement de malades à la ville ou à la campagne, d'une maison ou d'une habitation à l'autre, sous quelque prétexte que ce soit, même de morsure de serpens, à cause de l'abus qui s'y rencontre, à peine de 500 liv. d'amende, pour la première fois, contre les libres, et de punition corporelle, en cas de récidive; et contre les esclaves, d'être condamnés à la chaîne, et le prix perdu pour le maître qui n'y aura pas tenu la main.

VII. Enjoignons à toutes personnes qui connaîtront dans leur quartier ou ailleurs, des nègres ou autres esclaves publiquement soupçonnés d'être empoisonneurs ou de distribuer des drogues, d'en faire leur déclaration aux Procureurs du Roi, qui, après information secrète, par le commis à la police, sur les lieux, agiront de leur office pour arrêter un désordre qui ruine plusieurs habitans, à défaut d'une assez scrupuleuse recherche.

VIII. Nous défendons à tous gens blancs ou de couleur libres ou esclaves, d'enivrer les rivières, a peine de 5 ans de galères pour les blancs, et des galères à vie pour les libres et pour les esclaves, conformément aux ordonnances rendues sur ce fait.

IX. Défendons pareillement de détourner les rivières pour arrêter le poisson, à peine de 200 liv. d'amende contre les blancs, de 100 liv. et un mois de prison pour les libres, et de la peine du fouet et du carcan pendant 3 jours pour les esclaves; applicables lesdites amendes, moitié au profit du Roi, et moitié au dénonciateur.

X. Pourront les maîtres, lorsqu'ils croiront que leurs esclaves l'auront mérité, les faire enchaîner et battre de verges ou de cordes, sans néanmoins les excéder de coups, chaque châtiment ne pouvant aller au-delà de 29 coups de fouet; leur faisons défenses de leur mutiler les membres, ni de leur donner la torture à peine de confiscation des esclaves, et d'être procédé contre les maîtres extraordinairement, sauf à les remettre à la justice, dans les cas qui mériteront une punition plus sévère que le fouet.

XI. L'esclave qui aura frappé un blanc, ou homme libre, sera puni corporellement; si c'est son maître, sa maîtresse ou leurs enfans, et avec contusion ou effusion de sang, il sera puni de mort sans rémission.

XII. Seront tenus les maîtres de faire fournir par chaque semaine à leurs esclaves âgés de 10 ans et au-dessus, deux pots et demi, mesure de Paris, de farine de manioc ou autre chose équivalent, avec 2 liv. de bœuf ou 3 liv. de poisson salé, ou autre chose à proportion; et aux enfans depuis qu'ils seront sevrés, jusqu'à 10 *ans*, la moitié des vivres ci-dessus; seront également tenus les maîtres de fournir à chaque esclave 2 habits de toile ou 4 aunes, à leur gré, et de les traiter humainement, sous peine d'être poursuivis d'office, et sur la notoriété publique par le Procureur du Roi.

XIII. Défendons pareillement aux maîtres de se décharger de la nourriture de leurs eclaves, en leur donnant ce qu'on appelle le *samedi*, sous peine de 500 l. d'amende, applicable 1 tiers au dénonciateur, et les 2 autres tiers aux réparations du Palais, laquelle contravention sera poursuivie comme à l'article précédent.

XIV. Défendons aux maîtres d'abandonner ou laisser vaguer les esclaves sur-âgés, ou infirmes par maladies, vieillesse ou autrement; et, en cas qu'ils soient rencontrés mendians hors des habitations ou maisons de leurs maîtres, ils seront conduits à l'hôpital, où ils seront entretenus et nourris aux dépens du maître, qui sera condamné à 30 s. par jour, jusqu'à ce qu'il ait retiré l'esclave, ou que celui ci soit mort.

XV. Les esclaves envoyés à la pêche seront munis d'un billet de leur maître, soit qu'ils y aillent dans leurs canots, ou qu'ils s'associent dans ceux d'un voisin.

XVI. Les maîtres qui ne sauront pas écrire, auront recours à un voisin connu, pour l'adresse des billets qu'ils doivent donner à leurs esclaves.

XVII. Les nègres esclaves qui pêcheront jusqu'à la distance de 2 lieues des villes du Fort-Royal et Saint-Pierre, ne pourront vendre leur poisson sur la lame à autres, qu'aux habitans voisins connus, et pour leur subsistance seulement; ils seront tenus de l'entrer en ville pour y être vendu au marché, sous peine du carcan contre l'esclave vendeur et l'esclave acheteur, et de 100 liv. d'amende contre l'acheteur blanc, ou libre.

XVIII. Défendons à tous caboteurs, maîtres de pirogue et patrons de canot, de donner retraite ni passage dans les différens lieux de l'île à aucuns esclaves, s'ils ne sont munis d'un billet de leurs maîtres, ou à leur suite, sous peine, contre le patron, s'il est blanc, ou de couleur libre, de 30 jours de prison, outre les dommages et intérêts du maître de l'esclave ; et s'il est esclave, du fouet et du carcan : rendons les maîtres des bâtimens et des esclaves patrons de canots, responsables de cette police, conformément aux dispositions des ordonnances sur cette matière.

XIX. Tout esclave qui sera surpris enlevant ou ayant enlevé un bâtiment pour s'évader, ou pour favoriser l'évasion de quelque blanc ou noir, sera réputé avoir commis un vol qualifié, et, comme tel, condamné à une peine à infliger suivant les circonstances.

XX. Faisons défenses à tout maître de laisser vaguer leurs esclaves, et de les envoyer à plus d'une lieue de leur demeure, soit de la ville, soit de la campagne, sans un billet contenant le nom de l'esclave et le leur : si, dans la ville, il arrive un cas pressé pendant la nuit, il suffira que l'esclave ait un fanal pour sortir de la maison, passé 10 heures.

XXI. Défendons pareillement aux maîtres des esclaves de leur permettre de tenir des maisons particulières, sous prétexte de métier, commerce ou autrement, à peine de confiscation de l'esclave, et des effets dont ils se trouveront en possession, la moitié au profit du dénonciateur, l'autre moitié au profit du Roi; ce qui aura lieu à compter du mois du jour de la publication des présentes.

XXII. Faisons défenses à tous ceux qui ont des esclâves en propre ou à loyer, de les laisser libres de leurs personnes, et travailler à leur gré, moyennant une somme convenue par mois, même par jour, excepté les négres de journée, qui auront la marque ordonnée ci-dessous, à peine de 500 liv. d'amende pour la première fois, et de confiscation de l'esclave en cas de récidive, lesquelles amende et confiscation appartiendront moitié au dénonciateur, l'autre moitié au Roi.

XXIII. Tous les propriétaires des négres de journée en déclareront au Commis à la police de leur quartier, le nombre, et le nom de chacun, dans la quinzaine du jour de la publication de la présente ordonnance, et ledit Commis à la police, les inscrira dans un registre qu'il tiendra à cet effet, à peine de 300 liv. d'amende contre les maîtres qui auront manqué de se conformer au présent article; ladite amende applicable, un tiers au profit du dénonciateur, un tiers au profit du Commis à la police, et l'autre tiers au profit du Roi.

XXIV. Tous les maîtres des esclaves destinés à la journée, seront tenus, après la publication de la présente ordonnance, de présenter ou faire présenter leursdits esclaves au Commis à la police de leur quartier, qui leur délivrera, *gratis*, à chacun une lame de cuivre, qui sera soudée en forme de bracelet au poignet gauche, et qui contiendra le numéro destiné à chaque négre, lequel numéro sera inséré dans le registre du Commis à la police, avec le nom du négre auquel ledit numéro aura été délivré, sous les peines portées au précédent article.

XXV. Nous ordonnons qu'à l'avenir, aucun esclave ne pourra aller en journée, s'il n'a le bracelet numéroté, dont il est parlé à l'article ci devant, à peine du fouet contre le négre, de 8 jours de prison, et de 300 liv. d'amende contre celui pour qui il aura été surpris travaillant, soit dans les bourgs, soit sur les bâtimens de mer, applicables conformément a l'art. XXIII.

XXVI. Les nègres numérotés ne pourront travailler que dans les lieux où ils auront été inscrits, si ce n'est pour aller en message, ce qu'ils ne pourront faire qu'autant qu'ils seront munis d'un billet de leurs maîtres, à peine du fouet et de 8 jours de prison.

XXVII. Les maîtres qui voudront retirer leurs esclaves et cesser de les louer à la journée, ou qui les vendront à d'autres personnes, seront obligés, sous les peines portées à l'art. XXIII, de faire remettre les bracelets numérotés qui leur avaient été donnés, entre les mains du Commis à la police, qui fera mention sur son registre de la dernière remise, ou de la vente qui en aura été faite.

XXVIII. Défendons à tous esclaves munis de numéros, de les échanger entr'eux et de les prêter à d'autres nègres esclaves, à peine du fouet et de 8 jours de prison contre les uns et les autres.

XXIX. Les frais de bracelets qu'il faudra distribuer dans les différens bourgs de ce Gouvernement, seront fournis des fonds de la caisse du Roi; mais, dans le cas où lesdits nègres de journée viendraient à perdre ou rompre les premiers bracelets, les maîtres seront tenus de leur en fournir un autre pareil à leurs frais, sous les peines portées par l'article XXIII.

XXX. Aucun blanc, ni homme de couleur libre, ne pourra aller vendre des marchandises à la campagne, ou seul, ou avec un nègre et un cheval, qu'il ne soit muni d'une permission de l'Intendant, qu'il sera tenu de montrer dans sa route aux Commandans de quartier et aux Commis à la police, qui se saisiront de lui et de ses marchandises, à défaut de représentation de la permission, et le feront conduire à la prison la plus prochaine, aux ordres des Procureurs du Roi.

XXXI. Défendons aux esclaves d'habitations de vendre aucune denrée, comme bois, herbes, fruits ou légumes, soit dans la ville ou à la campagne, pour leur compte ou celui de leur maître, sans une permission par écrit. Pourront les maîtres faire vendre en détail par leurs esclaves, ou envoyer à leurs commissionnaires, café, sucre, cacao, indigo, coton, farine et sirop, en fournissant un billet qui indique l'espèce et la quantité desdites denrées, sous peine de confiscation de la denrée, contre le maître, 50 l. contre l'acheteur et de 29 coups de fouet contre l'esclave trouvé vendant sans ladite permission de son maître. L'esclave sera également muni, à son retour, d'un billet de son maître, qui l'autorisera à emporter les marchandises qu'il aura achetées, ou dont on l'aura chargé, sous peine de confiscation comme dessus, et le billet ne pourra servir plus de 6 jours. Défendons aux esclaves de vendre des cannes de sucre, pour quelque cause et occasion que ce soit, même avec la permission de leurs maîtres, à peine du fouet contre les esclaves, de 10 liv. d'amende contre le maître qui l'aura permis et de pareille somme contre l'acheteur.

XXXII. Il est également défendu aux esclaves qui apporteront en ville, avec permission de leurs maîtres, volailles, gibier, fruits, légumes et autres vivres, d'en vendre, soit au bord de la mer, soit dans les grands chemins à une lieue des villes, excepté aux Habitans connus placés sur leur route, sous la peine ci-dessus prononcée, du carcan contre l'esclave, et de 100 liv. d'amende contre l'acheteur qui sera surpris sur le fait, s'il est blanc ou libre.

XXXIII. L'esclave qui aura volé du bétail, bestiaux, volailles, denrées, fruits ou légumes, sera puni suivant la qualité du vol, battu de verges par le Bourreau, et marqué d'une fleur-de-lys; et seront les maîtres tenus du dommage causé par leur esclave, si mieux n'aiment l'abandonner à celui à qui le tort aura été fait.

XXXIV. Il est permis à tous Habitans de se saisir de toutes les choses dont ils trouveront les esclaves nantis à la campagne, lorsqu'ils n'auront pas de billet de leurs maîtres, et sur leur dénonciation, la moitié leur sera adjugée, et l'autre moitié au profit de l'Hôpital.

XXXV. Les propriétaires qui seront convaincus d'avoir loué leurs maisons, ou des chambres à des esclaves, directement ou indirectement, et ceux qui leur auront prêté leur nom, seront condamné chacun à 500 liv. d'amende, applicables comme à l'article ci-dessus.

XXXVI. A compter d'un mois du jour de la publication des présentes, nous défendons aux maîtres de laisser leurs esclaves, excepté les scieurs de-long, calfats et charpentiers de navires, travailler de leur métier hors de leur vue, à moins qu'ils ne les aient loué à des blancs ou gens de couleur libres connus, et qui en répondront, en justifiant de la location à la journée,

ou

ou au mois, toutes les fois que la police le requérera, ne pourront non plus leur laisser vendre des marchandises dans les villes sans un billet d'eux à cet effet, lequel ne vaudra que pour 3 jours seulement.

XXXVII. A compter d'un mois de la publication des présentes, à l'avenir, défenses sont faites à toutes personnes, de quelle qualité qu'elles soient, de faire ou laisser leurs esclaves vendre aucune sorte de marchandises d'habitation en habitation, à moins que lesdits esclaves ne soient sous leur conduite, ou celle d'un blanc, ou homme libre, qui ne pourront mener qu'un esclave avec eux, à peine, contre les maitres, de 500 liv. d'amende et de confiscation des marchandises : lesquelles confiscation et amende seront applicables, les deux tiers au profit du Roi, l'autre tiers appartiendra à celui qui aura arrêté les esclaves porteurs d'icelles marchandises.

XXXVIII. L'esclave arrêté en marronnage, et pris avec des armes blanches ou à feu, de quelqu'espèce qu'elles soient, sera puni de mort ; celui qui sera trouvé avec un coutelas ou couteau autre que celui appelé *jambette*, sera puni de peine afflictive, même de mort, suivant les circonstances.

XXXIX. L'esclave trouvé sur une habitation étrangère, sans permission du maître, sera châtié de 15 coups de fouet, et mis dehors par police domestique.

XL. Défendons à tous Cabaretiers et Taverniers, sous quelque prétexte que ce soit, de recevoir chez eux aucun esclave, de lui donner à boire vin, tafia, eau-de-vie ou autres liqueurs, et à manger à table, à peine de 200 liv. d'amende, les deux tiers au profit du Roi, et l'autre tiers pour le dénonciateur.

XLI. Faisons pareillement défenses à tout Aubergiste, Cabaretier ou gens libres de la ville, de donner gîte ou retraite à aucun esclave de la campagne, à l'exception des voyageurs, porteurs d'ordres de leurs maîtres, à peine de 500 l. d'amende, applicables comme ci-dessus.

XLII. Les esclaves envoyés dans les bois pour y travailler, ainsi que les Charpentiers et Calfats, envoyés dans les ports de l'île, seront pourvus de billets, énonçant leur mission, le lieu et le tems, qui n'excédera pas le mois ; sinon, seront arrêtés et punis comme marrons : un seul billet suffira, s'ils sont plusieurs sous la garde d'un commandeur, ce qui sera spécifié; et si le billet est justifié avoir été donné par le maître, mais *jeté* ou prêté par eux, ils seront fouettés et appliqués au carcan.

XLIII. L'esclave qui sera envoyé par son maître à la chasse, sera porteur d'une permission par écrit, qui désignera l'étampe de l'arme qui lui aura été confiée, avec la quantité de poudre qui n'excédera jamais une demi-livre, sous peine de 100 liv. d'amende contre le maître; défendons également à tous marchands de vendre à aucun esclave de la poudre et du plomb, sans qu'il soit muni d'un billet de son maître, qu'il remettra au Marchand pour le garder, et lui en donnera un autre où la quantité sera spécifiée. Défendons aussi aux esclaves toute espèce de chasse, depuis le 1er. mars jusqu'à la fin de juillet inclusivement, à peine du fouet et du carcan pendant 3 jours.

XLIV. L'esclave qui sera rencontré portant un fusil, poudre, plomb et balles, sans une permission de son maître, sera arrêté, conduit en prison et puni, sur la simple vérification, du carcan et du fouet, et si l'arme n'est pas étampée, il pourra être poursuivi comme pour port d'armes, si le fait vient de lui; et si c'est du fait du maître, l'arme sera confisquée, et le Maître condamné à l'amende de 100 liv.

XLV. Il est défendu à tout esclave d'avoir dans sa case aucune arme, sous quelque prétexte que ce soit; et si dans les visites, il y en est trouvé, l'esclave sera pris et attaché au carcan, et le maître condamné à l'amende de 100 liv. pour n'y avoir pas mis ordre.

XLVI. Tout esclave arrêté la nuit hors de la ville sans billet, sera conduit en prison; la prise et l'amende payées comme pour marronnage, suivant le lieu où il aura été arrêté: si c'est dans la ville, et que l'esclave soit à un domicilié, il sera puni simplement du fouet, et le maître mis à l'amende de 6 liv. au profit des gens de la police qui l'auront arrêté.

XLVII. Il est fait très-expresses inhibitions et défenses à tout esclave, même avec un billet, de porter dans les chemins ou dans les rues, aucune arme offensive, comme fusil, épée, coutelas, couteau droit ou flamand, à l'exception des couteaux appelés *jambettes*, sans ressorts ni viroles, à peine d'être attachés au carcan pendant 4 heures pour la première fois, et du fouet par la main du Bourreau, au cas de récidive, et de 10 l. d'amende contre le maître qui l'aura souffert. Défendons également aux Marchands boutiquiers et Colporteurs, sous peine de 100 liv. d'amende, de vendre ni débiter aucunes desdites armes aux esclaves, quand même ils auraient un billet de leurs maîtres ; mandons aux Officiers de police de se saisir des armes des esclaves, à l'exception de ceux qui, étant affidés et préposés par leurs maîtres pour la chasse, ou leur garde, auront un billet qui les y autorise.

XLVIII. Défendons à tous nègres esclaves appartenans à différens maîtres de s'assembler sur les habitations, à l'entrée des bourgs, sur les grands chemins et lieux écartés, sous peine de punition corporelle, qui ne pourra être moindre que le fouet et la fleur-de-lys, et même de mort, en cas de circonstance aggravante : auquel cas, les maîtres qui l'auront souffert, perdront le prix de leurs esclaves, et celui sur la terre duquel se sera passé le désordre, et qui l'aura également souffert, sera condamné à 300 liv. d'amende, applicables, la moitié au profit du Roi, l'autre moitié aux Officiers de police qui auront arrêté lesdits esclaves.

XLIX. Les maîtres et autres particuliers qui seront convaincus d'avoir permis ou souffert chez eux des assemblées d'Esclaves de quelqu'espèce qu'elles soient, d'avoir prêté ou loué leurs maisons auxdits esclaves, sans une permission du Commandant, visée du Procureur du Roi (ce qui ne pourra avoir lieu que rarement, même en tems de carnaval, à cause des désordres qui s'ensuivent), seront condamnés ; savoir : les maîtres qui l'auront permis, à 100 liv. d'amende, et ceux qui auront prêté ou loué leur maison, en 300 liv. d'amende, applicables aux réparations du Palais.

L. Tous nègres ou autres gens de couleur esclaves qui seront arrêtés courant les rues masqués ou déguisés, de nuit ou de jour, seront punis du fouet, marqués d'une fleur-de-lys et attachés pendant une heure au carcan ; et s'ils sont pris la nuit sous ce déguisement, armés de bâtons ferrés, couteaux flamands et autres armes meurtrières, ils seront condamnés à des peines plus grièves, même de mort, suivant les circonstances.

LI. Défendons pareillement aux esclaves, en tout tems, mais particulièrement aux heures de la provision, soir et matin, de jouer ni s'assembler sur le bord de la mer ou autre endroit, à peine de punition corporelle; et sera permis à toute personne de les prendre et arrêter sur le fait et de les faire emprisonner, pour être poursuivis par le Procureur du Roi.

LII. Faisons défenses à tous esclaves de faire galopper des chevaux dans les rues et le long des quais des villes et bourgs, sous peine, contre ceux qui non seulement feront galopper des chevaux, mais qui les monteront, même au pas, et ne les conduiront pas à pied par la bride ou le licol, de recevoir 29 coups de fouet dans les prisons, et de plus forte peine en cas d'accident, sans préjudice de l'action en dommage et intérêts contre les maîtres, qui en demeureront responsables envers ceux qui auraient été blessés.

LIII. Il est défendu à tout homme, blanc, libre ou esclave, de passer dans les grands chemins, et sur-tout dans les routes particulières, avec des flambeaux allumés, et de traverser les pièces de canne avec des bouts de tabac allumés, sous peine, pour le seul fait, contre les blancs et libres, de 100 liv. d'amende, sans compter les dommages et intérêts des maîtres, en cas d'accident; et contre l'esclave de 29 coups de fouet et du carcan, pendant 3 heures; et les maîtres seront en outre responsables du dommage qui aura pu en résulter à l'Habitant, sur les terres duquel l'accident sera arrivé.

LIV. Tout esclave travaillant dans son jardin, et qui y mettra le feu sans l'agrément de son maître, sera fouetté par la main du Bourreau et attaché au carcan pendant 3 jours consécutifs.

LV. Défendons à tout Habitant de livrer à ses esclaves, pour jardin de nègres, des terreins limitrophes de ceux de ses voisins, à moins qu'il n'entretienne soigneusement à ses bornes une trace de 20 pas, sous peine de répondre de tous les évènemens du feu mis dans lesdits jardins, le nègre ou les nègres qui l'auront mis soumis au paiement des dommages et intérêts.

LVI. Renvoyons, au surplus, aux précédentes ordonnances, en ce qui n'y est pas dérogé par les présentes. Les amendes prononcées ci-dessus et qui sont sans destination, seront applicables à l'hôpital des Enfans-trouvés, et exigibles à la requête des Procureurs du Roi, qui demeureront responsables de leurs diligences à cet égard.

Prions messieurs les Officiers du Conseil souverain de la Martinique, de faire enregistrer *etc.*

Donné à la Martinique, le 25 décembre 1783. *Signé*, le Vicomte de DAMAS, *et* DE VIÉVIGNE.

Enregist. au Conseil souverain.

(N°. 628.) ARRÊT *du Conseil souverain, concernant les personnes qui prennent la qualité d'*Ecuyer, *ou autres dénominations de Noblesse.*

Du 5 janvier 1784.

N. B. Cet arrêt ne faisant qu'ordonner de nouveau l'exécution des réglemens des 8 janvier 1750 et 9 novembre 1769, voyez le N°. 192, tome Ier., page 536, et le N°. 429 de ce tome, page 18.

(N°. 629.) ARRÊT *du Conseil souverain, qui ordonne aux Notaires d'envoyer aux Greffiers de leurs Sénéchaussées, une Déclaration exacte des Successions dans lesquelles se trouveront des Héritiers absens.*

Du 5 janvier 1784.

LA Cour ordonne que les Notaires royaux dans l'étendue de cette île et de celle de Ste-Lucie seront tenus d'envoyer aux Greffiers des Sénéchaussées dans lesquelles ils résideront une déclaration exacte de toutes les successions dans lesquelles il se trouvera des héritiers absens, et ce pour l'exécution de l'art. LI de l'édit du mois de novembre 1781, lesquelles déclarations seront sur-le-champ portées par lesdits Greffiers sur le registre paraphé à cet effet.

Ordonne que le présent arrêt sera signifié aux Doyens desdits Notaires dans chaque Sénéchaussée, afin qu'ils en donnent connaissance à leurs Confrères, et qu'il sera aussi enregistré auxdites Sénéchaussées à la diligence du Procureur-général.

Fait au Conseil souverain de la Martinique, le 5 janvier 1784. *Signé*, ROIGNAN, greffier.

(N°. 630.) EXTRAIT *d'une Dépêche ministérielle de M. le Maréchal* de Castries, *à MM. les Général et Intendant, au sujet d'un établissement de Rafinerie à Sucre à la Martinique* (*).

Du 9 février 1784.

Lettre commune accompagnant un arrêt du Conseil d'Etat, portant privilége exclusif, en faveur des sieurs Boucherie frères, de rafiner, suivant un nouveau procédé qu'ils ont inventé, la quantité de 3 millions pesant de sucre par année, pendant 12 ans; avec la faculté de le vendre à la Martinique aux bâtimens des Etats-Unis de l'Amérique, ou de l'exporter aux Etats-Unis sur des bâtimens français, en payant les droits du Domaine d'occident.

(*) Cet établissement fut formé sur les habitations de M. Dubuc qui, sur la fin de sa carrière, cherchait encore à prouver son attachement à sa patrie, à laquelle il avait rendu les plus grands services, d'abord dans sa place de Député de la Colonie et ensuite dans celle de Chef des bureaux des colonies.

Le même privilége impose un droit à leur profit, de 9 liv. par tête de nègre, sur les Habitans qui voudront pratiquer leur procédé.

(N°. 631.) ORDONNANCE *du Roi, concernant l'incorporation des différens Corps employés au Département des Colonies dans les Régimens de la Martinique et de la Guadeloupe, pour y former un troisième Bataillon.*

Du 26 février 1784.

(N°. 632.) ORDONNANCE *du Roi, concernant la réduction sur les appointemens des États-majors des Régimens coloniaux, et suppression des Chefs de Bataillon.*

Du 28 février 1784.

N. B. Nous avons cru devoir conserver le titre des deux ordonnances, précedentes comme monumens historiques pour la partie militaire des colonies, mais nous avons cru inutile d'en réimprimer les dispositions.

(N°. 633.) ORDONNANCE *de MM. les Général et Intendant, concernant l'Imposition sur la Martinique, pour l'année 1784.*

Du 1er. mars 1784.

N. B. Le contenu de cette ordonnance étant en tous points pareil à celui du 1er. mars 1783, sur le même objet, voyez le N°. 615, page 538.

Enregist. au Conseil souverain.

(N°. 634.) EXTRAIT *d'une Dépêche ministérielle de M. le Maréchal* de Castries, *à MM. les Général et Intendant, sur la sortie des Negres de l'Isle.*

Du 16 avril 1784.

Lettre commune qui rappelle l'ordonnance du 12 octobre 1739, qui défend tout transport de nègres entre les îles du vent et sous le vent, avec ordre aux Administrateurs-généraux de tenir rigoureusement la main à l'exécution de cette ordonnance, et de ne permettre aucun transport de nègres d'une colonie à une autre, sans une permission expresse de S. M.

(N°. 635.) ARRÊT *du Conseil souverain, et Tarif concernant les Canots-passagers et de Poste.*

Du 5 mai 1784.

N. B. Voyez dans ce volume N°. 587, page 447, ce que nous disons au sujet d'un pareil arrêt rendu le 6 septembre 1781.

(N°. 636.) ORDONNANCE *de MM. les Général et Intendant, concernant l'établissement de Halles pour la vente du Poisson à Saint-Pierre et au Fort-Royal.*

Du 5 mai 1784.

LE défaut de police dans la vente des comestibles, et sur-tout de ceux de première nécessité, (et l'on peut mettre dans cette classe le poisson, qui nourrit la partie la plus considérable et la moins riche des villes) a dû fixer notre attention.

Le succès que vient d'avoir l'établissement des boucheries, aux villes de Saint-Pierre et du Fort-Royal, doit nous faire espérer que celui d'une halle au poisson, dans chacune de ces villes, en simplifiant cette police, aura un effet aussi satisfaisant, et arrêtera par-là, les désordres des esclaves, et sur-tout le monopole des nègres et négresses de journée, qui vont acheter le poisson, au taux de l'ordonnance, des mains des Seineurs, pour venir le revendre dans les villes à un prix souvent double et triple. Ce nouvel ordre assujettissant les Seineurs à apporter leur poisson aux halles, il nous a paru juste d'augmenter le prix du poisson qui y sera vendu : nous pensons que cette augmentation sera un attrait pour les Pêcheurs, qu'elle indemnisera des frais que cette police leur occasionnera.

En conséquence, nous *etc.* avons réglé et ordonné ce qui suit :

ART Ier. Huit jours après la publication des présentes, tous Seineurs, blancs ou noirs. Pêcheurs avec filets, lignes et paniers, tant du Fort-Royal que de St-Pierre, Case-Navire, Anses-d'Arlets, Trois-Islets, Cul-de-sac-Royal, Case-Pilote, Fond-Capot, Carbet et autres anses, jusqu'à St-Pierre, et du quartier de la Galère, jusqu'à l'anse du Céron, seront tenus d'apporter leur poisson aux halles du Fort-Royal et de St-Pierre, pour y être vendu à la livre, et au prix qui sera ci-dessous fixé, et sous les yeux de la police, à peine de confiscation du poisson, et de 300 l. d'amende pour la première contravention, si ce sont des blancs ; de même peine, si ce sont des gens de couleur libres, et en outre 8 jours de prison. Pareille peine aura lieu contre les maîtres des esclaves, à qui ils auraient confié la direction de leurs seines, et l'esclave sera en outre puni de 29 coups de fouet à la geôle; lesquelles peines, en cas de récidive, seront augmentées de la confiscation des canots.

II. Défenses sont faites à toutes personnes blanches, et de couleur libres, et à tous esclaves, d'acheter du poisson au bord de la mer, d'aller au-devant des canots, de se jeter à l'eau lorsqu'ils abordent le quai, pour porter le poisson aux halles, et d'en troubler la vente, à peine contre les blancs, de 30 liv. d'amende; de 3 jours de prison contre les gens de couleur libres, et de 8 jours de prison et 29 coups de fouet à la geôle, contre les esclaves.

III. Sera néanmoins permis aux Seineurs et Pêcheurs de vendre aux Habitans, et autres gens domiciliés, dans les anses et bourgs, où se fera la pêche, le poisson nécessaire pour leur provision seulement, soumettant aux peines de l'article II, ceux qui en acheteraient pour le revendre au Fort-Royal ou à St-Pierre.

IV. Pour indemniser les Seineurs et Pêcheurs de la peine et des frais qu'ils feront pour porter le poisson aux halles, nous les autorisons, dérogeant aux précédentes ordonnances et réglemens, pour ce fait seulement, à y vendre le petit poisson à *dix sous* la liv., et *vingt sous* le poisson au-dessus de 2 liv.; laissant subsister les prix de *sept sous six deniers*, et de *quinze sous* pour le poisson qu'ils pourraient vendre aux habitans des anses qui se trouvent sur la route.

V. Ceux qui seront surpris et convaincus d'avoir vendu le poisson au-dessus du prix fixé ci-dessus, seront soumis aux peines de l'article II, dérogeant à toute autre ordonnance, ou réglement sur ce fait.

VI. Les amendes prononcées par ces présentes seront applicables, moitié aux saisissans ou dénonciateurs, et l'autre moitié aux réparations des halles; et le poisson confisqué, envoyé, par les Officiers de police, au Fort-Royal, aux dames de la Providence; et à St-Pierre, aux dames Dominicaines.

Prions messieurs les Officiers du Conseil souverain de la Martinique de faire enregistrer, *etc.*

Donné à la Martinique, le 5 mai 1784. *Signé*, le Vicomte de DAMAS, *et* DE VIÉVIGNE.

Enregist. au Conseil souverain.

(N°. 637.) EXTRAIT *d'une Dépêche ministérielle de M. le Maréchal* de Castries, *à M. l'Intendant, au sujet du Dépôt des Chartres des Colonies à Versailles.*

Du 14 mai 1784.

Le Ministre envoie à M. l'Intendant l'état des paroisses de l'Isle, qui n'ont point encore satisfait à l'article XVII de l'édit de juin 1776, portant établissement, à Versailles, d'un Dépôt des Chartres de la Colonie, et lui adresse en même tems une note détaillée des années dont les registres n'ont pas été envoyés à ce dépôt. Il lui enjoint de rappeler les Curés ou Desservans, ainsi que les Greffiers à leur devoir à cet égard, et de leur recommander de l'exactitude dans la tenue de leurs registres, et sur-tout qu'ils soient écrits lisiblement.

(N°. 638.) EXTRAIT *d'une Dépêche ministérielle de M. le Maréchal* de Castries, *à MM. les Général et Intendant, sur les Nègres des Colonies conquises.*

Du 21 mai 1784.

Lettre commune sur la permission demandée par un Anglais, habitant de Sainte-Lucie, d'enlever ses nègres, prétention appuyée par le Gouverneur de St-Vincent sur l'art. VII du traité de paix, *portant que les Anglais établis à Ste-Lucie pourront, en se retirant, emporter leurs effets, ce qui devait comprendre les nègres, réputés meubles par les lois anglaises.*

Le Ministre approuve les Administrateurs-généraux d'avoir refusé de laisser enlever ces nègres, et décide que, d'après nos lois, ils ne peuvent être séparés de la terre qu'ils cultivent.

Même décision pour l'île de Tabago.

(N°. 639.) ARRÊT *du Conseil souverain, qui ordonne aux Huissiers de la Jurisdiction de Sainte-Lucie de payer une somme de* 1,000 liv., *au premier Huissier du Conseil, au moyen de quoi, le droit de moitié sur les Causes, attribué par le Tarif au premier Huissier, sera supprimé.*

Du 8 juillet 1784.

(N°. 640.) EXTRAIT *d'une Dépêche ministérielle de M. le Maréchal* de Castries, *à MM. les Général et Intendant, au sujet de l'Ecole de Saint-Victor.*

Du 30 juillet 1784.

Le Ministre, dans cette lettre commune, prévient MM. les Administrateurs qu'il a donné ordre aux Gouverneur et Intendant de la Guadéloupe, de leur faire passer annuellement à la Martinique, la somme de 5,000 liv. qu'ils doivent prendre sur les droits de cabaret à la Guadeloupe, pour la contribution de cette colonie aux dépenses à faire à l'Ecole de Saint-Victor.

(N°. 641.) ARRÊT *du Conseil d'Etat du Roi, concernant le Commerce étranger dans les Colonies françaises de l'Amérique.*

Du 30 août 1784.

LE Roi, toujours occupé du soin de concilier l'accroissement des cultures de ses colonies d'Amérique, avec l'extension du commerce général de son Royaume, n'a jamais perdu de vue les moyens qui pouvaient contribuer à la prospérité de ses possessions au delà des mers, sans diminuer les avantages que la Métropole devait retirer de ces établissemens; mais les principes à suivre pour parvenir à ce but, présentaient des difficultés qui ne pouvaient être vaincues qu'à mesure que l'expérience aurait éclairé sur les changemens à introduire dans cette partie importante de l'administration. Par le compte que S. M. s'est fait rendre de ceux qui ont eu lieu jusqu'à présent, elle a reconnu qu'il avait été nécessaire de tempérer successivement la rigueur primitive des lettres-patentes du mois d'octobre 1727, dont les dispositions écartent absolument l'étranger du commerce de ses colonies, et que, pour maintenir dans un juste équilibre des intérêts qui doivent se favoriser mutuellement, il avait fallu, en différens tems, apporter des modifications à la sévérité des réglemens prohibitifs, considérant que les circonstances actuelles sollicitent de nouveaux adoucissemens, elle a jugé qu'en les accordant, il convenait encore de multiplier les ports d'entrepôt dans les îles françaises du vent et sous le vent, d'en rectifier le choix et de les ouvrir dans des lieux où ils fussent sous la main du Gouvernement et sous l'inspection du commerce national, afin de prévenir l'abus d'une contrebande destructive, ou de le réprimer avec d'autant plus de sévérité, que, S. M. ayant pourvu aux besoins de ses colonies, les infracteurs de ses lois deviendraient plus inexcusables.

A quoi voulant pourvoir; ouï le rapport : le Roi étant en son Conseil, S. M. a ordonné et ordonne ce qui suit :

Art. Ier. L'entrepôt, ci-devant assigné au Carénage de Sainte-Lucie, sera maintenu pour ladite île seulement; et il en sera établi 3 nouveaux aux îles du vent; savoir : un à Saint-Pierre, pour la Martinique; un à la Pointe-à-Pitre, pour la Guadeloupe et dépendances, un à Scarborough, pour Tabago. Il en sera pareillement ouvert 3 pour St-Domingue; savoir : un au Cap-Français, un au Port-au-Prince, un aux Cayes-Saint-Louis; celui qui existe au Mole-Saint-Nicolas, dans la même colonie, sera et demeurera supprimé,

II. Permet S. M., par provision et jusqu'à ce qu'il lui plaise d'en ordonner autrement, aux navires étrangers, du port de 60 tonneaux au moins, uniquement chargés de bois de toute espèce, même de bois de teinture, de charbon de terre, d'animaux et bestiaux vivans de toute nature, de salaisons de bœuf et non de porc; de morue et de poisson salé; de riz; maïs; légumes; de cuirs verts, en poil ou tannés; de pelleteries, de résine et goudron, d'aller dans les seuls ports d'entrepôt designés par l'article précédent, et d'y décharger et commercer lesdites marchandises.

III. Il sera permis aux navires étrangers qui iront dans les ports d'entrepôt, soit pour y porter les marchandises permises par l'article II, soit à vide, d'y charger, pour l'étranger, uniquement des sirops et tafias et des marchandises venues de France.

IV. Toutes les marchandises dont l'importation et l'exportation sont permises à l'étranger dans lesdits ports d'entrepôt, seront soumises aux droits locaux établis ou à établir dans chaque colonie, et paieront en outre 1 pour cent de leur valeur.

V. Indépendamment du droit d'un pour cent, porté en l'article ci-dessus, les bœufs salés, la morue et le poisson salé, paieront 3 liv. par quintal; et sera le produit dudit droit de 3 liv. converti en primes d'encouragement pour l'introduction de la morue et du poisson salé, provenant de la pêche française.

VI. Les chairs salées étrangères qui seront introduites dans les colonies par les bâtimens français, expédiés directement des ports du

Royaume, ne seront point assujeties au paîement des droits mentionnés dans les deux articles précedens.

VII. Il sera établi dans chaque port d'entrepôt un nombre suffisant de Commis, pour veiller à ce qu'il ne soit introduit ni exporté d'autres marchandises que celles qui sont spécifiées dans les articles II et III du présent arrêt; et, afin qu'il ne reste aucun soupçon d'inexactitude dans cette surveillance, autorise S. M. les Négocians français résidens dans chacun desdits ports d'entrepôt, ainsi que les Capitaines de navires qui pourraient s'y trouver, à nommer respectivement entr'eux des Commissaires, lesquels seront chargés de dénoncer les négligences ou abus qu'ils pourraient reconnaître; et assisteront, lorsqu'ils l'estimeront convenable, à toutes les visites qui auront lieu, soit à l'arrivée, soit au départ des navires étrangers.

VIII. Les Capitaines desdits navires étrangers, qui iront dans les ports d'entrepôt, seront tenus, sous peine de confiscation desdits navires et de leurs cargaisons, et de 1,000 liv. d'amende, de se signaler au large, et d'avertir dans l'instant de leur arrivée, pour qu'il soit sur-le-champ envoyé deux Commis, et, autant que faire se pourra, une garde à leur bord, à l'effet d'empêcher qu'il ne soit rien déchargé avant la visite. Si lesdits Capitaines arrivent le matin, ils feront, dans le jour, et s'ils arrivent le soir, au plus tard dans la matinée du lendemain, une déclaration exacte, tant au bureau de S. M. qu'au Greffe de l'Amirauté, où ils rempliront d'ailleurs toutes les formalités d'ordonnance, de l'espèce et de la quantité des marchandises dont les chargemens seront composés, représenteront leurs connaissemens et chartes-partie, et ne pourront procéder au déchargement que sur le congé ou permis du bureau, en présence de deux Commis, qui visiteront les marchandises et dresseront procès-verbal de leur assistance audit déchargement. Lorsque lesdits navires s'expédieront en retour, il ne pourra être fait aucun chargement sans une pareille déclaration, sans la presence d'un nombre égal de Commis, sans un semblable procès-verbal d'assistance audit chargement, et sans un permis du bureau pour le départ du bâtiment.

IX. Si lors de la visite, avant, pendant ou après le chargement ou déchargement, il se trouvait sur les navires étrangers, venus dans les ports d'entrepôt ou partant desdits ports, d'autres marchandises que celles dont l'importation et l'exportation sont permises par les articles II et III, les Commis en dresseront procès-verbal, et le remettront sur-le-champ au Greffe de l'Amirauté, pour être, à la diligence du Procureur de S. M., procédé par les Officiers dudit siége, à la saisie des navires et de leur chargement, dont la confiscation sera prononcée, avec amende de 1,000 l. sauf l'appel au Conseil ou autre Tribunal supérieur du ressort.

X. Les Armateurs français, soit du Royaume, soit des îles et colonies françaises, qui voudront concourir à l'importation des marchandises étrangères permises par l'article II, comme aussi à l'exportation, dans les ports étrangers, des marchandises pareillement permises par l'art. III, seront soumis aux mêmes précautions, aux mêmes formalités et visites qui sont ordonnées pour les navires étrangers, subiront les mêmes peines en cas de contravention, et supporteront les mêmes droits, à l'exception seulement du droit d'un pour cent, fixé par l'article IV, dont ils seront dispensés.

XI. Tous Capitaines et Patrons de bâtimens français armés, soit dans les ports du Royaume, soit dans ceux des colonies françaises, qui voudraient s'expédier desdites colonies, pour aller aux mers de l'Amérique, même à Saint-Pierre et Miquelon, ne pourront partir que d'un des ports d'entrepôt, sous peine de confiscation des bâtimens et de leurs cargaisons, et de 1,000 liv. d'amende. Lesdits Capitaines et Patrons seront tenus de prendre, ainsi qu'il est d'usage, la permission limitée du Gouverneur et de l'Intendant, et le passe-port de l'Amiral, qui seront enregistrés au Greffe de l'Amirauté : ils fourniront, en outre, toutes les déclarations, et subiront toutes les visites nécessaires pour constater l'état de leurs chargemens, lesquels ne pourront consister qu'en sirops, tafias et marchandises venues de France, ainsi et de la même manière que s'ils étaient étrangers.

XII. Les expéditions vers des ports étrangers ne seront délivrées que pour ceux où S. M. entretient des Consuls, Vice-consuls ou Agens, auxquels elles seront présentées, tant à l'arrivée qu'au départ, pour être par eux visées, et par les Capitaines exhibées au retour, soit en France ou dans les colonies.

XIII. Les bâtimens français qui seront partis d'un des ports d'entrepôt pour aller aux mers de l'Amérique, même à St-Pierre et Miquelon, comme ceux qui, étant expédiés des ports du

Royaume, auront touché à un port étranger, ou même auxdites îles de St-Pierre et Miquelon, ne pourront, sous pareilles peines de confiscation des bâtimens et de leurs cargaisons, ensemble de 1,000 liv. d'amende, rentrer ou entrer dans les îles et colonies françaises que par l'un des ports d'entrepôt, à l'effet d'y subir les visites et inspections auxquelles sont assujettis les bâtimens étrangers. Ils seront tenus aux mêmes déclarations et formalités, et ne pourront introduire que les mêmes marchandises dont l'importation est permise. Après lesdites visites et inspections, pour lesquelles le déchargement aura toujours lieu, et dont il sera délivré certificat aux Capitaines et Patrons par le Directeur du bureau de S. M., il sera libre auxdits bâtimens de passer dans tel port ou rade de la colonie qu'ils jugeront à propos.

XIV. Lesdits bâtimens français expédiés, soit des îles françaises, soit des ports du Royaume, qui, ayant touché à un port étranger ou à St-Pierre et Miquelon, entreront dans un des ports d'entrepôt, seront tenus, sous les mêmes peines de confiscation et d'amende, d'arborer, à 3 lieues au large, une flamme ou marque distinctive, telle qu'elle sera indiquée par l'Amirauté, afin qu'au moment de leur arrivée, il puisse être envoyé des Commis à bord, par le bureau de S. M.

XV. Veut S. M., toujours sous les mêmes peines, que les bâtimens étrangers auxquels il a été permis, pour un tems déterminé, d'introduire aux îles du vent seulement, des cargaisons de noirs, dans les différens ports d'Amirautés desdites îles ne puissent plus dorénavant les introduire, pendant ledit tems, que dans les ports du Carénage; de Saint-Pierre, de la Pointe-à-Pitre et de Scarborough uniquement; dérogeant, quant à ce, à l'arrêt du Conseil du 28 juin 1783, lequel, au surplus, continuera d'être exécuté selon sa forme et teneur.

XVI. Le produit des amendes et confiscations prononcées, sera attribué en totalité aux Commis des bureaux de S. M., qui auront fait ou provoqué la saisie; à l'égard des navires qui auront été pris en fraude par les vaisseaux et bâtimens garde-côtes de S. M., la totalité dudit produit appartiendra aux Commandans, Etats-majors et équipages preneurs, à la seule déduction des frais de justice, du dixième de l'Amiral, et de 6 deniers pour liv. au profit des invalides de la marine : lorsqu'il y aura des dénonciateurs, un tiers du même produit sera prelevé à leur profit.

XVII. Fait S. M. très-expresses inhibitions et défenses à tous Français, de prêter leurs noms à des francisations simulées de bâtimens étrangers, sous peine de 3,000 l. d'amende, applicables aux hôpitaux des lieux, sans préjudice de la confiscation du bâtiment, ordonnée par les divers réglemens intervenus sur le fait de la navigation : enjoint à ses Procureurs ès-sièges des Amirautés, de faire, à ce sujet, toutes poursuites et diligences contre les contrevenans, à peine d'en répondre.

XVIII. Se réserve S. M. d'ouvrir à l'avenir, s'il y a lieu, un entrepôt pour Cayenne et la Guyane française, après l'expiration du tems qu'elle a fixé par l'arrêt de son Conseil du 15 mai dernier, pour la liberté générale du commerce dans ladite colonie ; veut et entend que, jusqu'à la révolution de ladite époque, les batimens étrangers ou français qui auront touché à quelque port ou rade de Cayenne et de la Guyanne française, ne puissent aborder que dans les seuls ports d'entrepôt des îles du vent ou sous le vent, aux mêmes conditions, précautions, règles et peines qui sont énoncées dans les articles XIII et XIV ci-dessus (*).

XIX. Seront au surplus, exécutées les dispositions des lettres-patentes du mois d'octobre 1727, et des ordonnances et réglemens subséquens, concernant le commerce étranger dans les îles et colonies françaises, en ce qui n'y est pas dérogé par le présent arrêt.

Mande et ordonne S. M., *etc.*

Fait au Conseil d'Etat du Roi, Sa Majesté y étant, tenu à Versailles, le 30 août 1784. *Signé*, LA CROIX, Maréchal DE CASTRIES.

Enregist. au Conseil souverain.

(N°. 642.) ARRÊT *du Conseil souverain, concernant les Femmes et les Filles qui cèlent leurs grossesses et detruisent leurs Enfans.*

Du 8 septembre 1784.

VU par la Cour la remontrance à elle donnée par Mr. Poquet de Janville, conseiller, faisant fonctions de Procureur-général du Roi, ensuite de laquelle est l'ordonnance de la Cour en date

---

(*) Cet arrêt du Conseil d'Etat, qui se trouve imprimé en entier dans l'ancienne édition du Code, a été supprimé dans celle-ci, comme inutile et n'ayant aucun rapport avec la Martinique.

du 8 juillet dernier, portant que ladite remontrance serait remise à Me. Menant, conseiller, pour, sur le rapport qu'il en ferait à la présente séance, être rendu arrêt sur les différens objets contenus en icelle, et ouï le rapport fait par ledit Me. Menant et le Procureur-général du Roi en ses conclusions, la matière mise en délibération :

La Cour, prenant en considération la remontrance à elle donnée à la séance de juillet par ledit Me. Poquet de Janville, faisant alors fonctions de Procureur-général du Roi, vu les motifs énoncés en icelle, a statué et ordonné ce qui suit, sous le bon plaisir de S. M., et jusqu'à ce qu'elle ait expliqué ses volontés.

Art. Ier. Que l'édit de Henri II, de février 1556, et la déclaration du Roi, en date du 25 février 1708, concernant les accouchemens récélés, sous les peines y énoncées, *etc.*, seront publiés à l'audience publique de toutes les Sénéchaussées du ressort, publiés et affichés dans les lieux accoutumés des villes et bourgs du ressort.

II. Enjoint à tous les Curés ou Vicaires d'en faire la publication le premier dimanche du mois, après l'enregistrement qui en sera fait aux Sénechaussées, aux prônes de leurs messes paroissiales ; de continuer ladite publication de 3 en 3 mois ; d'envoyer, à la fin de chaque année, aux Substituts du Procureur-général du Roi, des certificats par eux signés et par les Officiers des lieux, contenant que ladite publication a été faite tous les 3 mois pendant l'année, à peine de saisie du temporel desdits Curés ou Vicaires, et de 20 liv. d'aumône, applicables aux pauvres de leurs paroisses ; laquelle aumône est dès à présent *indicte*, sans qu'elle puisse être réputée comminatoire contre lesdits Curés ou Vicaires qui n'auront pas fait lesdites publications, ni envoyé lesdits certificats dans le susdit terme.

III. Enjoint auxdits Substituts d'en certifier le Procureur-général du Roi dans le courant de janvier de chaque année.

IV. Ordonne qu'à l'avenir, dans chaque Sénéchaussée du ressort, il y aura un registre destiné à recevoir, sans frais, les déclarations de grossesse des femmes et filles, soit blanches, soit de couleur libres, lesquelles déclarations seront faites aux Procureurs du Roi, chez qui ledit registre sera déposé, sans que, dans aucun cas, ils puissent exiger le nom du père, à peine de dommages-intérêts.

V. Ordonne qu'à l'avenir tous les enfans-trouvés seront portes à l'Hôpital des dames Dominicaines, pour, en présence du Procureur du Roi, être constaté, par le Médecin et le Chirurgien du Roi, de leur état d'enfant blanc ou de couleur, par un procès-verbal qui sera à cet effet dressé.

VI. Si l'enfant est déclaré blanc, son extrait baptistaire en fera mention; si au contraire les marques indicatives étaient douteuses, lesdits enfans-trouvés seront simplement ondoyés, et resteront déposés pendant un an audit Hôpital, aux frais du Roi: après lequel délai expiré, il sera dressé, comme ci-dessus, un second procès-verbal: si, par évènement, l'enfant était déclaré de couleur, il en sera fait mention sur son extrait baptistaire, et il sera vendu au profit du Roi, aux formes ordinaires.

VII. Si l'enfant, déclaré de couleur et vendu, venait, par la suite, à être réclamé par sa mère, et que son état d'homme libre fût prouvé, elle ne pourra le reprendre qu'en payant tous les frais qui auront été faits à son occasion, et l'extrait baptistaire de l'enfant sera rectifié en vertu d'une ordonnance du Sénéchal du lieu.

VIII. Ordonne que la remontrance de M^e^. Poquet de Janville sera enregistrée sur les registres de la Cour, et que le présent arrêt sera imprimé, lu, *etc.*

Fait au Conseil souverain de la Martinique, le 8 septembre 1784. *Signé*, ROIGNAN, greffier.

Suit l'Ordonnance du Roi Henri II, *sur le fait des Femmes grosses, et qui enjoint aux Curés de lire et publier le présent Edit au Prône des Messes paroissiales.*

Du mois de février 1556.

HENRI, *etc.*, SALUT : Comme nos Prédécesseurs et Progéniteurs très-chrétiens, Rois de France, ayant par actes vertueux et catholiques, chacun en son endroit, montré par leurs très-louables effets, qu'à droit et bonne raison, ledit nom très chrétien, comme à eux propre et péculier leur avait été attribué ; en quoi les voulans imiter et suivre, avons par plusieurs bons et salutaires exemples témoigné la dévotion qu'avons à conserver et garder, ce tant célèbre et excellent titre, duquel les principaux effets sont de faire initier les créatures que Dieu envoie sur terre en notre Royaume, pays, terres et seigneuries de notre obéissance, aux Sacremens par lui ordonnés ; et quand il lui plaît les rappeler à soi, leur procurer curieusement les autres Sacremens pour ce institués, avec les derniers honneurs de sépulture : et étant dûment averti d'un crime très-énorme et exécrable, fréquent en notre Royaume, qui est, que plusieurs femmes ayant conçu enfans par les moyens déshonnêtes ou autrement, persuadées par mauvais vouloirs

et

et conseils, déguisent, occultent et cachent leurs grossesses, sans en rien découvrir et déclarer ; et avenant le tems de leur part et délivrance de leur fruit, occultement s'en délivrent, puis le suffoquent, meurdrissent et autrement suppriment, sans leur avoir fait impartir le saint sacrement de Baptême : ce fait, les jettent en lieux immondes et enfouissent en terre profane, les privant par tels moyens de la sépulture coutumière des Chrétiens ; de quoi étant prévenues et accusées devant nos Juges, s'excusent, disant avoir eu honte de déclarer leurs vices et que leurs enfans sont sortis de leur ventre morts et sans aucune apparence ou espérance de vie : tellement que par faute d'autre preuve, les gens tenant nos Cours de Parlemens ; qu'autres nos Juges voulant procéder au jugement des procès criminels faits à l'encontre de telles femmes, sont tombés et entrés en diverses opinions : les uns concluans au supplice de mort, les autres à questions extraordinaires, afin de savoir et entendre par leur bouche, si à la vérité le fruit issu de leur ventre était vif ou mort ; après la question endurée, pour n'avoir aucune chose voulu confesser, leur sont les prisons le plus souvent ouvertes, ce qui a été et est cause de les faire retomber, récidiver et commettre tels et semblables délits, à notre très-grand regret et scandale de nos sujets : à quoi pour l'avenir nous avons bien voulu pourvoir.

Savoir faisons que nous, desirant extirper et du tout faire cesser lesdits exécrables et énormes crimes, vices, iniquités et délits, qui se commettent en notredit Royaume, et ôter les occasions et racines d'iceux doré-navant commettre, avons (pour à ce obvier) dit, *etc.*, ordonnons et nous plaît.

Que toute femme qui se trouvera dûment atteinte et convaincue d'avoir célé, couvert et occulté, tant sa grossesse que son enfantement, sans avoir déclaré l'un ou l'autre, et avoir pris de l'un ou de l'autre témoignage suffisant, même de la vie ou mort de son enfant, lors de l'issue de son ventre ; et qu'après se trouve l'enfant avoir été privé, tant du saint sacrement de Baptême, que de sépulture publique et accoutumée, soit telle femme tenue et réputée d'avoir homicidé son enfant, et pour réparation punie de mort et dernier supplice, et de telle rigueur que la qualité particulière du cas le méritera : afin que ce soit exemple à tous, et que ci-après n'y soit aucun doute ni difficulté.

Si donnons en mandement, *etc.*; et incontinent après la réception d'icelui, publier à son de trompe et cri public par les carrefours et lieux publics, à faire cris et proclamations, tant de notre ville de Paris, qu'autres lieux de notre Royaume, et aussi par les Officiers des Seigneurs Haut-Justiciers, en leurs seigneuries et justices, en manière qu'aucun n'en puisse prétendre cause d'ignorance, et ce, de 3 mois en 3 mois; et outre qu'il soit lû et publié aux prônes des messes paroissiales desdites villes, pays, terres et seigneuries de notre obéissance, par les Curés ou Vicaires d'icelles; et icelui édit gardent et observent, et fassent garder et observer de point en point, selon sa forme et teneur, sans y contrevenir; et pour ce que de lesdites présentes, l'on pourra avoir à faire en plusieurs lieux, nous voulons qu'au *vidimus* d'icelles, faites sous scel royal, soit foi ajoutée comme à ce présent original, auquel en témoin de ce, afin que ce soit chose ferme et stable, nous avons fait mettre notre scel.

Donné à Paris, au mois de février 1556.

Nota. Et afin que cette ordonnance ne puisse être ignorée, le roi Henri III, par un autre édit de l'an 1586, enjoint aux Curés de la publier au prône, de 3 mois en 3 mois; cette publication est encore ordonnée par la déclaration du Roi, du 25 février 1708, sous peine de saisie du temporel des Curés qui manqueront à y satisfaire.

Extrait de l'Ordonnance du Roi, au sujet des Sages-Femmes.

Du mois d'avril 1691.

ART. XXV. Enjoignons aux Sages-femmes et autres personnes qui assistent les femmes dans leurs accouchemens, d'avertir les Curés des lieux de la naissance des enfans, et à nos Officiers et à ceux des Sieurs qui ont la haute-justice, d'y tenir la main, et de punir les contrevenans par des condamnations d'amende, même par de plus grandes peines, suivant l'exigence des cas.

Enregist. au Conseil souverain.

(N°. 643.) RÉGLEMENT *de MM. les Général et Intendant, portant Tarif particulier des Salaires des Huissiers, pour tous les Quartiers de l'île Sainte-Lucie.*

Du 20 septembre 1784.

LA cherté des denrées, principalement des comestibles, et la difficulté des chemins rendant le service des Huissiers plus pénible et moins lucratif en l'île Ste-Lucie qu'à la Martinique, il ne nous paraît pas juste de suivre, à leur égard, le tarif établi par nos Prédécesseurs, dans un réglement du mois d'avril 1771 ; en conséquence, sur les représentations desdits Huissiers, appuyées de l'avis des Officiers de la Sénéchaussée et sur l'invitation de MM. du Conseil souverain, par arrêté du 8 septembre dernier, nous, *etc.*, statuons et ordonnons ce qui suit :

ART. Ier. L'article II du chapitre XIII du réglement du 30 avril 1771, sera et demeurera supprimé, à compter du jour de la publication des présentes, pour ce qui regarde Ste-Lucie ; et, rappelant les dispositions du tarif fait le 30 décembre 1768, nous ordonnons que les voyages des Huissiers dans l'intérieur de l'île, leur seront payés suivant la fixation ci-après, qui s'y trouve conforme ; SAVOIR :

Route du Sud, partant du Carénage.

	LIEUES.	SOMMES.
Du Carénage au grand Cul-de-Sac, . . .	2	6l.
De là au Marigot-des-Roseaux, ...	1	9
De là à l'Anse-la-Raie, ...	1	12

	Lieues.	Sommes.
De l'Anse-à-la-Raie à la Rivière-Canarie,	2	18 l.
De là à la Soufrière, ...	2	24
De là à l'Anse-des-Pitons, ...	1	27
De là à l'Anse-l'Ivrogne, ...	1	30
De là au Trou-Marc, ...	1	33
De là au Choiseul, ...	1	36
De là à la Rivière-Dorée, ...	1	39
De là au Laborie, ...	1	42
De là aux Anses-Noires, ...	1	45
De là au Vieux-Fort, ...	1	48

Route du Nord, partant du Carénage.

	Lieues.	Sommes.
Du Carénage au Choc, ...	1 ½	4 l. 10 s.
De la au Gros-Islet, ...	1 ½	9
Du Gros-Islet à l'Espérance et dépend^ces.,	3	18
De là au Dauphin et dépendances, . .	2	24

Route de l'Est, partant du Carénage.

	Lieues.	Sommes.
Du Carénage au Marquis, ...	4	12 l.
De là à l'Anse-Palmiste et environs, . .	2	18
De là au Trou-Marquis ou environs, . .	1	15
Du Marquis au Marigot-à-Roche, . . .	1	15
Du Marquis à la petite Anse-Palmiste, .	1 ½	16 10 s.
Du Marquis au Mabouya et environs, .	5	29 10
Du Marquis au Louvet et environs, . .	2	18
De là à l'Anse-d'Ennery, ...	1 ½	30
De là au Praslin, ...	1 ½	34 10
De là au Trou-Macé, ...	2 ½	39
De là au Micoud, ...	1 ½	43 10
Et de là aux Savannes, ...	1	46 10

II. Ordonnons que le présent réglement portant tarif sera exécuté selon sa forme et teneur, dans la Sénéchaussée de l'île Ste-Lucie, nonobstant tout autre tarif, réglement ou usages a ce contraires, notamment le tarif du 16 janvier 1777, que nous abrogeons et révoquons en ce qui est contraire aux présentes.

Faisons défenses aux Huissiers d'y contrevenir, sous tel prétexte que ce soit, et de prétendre, exiger, ni percevoir autres ou plus forts frais ou salaires que ceux par nous ici fixés, sous peine de restitution du quadruple, même d'être poursuivis et punis comme concussionnaires, si le cas y échet.

Prions messieurs les Officiers du Conseil souverain de la Martinique de faire enregistrer, *etc.*

Donné à la Martinique, le 20 septembre 1784. *Signé*, le Vicomte de DAMAS, *et* DE VIÉVIGNE.

Enregist. au Conseil souverain.

(N°. 644.) EXTRAIT *d'une Dépêche ministérielle de M. le Maréchal* de Castriès, *à MM. les Général et Intendant, au sujet de la cession faite par la France de l'île de Saint-Barthélemi à la Suède.*

Du 20 octobre 1784.

Le Ministre annonce aux Administrateurs en chef que le Roi, tant pour maintenir et resserrer les liens de l'amitié qui existent entre lui et S. M. Suédoise, que pour augmenter les liaisons commerciales de ses sujets avec ceux de cette Couronne, il s'est déterminé à céder à la Suède l'île de Saint-Barthélemi, et ordonne en conséquence aux Général et Intendant de prendre respectivement les moyens de remettre cette Colonie au baron de Ragalin, qui en est nommé gouverneur.

(N°. 645.) ARRÊT *du Conseil d'Etat du Roi, qui, à compter du 10 novembre prochain, convertit en Gratifications et Primes l'exemption du demi-droit accordée aux Denrées coloniales provenant de la Traite des Noirs.*

Du 26 octobre 1784.

(N°. 646.) EXTRAIT *d'une Dépêche ministérielle de M. le Maréchal* de Castries, *à MM. les Général et Intendant, au sujet des Bateaux du Domaine.*

Du 26 octobre 1784.

Le Ministre annonce par cette lettre commune, que le Roi a ordonné la suppression des bateaux du Domaine, et substitué à leur place des bâtimens de sa marine, dont la division sera composée habituellement d'un vaisseau, de deux frégates et de quatre corvettes, lesquels auront la double destination de croiser contre l'interlope, et de faire pour le service de S. M, dans les colonies, tous les transports d'effets, troupes, munitions et approvisionnemens. MM. les Administrateurs concerteront ensemble les points de croisière à établir, et M. le Général seul en intimera ensuite l'ordre au Commandant de la division, qui sera immédiatement soumis à son autorité.

(N°. 647.) **Arrêt** *du Conseil souverain, relatif aux enregistremens des Commissions et des Réceptions des Postulans aux offices de Notaires, Procureurs et Huissiers.*

Du 11 novembre 1784.

La Cour, faisant droit sur le réquisitoire du Procureur général du Roi, ordonne qu'à l'avenir les Officiers des Sénechaussées du ressort ne feront aucun enregistrement de commission, qu'il n'ait préalablement eu lieu en la Cour, conformément à l'arrêt du 4 mai 1761.

Ordonne aussi que nul sujet ne pourra être reçu aux offices de Notaires, Procureurs et Huissiers, qu'il n'ait été satisfait à l'ordonnance du 4 mai 1767, et que le présent arrêt sera enregistré aux Sénechaussées du ressort pour s'y conformer.

Fait au Conseil souverain de la Martinique, le 11 novembre 1784. *Signé*, Roignan, greffier.

(N°. 648.) **Extrait** *d'une Dépêche ministérielle de M. le Maréchal* de Castries, *à MM. les Général et Intendant, sur le Commerce interlope.*

Du 13 novembre 1784.

Lettre commune accompagnant l'arrêt du Conseil d'Etat, du 30 août dernier, concernant le commerce des étrangers aux iles françaises de l'Amérique.

Ordre aux Administrateurs-généraux de tenir rigoureusement la main à son exécution, et d'annoncer aux personnes qui, sous leurs ordres, sont employées à faire exécuter les lois prohibitives, qu'indépendamment des peines de la loi, S. M. punira, par le rappel et par la privation de leurs places, ceux qui trahiront sa confiance directement ou indirectement.

Le Ministre dit qu'à cet égard, les plaintes soutenues du commerce sur l'existence d'une contrebande non réprimée, et l'opinion publique formeront des preuves suffisantes pour persuader au Roi, que les Administrateurs se seraient écartés des règles qu'il aura établies, et pour rejeter sur eux tout le mal qui résulterait d'une indulgence repréhensible, les prévenant que le Roi mesurera principalement les marques de satisfaction qu'il donnera aux Administrateurs sur le succès des soins qu'ils auront apporté à conserver les droits du commerce de la Métropole.

Le Ministre reconnaît qu'il y a des circonstances dans lesquelles les Administrateurs doivent venir au secours des colonies en permettant l'introduction, par les étrangers, d'objets de première nécessité, dont on pourrait craindre une trop grande disette ; mais il leur recommande en même tems de n'user de ces ressources qu'avec circonspection, et n'accorder que des permissions générales, jamais de particulières, et seulement lorsque la nécessité sera constatée par des procès-verbaux de visites ainsi que par des avis du commerce, qu'ils joindront toujours aux dépêches par lesquelles ils informeront le Ministre des ordonnances qu'ils auront rendues pour admettre la denrée étrangère ce qui dans tous les cas ne pourra avoir lieu que par le port d'entrepôt. Ils auront attention d'empêcher qu'une denrée qu'ils seront forcés d'admettre passagèrement, ne serve de voie pour en introduire d'autres.

Le Ministre finit par recommander l'exécution stricte des dispositions de l'arrêt cité, et laisse à la sagesse des Administrateurs à déterminer le nombre des employés nécessaires pour la surveillance la plus exacte.

(N°. 649.) ORDRE *du Roi, qui sépare le Gouvernement de Ste-Lucie, d'avec celui de la Martinique, à l'exception des affaires militaires et de finances.*

Du 20 novembre 1784.

(N°. 650.) EXTRAIT *d'une Dépêche ministérielle de M. le Maréchal* de Castries, *à MM. les Général et Intendant, sur le transport des Noirs d'une Colonie à une autre.*

Le Ministre par cette lettre commune autorise les Administrateurs à permettre le transport des noirs entre les îles de la Martinique, Guadeloupe, Ste-Lucie et dépendances lorsqu'ils en auront reconnu l'utilité, et en exigeant qu'on rapporte la preuve du débarquement des noirs dans le lieu de leur destination, sous peine d'une amende qui ne pourra être moindre que la valeur desdits nègres,

Veut S. M. que l'ordonnance du 12 octobre 1739 ait son exécution sous tous les autres rapports, et principalement pour les noirs qui, des anciennes îles du vent, seraient envoyés soit à St-Domingue, soit à Tabago, et réciproquement de ces îles aux anciennes possessions françaises du vent.

(N°. 651.) ORDONNANCE *du Roi, concernant la Formation et la Solde des Troupes affectées au service des Colonies orientales et occidentales.*

Du 10 décembre 1784.

SA MAJESTÉ voulant appliquer, autant que les circonstances locales pourront le permettre, aux troupes affectées au service de ses colonies orientales et occidentales, les dispositions qu'elle a arrêtées relativement à la formation et à la solde de son infanterie, elle a ordonné et ordonne ce qui suit :

ART. Ier. Les régimens du Cap, du Port-au-Prince, de l'île-de-France, de Bourbon et de Pondichery, seront composés de 2 bataillons ; et ceux de la Martinique et de la Guadeloupe, de 3 bataillons.

II. Le 1er. bataillon de chaque régiment sera composé de 4 compagnies de fusiliers, et d'une de grenadiers.

Le 2me. sera composé de 4 compagnies de fusiliers, et d'une de chasseurs.

Le 3me. bataillon des régimens de la Martinique et de la Guadeloupe, sera composé, comme le 2me. de 4 compagnies de fusiliers, et d'une de chasseurs.

La compagnie de grenadiers et celle de chasseurs, ne seront cependant pas tellement nécessaires à leur bataillon, qu'elles ne puissent en être détachées sans en altérer l'intégrité. Le bataillon restera alors formé de 4 compagnies de fusiliers.

III. S. M. distinguera, pour la composition de ses régimens coloniaux, un pied de paix et un pied de guerre.

IV. Le nombre des Officiers et Bas-officiers de tout grade, sera le même sur le pied de paix et sur le pied de guerre.

V. S. M. veut bien rétablir le grade d'appointé en faveur des 10 plus anciens fusiliers, ainsi que des 8 plus anciens grenadiers et chasseurs de chaque compagnie, et accorder le même grade au plus ancien tambour de chaque bataillon.

VI. Chaque compagnie de fusiliers sera composée, sur le pied de paix, d'un Capitaine-commandant, d'un Capitaine en second, d'un Lieutenant en premier (cette dénomination devant être substitué à celle de premier lieutenant) d'un Lieutenant en second, de 2 Sous-lieutenans, d'un Sergent-major, d'un Fourrier, de 5 Sergens, de 10 Caporaux, de 10 Appointés, de 90 Fusiliers et de 2 Tambours; au total de 119 Bas-officiers, Soldats et tambours, commandés par 6 Officiers.

VII. Chaque compagnie de fusiliers sera composée, sur le pied de guerre, d'un Capitaine-commandant, d'un Capitaine en second, d'un Lieutenant en premier, d'un Lieutenant en second, de 2 Sous lieutenans, d'un Sergent-major, d'un Fourrier, de 5 Sergens, de 10 Caporaux, de 10 Appointés, de 140 Fusiliers et de 3 Tambours; au total de 170 Bas-officiers, Soldats et Tambours, commandés par 6 Officiers.

VIII. Il y aura un Soldat-charpentier dans le nombre des fusiliers de chaque compagnie il sera choisi parmi ceux qui seront les plus propres à ce service, et il n'en fera point d'autre à la guerre.

IX. Les caporaux, les appointés et fusiliers formeront 10 escouades.

Ainsi chaque escouade sera composée, sur le pied de paix, d'un Caporal, d'un appointé et de 9 fusiliers.

Elle sera composée, sur le pied de guerre, d'un Caporal, d'un Appointé et de 14 fusiliers.

X. S. M. se réserve de donner des augmentations progressives entre le pied de paix et le pied de guerre, selon qu'elle le jugera à propos.

XI. S. M. se réserve de même, de tenir les escouades de ses régimens coloniaux au-dessous du pied de paix, si elle le jugeait à propos; toute augmentation ou réduction ne portant que sur le nombre de fusiliers de chaque escouade, et jamais sur celui des bas-officiers, qui restera constamment le même.

XII. La compagnie de grenadiers et celle de chasseurs, seront formées de même nombre d'officiers et de bas officiers de différens grades, ainsi que de grenadiers ou de chasseurs, et elles ne varieront pas du pied de paix au pied de guerre.

XIII. Elles seront composées chacune d'un Capitaine - commandant, d'un Capitaine en second, d'un Lieutenant en premier, d'un Lieutenant en second, de 2 Sous-lieutenans, d'un Sergent-major, d'un Fourrier, de 4 Sergens, de 8 Caporaux, de 8 Appointés, de 72 Grenadiers, ou Chasseurs, et 2 Tambours; au total de 96 Bas-officiers, Grenadiers, ou Chasseurs, et Tambours, commandés par 6 Officiers.

XIV. Les caporaux, les appointés et les grenadiers ou chasseurs de chaque compagnie, formeront 8 escouades.

Et chaque escouade sera composée, paix et guerre, d'un caporal, d'un appointé et de 9 Grenadiers ou Chasseurs.

XV.

XV. Les 10 escouades de chaque compagnie de fusiliers, commandées chacune par un Caporal, formeront 5 subdivisions de la compagnie, commandées chacune par un Sergent, et composées de 2 escouades.

Et les 8 escouades de chaque compagnie de grenadiers ou de chasseurs, formeront de même 4 subdivisions, commandées chacune par un Sergent, et composees de 2 escouades.

XVI. Les 5 subdivisions de la compagnie de fusiliers, formeront 2 divisions de la compagnie; la 1re., composée de 3 subdivisions, commandée par le Lieutenant en premier, et, sous ses ordres, par le premier Sous-lieutenant; la 2me., de 2 subdivisions, commandee par le Lieutenant en 2me., et, sous ses ordres, par le 2me. Sous-Lieutenant.

Et les 4 subdivisions de la compagnie de grenadiers et de celle de chasseurs, formeront de même 2 divisions, composees chacune de 2 subdivisions, et commandees, la 1re., par le Lieutenant en premier et le premier Sous-lieutenant, et la 2me., par le Lieutenant en second et le second Sous-lieutenant.

XVII. Les divisions inegales des compagnies de fusiliers, n'altéreront point l'egalite qui doit être conservée dans celle de l'ordre de bataille; celles dont il vient d'être question, n'étant relatives qu'à la police, à la discipline et au travail intérieur, et n'ayant pour objet que d'affecter plus particulièrement les soins et la vigilance des Officiers et des Bas-officiers, aux divisions subdivisions ou escouades qui leur sont confiées.

XVIII. Ainsi le Caporal sera responsable de son escouade au Sergent de la subdivision duquel elle fait partie, le Sergent de la subdivision au Sous-lieutenant de la division dans laquelle elle est comprise, le Sous-lieutenant de chaque division le sera au Lieutenant qui la commande, le Lieutenant au Capitaine en second, le Capitaine en 2me. au Capitaine-commandant, et chaque Capitaine-commandant sera responsable de l'état de sa compagnie au Major.

XIX. Tous les Tambours seront aux ordres du Tambour-major : ceux de chaque bataillon formeront une escouade commandée, sous ses ordres, par le plus ancien Tambour ; mais l'autorité du Tambour-major sur les Tambours n'empêchera pas qu'ils ne restent soumis à celle des Officiers et Bas-officiers des compagnies dont ils font partie.

XX. Le Sergent-major de chaque compagnie en commandera tous les Bas-officiers et Soldats subordonnément aux Officiers.

Il sera particulièrement chargé de tous les détails du service et de la discipline, dont il sera responsable aux Officiers de la compagnie.

Le Fourrier aura le rang de Sergent et commandera à son rang parmi eux ; il dressera tous les états, et tiendra tous les registres et livres, et il sera responsable de tous les détails de distribution et de comptabilité au Quartier-maître. Il pourvoira au logement de la compagnie.

XXI. Les sous-lieutenances ne pourront être données qu'à des Cadets-gentilshommes du département des colonies, conformément aux ordonnances des 13 décembre 1779 et 10 août 1781, dont S. M. renouvelle, en tant que de besoin, les dispositions.

XXII. S. M. ayant jugé nécessaire à son service de supprimer les Aides-majors et les

Sous-aides-majors de ses régimens coloniaux, ainsi que de réduire les Porte-drapeaux à un par bataillon, d'établir un Quartier-maître-trésorier, et d'augmenter le nombre des Adjudans pour en établir un par chaque bataillon.

L'État-major sera composé à l'avenir d'un Colonel, d'un Lieutenant-colonel, d'un Major, d'un Quartier-maître-trésorier, de 2 Porte-drapeaux, de 2 Adjudans, d'un Chirurgien-major et d'un Armurier. Il y aura dans les deux régimens de trois bataillons un troisième Porte-drapeau et un troisième Adjudant.

XXIII. Veut néanmoins S. M. que, pendant le terme d'un an seulement, à compter du jour de la formation nouvelle de chaque régiment, les Aides-majors supprimés restent en qualité de surnuméraires à la suite des régimens, avec les appointemens de leurs grades de Capitaine ou Lieutenant, pour continuer leurs anciennes fonctions, et faciliter ainsi aux Officiers des compagnies la connaissance de cette partie du service dont ils devront ensuite être chargés. Lesdits Aides-majors, après ladite année expirée, passeront successivement aux emplois de leurs grades à mesure qu'ils vaqueront, et ils reprendront leurs rangs dans les colonnes ; mais en attendant ils ne feront plus, à la suite des régimens, que le service de leurs grades de Capitaine ou Lieutenant.

XXIV. Le Major de chaque régiment continuera d'y surveiller tous les détails de service, police et discipline.

Les Capitaines-commandans, conséquemment à l'art. XVIII, lui rendront compte ; il rendra compte au Lieutenant-colonel, et le Lieutenant-colonel au Colonel.

Le Quartier-maître de chaque régiment aura le rang de Lieutenant.

Les Porte-drapeaux auront celui de derniers Sous-lieutenans.

Et les Adjudans, celui de premiers Sergens-majors : ils commanderont à tous les Sergens-majors et au Tambour-major.

XXV. L'intention de S. M. étant que les Adjudans ne perdent point, en continuant d'être Adjudans, les avantages et les récompenses que leurs services les mettront dans le cas de mériter, ils dateront, sans être Officier, pour toute espèce de récompense et de grâce, de l'époque à laquelle, d'après leur ancienneté de Sergens-majors, ils auraient pu mériter de l'être; cette date sera, pour eux, celle à laquelle un Sergent-major moins ancien qu'eux, aurait été fait officier, et lorsqu'ensuite ils le seront eux-mêmes, ils reprendront leur rang sur ce dernier.

XXVI. Le Tambour major aura le rang de Sergent-major.

XXVII. S. M. a résolu d'accorder à ses régimens coloniaux une augmentation de paie pendant la guerre ; et voulant en outre apporter à l'état de quelques grades, des changemens par lesquels son objet est sur-tout de distinguer les anciens Officiers, elle a arrêté que les appointemens et solde seraient payés à l'avenir ainsi qu'il suit.

XXVIII. Par an, sur le pied de paix :

Au Colonel, 10,000 livres.

Au Lieutenant-colonel, 7,000 livres.

Au Major, 4,800 livres.

Au Quartier-maître-trésorier, 1,800 livres.

A chaque Porte-drapeau, 1,260 livres.

A chaque Adjudant, 810 l. par an, sans ration.

A chacun des deux premiers Capitaines-commandans, 3,300 livres.

A chacun des huit autres Capitaines-commandans, 2,800 livres.

A chacun des 2 premiers Capitaines en 2mes., 2,400 l.

A chacun des 8 autres Capitaines en 2nds., 2,100 l.

A chaque Lieutenant en premier, 1,600 livres.

A chaque Lieutenant en second, 1,500 livres.

A chaque Sous-lieutenant, 1,400 livres.

Tous les appointemens ci-dessus seront augmentes d'un quart en sus, sur le pied de guerre.

XXIX. Par jour, sur le pied de paix et sans retenue pour la ration :

Au Sergent-major d'une compagnie de fusiliers, 17s 4d.

A chaque autre Sergent ou Fourrier, 14s 4d.

A chaque Caporal de fusiliers, 9s 6d.

Au premier Appointé de chaque compagnie de fusiliers, 6s 6d.

A chaque Appointé, 6s.

A chaque Fusilier ou Tambour d'une compagnie de fusiliers, 5s 6d.

Au Sergent-major de la compagnie de grenadiers, 19s 4d.

A chacun des 4 autres Sergens et au Fourrier, 16s 10d.

A chaque Caporal de grenadiers, 11s.

Au 1er. Appointé de la compagnie de grenadiers, 8s.

A chaque autre Appointé de la compagnie des grenadiers, 7s 6d.

A chaque Grenadier ou Tambour de la compagnie de grenadiers, 7s.

A tous les Bas-officiers, Soldats et Tambours de la compagnie de chasseurs, la même solde qu'aux Bas-officiers de même grade, Soldats et Tambours de la compagnie de fusiliers.

Au Tambour-major, 17^s 4^d.

A l'Armurier, 5^s 5^d.

Au premier Tambour de chaque bataillon, ayant le grade d'Appointé, indépendamment de sa solde, un sol de haute paie.

XXX. S. M. fera fournir, en outre et sans aucune retenue, sur la solde ci-dessus réglée, aux Bas-officiers, Soldats et Tambours, une ration par jour, composée de 24 onces de pain frais, ou 20 onces de farine, et de 8 onces de bœuf salé ou frais ; et dans le cas où ces comestibles manqueraient dans les colonies, il y sera suppléé par les denrées du pays.

XXXI. Il sera retenu, par jour, sur la solde de tous les Bas officiers, Grenadiers, Chasseurs, Fusiliers, Tambour et Armurier, 20 d. à chaque Sergent-major, Tambour-major, Sergent ou Fourrier, et 12 d. à tous les grades inférieurs, pour former une masse de linge et chaussure. Cette masse sera conservée dans la caisse du régiment, et le décompte en sera fait tous les 4 mois.

XXXII. Les objets d'entretien auxquels est destinée la masse de linge et chaussure, devenant plus dispendieux pendant la guerre, S. M. accorde par jour, sur le pied de guerre un supplement de solde de 8 d. à chaque Bas-Officier et Soldat : ce supplément sera réuni à la masse de linge et chaussure établi par l'article precedent, et en augmentation de cette masse.

XXXIII. Les Adjudans seront exceptés des dispositions relatives à la masse de linge et chaussure, à laquelle ils n'auront nulle part. Il ne leur sera point fait de retenue pour y fournir, et ils ne recevront point pendant la guerre, le supplément de solde établi par l'art. précédent.

XXXIV. S. M. continuera de se charger de la levée des recrues dont ses régimens coloniaux auront besoin; et elle défend aux Officiers de donner sous quelque prétexte que ce soit, aucuns congés absolus, excepté dans les seuls cas d'infirmité et d'incapacité de service bien constatés.

XXXV. Il sera formé une masse générale pour laquelle S. M. fera payer, sur le pied de paix, *trente liv.* par chaque adjudant, Sergent-major, Sergent, Fourrier, Caporal, Appointé, Grenadier, Chasseur, Fusilier, Tambour et Armurier au complet. Cette masse, destinée aux dépenses d'habillement, d'équipement, d'entretien et de réparation, sera chargée en outre de la retenue de la capitation et des 4 d. pour liv. de tous les appointemens et de la solde; elle sera payée par mois au Quartier-maître-trésorier de chaque régiment, et déposée dans la caisse, et elle sera régie par le Conseil d'administration.

XXXVI. Il sera payé à chaque Tambour sur cette masse, une haute-paie de 2 s. par jour, au moyen de laquelle il sera tenu d'entretenir sa caisse de peaux et de cordages, et de se fournir de baguettes.

XXXVII. La masse générale sera, sur le pied de guerre, de *trente-quatre livres* par an, par chaque Bas-officier et Soldat.

XXXVIII. Mais l'intention de S. M. n'est pas qu'un régiment sur le pied de guerre, quant au nombre, soit pour cela sur le pied de guerre, quant à la solde. Ce dernier n'aura lieu que de l'époque et dans le cas que S. M. l'ordonnera.

XXXIX. L'armement des régimens coloniaux, continuera de leur être fourni des magasins de S. M.

XL. Toutes les dispositions prescrites par la présente ordonnance, relativement aux appointemens, à la solde et aux masses, auront lieu de l'époque à laquelle la nouvelle formation sera mise à exécution dans chaque régiment; mais S. M., en faisant jouir ses regimens coloniaux, à l'instant même, des augmentations qu'elle accorde, ne veut pas qu'aucun Officier perde rien de son état actuel; en conséquence, elle ordonne que les Officiers dont les appointemens se trouveront diminués, reçoivent en supplément, sur la masse générale, les sommes nécessaires pour parfaire les mêmes appointemens dont ils jouissaient, sans que ce supplément puisse aucunement s'étendre à ceux qui leur succéderont dans leurs emplois; se réservant S. M. de dédommager en tout ou en partie, la masse générale des régimens à qui cette charge pourrait être trop onéreuse.

XLI. Pour parvenir, dans chaque régiment, à l'exécution de la présente ordonnance, l'Inspecteur à qui S. M. en aura donné l'ordre, fera mettre le régiment sous les armes, en presence du Commissaire des colonies, faisant fonctions de Commissaire des guerres, qui en aura la police.

XLII. Cet Inspecteur fera une revue de ce régiment, et le Commissaire des guerres fera en même tems la sienne pour servir au paiement dudit regiment jusqu'au jour de sa nouvelle composition exclusivement.

XLIII. L'Inspecteur ordonnera ensuite au Colonel de choisir entre tous les Fourriers et Sergens, les sujets qu'il jugera les plus propres à remplir les deux places d'Adjudant dans les régimens de 2 bataillons, et les 3 places dans les régimens de 3 bataillons.

XLIV. Il ordonnera l'incorporation des secondes compagnies, tant de grenadiers que de chasseurs dans les premières, et celle des compagnies de fusiliers commandées par les 8 moins anciens Capitaines de tout le regiment, dans les plus anciennes qui devront rester sur pied.

Dans les régimens de 3 bataillons, la compagnie de grenadiers du 3me., et la compagnie de chasseurs du 1er., formeront la compagnie nouvelle de chasseurs du 2me. bataillon.

XLV. Les compagnies de grenadiers, de chasseurs et de fusiliers, étant ainsi composées, on y attachera les Officiers qui devront les commander. L'intention du Roi est que les 2 Chefs de bataillon qu'elle a supprimés par son ordonnance du 28 fevrier dernier, soient attachés aux 1res. compagnies de fusiliers, qui seront toujours commandées par les 2 plus anciens Capitaines-commandans; que le Capitaine qui les suivra par ancienneté, soit placé à la compagnie de grenadiers: et que le plus ancien des 2 Capitaines de chasseurs conserve le commandement de la compagnie réunie, s'il se trouve, par son anciennete, dans le nombre des 7 autres Capitaines-commandans, autrement le Capitaine de la compagnie de chasseurs sera choisi par le Colonel entre les Capitaines-commandans.

XLVI. Les Capitaines qui se trouveront sans compagnie, seront placés suivant la date de leurs commissions, dans les différentes compagnies, en qualité de Capitaine en second; savoir : les deux plus anciens aux deux premières compagnies de fusiliers; celui qui sera choisi par le Colonel à la compagnie de chasseurs, à moins que l'un des anciens Capitaines de chasseurs ne se trouve dans la classe des Capitaines en second; et, en ce cas, il restera attaché en cette qualité à la compagnie de chasseurs, les autres seront employés par ordre d'ancienneté aux compagnies de fusiliers.

XLVII. Les deux Lieutenans de grenadiers resteront attachés à la compagnie réunie de grenadiers, en qualité de Lieutenant en premier et Lieutenant en second. Les 9 plus anciens Lieutenans seront employés par ordre d'ancienneté, en qualité de Lieutenant en premier à la compagnie de chasseurs et à celles de fusiliers; le Colonel choisira néanmoins celui de chasseurs, si l'un des titulaires n'est pas dans le cas, par son ancienneté, de rester dans la classe des Lieutenans en premier : les autres Lieutenans rempliront les places de Lieutenans en second. Dans ces opérations, les 2 Sous-aides-majors concourront par ancienneté avec les Lieutenans.

XLVIII. Les Sous-lieutenans de grenadiers resteront également à leur compagnie, où ils seront employé par ancienneté. Les autres Sous-lieutenans seront employés par ancienneté, aux autres compagnies, à l'exception de celle de chasseurs, pour laquelle le Colonel fera son choix, s'il y a lieu, comme à l'article précédent.

XLIX. Entre les 4 Porte-drapeaux qui existent actuellement dans chaque régiment, l'Inspecteur choisira, sur la proposition du Colonel, les ceux qui devront entrer dans la nouvelle formation : les deux autres seront employés dans le grade de derniers Sous-lieutenans dans les compagnies de fusiliers, en attendant qu'ils puissent passer à la compagnie de grenadiers, dont les lieutenances et sous-lieutenances continueront d'être affectées aux Officiers qui auront passé par les grades de Bas-officiers. Au défaut de sous-lieutenances titulaires, les 2 Porte-drapeaux supprimés resteront à la suite avec leur traitement actuel, jusqu'à ce qu'il vaque des places.

L. Dans les régimens coloniaux où il n'y a pas de Quartier-maître-trésorier, le colonel proposera, pour cette fois, à l'Inspecteur, un Lieutenant, Sous-lieutenant, ou Porte-drapeau, pour en faire les fonctions, sur la nomination provisoire du Gouverneur, en attendant la confirmation de S. M.

LI. L'intention de S. M. est qu'entre les Fourriers actuellement existans, les plus anciens soient faits Sergens-majors, et que les autres continuent leur service de Fourrier, en attendant qu'ils deviennent Sergens-majors.

Les anciens Sergens seront conservés, et les moins anciens feront le service de Caporal. Les derniers Caporaux feront également le service des Appointés, dont le nombre sera seulement completé ; le tout, jusqu'à ce que chacun soit remplacé dans son grade ; voulant bien S. M. leur conserver les hautes-paies dont ils jouissent, jusqu'à leur remplacement qui aura lieu par préférence.

LII. Les Tambours ou Musiciens qui excéderont la nouvelle composition, seront placés dans les compagnies comme fusiliers, s'ils ont la taille prescrite, sans pouvoir prétendre à la haute-paie dont ils jouissent pour l'entretien de leur caisse ; et il sera expédié des congés absolus à ceux qui ne se trouveront pas avoir la taille et la tournure pour être admis dans les compagnies de fusiliers.

LIII. L'Inspecteur ordonnera que les plus anciens Grenadiers, Chasseurs ou Fusiliers, qui, avec les Caporaux surnuméraires, devront compléter le nombre des Appointés, réglé par la présente ordonnance, soient reconnus pour appointés à la tête de leurs compagnies, et que le plus ancien Tambour de chaque bataillon le soit de même à la tête des Tambours.

LIV. Il ordonnera que les Fusiliers de chaque compagnie y soient répartis dans les escouades, à leur rang, le 1er. Fusilier dans la 1re., le 2^d^. dans la 2me., le 3me., dans la 3me., le 4me. dans la 4me., le 5me. dans la 5me., le 6me. dans la 6me., le 7me. dans la 7me., le 8me. dans la 8me., le 9me. dans la 9me., le 10me. dans la 10me., ensuite le 11me. dans la 1re., le 12me. dans la 2me., ainsi de suite, en comprenant dans cette répartion et à leur rang, les Fusiliers qui se trouveraient aux hôpitaux ou absens.

Que les Grenadiers et les Chasseurs, soient réunis de même dans les 8 escouades de leurs compagnies.

Que les escouades ainsi formées, le 1er. Caporal de chaque compagnie, et sous lui, le 1er. Appointé, ait le commandement de la 1re.; le 2me. Caporal et le 2me. Appointé, celui de la 2me., et ainsi de suite.

Qu'ensuite les subdivisions soient formées dans les compagnies de fusiliers ; la 1re., de la 1re. et 6me. escouades ; la 2de., de la 2me. et 7me., *etc.*

Dans

Dans la compagnie de grenadiers et dans celle de chasseurs, la 1re. de la 1re. et 5me. escouades, la 2me. de la 2me. et 6me, *etc.* Et que les Sergens prennent le commandement de ces subdivisions à leur rang ; le 1er. Sergent celui de la 1re., le 2me. celui de la 2me., *etc.*

LV. Mais ce rang une fois établi entre les escouades et les subdivisions, l'Inspecteur ordonnera qu'il reste à perpétuité le même, c'est-à-dire que l'escouade désignée la première, soit toujours la première, l'escouade désignée la seconde, toujours la seconde, *etc.*, quel que soit le rang des Caporaux qui les commanderont.

Que de même les subdivisions une fois établies première, seconde, *etc.* et formées à perpétuité des mêmes escouades, conservent toujours le même rang entr'elles, quel que soit celui des Sergens qui les commanderont.

Qu'ainsi les divisions intérieures des compagnies n'éprouvent de changement que par les recrues qui entreront dans les compagnies de fusiliers ou les nouveaux Grenadiers et Chasseurs, ou par le remplacement de leurs Bas-officiers à de nouveaux grades.

LVI. Enfin il ordonnera que les divisions soient formées dans les compagnies de fusiliers ; la première, de la première, troisième et cinquième subdivisions ; la seconde, de la seconde et quatrième subdivisions.

Dans la compagnie de grenadiers et dans celle de chasseurs, la première, de la première et troisième subdivisions ; la seconde, de la seconde et quatrième subdivisions.

Et que dans chaque compagnie le Lieutenant en premier, et sous ses ordres, le premier

Sous-lieutenant, aient le commandement, l'inspection et la police spéciale de la première division; et de même le Lieutenant en second, et sous ses ordres, le second Sous-lieutenant, celui de la seconde division.

LVII. Les chambrées et les ordinaires seront formés, autant qu'il se pourra dans l'ordre des escouades, subdivisions et divisions ci-dessus indiqué; de manière que les Soldats des mêmes escouades, subdivisions et divisions, logeant et vivant ensemble, ou le plus près qu'il se pourra, soient constamment soumis à la vigilance et à la police des mêmes Bas officiers.

Mais ces divisions de police intérieure seront subordonnées dans l'ordre de bataille, à ce que prescrit l'ordonnance de l'exercice, relativement à la disposition des Soldats dans le rang et aux divisions qui doivent y être observées.

LVIII. Après ces dispositions, relatives à l'ordre intérieur des compagnies, l'Inspecteur ordonnera que les deux premiers Capitaines en second passent aux deux premières compagnies de fusiliers, pour les commander, sous l'autorité des deux premiers Capitaines-commandans, et qu'ils soient remplacés aux compagnies qu'ils quitteront, par les Capitaines en second, jusqu'alors attachés aux deux premières compagnies, qui se trouveront moins anciens qu'eux.

Que la compagnie de grenadiers soit toujours commandée par le 3me. Capitaine-commandant.

Celle des chasseurs par celui des 7 derniers Capitaines-commandans que le Mestre-de-camp jugera le plus propre à ce service.

Et que cet ordre dans le commandement des compagnies soit toujours observé à l'avenir,

Qu'ainsi les deux premières compagnies du régiment, commandées par les deux premiers Capitaines-commandans, et sous leurs ordres, par les deux premiers Capitaines en second, en restent toujours les premiers, passent seulement d'un bataillon à l'autre, selon le rang respectif de leurs Capitaines-commandans, sans que les deux premiers Capitaines en second attachés à ces compagnies changent de l'un à l'autre, quel que soit leur rang entr'eux.

LIX. Ces différentes opérations terminées, l'Inspecteur fera une revue du régiment.

Le Commissaire des guerres fera aussi la sienne pour servir, à compter de ce jour, au paiement du nouvel état d'appointement, de solde et de masse. Il constatera la nouvelle composition du régiment par un procès-verbal, dont un double sera adressé au Secrétaire d'Etat de la marine.

Mandant Sa Majesté, *etc.*

Fait à Versailles, le 10 décembre 1784. *Signé*, LOUIS ; *et plus bas*, par le Roi, le Maréchal de CASTRIES.

(N°. 654.) ORDONNANCE *de MM. les Général et Intendant, concernant l'Imposition sur la Martinique, pour l'année* 1785.

Du 1er janvier 1785.

LE Roi ne nous ayant pas fait connaître qu'il dût y avoir aucun changement dans la perception de ses droits, l'imposition sur la Martinique continuera d'être fixée sur le même pied qu'elle l'a été pour l'année dernière, et les besoins pressans et multipliés du service de S. M. exigeant que nous ne différions pas davantage à nous procurer les secours qui doivent en resulter, nous avons cru ne devoir rien changer au mode qui a été suivi jusqu'à présent ; et, en conséquence, *etc.*, statuons sur cet objet ainsi qu'il suit :

N. B. Les dispositions des six premiers articles étant les mêmes que celles de l'ordonnance du 2 janvier 1778, sur le même objet, voyez le N°. 540, page 552 et suivantes de ce tome.

Art. VII. Toutes les marchandises sujètes au poids seulement continueront de payer, à l'entrée, 1 pour 100 de leur valeur, qui sera appréciée, comme par le passé, au bureau du Domaine, sur le pied du cours dans la colonie, lors de la déclaration des Capitaines marchands à leur arrivée. Indépendamment de ce droit, les bœufs salés, la morue et le poisson salé, venant de l'étranger, paieront 3 liv. tournois par quintal ; et sera le produit dudit droit de 3 liv. converti en primes d'encouragement pour l'introduction de la morue et du poisson salé provenant de la pêche française, qui ne seront point soumis au dernier droit.

VIII. Toutes les marchandises, dont l'importation et l'exportation seront permises à l'étranger dans lesdits ports d'entrepôt, seront soumises aux droits locaux établis ou à établir dans chaque colonie, et paieront, en outre, 1 pour 100 de leur valeur.

IX. Il continuera d'être perçu sur le café, à la sortie, un droit de 3 pour 100 du prix vénal, lequel sera établi d'après les factures qui seront exhibées en bonne forme par les Capitaines marchands et autres Chargeurs, à leur départ.

X. Les autres denrées de la colonie ; savoir : sucre, cacao, coton et gingembre, continueront d'être soumises au droit d'un pour 100, qui sera établi sur les factures, comme à l'article précédent.

N. B. Les articles XI à XVIII étant absolument les mêmes que les articles X à XVII de l'ordonnance sur le même objet, du 5 septembre 1780, y compris l'augmentation portée à celle du 5 février 1782, voyez le N°. 568, p. 406 et le N°. 600, p. 517 de ce tome.

Prions messieurs les Officiers du Conseil souverain de la Martinique, de faire enregistrer *etc.*

Donné au Fort-Royal de la Martinique, le 1er. janvier 1785. *Signé*, le Vicomte de DAMAS, *et* DE VIÉVIGNE.

Enregist. au Conseil souverain.

(N°. 655.) ARRÊT *du Conseil souverain, concernant la Caisse des Negres justiciés de l'île de Sainte-Lucie.*

Du 7 janvier 1785.

LA Cour, vu toutes les pièces et titres concernant la caisse des nègres justiciés de l'île Sainte-Lucie, faisant droit sur le réquisitoire du Procureur-général du Roi, ayant égard à l'état actuel de cette colonie et aux différens évènemens qu'elle a éprouvés pendant la guerre dernière, ordonne qu'il sera payé par les Habitans de ladite île, et par les Particuliers résidans

dans les ville et bourgs, la somme de 6 l. 15 s. par chaque tête de nègres payant droit, exemptions non déduites, pour la quantité qu'ils ont employée dans leurs dénombremens de l'année 1784, laquelle somme ils paieront, un tiers dans le courant de cette année, un tiers dans l'année 1786, et l'autre tiers dans l'année 1787, en un seul paiement, entre les mains du Receveur-général de ladite caisse des nègres justiciés de ladite île.

Ordonne aussi que le Receveur sera tenu d'employer le montant de ses recettes à payer les parties prenantes sur icelle, suivant l'ancienneté de leurs titres et par ordre de date, et que le présent arrêt, *etc.*, sera imprimé, lu, publié, *etc.*

Fait au Conseil souverain de la Martinique, le 7 janvier 1785. *Signé*, Roignan, greffier.

(N°. 656.) Extrait *d'une Dépêche ministérielle de M. le Maréchal* de Castries, *à MM. les Général et Intendant de la Martinique, sur les Sucres bruts.*

Du 17 février 1785.

Le Ministre répond aux Administrateurs sur l'avis qu'ils lui ont donné, du refus que fait le commerce de France de se charger des sucres bruts, et sur la proposition qu'ils avaient faite d'obliger les Colons de ne fabriquer que de cette espèce de sucre. Le Ministre reconnaît tous les avantages qui résulteraient d'une telle loi par l'extension de la navigation, *etc.*, mais il remarque en même tems que le Gouvernement ayant toléré les rafineries coloniales, il serait bien difficile de revenir contre une mesure aussi ancienne ; il dit que ce serait d'ailleurs priver les Colons du débouché de leurs denrées en tems de guerre, en leur ôtant la faculté de les réduire à un moindre volume. Il ajoute que s'il arrivait que le commerce français rebutât constamment les sucres bruts, ce serait alors seulement qu'il faudrait y pourvoir.

Le Ministre blâme les Administrateurs d'avoir permis l'exportation de cette denrée à l'étranger, sur le refus des Capitaines français de s'en charger, et leur enjoint de donner avis au Ministre à l'avenir s'ils aperçoivent de la stagnation dans les débouchés de cette espèce de denrée, afin de proposer au Roi les moyens les plus efficaces pour forcer le commerce national à s'en charger.

(N°. 657.) EXTRAIT *d'une Dépêche ministérielle de M. le Maréchal* de Castries, *à MM. les Général et Intendant, sur les Francisations des Bâtimens.*

Du 17 février 1785.

Le Ministre, dans cette lettre commune aux Administrateurs en chef, permet de franciser un bâtiment étranger acheté pour faire les retours en France de la cargaison d'un bâtiment français qui aurait été condamné aux îles, pourvu toutefois qu'il ne paraisse aucune intention d'éluder les dispositions établies contre les francisations simulées.

Le Ministre recommande aux Administrateurs de tenir la main à ce que la composition des équipages soit conforme aux réglemens, et d'exiger du Capitaine du bâtiment un cautionnement pour assurer son retour dans un port de France.

(N°. 658.) DÉPÊCHE *ministérielle de M. le Maréchal* de Castries, *aux Administrateurs en chef, sur les charges de Marguilliers.*

Du 2 mars 1785.

J'AI reçu, Messieurs, la lettre du 24 octobre dernier, par laquelle vous me rendez compte des difficultés qui se sont élevées entre les Habitans de la Martinique, relativement aux charges de Marguilliers. Le Roi, à qui j'en ai rendu compte, a décidé que ces charges devaient être considérées aux colonies comme une suite de l'état d'habitant, et qu'aucun privilége ne pouvait dispenser de les accepter; son intention est en conséquence que les Gentilshommes, ainsi que tous les autres privilégiés, acceptent ces charges, lorsqu'ils y seront nommés, et qu'en cas de refus de leur part, ils y soient contraints ainsi qu'il est d'usage pour les autres Habitans. Vous devez même inviter les Paroisses à choisir de préférence, pour les places de marguilliers, les Habitans les plus notables, afin de ramener dans cette partie, l'ordre beaucoup trop négligé jusqu'à présent. Vous voudrez bien faire enregistrer cette dépêche au Conseil souverain, afin qu'il s'y conforme dans le jugement des contestations qui pourraient être portées devant les tribunaux.

J'ai l'honneur d'être, *etc.*

Signé, DE CASTRIES.

Enregist. au Conseil souverain.

(N°. 659.) COMMUNICATION *donnée au Conseil souverain du montant de la Recette et l'emploi des Fonds de l'Imposition des années 1777 à 1784.*

Du 10 mars 1785.

CE jour, M. le Commissaire-général-ordonnateur, faisant fonctions d'Intendant, président de la Cour, étant entré, a dit :

MESSIEURS,

Les dernières instructions données par le Roi aux Administrateurs en 1776, et qui vous ont été connues par l'enregistrement à votre Greffe, annoncent que l'imposition à lever sur la Colonie sera ordonnée par un mémoire du Roi ; et nous trouvons dans une dépêche du Ministre, du 31 juillet 1777, qui a été également communiquée à la Colonie dans le tems, que la volonté de S. M. était que, sur l'état de fonds envoyé pour cette année, l'assiette de l'impôt se fit après une consultation des quartiers, convoqués par Députés.

C'est sous cette forme et d'après cette consultation, que l'imposition, qui était, en 1777, de 1,200,000 l., a été réglée, pour 1778, à 1,000,000 des îles, non compris les amendes, les cabarets et les libertés qui, ayant des destinations particulières, ne font pas partie de l'impôt. Ce fut à cette époque que les hostilités donnèrent ouverture à une guerre, durant laquelle il n'a plus été envoyé de mémoire du Roi pour l'impôt, ni d'état de fonds ; l'Administration a donc été obligée de suivre les dernières données, sauf les changemens dans la dépense que les besoins multipliés ont nécessitée ; cependant le Roi a pourvu aux frais de protection, sans que la Colonie ait supporté une plus forte charge. Loin de là, le fléau de l'ouragan qui vint, en 1780, ajouter aux maux inséparables de la guerre, porta la bienfaisance du Souverain à faire grâce à la Colonie de toute imposition pendant l'année 1781, aux droits sur l'entrée et la sortie près.

La paix ayant fait rendre les îles conquises, rentrer les escadres dans les ports et repasser en Europe les régimens, les dépenses extraordinaires se sont insensiblement éteintes dans le cours de 1783, et les 6 premiers mois de 1784. L'aperçu joint va, Messieurs, vous montrer la situation de la Colonie, en finances, à la fin de cette année,

RECETTE (1).

Somme réglée par la Cour pour la dépense de 1784, suivant un état envoyé le 31 mars dernier, . . .	2,701,000 l.
L'imposition a produit net, suivant les derniers états, certifiés du Trésorier, pour 1783, ...	670,000
Les droits d'amende, libertés et cabarets, qui n'entrent point dans l'imposition, se sont élevés à 124,754 liv., ...	*Mémoire.*
TOTAL de la Recette, . . .	3,371,000 l.

DÉPENSE.

Suivant le tableau de la dépense actuelle de la Martinique, Sainte-Lucie et Tabago, dressé pour la Cour, le 14 août dernier, évalué sur le premier quartier, elle s'est élevée à			4,964,600 l.
A déduire ce qui concerne Sainte-Lucie et Tabago, suivant l'aperçu ci-dessous,			
Sainte-Lucie coûte au Roi,	594,000 l.	574,000 l.	1,034,000
Elle rend en droits, n'y ayant pas d'imposition, envir.	20,000		
Tabago (2) coûte au Roi,	660,000	460,000	
Et rend en impositions et droits, ...	200,000		
Dépense nette de la Martinique, ...			3,930,600

RÉCAPITULATION.

La Recette monte à	3,371,000 l.
La Dépense à	3,930,600

Partant la Dépense excède la Recette de . . . 559,600 l., quelques changemens qui aient été faits, et quelqu'économie qu'il ait été apportée dans toutes les parties.

(1) L'état de fonds en 1777 était de 2,900,000 livres.

(2) L'intention de la Cour est que cette colonie paie les frais de son entretien.

Ce tableau sommaire du dernier état des choses pourrait dispenser de la curiosité de savoir si l'imposition perçue pour chaque année, n'a pas laissé dans les coffres un excédent qui pût servir à la décharge des années à venir.

Nous ne connaissons aucune loi qui établisse l'obligation aux Administrateurs de rendre un compte public de la perception de l'impôt et de l'emploi de son produit; nous ne voyons dans les lettres du Ministre qu'une approbation de l'offre faite par l'Intendant en 1776, de mettre sous les yeux du Conseil l'emploi des deniers exigés pour prix des libertés; les instructions postérieures en ont prescrit la continuation que le Ministre a regardé comme une marque de délicatesse de la part de ceux qui ont la disposition de ces deniers destinés aux travaux publics, à la décharge de la Colonie.

Les Intendans, il est vrai, ont quelquefois, dans les mêmes vues et pour leur propre satisfaction, soumis le compte de l'imposition royale à la Colonie représentée par le Conseil : nos recherches, à ce sujet, nous ont conduit à voir que M. le président de Peinier, en 1766, en mit le compte sur le bureau, et que depuis lors M. le président de Tascher, animé des mêmes sentimens, donna, en 1776, communication de l'état de l'imposition *recette* et *dépense* pour le tems de son administration, c'est-à-dire, de 1772 à 1776.

A notre égard, nous aurions, avec plaisir, payé plutôt le même tribut de confiance, si, d'un côté, notre administration, aussi récente qu'elle est précaire, ne nous eût retenu dans l'entreprise d'un travail qui exige des recherches et des calculs multipliés, et si nous n'eussions encore été arrêtés jusqu'à ce jour par l'annonce d'un état de fonds pour l'année qui commence. Cependant, comme un Administrateur exact doit toujours être en état de compter avec lui-même, il ne lui est pas difficile de donner à l'instant un ensemble aux matériaux qui doivent établir la balance de son compte.

Nous n'avons même pas cru devoir borner nos recherches au court espace de notre gestion, et la communication à laquelle nous nous livrons aujourd'hui, partira de la dernière année de l'administration de M. de Tascher, en 1777, pour se terminer à l'année 1784, en parcourant celle intermédiaire de M. de Peinier : ce travail est un hommage que nous nous faisons un plaisir de rendre à l'administration de notre Prédécesseur, dont nous croyons seconder les vues, en donnant pour lui, à la Colonie, une satisfaction que les embarras de la guerre l'avaient empêché d'effectuer.

En remettant en janvier, sur le bureau du Conseil, l'ordonnance pour l'imposition de l'année courante, établie sur l'ancien pied, puisqu'un nouveau mémoire du Roi n'en change encore ni la quotité, ni l'assiette, nous en avons demandé l'enregistrement aux formes ordinaires, nous demandons aujourd'hui celui de la communication donnée par nous du compte des précédentes impositions, pour la satisfaction de la Colonie, et la nôtre propre.

Suit la Communication donnée à la Colonie par Monsieur le Commissaire-Général-Ordonnateur, faisant fonctions d'Intendant, de sa manière d'être, quant à l'Impôt, avec la Caisse du Roi, depuis 1777 inclusivement, époque du dernier compte rendu par M. le Président de Tascher, jusqu'au 1er. janvier 1785; SAVOIR :

ANNÉE 1777.

	£.	s.	£.	s.	d.	£.	s.	d.	Déficit relativement au taux fixé par le Roi à 1,200,000 l. par année. £.	s.	d.
Capitation, . .	390474		469776	2	„	1106077	2	10	93922	17	2
Imposition sur les maisons,	61592	10									
Industrie, . .	17709	12									
Droits de cabarets, ...			88634	8	4						
Droits d'entrée, ...			128946	15	11						
Droits de sortie, ...			422719	16	7						

ANNÉE 1778 (1).

	£.	s.	£.	s.	d.						
Capitation, . .	424788	10	481510	4	„	831213	„	3	118786	19	9
Imposition sur les maisons,	56721	14									
Droits d'entrée, ...			136686	11	10						
Droits de sortie, ...			263016	4	5						

(1) A cette époque le droit d'industrie fut supprimé, les droits de cabarets furent distraits et formèrent une caisse à part, et l'imposition fut fixée à la somme d'un million.

ANNÉE

Année 1779.

	£. s. d.	£. s. d.	£. s. d.	Déficit relativement au taux fixé par le Roi à 1,000,000l. par année. £. s. d.
Capitation, . .	400405 „ „	462995 10 „	667695 13 6	332304 6 6
Imposition sur les maisons,	62597 10 „			
Droits d'entrée, ...		90828 9 10		
Droits de sortie, ...		113871 13 8		

Année 1780.

	£. s. d.	£. s. d.	£. s. d.	£. s. d.
Capitation, . .	471714 „ „	538623 10 „	698506 13 „	301493 7 „
Imposition sur les maisons,	66909 10 „			
Droits d'entrée, ...		85356 19 6		
Droits de sortie, ...		54874 13 6		
Arrérages perçus depuis 1771 jusqu'à 1779, et portés sur l'exercice 1780, ...		19651 10 „		

Année 1781.

	£. s. d.	£. s. d.	£. s. d.
Droits d'entrée, ...	100948 5 4	183424 13 8	816575 6 4
Droits de sortie, ...	82476 8 4		

Année 1782.

	£. s. d.	£. s. d.	£. s. d.	£. s. d.
Capitation, . .	493446 10 „	561710 10 „	903015 10 8	96984 9 4
Imposition sur les maisons,	68264 „ „			
Droits d'entrée, ...		148297 3 2		
Droits de sortie, ...		193007 17 6		

Année 1783.

	£. s. d.	£. s. d.	£. s. d.	£. s. d.
Capitation, . .	416156 10 „	487973	823022 9 2	176977 10 1
Imposition sur les maisons,	78816 10 „			
Droits d'entrée, ...		92805 1 „		
Droits de sortie, ...		243244 8 „		

Année 1784.

	£. s. d.	£. s. d.	£. s. d.	Déficit relativement au taux fixé par le Roi à 1,000,000 l. par année. £. s. d.
Capitation, . .	197353 „ „	230086 10 „	618197 19 1	381802 „ 11
Imposition sur les maisons,	30733 10 „			
Droits d'entrée, ...		105836 12 5		
Droits de sortie, ...		282274 16 8		

Total du déficit au premier janvier 1785, . . . £. s. d. 2318846 17 10

Sur quoi il faut déduire les articles suivans ; savoir :

	£.	
Le produit de la capitation et de l'imposition remise par S. M. en 1781, évalué à	500000	962000
L'exemption accordée par le Roi aux pères de dix enfans, pendant sept ans, ...	42000	
Frais et perception aux Receveurs ambulans des différens quartiers, pendant sept années, ...	120000	
Secours aux Colons, tant en vivres des magasins du Roi, qu'en remise des droits, appprouvés de Sa Majesté, évalués à	300000	

Restera . . . . . £. s. d. 1356846 17 10

Sur quoi les arrérages à recouvrer, déduction faite des non-valeurs présumées, réduiront cette somme à celle de . . . . . 1000000 £.

La Cour a donné acte à mondit sieur de Viévigne de la communication qu'il lui a donné dudit état, et ordonne que son discours et le présent état resteront déposés aux minutes du Greffe.

Fait au Conseil souverain de la Martinique, le 10 mars 1785. *Signé*, Roignan, greffier.

(N°. 660.) EXTRAIT *d'une Dépêche ministérielle de M. le Maréchal* de Castries, *à MM. les Général et Intendant, au sujet des Canots-passagers et de Poste.*

Du 17 mars 1785.

Lettre commune aux Administrateurs, qui ordonne que le bureau de police établi par un réglement du Conseil souverain, pour les canots-passagers, soit regardé comme non-avenu, comme étant contraire aux opérations du commerce ; enjoint aux Administrateurs de prendre avec le Conseil des arrangemens qui puissent atteindre au même but, sans en avoir les inconvéniens ; approuve les autres dispositions du réglement, mais observe en même tems que S. M. aurait pu le faire casser, comme fait sans la participation des Administrateurs-généraux et en leur absence : son intention étant que le Conseil ne fasse aucun réglement qui ait trait à la police générale ou particulière, qu'en leur présence et de concert avec eux ; défend aux Conseils de rien entreprendre à cet égard sans leur avis, devant se borner, ainsi qu'il lui a déjà été prescrit, à distribuer la justice, et à adresser au Ministre ses observations, sur les objets qu'il en croira susceptible. Ordre de faire enregistrer cette dépêche au Conseil souverain.

Enregist. au Conseil souverain.

(N°. 661.) ARRÊT *du Conseil d'Etat du Roi, portant création d'une nouvelle* Compagnie des Indes.

Du 14 avril 1785.

Enregist. au Conseil souverain.

(N°. 662.) ORDONNANCE *de MM. les Général et Intendant, portant établissement de Réverbères dans la ville de St-Pierre.*

Du 31 mai 1785.

LA ville de Saint-Pierre, lieu principal du commerce de cette Colonie, prenant journellement, depuis la paix, un accroissement sensible en population et en étendue de maisons, il a fallu successivement augmenter les moyens d'y maintenir la police. La garde de la place étant dans ce moment insuffisante pour les patrouilles et les Archers de police trop peu nombreux pour y suppléer régulièrement chaque nuit, il est arrivé qu'à la faveur de l'obscurité, on a pratiqué des fraudes à l'entrée et à la sortie du port, et commis des vols répétés dans la partie principalement occupée par le commerce. Nous avons pensé qu'il serait avantageux, pour arrêter ces désordres, de suppléer à l'insuffisance des moyens actuels, par l'établissement de reverbères qui, étant placés dans les lieux les plus exposés, donneront à la police plus de facilités pour surveiller les quartiers, où il ne sera pas possible de procurer encore le même genre de sûreté; pour quoi, nous, *etc.* ordonnons ce qui suit:

ART. Ier. Il sera établi, à compter du 1er. juillet de cette année, 26 réverbères, tant dans la Grande-Rue de la ville, que dans celle parallèle du bord de la mer : ils seront fournis par le S[r]. Lombard, chimiste, qui sera chargé de l'entreprise, en conséquence d'un marché particulier, sur le devis qu'il en présentera au Gouvernement, lequel sera annexé aux présentes.

II. Ces réverbères seront placés au coin des rues et carrefours, de manière qu'étant à 2, 3 et 4 faces, suivant le besoin, ils portent la lumière devant et de chaque côté des rues adjacentes : ils seront suspendus par un crochet à une potence de fer, à l'élévation de 15 pieds.

III. Les réverbères seront allumés tous les soirs, au jour tombant, et éclaireront jusqu'à 4 heures du matin, excepté dans les tems de Lune, où ses différentes phases seront calculées par l'Entrepreneur, à raison de la durée de l'obscurité.

IV. L'Entrepreneur fournira l'huile et les mèches des réverbères, et les fera allumer exactement tous les soirs par des gens à ce préposés par lui, et de l'exactitude desquels il répondra.

V. Attendu que cet établissement doit être considéré comme un moyen de sûreté publique, il sera pourvu à la dépense que les réverbères exigeront pour leur installation et leur entretien, par le Gouvernement, sur les deniers d'une caisse destinée aux besoins publics, et elle sera acquittée tous les trois mois, sur les états de l'Entrepreneur, visés et arrêtés par le Procureur du Roi.

VI. Comme la conservation des réverbères, si elle n'était pas surveillée, occasionnerait un surcroît de dépense ; les Propriétaires ou principaux Locataires des maisons auxquelles ils seront attachés, sont engagés à veiller à ce qu'il ne leur soit causé aucun dommage, soit par accident, soit par méchanceté, et en conséquence, à les faire retirer en cas de vent forcé, ou au dernier cas, à faire connaître l'Auteur du dommage à la police, pour qu'il soit condamné au rétablissement du réverbère et puni suivant l'exigence du cas.

VII. Les Propriétaires des maisons des rues, où il sera posé des réverbères, ne pourront y placer ou entretenir des tentes à demeure, qu'à la charge de les élever à trois pieds au-dessus des réverbères.

Mandons aux Officiers de la Sénéchaussée et de la police de tenir la main à l'exécution des présentes, *etc.*

Donné à la Martinique, le 31 mai 1785. *Signé*, le Vicomte de DAMAS, *et* DE VIÉVIGNE.

Suit le Devis et Tableau de dépense pour l'entretien de 26 Réverbères.

Ces réverbères seront allumés depuis 7 heures du soir jusqu'à 4 heures du matin : il y en aura 12 à 4 mèches, 9 à 3 et 5 à 2. Ceux à 4 mèches useront, expérience faite, 2 liv. d'huile; ceux à 3, une livre et demie; ceux à 2, une livre; ce qui fait, l'un portant l'autre, 42 liv. et demie tous les soirs, qui, multipliés par 284, font 12.070 liv. d'huile par année. Chaque livre revient à 13 s. 6 d. Or 12,070 liv. d'huile à 13 s. 6 d. montent à . . . . 8,147 l. 5 s.

Gages de deux hommes préposés pour nettoyer et allumer les réverbères, ... 1,200

Entretien desdits réverbères, ... 600

TOTAL . . . . 9,947 l. 5 s.

A Saint-Pierre Martinique, le 9 juin 1785.

Signé, LOMBARD.

(N°. 663.) EXTRAIT *d'une Dépêche ministérielle de M. le Maréchal* de Castries, *à MM. les Administrateurs, sur l'envoi des Procédures des Prises.*

Du 3 juin 1785.

Le Ministre, par cette lettre commune aux Administrateurs-généraux, leur enjoint de lui faire passer les procédures des prises et saisies qui auront été relâchées, pour s'assurer si les Juges ne se seraient pas laissés surprendre dans leurs jugemens.

Il ordonne aussi qu'on lui adresse les procédures des prises et saisies qui auront été confisquées, en lui faisant connaître le montant de leur liquidation.

(N°. 664.) EXTRAIT *d'une Dépêche ministérielle de M. le Maréchal* de Castries, *à MM. les Général et Intendant, au sujet d'un Mémoire sur l'état de la Colonie à chaque mutation des Chefs.*

Du 3 juin 1785.

Le Ministre, dans cette lettre commune et circulaire, prescrit aux Administrateurs de laisser à leurs Successeurs, lorsque les circonstances les rappelleront en France, un mémoire raisonné sur l'état dans lequel ils remettent la Colonie qu'ils gouvernent.

Ce mémoire, qui peut être fait en commun, entr'eux, ou en particulier, suivant les divisions de l'administration confiée à chacun d'eux, doit contenir l'état actuel des choses, et le résultat de ce qu'ils auront fait dans chaque partie, avec leurs réflexions sur ce qu'ils croiront devoir être exécuté par la suite.

Ils adresseront un double de ce mémoire au Ministre pour que S. M. puisse juger, tant de la situation où ils auront laissé la Colonie, que des opérations de leurs Successeurs, lorsqu'à leur tour ils seront dans le cas d'envoyer en Cour un mémoire semblable.

Le Ministre recommande aux Administrateurs d'apporter les plus grands soins et la plus grande exactitude à l'exécution de cette mesure, à laquelle il s'est déterminé par les motifs les plus puissans.

La difficulté, ajoute-t-il, que les Administrateurs éprouvent, en entrant en fonctions, pour se mettre au fait de la situation de la colonie à la tête de laquelle ils se trouvent placés, ne provient que du défaut de réunion des renseignemens nécessaires. Cette difficulté, qui se renouvelle à chaque mutation des Chefs, n'aura plus lieu si le mémoire demandé est rédigé avec précision, clarté et méthode.

Le Ministre termine sa lettre par un *post scriptum* qui porte que, pour pouvoir convenir de la forme à donner a l'avenir à ces états, les Administrateurs lui enverront de suite l'état actuel de la Colonie.

(N°. 665.) CONSIGNE *de MM. les Général et Intendant, pour les Caboteurs de la Martinique.*

Du 20 juin 1785.

LE Roi ayant voulu, par l'arrêt rendu en son Conseil d'Etat, le 30 août dernier, concilier les moyens d'accroissement, à procurer aux colonies avec l'intérêt du commerce de son Royaume, a pourvu, par les diverses dispositions de cette loi, à ce que les étrangers, admis dans nos colonies, ne pussent pas abuser d'un avantage qui, s'il était illimité, irait directement contre le but de l'établissement des colonies et porterait au commerce national un préjudice qui le découragerait ; mais les précautions prises par l'arrêt du 30 août, embrassant l'ensemble des différentes possessions du Roi en Amérique, elles n'ont pu être que générales ; et il a laissé aux Gouverneurs particuliers le soin d'aviser, avec les Commandans de chaque station, aux moyens locaux, d'éviter les abus qui s'opposeraient à ses vues bienfaisantes. Cet arrêt a réglé, en grande partie, l'ordre auquel doivent être assujettis les bâtimens français et étrangers ; mais ces bâtimens ne sont pas les seuls qui soient appelés à son bénéfice : les caboteurs, bateaux et goëlettes, pirogues, et jusqu'aux canots-passagers qui servent à l'importation, exportation et transport des denrées de France et coloniales, exigent une police à laquelle les anciens réglemens n'avaient pas, ou n'avaient qu'imparfaitement pourvu. Leur exécution s'étant ralentie par le tems et la difficulté d'y veiller pendant les guerres qui se sont succédées, le nouvel ordre de choses exige de renouveler ou d'établir des dispositions relatives au cabotage, et conduit naturellement à l'examen des moyens qui font mouvoir la navigation secondaire des gens de mer qui y sont employés. Les anciens réglemens ont assujetti les marins classés en Europe à une police, qui n'a pas encore lié ceux qui servent au cabotage de ces îles, où trois espèces d'hommes y sont occupés, les marins blancs, congédiés ou domiciliés aux colonies, les gens de couleur libres et les esclaves.

C'est pour établir dans ces parties un ordre fixe et constant qui, loin de mettre des entraves au commerce, ne tende qu'à assurer les propriétés et une réciprocité d'échanges, également avantageuse à la Métropole et à la Colonie, que nous, *etc.* ordonnons et statuons ce qui suit :

ART. Ier. Aucun bâtiment, de quelque contenance qu'il soit, venant d'un pays ou île étrangère, ou y ayant touché dans sa route, fût-il sur son lest, ne pourra aborder que dans le port d'entrepôt, à moins qu'il ne soit expédié en parlementaire, auquel cas il lui sera donné entrée dans les ports ouverts, en se conformant aux règles établies pour cette navigation ; et ceux de cette colonie qui voudront aller aux îles étrangères sous le même pavillon, ne le pourront que sous les conditions reglées pour les parlementaires, par l'ordonnance du 13 février 1765.

II. Tout bâtiment étranger qui sera rencontré par des bâtimens de la station, dans les parages de la Colonie, ou qui aura mouillé dans des anses ou dans un port autre que celui d'entrepôt, chargé ou non, et qui paraîtra suspect, soit par ses papiers, soit par ses manœuvres, soit par la composition de son équipage, sera arrête et conduit dans le port d'entrepôt, pour y être examiné ; et, en cas de contravention, il sera saisi, et le procès-verbal remis au Procureur du Roi, pour être poursuivi conformément à l'art. VIII de l'arrêt du Conseil d'Etat du 30 août 1784.

III. Tout bâtiment étranger qui demandera l'entrée dans le port d'entrepôt, avec sa cargaison, sera obligé, par l'Officier de la marine qui y fera la police, de rester sous voile, ou, en cas de besoin de mouiller, ne le pourra qu'à côté du Commandant, qui le fera visiter, ou au moins veillera à ce qu'il n'en soit rien détourné, jusqu'à ce qu'il ait obtenu de la terre la permission de mouiller et de vendre, et que les Officiers du Domaine s'y soient rendus, et s'il se trouve parmi sa cargaison des objets prohibés, il sera saisi, soit par la marine, soit par le Domaine, et poursuivi à l'Amirauté, conformément aux articles VIII et IX dudit arrêt, sur la remise faite au Procureur du Roi, par le premier saisissant du procès-verbal de contravention.

IV. Tout bâtiment étranger qui se présentera au port d'entrepôt, ayant dans sa cargaison, quelqu'objet prohibé, s'il n'en prévient pas le Commandant, avant la demande de mouiller, sera saisissable par ce seul fait, conformément audit art. IX : si cependant, à raison d'un besoin de relâche, il demande l'entrée du port, elle pourra lui être accordée provisoirement par ledit Commandant, qui le tiendra à ses côtés jusqu'à l'arrivée du Domaine et la permission de la terre, et s'il n'est pas jugé qu'elle doive lui être accordée, il sera tenu de mettre à la voile sur-le-champ et de s'eloigner sans delai de la côte, sous peine d'être saisi, s'il est rencontré en deçà de la lieue, faisant une manœuvre ou route suspectes.

V. Tout bâtiment caboteur français qui n'arrivera pas, ou ne mettra point en panne, suivant sa position, pour parler à un bâtiment du Roi portant flamme, ne fût-ce qu'une chaloupe ou canot qui l'aura hélé, ou lui aura tiré un coup de canon, de pierrier ou même de fusil, s'il peut être joint par le bâtiment du Roi, sera conduit dans l'un des ports de la colonie, pour y être, le Maître, condamné, sur le procès-verbal, qui en aura été dressé et envoyé à l'Intendant ou Ordonnateur, à une amende de 75 liv., au profit de l'hôpital, pour ce seul fait, s'il est en règle d'ailleurs ; et s'il ne s'y trouvait pas, il serait remis à l'Amirauté, pour être poursuivi suivant l'exigence du cas.

VI. Si ledit Caboteur, à qui un bâtiment du Roi aura ainsi fait connaître qu'il veut lui parler, ne peut en être atteint, il sera dressé procès-verbal de sa désobéissance, s'il peut être reconnu, pour, icelui remis à l'Intendant ou Ordonnateur de la colonie, être, le Maître dudit bâtiment à son retour, condamné à une amende de 150 liv. applicable comme dessus; et, en cas de récidive, sa commission lui sera retirée, et le Maître déclaré incapable de commander à l'avenir ; si toutefois, par les circonstances du fait, le bâtiment ne se trouve pas d'ailleurs dans le cas de la contravention aux ordonnances.

VII. Les bâtimens destinés au cabotage du tour de l'île, ne pourront sortir d'un port, sans avoir, outre le congé de l'Amiral, une expédition du Domaine, sur laquelle seront spécifiés la nature de leur chargement, le lieu de leur destination, la date et le lieu de leur départ, le nombre et la qualité de leur équipage, et des passagers, dont ils auront les congés dans les formes prescrites par les ordonnances locales, sous les peines y portées ; et lesdites expéditions seront visées par l'Officier de garde

à

à bord du bâtiment chargé de la police de la rade.

VIII. Si les caboteurs vont mouiller et prendre des productions de la colonie dans des quartiers ou anses où il n'y a point de bureau du Domaine, ils feront décharger leur expédition par le Visiteur ambulant, s'il y en a un, ou par le Commandant du lieu, et à défaut, par les Habitans auxquels ils auront porté leur cargaison, avec date du jour, et prendront une nouvelle feuille du chargement en retour, dans la même forme et avec le même détail, sous peine d'être poursuivis, en cas de contravention, suivant la rigueur des ordonnances ; et en cas de simple négligence, seront, les Maîtres, démontés et condamnés à une amende de 300 liv. et à 3 mois de prison.

IX. Tout Caboteur qui aura pris ses expéditions pour un lieu et qui se trouvera l'avoir dépassé ou avoir fait fausse route, sans force majeure, sera arrêté, poursuivi et condamné à 500 l. d'amende, s'il n'est coupable que de n'avoir pas fait viser ses expéditions au Domaine le plus prochain ; et à la confiscation des marchandises et du bâtiment, s'il y a preuve qu'il ait navigué en interlope, conformément à l'ordonnance du 16 août 1763.

X. Les Propriétaires des petits bâtimens et pirogues, faisant le cabotage autour de l'île, qui n'étant tenus de s'expédier qu'au Domaine, seront partis ou arriveront sans faire leur déclaration au bureau le plus prochain du lieu de leur départ ou de leur arrivée, encourront la peine de la confiscation desdits bâtimens et pirogues, de leur équipage, s'il est composé d'esclaves, et de leur chargement, conformément à l'esprit de l'ordonnance du 7 juillet 1760 et à celle des fermes de 1687, et sera la confiscation applicable aux termes de l'arrêt du Conseil d'État du 30 août 1784.

XI. Les Caboteurs qui s'expédieront pour un des ports de la Guadeloupe, avec des denrées coloniales, outre l'acquit-à-caution qu'ils sont obligés de fournir au bureau du Domaine, conformément à l'ordonnance du 20 septembre 1768, y souscriront une double expedition, dont l'une sera remise au Maître, et l'autre adressée par le Directeur à celui de la Guadeloupe, au port pour lequel il sera expédié, à l'effet d'en vérifier l'exactitude. Renouvelons la défense aux Caboteurs de porter à Ste-Lucie, aucunes denrées coloniales, même sous acquit-à-caution, sous peine d'être le chargement déclaré étranger, et comme tel confisqué avec le bâtiment, aux termes de l'ordonnance du 16 août 1763.

XII. Il ne sera donné de commandement pour les bâtimens caboteurs d'île en île, qu'à des blancs connus, ou d'anciens marins établis dans les colonies; et il ne sera employé pour maîtres, aucuns libres, ni pour matelots, aucuns esclaves, que pour les bâtimens qui, appartenant aux Commissionnaires, garans de leurs actions, seront destinés uniquement au cabotage autour de l'île, pour le transport des provisions et denrées coloniales : et dans tous les cas, les Propriétaires donneront caution, qui répondra de leurs faits et de ceux du Maître ou patron, comme par le passé.

XIII. Tout bâtiment caboteur qui sera rencontré ayant un Maître de nation étrangère, et dont les deux tiers de l'équipage au moins ne seront pas Français ou Italiens, fût-il expédié d'ailleurs dans les formes réglées, par les différens bureaux, sera réputé étranger, par ce seul fait, arrêté par la marine, et conduit dans un port d'entrepôt, où ses commissions et expéditions lui seront retirées aux Classes et au Domaine, et le bâtiment désarmé jusqu'à ce que le Propriétaire se soit mis en règle.

XIV. Les Caboteurs qui se destineront pour les îles vulgairement appelées neutres, ne pourront à l'avenir être expédiés dans aucuns bureaux sous cette dénomination ; ils seront obligés de déclarer au Domaine le lieu de leur destination, pour quelque colonie française ou étrangère qu'ils soient chargés, sauf, si dans le cours de leur voyage les circonstances les empêchaient de la suivre, à raison de la saison, ou d'une différente spéculation, à en faire la déclaration au plus prochain bureau du Domaine, et à s'y faire expédier pour leur nouvelle destination, sous peine d'être arrêtés et saisis par les bâtimens de la station; en cas de marche suspecte, les Maîtres démontés et condamnés à une amende de 300 liv. et à 3 mois de prison.

XV. Aucun des bâtimens caboteurs ci-dessus ne pourra être dénaturé ou dépecé, qu'il n'en ait pareillement été fait déclaration au Domaine et aux Classes, afin qu'on sache ce qu'ils sont devenus ; et s'ils ne reparaissent pas après le tems ordinaire à leur genre de navigation, les Propriétaires, Maîtres ou Cautions seront dans le cas d'être recherchés suivant les circonstances, et, en cas de vente du bâtiment, le nom d'icelui ne sera changé que lors du renouvellement des congés et rôles, en janvier de chaque année.

XVI. Les Maîtres seront tenus de faire viser leurs congés à chaque voyage, conformément au réglement de 1717 et sous les peines y portées, à l'Amirauté, pareillement aux Classes, et par l'Officier de garde en sortant.

XVII. Tout Caboteur expédié aux différens bureaux, et définitivement au Domaine, sera tenu, en sortant, de représenter au bâtiment du Roi, son expédition où l'heure de la visite sera spécifiée, et de mettre à la voile 2 heures après, au plûs tard, sous peine d'être arrêté, et le Maître puni pour n'avoir pas requis une seconde visite, à défaut de laquelle, le billet de sortie du port lui sera refusé, et le Domaine averti d'y faire un nouveau transport, après lequel seulement, il lui sera permis de mettre à la voile, sous peine de confiscation, en cas qu'il s'y trouve des objets non portés sur son expédition. Les bâtimens non pontés qui ne prennent d'expédition qu'au bureau du Domaine, seront soumis à la même police, et à celle ordonnée par l'article XIX, pour les canots-passagers.

XVIII. Les bâtimens étrangers et caboteurs français arrivant dans le port d'entrepôt, ne pourront y mouiller que de jour, ni sortir du port après le soleil couché ; et en cas qu'ils ne puissent attendre le jour pour mouiller, à raison de quelque incommodité, ils seront obligés de se tenir auprès du Commandant, sous peine d'être, les Maîtres, punis suivant les circonstances.

XIX. Aucuns canots-passagers ne pourront sortir de la rade de St-Pierre ou du port du

Fort-Royal, chargés de denrées de la colonie ou étrangères, ou de nègres esclaves; qu'avec un billet du Maître et une expédition du Domaine, où leur destination et leur chargement seront spécifiés, conformément à l'article XII de l'ordonnance du 16 août 1763, et s'ils reviennent dans l'un desdits deux ports chargés des productions de la Colonie ou de marchandises d'Europe, ils seront tenus de justifier de leur chargement, par une expédition du port ou rade où ils auront abordé, et au cas que ce soit dans une anse d'habitation, par un billet d'un Habitant connu, qui en certifiera la légitimité et la date.

XX. Confirmons l'établissement déjà exécuté des deux Visiteurs ambulans à Saint-Pierre pour aider les Visiteurs ordinaires du Domaine, et surveiller les chargemens et déchargemens des bâtimens étrangers et caboteurs, à leur arrivée et à leur départ, avec l'obligation de viser la feuille des expéditions.

XXI. Confirmons également l'établissement déjà formé dans les différens quartiers sous le vent et dans les anses les plus exposées à recevoir les interlopes, des employés sous le nom de Visiteurs ambulans, qui y rempliront les mêmes fonctions et correspondront avec le Directeur-général du Domaine, qui leur délivrera, en vertu des présentes, des instructions auxquelles ils seront tenus de se conformer exactement.

XXII. Ces Visiteurs ambulans seront autorisés à demander main forte aux Commandans des ports ou des quartiers, aux Commis à la police et aux corps-de-garde de troupes ou des milices, suivant le besoin ; et les Habitans riverains seront obligés dans les cas pressés, de leur fournir leur canot à la première réquisition, sous peine, en cas de refus, de répondre du mal qui s'en sera suivi.

XXIII. Sera fourni et tenu aux ordres des Officiers du Domaine, par le Commandant marchand de la rade, un canot pour aller faire les visites des bâtimens entrans et sortans, sans que ledit Commandant puisse le refuser, ou y apporter du retard ; et sera ledit canot alternativement fourni par tous les bâtimens marchands, ainsi qu'il sera réglé par ledit Commandant, qui le fera tenir dans la rade au lieu où sont placés les Commis visiteurs et les Visiteurs ambulans.

XXIV. Seront, au surplus, les dispositions des réglemens sur la navigation de cette île exécutées, ainsi que celles des réglemens rendus pour la police et discipline des équipages, et particulièrement les art. XX et XXI du réglement du 11 juillet 1759.

Prions le Commandant de la station, mandons aux Officiers des Classes et de l'Amirauté, et au Directeur du Domaine du Roi, de tenir, chacun en droit soi, la main à l'exécution des présentes, qui seront enregistrées, imprimées, publiées, *etc.*

Donné à la Martinique, le 20 juin 1785. *Signé*, le Vicomte de DAMAS, *et* DE VIÉVIGNE.

(N°. 666.) ORDONNANCE *de MM. les Général et Intendant, concernant les Apothicaires et les Droguistes, et qui défend à toutes Personnes de vendre à l'avenir des Drogues simples et composées, sans avoir rempli les formalités prescrites ci-après.*

Du 30 août 1785.

DE toutes les parties de la police, celle qui doit veiller sur la conservation des hommes est sans doute la plus intéressante. L'attention du Gouvernement a d'abord été portée sur la chirurgie ; différens réglemens particuliers aux colonies, où cet art a plus d'étendue qu'en Europe, dans la pratique, ont pourvu à ce que l'insuffisance des Chirurgiens qui exercent dans les villes, et à la campagne sur-tout, où ils reunissent les fonctions de Médecin et d'Apothicaire, ne rende pas les Habitans victimes de leur ignorance ou de leur cupidité. C'est souvent au hasard ou à des accidens que l'on doit l'idée d'un meilleur état des choses. Les réglemens n'ayant pas encore prononcé sur les inconvéniens de la pharmacie, abandonnée à des mains inhabiles, nous devons, en rapprochant cette police de celle ordonnée pour la chirurgie, en régler l'exercice sous des formes qui ne permettent plus de craindre que le défaut de maîtrise ne laisse établir des personnes de cet état, qui, n'en ayant ni les talens, ni les moyens, exposent ceux qui recourrent à eux sur la foi publique, à la funeste épreuve de leur impéritie. C'est pour amener cette partie à une règle connue et permanente, que nous, *etc.* avons ordonné et ordonnons provisoirement ce qui suit :

ART. Ier. Tous ceux qui exercent actuellement la pharmacie et vendent des drogues, sous le titre d'Apothicaires ou de Droguistes, soit dans les villes, soit à la campagne, seront tenus de se faire connaître, dans le mois de la publication des présentes, aux Médecin et Apothicaire du Roi du département où ils sont placés, et de se faire inscrire sur un registre qui sera tenu exprès au Greffe de chaque Sénéchaussée, où le *visa* des Médecin et Apothicaire sera inscrit.

II. Personne, à compter de la publication des présentes, ne pourra s'établir dans les villes, bourgs et à la campagne, sous le titre d'Apothicaire, eût-il été reçu en France, à moins qu'il ne soit muni d'ordre ou de brevet de S. M., qu'il n'ait été reçu audit état par les Officiers de la Sénéchaussée, devant lesquels il prêtera serment, examen préalablement subi par lui devant eux, en présence du Médecin du Roi, sur toutes les parties de la pharmacie, en trois séances : la première, sur les drogues simples; la seconde, sur la galénique, et la troisième sur la chimie : ledit examen sera fait par l'Apothicaire du Roi, et tous autres qui y seront invités à cet effet par le Récipiendaire, et les émolumens d'un chacun seront perçus dans les proportions et comme il est réglé par l'ordonnance du 14 avril 1764, pour les Chirurgiens.

III. Aucun Apothicaire, tant ceux qui sont déjà en possession de leur état, que ceux qui se feront recevoir à l'avenir, dans les formes ci-dessus établies, ne pourra vendre les drogues réputées poisons, telles qu'orpiment, arsenic, vert-de-gris, sublimé et autres, qu'à des Médecins, Chirurgiens, ou aux Chefs de famille, du nom desquels ils chargeront leurs livres; et ne pourront en former aucunes combinaisons pour les particuliers, que sur l'ordonnance d'un Médecin ou Chirurgien approuvé.

IV. Il ne sera permis aux Droguistes de vendre que les drogues simples; les composées demandant des connaissances particulières, et étant d'un danger qui doit les faire réserver à des mains accoutumées à les manier.

V. Il est défendu à tous Capitaines et Pacotilleurs qui apporteront des drogues simples et composées, de vendre les composées à des particuliers qu'en gros, et après qu'elles auront eté examinées et approuvées par les Srs. Médecin et Apothicaire du Roi, sous peine d'amende.

VI. Les Srs. Médecin et Apothicaire du Roi feront tous les ans une visite régulière chez tous les Apothicaires et Droguistes de la ville et de la campagne, conformément à l'art. XV de l'ordonnance du Roi du 14 avril 1764, et plus souvent, si besoin est, dans les villes, et lorsque des cas particuliers en indiqueront la nécessité. Ils en dresseront procès-verbal, qu'ils remettront au Procureur du Roi. Seront lesdits Srs. Médecin et Apothicaire du Roi autorisés à faire brûler à la porte de la boutique ou magasin, les drogues qu'ils y trouveront gâtées ou hors d'usage; et sera l'Apothicaire ou Droguiste condamné à l'amende, interdit, ou même destitué, suivant l'exigence des cas.

VII. Sera, au surplus, le réglement du Roi du 14 avril 1764, rendu sur l'exercice de la chirurgie, exécuté, pour ce qui est de la pharmacie, en tout ce qui y est analogue, peut s'y appliquer, ou n'a pas été statué par ces présentes, tant pour la forme des examens et réceptions, que pour la police de la vente et préparations des drogues.

Prions messieurs les Officiers du Conseil souverain de la Martinique de faire enregistrer, *etc.*

Donné à la Martinique, le 31 août 1785. *Signé*, le Vicomte de DAMAS, *et* DE VIÉVIGNE.

Enregist. au Conseil souverain.

(N°. 667.) EXTRAIT *d'une Dépêche ministérielle de M. le Maréchal* de Castries, *à MM. les Général et Intendant, sur les Rummeries.*

Du 3 septembre 1785.

Le Ministre adressant aux Administrateurs l'extrait imprimé d'un mémoire sur la manière de distiller le rum, leur prescrit de rendre public ce mémoire, afin d'exciter les Habitans à monter leurs rummeries d'après la méthode y indiquée.

Il enjoint en outre, aux Administrateurs, l'ordre de lui faire connaître l'effet que l'indication de la nouvelle méthode aura produit dans la Colonie.

(N°, 668.) ORDONNANCE *de MM. les Général et Intendant, qui établit une Bibliotheque des livres de Droit les plus usuels, et un Parquet à l'usage du Conseil souverain.*

Du 12 septembre 1785.

LE Gouvernement, sur la demande de MM. du Conseil d'une chambre destinée à servir de

Parquet pour le ministère public, et celle d'une tablette des livres de Droit les plus nécessaires, les trouvant l'une et l'autre aussi justes au fond que nécessaires et de décence, ordonne que sur les fonds destinés aux frais de justice, il sera, par le Garde-magasin du Fort-Royal, arrangé dans l'Hôtel du Conseil, une chambre désignée par le Procureur-général et installée sur le plan qu'il en donnera, de manière qu'elle puisse servir convenablement de Parquet, et estimant que le climat ne permet pas de former des bibliothèques volumineuses en livres, que les vers et l'humidité devorent ou décomposent, le Gouvernement a jugé devoir borner l'objet de cette demande aux livres de Droit les plus usuels, pour servir, tant aux gens du Roi qu'aux Conseillers, pendant les séances, et dont la garde confiée à M. le Procureur-général, ne lui permettra pas d'en laisser sortir jamais un seul volume, sous quelque prétexte que ce soit; en conséquence, nous ordonnons que sur les fonds des libertés, il sera prelevé une somme de 6,600 l. qui sera comptée à cet effet à M. le Procureur-général, sur son reçu; de l'emploi de laquelle il justifiera au Conseil, à fur et à mesure dudit emploi et quand il en sera requis: ce qui sera enregistré au Greffe.

Donné à la Martinique, le 12 septembre 1785. *Signé*, le Vicomte de DAMAS, *et* DE VIÉVIGNE.

Enregist. au Conseil souverain.

(N°. 669.) ARRÊT *du Conseil d'Etat du Roi, concernant les Primes d'encouragement pour l'Introduction de la Morue de Pêche française aux Colonies.*

Du 18 septembre 1785.

LE Roi ayant jugé à propos, pour assurer et faciliter l'importation des subsistances dans ses colonies de l'Amérique, de permettre aux étrangers d'y introduire de la morue sèche, moyennant certains droits, et S. M. voulant que cette faculté ne puisse porter préjudice aux pêches nationales qu'elle regardera toujours comme dignes de sa protection spéciale, elle a résolu d'accorder aux Armateurs français qui se donnent à cette pêche, une prime d'encouragement capable d'exciter leur zèle et qui puisse les mettre en état de soutenir, sans aucun désavantage toute espèce de concurrence avec l'étranger ; à quoi voulant pourvoir, ouï le rapport, *etc.*, le Roi étant en son Conseil a ordonné et ordonne ce qui suit :

ART. Ier. Il sera accordé aux Armateurs et Négocians français, pendant le tems et espace de 5 ans à compter du 1er. octobre de la présente année, une prime de 10 liv. par quintal de morue sèche qu'ils transporteront, soit des ports de France, soit des lieux où ils auront fait la pêche, dans les îles du vent et sous le vent, à condition que lesdites morues sèches seront de pêche française, et importées par des bâtimens français ; défend S. M. à tous Négocians, Armateurs et Capitaines d'y déclarer aucun poisson de pêche étrangère, comme

poisson

poisson de pêche française, à peine de confiscation des navires et cargaisons, et de 3,000 l. d'amende, argent de France.

II. Les Capitaines de navires qui porteront leur morue directement du lieu de la pêche auxdites îles, seront tenus d'en faire, tant au Greffe de l'Amirauté qu'au bureau du Domaine du lieu où ils aborderont, leur déclaration, signée d'eux et de 3 principaux Officiers-mariniers, ou Matelots du bâtiment, contenant la quantité de morue sèche qu'ils auront apportée ; ils se conformeront, au surplus, aux formalités qui devront être remplies auxdites îles, et qui seront prescrites ci-après. A l'égard de ceux qui chargeront des morues dans les ports de France pour les porter auxdites îles, ils seront tenus, pour jouir de la prime accordée par l'article précédent, de faire leur déclaration au Greffe de l'Amirauté, ensemble au bureau des Fermes du port de leur départ, de la quantité de morue sèche qu'ils introduiront auxdites colonies ; laquelle déclaration contiendra en outre les noms du navire et du Capitaine, ainsi que celui de la colonie pour laquelle ladite morue sera destinée. Il sera joint auxdites déclarations, un certificat de la Chambre de commerce, ou des Juges-consuls dans les lieux où il n'y aura pas de Chambre de commerce, portant que lesdites morues sont de bonne qualité ; le Greffier de l'Amirauté remettra aux Capitaines desdits navires, expédition desdites déclarations et certificats, pour être par eux présentés à leur arrivée dans lesdites îles ; et lui sera payé, à cet effet pour tout droit, la somme de 2 l., y compris l'enregistrement et l'expédition, sans compter le papier timbré ; sans que les Officiers de l'Amirauté puissent prétendre aucuns droits d'assistance ni vacations pour raison desdites déclarations, lesquelles ne seront sujètes qu'aux droits de Greffe.

III. Dans les dix premiers jours de chaque mois, les Procureurs de S. M. dans les Amirautés des ports de France adresseront au Secrétaire d'État, ayant le département de la marine et des colonies, et les Directeurs du bureau des Fermes, au Contrôleur-général des finances, un état des déclarations qui auront été expédiées pendant le mois précédent.

IV. Il sera tenu au Greffe des Amirautés des colonies un registre particulier, coté et paraphé par le Juge de l'Amirauté, et aux bureaux du Domaine, pareil registre coté et paraphé par le S^r^. Intendant, ou celui qui le représentera, à l'effet d'y transcrire les déclarations prescrites par l'article II, ensemble les congés délivrés dans le port du départ de France, lesquelles déclarations seront en outre signées et certifiées sur lesdits registres, par ceux qui les auront faites. Après ledit enregistrement, les Officiers de l'Amirauté, ensemble les Commis du Domaine, se transporteront à bord desdits navires pour être présens à la décharge, vérification et pesée des morues sèches apportées par lesdits bâtimens.

V. Après lesdites décharge, vérification et pesée, le Greffier de l'amirauté délivrera au Capitaine ou Armateur, une expédition par *triplicata*, dans la forme du modèle annexé au présent arrêt, contenant la déclaration qu'il aura faite et la quantité de morue sèche qu'il aura débarquée, laquelle sera certifiée et signée, tant par le Greffier de l'Amirauté que par le Commis du Domaine, le tout sous peine de nullité et de privation de la gratification.

VI. Dans les ports desdites îles où il n'y aura point de bureau du Domaine, la déclaration prescrite par l'art. II sera seulement faite aux Officiers de l'Amirauté, et le Greffier en délivrera expédition après qu'il aura été procédé en leur présence à la décharge, vérification et pesée desdites morues sèches. Tous les trois mois lesdits Officiers d'Amirauté adresseront par *triplicata*, au Secrétaire d'Etat, ayant le département de la marine et des colonies, un état, certifié d'eux, des déclarations qui auront eu lieu pendant le trimestre précédent, pour être ensuite, l'un des doubles dudit état, remis au Contrôleur-général des finances.

VII. Ne pourront les bâtimens expédiés des ports de France, chargés de morue provenant de pêche française, s'introduire dans les colonies, que par les ports où il y aura des siéges d'Amirauté, à peine de privation de la prime.

VIII. Les Capitaines ou Armateurs desdits navires remettront à leur retour en France, au bureau des Fermes du port d'où ils seront partis, les expéditions ou certificats qui leur auront été délivrés en conformité de l'art. II ci-dessus; lesdites expéditions seront par eux certifiées véritables, et il leur en sera donné reconnaissance au pied de la copie, par le Directeur ou le Receveur des Fermes qui en fera l'examen ; si lesdites expéditions se trouvent en règle et revêtues des formes prescrites par les articles précédens, veut S. M. que, 3 mois après leur remise, la prime de 10 liv. par quintal, poids de marc, soit payée par les Receveurs des Fermes desdits ports, aux Armateurs ou Capitaines ; et dans le cas où les Directeurs et Receveurs des Fermes estimeraient que lesdites pièces ne fussent pas en règle, il les rendront aux Capitaines ou Armateurs, lesquels pourront se pourvoir par devant le Contrôleur-général des finances, pour être, sur son rapport, statué par S. M. ainsi qu'il appartiendra.

IX. Quant aux bâtimens de la pêche sédentaire des îles de Saint-Pierre et Miquelon qui ne feront point leur retour dans les ports de France, les Armateurs d'iceux enverront lesdites pièces en forme, ensemble leur procuration, à l'effet de toucher le montant de la prime qui pourra leur revenir, à un Correspondant qu'ils choisiront dans tel port du Royaume qu'ils jugeront à propos.

X. En rapportant, par l'Adjudicataire-général des Fermes, les expéditions et certificats ordonnés par les art. II et V du présent arrêt, ainsi que les quittances des Capitaines, Armateurs, ou de leurs Fondés de pouvoirs, énonciatives du montant de la gratification qui leur aura été payée ; il lui sera tenu compte chaque année desdites sommes sur le prix de son bail.

XI. En cas de fraude ou fausseté des certificats et déclarations ordonnées par lesdits art. II et V, les Capitaines ou autres personnes qui en seront prévenues, seront poursuivis extraordinairement, suivant la rigueur des ordonnances, et l'Armateur condamné au paiement du quadruple de la somme à laquelle pourront s'élever les primes dont les certificats auraient procuré l'acquittement ; et après le remboursement prélevé de ce qui aurait été indûment reçu, le surplus sera partagé entre les Employés du bureau des Fermes qui auront reconnu le faux et l'auront dénoncé.

XII. Il sera également accordé et pour pareil espace de 5 années, aux Négocians français qui transporteront des morues sèches, soit des ports de France, soit des lieux où ils auront fait la pêche dans les autres ports de l'Europe, tels que ceux d'Italie, d'Espagne et de Portugal, une prime de 5 l. par quintal de morues, poids de marc, sous la condition que lesdites morues seront de pêche française, et que l'exportation s'en fera sur des navires français, à la charge d'observer par lesdits Armateurs ou Capitaines, avant leur départ des ports de France, les formalités prescrites par l'art. II du présent arrêt ; et quant aux déclarations qui, aux termes des art. II et V, doivent être faites au Greffe de l'Amirauté et au bureau du Domaine, elles se feront dans la même forme, devant les Consuls de France, résidant dans les ports de l'Europe, tels que ceux d'Italie, d'Espagne et de Portugal, où se fera le déchargement desdites morues. Il sera adressé tous les mois par lesdits Consuls, au Secrétaire d'Etat, ayant le département de la marine, un état par *triplicata*, des déclarations qui auront eu lieu pendant le mois précédent, pour être de suite, un des doubles desdits états, remis au Contrôleur-général des finances. Mande, *etc.*

Fait au Conseil d'Etat du Roi, Sa Majesté y étant, tenu à Saint-Cloud, le 18 septembre 1785. *Signé*, le Maréchal de CASTRIES.

Enregist. au Conseil souverain.

N°. 670.) ARRÊT *du Conseil d'Etat du Roi, concernant l'Importation, aux Isles du Vent et sous le Vent, des Morues des Pêches françaises et étrangères.*

Du 25 septembre 1785.

L'EXPÉRIENCE ayant fait sentir la nécessité de procurer aux noirs des îles du vent une subsistance assurée dans la concurrence de la morue de la pêche étrangère avec celle de la pêche française, il avait été d'abord établi une taxe de 8 liv. par quintal, ensuite une de 5 liv. seulement sur l'introduction qui y serait faite de cette denrée par l'étranger, afin de compenser, autant qu'il serait possible, la différence des prix de l'une et l'autre fourniture; dès-lors le Roi ayant jugé qu'il convenait d'autoriser la même concurrence à Saint-Domingue, en réduisant néanmoins à un taux plus faible la taxe qui serait imposée à l'importation étrangère dans ses diverses colonies d'Amérique, S. M., par arrêt de son Conseil du 30 août 1784, a permis à l'étranger d'introduire de la morue sèche uniquement par les ports d'entrepôt désignés, à la charge de payer un droit de 3 liv. tournois dont le montant serait réversible en primes d'encouragement pour l'introduction de la morue et du poisson provenant de la pêche nationale. Ces dispositions successives avaient été mesurées sur les produits de cette dernière, qui n'offraient en sus de la consommation du Royaume que de modiques excédens; mais les accroissemens sensibles qu'elle a pris depuis le retour de la paix, l'émulation qui règne à cet égard parmi les Armateurs de plusieurs ports du Royaume, l'espoir de parvenir dans peu à des résultats encore plus satisfaisans s'ils étaient excités par les efforts du Gouvernement même, tous ces motifs ont déterminé S M. à faciliter, par de nouveaux avantages, le débouché des morues de pêche française dans ses colonies du vent et sous le vent; en conséquence, elle vient, par arrêt de son Conseil du 18 de ce mois, d'élever jusqu'à 10 liv. par quintal la prime qu'elle veut bien accorder à l'importation des morues de pêche nationale dans les îles; mais elle a jugé en même tems qu'il était indispensable de rétablir la taxe de 5 liv. par quintal sur l'importation qui aura lieu à l'avenir auxdites îles par l'étranger, dans la confiance où elle est qu'il en résultera le double effet de multiplier les armemens des Négocians français pour la pêche, et au moyen du versement du produit de ladite taxe en son Trésor royal de soulager ses finances d'une partie des sacrifices qu'elle s'est imposés. A quoi voulant pourvoir : ouï le rapport. Le Roi étant en son Conseil a ordonné et ordonne ce qui suit :

Art. Ier. A compter du jour de la publication du présent arrêt dans les colonies de l'Amérique du vent et sous le vent, il sera perçu 5 liv. tournois par quintal de morue et poisson salé qui seront introduits par l'étranger dans les ports d'entrepôt desdites colonies, indépendamment des droits locaux établis ou à établir, dérogeant S. M., quant à ce, à l'article V de l'arrêt de son Conseil du 30 août 1784. Le produit du droit de 5 liv. sera versé chaque année au Trésor royal, pour être employé d'autant au complément de la prime de 10 liv. accordée par S. M. en l'arrêt de son Conseil du 18 de ce mois, par quintal de morues sèches provenantes de la pêche française, qui seront importées auxdites colonies.

II. Les Capitaines des navires qui porteront leurs morues directement des îles Saint-Pierre et Miquelon ou autres lieux de la pêche auxdites îles, ne pourront s'introduire que par les ports d'entrepôt seulement, en conformité des articles X à XIV de l'arrêt du Conseil du 30 août 1784, et à la charge d'observer les formalités et conditions y prescrites.

III. Enjoint S. M. aux Gouverneurs-généraux et Intendans ou Ordonnateurs desdites colonies de procéder incessamment à la confection d'un tarif modéré pour les vacations des Officiers des siéges d'Amirautés chargés des vérifications et expéditions ordonnées par les articles IV, V et VI de l'arrêt de son Conseil du 18 de ce mois ; lequel arrêt demeurera annexé au présent, pour être exécuté suivant sa forme et teneur. Ledit tarif sera adressé au Secrétaire d'Etat ayant le département de la marine et des colonies, pour être approuvé par S. M., s'il y a lieu, et néanmoins exécuté par provision jusqu'à ce qu'il en ait été autrement ordonné.

Mandé et ordonne S. M., *etc.*

Fait au Conseil d'Etat du Roi, Sa Majesté y étant, tenu à St-Cloud, le 25 septembre 1785. *Signé*, le Maréchal de Castries.

Enregist. au Conseil souverain.

(N°. 671.) ARRÊT *du Conseil souverain, concernant les chasses de Nègres marrons, et les déclarations des Nègres tués.*

Du 9 novembre 1785.

VU, *etc.* Et la Cour, *etc.*, ordonne qu'à l'avenir, lorsque, dans les chasses des nègres marrons commandées, ou toutes les autres chasses autorisées, il y en aura quelques-uns de tués, déclaration en sera faite aux Greffes des Sénéchaussées, par ceux qui les auront tués, ou par ceux qui auront été à la tête du détachement, lesquels déposeront en même tems les ordres en vertu desquels les chasses auront eu lieu, pour les expéditions desdites pièces être délivrées, par les Greffiers, aux Propriétaires desdits nègres tués, lesquels seront aussi tenus de les joindre aux requêtes qu'ils présenteront pour avoir le paiement desdits nègres, afin d'y avoir, par la Cour, tel égard que de raison.

Ordonne aussi que le présent arrêt sera imprimé, lu, *etc.*, tant en cette île qu'en celle de Sainte-Lucie, *etc.*

Fait au Conseil souverain de la Martinique, le 9 novembre 1785. *Signé,* ROIGNAN, greffier.

(N°. 672.) MÉMOIRE *du Roi, sur l'Administration des Finances des Isles du Vent.*

Du 26 novembre 1785.

SA MAJESTÉ ayant attribué au Gouverneur-général de la Martinique, le commandement général des îles du vent, en lui subordonnant pour la partie militaire, les Gouverneurs des îles de la Guadeloupe, Sainte-Lucie et Tabago, elle a jugé qu'il était également du bien de son service, d'attribuer à l'Intendant de la Martinique ou à celui qui en fera les fonctions par *intérim*, l'inspection supérieure sur les autres Intendans et Ordonnateurs des îles du vent, pour la partie des finances seulement ; pour l'exécution de cet arrangement, S. M. a établi les règles suivantes :

ART. Ier. Il sera dressé chaque année un état général des dépenses à faire aux îles du vent, lequel contiendra, en 4 chapitres séparés, les dépenses propres à la Martinique, à la Guadeloupe, à Sainte-Lucie et à Tabago ; les Intendans et Ordonnateurs respectifs ne pourront ordonner des dépenses excédentes audit état, que par l'état motivé du Comité d'administration, qui a été établi pour chacune desdites îles par arrêt du Conseil, du 15 juillet dernier.

II. L'état général sera adressé par le Secrétaire d'Etat du département des colonies à l'Intendant de la Martinique, en lui indiquant les moyens que S. M. aura ordonné pour faire face à la totalité des dépenses ; il ne sera envoyé aux Intendans et Ordonnateurs des autres îles, que le chapitre de l'état général de dépense qui concernera leur colonie particulière, et ils seront prévenus des moyens indiqués à l'Intendant de la Martinique pour faire les fonds de leurs dépenses.

III. Les Intendans et Ordonnateurs des îles de la Guadeloupe, Ste-Lucie et Tabago adresseront tous les trois à l'Intendant de la Martinique, un bordereau en deux chapitres, dont l'un contiendra les sommes qu'ils auront reçues, soit en envoi d'espèces, soit par tirage de lettres-de change, soit par la perception des différens droits établis pour les contributions de la colonie ; l'autre chapitre contiendra les sommes payées, avec des détails suffisans pour faire connaître que les paiemens seront conformes à l'état des dépenses arrêtées par S. M. ou aux délibérations motivées du Comité d'administration, desquelles il sera envoyé copie à l'Intendant de la Martinique, il sera joint audit bordereau une colonne d'observations pour montrer la situation de la caisse de la colonie au dernier jour du quartier ; les besoins du quartier suivant, les ressources qui se présenteront pour y pourvoir et les secours additionnels dont on pourrait avoir besoin ; il y sera fait particulièrement mention des motifs qui pourraient occasionner les retards, s'il y en avait, dans la perception des impositions locales ; une copie desdits bordereaux sera adressée par *duplicata*, au Secrétaire d'Etat du département de la marine, par les Intendans et Ordonnateurs respectifs des îles de la Guadeloupe, Ste-Lucie et Tabago.

IV. Au commencement de chaque année, les Intendans et Ordonnateurs de la Guadeloupe, Sainte-Lucie et Tabago adresseront à l'Intendant de la Martinique, un bordereau général de recettes et de dépenses de l'année antérieure, avec une colonne d'observations, comme dans l'article précédent. Ils enverront en même tems ledit bordereau général par *duplicata*, au Secrétaire d'Etat du département.

V. Dès le mois de juillet, les Administrateurs des îles de la Guadeloupe, Sainte-Lucie et Tabago adresseront au Secrétaire d'Etat du département, le projet d'un état de dépense pour leur colonie respective, pendant l'année suivante, en motivant les différens articles dont il sera composé ; les Intendans et Ordonnateurs desdites îles en enverront en même tems une copie à l'Intendant de la Martinique.

VI. L'Intendant de la Martinique fera passer aux Intendans et Ordonnateurs de la Guadeloupe, Sainte-Lucie et Tabago, les chapitres de l'état général de dépense des îles du vent qui les concerneront, et les informera en même tems des moyens qu'il sera chargé d'employer pour leur procurer à tems les fonds nécessaires pour lesdites dépenses, déduction faite du produit des impositions et des traites que chaque Intendant ou Ordonnateur sera autorisé de faire expédier dans sa colonie, lorsqu'il sera question du supplément de fonds, l'Intendant de la Martinique en fera passer dans la colonie qui en aura besoin, s'il en a à sa disposition, ou bien il autorisera l'Intendant ou Ordonnateur de la colonie à y suppléer par des traites pour les sommes qu'il déterminera, à moins qu'il ne juge plus utile au bien du service d'ouvrir lui-même un tirage à la Martinique pour faire un envoi de fonds effectifs dans la colonie qui en aura besoin.

VII. L'Intendant de la Martinique ne manquera jamais d'informer le Secrétaire d'Etat du département, de l'envoi qui lui aura été fait par les Intendans et Ordonnateurs des autres îles du vent, des bordereaux de quartiers et du bordereau général de l'année, et il y joindra son avis sur les chapitres de recettes et dépenses, ainsi que sur la colonne d'observations.

VIII.

VIII. Ledit Intendant à la Martinique informera également le Secrétaire d'Etat du département, de la réception des projets d'états de dépenses des Intendans et Ordonnateurs des autres colonies, et joindra son avis sur l'admission ou la réduction des dépenses proposées, que l'intention de S. M. est de réduire aux objets indispensables du service ; il enverra en même-tems un projet général de dépenses des îles du vent, dans lequel il insérera le chapitre particulier de la Martinique.

IX. L'intention de S. M. étant uniquement de former à la Martinique le centre des dépenses des îles du vent, elle ne donne à l'Intendant de ladite colonie aucun droit de prononcer sur les dépenses et objets de finances des autres îles ; il transmettra aux Intendans et Ordonnateurs desdites îles les ordres de S. M, et il n'en pourra donner lui-même que pour des tirages, lorsqu'ils seront nécessaires, mais il enverra au Secrétaire d'Etat son avis sur tous les objets de finances et de dépenses qui pourront intéresser le service de S. M. dans toutes lesdites colonies.

Veut S. M. que le présent mémoire soit enregistré au Contrôle des îles du vent, pour être exécuté selon sa forme et teneur.

Fait à Versailles, le 26 novembre 1785. *Signé*, LOUIS ; *et plus bas*, par le Roi, le Maréchal de Castries.

(N°. 673.) ORDRE *du Roi, pour le remplacement de l'Intendant de la Martinique, en cas de mort ou d'absence.*

Du 26 novembre 1785.

SA MAJESTÉ ayant attribué, à l'Intendant de la Martinique, l'inspection supérieure sur la partie des finances, elle a jugé nécessaire d'expliquer ses intentions, dans le cas où ledit Intendant décéderait ou serait absent de la colonie. Ordonne S. M. qu'auxdits cas l'Intendant de la Guadeloupe se rendra à la Martinique pour y remplir, par *interim*, toutes les fonctions de l'Intendant mort ou absent, que pendant ce même tems, ce dernier sera représenté à la Guadeloupe, également par *interim*, par le premier et le plus ancien Officier d'administration des trois îles de la Martinique, Guadeloupe et de Ste-Lucie; voulant S. M. que, lorsqu'il y aura lieu, l'Intendant de la Guadeloupe soit, en vertu du présent ordre, admis et reconnu comme Intendant de la Martinique par *interim*, par tous et ainsi qu'il appartiendra, et que le Commissaire-général ou ordinaire, employé aux îles de la Martinique ou de Ste-Lucie, s'il se trouve plus ancien que celui de la Guadeloupe, soit reconnu de même et pendant le même tems, comme Ordonnateur par *interim*, à la Guadeloupe, pour y faire les fonctions de l'Intendant absent.

Mande et ordonne S. M., *etc.*

Fait à Versailles, le 26 novembre 1785. *Signé*, LOUIS; *et plus bas*, par le Roi, le Maréchal de CASTRIES.

Enregistré au Conseil souverain.

(N°. 674.) DÉPÊCHE *ministérielle de M. le Maréchal* de Castries, *au Conseil souverain, concernant les Enregistremens, les Réceptions d'Officiers des Siéges, et l'Harmonie que S. M. prescrit entre les Administrateurs et lui.*

Du 24 décembre 1785.

J'AI pris les ordres du Roi, Messieurs, sur les difficultés qui se sont élevées entre les Administrateurs et le Conseil souverain, à l'occasion de l'ordonnance rendue le 31 décembre 1782, par MM. de Bouillé et de Peinier, pour le nivellement et le pavé de la ville du Fort-Royal. S. M. a eu lieu d'être surprise, puisque vous la considériez comme irrégulière, que vous ayez attendu jusqu'au dernier moment, pour ainsi dire, de son exécution consommée pour en accuser l'illégalité et pour protéger la réclamation d'un particulier, qui n'avait aucune raison de se soustraire au paiement supporté, pour la plus grande partie, par S. M. elle-même, et pour le surplus par les Propriétaires et Habitans d'une ville qu'il était nécessaire de rendre plus commode et plus saine. Les Administrateurs de 1782 auraient mieux fait, sans doute, de faire enregistrer dans le tems leur reglement à votre Greffe : mais, soit par la considération de l'interruption de vos séances, soit par suite d'un usage trop peu uniforme à l'égard des enregistremens, ils ont pensé que les formes avaient été suffisamment remplies par la nomination des Commissaires habitans, et leur concours à tout ce qui a été fait en présence et à la participation du précédent Procureur-général. Dans ces circonstances, le Roi n'a pu voir des motifs de désapprobation dans l'exécution pleine et entière de l'ordonnance de MM. de Bouillé et de Peinier, par les voies qui ont été employées ; mais pour prévenir de semblables débats à l'avenir, S. M. m'ordonne de rappeler les règles qui devront être suivies plus exactement à l'avenir, relativement aux réglemens de police des Administrateurs et à leur enregistrement.

Toutes les fois que ces réglemens ont pour objet des matières qui ne sont pas exclusivement du ressort de l'administration, et qu'ils emportent des peines, des condamnations qu'elle ne peut prononcer, hors des cas de sa compétence, il est indispensable de les faire enregistrer à votre Greffe. Le Conseil souverain ne peut, sous quelque prétexte que ce soit, se refuser à cet enregistrement, ni le modifier, ni le suspendre; sauf les représentations qu'il croira devoir faire ensuite aux Administrateurs, ou même les remontrances qu'il est autorisé d'adresser à S. M.

Comme ces réglemens peuvent être de nature à exiger la plus grande célérité, l'interruption de vos séances ne peut être un obstacle à leur publication, ni un prétexte à leur enregistrement direct dans les siéges inférieurs ; alors les Administrateurs ont le droit de rassembler extraordinairement le Conseil souverain, dont les membres sont obligés de se rendre à cette convocation.

Enfin, pour ce qui concerne les réceptions d'Officiers, l'intention de S. M. est qu'elles se fassent au Conseil souverain, lorsqu'il s'agira d'un Juge, d'un Procureur du Roi, ou autre Membre d'un Tribunal subordonné, mais que les Officiers purement ministériels, qui ne militent que dans la Jurisdiction à laquelle ils sont attachés, ne prêtent serment et ne se fassent recevoir qu'au Siége même.

Dans tous les cas, le premier devoir des Magistrats est d'éviter toutes les démarches qui pourraient faire naître des chocs entre les différens dépositaires de l'autorité. Ils ne doivent jamais contrarier celle des Administrateurs, ils n'ont vis-à-vis d'eux que la voie de la représentation, dans la forme prescrite par l'ordonnance de S. M., du 25 janvier 1765. Vous auriez dû, en conséquence, rejeter la requête du S[r]. Dufour et le renvoyer à se pourvoir vers les Gouverneur-général et Intendant, de qui étaient émanés les ordres et les contraintes dont il se plaignait. Le plus grand mal dans ces sortes d'occasions est toujours celui qui occasionne l'éclat et le scandale. Je suis fâché d'avoir à vous annoncer que le Roi a fortement désapprouvé votre conduite à ce sujet, et plus particulièrement encore celle du Procureur-général à qui S. M. me charge d'en marquer son mécontentement ; elle est persuadée que vous vous occuperez d'effacer dans son esprit cette impression défavorable par un prompt retour aux principes d'harmonie entre les Administrateurs et le Conseil souverain, qui vous ont dirigé jusqu'à présent et qui seuls peuvent vous conserver la confiance et la protection du Gouvernement.

Vous enregistrerez cette dépêche, dont j'adresse copie aux Administrateurs, et vous vous y conformerez.

J'ai l'honneur d'être, *etc. Signé*, le Maréchal de CASTRIES.

Enregist. au Conseil souverain.

(N°. 675.) ARRÊT *du Conseil souverain*, *concernant les Huissiers et les Epices sur delibérés.*

Du 5 janvier 1786.

LA Cour, faisant droit, *etc.*, ordonne qu'à l'avenir les Huissiers, en procedant à des saisies-exécutions, seront tenus de se conformer aux différentes dispositions de l'ordonnance de 1667, et notamment à l'art. IV du tit. XXXIII de ladite ordonnance ; ordonne que les Juges des différentes Sénéchaussées du ressort de la Cour se conformeront aussi à l'art. X du titre XVII de la même ordonnance, pour les épices sur les delibérés, ce qui sera lu et publié, audience tenante, et affiché aux bourses communes des Huissiers, pour la disposition seulement qui les concerne.

Fait au Conseil souverain de la Martinique, le 5 janvier 1786. *Signé*, ROIGNAN, greffier.

(N°. 676.) **Arrêt** *du Conseil d'Etat du Roi; qui fixe les chargemens de Morue sèche de Peche nationale, à 50 quintaux au moins, pour obtenir les Primes d'encouragement accordées, par Arret du 18 septembre 1785.*

Du 5 février 1786.

Le Roi, s'étant fait représenter l'arrêt de son Conseil du 18 septembre dernier, par lequel S. M. aurait bien voulu accorder aux Négocians français, une prime de 10 liv. par quintal de morue sèche provenant de pêche française, qui sera exportée par des bâtimens français dans les îles du vent et sous le vent, *etc.*

S. M. étant informée que quelques Armateurs et Capitaines demandent le paiement de la prime, pour l'embarquement d'un petit nombre de quintaux de morue, qui ne peuvent être regardés que comme vivres d'équipage, sur le fondement que ledit arrêt du 18 septembre dernier n'a pas déterminé la quantité de quintaux de morue sèche dont il faudrait que chaque chargement soit composé pour obtenir la prime accordée par icelui; et S. M. voulant faire cesser toute incertitude à cet égard, ouï le rapport, *etc.*

Le Roi, étant en son Conseil, a ordonné et ordonne que les Armateurs et Capitaines qui transporteront des morues sèches, soit des ports de France, soit directement des lieux où se fait ladite pêche, dans les îles du vent et sous le vent, *etc.* ne pourront jouir de la prime accordée par ledit arrêt du 18 septembre dernier, qu'autant que les chargemens contiendront au moins la quantité de 50 quintaux de morue sèche, sans que tout ce qui sera embarqué au-dessous puisse être considéré que comme vivres d'équipage.

Veut au surplus S. M. que les dispositions de l'arrêt du Conseil, du 18 septembre dernier, soient exécutées suivant leur forme et teneur, en tout ce qui n'y est pas dérogé par le présent arrêt.

Mande et ordonne S. M., *etc.*

Fait au Conseil d'Etat du Roi, Sa Majesté y étant, tenu à Versailles, le 5 février 1786. *Signé*, le Maréchal de CASTRIES.

(N°. 677.) ORDONNANCE *de MM. les Général et Intendant, sur les Dénombremens et Récensemens.*

Du 20 février 1786.

LE moment étant arrivé de s'occuper de l'imposition pour l'année courante et les derniers ordres de la Cour nous prescrivant de veiller, avec la plus grande attention, à ce que les déclarations de récensemens soient prises à l'avenir avec plus d'exactitude et de fidélité que par le passé, comme aussi d'arrêter les fraudes qui se pratiquent dans les dénombremens, nous avons cru ne pouvoir mieux remplir les vues du Roi, qu'en rapprochant sous un même point, toutes les dispositions des lois rendues sur la matière, lesquelles étant éparses çà et là, ont dû perdre de leur force, pour en composer, avec les changemens que le tems et l'expérience y ont apportés, une ordonnance qui, en ramenant les déclarations à la vérité, établisse dans l'assiette de l'impôt, une proportion calculée sur les fortunes particulières, et puisse par de nouvelles formes, contraindre ceux des contribuables qui s'en étaient écartés, au devoir d'accuser leur propriété avec une justice qu'ils n'avaient pas rendue à ceux qui remplissent cette obligation exactement ; outre que ce motif de justice sera puissant chez ceux qui ne s'en sont écartés que par habitude ou irréflexion, il en résultera pour la colonie en général l'avantage que l'impôt étant fixé à la somme d'*un million*, chaque objet éprouvera une diminution de taxe, qui doit venir au secours et à la décharge des Habitans mal-aisés.

A CES CAUSES, *etc.*, statuons sur cet objet ainsi qu'il suit :

ART. Ier. Les cahiers de récensemens et dénombremens à fournir par chaque habitant seront adressés en novembre de chaque année à MM. les Commandans de paroisses, qui dès qu'ils leur seront parvenus, écriront circulairement, feront afficher et publier à la sortie de la messe paroissiale, que chaque habitant ait à se présenter au lieu des assemblées de la paroisse, au jour indiqué par une publication au bruit du tambour, pour y prendre son dénombrement et donner sa déclaration de propriété.

II. MM. les Commandans de toutes les paroisses, des villes, comme des bourgs en délivrant aux habitans et autres particuliers, leur dénombrement, auront attention d'y faire ajouter les nègres nés ou achetés depuis la dernière déclaration, et ils feront biffer ceux qui sont morts ou vendus depuis la même époque, en en faisant mention en marge.

III. Les Habitans ou autres particuliers domiciliés dans les villes et bourgs, mettront à la tête de leur déclaration, leur nom, celui de leur femme, et enfans, s'ils s'ont créoles ou européens, ainsi que leur état et profession; ils seront également tenus d'apporter à l'assemblée le récensement détaillé ou la déclaration de leur propriété signé d'eux et de l'affirmer, soit en personne, soit par procuration.

IV. MM. les Commandans observeront de faire porter sur chaque dénombrement la qualité de l'habitant, c'est-à-dire, s'il est sucrier, caféyer, cotonnier, cacaoyer ou manioquier; si c'est un particulier du bourg qui n'ait point d'habitation, il sera simplement énoncé, domicilié dans le bourg.

V. Chaque habitant ou particulier sera tenu de porter à l'assemblée son dénombrement de l'année courante, afin de mettre le Commandant de la paroisse et les assistans en état de comparer le nouveau avec l'ancien.

VI. Chaque habitant ou particulier, après avoir ajouté ou diminué ses têtes de nègres sur son dénombrement, signera sa déclaration qui sera soumise à tous les assistans, pour ensuite être envoyée par le Commandant de la paroisse au Directeur-général du Domaine afin de former l'état sur lequel doit être établie l'imposition de l'année suivante, qui sera toujours publiée en janvier, et le double du nouveau dénombrement, signé dudit Commandant, pour être remis à l'Habitant ou autre Particulier.

VII. MM. les Capitaines-commandans porteront sur des feuilles en blanc, qui leur seront adressées par le Directeur du Domaine, les déclarations des Habitans qui pourront s'être établis depuis la levée du dernier dénombrement. Ils tiendront la main à ce que les gens libres de leur quartier fournissent exactement leurs dénombremens et récensemens, sous peine, sur l'avis qu'ils donneront au Directeur-général du Domaine, d'être, lesdits gens libres, poursuivis rigoureusement par amende et même par prison à la récidive ; et les esclaves vivant libres, sans avoir fait confirmer leur liberté, condamnés, si lieu y a, à être vendus au profit du Roi, et leurs patrons, ou ceux qui devraient en répondre, à une amende de 500 liv., outre la perte du prix de l'esclave.

VIII. Toute personne qui sera revêtue de quelqu'office, charge ou emploi, qui lui procure une exemption, sera tenue de se trouver aux assemblées et d'en déclarer le titre sur son dénombrement, à la suite de son nom, et dans le cas où quelqu'un aurait pris un titre sans en avoir le droit, ou bien sans avoir rempli les formalités ordonnées pour en jouir, le Commandant refusera de le faire porter, même le biffera s'il était déjà inscrit sur le dénombrement de ceux qui auraient négligé de faire connaître leur titre dans le tems opportun.

IX. Au cas qu'il y eût quelque Habitant qui n'eût pas fourni son dénombrement dans le tems prescrit, MM. les Commandans de paroisse l'avertiront de le remettre incessamment au bureau du Domaine de leur département, à défaut de quoi, ils seront poursuivis, même condamnés à l'amende, et conformément à la déclaration de 1730. Pourront même être taxés au double pour cette année-là par M. l'Intendant, à la diligence du Directeur-général du Domaine, sur le certificat du Commandant, ceux qui, après un avertissement, auront été en demeure d'affirmer leur déclaration dans l'assemblée de paroisse, conformément à l'art. III.

X. Les Habitans ou Particuliers qui posséderont plusieurs esclaves du même nom, seront tenus de les distinguer par des surnoms différens, afin d'éviter la confusion, et les Capitaines-commandans tiendront la main à l'établissement d'un tableau où seront inscrits les noms des Habitans et le nombre de nègres qu'ils auront déclarés; et ce tableau où l'âge des esclaves sera fidèlement porté, sera exposé dans la salle désignée pour l'assemblée de paroisse.

XI. Les Notaires et Greffiers devant délivrer au Directeur du Domaine, avec la plus grande exactitude, les extraits des inventaires et partages, quant aux esclaves attachés aux habitations vendues par décret, licitation, et d'autorité de justice, il sera procédé sans ménagement, contre les coupables de déclararions infidèles, et les condamnations prononcées seront affichées à la porte de l'Eglise du lieu où la contravention aura été commise.

XII. En procédant aux inventaires, les Notaires seront tenus de récoler les esclaves sur les dénombremens, et d'envoyer des extraits desdits récolemens et des inventaires, partages ou baux auxquels ils auront procédé, au Commandant de la paroisse, et feront lesdits Notaires mention au bas de la minute de l'exécution de notre ordonnance, afin que lesdist extraits ajoutés à leurs honoraires leur soient payés par les parties.

XIII.

XIII. Tout Notaire ou Greffier qui n'aura pas fourni les extraits mentionnés ci-dessus, un mois après la passation de l'acte auquel le Domaine peut avoir quelque intérêt, sera et demeurera interdit de ses fonctions pendant 6 mois, par les Juges des lieux, à la diligence du Directeur-général du Domaine.

XIV. En cas de partage de biens, les nègres non déclarés ne pourront y être compris par le Notaire ; seront et demeureront confisqués au profit du Roi lesdits nègres non déclarés, et sera le Notaire réputé coupable de fraude et poursuivi extraordinairement à la diligence du ministère public, pour être interdit pour la première fois, et en cas de récidive, destitué de son emploi s'il ne prévient pas le Directeur du Domaine de cette fraude ; et sera le jugement intervenu contre lui, imprimé et affiché dans les villes et bourgs de la colonie.

XV. Tout Particulier, habitant ou propriétaire de maisons, qui se sera rendu coupable d'une fraude manifeste dans ses déclarations, sera poursuivi à la diligence du ministère public, ses nègres confisqués au profit du Roi, et les loyers de la maison non déclarée, tels qu'ils sont portés aux baux, dévolus à l'hôpital pendant 3 ans, à la même diligence, et il ne pourra jamais représenter sa paroisse.

XVI. Nous autorisons en outre le Directeur-général et ses Représentans dans les quartiers à se transporter dans les maisons et habitations de toute personne, de quelle qualité qu'elle soit, pour en vérifier les dénombremens ; ordonnons aux Visiteurs d'arrêter et saisir tous les esclaves qui n'auront point été déclarés, et demanderont pour cet effet main-forte à MM. les Commandans des lieux.

XVII. Pourront également les Employés du Domaine prendre communication, sans déplacer, au Greffe, chez les Notaires, chez les Curés, de tous actes qui auront été faits dans le courant de l'année, et ne pourront leur être refusés les extraits qu'ils en requerront, concernant le droit de capitation.

XVIII. MM. les Commandans des paroisses apporteront toute la promptitude et les soins possibles à l'exécution de cette ordonnance, en ce qui les concerne, ainsi que le Directeur-général du Domaine et ses Représentans dans les quartiers.

Prions messieurs les Officiers du Conseil souverain de la Martinique de faire enregistrer, *etc.*

Donné à la Martinique, le 20 fevrier 1786. *Signé*, le Vicomte de Damas, *et* De Viévigne.

Enregist. au Conseil souverain.

(N°. 678.) Ordonnance *de MM. les Général et Intendant, concernant l'Imposition sur la Martinique, pour l'année* 1786.

Du 20 février 1786.

Le dernier état de fonds que S. M. nous a fait adresser, n'apportant aucun changement dans la perception des droits à lever dans la Colonie, ni sur le mode suivi jusqu'à ce jour, l'imposition continuera d'être fixée sur le même pied qu'elle l'a été pour l'année dernière ; en conséquence, *etc.*, nous avons statué et statuons sur cet objet, ainsi qu'il suit ;

N. B. A l'exception des changemens faits aux articles VII et XIII, qui suivent, et l'augmentation d'un nouvel art. XVI, ce qui porte cette ordonnance à XIX articles, le reste est absolument conforme à celle sur le même objet, du 1er. janvier 1785, qui se trouve sous le N°. 654, page 627 de ce tome.

Art. VII. Toutes les marchandises sujètes au poids seulement continueront de payer un pour 100 de leur valeur, qui sera appréciée, comme par le passé, au bureau du Domaine, sur le pied du cours dans la colonie, lors de la déclaration des Capitaines marchands à leur arrivée. Indépendamment de ce droit, les bœufs et les poissons salés, venant de l'étranger, paieront 3 l. tournois par quintal, et la morue 5 l. aussi par quintal ; et sera le produit desdits droits de 3 et 5 liv. convertis en primes d'encouragement pour l'introduction de la morue et du poisson salé provenant de la pêche française, conformément à l'arrêt du Conseil d'Etat du 25 septembre 1785.

XIII. Les droits sur les gros sirops et tafias seront perçus sur le pied de 3 pour 100 de leur valeur, à leur sortie de cette colonie, pour passer à l'étranger ; ils seront soumis également au droit additionnel de 10 s. pour livre, conformément aux déclarations du Roi des 3 février 1760, 21 novembre 1763, du mois de novembre 1771 et du mois d'août 1781.

XVI. Conformément à l'art. VII de la déclaration du Roi de 1730, aucun Particulier ni Habitant ne pourra étendre le droit d'exemption accordé à sa qualité au delà de sa personne ; en conséquence, ni ses enfans, ni leurs tuteurs, ne pourront prétendre à ladite exemption par tête d'enfant, s'ils n'ont pas une habitation particulière, ou s'ils n'ont pas été pourvus par partage.

N. B. L'art. XVI de l'ordonnance précitée devient pour celle-ci XVII, et ainsi de suite.

Donné au Fort-Royal de la Martinique, le 20 février 1786. *Signé*, le Vicomte de DAMAS, *et* DE VIÉVIGNE.

Enregist. au Conseil souverain.

(N°. 679.) EXTRAIT *d'une Dépêche ministérielle de M. le Maréchal* de Castries, *à MM. les Général et Intendant, sur l'introduction, par les Etrangers, de quelques Denrées.*

Du 3 mars 1786.

Le Ministre décide, par cette lettre commune, que l'importation du sel, du tabac et de la bière par les étrangers ne pouvant faire aucun tort au commerce national, qui d'ailleurs ne s'en plaint pas, cette tolérance ne paraît pas de nature à tirer à conséquence.

(N°. 680.) DÉPÊCHE *ministérielle de M. le Maréchal* de Castries, *aux Administrateurs de la Martinique, sur les fraudes des poids et de la qualité des Sucres apportés en France.*

Du 10 mars 1786.

LES Négocians étrangers se plaignent, Messieurs, d'un manque de poids sur les denrées coloniales qu'ils reçoivent de nos ports, et de ce qu'on trouve dans l'intérieur des barriques, du sucre de qualité inférieure, genre de fraude qui s'arrange et se commet dans les colonies même. Ces abus de confiance faisant le plus grand tort au commerce, je me suis empressé de donner des ordres dans les ports, pour y remédier. Je vous prie, de votre côté, de tenir rigoureusement la main à l'exécution de l'arrêt du Conseil d'Etat du 1er. mars 1744, que vous ferez publier et afficher de nouveau; vous établirez en conséquence, si fait n'a été, des Jaugeurs et Etalonneurs-jurés, ainsi que des poids publics dans tous les lieux nécessaires, et vous me rendrez compte de tout ce que vous aurez fait à ce sujet.

J'ai l'honneur d'être, *etc. Signé*, le Maréchal de Castries.

(N°. 681.) Réglement *provisoire de MM. les Général et Ordonnateur de Sainte-Lucie, pour les Caboteurs de ladite île.*

Du 18 mars 1786.

Nous avons pensé qu'un réglement particulier concernant les Caboteurs de cette colonie, pourrait concourir aux vues de S. M., à l'effet d'arrêter le commerce interlope; et que, pour éviter les fautes dans lesquelles on tombe quelquefois par ignorance, il serait avantageux aux Capitaines des différens bâtimens de commerce de trouver ici réunies les dispositions de quelques articles des ordonnances qui les intéressent le plus essentiellement; en conséquence et pour prévenir les fautes, au lieu de les punir, nous, *etc.*, ordonnons et statuons ce qui suit :

N. B. Toutes les dispositions de cette ordonnance étant les mêmes que celles pour les Caboteurs de la Martinique, du 28 juin 1785, nous avons cru devoir les supprimer ; voy. le N°. 665, p. 644 de ce tome.

Donné à Ste-Lucie, le 18 mars 1786. *Signé*, DE LABORIE, *et* GUILLOT DE ROCHEPIERRE.

Enregist. au Conseil souverain.

(N°. 682.) DÉPÊCHE *ministérielle de M. le Maréchal* de Castries, *relative aux Affranchissemens accordés par les Maîtres à leurs Esclaves, par Testamens ou autres actes de derniere volonté.*

Du 6 avril 1786.

J'AI reçu, Messieurs, avec la lettre de MM. de Damas et de Viévigne, du 28 novembre dernier, N°. 303, l'arrêté par lequel le Conseil souverain de la Martinique les a priés de solliciter l'envoi d'une loi qui interdise les affranchissemens par testament, pour prévenir les inconvéniens qui en résultent ; il est certain que la connaissance que les esclaves ont, pour l'ordinaire, de la volonté de leurs maîtres, peut en porter quelques-uns à hâter le moment où ils doivent jouir de la liberté, mais il serait aussi trop rigoureux d'interdire généralement la faculté que l'art. LV de l'édit du mois de mars 1685 a accordé aux maîtres d'affranchir leurs esclaves par testament ; en conséquence le Roi n'a pas jugé à propos d'en faire l'objet d'une loi ; mais S. M. vous recommande de vous rendre très-difficiles à accorder l'homologation des libertés données par testament ou acte de dernière volonté, de ne vous y prêter jamais que par les motifs les plus déterminans et seulement dans les cas extraordinaires, qui ne peuvent être que très-rares, en vous conformant d'ailleurs exactement à ce que prescrivent les divers réglemens, concernant les affranchissemens des esclaves. Vous voudrez bien faire enregistrer cette dépêche au Greffe du Conseil souverain de la Martinique.

J'ai l'honneur d'être, *etc. Signé*, le Maréchal de CASTRIES.

Enregist. au Conseil souverain.

(N°. 683.) EXTRAIT *d'une Dépêche ministérielle de M. le Maréchal* de Castries, *à MM. les Général et Intendant, sur des Ordres de détentions demandés par des Familles contre quelques-uns de leurs Membres.*

Du 6 avril 1786.

Lettre commune, qui prescrit aux Administrateurs-généraux, lorsqu'ils demandent des ordres, à la sollicitation des familles, pour la détention de quelques-uns des membres de ces familles, de donner leur avis sur la nature de ces demandes, et sur le tems, plus ou moins long, que les circonstances rendent nécessaire d'assigner aux différentes détentions.

Le Ministre reconnaît cependant que la diversité des causes de détention et les différences que le sexe, l'âge, la naissance et l'éducation mettent nécessairement entre divers particuliers, s'opposent à ce qu'on établisse, sur cette matière, des principes qui embrassent généralement toutes les circonstances; mais il ajoute qu'on pourra aisément préjuger le plus ou moins de tems qu'il conviendra d'assigner aux détentions demandées, hors les cas d'aliénation d'esprit, d'imbécillité, de violence de caractère ou de délits et crimes qui intéressent l'ordre et la sûreté publique.

Ceux qui, sans avoir troublé l'ordre public par des délits, ni rien fait qui ait pu les exposer à la rigueur des lois, se sont livrés aux excès du libertinage, de la débauche et de la dissipation, quand il n'y a que de l'inconduite et qu'elle n'est point accompagnée de bassesses caractérisées, qui mènent presque toujours au délit, ceux-là ne doivent pas être détenus plus d'une à trois années.

Le Ministre exige que la famille, qui voudra solliciter les ordres du Roi, s'assemble devant le Juge, et remette aux Administrateurs une délibération motivée, qui sera, avec l'avis des Administrateurs, adressée au Ministre. On attendra alors, s'il n'y a pas de danger dans le retardement, la décision de S. M. avant de faire embarquer pour France, les sujets qui auront mérité d'être privés de leur liberté.

Le Ministre observe qu'on a quelquefois demandé des ordres dans des circonstances où il ne paraît pas convenable d'en accorder. Par exemple, une personne majeure, maîtresse de ses droits, ne doit point être renfermée, même sur la demande de ses familles paternelle et maternelle, toutes les fois qu'il n'y a pas de délit qui puisse exciter la vigilance du ministère public et donner matière à des peines, dont un préjugé déraisonnable fait retomber la honte sur toute une famille.

Il est essentiel, par rapport aux faits dont on accuse les personnes qui ne dépendent que d'elles-mêmes, de bien distinguer, ceux qui ne produisent pour leurs familles que des désagrémens, d'avec ceux qui les exposent à un véritable déshonneur.

Il est naturel qu'une famille honnête ne voie pas avec indifférence que dans la même ville, dans le même canton qu'elle habite, un de ses membres s'avilisse par un mariage honteux, ou se ruine par des dépenses inconsidérées, ou se livre aux excès de la débauche et vive dans la crapule ; mais rien de tout cela ne présente des motifs assez forts, pour priver de la liberté ceux qui sont, comme disent les lois, *sui juris*. Ils ne font de tort qu'à eux ; le genre de déshonneur, dont ils se couvrent, ne tombe que sur eux et leurs parens ne le partageant point, ne doivent avoir aucun droit à l'intervention de l'autorité.

(Nº. 684.) ARRÊT *du Conseil souverain, concernant les Greffiers et les Procureurs, dans les affaires sur Délibérés et l'instruction des Procédures.*

Du 4 mai 1786.

LA Cour, ayant égard à la requête du Greffier de la jurisdiction de Saint-Pierre, a rétracté et rétracte son arrêt du 10 mars dernier, en ce qui touche les défenses faites aux Greffiers et aux Procureurs, en conséquence permet comme par le passé, aux Greffiers, des *vus de pièces* et de percevoir les droits accoutumés dans les délibérés, et aux Procureurs de continuer l'instruction des procédures, ainsi qu'il était d'usage auparavant ; et cependant a arrêté que sur le tout S. M. sera suppliée d'expliquer ses intentions ; à l'effet de quoi, qu'expéditions dudit arrêt seront envoyées au Ministre et Secrétaire d'Etat ayant le département de la marine.

Fait au Conseil souverain de la Martinique, le 4 mai 1786. *Signé*, ROIGNAN, greffier.

(N°. 685.) DÉPÊCHE *ministérielle de M. le Maréchal* de Castries, *sur les présentations aux Places vacantes, dont les Conseils souverains se sont arrogés le droit.*

Du 2 juin 1786.

IL m'est parvenu, Messieurs plusieurs observations sur les présentations que sont autorisés à faire les Conseils souverains pour les places vacantes, soit dans les tribunaux, soit dans les jurisdictions inférieures. L'usage de ne point appeler le Procureur-général aux délibérations pour le choix des sujets m'a paru mériter une attention particulière. Je me suis convaincu que la participation du ministère public, sans présenter aucun inconvénient, devait au contraire concourir aux vues de S. M. Un Procureur-général, chef du Parquet est plus à portée, par la nature de ses fonctions, de connaître le mérite des sujets et les motifs qui pourraient les exclure du concours; le Roi, sur la proposition que je lui en ai faite, a en conséquence ordonné que le Procureur-général serait admis aux voix délibératives dans le choix des sujets à lui proposer lors de la vacance des places. Je vous prie de notifier au Conseil cette decision de S. M., de la faire enregistrer au Greffe et de tenir la main à son execution.

J'ai l'honneur d'être, *etc. Signé*, le Maréchal de CASTRIES.

Enregist. au Conseil souverain.

(N°. 686.) DÉPÊCHE *ministérielle de M. le Maréchal* de Castries, *à MM du Conseil souverain, concernant l'enregistrement des Ordonnances de MM. les Administrateurs.*

Du 9 juin 1786.

J'AI reçu, Messieurs, la lettre par laquelle, en accusant la réception de ma dépêche du 24 décembre dernier, relativement aux règles que le Roi veut être suivies pour les divers enregistremens à votre Greffe, vous demandez d'être autorisés, lors de la présentation des ordonnances du Gouvernement, à faire en présence des Administrateurs les observations que vous jugerez nécessaires, et qu'en cas de contestation les ordonnances ne soient pas enregistrées avant la réception des ordres de S. M., à moins qu'il n'y ait péril en la demeure. Lorsque les Administrateurs présenteront au Conseil les réglemens qu'ils sont autorisés à faire, il n'y a pas de doute que vous ne puissiez, Messieurs, leur faire les observations que vous jugerez convenables, mais l'autorité qui leur est confiée ne peut souffrir de partage, et leur avis doit l'emporter. Vous ne pouvez alors vous refuser à l'enregistrement qu'ils auront requis, et il ne vous restera que la voie des remontrances après cet enregistrement. Je n'ai vu au surplus dans votre lettre qu'une nouvelle preuve de votre zèle, mais les motifs sur lesquels vous appuyez votre demande n'ont pas paru suffisans à S. M. pour l'engager à modifier les ordres que je vous ai transmis par ma dépêche du 24 décembre dernier, et son intention est que vous vous y conformiez exactement.

Je suis, *etc. Signé*, De Castries.

Enregist. au Conseil souverain.

(N°. 687.) Ordonnance *du Roi, concernant les Procureurs et Economes-gérans des Habitations situées aux Isles du Vent.*

Du 15 octobre 1786.

Sa Majesté voulant que les dispositions de l'ordonnance qu'elle a rendue le 23 décembre 1785, concernant les Procureurs et Economes-gérans des habitations situées à St-Domingue, soient exécutées dans les îles françaises du vent, sauf quelques changemens que les circonstances locales rendent nécessaires, elle a ordonné et ordonne ce qui suit :

TITRE PREMIER.

Des Procureurs et des Economes-Gérans d'Habitations.

Art. Ier. Défend S. M. à tout Procureur ou Econome-gérant de se charger de la gestion de plus de deux Habitations sucreries, à moins qu'elles n'appartiennent au même Propriétaire. N'entend S. M. comprendre dans la présente disposition les fondés de procuration à titre gratuit, pourvu qu'ils ne soient chargés d'aucune comptabilité.

II.

II. Lorsque les Propriétaires auront jugé à propos d'accorder à leurs Procureurs ou Economes-gérans, pour honoraires de leur gestion, une quotité sur les revenus net de l'habitation, comme 10me, 15me, ou autre proportion, d'après les conventions qui seront stipulées à cet égard entr'eux, lesdits Procureurs ou Economes-gérans ne pourront entrer en partage pour les accroissemens ou naissances qu'en argent seulement, au prix de l'estimation qui en sera faite par deux Habitans voisins, qui seront choisis et nommés arbitres à cet effet, l'un par le Propriétaire, et l'autre par l'Econome : en cas de partage, entre les Arbitres, ils choisiront et nommeront eux-mêmes un Tiers-arbitre, qui videra définitivement le partage.

III. Les Procureurs ou Economes-gérans ne pourront faire construire sur l'habitation aucun bâtiment sans l'ordre ou l'autorisation du Propriétaire, à moins que ce ne soient des réédifications nécessaires ou des augmentations aux cases à nègres ou autres bâtimens d'exploitation, indispensables pour le service courant de l'habitation, à peine par les Procureurs ou Economes-gérans qui auraient fait construire des bâtimens inutiles ou superflus, de voir lesdits bâtimens rester à leur charge, sans qu'il leur soit permis d'emporter les bois et matériaux qui y auraient été employés, ni de réclamer aucune indemnité à raison de ce.

Veut S. M. qu'en cas de difficulté, pour juger de l'utilité ou qualité des bâtimens qui auraient été construits, il soit choisi et nommé des Arbitres, conformémen aux dispositions de l'article précédent.

IV. Tous Procureurs ou Economes-gérans tiendront 6 registres particuliers d'habitation, lesquels seront cotés et paraphés par un Habitant voisin, propriétaire en même genre de culture, autant que faire se pourra, n'ayant aucune gestion lucrative, et choisi par le Propriétaire; savoir :

1°. Le journal, où il écrira jour par jour, sans aucun blanc, chaque naissance et mortalité de noirs et d'animaux, le nombre d'esclaves au jardin, les accidens et évènemens de toute nature relatifs à l'administration.

2°. Un registre contenant les plantations, roulaisons et récoltes en tout genre.

3°. Un livre de facture de toutes les denrées qui seront vendues et employées hors de la colonie, par quantités, poids, prix, noms et domiciles d'acheteurs, noms des Capitaines et navires.

4°. Un registre contenant sur le *recto*, l'état de tous les nègres et animaux, les achats ; sur le *verso*, le nom des ouvriers blancs ou gens de couleur libres, qui travailleront sur l'habitation, avec les marchés qui auront été faits à cet égard.

5°. Le registre de recette et dépense.

6°. Le journal d'hôpital, contenant l'état nominatif des nègres malades, et le nombre de jours de traitement.

V. Les Procureurs ou Economes-gérans enverront tous les trois mois au Propriétaire qui ne résideront pas sur leurs habitations, ou même plus souvent, si lesdits Propriétaires l'exigent, copie exacte et certifiée d'eux du livre-journal, sur lequel ils inscriront le nom des Capitaines et navires, chargés de leurs paquets.

VI. Seront pareillement tenus lesdits Procureurs et Economes-gérans de rendre un compte général de leur gestion à la première réquisition du Propriétaire, et aux époques qui seront par lui fixées.

TITRE II.

Nourriture, Habillement et Châtiment des Nègres esclaves.

ART. Ier. Il est expressément défendu à tous Propriétaires, Procureurs, ou Économes-gérans, de faire travailler les nègres les dimanches et fêtes. Défend pareillement S. M. de les faire travailler dans les autres jours de la semaine depuis midi jusques à 2 heures, ni le matin avant le jour, ni le soir après le jour tombé, sous prétexte d'ouvrages pressés, de quelque nature qu'ils puissent être, si ce n'est lors des roulaisons dans les sucreries, et dans les autres manufactures, pour les cas extraordinaires des récoltes forcées, qui exigeraient absolument une continuité de travail. Enjoint S. M., aux Gouverneurs-généraux et particuliers, Intendant et Ordonnateurs, de veiller et faire veiller par les Officiers chargés de la police des paroisses, à ce que personne ne contrevienne aux présentes dispositions, et les autorise à les faire poursuivre par les Procureurs de S. M., si le cas l'exige.

II. Il sera distribué à chaque nègre ou négresse une petite portion de l'habitation, pour être par eux cultivée à leur profit, ainsi que bon leur semblera. Les Propriétaires, Procureurs, ou Economes-gérans, veilleront à ce que lesdits jardins à nègres soient tenus en bon état. Il sera en outre distribué chaque semaine, par le Propriétaire, Procureur, ou Econome-gérant, à chaque nègre, ou négresse et enfans, la quantité de vivres nécessaires à sa subsistance, soit en morue, bœuf salé, farine, sirop, légumes secs ou racines, sans que les vivres que l'esclave aurait recueillis dans son jardin particulier, puissent entrer en compensation.

III. Il sera fourni à tout nègre esclave, sans exception, des rechanges de grosses toiles, deux fois par an, lesquels rechanges seront composés, pour les hommes, d'une chemise et d'une culotte; pour les femmes, d'une chemise et d'une jupe, et pour les enfans, d'une chemise.

IV. Il sera établi sur chaque habitation une case destinée à servir d'hôpital seulement. Elle sera placée, autant que faire se pourra, dans un air libre et sain, et tenue proprement. Elle sera meublée de lits de camp, de nattes et de grosses couvertures. Défend S. M. l'usage pernicieux de laisser coucher les nègres à terre.

V. Défend S. M. de faire travailler les Négresses enceintes et les nourrices, si ce n'est modérément après le lever du Soleil : veut qu'elles quittent le travail à 11 heures du matin, qu'elles n'y retournent qu'à 3 heures après midi, qu'elles en sortent demi-heure avant le coucher du Soleil, et que jamais, sous quelque prétexte que ce soit, même dans le tems des roulaisons ou autres travaux extraordinaires, elles ne puissent être assujetties à faire des veillées.

VI. Toute femme esclave, mère de six enfans, sera exempte, la première année, d'un jour de travail au jardin par semaine, de deux jours la seconde année, de trois jours la troisième, et ainsi de suite, jusqu'à ce qu'elle soit dispensée de tout travail au jardin. Ladite exemption lui sera acquise en représentant au Maître ou Procureur-gérant de l'habitation, ses six enfans à chaque premier jour de l'an, et elle ne la perdra que dans le cas où, faute de soins de sa part, un de ces six enfans aurait péri avant l'âge de dix ans.

VII. Seront les édits des mois de mars 1685 et 1724, exécutés suivant leur forme et teneur; en conséquence S. M. a fait et fait très-expresses inhibitions et défenses, sous les peines qui seront déclarées ci-après, à tous Propriétaires, Procureurs et Economes-gérans, de traiter inhumainement leurs esclaves en leur faisant donner plus de 50 coups de fouet, en les frappant à coups de bâton, en les mutilant, ou enfin, en les faisant périr de différens genres de mort.

TITRE III.

Ventes et Envois de Denrées.

Art. Ier. Tout Habitant propriétaire, Procureur ou Econome-gérant d'une habitation, sera tenu d'avoir une étampe à feu avec laquelle il marquera d'un signe particulier à l'habitation, et numérotera de suite les barriques, boucauts et barils qui sortiront de l'habitation, à peine de confiscation des vaisseaux non étampés et de leur contenu, dont la valeur sera remboursée au Propriétaire, s'il ne réside pas sur l'habitation, par l'Econome, ou Procureur-gérant.

II. Les Capitaines de navires, Négocians, Marchands ou autres qui achèteront des denrées coloniales, ne pourront les recevoir, si elles ne sont accompagnées d'une déclaration signée par le vendeur et mentionnant les quantités, qualités, poids, prix, nom et étampe de l'habitation, à peine de confiscation, sans aucun recours de l'acheteur contre le vendeur, malgré toutes les conventions à ce contraires, que S. M. a déclarées et déclare nulles et de nul effet avec défense aux Juges d'y avoir égard.

III. Sous les mêmes peines de confiscation et de non-recours, les Négocians, marchands, résidans dans les villes et bourgs, Guildiviers, Magasiniers des bords de la mer, Regrattiers, Passagers, seront tenus de prendre pareille déclaration, et de l'inscrire sur leurs livres d'achat et de transport dûment cotés et paraphés, sans frais, par les Juges des lieux, ou autres Officiers par eux commis. Les Gouverneur-général et Intendant, ainsi que les

Officiers des Etats-majors et Officiers de justice, feront faire fréquemment des visites exactes dans lesdites boutiques, magasins et dépôts, par les Inspecteurs, Exempts, Commis et Archers de police, afin de constater les contraventions par des procès-verbaux, sur lesquels, indépendamment de la confiscation qui sera prononcée, les contrevenans seront poursuivis extraordinairement à la requête des Procureurs pour S. M., et punis comme recéleurs, suivant la rigueur des ordonnances.

IV. Défend S. M. à tous Procureurs et Economes-gérans, de vendre à leur profit, aucuns fruits des habitations confiées à leurs soins, de quelque nature qu'ils soient, n'y de s'approprier ce qu'ils appellent *douceurs d'habitation*, comme lait, volailles, pigeons, cochons, moutons et autres objets semblables. Fait pareillement défense S. M. auxdits Procureurs et Economes-gérans d'acheter, pour leur compte, aucunes espèces d'animaux pour les revendre, après les avoir rétablis sur les habitations, tels que mulets, chevaux, vaches, moutons et autres : leur enjoint de n'avoir de chevaux ou mulets que pour leur service, relatif à l'habitation même, le tout à moins qu'ils n'aient le consentement par écrit des Propriétaires.

TITRE IV.

Révocation des Procureurs et Economes-gérans.

Art. Ier. Aussitôt qu'un Propriétaire voudra, pour quelque cause que ce soit, révoquer son Procureur ou Econome-gérant, il pourra, si bon lui semble, requérir le Commandant de la paroisse de se transporter sur-le-champ sur l'habitation, et d'y apposer les scellés sur les papiers du Gérant et sur tous les livres de l'habitation ce que le Commandant ne pourra refuser, avec liberté néanmoins de se faire représenter par un Officier de milice, propriétaire en ce genre de culture, et n'ayant pas alors de gestion lucrative. Sera ledit scellé apposé en présence du Gérant actuel et du Porteur de procuration nouvelle, et à icelui établi Gardien.

II. Soit que le scellé ait été apposé ou non, veut S. M. que, dans les 24 heures, ou dans 3 jours au plus tard, à compter de la sommation qui sera faite, il soit, par devant le Commandant des milices de la paroisse, nommé 3 Arbitres, majeurs de 25 ans, lesquels seront choisis dans l'étendue de ladite paroisse, si faire se peut, sinon dans les paroisses les plus voisines, à l'effet d'examiner et arrêter les comptes du Régisseur sortant: l'un sera nommé par le Propriétaire ou son Fondé de procuration, l'autre par le Procureur ou Econome ci-devant Gérant, sinon d'office par ledit Commandant, le 3me. par les deux autres, et en cas de partage, par le susdit Commandant des milices. Il sera libre au Procureur ou Econome gérant déplacé de choisir, dans la classe des Economes d'habitation, le Commissaire-arbitre qu'il jugera à propos de nommer, ainsi qu'au Propriétaire ou à son Fondé de pouvoirs de choisir le sien dans la classe des Propriétaires. Dans tous les cas, le 3me. ne pourra être pris que dans cette dernière classe seulement, et parmi ceux de ladite classe qui n'auront point eu précédemment, ou qui, après avoir apuré leurs comptes, auraient cessé depuis un an d'avoir des procurations lucratives. Le Propriétaire ou Gérant qui, sans de motifs valables, dont les Gouverneur-général et Intendant seront les seuls juges, s'excuseraient desdites fonctions de Commissaire-arbitre, seront exclus, en toutes occasions, de grâces et d'avancement.

III. Aussitôt ladite nomination, et le procès-verbal d'icelle dressé, il sera procédé, s'il y échoit, à la reconnaissance et levée des scellés par le Commandant de la paroisse ou par son Préposé. Les 3 Commissaires-arbitres feront le triage des papiers en présence de toutes les parties, et le scellé sera réapposé, si besoin est, sur ceux qu'ils indiqueront, pour la sûreté de la reddition de compte, avec reconstitution de Gardien.

IV. Pourra le Propriétaire ou son Représentant, ainsi que le Gérant déplacé, requérir qu'il soit dressé procès-verbal de l'état de l'habitation, dans toutes les parties qui peuvent constater une bonne ou mauvaise gestion. Lesdits Commissaires-arbitres ne pourront se dispenser d'y procéder. Ils seront tenus, dans leur procès-verbal, de déclarer ce qu'ils auront reconnu, soit à la charge, soit à la décharge du Procureur ou Econome-gérant, avec mention des dires et observations des parties, sans leur permettre, ni encore moins se permettre, à eux-mêmes aucune qualification injurieuse ; ils se contenteront de déclarer les faits ; ils vérifieront, avec le plus grand soin et même d'office, l'état des places à vivres, les jardins à nègres, la tenue des livres, celle de l'hôpital, la fourniture des rechanges, et pourront, avec la circonspection convenable, s'enquérir des châtimens outrés, mutilations ou meurtres, travaux nocturnes, détournement de nègres et d'animaux, ventes clandestines de denrées, injustices et vexations de l'ancien Gérant, contraventions aux adoucissemens prescrits en faveur des négresses enceintes, nourrices, ou mères de 6 enfans ; de laquelle partie de leur procès-verbal, ils adresseront extrait en forme aux Gouverneur-général et Intendant, qui y auront les égards que de raison, pour faire poursuivre, s'il y a lieu, la punition des délits graves de gestion par devant les Juges ordinaires, à la requête du Procureur du Roi et aux frais de S. M , sauf à recouvrer. Lesdits Commissaires-arbitres appelleront, si besoin est, pour la rédaction du procès-verbal, un des Notaires du lieu, dont les vacations seront payées par la partie qui, dans l'arrêté de compte, sera déclarée reliquataire. Ils veilleront à ce que ledit acte ne soit pas grossi d'écritures inutiles, et ils le signeront avec les parties et ledit Notaire. Si aucune desdites parties était refusante de signer, il en sera fait mention. L'acte ainsi clos et rédigé, servira de prise de possession au nouveau Procureur ou Econome-gérant, à qui il en sera délivré expédition. Il en sera pareillement délivré une au Procureur ou Econome sortant. La minute sera remise dans trois jours au Greffe de la Jurisdiction, soit que ledit procès-verbal ait été rédigé par lesdits Commissaires-arbitres, ou par ledit Notaire.

V. Après un délai suffisant, tels que lesdits Commissaires-arbitres jugeront à propos de le régler, mais qui ne pourra être plus long de huitaine, l'ancien Procureur ou Econome-gérant sera tenu de présenter son compte, de lui certifié véritable, au nouveau Procureur ou Econome-gérant, pour être par ce dernier examiné. Dans la semaine suivante, lesdits Commissaires se rassembleront sur l'habitation, avec l'ancien et le nouveau Procureur ou Econome-gérant, et là ledit compte sera discuté article par article, pour être lesdits articles alloués, réduits ou rejetés à la pluralité des voix, par lesdits

Commissaires, lesquels fixeront ensuite l'arrêté et le signeront.

VI. Ledit arrêté de compte vaudra sentence arbitrale et ne sera, dans aucun cas, susceptible d'opposition. La minute d'icelui, ensemble le procès-verbal de nomination des Commissaires-arbitres, et tous autres procès-verbaux qui auraient pu être dressés relativement à ladite nomination, aux scellés et aux récusatoires, s'il y a lieu, seront déposés dans trois jours au Greffe de la Jurisdiction par lesdits Commissaires. Veut S. M. que, sur la requête de la partie la plus diligente, ladite sentence arbitrale soit homologuée purement et simplement sans aucun retard, ni frais, par le Juge des lieux, pour être exécutée suivant sa forme et teneur, même par provision en cas d'appel, et sans préjudice d'icelui, en donnant bonne et suffisante caution au Greffe de la Jurisdiction. Il ne pourra être formé ni reçu d'opposition audit jugement d'homologation, sous quelque prétexte que ce soit. Défend S. M. aux Juges ordinaires d'y avoir aucun égard, à peine d'en répondre en leur propre et privé nom.

VII. Si l'un desdits Commissaires-arbitres venait à être recusé par l'une des parties, la récusation serait sur-le-champ jugée par les deux autres, et il sera de suite procédé, en cas de récusation fondée, à une nouvelle nomination, en la forme précédemment établie. S'il arrivait partage, ou que ladite récusation portât sur plus d'un Commissaire, il y sera statué sans délai par le Commandant de la paroisse.

VIII. Ne seront reçues en justice aucunes plaintes en diffamation, ni demandes en réparation ou dommages et intérêts de la part des anciens Economes ou Procureurs-gérans, contre lesdits Commissaires, ni même contre les Propriétaires ou leur nouveau Fondé de procuration, sous prétexte du procès-verbal ordonné par l'art. IV, ainsi que des procédures qui auraient pu s'ensuivre, d'après les ordres des Gouverneur et Intendant: n'entend néanmoins S. M. interdire dans tous les autres cas, les voies de droits auxdits anciens Procureurs ou Economes-gérans, lorsqu'ils seront poursuivis en justice réglée par leurs constituans, et réciproquement.

IX. Si dans le cours de l'instruction du compte et du procès-verbal concernant l'état de l'habitation, les Commissaires reconnaissaient dans la gestion du Gérant déplacé des malversations graves qui pourraient le porter à s'évader, ils pourront le faire garder à vue par deux Cavaliers de maréchaussée, et en informeront aussitôt le Commandant pour le Roi dans le département, lequel ordonnera provisoirement l'emprisonnement du Gérant déplacé, s'il y a lieu, en attendant les ordres des Gouverneur-général et Intendant, auxquels il sera rendu compte sur-le-champ, pour y être statué par eux, ainsi qu'il appartiendra.

X. Si le Propriétaire est déclaré débiteur par l'arrêté de compte, il sera tenu de payer le Régisseur sortant des premiers deniers de l'habitation, à peine contre ledit Propriétaire ou son Représentant, de tenir les arrêts ou le Fort, suivant que les Gouverneur-général et Intendant en ordonneront, sur un simple mémoire qui leur sera présenté, communication préalablement faite dudit mémoire par le Commandant de la paroisse audit Propriétaire ou à son Représentant, pour y répondre dans trois jours pour tout délai, passé lequel ladite peine sera prononcée et exécutée.

XI. Défend S. M. à tous Procureurs ou Economes-gérans d'acheter, en leur propre nom ou sous des noms empruntés, aucunes créances sur le Propriétaire de l'habitation, de quelque nature qu'elle soit, à peine de perte d'icelles : défend pareillement aux Commissaires-arbitres de faire entrer lesdites créances en compensation, à moins que le transport n'en ait été consenti par le Propriétaire lui-même.

XII. Lorsque le Propriétaire sera reliquataire, les papiers actifs du Régisseur sortant de place seront, sur la représentation de l'arrêté de compte, remis audit Régisseur par le gardien d'iceux, moyennant décharge.

XIII. Si, au contraire, le Procureur ou Econome sortant est reconnu débiteur par ledit arrêté de compte, il sera contraint, même par corps, d'en payer sur-le-champ le reliquat au Propriétaire, à l'effet de quoi les Gouverneur et Intendant, ou leurs représentans, accorderont main-forte, sur la simple signification de l'arrêté de compte dûment homologué. Ordonne S M. qu'audit cas, les scellés mis sur les papiers dudit Régisseur sortant, soient convertis en saisie-arrêt entre les mains du Gardien desdits scellés, et valent comme tels, en toute

Cour et Jurisdiction, sans que l'on puisse les arguer de nullité, malgré tous les réglemens contraires, auxquels S. M. a dérogé et déroge quant à ce.

XIV. Les Greffiers des Jurisdictions tiendront un registre particulier dûment coté et paraphé, dans lequel seront inscrits, par ordre alphabétique, les noms des Procureurs et Economes-gérans, dont les procès-verbaux de gestion auront été déposés conformément à l'article IV, et sera fait mention en marge des jugemens de condamnations qui auraient été rendus contre lesdits Procureurs et Economes-gérans, soit à la requête du ministère public, soit à celle de leurs Constituans; enjoint S. M. auxdits Greffiers de donner communication dudit registre, sans déplacer, sans frais et à première réquisition à tous Propriétaires d'habitations qui voudront en prendre connaissance.

TITRE V.

De l'Appel.

Art. Ier. Dans le cas où une des parties voudra se pourvoir contre l'arrêté de compte des Commissaires-arbitres, elle ne pourra le faire qu'en appelant par devant le Tribunal, que S. M. a commis et commet à cet effet par la présente ordonnance, lequel sera composé du Gouverneur-lieutenant-général, de l'Intendant, de trois Conseillers, du Procureur-général, lorsque son ministère sera nécessaire, et un Greffier en chef du Conseil-souverain, dans le ressort duquel se trouveront lesdits Gouverneur-lieutenant-général et Intendant; attribuant S. M. audit Tribunal toute Cour, Jurisdiction et connaissance, et icelle interdisant à toutes ses autres Cours et Juges.

II. Les trois Conseillers seront choisis par délibération de leur compagnie, en présence du Gouverneur-général et Intendant, ou de leurs représentans, et il ne seront remplacés dans lesdites fonctions, qu'en cas de mort, d'absence, démission ou autre légitime empêchement.

III. Il pourra être procédé au jugement par trois des Membres seulement du susdit Tribunal, en cas d'absence ou autre légitime empêchement des deux autres, ce dont il sera fait mention dans le jugement, pourvu toutefois que le Gouverneur-général ou Intendant soient du nombre des Juges.

IV. La requête sur l'appel sera adressée audit Tribunal établi en dernier ressort pour la reddition des comptes d'habitation, et détaillera tous les griefs. Elle ne pourra toutefois être admise qu'autant qu'elle sera présentée au Tribunal dans le mois de la signification de l'arrêt de compte dûment homologué, passé lequel délai l'appelant sera déclaré non-recevable dans son appel.

V. Dans les trois jours de la présentation de la Requête d'appel l'Intendant l'appointera seul d'une ordonnance *portant acte de l'appel et soit signifié :* sera la signification de ladite requete et ordonnance faite au domicile de l'Intimé ou en parlant à sa personne, dans la quinzaine de la date de l'appointement.

VI. L'Intimé répondra à la requète par un simple mémoire qu'il fera signifier à l'appelant dans la quinzaine de la signification de ladite requête : dans la quinzaine suivante les parties seront tenues de faire leur productions au Greffe; il sera ensuite nommé un Rapporteur par l'Intendant, et passé outre au jugement sur ce qui se trouvera de produit ; défend S. M. d'allouer en taxe d'autres écritures que la requête d'appel et le mémoire en réponse.

VII. Si, avant de prononcer définitivement sur l'appel, ledit Tribunal estimait qu'il fût nécessaire, pour plus amples éclaircissemens de faire vérifier des calculs ou autres faits sur les livres d'habitation, ou de faire quelqu'autre reconnaissance sur les lieux, pourra ledit Tribunal ordonner que par devant le Commandant de la paroisse, il soit procédé à la nomination des trois nouveaux Commissaires, dans la forme prescrite par l'article IV de la présente ordonnance.

VIII. Dans la quinzaine du jugement qui ordonnera la nomination de nouveaux Commissaires la partie qui y aura intérêt fera signifier à l'autre ledit jugement, avec sommation de paraître par devant le Commandant de la paroisse, à jour qui aura été par lui indiqué, à l'effet de convenir de Commissaires.

IX. Dans la huitaine qui suivra la nomination des trois nouveaux Commissaires, la requête d'appel, le mémoire en réponse à ladite requète leur seront représentés, avec le jugement interlocutoire du Tribunal, et le procès-verbal de nomination fait en exécution d'icelui, ainsi que toutes autres pièces nécessaires à leurs opérations.

X. Sur la remise des pièces faite aux Commissaires par les parties, ou par une seule au refus de l'autre, et aux jour, lieu et heure qui auront été déterminés par le procès-verbal de nomination, dûment signifié, lesdits Commissaires procéderont aux opérations ordonnées et en dresseront procès-verbal, dans lequel ils feront mende la remise desdites pièces sus-mentionnées, ainsi que de la présence ou absence des parties.

XI. Outre les délais accordés tant par les articles précédents que par l'article XII ci après, il sera passé de plus un jour pour chaque dix lieues, eu égard à la distance du domicile des parties, et à celle de leur domicile respectif.

XII. Le procès-verbal des trois nouveaux Commissaires clos et arrêté, sera sur-le-champ par eux adressé au Greffier du Tribunal, et dans la quinzaine de sa date, toutes les pièces mentionnées dans le préambule dudit procès-verbal, seront produites par la partie la plus diligente au Greffe du Tribunal, pour être ensuite procédé incessamment et sans autres procédures quelconques, au jugement définitif et en dernier ressort, contre lequel les parties ne pourrent revenir que dans le cas de requête civile, et pour erreurs de calcul et omissions prouvées.

XIII. Si, aux termes de l'article IX du Titre IV, le Gérant déplacé avait été emprisonné, le jugement définitif du Tribunal sera, aussitôt après la signature, présenté au Gouverneur-général et Intendant par le Greffier, pour le Gérant déplacé être, par leurs ordres, élargi ou poursuivi à la requête du ministère public, devant les Juges ordinaires, ainsi qu'il appartiendra.

TITRE VI.

Des Délits et Peines.

Art. Ier. Les Procureurs ou Economes-gérans qui seront convaincus d'avoir changé de nom, après avoir régi des habitations, afin de se dérober aux recherches et pouvoir se placer sur d'autres habitations comme Régisseurs, seront condamnés à 1,000 liv. d'amende, déclarés à l'avenir incapables de gérer aucun bien dans les colonies, et renvoyés en France.

II. Tous

II. Tous Propriétaires, Procureurs ou Economes-gérans convaincus d'avoir fait donner plus de 50 coups de fouet à leurs esclaves, ou de les avoir frappés à coups de bâton, seront à l'avenir condamnés à 2,000 l. d'amende, pour la première fois, et en cas de récidive, déclarés incapables de posséder des esclaves, et renvoyés en France.

III. Outre les peines ci-dessus, ils seront notés d'infamie, lorsqu'ils auront fait mutiler des esclaves, et encourront la peine de mort, toutes les fois qu'ils en auront fait périr de leur autorité, pour quelques causes que ce soit. Veut S. M. qu'ils soient, ès-dits cas, poursuivis comme meurtriers, à la diligence de ses Procureurs, et enjoint aux Gouverneur-général et Intendant d'y tenir sévèrement la main.

IV. Les Procureurs ou Economes-gérans qui seront contrevenus aux dispositions de la présente ordonnance dans leur gestion, seront déclarés incapables d'en avoir d'autres à l'avenir, et les Propriétaires ou Procureurs des habitations qui les emploîraient en cette qualité, condamnés en 500 livres d'amende pour chaque mois de service.

V. Ceux desdits Procureurs ou Economes-gérans qui seront convaincus d'avoir détourné à leur profit ou au profit d'un tiers, les travaux des esclaves confiés à leurs soins, sans un consentement par écrit du Propriétaire, ou qui auront distrait et vendu les denrées de l'habitation, sans en porter le montant sur le registre de recette et de vente, ou enfin qui se seront approprié les fruits et douceurs de l'Habitation, sans le consentement par écrit du Propriétaire, seront poursuivis extraordinairement comme voleurs, à la diligence du Procureur de S. M., ou de la partie intéressée, et punis comme tels, suivant la rigueur des ordonnances.

VI. Réserve S. M. à la disposition et arbitrage de ses Juges de prononcer, suivant leur conscience, les amendes dont pourraient être susceptibles les délits de gestion, non prévus dans la présente ordonnance, ordonne que la moitié des amendes qui seront prononcées, appartiendra aux brigades des maréchaussées qui auront constaté les contraventions.

VII. Tous Gérans, Economes, Chirurgiens et autres personnes aux gages d'un Propriétaire qui, pendant ou depuis leur commensalité, auraient insulté ou provoqué, soit les Propriétaires mêmes, soit leurs Fondés de pouvoirs, seront, de quelque qualité et condition qu'ils puissent être, poursuivis extraordinairement à la requête du Ministére public et aux frais de S. M., sauf à recouvrer. Enjoint aux Juges d'avoir égard dans leurs jugemens à ladite qualité de gagistes, pour condamner avec plus de sévérité, en cas de simples injures, et selon toute la rigueur des ordonnances sur les duels, en cas de provocation : ordonne à ses Procureurs de veiller sans relâche et sans ménagement à l'exécution du présent article, à peine de destitution ; ordonne en outre aux Gouverneur-général et Intendant et à son Procureur-général d'y apporter le zèle le plus soutenu et le plus infléxible.

VIII. Nul ne pourra être Procureur ou Econome-gérant d'habitation, s'il ne représente au Propriétaire qui donnera sa procuration, une copie de la présente ordonnance, et il en sera fait mention dans la procuration. Dans le cas où le Régisseur choisi serait absent, et où la procuration serait en blanc, il en sera usé de même lors de l'acceptation, au bas de laquelle il sera constaté que ladite exhibition aura été faite. Tout Régisseur qui aura manqué à cette formalité sera poursuivi à la requête du Procureur de S. M., et déclaré, pour cela seul, incapable de gérer aucun bien dans les colonies.

IX. Tout Régisseur qui aura été renvoyé d'une habitation, ne pourra être employé de nouveau par d'autres Propriétaires ou leurs Fondés de pouvoirs, s'il ne leur représente les procès-verbaux des Commissaires examinateurs, et l'arrêté de compte de ses précédentes gestions, ensemble copie de la présente ordonnance. Ne seront réputés d'aucune valeur toutes lettres d'éloge ou certificats donnés pendant ou après lesdites régies comme étant toujours prématurés et arrachés à la complaisance.

X. Veut et ordonne S. M. que tous Procureurs et Economes-gérans qui susciteraient parmi les mandataires de la même classe des démissions, abandons ou confédérations préjudiciables aux intérêts des commettans, soient arrêtés incontinent par les ordres des Gouverneur-général et Intendant, et renvoyés en France, s'il est ainsi délibéré entre les Administrateurs, lesquels aviseront en même tems aux mesures nécessaires pour mettre en sûreté les intérêts desdits Propriétaires.

XI. Tout Procureur ou Econome-gérant qui refusera de rendre ses comptes de gestion, ou s'évadera, soit avant, soit après l'apposition des scellés, soit après la nomination des Commissaires-arbitres, pourra être poursuivi extraordinairement devant les Juges ordinaires, et puni suivant la nature et la gravité des circonstances.

XII. Ordonne S. M. à tous esclaves de porter respect et obéissance entière, dans tous les cas, aux Procureurs, Economes-gérans ou personnes préposées sous leur autorité, comme à leur Maître même, sous les peines déterminées par les édits des mois de mars 1685 et 1724; enjoint auxdits Procureurs ou Economes-gérans de leur faire infliger, en cas d'insubordination, manquement, relâchement de discipline ou désobéissance, les châtimens autorisés par lesdits réglemens, ainsi que par la présente ordonnance, sans toutefois que les Propriétaires, Procureurs ou Economes-gérans puissent, sous quelque prétexte que ce soit, regarder comme insubordination, manquement, relâchement de discipline ou désobéissance, les réclamations des esclaves injustement maltraités, mal nourris, et à l'égard desquels lesdits Propriétaires, Procureurs ou Economes-gerans se seraient écartés des dispositions prescrites, tant par les édits de 1685 et 1724, que par la présente ordonnance, lesquelles réclamations S. M. autorise expressément ès-dits cas, sauf la correction desdits esclaves, si les plaintes par eux portées étaient trouvées injustes et mal fondées. Enjoint S. M. à ses Gouverneur-lieutenant-général et Intendant, Cours et Officiers de justice, Officiers des Etats majors, Commandans des paroisses et Officiers des milices, d'y tenir soigneusement la main, chacun en ce qui les concerne, et notamment de veiller à ce que les esclaves ne soient point vexés par les Propriétaires, Procureurs ou Economes-gérans, pour raison des réclamations ci-dessus autorisées.

XIII. S. M., au surplus, impose silence à ses Procureurs-généraux sur les délits qui auraient pu être commis envers les esclaves, par les Propriétaires ou leurs Fondés de pouvoirs, avant l'enregistrement ou publication du présent réglement, et pour lesquels il n'y aurait point encore de procédures commencées, sans préjudice toutefois des dommages et intérêts civils qui pourraient résulter desdits délits, au profit de qui il appartiendra.

TITRE VII.

De la Police courante des Habitations.

ART. Ier. La police courante sur les habitations, soit dans l'habitation même, soit d'habitations à habitations, appartiendra en commun aux Gouverneur-général et Intendant, exclusivement à tous autres. Dans l'exercice de ladite police courante seront comprises toutes les voies de fait, telles qu'irruptions d'animaux, pillages de vivres, forcement de barrières et clôtures, introductions nocturnes de blancs ou gens de couleur dans l'intérieur des habitations, interruption des chemins de communication, disputes d'atelier à atelier, rixes entre les Economes-gérans et Propriétaires, réclamations par des esclaves injustement maltraités, recelage de nègres marrons, fêtes, assemblées, danses et autres objets semblables, pour lesquels il importe de pourvoir promptement.

II. Dans les circonstances ci-dessus et à la première réquisition, le Commandant de la paroisse sera obligé de se transporter, ou d'envoyer un Officier de milice, à l'effet de rétablir l'ordre, pour quoi il demeure autorisé à prendre main-forte au corps-de-garde le plus prochain et à se saisir même des coupables, s'ils ne sont Propriétaires. En cas de main-mise sur la personne, il sera tenu de dresser procès-verbal, qu'il signera. Il en donnera copie à la partie intéressée et, sur-le-champ, il remettra le Saisi à la disposition de l'Officier qui commandera dans l'arrondissement, lequel ordonnera provisoirement ce qu'il trouvera juste et convenable, en attendant les ordres des Gouverneur-général et Intendant, à qui il sera incessamment rendu compte du tout.

III. Lesdits Gouverneur-général et Intendant pourront, après vérification et en connaissance de cause, prononcer la peine des arrêts, dans tel lieu qu'il leur plaira, s'il s'agit d'un Propriétaire; de la prison, s'il s'agit de blancs à gages; de châtiment, s'il s'agit d'un esclave. Dans les faits de récidive ou de trouble en résultant pour le quartier, S. M. les autorise à renvoyer en France lesdits Blancs à gages, après avoir donné aux Propriétaires qui les employaient, le tems nécessaire pour régler de compte avec eux, et pour substituer d'autres personnes en leur lieu et place.

IV. N'entend toutefois S. M. que, sous prétexte de police et de simple correction, lesdits Gouverneur et Intendant puissent s'immiscer dans le jugement des matières contentieuses, pour lesquelles ils seront toujours tenus de renvoyer les parties en justice ordinaire. Défend pareillement à tous Tribunaux de connaître d'aucunes demandes ou actions en dommages et intérêts relatives à l'exercice de ladite police, à peine de désobéissance. Pourront seulement les Conseils souverains remettre leurs observations aux Gouverneur-général et Intendant à ce sujet, s'il y a lieu, et même adresser à S. M, les représentations qu'ils croiront devoir lui faire, après les leur avoir communiquées, pour être par elle pourvu, ainsi qu'il appartiendra.

Mande et ordonne S. M., *etc.*

Fait à Fontainebleau, le 15 octobre 1786. *Signé*, LOUIS ; *et plus bas*, par le Roi, le Maréchal de CASTRIES.

Enregist. au Conseil souverain.

(N°. 688.) ORDONNANCE *de MM. les Général et Ordonnateur de l'île Sainte-Lucie, concernant la Poste de ladite île.*

Du 2 novembre 1786.

ÉTANT nécessaire de remédier aux inconvéniens qui résultent de l'administration de la poste, telle qu'elle est aujourd'hui, nous avons cru devoir faire quelques changemens à la forme actuelle, et prévenir le public que, persuadés plus que jamais des avantages qui doivent résulter pour la colonie de cet établissement, nous tiendrons exactement la main à tout ce qui pourra en assurer le maintien, ainsi qu'à l'exécution de notre présente ordonnance.

A CES CAUSES, nous, *etc.*, ordonnons ce qui suit :

N. B. Les dispositions de cette ordonnance étant les mêmes que celles du 4 mars 1766, pour la poste de la Martinique, nous y renvoyons le Lecteur. Voyez tome II, page 454 et suivantes.

Donné à Sainte-Lucie, le 2 novembre 1786. *Signé*, DE LABORIE, *et* ROUSTAGNENQ.

Enregist. au Conseil souverain.

(N°. 689.) DÉPÊCHE *ministérielle de M. le Maréchal* de Castries, *à MM. les Administrateurs de Sainte-Lucie, à l'occasion des Libertés.*

Du 9 novembre 1786.

JE réponds, Messieurs, à la lettre de MM. de Laborie et Guillot de Rochepierre, du 10 juillet dernier, en ce qui concerne les formalités à remplir pour les actes d'affranchissemens; il y aurait en effet, ainsi qu'ils l'ont observé, de l'inconvénient à communiquer les requêtes en demandes de libertés, au Doyen et au Procureur-général du Conseil souverain de la Martinique, en ce que ces Magistrats, trop éloignés de Sainte-Lucie, qu'ils ne peuvent connaître qu'imparfaitement, ne sauraient vous donner un avis suffisamment motivé sur de simples demandes. Le Roi, à qui j'en ai rendu compte, vous autorise en conséquence à vous contenter de l'avis du Sénéchal et du Procureur pour S. M. Cet ordre de choses paraît d'autant plus raisonnable, que l'enregistrement des actes de liberté ne se fait qu'au Greffe de l'Intendance et à celui de la Jurisdiction du lieu où réside le maître de l'affranchi. S. M. veut au surplus que cette dépêche soit enregistrée au Conseil souverain de la Martinique.

J'ai l'honneur d'être, *etc. Signé*, le Maréchal de CASTRIES.

Enregist. au Conseil souverain.

(N°. 690.) ARRÊT *du Conseil souverain, sur les mesures à prendre contre la maladie de la Lèpre.*

Du 10 novembre 1786.

LA Cour ordonne qu'à la diligence du Substitut du Procureur-général du Roi dans les Sénéchaussées de son ressort, il sera fait perquisition de tous les individus qui peuvent être attaqués de la lèpre, tant dans cette Colonie que dans celle de Sainte-Lucie ; qu'en conséquence il sera constaté de l'état de tous ceux qui seront suspectés de cette maladie, par les Chirurgiens et Médecins du Roi, ou tous autres Chirurgiens-jurés, qui en dresseront des procès-verbaux en présence des Officiers desdites Sénéchaussées, que la Cour a nommés commissaires à cet effet, et sans frais, sur lesquels procès verbaux il sera pourvu à la séquestration des malades, si lieu il y a, et attendu que l'ile de la Desirade a toujours été le lieu destiné à séquestrer les Lépreux, a arrêté que MM. les Administrateurs de cette Colonie seront priés de vouloir bien engager MM. les Administrateurs de l'ile Guadeloupe de permettre que tous les individus de l'un et de l'autre sexe qui seront jugés atteints de la lèpre dans cette Colonie et dans celle de Sainte-Lucie, soient transportés en ladite île la Desirade pour y rester à demeure, jusqu'à parfaite guérison dûment constatée ; comme aussi que mesdits sieurs les Administrateurs seront également priés de pourvoir aux besoins desdits Lépreux, suivant l'exigence des cas.

Et s'il arrivait que les Administrateurs de l'île Guadeloupe refusassent de consentir audit transport, qu'alors le Ministre du Roi sera supplié par MM. les Administrateurs de cette île de vouloir bien prendre sur ce sujet les ordres de S. M. et de les leur faire parvenir le plus promptement possible, eu égard aux progrès que la lèpre fait dans cette Colonie.

Fait au Conseil souverain de la Martinique, le 10 novembre 1786. *Signé*, ROIGNAN, greffier.

(N°. 691.) EXTRAIT *d'une Dépêche ministérielle de M. le Maréchal* de Castries, *à MM. les Général et Intendant, sur les Désertions des Gens de mer.*

Du 7 décembre 1786.

Le Ministre, dans cette lettre commune, appelle l'attention des Administrateurs sur la désertion des gens de mer aux colonies.

Les Capitaines de navires, dit-il, se plaignent de toutes parts que les remplacemens, auxquels ils se trouvent forcés par la désertion de leurs équipages, deviennent d'autant plus onéreux que les gens de mer sont parvenus au point de faire la loi, et qu'ils exigent impunément des sommes arbitraires et exorbitantes pour faire leur retour.

Si les Officiers des Classes, observe le Ministre, enregistraient exactement les noms, qualités et signalemens de chaque Déserteur, dont la dénonciation leur est faite par les Capitaines, lorsque ces gens se présenteraient pour embarquer en remplacement, ils ne pourraient échapper à la punition.

En général, ajoute-t-il, tout Marin, qui se trouve dans la Colonie, doit justifier d'un motif quelconque, ou doit être réputé déserteur et traité comme tel. Aucun Marin, enfin, ne doit être embarqué en remplacement ou autrement, sur aucun navire, sans la permission de l'Officier des Classes, qui doit les établir sur les rôles d'équipage, de manière à faire connaître ce qu'ils sont et d'où ils proviennent. Cet ordre exactement tenu, les gens de mer, ne pouvant échapper à la surveillance, compteront moins sur l'impunité, et les abus cesseront.

(N°. 692.) RÉGLEMENT *pour les Paquebots établis, par Arrêt du Conseil d'Etat du Roi, pour communiquer avec les Colonies françaises des îles du vent et sous le vent, les îles de France et de Bourbon, et les Etats-Unis de l'Amérique.*

Du 14 décembre 1786.

SA MAJESTÉ s'étant réservée de faire connaître ses intentions relativement à la police intérieure des paquebots établis, par arrêt de son Conseil du 14 décembre 1786, et de fixer le tarif des droits qui devront être perçus, tant sur les passagers que sur les marchandises qui pourraient être chargées sur lesdits paquebots, elle a ordonné et ordonne ce qui suit :

ART. Ier. Le tarif annexé au présent réglement servira de base pour la perception des droits, tant sur les passagers que sur les marchandises qui pourront y être embarqués.

II. Les 12 paquebots, destinés pour les îles de l'Amérique, partiront les 1ers. de chaque mois alternativement des ports du Havre et de Bordeaux, ils se rendront en droiture à Saint-Pierre de la Martinique, y resteront 5 jours, passeront à la Basse-Terre de la Guadeloupe, où ils resteront 3 jours, et de là se rendront au Cap-Français dans l'île St-Domingue, d'où ils feront voile pour leur retour au port de leur départ, le 1er. du 4me. mois de leur expédition.

III. Les lettres pour Sainte-Lucie et Tabago seront remises ; savoir :

Celles pour Sainte-Lucie, au Directeur de la Martinique qui se chargera de les faire passer sans délai à leurs destinations respectives.

Celles de Tabago, au Directeur de la Guadeloupe.

IV. N. B. *Cet article étant uniquement pour les îles de France et de Bourbon, nous a paru inutile à insérer.*

V. Les 8 expéditions destinées pour les Etats-Unis de l'Amérique se feront toutes du port du Havre, les 10 février, 25 mars, 10 mai, 25 juin, 10 août, 25 septembre, 10 novembre et 25 décembre. Les bâtimens se rendront en droiture à New-York, d'où ils partiront, le 75me. jour qui suivra l'époque de leur expédition pour se rendre au port d'où ils seront partis.

VI. Si, par un événement quelconque, l'arrivée d'un paquebot au lieu de sa destination, se trouvait postérieure à celle fixée pour son départ dudit lieu, l'intention de S. M. est qu'il en parte 8 jours après son arrivée, sans que ce départ retardé puisse influer sur ceux qui devront le suivre.

VII. Pour donner une plus grande facilité aux différentes classes de personnes qui voudront faire usage des paquebots, il sera établi trois différens traitemens pour le passage. Le premier à la table du Capitaine, le second à celle de l'Officier de la marine marchande, Chirurgien et Volontaires, et le troisième à la ration.

VIII. Les personnes qui desireront passer sur lesdits paquebots pour se rendre au lieu de leur destination, seront tenues d'en faire la déclaration au Directeur des paquebots du port où ils voudront s'embarquer, lequel après avoir reçu le montant de leur passage, sur le pied du tarif annexé au présent réglement, leur délivrera un permis d'embarquement qui contiendra le numéro de la chambre qui leur sera destinée, et la table qu'ils auront choisie. Il ne pourra y avoir que 23 passagers par bâtiment, nombre que S. M. a fixé comme le plus considérable qu'elle veut être embarqué sur chacun desdits paquebots.

IX. Chacun des passagers de la première table jouira d'un port permis de 3 malles, ceux de la seconde table, de 2, et ceux de la ration, d'une; chacune desdites malles ne devant peser plus de 200 livres, ni cuber plus de 4 pieds et demi. Le surplus des effets, que chaque passager pourrait embarquer, devant être soumis à payer le fret, sur le prix du tarif.

X. Tout particulier qui desirera embarquer des marchandises à bord d'un paquebot, devra également en faire déclaration au Directeur du port de l'embarquement, lequel après les avoir fait cuber et reçu le prix du fret fixé par le tarif, délivrera un permis d'embarquement, qui contiendra acte de la déclaration et indication des marchandises qui devront être embarquées.

XI. Fait S. M. defense aux Capitaines des paquebots d'y laisser embarquer aucunes personnes ni marchandises quelconques, sans avoir vu et vérifie le permis ordonné par les précédens articles.

XII. L'état des passagers embarqués et des marchandises reçues à bord dans la forme ci-dessus prescrite, sera constaté par l'Officier marchand embarqué pour 4me. Officier sur les expéditions, et il sera tenu d'en faire un état général dans la forme annexée au présent réglement; lequel état, à l'arrivée d'un paquebot dans un port quelconque, sera porté, par le même Officier de la marine marchande, au bureau des Fermes, pour par lui être faite la déclaration en conformité des arrêts, ordonnances et réglemens.

XIII. Les Capitaines des paquebots seront tenus de faire exactement leur journal dans la forme prescrite par l'ordonnance de la marine du 1er. janvier 1786, et d'envoyer, aussitôt leur arrivée, ledit journal au Secrétaire d'Etat ayant le département de la marine et des colonies, et dans le cas où, pendant le cours de leur navigation, ils auraient éprouvé quelques avaries

avaries qui auront dû être constatées par des procès verbaux et mentionnées dans ledit journal, ils en déposeront l'extrait certifié et signé d'eux, au Greffe de l'Amirauté; en y joignant lesdits procès verbaux ; S. M. voulant que ledit extrait soit considéré comme un rapport à l'effet de servir, au besoin, à qui il appartiendra.

XIV. La direction des paquebots sera confiée dans les ports, tant de France que des colonies, à des Agens ou Directeurs qui seront nommés à cet effet, sous l'autorité du Commissaire-ordonnateur des ports du Havre et de Bordeaux, des Administrateurs en chef des colonies, tant orientales qu'occidentales, et des Consuls dans les Etats-Unis de l'Amérique, et les Capitaines des paquebots seront tenus de se conformer aux ordres qui leur parviendront par ladite direction, sur tout ce qui est relatif au service desdits paquebots.

XV. Pour assurer l'exactitude de la correspondance, tant publique que particulière, que S. M. s'est proposée d'établir avec ses colonies, tant orientales qu'occidentales, par le départ et le retour successifs des paquebots, S. M. fait défenses aux Gouverneurs, Intendans et Commandans desdites colonies, et aux Commandans des différentes stations de retarder, sous aucun prétexte que ce soit, le départ d'un paquebot après l'époque fixée, et à cet effet S. M. recommande aux Administrateurs en chef et Commandans des stations dans ses différentes colonies, de réunir à la fin de chaque mois toutes leurs dépêches, afin que se trouvant rassemblées, lors du passage du paquebot, elles ne puissent servir de prétexte à aucun retardement.

XVI. Défend S. M. à tous Capitaines et Officiers de paquebot de se charger, ni de souffrir qu'aucune personne de leur bord se charge d'aucunes lettres séparées, autres que celles qui leur seront remises par la direction des ports, à peine d'en être personnellement responsables et punis par la privation de leur emploi. Leur fait également défenses S. M. de se mêler d'aucun commerce, et leur enjoint de se conformer exactement aux ordonnances et réglemens rendus sur le service de mer, le 1er. janvier 1786, et particulièrement de maintenir l'ordre, la discipline et la propreté à bord des bâtimens qui leur auront été confiés.

XVII. Veut S. M. que le présent réglement soit exécuté selon sa forme et teneur, dérogeant à toutes les ordonnances et reglemens à ce contraires.

Mande et ordonne S. M., *etc.*

Fait au Conseil d'Etat du Roi, Sa Majesté y étant, tenu à Versailles, le 14 décembre 1786. *Signé*, le Maréchal de CASTRIES.

Enregist. au Conseil souverain.

Suit le Tarif des Droits de Transport qui seront perçus par les Administrateurs ou Directeurs des Paquebots du Roi établis, tant pour communiquer avec les Colonies françaises du vent et sous le vent, les Iles de France et de Bourbon, qu'avec les Etats-Unis de l'Amérique.

TARIF des Droits que devront payer les Passagers et les Marchandises à fret, ainsi que les Espèces, embarqués sur les Paquebots du Roi.

	En allant aux Colonies françaises de l'Amérique.	En allant aux îles de France et de Bourbon.	En allant et en revenant des États-Unis de l'Amérique.	En retour des Colonies françaises de l'Amérique.	En retour des îles de France et de Bourbon.
Passagers.	Argent de France.	*Idem.*	*Idem.*	*Idem.*	*Idem.*
ART. Ier. Il sera payé par chaque Passager nourri à la table du Capitaine, tant pour son passage que pour le transport de 3 malles, ...	£. 600	£. 1200	£. 600	£. 800	£. 1500
Pour chaque Passager nourri à la table de l'Officier de la marine marchande, Chirurgien et Volontaire, ainsi que pour le transport de 2 malles, ...	360	750	360	500	850
Pour le passage et la subsistance d'un Domestique, . . .	200	400	200	200	400
Pour celui de tous Passagers nourris des vivres de la cale, y compris le transport d'une malle,	160	300	160	160	300
Marchandises à fret.					
II. Il sera payé pour chaque tonneau de 2,000 l. de poids, ou de 42 pieds cubes d'encombrement,	100	200	80	200	300
Pour port d'espèces, . . .	1 p. 100.	2 p. 100.	1 p. 100.	1 p. 100.	2 p. 100.

FIN DU TOME TROISIÈME.

TABLE

ALPHABÉTIQUE ET RAISONNÉE

DES MATIÈRES

Contenues dans le troisième volume du Code de la Martinique.

A

C

CARCAN

concernant

état de la succession, *ibid.* — Sont tenus d'en remettre les lettres et états au Greffier de la Jurisdiction, 202. — De remettre au Président de la Cour, un état annuel des successions non réclamées, *ibid.* — De présenter leurs comptes à la séance de mars, *ibid.* — D'y joindre toutes les pièces au soutien et les déclarations portées au Greffe, et les récépissés du Receveur du Domaine; *ibid.* — Le tout sous peine d'amende, *ib.* — Objets dont ils doivent se charger en recette dans le compte de l'année suivante, 204. — Ils ne peuvent porter aucune dresse de compte, 315. — Ils sont approuvés et confirmés, 455. — Et nommés par le Conseil souverain, 456. — Sont à vie, *ib.* — Ils peuvent être destitués par le Conseil souverain, *ibid.* — Ils ont l'administration des successions vacantes, *ibid.* — Ils apposent et lèvent les scellés, *ibid.* — Sont les Régisseurs principaux des successions, *ibid.* — Ils demandent ou défendent toutes les affaires y relatives, 457. — Ne peuvent faire aucunes poursuites, sans en prévenir le Procureur du Roi, *ibid.* — A défaut de cette autorisation, les frais sont à leur charge, *ib.* — Ils sont exclus de l'administration des biens par le Curateur nommé par assemblée de parens, *ibid.* — Ils apposent et lèvent les scellés sur les papiers et effets d'un défunt en société, et conjointement avec l'Associé survivant, 459. — Ils provoquent la vente des effets mobiliers d'une société, et gardent la part afférente aux Héritiers absens, *ibid* — S'il s'agit d'une habitation, ils se mettent au lieu et place des Héritiers absens, pour l'exploiter, 460. — Ils surveillent l'administration des biens d'une Epouse survivante, et font dans ce cas toutes les poursuites en justice, 461. — Ils donnent avis aux Héritiers absens de l'aperçu de la nature et de la valeur d'une succession, 462. — Ils en font l'estimation dans le cas où il n'y aurait point d'Héritiers présens ni représentés, *ibid.* — Se font autoriser par le Juge, à l'effet de faire porter au chef-lieu les effets de peu de valeur d'un défunt éloigné, 463. — En font un simple récollement, 464. — Ils procèdent à la vente des effets mobiliers périssables, *ibid.* — Avec l'autorisation du Juge, *ibid.* — Ne peuvent se rendre adjudicataires des biens d'une succession, 465. — Sous peine de payer le double de la valeur, *ibid.* — Et d'être déclarés incapables

D

Détenteurs

avoir un billet de leurs maîtres pour faire la pêche, *ibid* — Ne peuvent vendre le poisson sur la laine, *ibid.* — Excepté aux Habitans éloignés, *ibid.* — Ils doivent l'entrer en ville, à peine du carcan, *ibid.* — Surpris enlevant un bâtiment, favorisant l'évasion d'un Blanc ou d'un noir, punis suivant les circonstances, *ibid.* — Ils doivent avoir un fanal en allant la nuit en commission, *ibid.* — Ne peuvent tenir de maisons particulières, 574. — Ceux à la journée, doivent avoir une marque, *ibid.* — Ne peuvent y aller sans avoir un bracelet numéroté, *ib.* — A peine du fouet, *ibid.* — Ne peuvent travailler que dans le lieu où ils auront été inscrits, 575. — Changer ou prêter leurs numéros, à peine du fouet et de la prison, *ibid.* — Ils ne doivent vendre aucunes denrées sans permission de leurs maîtres, *ibid.* — Ne peuvent vendre des cannes à sucre, même avec un permis, *ibid.* — Ils ne peuvent vendre, sur le bord de la mer, les comestibles qu'ils portent au marché, 576. — A peine du carcan, *ibid.* — Ceux qui volent sont punis suivant la nature du vol, *ibid.* — Ils ne peuvent louer des chambres, *ibid.* — Ceux arrêtés en marronnage avec des armes à feu, punis de mort, 577. — Avec un coutelas ou un couteau, punis selon les circonstances, *ibid.* — Trouvés sur une habitation sans permis, sont fouettés et chassés, *ibid.* — Ceux envoyés pour travailler dans les bois, doivent avoir un permis, *ibid.* — Il ne peut excéder un mois, *ibid.* — Punis s'ils n'en ont pas, *ibid.* — Envoyés à la chasse, doivent avoir un billet désignant l'arme, 578. — La quantité de poudre, *ibid.* — Ne peuvent acheter ni poudre ni plomb, *ibid.* — Ni chasser pendant une certaine saison, *ibid.* — Rencontrés avec un fusil, sans permission, conduits en prison, *ibid.* — Punis suivant les circonstances, *ibid.* — Ils ne peuvent, sous aucun prétexte, avoir des armes chez eux, 578. — S'ils sont arrêtés la nuit hors de la ville et sans billet, conduits en prison, *ibid.* — Et la prise et l'amende payés par le maître, *ib.* — Si c'est en ville fouettés, *ibid.* — Ils ne peuvent, même avec un permis, porter aucune arme dans les rues, ni sur les chemins, *ibid* — Ne peuvent s'assembler nulle part en troupe, *ibid.* — Sous peine de punition selon

les

G

316. — Ils déterminent de concert, la police concernant les fontaines publiques, 319. — Ils pourvoient à la sûreté des bâtimens de mer, 322. — Le Général donne le permis pour laisser embarquer des noirs, 330. — Il signe les états des noirs passant en France, 337. — Il fixe l'indemnité accordée à l'Entrepreneur des canaux et fontaines, 339. — Il établit une consigne pour la police des ports et rades, 340. — Il vise l'acquit-à-caution des bâtimens qui partent, 342. — Il assiste à la nomination du Commandant de la rade, 343. — Il fait droit aux plaintes relativement aux vols des bestiaux, 347. — Il détermine la pêche et la vente du poisson, 360. — Il autorise avec l'Intendant l'admission des Etrangers dans les ports, pour l'introduction des denrées, 370 *et suiv.* — Ils règlent ensemble l'administration des Fabriques des paroisses, 375 *et suiv.* — Il prescrit le mode à suivre par les Gens de couleur se disant marins, 386. — Il interdit la spéculation sur les denrées de premier besoin, 387. — Il fait un supplément sur la police des ports et rades, 388. — Fixe les émolumens du Capitaine de port du Fort-Royal, 393. — Il encourage l'entrée de comestibles par les bâtimens espagnols, 398. — Il suspend les boucheries, 402. — Il détermine avec l'Intendant le mode d'entrée aux hôpitaux, et le réglement qu'on doit y observer, 407. — Le Général seul donne les permis à ceux attaqués de maladies vénériennes d'entrer à l'hôpital, 408. — Il défend de draguer les ancres et cables, 410. — Le Général ordonne une vérification annuelle des chemins, 413. — Défend de rien acheter des Militaires, 425. — Il fait un réglement concernant la fontaine de la rade, 433. — Ordonne que les maisons et magasins soient numérotés, 434. — Il fixe la valeur des quadruples et piastres, *ibid.* — Il assiste à la nomination du Procureur-général, 437. — Il apostille le certificat des Bas-Officiers et Soldats pour avoir la croix, 439. — Il a, conjointement avec l'Intendant, inspection et autorité sur la conduite des Missionnaires et autres, 451 — Ils doivent les faire respecter, 452 — Ils doivent avoir connaissance du choix des Desservans des paroisses, *ibid.* — Ils peuvent les confirmer ou les faire changer, *ibid.* — Ils reçoivent l'état de la

H

I

respecter

J

Il

N

O

— Elles

vise

Fabriques,

S

T

Fin de la Table.

www.ingramcontent.com/pod-product-compliance
Lightning Source LLC
LaVergne TN
LVHW020953300926
849160LV00007B/139
* 9 7 8 2 0 1 2 6 4 2 1 7 1 *